LIBRI LITVRGICI

BIBLIOTHECAE APOSTOLICAE
VATICANAE

LIBRI LITVRGICI

BIBLIOTHECAE APOSTOLICAE

VATICANAE

MANV SCRIPTI

DIGESSIT ET RECENSVIT

HVGO EHRENSBERGER

———— ◦•◦ ————

FRIBVRGI BRISGOVIAE
SVMPTIBVS HERDER
TYPOGRAPHI EDITORIS PONTIFICII
MDCCCXCVII
VINDOBONAE ARGENTORATI MONACHII S. LVDOVICI AMERICAE

IMPRIMI PERMITTITVR.

Friburgi Brisgoviae die 12. mensis Nov. 1896.

† **Fridericus Justus Knecht** vic. cap.

Typis Herderianis Friburgi Brisgoviae.

SVMMO · PONTIFICI

LEONI · PP · XIII

SACRVM

TABULA OPERIS.

FRIDERICVS, MAGNVS DVX BADARVM, quo est scientiarum artiumque amore, eam in me contulit benevolentiam, ut studia librorum liturgicorum manu scriptorum coepta in bibliotheca magni ducatus aulica inter thesauros urbis aeternae continuarem et amplificarem. Hac in re secutus est exemplum Caroli Friderici, avi clarissimi, qui temporibus Benedicti PP. XIV disciplinam liturgicam ex diuturna incuria renovantis opus, quod Martinus Gerbertus, abbas Sanblasianus, de musica liturgica edidit, magno prosecutus est favore.

Summo igitur auxilio adiutus, cum Romae essem, sedulo operam dedi, ut omnes libros liturgicos, qui in bibliotheca Vaticana asservantur, digererem et recenserem. Neque vero prorsus ignoti fuerunt hi codices, sed antiquissimorum, qui a viris clarissimis Thomasio, Assemani, Muratori, Mabillon, Georgio, aliis, perlustrati sunt, fama per orbem terrarum percrebruit. Hac quoque aetate Delisle, de Rossi, Stevenson, Ebner, homines doctissimi, de describendis codicibus liturgicis Vaticanis bene meriti sunt, eorumque libri maximo mihi usui erant. Attamen, quanta qualisque illa copia esset, uno conspectu non potuit diiudicari.

Quod si mihi contigit, ut pleniore recensione ostenderem, qui fontes atque capita scientiae liturgicae e bibliotheca apostolica repeti possent, hoc debeo studio atque favori multorum, qui me adiuverunt, virorum.

Inter hos grato animo commemoro, qui bibliothecae Vaticanae prae-
fuerunt et praesunt quique Romae mihi vivunt amici. Neque defuit biblio-
polae, hominis honestissimi, industria et sollertia. Plurimum valuit bene-
volentia viri maxime egregii GVILELMI NOKK, qui MAGNO DVCI
BADARVM est a rebus gerendis.

Quae dum mecum recolo, non possum non sperare fore, ut opera
mea, quantulacumque inter studia liturgica iam sub gloriosissimo ponti-
ficatu LEONIS XIII ad novum florem renata, valeat ad fontes, unde
harum rerum scientia derivanda est, cognoscendos et aperiendos.

Datum BRVCHSALIAE BADARVM a. d. IX Kal. Mart.
a. MDCCCXCVII.

TABULA LIBRORUM LITURGICORUM.

INTERPRETATIO NOTARUM.

astr. = astronomicus.

cal. = calendaris.

color. = variis coloribus distinctus.

dies Aeg. = dies Aegyptiaci.

figur. = figuris exornatus.

flor. = floribus exornatus.

grad. = gradus festorum.

inaurat. = auro distinctus.

ind. = indicia astronomica et calendaria.

miniat. = litterae initiales pictae.

num. = numeri lectionum nocturnarum.

pict, = picturae.

r. = litteris miniatis scriptus.

rubricae = rubricae rituales.

I. PSALTERIA.

1. Psalterium et hymnarium.

Regin. 11. membr. 236 f. 312 × 235 mm. saec. VI. VII.

f. 1. *Infimo in folio:* Petauius.

f. 1. Incip[it] sancti Hieronymi ad Synniam et Fretelam de psalterio . . . de LXX inter . . . *(cetera evanuerunt).* Dilectissimis fratribus . . . Vere in uobis — dici potest. — *f.* 19′. Incipit praefatio Eosebi Hieronimi. Psalterium Rome dudum — fonte potare. — *f.* 20. Incipit praefatio. Eusebius Hieronimus. Scio quosdam — meminisse mei.

f. 21′. Beatus uir . . . *Psalterium Gallicanum in sinistra parte codicis vel foliis versis et litteris capitalibus scriptum, foliis rectis vel in dextra parte codicis psalterium iuxta Hebraeos et litteris uncialibus scriptum. Inscriptiones, diapsalmata, numeri psalmorum; singulae versuum dimidiae partes a singulis lineis incipiunt.* — *f.* 212′. Incipit psalmus proprie scriptus David et extra numerum, cum pugnavit cum Goliad. Pusillus eram — de filiis Israel.

f. 213′. Incipiunt benedictiones trium puerorum. Angelus autem Domini — dicentes: Benedictus es Domine Deus — eum in saeculum. — *f.* 214. Benedicite omnia opera — eum in saecula. — *f.* 215′. Incipit canticum Moysi et fili Israhel. Cantimus Domino — in medio eius. — *f.* 216. Cantemus Domino gloriose — in medio mare. — *f.* 216′. Et praecinebat Maria dicens. Cantemus Domino gloriose . . . — *f.* 217. Sumpsit autem Maria — dicens. Cantemus Domino — proiecit in mare. — *f.* 217′. Canticum Deuteronomii. Audite caeli — populi sui. — *f.* 218. Adtende celum — populi sui. — *f.* 221′. Canticum Esayae prophetae. Surge, inluminare — sancti Israhel. — *f.* 222. Canticum Esaye prophetae. Gaudens gaudebo — laudem in terra. — *f.* 222′. Exultauit cor meum — cornu Christi sui. — *f.* 223. Incipit canticum Annae. Confirmatum est cor — cornu Christi sui. — *f.* 223′. Canticum Mariae. Magnificat anima mea — in saecula. — *f.* 224. Canticum Annae. Magnificat anima mea — usque in saeculum. — *f.* 224′. De mane vigilabo — interfectos suos. — *f.* 225. Incipit canticum Isaiae. A nocte spiritus meus uigilat — ira Domini. *Usque ad f. 225′ litterae capitales.*

f. 226. Incipit canticum Iudit. Incipite Domino in timpanis — in sempiternum. — *f.* 227. Oratio Ezechielis. Ego dixi — in domo Domini.

1*

— *f. 227'*. Canticum Hierimiae. Memento Domine — nimis valde. — *f. 228'*. Incipit canticum. Domine, qui habitas in eternum – operum bonorum. — *f. 229.* Canticum Azariae. Benedictus Domine Deus patrum nostrorum — orbe terrarum.

f. 230'. Incipit hymnus matutin. dicendus die dominico. Te Deum laudamus — miserire nobis. — *f. 231.* Item hymnus secunda feria dicendus. Splendor paterne glorie — in uerbo pater. — Item ad tertia feria. Aeterne lucis conditor — ducamus hunc diem. — *f. 231'.* Item quarta feria dicendus. Fulgentes auctor etheris — Christo coniungit karitas. Item hymnus quinta feria . . . Deus eterni luminis — a seculis in secula. — *f. 232.* Item . . . sexta feria . . . Christe (rex, *man. rec.*) celi Domine — laudamus carmine. — *f. 232'.* Hymnus diei sabati . . . Diei luce reddita — sancto repleti spiritu.

f. 233. Hymnus natali Domini dicendus. Intende, qui reges Israel — fide iugi luceat. — Item hymnus epifaniae. Illuminans altissimum — subrepunt uires. — *f. 233'.* Hymnus die pasc. Hic est dies uerus Dei — se solam gemat. — Hymnus ad tertiam. Iam surgit ora tertia — sedit patris. — *f. 234.* Hymnus ad sextam. Iam sexta sinsim uoluitur — seruare deprecatio. — *f. 234'.* Hymnus ad uesperum in die ieiunii. Ter ora trina uoluitur — famem parati nesciant. — *f. 235.* Hymnus uespertinus. Deus, qui certis legibus — te sensus somniet. — Item hymnus uespertinus. Deus creator omnium — precantes trinitas. — *f. 235'.* Item hymnus uespertinus. Pater princepsque temporum — soporem nesciant. — Hymnus nocturnus. Media noctis tempus est — laudibus concinere. — *f. 236.* Hymnus nocturnus. Magna et mirabilia opera — manifestati sunt. — Hymnus ad tertia cotidian. Certo tenentes ordinem — aeterne uite premiis. — f. 236'. Hymnus ad sexta. Dicamus laudes Domino — splendoris gratiae. — Hymnus ad nona . . . Perfectum trinum numerum — Christi uirtute diligunt. — Beatus uir. In Dei (?). Nomen Boso; *aliae pennarum probationes.*

In marginibus interpretationes manibus rec. litteris uncialibus et semiuncialibus additae.

Guido Maria Dreves S. J., Aurelius Ambrosius (58. Ergänzungsheft zu den Stimmen aus Maria-Laach. Freiburg 1893) S. 17.

2. Psalterium.

Regin. 8. membr. 33 f. 261 × 165 mm. saec. XI.

f. 1. Beatus uir . . . *Psalterium neque Romanum neque Gallicanum. Spatia ad vocabula inserenda a librario relinquuntur; complura eadem et alia manu et emendata et addita.*

3. **Psalterium.**

Vatican. 5938. membr. 104 f. 250 × 170 mm. 2 col. saec. XIII.

f. 1. Primo dierum omnium . . . Nocte surgentes . . . *Hymni ordinarii.* — Beatus vir . . . *Psalterium Romanum litteris initialibus feriatum, invitatoria, antiphonae; man. rec. aliae ordinarii partes. Inter —
f.* 55 *et* — 56. *desunt complura.* — *f.* 55 *desinit in:* lignorum se[curibus], *ps. 73, 5;* — *f.* 56 *incipit a:* dimisi eos . . . *ps. 80, 13.* — *f.* 77. *usque ad* — *f.* 84. *finis matutini et laudes sabbati al. man. Vesperae dominicales, fer. II, prima, tertia, sexta, nona cum toto ordinario breviarii Romani.*

f. 100. Confitebor tibi . . . *Cantica ferialia;* — *f.* 104′. *desinit canticum* Attende celum *in:* sicut pupillam. *Deut. 32, 10.*

Complura folia laesa et refecta. In marginibus nonnulla addita.

4. **Psalterium.**

Vatican. 7340. membr. 122 f. 168 × 120 mm. saec. XIV.

f. 1. Incipit psalterium ordinatum secundum curiam Romanam. BEatus uir . . . *Psalterium Gallicanum cum numeris psalmorum et cum nominibus scriptorum.* — *f.* 21. *Ad ps. 26:* nocturnum secundum. — *f.* 34. *Ad ps. 38:* Feria tertia nocturno; *man. rec.:* fer. II. — *f.* 40′. *Ad ps. 45 eadem man. rec.:* fer. III. — *Ad complures psalmos:* divisio.

f. 102. *Ad ps. 109:* In diebus dominicis ad uesp. — *f.* 107. *Ad ps. 118 nomina litterarum Hebraicarum earumque interpretatio ut:* interpretatur doctrina.

f. 115′. Cantica graduum.

f. 122′. *Ps. 149, 2 desinit in:* et filii Syon exultent.

Pict. miniat. color. et inaurat. flor. littera B — f. 1.

5. **Psalterium.**

Vatican. 8183. membr. 67 f. 191 × 132 mm. 2 col. saec. XIV.

f. 1. Diebus dominicis canticum primum. Domine miserere nostri . . . *Cantica dominicalia et festiva,* — *f.* 10. *de communi.*

f. 11′. [ ]ris gratia. Artus solutos ut quies reddat laboris usui . . . *Hymni ordinarii,* — *f.* 12′. *de tempore; hymnus:* Uerbum supernum prodiens . . . *desinit in:* precium, se regnans.

f. 16. [il]los Deus. Decident a cogitationibus suis . . . *Ps. 5, 11. Psalterium Gallicanum feriatum secundum usum Romanum; divisiones.* — *f.* 38 *al. man.* — *f.* 38′. *al. man. infimo in folio:* hoc folium Ignatius poni fecit *(al. man.)* per d. Martinum nouitium, qui reliquit habitum et factus est canonicus Anagni. — f. 41′. *Ps. 79, 2 desinit in:* Qui regis Israel, intende.

1**

— *f. 42. Ps. 82, 10* Iabin in torrente Cyson. — *f. 51'. Ps. 107, 11 desinit in:* deducet me usque. — *f. 52. Ps. 110, 7* [heredita]tem gentium, opera manuum eius.

f. 63'. Confitebor tibi . . . *Cantica; canticum* Audite celi *cum divisionibus.* — *f. 66'.* Benedicite, Te Deum, Quicumque, *quod desinit in:* assumptione humanitatis in Deum.

Nonnulla al. man. addita, cum alia, tum numeri psalmorum. Litterae initiales exsectae, multa folia refecta.

Pict. miniat. color. et inaurat. flor.

6. Psalterium.

Vatican. 8188. membr. 70 f. 192 × 142 mm. 2 col. saec. XIV.

f. 1. Beatus uir. . . . *Psalterium Gallicanum litteris initialibus feriatum; man. saec. XVII in psalterium monasticum translatum.*

f. 64'. Confitebor tibi . . . *Cantica ferialia.* — *f. 68'. man. saec. XV.* Te Deum, psalmus trium puerorum, Benedictus, Magnificat, Nunc dimittis, Quicumque, *quod desinit in:* Equalis Patri.

In marginibus aliis manibus cum alia, tum numeri psalmorum et signa dividendi addita.

Miniat. color. et inaurat.

7. Psalterium.

Vatican. 8945. membr. II + 199 f. 135×95 mm. saec. XIV. XV.

f. 1. *Kalendarium. Dies Aeg. Inter sanctos:* Ian. Aldegundis v. Febr. Vedasti et Amandi epp., Eufemie, Silvini ep., Romani abb. Mai. Brandani, Germani ep. Iun. Medardi et Gildardi, Albini m. Iuli. Amelberge, Cristine. Sept. Bertini abb., Lamberti. Nov. Vinnoci abb. — *Picturae calendares.*

f. 7. Qui non abiit in consilio impiorum . . . *Ps. 1, 1. Psalterium Gallicanum litteris initialibus feriatum.*

f. 182'. Confitebor tibi . . . *Cantica ferialia.* — *f. 192.* Te Deum, Benedicite, Benedictus, Magnificat, Nunc dimittis, Quicumque.

f. 198. Litaniae, orationes. Inter sanctos: Quintine, Lamberte, Oswalde, Leodegari, Gereon cum soc., Nicasi cum soc., Demetri, Blasi, Thoma (m.), Audomare, Folquine, Bertine, Silvine, Winnoce, Judoce, Medarde, Gildarde, Vedaste, Amande, Bauo, Wandregisile, Wimare, Eligi, Leonarde, Richari, Aldegundis, Rictrudis, Godelis, Columba, Verehildis, Austreberta, Eufemia, Benedicta, Fides, Spes, Caritas.

Nonnulla al. man. addita.

Pict. miniat. color. et inaurat.

8. Psalterium et horae canonicae.

Ottobon. 255. membr. III + 218 f. 213 × 154 mm. saec. XV.

f. I. 254 Q. 9. 20. — *f.* I′ *vacuum.* — *f.* II. Fatta per mano del fra Celestino de la aulica . . . — *f.* II′, III *vacua.*

f. 1. *Kalendarium. Ind. astr. cal. Sancti fratrum Minorum.*

f. 7. In nomine Domini. Incipit liber hymnorum uel soliloquiorum prophete de Christo. In quo sunt cl psalmi et duo mille sexcenti sex uersus. psalmus primus die dominica. Beatus uir . . . *Psalterium Gallicanum feriatum, tituli et numeri psalmorum, Gloria Patri.* — *f.* 115, 116 *vacua.*

f. 146. Fer. II canticum Ysaie duodecimo capitulo. Confitebor tibi . . ., canticum trium puerorum, Zachariae, B. M. V., Simeonis, *cetera suis locis;* symbolum Atanasium.

f. 151. In nomine Domini. Incipit officium beate Marie secundum consuetudinem Romane curie per totum annum ad matutinum . . . Inuitatorium. Aue Maria . . . *Officium per omnes horas, tres lectiones.*

f. 164. Sabbato ante primam dominicam de aduentu ad uesperas . . . antiphona. Missus est . . . *Officii B. M. V. proprium tempore adventus.*

f. 167′. Notandum quod . . . O admirabile commercium . . . *Officii B. M. V. proprium a nativitate Domini usque ad purificationem; in fine:* Regina coeli . . . *tempore paschali.*

f. 168′. Incipit officium defunctorum ad uesperas . . . ant. Placebo . . . *Novem lectiones, orationes.*

f. 177. Incipiunt septem psalmi penitenciales. antiphona. Ne reminiscaris . . . *Initia psalmorum, litaniae, preces, orationes.*

f. 183. Die dominica. Passio Domini nostri Iesu Christi secundum Matheum. In illo tempore: Dixit Iesus . . . ; — *f.* 192′. die Martis. Passio secundum Marcum; — *f.* 200′. die Mercurii. Passio secundum Lucam; — *f.* 208. die Veneris. Passio secundum Iohannem. — *f.* 215—218 *vacua.*

Pict. miniat. color. et inaurat. fig. — *f.* 7. *insigne deletum.*

9. Psalterium, officium defunctorum, hymni.

Ottobon. 514. membr. a—f + 92 f. 146 × 96 mm. saec. XV.

f. a *vacuum.* — *f.* b. R. 1. 20. Ex codicibus Ioannis Angeli Ducis ab Altaemps. R. 9. D. O. = 14. — *f.* b′ *vacuum.*

f. c. O anima Christi — seculorum secula. — Regina potentissima . . . *Rhythmi de B. M. V. lingua Italica conscripti. Item:* — *f.* d′. [Ann?]unciacio beate uirginis . . . — *f.* e. con grande sollempnitate . . . *Deest initium.*

f. 1. Beatus uir. . . . *Psalterium Gallicanum. Desunt inscriptiones; singuli versus a linea incipiunt.*

f. 74. Confitebor tibi ... *Cantica ferialia. Desunt nomina scriptorum.* — *f.* 77'. Te Deum, Benedicite, Benedictus, Magnificat, Nunc dimittis, Qui cumque.

f. 80. Kyrieleyson ... *Litaniae, preces, orationes. Inter sanctos:* Albane, Osuualde, Eadmunde, Germane, Augustine cum sociis tuis, Machute, Cuthberte, Cirine, Dunstane, Suuthune, Adeluuolde, Uulstane, Edmunde, Iudoce, Grimbalde, Bertine, Uuandragesile, Philiberte, Leufrede, Columbane, Petroce, Patrici, Egidi, Leonarde, Atheldrida, Daria, Edburga, Editha, Cristina, Eugenia, Helena, Brigida, Iuliana, Brigida, Geretrudis, Fides, Spes, Karitas.

f. 83. Placebo Domino ... *Officium defunctorum, initia psalmorum, novem lectiones (lect. IV:* Quantas habeo — comeditur a tinea), *orationes.*

f. 85'. O altitudo diuitiarum ... *Capitula ordinarii officii al. man.* — *f.* 86'. Credo. — *f.* 87. *Commemorationes sanctorum Maximi et Georgii.* — *f.* 87'. Agata deu belle sire ... *Precatio lingua Italiae inferioris conscripta; desinit in:* venisti in. — *f.* 88. *Litaniae secundum usum fratrum Minorum.*

f. 89'. Post pasca ad laudes. ymnus. Rex eterne celi ..., *item:* Iesu corona celsior ... — *f.* 90. *Hymni de s. Francisco, de s. Antonio, de s. Clara.*

f. 92'. Sequentia sancti Evangelii secundum Matthaeum. Cum natus esset — in regionem suam.

f. 88—92 binis col. Cum alia, tum numeri psalmorum man. rec. additi. Miniat. color. et inaurat.

10. Psalterium et officium s. Michaelis archangeli.

Ottobon. 2921. membr. 310 f. 93 × 62 mm. saec. XV.

In tegumento interiore scida chart. agglutinata, insigne aeri incisum et typis adscriptum: Philip: De Stosch L. B.

f. 1. *Kalendarium. Ind. cal. Inter sanctos:* Apr. Maximiani, Alexandrini, Palme v. Aug. Lodovici, regis Francie. Sept. Mauritij et soc. *r.* Oct. Remigii *r.,* Placidi et soc. *r.,* Dionisii et soc., Cerboni ep. Nov. Leonardi *r.,* Theodori m. *r.* Dec. Gratiani ep.

f. 13. Incipit psalterium Dauid prophete. Psalmus primo. Beatus uir ... *Psalterium Gallicanum litteris initialibus feriatum; numeri psalmorum.*

f. 266'. Canticum Isaye. Confitebor tibi ... *Cantica V. et N. Test. cum nominibus.* — *f.* 271. Hymnus. Te Deum. — *f.* 276'. Canticum angelorum. Gloria in excelsis. — *f.* 277. Credo *(apostolicum),* Pater noster, Credo *(Nicaenum).* — *f.* 279'. Sinbolum. Quicumque.

f. 283. Kyrieleyson ... *Litaniae, orationes, precationes ante et post communionem dicendae.*

f. 294'. Incipit officium compilatum ad honorem beatissimi Michaelis archangeli et omnium angelorum celestis curie. Ad matutinum . . . Inuitatorium. Christum regem, qui fidelem exaltauit Michaelem . . . *Officium per omnes horas, hymni, lect. I—III:* Factum est proelium — ad tempus illud. — *f. 305'. Precationes. — f. 310' vacuum.*

Pict. miniat. color. et inaurat.: — f. 13. littera B; — f. 211. littera D.

11. **Psalterium.**

Palatin. 34. chart. a—h + 182—1 f. 143×100 mm. saec. XV.

f. a. C 179. 1016. 31. 27.

f. a'. Seruite Domino in timore . . . *Antiphonae, initia psalmorum, versus, responsoria, capitula, orationes ordinarii per hebdomadam, complur. man. — f. e' et duo folia vacua.*

f. f. [P]lacebo . . . *Antiphonae, initia psalmorum, versus vesperarum defunctorum; antiphonae, initia psalmorum, tres lectiones, responsoria, nocturni I. R̃. III.* Memento mei . . ., *ant. I. et II. nocturni II. — f.* g, h *vacua.*

f. 1. Inuitatorium. Adoremus Dominum . . . Beatus vir . . . *Psalterium Gallicanum litteris initialibus feriatum, invitatoria, antiphonae, versus; man. rec. aliae ordinarii partes et feriae additae. — f. 5'. Ps. 8, 1—3* lactentium. *— f. 28. Ps. 31, 1—6* omnis sanctus. *— f. 33. Ps. 37, 1—7. — f.* 106 *al. man. Ps. 100 psalmo 98 interpositus. — f. 107'. Ps. 101 abbreviatus. — Post — f.* 107 *—f.*109, *saltus in numerando. — f.* 132' *vacuum. — f.* 143. *Post ps. 118.* Fides katholica: Quicumque. *—f.* 146. *Ps. 119—133 solae priores versuum partes.*

f. 165. Confitebor tibi . . . *Cantica ferialia. — f. 177'.* Canticum trium puerorum. *— f.* 178. Benedictus. *— f.* 178'. Te Deum.

f. 179'. Letania. Kyrieleyson . . . *Orationes, al. man.:* Custodi, quaesumus, ecclesiam . . . *Inter sanctos:* Kiliane cum soc., Ciriace (?) cum soc., Iuliane, Georgi, Bonifaci cum soc., Maurici cum soc., Dionisi cum soc., Vite, Blasi, Burcharde, Egidi, Leonharde, Galle, Gertrudis, Margaretha, Barbara, Elizabeth, Affra.

Multa in marginibus al. man. addita. Multa folia refecta.

Stevenson, Codices Palatini Latini (Romae 1886) tom. I, p. 6.

12. **Psalterium, officium B. M. V., hymnarium.**

Urbin. 527. membr. 248 f. 240 × 175 mm. saec. XV.

f. 1. *Kalendarium fratrum Minorum. Ind. cal. Inter sanctos:* Febr. Gilberti conf., Guilelmi conf. Mart. Patricii. Apr. Theodore v. Iul. Quirici et Iulite mm., Margarite. Aug. Iustini presbyteri et m., Ludovici reg. Sept. Eustachii et soc., Mauricii et soc. Oct. Remigii, Reparate v., Dionysii et soc., Cerbonii ep. et conf., Galli, Hylarionis, Yvonis conf. Nov. Leonardi conf., Britii conf., Eugenii conf.

f. 7. Sequens himnus . . . Primo dierum omnium . . . Nocte surgentes . . . — *f. 8'.* Beatus vir . . . *Psalterium Gallicanum feriatum, initia psalmorum laudum, ordinarium officii de tempore; singuli psalmorum versus a linea incipiunt. — f. 31. Post laudes dominicales prima. — f. 164. Post vesperas fer. II. tertia, sexta, nona. — f. 192. Post vesperas sabbati* canticum beate uirginis: Magnificat, canticum Symeonis, hymnus completorii: Te lucis ante terminum . . ., *ps. 148, 149, 150,* Benedicite, Te Deum. *Cetera cantica suis locis. — f. 158'.* Oratio beati Antonii de Padua . . . ad res perditas inueniendas. R̸. Si queris miracula . . . *Oratio imperfecta.*

f. 196'. Kyrie eleison . . . *Litaniae, preces, orationes.*

f. 202'. Incipit officium beate marie uirginis secundum usum Romane ecclesie . . . Inuitatorium. Aue maria . . . *Officium post pent. usque ad sabbatum dom. I. adventus, hymni, tres lectiones. — f. 212'.* Ant. Missus est . . . *Proprium officii tempore adventus. — f. 216.* Ant. O admirabile commercium . . . *Proprium officii ab octava nativitatis usque ad purificationem. — f. 217', 218 vacua.*

f. 219. In aduentu Domini. Ad uesperas. ymnus. Conditor alme syderum . . . *Hymni de tempore, de sanctis, de communi, in dedicatione; — f. 246'.* de sancto Dominico, de s. Petro m. ordinis Predicatorum.

Pict. miniat. color. et inaur. fig. flor.; insignia abrasa.

13. Psalterium.

Vatican. 3467. membr. III + 185 f. 270 × 188 mm. saec. XV.

f. I, II, III vacua.

f. 1. Incipit liber hymnorum uel soliloquiorum prophetae Dauid de Christo. Beatus uir . . . *Psalterium Gallicanum picturis feriatum, inscriptiones, man. rec. numeri psalmorum. — f. 153.* Incipit canticum graduum. Ad Dominum cum tribularer . . . *Cantica graduum.*

f. 177. Passio Domini nostri Iesu Christi secundum Ioannem. In illo tempore: Subleuatis oculis — posuerunt eum. — *Signa cantorum:* S. C. ☩.

f. 184. Ioannes M. Cynicus Parmensis exscripsit. — *f. 184', 185 vacua.*

Pict. miniat. color. et inaurat. — f. III'. Insigne. Picturae tabulares: — f. III'. Genealogia Christi. — f. 176'. Christus e cruce pendens, mysteria passionis et resurrectionis eius.

14. Psalterium, hymnarium, officium defunctorum.

Vatican. 3514. membr. 182 f. 129 × 90 mm. saec. XV.

Octo folia chart. praeligata. — f. b *chart.* Ad te Domine leuaui XXXI . . . *Index psalmorum et canticorum ordine litterarum dispositus, man. rec. — f.* h' *chart.* Antonii card. Carafae bibliothecarii munus ex testamento. *Insigne eius.*

f. 1. Primo dierum omnium . . . Beatus uir . . . *Psalterium Romanum dispositum per hebdomadam cum ordinario officii de tempore.* Matutinum dominicae. — *f.* 22. Ad laudes dominicae. — *f.* 27′. Ad primam. Iam lucis orto . . .; ad tertiam, sextam, nonam.

f. 46′. Feria secunda. ad matutinum. Invitatorium. Venite exultemus . . .; ad laudes. *Item matutina et laudes reliquarum feriarum.*

f. 131′. Ad vesperas. In dominicis diebus. Antiphona. Dixit Dominus . . . *(Ps.)* Dixit Dominus . . . *et vesperae feriales.*

f. 151. Ymnus Ambrosii et Augustini. Te Deum . . . *post vesperas positus.*

f. 152. Ymnus. Ymnus. Te decet ymnus. Te decet laus. Tibi gloria Deo Patri — In secula seculorum. — Ant. ad psalmos poenitentiales. Ne reminiscaris . . . — Kyrieleyson . . . *Litaniae, preces, orationes. Inter sanctos:* Sixte, Calixte, Corneli, Cypriane, Damase, Leonarde, Maure, Basilie, Alexi, Rufina, Elisabetha, Barbara.

f. 156. Conditor alme siderum . . . *Hymni de tempore, de sanctis, de communi, in dedicatione.*

f. 174′. Incipit officium in agenda mortuorum. Ad vesperas. Ant. Placebo . . . *Initia psalmorum, novem lectiones, orationes.*

f. 181′. Credo *(Nicaenum).* — *f.* 182. Quando sacerdos uadit ad celebrandum, dicat hanc orationem Omnipotens et misericors Deus, ecce accedo . . .; oratio post missam: Sit Iesu dulcissimum sacrum corpus tuum . . .

15. Psalterium.

Regin. 1816. membr. 260 f. 208 × 125 mm. 1499.

f. 1 *vacuum.*

f. 2. Incipit liber hymnorum vel soliloquiorum prophetae David de Christo. Beatus vir . . . *Psalterium Gallicanum litteris initialibus feriatum, inscriptiones, orationes, numeri psalmorum; singuli psalmorum versus a linea incipiunt.* — *f.* 27′. In finem ps. David, postquam liniretur. XXVI. Psalmorum II liber. Dominus illuminatio . . . — *f.* 140′. Ps. CXVIII sub litteris Aleph, Beth . . .

f. 178. Explicit liber psalmorum, in quo etiam . . . infrascriptum psalmum . . . subnectendum devote censui . . . quando *(David)* Goliath gladio expugnavit. Ps. Pusillus eram — a filiis Israel; oratio.

f. 179. Canticum Esaie prophetae. Confitebor tibi . . . *cantica cum nominibus.* — f. 187′. Hymnus trium puerorum in camino ignis: Benedictus es Domine Deus — gloriosus in saecula; hymnus s. Ambrosii et s. Augustini: Te Deum; symbolum fidei a sanctis patribus in concilio Niceno editum; symbolum Athanasii ep. Alexandrini: Quicumque; canticum angelorum: Gloria in excelsis.

f. 195′. Ante communionem oratio deuotissima. Omnipotens et misericors . . .; *precationes.* — *f.* 199 *vacuum.*

f. 200. Psalmorum totiusque operis tabula per alphabetum . . .; *index.*

f. 205. Antonius Sinibaldus Florentinus scripsit Florentie A. D. 1499. — Infrascripta orationem rex Ferdinandus in quodam libello fecit mihi transcribere . . . cum apud maiestatem suam bibliothecae curam gererem. Iesus Nazarenus — in terram uiuentium. — *f.* 206 *vacuum.*

Miniat. color. et inaurat. — f. 1. Pictura tabularis, quae fere tota evanuit.

16. Psalterium.

Urbin. 1379. chart. 175 f. 264 × 190 mm. 2 col. saec. XVI.

f. 1. Psalterium dispositum per hebdomadam cum ordinario officii de tempore. *Inscriptio.*

Dominica ad matutinum. Ante matutinum et omnes horas . . . Pater noster . . . Inuitatorium. Adoremus Dominum, qui fecit nos . . . Beatus vir . . . *Psalterium Gallicanum dispositum per hebdomadam cum ordinario officii de tempore secundum usum Romanum. — f. 24. Post laudes dominicales prima, tertia, sexta, nona. — f. 142. Vesperae dominicales et feriales. — f. 168. Post vesperas sabbati completorium et antiphonae de B. M. V. — f. 175' vacuum.*

Pict. miniat color. et inaurat.

17. Psalterium et officia B. M. V. et defunctorum.

Vatican. 3770. membr. I + 232 f. 202 × 140 mm. saec. XVI.

f. I. *Kalendarium, 2 col. Picturae calendares. Inter sanctos:* Apr. Walerici ep., Georgii m. *r.,* Sigismundi. Mai. Sigismundi, Gothardi, Germani. Iun. Eligii ep. *r.* Aug. Ludovici reg., Fiacrii. Sept. Lamberti. Oct. Fidis virg. Nov. Huberti, Leonardi, Martini. *r.* Dec. Nicolai *r.,* Nicasii ep. *r.,* Lazari m. — *f.* 7, 8 *vacua.*

f. 9. Incipit psalterium Dauiticum. Beatus uir . . . *Psalterium Gallicanum picturis tabularibus feriatum, numeri psalmorum. — f. 24', 25 vacua. — f. 26.* Deus illuminatio mea . . . — *f. 36 vacuum. — f. 37.* Dixi custodiam . . . — *f. 46', 47 vacua. — f. 48.* Dixit insipiens . . . — *f.* 58 *vacuum. — f.* 59. Ps. CVIII Saluum me fac . . . — *f.* 71 *vacuum. — f.* 72. Exultate Deo adiutori . . . — *f.* 83 *vacuum. — f.* 84. Cantate Domino . . . — *f.* 95 *vacuum. — f.* 96. Dixit Dominus . . .

f. 117. Canticum Ysaie XII. cap. Confitebor tibi . . . *Cantica V. et N. Test., nomina scriptorum et capita librorum biblicorum. — f.* 124. Hymnus Ambrosii et Augustini. Te Deum. — f. 124'. Symbolum Athanasianum. Quicumque.

f. 126. Kyrieleyson . . . — *Litaniae et orationes. Inter sanctos:* Dyonisi, Willibrorde, Bernardine, Ursula cum sodalibus tuis.

f. 129. Initium sancti euangelii secundum Iohannem. Gloria tibi, Domine. In principio erat . . . — *f.* 130. Secundum Lucam *(1. 26—38).* Missus est

angelus . . . — *f.* 131. Secundum Matheum *(2, 1—12).* Cum natus esset . . .
— *f.* 132. Secundum Marcum *(16, 14—20).* Recumbentibus undecim . . .
— *f.* 133 *vacuum.*

f. 134. Officium beate Marie uirginis secundum consuetudinem curie
Romane. Ad matutinas. Domine labia mea . . . Invitatorium. Ave Maria . . .
Officium per omnes horas, psalmi, hymni, lect. I—III. In omnibus requiem
— suavitatem odoris. — *f.* 138', 139 *vacua.*

f. 140. Deus in adiutorium . . . Ant. Assumpta est . . . Laudes. — *f.* 145
vacuum. — *f.* 146. Ad primam. — *f.* 148 *vacuum.* — *f.* 149. Ad tertiam.
f. 150' *vacuum.* — *f.* 152. Ad sextam. — *f.* 153', 154 *vacua.* — *f.* 155.
Ad nonam. — *f.* 156', 157 *vacua.*

f. 158. Ad vesperas. Ant. Dum esset rex . . . — *f.* 161 *vacuum.* —
f. 162. Ad completorium.

f. 163'. Iste psalmus et alii duo sequentes dicuntur die Martis et Veneris. Ad matutinum. Ant. Specie. Eructuauit . . .; — *f.* 165 die Mercurii
et sabbato.

f. 166'. Ad vesperas primi sabbati de aduentu . . . Ant. Missus est . . .
Proprium officii tempore adventus.

f. 169. Officium a nativitate usque ad purificationem . . . Ant. O admirabile commercium . . . *Officii proprium. — f.* 170', 171 *vacua.*

f. 172. Incipit missa beate Marie. Et introibo ad altare Dei . . . Salue
sancta parens . . . *Totum officium cum Gloria in excelsis.*

f. 174. Sequitur oratio valde bona de beata virgine. Missus est Gabriel . . .
*Precationes, nonnullae ad indulgentias lucrandas dicendae, ultima cum
indulgentiis a Sixto IV. concessis. — f.* 179', 222 *vacua.*

f. 223. Septem psalmi. ant. Ne reminiscaris . . . *Septem psalmi poenitentiales, litaniae, preces, orationes. Inter sanctos:* Quiriace. — *f.* 232
vacuum.

*Pict. miniat. color. et inaurat. fig. flor. Picturae tabulares: — f. 8'.
David ursum interficit. — f. 25'. David armis regis Saul expeditus. —
f. 36'. David Goliath Philisthaeum interficit. — f. 47'. Spolia Philisthaei
in tabernaculo ponuntur. — f. 58'. Davidem caput Philisthaei afferentem
mulieres cantantes excipiunt. — f. 71'. David ex tentorio Saul scyphum
aquae tollit. — f. 83'. David Michol uxorem ducit. — f. 95'. David
diadema accipit. — f. 133'. Annuntiatio B. M. V. Infra:* Ecce ancilla
Domini — verbum tuum. — *f. 139'. Visitatio B. M. V. — f. 145'.
Nativitas D. N. I. Chr. — f. 148'. Angeli et pastores. — f. 151'. Adoratio trium magorum. — f. 154'. Purificatio B. M. V. — f. 157'.
Fuga pueri Iesu eiusque parentum. — f. 161'. Caedes Innocentium. —
f. 171'. Genealogia Christi. — f. 179. Corpus Iesu e cruce in genibus
matris afflictae depositum. — f. 222'. Animae iustorum e purgatorio
liberantur.*

18. **Psalterium.**

Ottobon. 10. chart. I + 141 + 1 f. 204 × 132 mm. saec. XVII.

f. I. R. 1. 61. D. 3. 14. — *f.* I′ *vacuum.* — *f.* 1 a. Questo libro e statto schritto per mandato del Sig. Dom. Ferante da Este. Pregino in Castello. — *f.* 1 a′ *vacuum.*

f. 1 b. Tabula. Incipit tabula, in qua . . . *Index: initia et numeri psalmorum, numeri versuum et foliorum.* — Index deuotionum post psalterium dicendarum. — *f.* 4′ *vacuum.*

f. 5. Virtutes psalmorum. Beatus Augustinus . . . Canticum psalmorum — laudet Dominum. — *f.* 7′ *vacuum.*

f. 8. Psalmista. Incipit liber hymnorum siue psalmorum uel soliloquiorum. Ps. David primus. [B]eatus uir . . . *Psalterium Gallicanum.* — *f.* 103. Canticum trium puerorum, Credo, *precationes ad Deum et ad sanctos dicendae.* — *f.* 107′ *vacuum.*

f. 108. Domini saluatoris uita. Vita Domini nostri Iesu Christi in rithmis secundum sanctum evangelium edita a beato Anselmo. [T]E ut in memoria reuocem — habundare bonis; *versus, responsorium, oratio.* — *f.* 117′ *vacuum.*

f. 118. Oratio ante communionem. Sequuntur orationes multum deuote . . . [P]iissime ac mitissime fili Dei . . . — *f.* 127′ *vacuum.* — *f.* 128. Orationes post communionem. — *f.* 137′ *vacuum.* — *f.* 138. Orationes pro defunctis. — *f.* 138′, 139′, 140′, 141′ *vacua.*

f. 138—141 minora. Complura folia refecta.
Deficit miniator.

19. **Psalterium.**

Vatican. 8576. chart. 166 f. 184 × 128 mm. saec. XVII.

f. 1. Psalterium David. Psalmus primus. De Christi sive de viri justi perfectione et felicitate impiorumque uanitate et damnatione. Beatus vir . . . *Psalterium Gallicanum; in marginibus interpretationes breves.* — *f.* 160 *vacuum.*

f. 161′. Recitantes psalterium: post x psalmos adjungere potest unam ex quinque oblationibus passionis Christi et orationibus hic positis. Gloria Patri, qui creauit nos . . . *Quinque oblationes et oblatio post psalmodiam.* *f.* 166′ *vacuum.*
Omnia folia praeter f. 166 refecta.

20. **Psalterium Ambrosianum et hymnarium.**

Vatican. 82. membr. I + 255 f. 220 × 157 mm. saec. X.

f. I. Hunc librum disolutum reuerendissimus archiepiscopus Theatinus impensis suis iussit sic coarctari.

f. 1. Summo in folio. Iste liber est monasterii sancti Iacob de Pontida. *man. saec. XIV.*

lIII. XVI. lVI . . . Dauid enim rex nocturno tempore — fiat hoc est semper. *De psalterio a Davide rege scripto vel condito et de psalterii partibus.*

f. 1'. Incipit prefatio s. Hieronymi presbyteri. Psalterium Rome dudum — fonte potare.

f. 2'. Ut reprobare superflua — fauente Domino emendaui. *Prooemium, in quo:* emendationis studium . . ., quamquam locis non omnibus, sed, ubi uigui, hoc in nablo ex Graiorum psalteriis excitare conatus sum, necnon ut ipsa Greca, quae in Latinum transtuli, certa esse uideantur, non alia, sed quae beati Hieronymi emendationi consonant, eligere curaui. — *f. 4.* De vitiis quattuor scripturarum. *Hic* — *f. 6'.*: Quodsi de sancti Hieronimi ueritate aliquid erroris passum me esse dicas eo, quod forsitan in eius psalterio aliter sonant, quam quod hic pronuntiata sunt, consideretur consuetudo singularum prouinciarum. — *f. 7.* De notis *i. e. de signis grammaticis vel criticis.*

f. 11'. Dauid filius Iesse, cum esset in regno suo, quattuor elegit — fiat hoc est semper. *De psalterio et de eius partibus.*

f. 13'. Uersiculi Hieronymi presbyteri. Psallere qui docuit — dulcia melle. Iste psalmus ideo non habet titulum, quia capiti . . . *Desunt reliqua.*

f. 14. Beatus vir . . . *Psalterium Romanum (Ambrosianum). Inscriptiones, intentiones orantium, diapsalmata, signa, post psalmos orationes; singuli versus a linea incipiunt.* — *f. 27. A ps. 50 incipientes antiphonae man. saec. XIV in marginibus appositae et neumis instructae, item numeri psalmorum et:* AL[leluia]. — *f. 144. Ad ps. 104 numeri* III—VIIII. — f. 152'. *Ad ps. 108 numeri* VI—XVII. — *f. 155. Ad ps. 110 et* — *f. 156' ad ps. 111 nomina litterarum Hebraicarum.* — *f. 187.* Ps. Laudate omnes gentes, collaudate eum . . . — *f. 154' vacuum.*

f. 205. Incipit psalmus propriae scriptus Dauid extra numerum, cum pugnaret cum Goliad. Pusillus eram — de filiis Israel.

f. 205'. Incipiunt cantica prophetarum. Canticum Esaie prophete. De nocte uigilat — ira Domini. — *f. 206'.* Canticum seu oratio Annae. Confirmatum est — Christi sui. — *f. 208.* Canticum seu oratio Abacuc prophetae. Domine audiui — in gloria eius. — *f. 209'.* Canticum Ionae prophetae. Clamaui ad Dominum — meo Domino. — *f. 210.* Canticum Deuteronomii. Attende caelum — in medio mari. — *f. 214'.* Canticum Exodi. Cantemus Domino — ternos stantes. *Desunt nonnulla.* — *f. 215* cum curribus — in medio mari. — Canticum Zachariae prophetae. Benedictus. — *f. 215'.* Canticum beatae Mariae. Magnificat. — *f. 216.* Hymnus trium puerorum. Benedictus es Domine Deus patrum — et laudabilis. — *f. 216'.* Ymnum trium puerorum. Benedicite omnia opera. — *f. 217* Hymnus in honore Trinitatis. Te Deum — et gloriosus in saecula saeculorum.

f. 218. Hymnus nocturnalis. Aeterne rerum conditor . . . *Hymni ordinarii, — f.* 223. *de sanctis et de tempore, — f.* 236'. *de communi, — f.* 238. *in dedicatione ecclesiae, — f.* 239. ad serenitatem, *— f.* 240. ad pluuiam poscendam, *— f.* 240'. in tempore belli.

f. 242'. Incipit fides catholica, quam s. Athanasius dictauit. Quicumque . . . *— f.* 244. Exorcismus s. Ambrosii. Omnipotens Domine, uerbum Dei Patris — saeculum per ignem. Amen.

f. 246. Consideratio psalmorum in causis diuersis ita conuenienter aptatur: in oratione hi subsequenter notati. XVI Exaudi Domine . . . *Item:* in oratione, prece et interpellatione; in interpellatione et gratiarum actione; in confessione peccatorum . . .

f. 256'. Incipit confessio s. Augustini episcopi. Deus inaestimabilis misericordiae — saluatorem nostrum, qui tecum . . .

Multa folia refecta, nonnulla laesa.

Neumae.

Thomasius, Opera, ed. Vezzosi (Romae 1747) tom. II, p. (XX.) *— Guido Maria Dreves,* Aurelius Ambrosius S. 20.

21. Psalterium Ambrosianum et hymnarium.

Vatican. 83. membr. V + 233 f. 252 × 175 mm. saec. X.

In fol. 2. praeligato chart. Edidit praefationem: ut reprobare etc., psalterium cum signis diacriticis et cantica ex hoc ipso codice vel potius 82. R. card. Thomasius opp. tom. III. A. Maius.

f. I *vacuum. — f.* I'. Si prestes anime tue concupiscentias... *Praecepta moralia man. saec. XIV, nomina urbium Iudaicarum, index septem psalmorum poenitentialium; al. man.:* Hic confirmatus Robertus Coloniensis; litterae numeralis, quae ostendunt, quando papa Pius Rome eum con... *—f.* II *vacuum.*

f. III. Item letanias maiores *(Ambrosianas).* In die primo. I. Conuertimini ad me . . ., *man. saec. XIII. Undecim partes versuum, responsorium, nominum sanctorum, — f.* 230'. *terminatae. — f.* IIII. In sancto Victore ad ulmum. *Statio.*

f. 1. Ut reprobare superflua — fauente Domino emendaui. *Prooemium ut Vatican. 82. Ad:* nec non et causa mee prouinciae consuetudinis . . . *man. rec. in margine:* ergo fuit archipraesul, forte beatus Ambrosius, qui fuit posterior Ihronimo.

f. 9'. Incipiunt dicta s. Augustini, quid sint psalmorum virtutes. Canticum psalmorum animam decorat — multiplicat uirtutes.

f. 11. Incipit expositio psalmorum uel litterarum . . . Psalterium dicitur a psallentium multorum modulatione — libri. fiat, fiat.

f. 12. Dauid, filius Iesse, cum esset in regno suo — hoc est semper. *De psalterio a Davide rege scripto vel condito et de psalterii partibus.*

f. 15. Versiculi Hieronymi presbyteri. Psallere qui docuit — dulcia melle.

f. 15′. Iste psalmus ideo non habet — ultiones insinuat.

f. 16′. Incipit liber psalmorum. — *f.* 17. Beatus vir ... *Psalterium Romanum (Ambrosianum) litteris initialibus feriatum. Inscriptiones, intentiones orantium, diapsalmata, signa critica, post psalmos orationes, numeri psalmorum, ut Vatican. 82.*

f. 193′. Incipit psalmus propriae scriptus Dauid extra numerum, cum pugnasset cum Goliat. Pusillus eram — de filiis Israel.

f. 194′. Incipiunt cantica prophetarum. Canticum Esaye prophetae. De nocte vigilat — ira Domini. — *f.* 195′. Canticum seu oratio Annae. Confirmatum est — Christi sui. — *f.* 196′. Canticum seu oratio Abbacuc. Domine audivi — in gloria eius. — *f.* 198. Canticum Ionae prophetae. Clamaui ad Dominum — meo Domino. — *f.* 198′. Canticum Deuteronomii. Adtende caelum — populi sui. — *f.* 202. Canticum Exodi. Cantemus Domino — in medio mari. — *f.* 203. Canticum Zachariae prophete. Benedictus. — *f.* 204. Canticum beatae Mariae: Magnificat; hymnus trium puerorum: Benedictus es Domine, Deus patrum — et laudabilis. — *f.* 204′. Ymnus trium puerorum. Benedicite. — *f.* 205′. Hymnus in honore sanctae Trinitatis. Te Deum.

f. 207. Ymnus nocturnalis. Aeterne rerum conditor ... *Hymni ordinarii officii,* — *f* 210. *de sanctis et de tempore,* — *f.* 221. *de communi,* — *f.* 222. *in dedicatione,* — *f.* 223. ad serenitatem, ad pluviam poscendam, in tempore belli.

f. 227′. Incipit fides catholica, quam sanctus Athanasius dictauit. Quicumque. — *f.* 229, 229′, 230 *loci abrasi.*

f. 230′. Super nonaginta — conturbatum est. *Litaniae, ut f.* III.

f. 231′. Feria IIa ant. In lege Domini. ps. Beatus uir, qui non (fo XVII) usque ad Confitebor tibi Domine ... *Ordo officii ferialis secundum usum Ambrosianum.* — *f.* 233 *vacuum.*

Miniat. color. et inaurat. fig. — *f.* 206. *Littera T cum imagine Crucifixi veste induti.* — *f.* 12′. *Pictura tabularis: David rex in throno residens et Asaph, Aeman, Aethan, Idithun.* — *Margines ornamentis distinctae: f.* 15′, 16, 16′, 17, 76′, 77, 132′, 133.

Thomasius, Opera tom. II, p. (XX.), 1 et q. s.

22. **Psalterium ad usum s. Barbarae.**

Vatican. 7830. chart. 81 f. 313 × 220 mm. 2 col. saec. XVII.

f. 1. Dominica ad matutinum psalterium. Actiones nostras quesumus Domine ... Adiutorium nostrum ... ℣. Ego infelix peccator confiteor Deo omnipotenti ... ℞. Precibus et meritis beatae Mariae semper virginis ...

Ant. Novit Dominus. Ps. Beatus vir . . . — *f.* 18'. Feria II. Ant. Sperent in te . . . Ps. Confitebor tibi Domine . . . — *f.* 29. Fer. III. Ant. Laudans. Ps. Diligam te . . . — *f.* 39. Fer. IV. Ant. Si ambulavero. Ps. Dominus regit me . . . — *f.* 49. Fer. V. Ant. In iustitia tua Domine. Ps. In te Domine speravi . . . — *f.* 59'. Fer. VI. Ant. Revela Domine viam tuam. Ps. Noli aemulari in malignantibus . . . — *f.* 70'. Sabbat. Ant. Sedes tua Deus. Ps. Eructavit cor meum . . .

f. 81. Peracto psalterio cum modo dicendi illud decet, ut sequatur ordo ceremoniarum ad ipsum spectantium et primo de genuflexione. Genuflectitur ad antiphonas beate Marie . . .; *de stando et de sedendo, de tecto capite, de percutiendo pectore, de signo crucis, de inclinando capite rubricae.* — *f.* 81' *vacuum.*

Vatican. Lat. 3456. Super breviarii s. Barbarae vocati emendatione gesta varia. *Item Vatican. Lat. 6171 et q. s.* — *Bäumer,* Geschichte des Breviers (Freiburg 1895) S. 464.

23. Psalterium ecclesiae et monasterii Benedictini s. Michaelis in monte sancto prope Heidelberg siti.

Palatin. 39. membr. I + 233 f. 330 × 240 mm. saec. XI.

In fol. praeligato: f. 43 huius codicis est exemplum ex codice praestantissimo bibliothecae Bambergensis in Bavaria, qui est autographus clarissimi Neugarti epi. Constantiensis et abbatis Gallensis. — In predicto codice Bambergensi continetur psalterium quadruplex quatuor columnis distinctum, et in quarta legitur psalterium Graecum iuxta septuaginta Latino tamen charactere conscriptum. Codex ex abbatia Sangallensi ab Henrico II imperatore sancto nuncupato ecclesiae cathedrali Bambergensi donatus fuit et modo inter cimelia eiusdem cathedralis asservatur. P. Martinucci.

f. I *rescriptum,* C. 44. 1542. *Infimo in folio:* 20. 49. 39.

De primo anno embolismali. In ocdoade III° sunt epact. . . . *Tabula epactarum.* — *man. saec. XIII:* [C]onvenit itaque devotioni fidelium — non vivit de spiritu Christi. *Sermo s. Thomae Aquinatis de corpore Christi.* — In illo tempore . . . Caro mea . . . Cum enim cibo et potu — Deus operetur. *Tres lectiones homiliae s. Augustini.*

f. 1. *Kalendarium Wormatiense, a mense Martio incipiens, cum mensibus Ianuario et Februario abrasis sermo et homilia de corpore Christi scripta sint; dies Aeg. Anniversaria et legata ecclesiae s. Michaelis.*

f. 6, 7', 16, 232'. Kyrieleison . . . *Litaniae, orationes. Inter sanctos:* Quintine, Vedaste, Amande, Medarde, Germane, Benedicte; *in marg.:* Nychasi *r.* — *f.* 7'. Oratio. Omnipotens sempiterne Deus . . . *man. saec. XV.*

f. 6'. Cyclus magnus paschalis annorum DXXXII . . . — *f.* 7. Dies lxx Dies XC . . . *Tabula paschalis.*

f. 8. Incipiunt nomina episcoporum urbis Romae. Beatus Petrus . . . *et constitutiones eorum; series usque ad:* XCVI Paschalis. *Man. rec. nomina imperatorum Romanorum superposita usque ad:* XXVIII Eutitanus. — *f.* 16'. Sex aetatibus mundi tempora distinguuntur — Constantinus annos XV, Leo annos V.

f. 18'. Dominica prima in adventu Domini. Ecce Dominus Deus . . . *Ordo officii breviarii; item* vigilia Domini, vigilia epiphaniae, dom. I post epiphaniam, dom. septuagesimae. *man. saec. XIII.*

f. 19. Incipit epistola s. Hieronymi ad Sunniam et Fretelam de psalterio, quae de LXX interpretum edicione corrupta sunt. Dilectis fratribus Sunnie et Fretelae . . . Hieronymus. Vere in vobis — dici potest.

f. 36. Incipit origo prophetiae regis David psalmorum numero CL. David filius Iesse, cum esset in regno suo — laudet Dominum.

f. 37. Incipit prefatio Hieronymi. Psalterium Rome — fonte potare.

f. 37'. Eusebius Hieronymus Soffronio salutem. Scio quosdam — meminisse mei.

f. 38'. Cur in psalmorum titulis quasi auctorum nomina diversa reperiuntur. In primo libro Paralypomenon — esse Dauiticos.

f. 39. Laus psalmorum s. Augustini episcopi. Canticum psalmorum — in celo mirificabit. — *f.* 39'. De virtutibus psalmorum sancti Augustini dicta. Quia etiam prophetie — per Dei gratiam perveneritis.

f. 41'. Oratio communis pro vivis et defunctis. Christe, qui es verus largitor — in saeculorum saecula. Amen. — *f.* 42'. Item oratio cum precibus pro conventu fratrum sociorumque in Christi nomine congregatorum. Salvos fac . . .; oratio: Te Domine sancte pater altissime — in saeculorum saecula. Amen.

f. 43. Praescriptum. Veracissime secundum Hieronymum scias hoc esse psalterium — transmisit. — Versus anteriores, hic qui desunt, mea perditi sunt neglegentia. *Tres lineae vacuae.*

Quos sibi pontifices legit Constantia diues | Presul et abba simul meritis electus opimis | Scriptores cauta uarios indagine lustrat | Hoc est psalterium docte collegit in unum — Quae minus ut dixi cum sint vulgata probamus. *De quadripartita psalterii editione, cuius prima columna psalterium Gallicanum, altera Romanum, tertia interpretatio iuxta Hebraeos, quarta Graecum septuaginta interpretum exhibetur.* — *f.* 43'. Exemplar quadripartiti psalterii. Beatus vir . . . *Ps. 1, 1 tribus Latinis interpretationibus et Graeca interpretatione scriptus.*

f. 44. Incipit breviarium Bedae presbyteri de titulis psalmorum, quod de Cassiodoro sumpsit. Primus psalmus non habet titulum — et reliqua.

f. 45. Beatus uir . . . *Psalterium Gallicanum, inscriptiones vel breviarium Bedae, orationes, ut Vatican. 82 et 83, signa critica, numeri psalmorum; singuli psalmorum versus a linea incipiunt.*

2*

f. 217'. Incipiunt cantica ad matutinos. Canticum Esaiae prophetae. Confitebor tibi . . . *Cantica ferialia cum nominibus scriptorum. — f. 224.* Ymnus trium puerorum. — *f. 224'.* Ymnus, quem sanctus Augustinus et sanctus Ambrosius invicem condiderunt. — *f. 225.* Canticum Zachariae prophetae. — *f. 225'.* Canticum sancte Marie, canticum Symeonis. — *f. 226.* Ymnus Angelicus. Gloria in excelsis. — *f. 226'.* Oratio dominica, symbolum apostolorum. — *f. 227.* Fides sancti Athanasii episcopi. Quicumque.

f. 228'. In primis vesperis. ant. Sacerdos in eternum . . . *Antiphonae de corpore Christi neumis instructae, eadem man., qua f. I. — f. 233.* Psalmus. Dixit . . . *Ordo officii de corpore Christi.*

Pictura tabularis — f. 44'. Arca testamenti, angeli, inscriptiones: Cherubyn, Seraphyn; *infra imagines quinque hominum et inscriptiones:* Aethan, Idithun, David, Heman, Asaph.

Neumae.

Thomasius, Opera tom. III, p. 3 et q. s. — *Martianaeus-Migne,* S. Eusebii Hieronymi opera (Lutetiae Parisiorum 1865) tom. X, col. 1232. — *Bethmann* in Pertz' Archiv der Gesellschaft für ältere deutsche Geschichtskunde Bd. XII (Hannover 1874), S. 329. — *Stevenson,* Codices Palatini Latini tom. I, p. 7.

24. **Psalterium Benedictinum.**

Vatican. 84. membr. 323 f. 296 × 192 mm. 2 col. saec. XI.

f. 1. Incipit epistola sancti Hieronymi ad Sunniam et Fretelam de psalterio, quae de lxx interpretum editione corrupta sunt: Dilectissimis fratribus Sunnie et Fretele . . . Hieronymus. Uere in uobis — recitantur pro suis nominibus.

f. 20. Incipit praefatio sancti Hieronymi presbyteri ad Paulam et Eustochium. Psalterium Rome — fonte potare.

f. 20'. Incipit eiusdem ad Sofronium. Eusebius Hieronimus Sophronio salutem dicit. Scio quosdam — meminisse mei.

f. 22. Incipit prologus Hieronimi presbiteri ad Paulam et Eustochium. Nudius tertius — pedibus nostris velociter. — *f. 24'.* Hieronimus scripsit ad easdem. Quia me dulcissimae filiae — Miserere mei Deus . . .

f. 26. Incipit sermo sancti Hieronymi de psalterio uel de litteris, quae per diuersorum capitula cognoscuntur. Psalterium dicitur — hoc est semper.

f. 27. Incipit epistola Damasi episcopi urbis Rome ad Hieronimum presbyterum. Damasus episcopus fratri et conpresbytero Hieronimo. Dum multa — in Christo semper sacerdos. — *f. 27'.* Rescriptum Hieronimi. Psallere qui docuit — dulcia mella. — *f. 28.* Uersus Damasi episcopi ad Hieronimum presbyterum. Nunc Damasi monitis — ipse triumphos. —

Epistola Hieronimi presbyteri ad Damasum papam. Beatissimo pape Damaso . . . Hieronimus supplex. Legi litteras — quod est alleluia.

f. 28'. Item prologus eiusdem. Omnem psalmorum prophetiam — beatus uir.

f. 33. Origo psalmorum, quomodo incipiunt. Ex A septem — Voce mea ad Dominum.

f. 34'. Incipit ex dicta sancti Augustini de propria eloquentia psalterii. Primum est, quod ipsi — exultat cum Christo. Amen. — *f. 37'.* Item unde supra. Cuiusdam doctoris. Psalterium inquirendum est — inter fratres meos.

f. 39. Consideratio psalmorum. In causis diuersis ita conuenienter aptantur: In oratione sunt hii . . . Exaudi Deus iustitiam — Deus in adiutorium meum intende. Tribus uicibus.

f. 42. Incipiunt exordia vel tituli psalmorum. Primus. Beatus uir — decies habet laudate. — *f. 46' vacuum.*

f. 47. In Christi nomine. Incipit psalterium de translatione septuaginta interpraetum correctum a sancto Hieronimo presbytero. Iste psalmus ideo non habet titulum . . . Psalmus Dauid, de Ioseph dicit, qui corpus Christi sepelliuit. Oratio. [*man. rec.:* Oramus te pie et exaudibilis Domine Iesu Ch]riste Deus noster et cum omni supplicatione — in cuncta saecula saeculorum. Amen.

f. 47'. Beatus uir . . . *Psalterium Romanum, sed man. saec. XIV plerisque locis secundum Gallicanum emendatum; prologi, orationes.*

f. 231'. De completione uel ordine psalmorum. Primus itaque quingenarius fide imbuit — sine fine laudemus.

f. 232. Prologus. Iste psalmus cotidianus christiano est . . . Titulus in libro ipsius Dauid. Pusillus eram — de filiis Israhel.

f. 232'. Item canticum Isaye prophetae. Confitebor tibi . . . Item canticum Ezechielis, Annae, Moysis, hominis Dei: Cantemus Domino . . ., Abacuc, Deuteronomii. — *f. 242.* Ymnus trium puerorum: Benedicite omnia opera . . ., ymnus sanctorum Ambrosii et Augustini: Te Deum, canticum Zachariae: Benedictus, beatissimae genitricis Dei Mariae: Magnificat, Symeonis casti: Nunc dimittis. — *f. 245'.* Fides catholica, edita a b. Athanasio: Quicumque, ymnus angelorum: Gloria in excelsis, oratio dominica secundum Matthaeum: Pater noster, symbolum apostolorum. — *f. 249'.* Perfecta credulitas, *symbolum Nicaenum. Post singula cantica vel symbola orationes.*

f. 251. Incipit prologus Prudenti episcopi de flores psalmorum. Cum quedam nobilis — poenitentiam agendam. Amen. — *f. 253.* Incipiunt flores psalmorum. De psalmo primo. Domine Iesu Christe altissime — regnas in saecula saeculorum. Amen.

f. 274'. Incipiunt orationes ad adorandam crucem siue ad deposcenda suffragia omnium sanctorum. — *f. 275'.* Domine labia mea . . . Dominum

Deum adoremus, qui suspensus est in cruce . . . *Officium, antiphonae, initia psalmorum, capitula, orationes.*

f. 281. Incipiunt orationes super septem psalmos poenitentiales. Deus in adiutorium meum . . . Oratio. Omnipotens sempiterne Deus, tibi summo pontifici . . . *Initia psalmorum et orationes.*

f. 285'. Ymnus trium puerorum. Benedicite Domino . . . *Initium cantici et oratio; item ad* Te Deum, *ad* Gloria in excelsis, *ad* Quicumque, *ad* Credo in Deum. — *f. 289. Precationes* ad ss. Trinitatem, — *f. 290.* ad honorem s. Mariae v., — *f. 292.* s. Michahelis, ad proprium angelum, ad honorem s. Iohannis Bapt., ss. Petri, Pauli, Iohannis evangelistae, Stephani martyr., Silvestri, Martini, Benedicti, sanctorum confessorum, sanctarum virginum. — *f. 297'.* Oratio s. Gregorii papae. Domine exaudi orationem meam, quia cognosco . . . — *f. 300.* In Parascevem ad tertiam, ad sextam, ad nonam, — *f. 300'.* ad crucem adorandam, *aliae precationes.* — *f. 303.* Domine Iesu Christe, adoro te in cruce ascendentem . . . *Versiculi s. Gregorii.*

f. 307. In nomine sanctae et individuae Trinitatis. Incipiunt rogationes ad honorem Dei et s. Dei genitricis Mariae et omnium sanctorum pro quacumque tribulatione siue aliqua necessitate. Kyrieleyson . . . *Litaniae omnium sanctorum et orationes. Nominantur omnes sancti V. T. et multi christiani, inter quos:* Theoponti, Canti, Cantiane, Cantianilla, Procule, Ermagora, Quirice, Nazari, Maurici cum sociis, Dionise, Rustice, Eleutheri, Mimate, Calepodi, Arnulfe, Sisemunde (?), Poliocte (?), Isidore, Ylari, Brici, Remigi, Germane, Vigile, Titiane, Herculane, Frigdiane, Cerboni, Possidoni, Maure, Collumbane, Galle, Maiole, Christina, Iulia, Petronilla, Fusca, Maura, Eufraxia, Iustina, Daria, Febronia, Eugenia, Tecla, Rufina, Secunda, Taisi (?), Pellagia, Firmina, Mustiola, Geretrudis, Bruennis (?), Felicula, Eufemia, Columba, Iuliana, Corona, Reparata. *Nomen solius s. Benedicti litteris uncialibus scriptum.* — *f. 316'.* Confessio ad s. Trinitatem. — Item alia. Confessio penitentis ad sacerdotem, *in qua*: peccavi, quia sine causa iratus fui abbati meo et fratribus meis. — Oratio pro peccatis. Oratio super plures penitentes.

Nonnulla man. rec. addita.

Pict. miniat color. Picturae tabulares: — *f. 46. Agnus Dei cum inscriptione:* Dominus lucis, Trinitatis, pacis, *et quattuor evangelistae.* — *f. 275. Pictura canonis, supra imagines solis, lunae, duorum angelorum.*

25. Psalterium monacharum s. Benedicti.

Vatican. 4406. membr. 131 f. 200 × 132 mm. saec. XII.

f. 1. Beatus [vir] . . . *Psalterium Romanum feriatum, antiphonae, nonnullae man. rec. neumis instructae.* — *f. 81. Ad ps. 118 nomina litterarum*

Hebraicarum apposita et: ad primam. — *f.* 88. Hic incipit canticum graduum. *man. rec.*

f. 101. Canticum. Confitebor . . . *Cantica ferialia. Desunt inscriptiones praeter:* — *f.* 103′. Canticum Abacuc. Domine audiui . . . — *f.* 107′. Ymnum puerorum: Benedicite, ps. Zachariae: Benedictus, canticum Marie: Magnificat, canticum apostolorum: Te Deum. — *f.* 108′. Canticum: Te decet laus, canticum Symeonis: Nunc dimittis, oratio dominica, canticum de angelis: Gloria in excelsis, symbolum maiore: Credo in unum Deum, canticum fide catholica: Quicumque.

f. 112′. Kyrieleyson . . . *Litaniae, preces. Inter sanctos:* Illuminata, Romana; *locis abrasis et man. muliebri additi:* Fortune, Fortunate, Christofore, Lamberte, Nabor et Felix, Secundiane cum soc., Bonifatii, Leonarde. — Orationes ad Patrem, Filium, Spiritum s.; oratio Augustini: Domine Iesu Christe, qui in hunc mundum — in futuro. Amen; — *precationes.* — *f.* 120. Ego Clemens Romanus pontifex inueni in canonibus apostolorum . . . *De ieiunio duodecim diebus Veneris instituendis et oratio de s. Brigida v. dicenda.*

f. 120′. In festo Chremetis facta ratione presbyteri Guilelmus . . . *De ratione inita. man. rec.*

f. 121. *Tabulae calendares de numero aureo, de kalendario Romano, de temporibus festivis.* — *f.* 122. In prima littera istius computi currit M. c. lxxxxviii . . . — Primi quoque embolismi . . . — Anno Domini MCLXXXVIII capta est terra Ierusalem a Saladino mense Iunio.

f. 122′. *Kalendarium. Ind. astr. et cal. dies Aeg.; nonnulla abrasa, alia addita.* — *f.* 123. XVII Kal. Febr. dedicatio s. Pancratii. *Inter sanctos:* Apr. Depositio s. Fridiani *r.* Iun. Sanctorum Cantianorum. Iul. Rufine et Secunde vv. *r.* Sept. Digne et Merite, Fauste *r.* Nov. Fridiani ep. et conf. *r.*

Neumae.

26. Psalterium et hymnarium Benedictinum Farfense.

Regin. 1743. membr. 88 f. 142 × 84 mm. 1495.

f. 1. *Kalendarium. Ind. astr. et cal., kalendarium novum, grad. num., praecepta de valetudine.* — *f.* 6′. III Non. Dec. Dedicatio huius sacri cenobii Sublacensis.

f. 7. Beatus uir . . . *Psalterium Romanum feriatum, antiphonae, numeri et divisiones psalmorum, feriae, horae.*

f. 69. Confitebor tibi . . . *Cantica V. et N. Test.,* Gloria in excelsis, Credo apostolicum *et* Nicaenum, Pater noster, Te Deum, Quicumque.

f. 75′. Kyrieleison . . . *Litaniae, preces, orationes.*

f. 78. Oratio post psalterium. Domine Iesu Christe — salua nos, qui . . .

f. 78′. Hic psalmus a Dauid scriptus est ... Pusillus eram — a filiis Israel.

f. 79. In yeme ymnus ad nocturnos. Primo dierum omnium ... *Hymni dominicarum et feriarum.*

f. 83. Explicit psalterium cum ymnis per fratrem Baptistam de Gallia anno Domini 1495. In venerabili monasterio sancte Marie Farfensi. *Infra:* Oratio post psalterium. Omnipotens et misericors Deus ... *Tres orationes.*

f. 83′. Dominicis diebus. Cantica. Domine miserere nostri ... *Cantica dominicalia et de communi sanctorum, hymni de communi et in dedicatione ecclesiae.*

Nonnulla eadem et al. man. addita.

Miniat. color. — f. 7. Littera B miniat. color. et inaurat.

27. **Psalterium Bisuntinense..**

Vatican. 6859. membr. II + 125 f. 113×85 mm. 2 col. saec. XV.

In tegumento anteriore et in f. I: Henri Collumbet possessor. — 1651 Fr. Laurentius de Laurea Minorum conuentualis donauit bibliothecae Vaticanae. — *f. I′, II vacua.*

f. 1. Cristi nomine inuocato incipit psalterium cum antiphonis, versiculis et hymnis, prout per anni circulum in ecclesia metropolitana et diocesi Bisuntinensi decantatur. inuitatorium. Adoremus Dominum ... *Psalterium Gallicanum cum ordinario officii de tempore. — f. 13. Post laudes dominicales prima dominicalis. — f. 76′. Post vesperas dominicales initia psalmorum completorii. — f. 77. Prima, tertia, sexta, nona. — f. 87′. Vesperae feriales. — f. 99′.* Canticum Te Deum, Benedicite, canticum Zachariae, canticum uirginis Marie, canticum Symeon, *litaniae, preces.*

f. 104. Oraison a la glorieuse vierge Marie. Marie de Dieu ... *Precationes lingua Latina et Francogallica man. rec. conscriptae. — f. 105′, 106 vacua.* — *f. 107.* Initium s. evangelii secundum Iohannem, *versus, responsorium, oratio. — f. 108.* Passio Domini nostri Iesu Christi secundum Iohannem. — *f. 118.* Oratio deuotissima ad beatam virginem Mariam. Obsecro te ... — *f. 117.* Petrus le Paige Rothomagensis scripsit 1536. — *f. 117′.* Domine Iesu Christe ... *Precationes lingua Latina et Francogallica al. man. conscriptae.*

Pict. miniat. color. et inaurat. flor.

28. **Psalterium et hymnarium Camaldulense, officium defunctorum.**

Vatican. 7599. membr. II + 129 f. 332 × 230 mm. 2 col. saec. XIV. XV.

f. I vacuum. — f. II. Monasterii sancti Gregorii de Urbe ordinis Camaldulensis 1583. — Monasterii s. Bernardi de Urbe. *al. man. — f. II′ vacuum.*

f. 1. *Kalendarium. Ind. astr. cal. grad. num., alia abrasa, alia man. rec. addita.* — *f.* 5'. VI Kal. Nov. Obiit uenerabilis uir Vanuccius Andreoli patronus noster. *al. man.*

f. 7. Psalmus Dauid primus feria secunda ad primam. Antiphona. Seruite Domino. Evouae. Beatus uir . . . *Psalterium Gallicanum feriatum, numeri psalmorum et nocturnorum, antiphonae notis musicis quadratis instructae.* — *f.* 75'. *Post vesperas fer. II. prima, tertia, sexta, nona dominicalis; tertia, sexta, nona fer. II. et III.*

f. 92'. Feria secunda ad laudes. Canticum Ysaie prophete. Confitebor tibi . . . *Cantica ferialia cum nominibus scriptorum et feriarum.* — *f.* 97'. Canticum trium puerorum, hymnus Ambrosii et Augustini, canticum Zacharie, beate Marie virginis, s. Simeonis, canticum angelorum: Gloria in excelsis, oratio Domini, symbolum apostolorum, fides catholica beati Athanasii. — *f.* 100'. *Litaniae et orationes.*

f. 103'. Canticum in natali apostolorum, martirum et confessorum. Uos sancti Domini . . . *Cantica de communi.*

f. 104'. Incipit officium mortuorum ad vesperum. ant. Placebo. *Totum officium, novem lectiones.*

f. 108'. Incipit hymnarium . . . Ad nocturnos hymnus. Primo dierum omnium . . . *Hymni ordinarii,* — *f.* 110. *de tempore,* — *f.* 117'. *de sanctis,* — *f.* 121. *de communi et in dedicatione ecclesiae,* — *f.* 124'. In sancti Romualdi.

f. 125. *al. man.* Antiphonae, alleluia, Kyrie eleyson, Gloria in excelsis, Agnus Dei. — *f.* 129' *desinit in:* In agenda mortuorum. Kyrieleison, Christe.
Nonnulla eadem et al. man. addita. Complura folia refecta.
Notae musicae.

29. Psalterium et hymnarium Camaldulense, officium defunctorum et B. M. V.

Vatican. 7722. membr. I + 145 f. 285 × 206 mm. 2 col. saec. XIV. XV.

In tegumento anteriore fol. agglutinatum: Monasterii sancti Gregorii de Urbe ordinis Camaldulensis. *Inductum.*

f. I *vacuum.* — *f.* I'. Psalterium Cisterciense ex libris monasterij sancti Bernardi ad Thermas. *Inductum.*

f. 1. *Kalendarium ut Vatican. 7599. Nonnulla man. rec. addita.* — *f.* 5. *a librario:* VI Kal. Nov. Obiit venerabilis uir Vanuccius Andreoli anno 1324. *ead. man., qua idem necrologium Vatican. 7599.*

f. 7. Incipit psalterium. Feria secunda ad primam. ant. Seruite. Evouae 1. Beatus uir . . . *Psalterium ut Vatican. 7599.* — *f.* 81'. *Post vesper. fer. II. prima, tertia, sexta, nona dominicalis et tertia, sexta, nona fer. II. et III.*

f. 100′. Feria secunda in laudibus canticum Ysaie prophete. Confitebor tibi ... *Cantica ferialia ut Vatican. 7599.* — *f.* 105′. Canticum trium puerorum, ymnus s. Ambrosii et Augustini, canticum Zacharie, beate Marie uirginis, sancti Symeonis, canticum angelorum: Gloria in excelsis, oratio dominica, symbolum apostolorum, fides catholica beati Athenasii. — *f.* 109′. *Litaniae, orationes.*

f. 112. Canticum in natali apostolorum, martirum et confessorum. Uos sancti Domini ... *Cantica de communi.*

f. 113′. Incipit officium mortuorum. Ad uesperum. ant. Placebo Domino ... *Totum officium, novem lectiones, orationes.*

f. 117. Incipit innarium ... In dominicis diebus ad nocturnos ymnus. Primo dierum omnium ... *Hymni ordinarii,* — *f.* 119′. *de tempore,* — *f.* 128. *de sanctis,* — *f.* 133′. *de communi et in dedicatione.*

f. 136. Incipit officium beate Marie uirginis. Ad matutinum uersus. Domine labia mea ... Inuitatorium. Aue Maria, gratia plena ... *Officium per omnes horas, lect. I—III.* Sancta Maria uirgo virginum — *sine tempore, rhythmice. Desunt psalmi et hymni. In fine suffragia sanctorum.* — *f.* 139′. Antiphona de sanctis in laudibus et in uesperis ferialibus, *desinit in:* Sanctorum sicut aquile iuuentus renoua. — *Infimo in folio:* Oratio ad antiphonam Regina celi; ant. Da pacem.

f. 140. [Allelu]ya, euoue ... Alleluia, Kyrie eleyson, Gloria in excelsis, *diversis tonis et* Regina celi; *ead. man. ut Vatican. 7599 f. 125.* — *f.* 143′, 144, 145. *Probationes pennarum.*

Nonnulla in marginibus aliis manibus addita.

Notae musicae.

30. **Psalterium in usum Cisterciensium translatum.**

Vatican. 3710. membr. 172 f. 175 × 120 mm. saec. XV.

f. 1. Thaddeus Palatius de Serra comitum Senogallien. diocesis psalterium hoc librarie Vaticane dono dedit anno Domini millesimo quingentesimo nonagesimo tertio die 24. Nouembris. — *f.* 1′, 2′, 3′, 4′, 5 *vacua.*

f. 6. *Kalendarium. Ind. astr. num. rubricae. Inter sanctos:* Ian. Autberti ep. et conf., Aldegundis, Tyri, Saturnini, Victoris. Febr. Waldetrudis, Lietardi ep. et conf., Vedasti et Amandi. Apr. Antimi. Iun. Landelini, Quirici, Vindiciani. Iul. Translatio s. Thomae, s. Martini, s. Benedicti; Arnulfi. Aug. Caugeriti ep. et conf. *r.; man. rec.* Bernhardi abbatis *r.,* XII lect. et serm. Hunegundis. Sept. Bertini, Humberti, Lamberti. Oct. Amandi ep. Nov. Hutberti; *man. rec.* Leonardi; Maxellendis v., eleuatio s. Gaugerici *r.* — *f.* 12 *vacuum.*

f. 12′. Beatus vir ... *Psalterium Gallicanum litteris initialibus feriatum.*

f. 151. Ps. Dauid. Confitebor tibi ... *Cantica ferialia,* Benedicite, Benedictus, Te Deum, *omnia item* ps. Dauid *inscripta.* — *f.* 162′. Magnificat,

Nunc dimittis. — *f.* 163. Ps. Dauid: Quicumque; Pater noster, Ave Maria — ventris tui. — Benedicite. Dominus. Nos et ea, que sumus sumpturi, benedicat dextra Christi. In nomine Patris . . .

f. 166. Kyrie eleyson . . . *Litaniae et oratio:* Pie et exaudibilis — digneris sempiternam. *Inter sanctos:* Leodegari, Dionysi cum soc., Quintine, Uedaste, Desiderate, Alexi, Germane, Radegundis.

f. 171'. Veni sancte Spiritus . . . *et oratio:* Deus, qui corda . . . — *f.* 172. Beatus Nicholaus adhuc puerulus . . . *Suffragia s. Nicolai, omnium sanctorum, s. Catharinae; oratio de s. Catharina:* Deus, qui dedisti legem . . . *desinit — f. 172' in:* et inter.

Miniat. color. et inaurat. Picturae tabulares: — f. 2. S. Franciscus et s. Clara.— f. 3. S. Franciscus avibus praedicans. — f. 4. Adoratio trium magorum. — f. 12'. Christus in throno residens.

31. Psalterium Constantiense.

Palatin. 532. membr. 195 f. 95 × 70 mm. 1442.

f. 1. Ad te leuaui . . . *Preces, orationes, Pretiosa in conspectu . . . primae, quarum altera pars — f. 2, ante — f. 15 posito, finis — f. 195.*

f. 3. *Kalendarium. Ind. astr. cal. num. rubr. dies Aeg. —f.* 11. V Id. Sept. Dedicatio ecclesiae Constantiensis.

f. 15. Sancta Maria. Hic ymnus ad nocturnum a prima dominica Octobris vsque ad aduentum Domini . . . Inuitatorium item. Adoremus Dominum . . . Primo dierum . . . Beatus uir . . . *Psalterium Gallicanum feriatum cum ordinario officii de tempore. Ad psalmos, qui aliis horis canuntur,* vacat *appositum est, ut — f.* 118. *ad ps. 90:* vacat in completorium; — *f.* 175. *ad ps. 142:* penitentialis. — *f.* 145. *Ad ps. 118 nomina litterarum Hebraicarum. — f.* 145'. *Ad primam* fides Athanasii. Quicumque. — *f.* 149'. Preces ad primam in privatis diebus et item in quadragesima. *Ceterae partes inveniuntur — f.* 194 = *f.* 134 *veteris numeri, — f.* 1 = *f.* 135 *veteris numeri, — f.* 2 = *f.* 136 *veteris numeri, — f.* 195 = *f.* 137 *veteris numeri. — f.* 161. Cantica XV graduum. —*f.* 174 *scida membr. inserta.*

f. 181. Sequitur canticum Esaye prophete. Confitebor tibi . . . *Cantica ferialia cum nominibus scriptorum,* canticum Zachariae, *initia cant.* B. M. V., Symeonis, dominica[e] oracio[nis], symbol[i] apostolorum; laus Ambrosii et Augustini episcoporum: Te Deum.

f. 190'. Per me Georium Griesing anno Domini 1442 in VI a pentecostes.

f. 190'. Incipit letania. Kyrieleison . . . *preces, duae orationes.*

Folia sunt ita disponenda: 194, 1, 2, 195. — f. 111 non adest, saltus in numerando.

In marginibus et in scidis membr. insertis nonnulla addita.

Bethmann in Pertz' Archiv Bd. XII, S. 337. — *Stevenson*, Codices Palatini Latini tom. I, p. 173.

32. Psalterium monasticum.

Vatican. 6383. membr. 108 f. 246 × 160 mm. saec. XII. XIII.

f. 1. Beatus uir . . . *Psalterium Gallicanum feriatum, numeri nominaque nocturnorum et horarum, antiphonae et evovae notis musicis quadratis instructae, etiam in marginibus.*

f. 91. Canticum Ysaie prophete. Confitebor . . . *Cantica ferialia cum nominibus scriptorum.* Canticum Moysi. Audite celi *desinit in:* eloquium meum. Quasi.

f. 95. Sancte Bernarde. Sancte Galgane . . . *Litaniae.* — *f.* 95'. Domine Deus omnipotens Pater, qui filium tuum — requiem sempiternam. *Precatio.*

f. 97. Cantici dominicis diebus. Domine miserere nostri . . . *Cantica dominicalia,* — *f.* 98. *festiva,* — *f.* 100'. *de communi sanctorum.* — *f.* 102'. *Canticorum s. Crucis index desinit in:* Egressus.

f. 103. Fac me ita diligere . . . *Precationes. al. man.*

Nonnulla in marginibus eadem et al. man. addita. f. 103—108 laesa. Miniat. color. fig.

Notae musicae.

33. Psalterium monasticum, officium defunctorum, hymni.

Palatin. 35. membr. 147 f. 101 × 80 mm. saec. XIV. XV.

f. 1. Suscipere digneris — regnas Deus . . . *Oratio ante psalmodiam dicenda.*

f. 1'. Beatus uir . . . *Psalterium Gallicanum litteris initialibus feriatum, invitatoria, antiphonae, initia psalmorum laudum, divisiones, numeri psalmorum partim Romani, partim Arabici, feriae et a librario et man. rec.* — *f.* 97. Ps. 118. *Nomina litterarum Hebraicarum apposita.* — *f.* 104. Incipiunt psalmi graduales, *complures* cantic[a] *inscripti.*

f. 120'. Incipiunt cantica in laudibus. Confitebor tibi . . . *Nonnulla cum numeris feriarum;* ps. David: Audite celi . . . — *f.* 127. Himnum sancti Niceti: Te Deum, ymnum trium puerorum, canticum gloriose virginis Marie. — *f.* 129. Canticum Simonis: Benedictus, *item* canticum Simonis: Nunc dimittis, himnum angelorum: Gloria in excelsis. — *f.* 130. Oratio: Pater noster, simbolum apostolorum, aliud simbolum *(Nicaenum),* fides catholica sancti Athanasii: Quicumque.

f. 132'. Incipiunt letaniae. Kyrieleyson . . .; *orationes. Inter sanctos:* Corneli, Cypriane, Apollinaris, Vitalis, Donate, Ylariane, Ypolite et Cassiane,

Laurentine et Pergentine, Geruagi et Protagi, Processi et Martiniane, Maurici cum soc., Dionisi cum soc., Mimas cum soc., Fridiane, Benedicte, Maure, Placide, Macharii, Bernarde, Romualde, Brigitta, *al. man.:* Leonarde, Citta.

f. 136. In agenda mortuorum in primo nocturno. ant. Dirige Domine Deus . . . Ps. Verba mea . . . *Officium defunctorum, novem lectiones, orationes, vesperae in fine.* — *f.* 141'. Nota, quod officium mortuorum . . . *Ordo et rubricae.*

f. 142'. Quando anima egrediatur . . . Proficiscere anima . . . *Commendatio animae.* — *f.* 145'. Initium s. evangelii secundum Ioannem.

f. 146. Ad cenam agni . . ., Iesu nostra redemptio . . ., Vita sanctorum decus . . ., Salue crux sancta . . . *Hymni man. rec.*

Stevenson, Codices Palatini Latini tom. I, p. 6.

34. Psalterium monialium.

Palatin. 31. membr. 159 f. 184 × 123 mm. saec. XII.

f. 1. C. 96. 964. 291.

f. 1'. *Kalendarium. Ind. cal. dies Aeg. Inter sanctos litteris miniatis:* Febr. Agathe. Apr. Georgii. Iul. Alexii. Aug. Stephani pp., Sixti, Afre, Ciriaci m. et al., Agapiti, Felicis et Adaucti. Sept. Magni conf., Mauricii et al., Emmerami. Nov. Martini. Dec. Nicolai; *man. rec. multi additi, in quo numero* Kunigundis, Pirmini, Gumperti, Florentii ep.

f. 9. Beatus uir . . . *Psalterium Gallicanum, man. rec., etiam man. muliebri invitatoria, antiphonae, evovae additae.* — *f.* 97'. Aue Domina sancta Maria, clemens dulcis et pia — me benedicas (?). *Rhythmi al. man.* — *f.* 125. Canticum graduum: *ps. 119, sed deest haec inscriptio a ps. 128.* — *f.* 140'. Ps. s. Petri. Lauda Hierusalem Dominum . . .

f. 143. Canticum Esaye. Confitebor tibi . . . *Cantica ferialia cum nominibus scriptorum.* Canticum Marie sororis Moysi: Cantemus Domino . . ., Benedicite, Benedictus, Magnificat, Nunc dimittis. — *f.* 153. Dominica oratio, symbolum apostolorum. — *f.* 153'. Katholica fides. Quicumque.

f. 155'. Letania. Kyrieleyson . . ., *preces, orationes. Inter sanctos:* Blasi, Emmeramme, Laurenti, Vincenti, Dyonisi cum soc., Bonifaci cum soc., Ianuari cum soc., Kyliane cum soc., Maurici cum soc., Georgi, Sebastiane, Vite, Albane, Remigi, Maximine, Willibalde, Odalrice, Benedicte, Antoni, Iuliana, Afra, Margareta, Scolastica, Walpurgis, Gertrudis.

Multa al. man. et emendata et addita. Complura folia refecta.

Miniat. color. fig. Picturae tabulares: — *f.* 7'. *Annuntiatio B. M. V.* — *f.* 8. *Nativitas D. N. I. Chr.* — *f.* 8'. *Christus crucifixus, pictura canonis.* — *f.* 52'. *Christus in throno residens.* — *f.* 98. *B. M. V. cum puero Iesu in throno residens.* — *f.* 142'. *Michael archangelus.*

Bethmann in Pertz' Archiv Bd. XII, S. 329. — *Stevenson,* Codices Palatini Latini tom. I, p. 5.

35. Psalterium monialium Germanicarum.

Palatin. 29. membr. 108 f. 198 × 130 mm. saec. XII. XIII.

f. 1 *antea agglutinatum.* Beatus uir . . . *Ps. 1. man. saec. XV. Infra al. man. antiphonae, initia psalmorum, orationes vesperarum defunctorum.* — *f.* 1'. *Tabula rationis, in qua:* Do geviel von der prugg ze Newtrach-prugg xij lib. hall. | von der mul zu Oberhusen ain phunt. | Darnach hiezzen wir schriben, was der Eberhart hat geantwurt. | Detz ersten gab er ze den pfingsten minem herrn dem byschof XXXIII lib. hall. | Do gab er hrn. Eberhart von Schönegg . . . *man. saec. XIV.*

f. 2. Invitatorium. Regem magnum adoremus Dominum . . . Beatus uir. . . . *man. saec. XV.* — *f.* 2'. Ein gülden . . . *Probatio pennae lingua Germanica.*

f. 3. Quare fremuerunt . . . *Psalterium Gallicanum litteris initialibus feriatum, man. rec. muliebri invitatoria, antiphonae, complures notis musicis Gotice instructae.* — *f.* 86. Canticum graduum: *ps. 119 et q. s.*

f. 97. Canticum. Confitebor tibi . . . *Cantica ferialia.* — *f.* 102'. Hymnus. Benedicite. — *f.* 103. Hymnus angelorum: Te Deum, canticum Zachariae, canticum Mariae. — *f.* 104. Canticum Symeonis, dominica oratio, symbolismum: Credo *(apostolorum),* canticum: Quicumque.

f. 106. Letania. Kyrieleyson . . . *Inter sanctos:* Blasi, Georgi, Vite, Pancrati, Pantaleon, Dionisi cum soc., Bonifaci cum soc., Maurici cum soc., Gereon, Ignati, Udalrici, Corbiniane, Valentine, Benedicte, Columbane, Galle, Magne, Othmare, Margareta, Afra, Sabina, Walburgis, Ursula, Katharina, Scolastica. *Preces desinunt in:* Deus in adiutorium meum intende. — *f.* 108 *antea agglutinatum fol. psalterii saec. XI. ps. 65, 66, 67.*

Miniat. color. fig.

Notae musicae.

Stevenson, Codices Palatini Latini tom. I, p. 5.

36. Psalterium et officium defunctorum, monialium Germanicarum.

Palatin. 28. membr. 1 + 101 f. 190 × 138 mm. saec. XIII.

f. 1 a. Beatus [vir] qui . . . *Psalterium Gallicanum, man. rec. invitatoria et antiphonae additae.* — *f.* 54'. *Ps. 88, 26. 27 desinit in:* dextram eius. Ipse. — *f.* 55. Mane sicut herba . . . *Ps. 89, 6. Probationes pennarum man. muliebri ut:* — *f.* 40'. Das holtz, datz ich solt mit der Mertzin.

f. 90'. Psalmus. Confitebor tibi Domine . . . *Cantica ferialia, quorum tria priora* psalm[i] *inscribuntur.* — *f.* 95'. Canticum. Audite coeli . . .; *desinit v. 36 in:* seruis. — *f.* 96. [laudabil]is et gloriosus . . . *Ultimus versus cantici Benedicite;* Benedictus, Magnificat. — *f.* 96'. Nunc dimittis, Te Deum. — *f.* 97'. Pater noster, Credo *(apostolorum),* Quicumque.

f. 99. Kyrieleyson . . . *Litaniae. Inter sanctos:* Blasi, Emmeramme, Vite, Dionysi cum soc., Bonifaci cum soc., Gereon cum soc., Cuonrade, Leonarde, Galle, Magne, Otmare, Augustine, Alexi, Columbane, Vides, Spes, Caritas, Brigida, Ursula.

f. 100'. Verba mea . . . *Antiphonae, initia psalmorum, versus, responsoria, lectiones minores primi et secundi nocturni officii defunctorum. Desinunt* — *f*. 101' *in:* Domine, ne serui (?).

Stevenson, Codices Palatini Latini tom. I, p. 5.

37. Psalterium monialium Germanicarum.

Palatin. 32. membr. 129 f. 172 × 117 mm. saec. XIII.

f. 1. *Kalendarium Wormatiense, ut videtur. Dies Aeg. Multa man. muliebri addita, ut:* s. Henrici imperatoris, Otmari, Florentini ep., Erhardi. *Necrologia, quo in numero:* — *f*. 1'. V Id. Febr. Obiit Ottilia Liebenstayn anno 94. — *f*. 4'. V Id. Aug. Obiit Elisabeth uxor Iacobi de Gūstetten anno Domini vᶜ und IX Iaer. — *f*. 6'. *In margine:* Obiit pater meus Theodericus de Gūstetten anno lxiij Kal. Decemb.

f. 7. Beatus uir . . . *Psalterium Gallicanum litteris initialibus feriatum. Man. rec. muliebri in marginibus et in scidis chart. insertis invitatoria et antiphonae.*

f. 35. Confitebor tibi . . . *Cantica ferialia.* — *f*. 41'. Te Deum, Benedictus, Benedicite, Quicumque, Magnificat, Nunc dimittis.

f. 45'. Kyrieleison . . . *Litaniae. Inter sanctos:* Georgi, Panthaleon, Christofore, Quintine, Albane, Lamperte, Maurici cum soc., Dionysi cum soc., Georgi cum soc., Valentine, Blasi, Gereon cum soc., Kyliane, Oswalde, Crispine, Crispiniane, Galle, Servati, Remigi, Germane, Severine, Severe, Amande, Vedaste, Willebrorde, Eusebi, Maximine, Othmare, Egidi, Alexi, Godeharde, Leonarde, Columbane, Antoni, Bernharde, Udalrice, Petronilla, Eufemia, Eugenia, Tecla, Brigida, Praxedis, Walburg, Cristina, Iuliana, Barbara, Margareta, Ursula, Adelheid, Maria Eg., Afra. — *f*. 47'. *Litaniae desinunt in:* Ut fructus terre — digneris.

Folia ita sunt disponenda: 14, 48—129, 15—47.

Miniat. color. et inaurat.

Bethmann in Pertz' Archiv Bd. XII, S. 329. — *Stevenson,* Codices Palatini Latini tom. I, p. 5.

38. Psalterium et officium defunctorum monialium Germanicarum.

Palatin. 27. membr. 109 f. 173 × 127 mm. saec. XIV.

f. 1 *rescriptum,* Exaudi Domine iustitiam . . . *Ps. 16, 1 al. man.* — *f*. 1'. circumdederunt me . . . *Ps. 16, 11. Psalterium Gallicanum litteris initialibus feriatum, invitatoria, antiphonae, versus neumis sine lineis in-*

structa, aevia, initia psalmorum laudum; man. rec. feriae et antiphonae additae. — *f.* 70, 70' al. man. — *f.* 90. Fritagesvesper.

f. 97. Ps. David. Confitebor tibi . . . *Cantica V. Test. et Benedictus* psalm[i] David, *sed man. rec. nominibus scriptorum appositis* cantic[a] *inscribuntur.* — *f.* 100'. Canticum David. Audite coeli . . . — Te Deum, Quicumque.

f. 106'. Kyrieleyson . . . *Litaniae, preces, orationes. Inter sanctos:* Vite, Georgi, Dionisi cum soc., Gereon cum soc., Maurici cum soc., Kyliane, Nicomedes, Gottharde, Galle, Lulle, Othmare, Remigi, Egidi, Otto, Brigida, Gertrud., Kunegund.

f. 109. Placebo . . . *Officium defunctorum; antiphonae et initia psalmorum vesperarum,* lectio I(—VI) *et responsoria vigiliarum.* Lect. I Ne des alienis . . . *cum reliquis, sed abbreviatis, ut videtur.* Lect. VI Multi de his — ut videant semper.

Multa abrasa, emendata, addita.

Neumae.

Stevenson, Codices Palatini Latini tom. I, p. 5.

39. **Psalterium fratrum Minorum et hymnarium.**

Ottobon. 47. membr. I + 129 f. 216 × 145 mm. 2 col. 1360 (?).

f. I. R. 1. 55. — *f.* I' *vacuum.*

f. 1. *Kalendarium. Ind. astr. cal. dies Aeg., man. rec. nonnulla addita. Inter sanctos:* Ian. Constantii. Febr. Giliberti conf., Rainaldi ep. Mart. Herculani m., Ansiuini. Apr. Georgii m., Vitalis m. Mai. Ubaldi. Iun. Fortunati conf., Onufrii conf., Fortunati ep. Iul. Ruphine, Quirici et Iulitte, Pastoris presbyteri et cardinalis. Aug. Ludovici ep. et sancti Ruphini de Arcis m., Ludovici reg. Sept. Eustachii et soc., Mauricii et soc. Oct. Cerboni ep. Nov. Leonardi conf., Potentiani papae et m. et s. Helysabeth, Illuminate v. m. Dec. Sauini ep. m.

f. 7. Ymnus iste dicitur . . . Primo dierum omnium . . . Nocte surgentes. Beatus uir . . . *Psalterium Gallicanum feriatum cum ordinario officii de tempore secundum usum Romanum.* — *f.* 28'. *Post laudes dominicales prima.* — *f.* 86. *Post vesperas fer. II. ps. 118, tertia, sexta, nona. Numeri psalmorum man. rec. additi.*

f. 103. Te Deum, Benedicite, Benedictus, Magnificat, Nunc dimittis, Pater noster, articuli fidei: Credo *(apostolicum),* Credo *(Nicaenum),* Quicumque. *Inscriptiones canticorum man. rec.*

f. 107. Kyrieleyson . . *Litaniae, preces, orationes.* — *f.* 110' *vacuum.*

f. 111. Sabbato primo de aduentu. Ad uesperas ymnus. Conditor alme . . . *Hymni de tempore, de sanctis, de communi sanctorum tempore paschali,* — *f.* 123'. *de communi et in dedicatione,* — *f.* 126. dominica de Trinitate, in festo corporis Christi.

f. 128. Istud psalterium fuit factum sub anno Domini millesimo trecentesimo sexagesimo nono. mensis Augusti.

f. 128′. Te Mariam laudamus — non confundar in eternum. *al. man.*
Multa man. rec. et emendata et addita.

40. Psalterium monialium ordinis Praedicatorum Germanicarum.

Palatin. 36. membr. 318 f. 105 × 70 mm. saec. XIII. XIV.

f. 1. *Kalendarium Moguntinum columnis inaurat. inclusum*, *al. man.*
Cum alia, tum nomina mensium Germanica addita.

f. 7. Beatus uir . . . *Psalterium Gallicanum litteris initialibus feriatum;*
al. man. intentiones orantium lingua Germanica additae, *quarum multae*
abrasae vel desectae; man. rec. antiphonae vel appositae vel scidis membr.
insertae.

f. 281′. Ps. Confitebor tibi . . . *Cantica ferialia* psalm[i] *inscripta.* —
f. 300. Ps. Canticum Zachariae. — *f*. 301. Canticum angelorum. Te Deum.
f. 303. Canticum. Magnificat. — *f*. 304. Canticum Zachariae. Nunc dimittis.
— *f*. 304′. Ps. Quicumque.

f. 309′. Kyrieleyson . . . *Litaniae, preces, duae collectae. Inter sanctos:*
Emmeramme, Galle, Othmare, Afra, Walburgis.

f. 318 . . . qui non ex sanguine — plenam gratiae. Amen. *Partes initii*
evangelii secundum Ioannem al. man.

f. 318′ . . . filius virginis angnus Dei, salus mundi — dulcedo requies.
Precatio, deest initium.

Multa aliis manibus addita. — f. 316 ante f. 315 ponendum est. —
f. 225, 231, 237, 244 scidae membr. insertae.

Bethmann in Pertz' Archiv Bd. XII, S. 329. — *Stevenson*, Codices Palatini Latini tom. I, p. 6.

41. Psalterium monialium ordinis Praedicatorum Germanicarum.

Palatin. 26. membr. II + 194 f. 169 × 120 mm. saec. XIV.

f. I *vacuum.* — *f*. II. C. 133. 26. 22. — *f*. II′ *vacuum.*

f. 1. *Kalendarium Spirense vel Coloniense; man. rec.* s. Arbogasti,
s. Adelphi, s. Dominici *et sancti ordinis Praedicatorum additi. — f*. 3.
Non. Mai. Uff disen tag bin ich swester Katerina in den orden geton
worden. *Picturae calendares.*

f. 13. Beatus uir . . . *Psalterium Gallicanum litteris initialibus feriatum.*
Singuli psalmorum versus a linea incipiunt. Invitatoria, antiphonae, inten-
tiones orantium lingua Germanica conscriptae, Gloria Patri *man. rec. addita.*

f. 179. Confitebor tibi . . . *Cantica ferialia. — f*. 189′. Benedictus. —
f. 190′. Magnificat. — *f*. 191. Nunc dimittis, Te Deum. — *f*. 192. Quicumque.

f. 194'. 1548. O. H. P. M. D. Z.

Multa manibus rec. et emendata et addita.

Pict. miniat. color.: — f. 1. littera B. — Picturae tabulares: — f. 7. Annuntiatio B. M. V. — f. 7'. Nativitas D. N. I. Chr. — f. 8. Adoratio trium magorum. — f. 8'. Caedes Innocentium. — f. 9. Fuga in Aegyptum facta. — f. 9'. Purificatio B. M. V. — f. 10. Christus a Ioanne baptizatur. — f. 10'. Christus capitur. — f. 11. Christus flagellatur. — f. 11'. Christus crucem baiulat. — f. 12. Christus crucifigitur. — f. 12'. Christus in throno residens et signa evangelistarum.

Stevenson, Codices Palatini Latini tom. I, p. 4.

42. Psalterium et hymnarium fratrum Praedicatorum.

Vatican. 7791. membr. 185 + 2 f. 440 × 317 mm. saec. XIV.

f. 1. De transfiguratione Domini ad vesperas. Gaude mater que (?) . . . *al. man.; in fol. agglutinato multa evanuerunt. Hymni; tertius:* Novum sidus exoritur — monstras premium. Amen.

f. 2. tuam et possessionem tuam terminos terre . . . *Ps. 2, 8. Psalterium Gallicanum feriatum et initia psalmorum laudum. Antiphonae et capitula notis musicis quadratis instructa.*

f. 129. Confitebor tibi Domine . . . *Cantica ferialia. — f. 135'.* Te Deum, Benedicite, Benedictus, Magnificat, Nunc dimittis, Credo *(apostolorum).* Quicumque.

f. 141. aderis rimari facta pectoris — simus perennes celibes. Vox clara ecce intonuit . . . *Hymni de tempore, — f. 158'. in dedicatione, — f. 159'. de sanctis. — f. 172.* In festo s. Remigii. *— f. 174'. Hymni de communi sanctorum, — f. 179' ordinarii. Initia hymnorum notis musicis quadratis instructa. — f. 181. Diversi hymnorum toni et quibus temporibus canantur.*

f. 184. [E]xultet mentis iubilo . . . *Hymnus de s. Thoma Aquinate al. man. — Tres hymni de s. Vincentio ordinis fratrum Praedicatorum, unus de s. Catharina eiusdem ordinis al. man. — f. 185 agglutinatum.*

Cum maiores litterae initiales sint exsectae, eorum foliorum, a quibus feriarum officia incipiunt, sola fragmenta reliqua. Desunt veteres numeri f. 83, 96, 99—120, 127, 140. — f. 26 et 62 bis numerantur.

Miniat. color. et inaurat.

Notae musicae; nonnullae lineae notarum vacuae.

43. Psalterium Suffolciense.

Regin. 12. membr. 182 f. 328 × 242 mm. saec. XI.

In f. praeligato: Psalterium cum deuotis orationibus in fine, quod pertinebat ad cenobium s. Edmundi in Anglia in agro Suffolciensi. Vide Monasticon Anglicanum p. 285, pars I.

f. 1. trepidus conscientia metuo — in hac hora. Amen. *Precatio man. saec. X. Deest initium.*

f. 6. Dies quadrag[esimae]. *Tabulae paschales et calendares. — f.* 6'. *De epactis, de concurrentibus, de divisione mensium.*

f. 7. *Kalendarium. Ind. astr. et cal.* dies malae. *Nonnulla sanctorum nomina versibus indicantur ut — f.* 8. VI Id. Ian. Edgarum regem dies hic super astra locauit. — *f.* 11'. V Kal. Nou. Dedicatio basilice sancte Marie et sancti Eadmundi.

f. 13. Hoc in cyclo . . . *Tabulae calendares et interpretationes usque ad — f.* 20'. — *f.* 16'. Anno Domini MLVI. Hic ab anno passionis regis nostri Eadmundi ducenti anni sunt transacti. *Tabula temporum ab anno 1000 usque ad annum 1095 al. man. — In margine al. man.:* Anno Domini MXX. Hinc denique presul Aelppinus sub comite Dupkyllo constituit regulam monachorum sancti Eadmundi monasterio et sub uoluntate licentia que Cnutoni regis permanet usque in presens. — *f.* 17'. Anno Domini MXXXII. Hic sub Cnutono rege constructam basilicam beate memorie archipresul Aeg(*al. man.* th)elnodus consecrauit eam in honore Christi et sancte Marie sanctique Eadmundi.

f. 21. Beatus uir . . . *Psalterium Gallicanum, inscriptiones, divisiones; singuli psalmorum versus a linea incipiunt. — f.* 104 *dimidium vacuum. — f.* 104' *vacuum, cum initium ps. 101 desit. — f.* 105. et ego sicut foenum arui . . . *Ps. 101, 12. — f.* 116' *vacuum. — Ad. ps. 118 nomina litterarum Hebraicarum addita totusque ps. in duas* omelia[s] *divisus; altera* omelia *incipit:* Portio mea, Domine: dixi custodire legem tuam.

f. 145. Oratio post psalterium pro semetipso et consanguineis eius et fratribus. Deus pie exaudibilis . . . *Quattuor orationes.*

f. 145'. Hic psalmus sibi propria scriptus. Dauid extra numerum, cum pugnavit cum Goliath. Pusillus eram — a filiis Israel.

f. 146. Incipiunt cantica. Canticum Isaie prophetae. Confitebor tibi . . . *et* canticum Ezechielis. — *f.* 147. Canticum Annae fer. IIII. Exultavit cor meum . . . — *f.* 148. Fer. V. Canticum Anne. Cantemus Domino gloriose . . . — Canticum Abacuc, Moysi hominis Dei ad filios Israhel, trium puerorum, Zacharie, s. Marie. — *f.* 155. Ymnus ante sanctum euangelium dominicis siue festiuis noctibus: Te Deum; prophetia Symeonis, oratio dominica, Pater noster, symbolum *(apostolorum),* ymnus angelicus: Gloria in excelsis; fides catholica: Quicumque.

f. 159. Kyrieleyson . . . *Litaniae, orationes. — f.* 163. In presentia corporis et sanguinis tui . . . commendo tibi me miseram famulam tuam — per omnia saecula saeculorum. Amen. — *f.* 164' *vacuum. — f.* 165. Oratio bona. Omnipotens sempiterne Deus . . . *Precationes, quo in numero: — f.* 173. Specialis et precluisa ad Christi militem Eadmundum oratio. — *f.* 181'. Super Dei ecclesia et universis membris eius supplicatio; *desinit in:* adiunge corporibus.

f. 182. [N]omina hec sanctorum ... *Index reliquiarum per Ermen-*
trudem abbatissam in monasterium s. Mariae Iotrense delatarum al. man.
Desinit in: De dente et digito sancti Karalefr ... Clemente. *al. man.*
Nonnulla folia refecta.
Pict. miniat. color. et inaurat. Picturae lineares et inscriptiones.
Bethmann in Pertz' Archiv Bd. XII, S. 266.

44. Septem psalmi poenitentiales et litaniae.

Palatin. 534. membr. A + 65 f. 122 × 85 mm. saec. XV.

f. A. C. 10. 1955. 601. *Probatio pennae. — f.* A'. Hanns Traeber.
Anno etc. 1437.

f. 1. *Kalendarium. Ind. cal. — f.* 9'. IV Kal. Oct. Dedicacio ecclesie
Augustanae.

f. 13. Ordo accollitatus etc. Ostende nobis Domine . . . ympnus. Veni
creator spiritus — credamus omni tempore. Domine ne in furore . . . *Sep-*
tem psalmi poenitentiales. — f. 32. *Litaniae, preces, oratio:* Suscipe digneris
Domine Iesu Christe hos septem psalmos consecratos — saeclum per ignem.
Amen. — *f.* 39. 1456.

f. 39'. Pulcherrima oratio seu salutacio ad gloriosissimam virginem Mariam.
Saluto te beatissima uirgo — mortis hora suscipe.

f. 42'. Oratio de sancto Thoma. Thoma Dydime . . . *Suffragium, cuius*
antiphona rhythmi; item: de s. angelo proprio, de s. Barbara.

f. 48. Isti uersus sequentes reuelati fuerunt beato Bernhardo a dyabolo . . .
Illumina oculos . . .; oratio. — *f.* 50'. Initium sancti evangelii Iohannis.
— *f.* 52. *Precationes, compluribus manibus. — f.* 60', 61. *Probationes*
pennae. — f. 62—65 *vacua. — f.* 65'. Item Hanns; *probatio pennae.*

Pauca in marginibus et inter versus addita.

Bethmann in Pertz' Archiv Bd. XII, S. 337. — *Stevenson,* Codices Palatini Latini tom. I, p. 174.

II. ANTIPHONARIA.

1. Antiphonarium Benedictinum.

Vatican. 4749. membr. 117 f. 332 × 240 mm. saec. XIII. XIV.

f. 1. In sancti Gregorii pp. ad uesperum ant. Sancti Spiritus ... Gregorius ortus Rome ... *Antiphonarii totum officium.* — *f.* 15. Benedicamus Domino, Kyrie eleyson, *compluribus tonis et interpretatio tonorum musicorum, man. saec. XV.* — *f.* 15'. Ant. et responsorium in sancti Clementis. — *f.* 18'. In sancti Andree, *totum officium. Item:* — *f.* 27'. In dedicatione ecclesie.

f. 35. In natali apostolorum. In euangelium ant. Ecce ego mitto uos ... *Communis sanctorum tota officia.*

f. 76'. In sancte Marie Magdalene. R̶ ad vesperum. Veni electa mea ... Ad Magnificat ant. Dum transisset sabbatum ... *Totum officium.* — *f.* 84. Dominica de Trinitate responsorium.

f. 85'. In 1. nocturno antiphona. Dirige Domine Deus meus ... *Totum officium defunctorum. Deest inscriptio.*

f. 91'. Uenite exultemus Domino ... *Ps. 94 et invitatoria varia et:* — *f.* 94'. In nativitate Domini, — *f.* 101'. *communis sanctorum,* — *f.* 105. in pascha.

f. 106'. In sancte Lucie uirg. In tua patientia possedisti ... *Responsoria et antiphonae. Ant. III ad cantica desinit in:* Rogaui Dominum meum Ihesum Christum. *Cetera* — *f.* 110. — *f.* 110', 109'. In sancte Scolastice virg. *Responsoria et antiphonae.*

f. 117'. Salue pater sanctissime — turba malignorum. *Ant. de s. Benedicto al. man.*

In marginibus probationes pennarum, quarum in numero: — *f.* 111': pro paticimenis (?) *et series nominum. man. rec.* — *f.* 117. Uenerabili in Christo patri domino domino N (?) Dei gratia archiepiscopo Burgensi.

Notae musicae quadratae — *f. 1—15 et f. 112; neumae al. man.* — *f. 17—112.*

3**

2. Antiphonae, responsoria, hymni, processionale.

Palatin. 553. chart. 92 f. 143 × 100 mm. saec. XVI.

f. 1. inanes. Summe Trinitati, simplici Deo . . . *Antiphonae, responsoria, hymni a pent. usque ad festum omnium sanctorum de tempore et de sanctis.* — *f.* 46. Ante sex dies . . . *Processionale dominicae palmarum, paschalis, pentecostes; ascensionis.* — *f.* 62′. Crux fidelis . . . *Adoratio s. Crucis fer. VI in parasceve, quae* — *f.* 63 *ante* — *f.* 59 *posito terminatur.* — *f.* 65′. Cum heiliger gaist, her der durch liech.

f. 72. Cenantibus illis accepit Iesus . . . *Responsorium officii corporis Christi, cuius ceterae partes* — *f.* 4.

f. 76′. Te Deum laudamus; *desinit in:* speraui, non con.

f. 79. Mirabile Deus commercium . . . *Hymni de sanctis et de B. M. V. al. man.* — *f.* 91′ *vacuum.*

f. 92. *Manus Guidonis, imperfecta.* — *f.* 92′, 93 *vacua.* — *f.* 94′. *Probationes pennae, cum aliae, tum:* Dem orsamen und wisem meister Hc̃us von Usinstetten.

Miniat. color. rudes.

Notae musicae Gotice scriptae.

Stevenson, Codices Palatini Latini tom. I, p. 177.

3. Responsoria et hymni.

Palatin. 552. chart. 120 f. 160 × 100 mm. saec. XV.

f. 1. Responsorium Lazari Zaiger. *al. man.* — Descendit de celis . . . *Responsoria de tempore et de sanctis a nativitate Domini usque ad s. Nicolai.*

f. 32. Dum fabricator mundi mortis supplicium . . . *Responsoria de hebdomada sancta.* — *f.* 38. Vidi aquam . . . *f.* 40. Ante sex dies . . . *Ad processionem dominicae palmarum.* — *f.* 48′. Agys o theos . . . *Improperia fer. VI in parasceve.* — *f.* 49. Aue spes et salus . . . *Sequentia (?) de B. M. V.*

f. 55. Collegerunt pontifices et Pharisei — nisi cesarem. *Partes passionis D. N. I. Chr. secundum Ioannem.* — *f.* 59. Solem iusticie . . . *De B. M. V.*

f. 59. Prima Re la . . . *Toni musici.* — *f.* 60. Incipiunt toni communes. Primum querite regnum Dei . . . *Toni ordinarii.*

f. 66. Ach Cristas (?) volk von Syon — nach diser zeit das ewig leben. *Interpretatio et paraphrasis sequentiae Lauda Sion et quattuordecim fructus ss. Sacramenti, lingua Germanica conscripti.*

f. 71′. Laus tibi Christi, qui pateris in cruce — in terris. Kyrie eleison. O Maria Dei genitrix tuum verum filium — cum beatis. Kyrie eleison. Wir danket dir, lieber herre . . . *Precationes lingua Latina et Germanica conscriptae.*

f. 73. Ecce factum est, postquam in captivitatem . . . *Lamentationes Ieremiae.*

f. 88. Aue uiuens hostia, veritas et vita — fiat detrimentum. *Hymnus de ss. Sacramento, strophae I—IV notis musicis instructae.* — *f.* 89′. Expliciunt strophe sackramenti. Item Hans Hepner von Gemünd. — *Preces.*

f. 91. Felix namque es sacra virgo . . . *Responsoria de B. M. V., de omnibus sanctis, de s. Trinitate, de corpore Christi, de s. Gallo, alia.*

f. 106′. Benedicamus Domino . . . *De ss. Sacramento, ad processionem, ut videtur.* — *f.* 107. Gloria, laus et honor . . . *Hymnus ad processionem dominicae palmarum.* — *f.* 109. Crux fidelis . . . *Hymnus fer. VI in parasceve.* — *f.* 110′. Inuentor rutili dux . . . *Hymnus sabbati sancti; item:* — *f.* 111. Rex sanctorum angelorum . . . *Initia notis musicis instructa.*

f. 113. Tu lux vera . . . *Precationes aliis manibus, probationes pennae.* — *f.* 115′. MAch werder münd, von dir ist wünd . . . *Rhythmi Germanici.* — *f.* 116. Magnifice Domine rector . . . *Exemplum litterarum.*

f. 116′. Fuerunt sine querela ante Dominum . . . *Responsoria de sanctis et de tempore.* — *f.* 117 *vacuum.*

f. 120. Lazarus Zaiger, Ioannes Voetter (?). *Picturae lineares et probationes pennae.* — *f.* 120′. *Probationes pennae, cum aliae, tum:* Dem ersamen unnd weysen.

Notae musicae Gotice scriptae.

Stevenson, Codices Palatini Latini tom. I, p. 177.

III. HYMNARIA.

1. Hymnarium Benedictinum.

Vatican. 7172. membr. 183 f. 225 × 140 mm. saec. X. XI.

In foliis praeligatis: Index hymnorum. *man. saec. XVI.*

f. 1. dum cantica, que excubantes psallimus — nullis ruamur actibus. Presta Pater... In laudibus. Aeterna celi gloria... *Hymni ordinarii fer. VI, ut videtur.* — *f.* 1'. De sabbato ad nocturnum.

f. 2'. De adventu. Verbum supernum prodiens ... *Proprium de tempore et sanctorum usque ad s. Ambrosii.* — *f.* 19' *antea vacuum, man. rec. hymnus et antiphona, quorum maior pars evanuit; tres lineae neumis sine lineis instructae.* — *f.* 29. In sancti Iuliani et Basilisse. — *f.* 33. In sancti Severini. — *f.* 85. In s. Flauiani conf. — *f.* 90'. In sancti Erasmi m. — *f.* 102. In s. Quirici. — *f.* 103. S. Mauricii. — *f.* 115. In s. Eufemie. — *f.* 116. In s. Maurici *alius hymnus requirendus.* — *f.* 128. In s. Placidi et Giliberti.

f. 129. In dedicatione ecclesiae. Sacratum hoc templum Dei ...

f. 132. Ymnus in natale apostolorum. Exultet celum laudibus ... *Commune sanctorum.*

f. 138'. Canticum de aduentu Domini. Ecce Dominus Deus in fortitudine ... *Cantica festiva et dominicalia,* — *f.* 145'. *de communi.*

f. 148'. Lectiones de aduentu Domini. Et erit in nouissimis diebus ... *Lectiones breves de tempore et de sanctis,* — *f.* 176'. *de communi,* — *f.* 180'. *cotidianis diebus.* Lect. Pacem et ueritatem ... *desinit in:* dicit.

Complura in marginibus eadem et aliis manibus addita. Ad multos hymnos glossae interlineares. Multa folia refecta.

Pictura linearis man. puerili — *f.* 7.

Neumae.

Dreves, Hymnarius Severinianus. Lipsiae 1893.

2. Hymnarium Bobiense.

Vatican. 5776. membr. 109 f. 152 × 102 mm. saec. XI.

f. 1 *vacuum.* — *f.* 2, 3 *folia codicis saec. VII litteris semiuncialibus scripti agglutinata.* — *f.* 3'. In hoc uolumine contin[entur] regula canonicorum, decretales quedam contra symo[niacos], hymni tam de tempore [quam de] sanctis per circulum anni. *man. rec.*

f. 4 [133]. Liber sancti Columbani de Bobio. *(man. rec.)* — et his officiis diligenter . . . *De pistoribus et de cocis. Regula canonicorum. Ambrosii* Super laicam *desinit in:* pro cupiditate ha. — *f.* 4. *Infra:* Est edita haec regula apud Coletum Concil. T. IX. A. Maius.

f. 58'. Hymnus de pasca. Chorus noue Hierusalem — et spiritu paraclito. Amen. *Complures librarii.*

f. 64. Liber sancti Columbani de Bobio. *man. rec.* — Primo dierum omnium . . . *Hymni ordinarii dominicales et feriales, initia antiphonarum, psalmorum, versuum, capitulorum.* — *f.* 73. *Hymni de tempore incipientes ab adventu et de sanctis.* In s. Laurentii ad laudes: Sed fortis Christi signifer . . . *desinit in:* furis hostis. *Neumae sine lineis.*

Folia ita disponenda sunt: 72, 77, 73—76, 78—81, 83, 82, 85, 84, 86, 87—103, 109, 108, 105, 106, 107, 104. Multa folia refecta.

Complura eadem et al. man. addita.

Neumae.

Bethmann in Pertz' Archiv Bd. XII, S. 252.

IV. HOMILIARIA.

1. Homiliarium.

Regin. 38. membr. 223 f. 255 × 192 mm. saec. IX.

f. 1. Bourdelou. Nro. 43. Non Petauianum 1656. *Infimo in folio:* Volumen xliij Non Petauianum.

In nomine Domini incipit epistola s. Gregorii pape ad Secundinum episcopum Tauromineanum. Reverendissimo et sanctissimo fratri Secundino — certiores fiant. — *f.* 1'. Incipiunt capitula libri I *homiliarum I—XX...* *et homiliae s. Gregorii papae a dom. IV ante natale Domini ad Luc.* Erunt signa... *usque ad dom. in septuagesima. In fine:* Sabbato in XII lectionibus ad Luc. Anno quintodecimo imperii... — *f.* 60. Incipiunt capitula libri II *homiliarum I—XX, lectiones evangeliorum, homiliae s. Gregorii papae a die paschae incipientes.* — *f.* 151. In natalitiis apostolorum... *Communis sanctorum homiliae s. Gregorii.* — *f.* 187. In natale s. Stephani pape et m. *Ad Luc.* Homo quidam nobilis... *homilia:* Homo nobilis ille est — iussus est. — *f.* 188. In natale s. Syxti pape et m. *Ad Matth.* Ecce ego mitto vos... *homilia:* Contraria sibi sunt — gloria confitetur. — *f.* 188'. In natale VII fratrum. *Ad Matth.* Loquente Iesu ad turbas: Ecce mater tua... *homilia s. Gregorii:* Sancti evangelii, fratres karissimi, brevis est lectio — palmam vicit. — *Complures homiliae, aliae in lect. I—VIII, aliae in lect. IX—XII divisae.* — *f.* 190' *vacuum.*

f. 191. *Ad Marc.* Fuit Iohannes in deserto baptizans... *homilia Bedae:* Adventum dominice predicationis — sacramentis. Qui... *Item homiliae Bedae: Ad Ioa.* Iohannes testimonium perhibens... *homilia:* Redemptoris nostri precursor — gratiarum actio. — *Ad Matth.* Ecce nos reliquimus omnia... *homilia:* Audiens a Domino — eternam, prestante... — *Ad Ioa.* Perrexit Iesus in montem... *homilia:* Presentem sancti evangelii — emundare dignetur, qui... — *Ad Ioa.* Descendit Iesus in Capharnaum... *homilia:* Solet movere quosdam — induamus nos Dominum Iesum Christum. — *Ad Ioa.* Erat dies festus... *homilia:* Duo pariter miracula — inducere dignetur, in qua vivit... — *Ad Luc.* Hec sunt verba... *homilia:* Ascensurus in celum — introducat Iesus Christus... *Ad Luc.* Exiit edictum...

homilia; Audivimus ex lectione — promisit Iesus Christus . . . — *f.* 223. *Probationes pennae.*

f. 223'. Epistola s. Augustini ad Profuturum. Fratri Profuturo Augustinus. Secundum spiritum — affectibus animi contra.

Multa folia refecta. Nonnulla aliis manibus addita.

2. Homiliarium.

Palatin. 429. membr. 143 f. 360 × 288 mm. saec. XI.

f. 1. Omelie dominicalium evangeliorum ac sanctorum a sabbato sancto paschae usque in adventum Domini. *man. saec. XV.*

Lectio s. evangelii secundum Iohannem. In illo tempore dixit Iesus discipulis suis: [S]ic Deus dilexit mundum — vitam eternam. Et reliqua. Omelia lectionis eiusdem. Non enim misit Deus — quia in Deo sunt facta. — *Ad Ioa.* Qui non intrat . . .; *item homilia sine nomine scripta:* De illuminato illo — inaniter faciunt. *al. man.*

f. 1'. In vigilia pasche. lectio evangelii secundum Matth. Vespere sabati, que lucescit — super eum. Et reliqua. Omelia venerabilis Bede presbyteri de eadem lectione. Vigilias nobis — inducat, qui . . . — *f.* 5'. De die sancto. *Ad Luc.* Una sabbati — corpus Domini Iesu. *Homilia Bedae:* Aperta nobis — gaudia pervenire Iesus Christus . . . — *f.* 9. Feria III paschae. *Ad Luc.* Stetit Iesus in medio . . . *homilia Bedae:* Gloriam sue resurrectionis — homine Iesu Christo, qui . . . — *f.* 13. Feria VI. *Ad Matth.* Undecim discipuli . . . *homilia Bedae:* Evangelica lectio, fratres karissimi, quam modo — sublevet in qua . . . — *f.* 16'. In die sabbati. *Ad Ioa.* Cum esset sero . . . *homilia Augustini:* Cum esset ergo sero — alias disputemus. — *f.* 17'. In pascha annotina. *Ad Ioa.* Erat homo ex Pharisaeis . . . *homilia Bedae:* Sicut ex lectione . . . audivistis. — invicem. Cui. — *f.* 21'. In letania maiore. *Ad Luc.* Quis vestrum habet amicum . . . *homilia Bedae:* Rogatus a discipulis — ante saecula paravit per Iesum . . . — *f.* 26'. Dominica II post octavam. *Ad Ioa.* Modicum et iam non . . . *homilia Bedae:* Leta Domini et salvatoris — vincentium Iesus Christus . . . — *f.* 29'. Dominica III post octavam paschae. *Ad Ioa.* Vado ad eum . . . *homilia Bedae:* Sicut ex lectione, fratres karissimi, audivimus — dare consuevit Iesus Christus.

f. 33'. In natale sanctorum apostolorum Philippi et Iacobi. *Ad Ioa.* Non turbetur cor . . . *homilia Augustini:* Erigenda est — maiorum horum faciet.

f. 36'. Dominica V. *Ad Ioa.* Amen, amen dico, si quid petieritis . . . *homilia Bedae:* Potest movere — adnuntiet nobis, cum quo . . . — *f.* 40. In vigilia de ascensa Domini. *Ad Ioa.* Sublevatis Iesus oculis . . . *homilia Augustini:* Glorificatum a Patre — non sum in mundo. — *f.* 43. In ascensa

Domini. *Ad Luc.* Hec sunt uerba . . . *homilia Bedae:* Ascensurus in caelum
— introducat Iesus Christus. — *f.* 48. Dominica post ascensa Domini.
Ad Ioa. Cum venerit paraclitus . . . *homilia Bedae:* Ex multis sancti
evangelii locis — prerogavit Iesus Christus.

f. 54. Sabbato pentecosten. *Ad Ioa.* Si diligitis me . . . *homilia Bedae:*
Quia si Spiritus hodie — apud Patrem, cum quo . . . — *f.* 59. Dominica IIII
post octavam pentecost. *Ad Luc.* Estote misericordes . . . *homilia Bedae:*
Hoc loco nobis — de oculo fratris. — *f.* 61. Dominica V post octavam
pentecost. *Ad Luc.* Cum turbe irruerent . . . *homilia Bedae:* Factum est
autem, cum — ut sequerentur.

f. 63. In vigilia s. Iohannis Bapt. *Ad Luc.* Fuit in diebus Herodis . . .
homilia Bedae: Venturus in carne — coronam eternam, qui . . . *In marginibus tres lectiones assignatae; ad:* existeret. Si vero . . . Hic cessa. —
f. 68'. In natale s. Iohannis Bapt. *Ad Luc.* Elisabeth impletum . . . *homilia
Bedae:* Precursoris Domini natiuitas — pervenire mereamur Iesum Christum . . .
In marginibus octo lectiones octavae assignatae. — *f.* 72. Vigilia apostolorum Petri et Pauli. *Ad Ioa.* Simon, diligis me . . . *homilia Bedae:* Virtutem nobis perfecte — pollicetur Iesu Christo. *In marginibus tres lectiones
assignatae; ad:* cordium. Si quidem . . . Hic cessa. — *f.* 75. *Ad Matth.*
Venit Iesus in partes Caesareae . . . *homilia Bedae:* Lectio evangelii . . .
tanto intentius — promisit, qui . . . — *In marginibus octo lectiones assignatae.* — *f.* 78'. In natal. s. Pauli apostoli. *Ad Matth.* Ecce nos reliquimus . . . *homilia Bedae:* Tunc respondens Petrus dixit . . . Grandis
fiducia — regenerata per fidem.

f. 79'. Dominica VI. *Ad Matth.* Nisi abundaverit . . . *homilia Bedae:*
Quae sunt autem ista — est regnum celorum — *f.* 81'. Dominica VII.
Ad Marc. Cum turba multa . . . *homilia Bedae:* Et in hac lectione —
esse cibariis. — *f.* 84. Dominica VIII. *Ad Matth.* Adtendite a falsis prophetis . . . *homilia Origenis:* Adtendite . . . Quod paulo superius — cuius
sitis, prestante . . . — *f.* 88'. Dominica VIIII. *Ad Luc.* Homo quidam
erat diues . . . *homilia (Bedae abrasum) Hieronymi:* Quis sit uilicus —
parce et metet. — *f.* 91. Dominica XIII *(in margine man. rec.). Ad Luc.*
Quidam legis peritus surrexit . . . *homilia Bedae:* Legis peritus, qui — devotus
operare. — *f.* 93. Dominica XI. *Ad Luc.* Dixit Iesus ad quosdam, qui in
se confidebant . . . *homilia Bedae:* Publicanus humiliter orans — pensentur
ignoro.

f. 94. In natal. s. Iacobi apostoli. *Ad Matth.* Accessit ad Iesum mater
filiorum Zebedei . . . *homilia Bedae:* Dominus conditor et redemptor —
merebimur, qui . . . — *f.* 98'. In natal. s. Laurentii. *Ad Ioa.* Nisi granum
frumenti . . . *homilia Bedae:* Se ipsum — coronas gloriosissimas receperunt.

f. 100'. Dominica XII. *Ad Marc.* Exiens Iesus de finibus Tyri . . . *homilia Bedae.* Surdus ille — dignabitur Iesus Christus . . .

f. 103′. In decollatione s. Iohannis Bapt. *Ad Matth.* Audivit Herodes...
homilia Bedae: Natalem, fratres karissimi, beati Iohannis — ad celos Iesus
Christus . . .

f. 108′. Dominica XIIII. *Ad Luc.* Dum iret Iesus in Hierusalem . . .
homilia Bedae: Leprosi non absurde — qui in celis est. — *f.* 110′. Dominica XV. *Ad Matth.* Nemo potest duobus dominis . . . *homilia Bedae:*
Nemo potest ad hanc ipsam intentionem — temporalium cogitare. — *f.* 113.
Dominica XVI. *Ad Luc.* Ibat Iesus in ciuitatem, quae vocatur Naim . . .
homilia Bedae: Naim civitas — semper imitando. —*f.* 114′. Dominica XVII.
Ad. Matth. Cum intraret Iesus in domum cuiusdam principis Pharisaeorum...
homilia Bedae: Ydropis morbus — vetat, congruit.

f. 116′. In natale s. Matthaei apostoli. *Ad Matth.* Cum transiret Iesus,
uidit hominem sedentem . . . *homilia Bedae:* Legimus apostolo dicente —
qui sedens super thronum Patris . . .

f. 121. Feria IIII mensis Septembris. *Ad Luc.* Respondens unus de
turba . . . *homilia Bedae:* Notandum, quod semper loca — propulsabimus
insidias. — *f.* 123′. *Ad Luc.* Factum est in una dierum . . . *homilia Bedae:*
Ubi Dominus sedens — corda convertunt. — *f.* 125′. *Ad Matth.* Accesserunt ad Iesum Sadducei . . . *homilia Bedae:* Accesserunt quidam Saddu-
ceorum — difficile conquiescunt.

f. 127. In festivitate s. Michaelis. *Ad Luc.* Accesserunt discipuli . . .
homilia Bedae: Si diligenter audistis euangelicam lectionem — fluctibus
demergatur.

f. 128′. Dominica XVIIII *(al. man.).* *Ad Matth.* Ascendens Iesus in
naviculam . . . *homilia Bedae:* Christus in humanis actibus — perfidie
moreris. — *f.* 130. Dominica XVIII. *Ad Matth.* Interrogavit Iesum unus
de scribis . . . *homilia Bedae:* Et interrogavit eum — eum per ipsum. —
f. 133. *Ad Luc.* Simile factum est regnum caelorum homini, qui seminavit . . . *homilia Bedae:* Aliam parabolam — in regno Patris sui. —
f. 134. Dominica XXII. *Ad Matth.* Simile est regnum caelorum homini
regi . . . *homilia Hieronymi:* Ideo adsimilatum est — ipsi fuerimus. —
f. 135. *Ad Matth.* Abeuntes Pharisaei consilium inierunt . . . *homilia Bedae:*
Querentes Dominum — non invenisset locum. — *f.* 135′. *Ad Luc.* Loquente
Iesu ad turbas, ecce princeps unus . . . *homilia Bedae:* Et superius dixi —
salva facta est.

f. 137′. Vigilia Andreae apostoli. *Ad Ioa.* Stabat Iohannes . . . *homilia*
Bedae: Tanta ac talis — promittere dignatus Iesus Christus . . . — *f.* 141.
In natal. apostolorum. *Ad Ioa.* Ego sum uitis uera . . . *homilia Augustini:*
Iste locus euangelicus — iudicent ex eis. — *f.* 142′. *Summo in folio:*
Sic Deus dilexit mundum — omnis, qui credit, *neumis sine lineis instructum.*
— *f.* 143. De apostolis. *Ad Ioa.* Haec mando uobis . . . *homilia Bedae:* In
lectione euangelica, que hanc antecedit . . .; *desinit in:* afferatis et fructum.

Multa emendata, complura eadem et al. man. in marginibus addita.
Neumae — f. 142'.
Stevenson, Codices Palatini Latini tom. I, p. 125.

3. **Homiliarium.**

Palatin. 431. membr. 228 f. 270 × 205 mm. saec. XI.

f. 1. Item alia unde supra. Maria Iacobi. Omelia lectionis . . . *Index a numero XII usque ad numerum LXXXVIII (?).* — Expliciunt capitula in libro primo.

Incipiunt capitula partis secundae. I. Dominica post ascensa Domini. Secundum Iohannem. cap. CXLV (?). In illo tempore dixit Iesus discipulis suis. Cum venerit Paraclitus . . . Omelia lectionis. *Locus ad nomen patris ascribendum vacuus. Post numerum X — f.* 2. *numerus LXVII—LXXXV.* — Expliciunt capitula in libro secundo.

f. 2. In vigilia Domini. De nona. — *f.* 2'. Lectio sancti evangelii secundum Matheum. In illo tempore cum esset desponsata — Spiritu sancto. Omelia lectionis eiusdem. Matheus apostolus et evangelista — aeterna felicitas. Per . . . *Homiliae patrum, sed praeter pauca desunt eorum nomina. Proprium de tempore usque ad octavam Domini. Inest: — f.* 15. VIIII. In natal. s. Silvestri II Kal. Ian. Matth. Homo quidam peregre proficiscens . . . *homilia:* Audivit dilectio vestra — iudicaturus Dominus noster Iesus Christus . . .

f. 17. In vigilia theophaniae. Matth. Defuncto Herode . . . *homilia:* Redemptoris nostri Iesu Christi in carne ostensionem — coram se, per . . . *Proprium de tempore usque ad dominicam in septuagesima. Insunt: — f.* 27. XVI. In natal. s. Felicis conf. Luc. Qui vos audit . . . *homilia:* Cum Dominus et salvator noster fideles discipulos — felix erit, per . . . — *f.* 29. XVIII. In natal. s. Priscae virg. *(Matth.)* Simile est regnum coelorum thesauro abscondito . . . *homilia:* Ecce ex lectione evangelica audistis, filii karissimi, — sanguine liberavit Iesus Christus . . . — *f.* 32. In natal. ss. martyrum Fabiani et Sebastiani IIIX Kal. Febr. Luc. Descendens Iesus de monte . . . *homilia:* Audistis ex lectione evangelica, fratres karissimi, exhortantem Dominum — possidebunt eternum Iesum Christum . . . — *f.* 34'. XII Kal. Febr. In natal. Agnetis virg. Matth. Simile erit regnum coelorum decem virginibus . . . *homilia:* In lectione, que nobis recitata est, fratres karissimi, audivimus — in gaudium Domini tui. — *f.* 36'. In purificatione s. Mariae. Luc. Postquam impleti sunt dies . . . *homilia Ambrosii:* Solempnitas hodierna — in eterna tabernacula. Prestante . . .

f. 41. Dominica in septuagesima. Matth. Simile est regnum coelorum homini patrifamilias . . . *homilia:* In presente lectione, fratres karissimi, regnum celorum — sine fine gaudere. Ipso adiuvante . . . *Proprium de tempore usque ad hebdomadam paschae. Insunt nonnulli sermones sine nominibus scripti.* — *f.* 78. *In margine:* Surgere, qui curat populo — peccatorum miserere; *neumis instructum.*

f. 104. Dominica octabae paschae. Ioh. Thomas autem unus ex discipulis . . . *homilia:* De gloriosa resurrectione — amatis eum, qui . . . *Proprium de tempore usque ad sabbatum in vigilia pent. Insunt:* — *f.* 105′. In sanctorum Tiburtii, Valeriani et Maximi. Ioh. Hoc est preceptum meum . . . *homilia Bedae:* Ex lectione evangelica audistis, fratres karissimi, vere caritatis — in aeternum facit. Per . . . — *f.* 108. In natal. s. Vitalis IIII Kal. Mai. Ioh. Ego sum vitis vera . . . *homilia:* Quod in lectione evangelica Dominus et salvator — misericordiam possimus venire. Ipso . . . — *f.* 110′. In natal. apostolorum Philippi et Iacobi. Ioh. Non turbetur cor vestrum . . . *homilia:* Erigenda est nobis — tribuat et salutem Iesus Christus . . . — *f.* 113. In s. Alexandri, Eventii et Theoduli. Ioh. Hec mando vobis . . . *homilia:* In evangelica lectione, quam modo recitatam, fratres, audistis, Dominus . . . habitare dignetur. — *f.* 116′. In natal. s. Gordiani VI Id. Mai. Matth. Nolite arbitrare pacem . . . *homilia:* Ammonet nos, dilecti, evangelicus sermo — qui est in caelis. Cui . . .

f. 131′. IIII. Die sancto pentecost. Ioh. Si quis diligit me . . . *homilia:* Hodiernam sollemnitatem — faciat mansionem. *Proprium de tempore usque ad dom. V post pentecost. Insunt:* — *f.* 139′. VIII Kal. Iun. s. Urbani pp. Matth. Vigilate ergo . . . *homilia:* Sermonem evangelicum — victoriam condonare Iesus Christus . . . — *f.* 142. In natal. sanctorum Marcellini et Petri IIII Non. Iun. Luc. Cum audieritis praelia . . . *homilia:* Dominus ac redemptor noster perituri — opitulatur in temptatione Iesus Christus . . . — *f.* 145. In natal. s. Basilidis I Id. Iun. Luc. Adtendite a fermento . . . *homilia:* Prescivit Dominus ac salvator — consortes efficiamur. — *f.* 150. In natal. s. Gervasii et Protasii. Marc. Cum audieritis praelia . . . *homilia:* Domino nostro laudes leti — constantia coronatur per . . . — *f.* 152. In vigilia Iohannis Bapt. Luc. Fuit in diebus Herodis . . . *homilia:* Sacratissima precursoris — perseverantia custodire. — *f.* 153′. In natal. s. Iohannis bapt. Luc. Elisabeth impletum est . . . *homilia:* Hodie natalem — percipere mereamur. Prestante . . . — *f.* 154′. In natal. s. Iohannis et Pauli. Ioh. Hoc est preceptum meum . . . *homilia:* Dominus et salvator — eripere dignetur Iesus Christus . . . — *f.* 156. In vigilia apostolorum Petri et Pauli. Ioh. Simon Ioannis . . . *homilia:* Virtutem nobis perfecte — pollicetur remunerare Iesu Christo . . . — *f.* 157′. In natal. s. Petri et Pauli. Matth. Venit Iesus in partes Cesareae . . . *homilia:* Lectio sancti evangelii, quam . . . tanto — civitatis intrare. Prestante . . . — *f.* 159. In natal. s. Pauli. Matth. Ecce nos reliquimus . . . *homilia:* In superiori loco — salvus erit. Prestante . . .

f. 160′. Ebdomada I post natale apostolorum. Matth. Nisi abundaverit iustitia vestra . . . *homilia:* Audistis, dilecti, in presenti — sumatis a Deo

Patre etc. *Proprium de tempore usque ad dom. V post natal. apostolorum.*
Insunt: — *f.* 161'. In octava apostolorum. Marc. (?) Iussit Iesus discipulos
— solus orare. *homilia:* Audivit dilectio vestra — aeternam patriam per-
venire. — *f.* 165. In natal. VII fratrum. Matth. Beati pauperes ... *homilia:*
Cum Dominus et salvator noster circuiret — dignos efficere. — *f.* 166.
Et sitiunt iustitiam ... *et aliae antiphonae in marginibus neumis instructae.*
— *f.* 167'. Item eodem die ut supra. Luc. Nemo accendit lucernam ...
homilia: Post sanctam caelestemque doctrinam — desiderium nostrum.
Quod ... — *f.* 168'. Eodem die ut supra. In natal. s. Felicitatis. Matth.
Loquente Iesu ad turbas, ecce mater ... *homilia:* In lectione, quae recitata est — gloria remuneramur. — *f.* 170'. In natal. s. Cyriaci. Luc. Si
quis vult post me venire ... *homilia:* Audistis, fratres karissimi, a ter-
renis — caritas elevavit. Prestante ... *f.* 171'. In natal. s. Bartholomaei.
Luc. Facta est autem contentio ... *homilia:* Boni moris est — exaltatione
possumus. — *f.* 174. In natal. s. Felicis, Simplicii, Faustini et Beatricis.
Luc. Sint lumbi vestri ... *homilia:* Misericors Dominus ac salvator noster
— inveniat iudicaturus Iesus Christus. — *f.* 176. In natal. s. Stephani
pontific. IIII Non. August. Luc. Homo quidam nobilis ... *homilia:* Homo
nobilis, qui abire ... ipso invitante pervenire mereamur Domino nostro
Iesu Christo. — *f.* 179'. In natal. Xisti, Felicissimi et Agapiti. Matth. Ecce
ego mitto vos ... *homilia:* Adtendamus, dilectissimi fratres, quemadmodum
— beatitudine permanere. Prestante ... — *f.* 180'. In natal. s. Laurentii
in prima missa. IIII Id. Aug. Matth. Qui amat Patrem ... *homilia:* Gaudeamus, dilectissimi, gaudio — habere in vita aeterna. Prestante ... —
f. 181'. In natal. s. Laurentii in die IIII Id. Aug. Ioh. Nisi granum frumenti ... *homilia:* Salvator noster, dilectissimi, discipulorum animos —
praeparata pervenire mereamur. Per ...

f. 182'. Dom. I post s. Laurentii. Marc. Exiens Iesus de finibus ...
homilia: Surdus ille — intimare dignabitur. *Proprium de tempore usque
ad hebdomadam V post s. Laurentii. Insunt:* — *f.* 184. In natal. s. Eusebii
XVIIII Kal. Sept. Matth. Vigilate, quia nescitis ... *homilia:* Dominicus
sermo, quem — habere possimus. — *f.* 185. XVIII Kal. Sept. Adsumptio
s. Mariae. Luc. Intravit Iesus in quoddam castellum ... *homilia:* Haec
lectio, fratres karissimi, pulcherrima — accipiamus in praemio. — *f.* 186.
In natale s. Agapiti. Luc. Sint lumbi vestri ... *homilia:* Audistis, dilectissimi, quomodo discipulos — gaudere valeamus. Adiuvante ... — *f.* 189.
In natal. s. Timothei. XI Kal. Sept. Luc. Si quis venit ... *homilia:* Si
consideremus, fratres karissimi, que et quanta — remedia contulit. —
f. 191. Decollatio s. Iohannis. IIII Kal. Sept. Matth. Audiit Herodes
tetrarcha ... *homilia:* Natalis sancti Iohannis, fratres karissimi, diem —
hereditate possideatis. — *f.* 193. In nativitate s. Marie VI Id. Sept. Luc.
Exsurgens Maria abiit ... *homilia:* Gaudeamus, fratres karissimi, in die —

gloriam possidebunt. — *f.* 195′. In natale ss. Cornelii et Cypriani. XVIII Kal. Oct. Luc. Ve vobis, qui aedificatis ... *homilia:* In praesenti sancti evangelii lectione, fratres karissimi, Dominus et salvator — et proximi caritas per ...

f. 196′. Ebdomad. I post s. Cypriani. Luc. Homo quidam hydropicus ... *homilia:* Ecce, fratres carissimi, ex evangel. lectione audistis, quia, cum intraret Iesus — humiles Christo coniungit, cui ... — *Proprium de tempore usque ad hebdomad. II post s. Cypriani. Insunt:* — *f.* 199. In natal. s. Matth. evang. XI Kal. Oct. Matth. Vidit Iesus hominem sedentem in telonio ... *homilia:* Ex lectione evangelica, fratres karissimi, audivimus, quia vidit — gratiae tribuamus, qui ... — *f.* 202′. In natal. plurimorum sanctorum, quod est VIII Kal. Oct. Matth. Confitebor tibi, Pater ... *homilia:* Vestra dilectio audivit — caritas elevavit. Per ... *f.* 203′. In dedicatione basilicae s. Michaelis. Matth. Quis putas maior ... *homilia:* Refert sanctus evangelista — diligentibus se, qui ...

f. 204′. Dominica post sancti angeli. Matth. Ascendens Iesus in naviculam transfretavit ... *homilia:* Dominus enim noster atque salvator inter — felicitatis intrare. *Proprium de tempore usque ad hebdomad. VII post s. angeli. Insunt:* — *f.* 211. In natal. Martini. Luc. Sint lumbi vestri ... *homiliae requirendae sunt in natali ss. Felicis et Simplicis et in natali s. Agapiti.* Item III omilia ipsius in coll. maoῆ. — *f.* 212′. In vigilia s. Andreae. Ioh. Stabat Iohannes ... *homilia (in margine:* Bedae): Narrante evangelio — videbunt. Quod ipse nobis prestare dignetur ... — *f.* 213′. In natal. s. Andreae. Matth. Ambulans Iesus iuxta mare ... *homilia:* Audistis, fratres karissimi, quia ad unius — meremur aeterna. Auxiliante ...

f. 214′. Ebdomad. III (IV) ante natal. Domini. Matth. Cum adpropinquasset Iesus Hierosolymis ... *homilia (in margine:* Bedae): Mediator Dei et hominum — tempus expectat. *Proprium de tempore usque ad domin. I ante natale Domini, cuius homilia:* Ex huius nobis lectionis ... — *f.* 220′. *desinit in:* Ego sum praeco clamans.

f. 222 ... rant. Videlicet — in terra viventium. — *f.* 222′. Item ubi supra. In dedicatione ecclesiae. Ioh. Facta sunt encaenia ... *homilia:* Audivimus ex lectione evangelica, fratres karissimi, quia facta sunt encaenia ...; *desinit in:* ad fidem. — *f.* 223 ... compuncto corde — hic salvus erit. Per ... *De decem virginibus.*

f. 223′. Die VII Kal. Oct. In natal. s. Ruodberti ep. et conf. Gaudete, dilectissimi fratres, in Domino — gloriam accipere mereamur. Auxiliante ...

f. 224′. Excarpsum ex dictis sanctorum patrum Augustini et Iohannis de sacerdotibus. Si diligenter adtenditis — omne malum vincamus per ... — *f.* 226. Item de sacerdotibus. Matth. Vos estis sal terrae ... *homilia:* Oportet nos, fratres carissimi, sermonem — victoriam condonare Dominus noster ...

f. 227. In dedicatione ecclesiae. Luc. Ingressus Iesus perambulabat ... *homilia:* Quotienscumque, fratres, dedicationis — transmigratione pervenire.

— *f.* 228. Matth. Simile factum est regnum . . . homini regi, qui fecit nuptias filio . . . *homilia:* Audistis ex lectione evangelica . . . *mutila, cum folium sit lacerum.* — *Multae homiliae man. vetust. vel rec. in lectiones monasticas divisae.*

Complura aliis manibus addita; multa folia laesa, margines desecti. Neumae.

Stevenson, Codices Palatini Latini tom. I, pag. 134.

4. Homiliarium.

Palatin. 428. membr. 111 f. 365 × 260 mm. saec. XI. XII.

In folio praeligato: Omelie dominicalium | evangeliorum abbreviate a dominica | I adventus Domini usque | in sabbatum pascae. | Pars hiemalis. *man. saec. XVII.*

f. 1. Lectio sancti evangelii secundum Iohannem. In illo tempore cum sublevasset — manducant hi. Et reliqua. Omilia beati Augustini ep. de eadem lectione. Miracula, que fecit — et intelligamus. — *f.* 3. *Ad Matth.* Cum adpropinquasset Iesus Hierosolymis . . . *homilia Ioannis episcopi.* Puto res ipsa — onorifera estimatur. — *f.* 5. *Ad Luc.* Erunt signa . . . *homilia Gregorii.* Dominus ac redemptor — Dei constituitur. — *f.* 7′. *Ad Matth.* Cum audisset Ioannes . . . *homilia Gregorii:* Querendum nobis — status mentis. — *f.* 9′. *Ad Ioa.* Miserunt Iudei . . . *homilia Gregorii:* Ex huius nobis — vos nescitis. — *f.* 12. *Ad Luc.* Missus est angelus . . . *homilia Bedae:* Exordium nostrae redemptionis — altissimi uocabitur. — *f.* 15. *Ad Luc.* Exsurgens Maria . . . *homilia Bedae:* Lectio, quam audivimus — Deus benedictus in saecula. —*f.* 18′. *Ad Luc.* Anno quintodecimo . . . *homilia Gregorii:* Redemptoris precursor — esse uidebantur. — *f.* 21. *Ad Matth.* Cum esset desponsata . . . *homilia Origenis:* Que fuit — occulte dimittere.

f. 25. *Ad Matth.* Liber generationis . . . *homilia sine nomine scripta:* Matheus suscepisse — origo numeratur. —*f.* 31′. *Ad Luc.* Exiit edictum . . . *homilia Gregorii:* Quia largiente Domino missarum — Deus homo. — *f.* 34. *Ad Luc.* Pastores loquebantur . . . *homilia Bedae:* Nato in Bethlehem — servare contendit. —*f.* 38′. *Ad Ioa.* In principio erat verbum . . . *homilia sine nomine scripta:* Quia temporalem — quod fecit. —*f.* 44′. *Ad Matth.* Ecce ego mitto . . . *homilia sine nomine scripta:* Evangelice huius lectionis intellectus — uocatus est Leui. — *f.* 47′. *Ad Ioa.* Sequere me . . . *homilia Bedae:* Lectio sancti evangelii — tueretur obsequiis. — *f.* 50. *Ad Matth.* Ecce angelus . . . *homilia Bedae:* De morte pretiosa — fecisse meminerint. — *f.* 52. In octava Domini. *Ad Luc.* Postquam consummati sunt . . . *homilia Bedae:* Sanctam venerandamque — celebratura mysterium. — *f.* 56. Dominica I post natale Domini. *Ad Luc.* Erat Ioseph et Maria mater Iesu mirantes . . . *homilia Origenis:* . . . Congregemus in unum — in ruinam uenire.

f. 58. Ad Matth. Cum natus esset . . . *homilia Gregorii:* Sicut in lectione evangelica — membra nascentium. — *f.* 61. In octava epiphaniae. *Ad Matth.* Venit Iesus a Galilea in Iordanem . . . *homilia Bedae:* Lectio sancti evangelii, quam modo fratres audivimus — manibus caput. — *f. 64'.* Dominica I post epiphaniam. *Ad Luc.* Cum factus esset Iesus annorum duodecim . . . *homilia Bedae:* Aperta est — sine fine regnandi. — *f. 67'.* Dominica II. *Ad Ioa.* Nuptie facte sunt . . . *homilia Bedae:* Quod Dominus noster — fecisse de aqua. — *f. 70.* Dominica III. *Ad Matth.* Cum descendisset Iesus . . . *homilia Origenis:* Docente in monte — sanctitatis pulchritudine. — *f. 73.* Dominica IIII. *Ad Matth.* Ascendente Iesu in nauiculam . . . *homilia Origenis:* Ingrediente Domino — existat ingratus.

f. 75. In purificatione s. Mariae. *Ad Luc.* Postquam impleti sunt dies . . . *homilia Bedae:* Sollemnitatem nobis — ipsi consolabuntur.

f. 77'. In septuagesima. *Ad Matth.* Simile est regnum caelorum homini patrifamilias . . . *homilia Gregorii:* In explanatione — prouectiores vocant. — *f. 80.* In sexagesima. *Ad Luc.* Cum turba plurima . . . *homilia Gregorii:* Lectio sancti evangelii, quam modo, fratres karissimi, audistis — per avaritiam ardebat. — *f. 82.* In quinquagesima. *Ad Matth.* Assumpsit Iesus duodecim . . . *homilia Gregorii:* Redemptor noster — Iesum figimus. — *f. 84'.* In quadragesima. *Ad Matth.* Ductus est Iesus . . . *homilia Gregorii:* Dubitari a quibusdam — intromissus tenebat. — *f. 86'.* Dominica II. *Ad Matth.* Egressus Iesus secessit . . . *homilia Bedae:* In lectione sancti evangelii — celestis imbuerunt. — *f. 89'.* Dominica III. *Ad Matth.* Erat Dominus Iesus eiciens . . . *homilia Bedae:* Demoniacus iste — principi demoniorum. — *f. 92.* Dominica IIII. *Ad Ioa.* Abiit Iesus trans mare . . . *homilia Bedae:* Qui signa et miracula — dapes suggerere. — *f. 95'.* Dominica V. *Ad Ioa.* Quis ex vobis . . . *homilia Gregorii:* Pensate, fratres karissimi, mansuetudinem — mortem in eternum.

f. 98. In ramis palmarum. *Ad Matth.* Cum adpropinquasset Hierosolymis . . . *homilia Bedae:* Mediator Dei et hominum — esse figuratis. — *f.* 101'. In cena Domini. *Ad Ioa.* Ante diem festum . . . *homilia Bedae:* Scripturus evangelista Iohannes — confirmare dignatus est. — *f.* 104'. In parasceve. Sermo Leonis papae: Decursis, dilectissimi, sermone proximo — in ignominiam verteretur. — *f.* 107'. In vigilia paschae. *Ad Matth.* Uespere sabbati . . . *homilia Bedae:* Uigilias nobis — sublimando perpetuam. — *Homiliae litteris initialibus in quattuor lectiones divisae sunt.*

f. 111 *man. saec. XIII.* In illo tempore defuncto Herode — in terram Israel. Et reliqua. *Homilia sine nomine scripta:* Quod defuncto Herode . . . *Finis legi non potest.*

Complura folia refecta.

Picturae lineares — f. 111.

Stevenson, Codices Palatini Latini tom. I, p. 124.

5. **Homiliarium.**

Vatican. 615. membr. 287 f. 502 × 335 mm. 2 col. saec. XII.

f. 1. Epistola beati Gregorii pp. ad episcopum Tauronomitanum. Reuerendissimo et sanctissimo fratri Secundiano coepiscopo Gregorius . . . *Intra sacra missarum sollempnia — certiores* (?) *fiant.*

Omelia sancti evangelii secundum Lucam. In illo tempore dixit Iesus discipulis suis. Erunt signa — fluctuum . . . *Capitula vel comes evangeliorum; in margine man. rec., quibus diebus legantur.*

f. 1'. In illo tempore dixit Iesus discipulis suis: Erunt signa — fluctuum. Et reliqua. Omelia beati Gregorii pp. Dominus ac redemptor noster, fratres karissimi, paratos nos . . . *Proprium de tempore ab adventu usque ad dom. XXIV post octavam pentecost. — Duodequadraginta homiliae s. Gregorii. — f.* 63 *vacuum.*

f. 64. Fer. IIII caput ieiunii. Lectio s. evangelii secundum Matheum. In illo tempore dixit Iesus discipulis suis: Cum autem ieiunatis — tristes. Et reliqua. Omelia beati Augustini. Cum autem ieiunatis, inquit . . *Homiliae Ambrosii, Augustini, Bedae, Gregorii, Hieronymi, Ioannis Chrysostomi, Origenis, Remigii, Severiani; multae sine nominibus scriptae. Accedunt homiliae in festis sanctorum:*

f. 154. Philippi et Iacobi, — 200. In festivitate s. Iohannis bapt., —*f.* 204'. In natale duodecim apostolorum, — *f.* 206. Laurentii, — *f.* 208. In assumptione s. Marie, — *f.* 210. Bartholomaei, — *f.* 211. In decollatione s. Iohannis, — in exaltatione s. Crucis, — *f.* 212. In natale Mathei ap., — *f.* 214'. Luce evangeliste, — *f.* 215. Simonis et Iudae, — *f.* 218'. Omnium sanctorum, — *f.* 221. Martini, — *f.* 222. In quattuor tempora adventus *et aliae homiliae de tempore nativitatis et epiphaniae.* —*f.* 243. In purificatione. —*f.* 247' *vacuum.*

f. 249'. Epistola b. Pauli ad Romanos. — *f.* 257'. Tractatus Remigii episcopi de epistola Pauli ad Romanos. — *f.* 263'. Epistola b. Pauli ad Corinthios. Sic nos existimet homo . . . *et tractatus sine nomine scriptus; desinit in:* quando omnis qui.

f. 287 *folium passionarii saec. XI, fragmenta passionis ss. Quirici et Iulittae, s. Apollinaris. In margine exemplar instrumenti de ponte in ripa Morgoizi (?) facto, in ecclesia s. Fortunati anno 1230 scripti.*

Complura in marginibus al. man. addita cum alia, tum, quibus diebus homiliae legendae sint.

Miniat. color. Picturae lineares rudesque.

6. **Homiliarium.**

Vatican. 6081. membr. 62 f. 442 × 300 mm. 2 col. saec. XIII.

f. 1. deserere debent . . . *Homilia de arbore bona; desinit in:* dicere pro facere.

f. 2. non propter eum — illa voce non sibi. *Folium homiliarii saec. XI.*

f. 3. talibus atque angustiis — immortalem gloriam pervenire. Per Do-
minum . . . *Homiliarium a dom. VIII post pentecost. usque ad dom. VIII post
s. angeli; homiliae (nonnulli sermones) Augustini, Bedae, Brunonis ep.,
Hieronymi, Ioannis Chrysostomi, Pauli Diaconi, epistolarum expositiones
Bedae et Luculentii. — f. 33.* Omelia Severini; *man. rec. in margine:*
Iohannis Osaurei. Inhumana actibus — Iudaice iam moreris. *In margine:*
Edita inter Chrysol. opera A. Mai. — *f. 36. Ad Matth. 18, 23.* Adsimilatum est regnum coelorum homini regi, qui voluit rationem ponere cum
servis suis . . . Omelia Pauli Diaconi. Presens sancti evangelii — sine fine
potiemur. *In margine:* Edidit Maius. — *f. 62. Ad Matth. 24, 15.* Cum
videritis abominationem desolationis . . . Omelia Hieronymi. Quando ad in-
tellegentiam provocamur . . . ; *desinit in:* concutiant credentium.

Desunt complura folia.

7. Homiliarium.

> Borghes. 48. A 2. membr. 322 f. 187 × 141 mm. 2 col.
> saec. XV.

f. 1. Dominica in septuagesima secundum Mathaeum. In illo tempore
dixit Iesus discipulis suis: Simile est regnum celorum homini patrifamilias
— in uineam suam. Et reliqua. Omelia lectionis eiusdem (*al. man.:*
beati Gregorii pape) in basilica beati Petri apostoli. In explanatione sua . . .
*Proprii de tempore usque ad dom. V post octavam paschae homiliae
Augustini, Bedae, Gregorii, Ioannis Chrysostomi, Leonis, Maximi, nonnullae sine nominibus scriptae. — f. 322'.* Dominica V post octabas paschae.
Ad evangelium Ioa. 16, 23 et q. s. Si quid petieritis Patrem . . . Omelia
Bede. Potest movere infirmos auditores . . . ; *desinit in:* senserimus noxiam.

Nonnulla in marginibus eadem man. addita.

8. Homiliarium.

> Ottobon. 334. membr. 166 f. 312 × 230 mm. saec. XV.

f. 1. Narratio de misericordia Dei. Qualiter homo visitatur multipliciter . . .
Narrationes morales.

f. 2. Dominica prima in aduentu Domini. Secundum Math. In illo tempore cum appropinquasset Iesus Ierosolymis . . . Omelia de diuersis tractatibus. Dominus ac redemptor noster, fratres karissimi, qui semper equalis
est Deo Patri . . . — *Deinde:* Homiliae Patrum, *quae ab usitatis patrum
homiliis differunt et mutatae esse videntur, in ternas lectiones vel divisiones
divisae. Accedunt nonnulli sermones. — Proprium de tempore usque ad
dom. XXVI post. pentecost. et sanctorum:*

f. 6. In die s. Iohannis evangelist. — *f. 6′.* Innocentium. — *f.* 12. In die purificationis. — *f.* 19. Philippi et Iacobi apostolorum. — *f.* 31. In die dedicationis *et proprium sanctorum a vigilia s. Ioannis bapt. usque ad:* In assumptione b. Marie. — *f.* 39. *Commune sanctorum.* — Post — *f. 5. desunt pauca.*

f. 45′. Dominica prima in adventu Domini. Sermo de evangelio — Dicite filie Syon: ecce . . . *Sermones sine nominibus scripti usque ad* dom. XXIV post festum sancte Trinitatis. — *f.* 163′. *Sermones additi.*

f. 163′. Billerius (?) Sybber, capellanus parochialis de Bysebech possessor. *man. librarii.*

9. **Homiliarium. Homiliae capitulares monacharum s. Laurentii apud Beneventum.**

Vatican. 5419. membr. 88 f. 278 × 191 mm. saec. XII.

In fol. præligato: Ex libris Francesci Peniae Rotae Romanae decani.

f. 1. *Kalendarium. Ind. cal. dies Aeg. Nomina sanctorum desunt. Necrologia monasterii s. Laurentii, sed f. 1, 1′, 2, 2′ plerumque abrasa.*

f. 9. Et quia illum Iohannes baptista predicat . . . *De adventu;* in uigilia natalis Domini. *Proprium de tempore usque ad dom. XXIV post octavam pentecost.* — *f.* 9. *In margine additum, anno 1609 librum Benevento allatum esse. Nomen librarii desectum.* — *f.* 33. Incipiunt lectiones capitulares de sanctis, sumens exordium a sancto Andrea apostolo usque ad omnium sanctorum. — *f.* 39′. *Commune sanctorum.*

f. 43. [Exurga]mus ergo tandem — esse consortes. *Prologus regulae s. Benedicti.* — *f* 45. Monachorum quattuor esse . . . *Regula s. Benedicti.* De fratribus in via directis . . . *desinit in:* uindicte regular[i].

Multa folia refecta.

Pictura tabularis — *f. 9:* s. Laurentius, angeli, s. Caecilia, s. Margaretha.

Bethmann in Pertz' Archiv Bd. XII, S. 250.

10. **Sermones, regula Cassiani, horae de ss. Trinitate Bellilocenses.**

Regin. 243. membr. 95 f. 240 × 166 mm. saec. X. XII.

f. 1. Sermo beati . . . cui nullum corruptiones sue — (*f.* 3) totis uiribus ieiunemus, ipso adiuuante, qui uiuit et regnat Deus . . . *Initium evanuit.*

f. 2. *Probationes pennae.* — *f.* 2′. Sermo dominica prima in quadragesima. *Index capitum, quorum multa in codice non exstant.* — Hic est liber sancte Trinitatis Bellilocensis. *Probationes pennae.*

f. 3′. Incipiunt capitula . . . *Index septem librorum Cassiani. al. man.* — *f.* 6′. De monachis. Monachus Greca ethimologia . . . *Interpretatio vocabulorum.* — *f.* 7. Incipit regula sancti Iohannis Cassiani . . . Ueteris instrumenti . . . *Libri sexti capitulum III desinit in:* Nemo tamen. — *f.* 3′, 21′, 24′—34′ *binis col.* — *f.* 43 *abrasum.*

f. 43′. Incipit adventus exceptioque corporis beatissimi patris Benedicti in agrum Floriacensem. Cum diu gens Langobardorum — permanet coeternum in saecula saeculorum. *al. man.* — *f.* 51 *abrasum.*

f. 51′. Sermo sancti Agustini episcopi de virginitate sanctae Mariae. Castissimum Mariae uirginis . . .; *desinit in:* Unde hoc contigit.

f. 53′ *abrasum. Probationes pennae et:* Res, quibus nititur omnis tractatio scripturae . . .

f. 54. reliquit, ut ea . . . *Praefatio.* — *f.* 54′. Didascalon Hugonis. De studio legendi. Omnium expetendorum — sine animalibus cenam. *Sex libri al. man., quae usque ad finem codicis.*

f. 93′. Alienum est, quicquid optando euenit . . . *Sententiae.*

f. 93′. Incipiunt hore de sancta Trinitate diuino instinctu per angelum date. Invitatorium. Deum uerum unum in Trinitate . . .; hymnus. Pater, Fili, Paraclite . . . *Officium per omnes horas, hymni, lect. I—III.* Credimus sanctam et individuam — cui est honor et gloria. *Hymnus completorii desinit in:* et per spem.

Complura aliis manibus addita.

V. PASSIONARIA.

1. Passionarium.

Palatin. 846. membr. 141 f. 368 × 270 mm. 2 col. saec. IX. X.

f. 1. C. IX. 643. 1165. Passionale sanctorum. *man. saec. XIV.*

Passio sancti Floriani, quod est IIII Non. Mai. In diebus Diocletiani . . .; *finis legi non potest.* Explicit passio s. Floriani. — Incipit passio s. Hermetis, quod est XI Kal. Septemb. Regnante igitur Traiano — operari dignatus est. Cui sit gloria et potestas, virtus et imperium per infinita saecula saeculorum. Amen. Explicit passio s. Hermetis. — *f.* 2′. Incipit praefatio libelli de vita et passione beati Hemmerammi martyris, cuius festum celebratur X Kal. Octob. In perpetuum regnante Domino nostro Iesu Christo — mereamur imitari. Per . . . Explicit . . .

f. 9′. In illo codice continentur passiones sanctorum primo de sancto Emerano — Gowari ep. *Index man. saec. XIV.*

f. 10. Incipit passio s. Cyrici m., quod est Id. Iun. In diebus Alexandri praesidis — supplicant omnipotentem, cui honor et gloria per . . . — *f.* 13. Incipit actus uel passio s. Vigilii ep. VI Kal. Iul. Sacratissimae martyrum laudes — Stilicone consule, regnante . . . — *f.* 14′. Incipit passio s. Margaritae virg. et m. III Id. Iul. Post passionem et resurrectionem — prece commendet in caelis Domino. *man. rec.:* oratio. Deus, qui beatam Margaritam . . . — *f.* 18. Incipit passio Ermagorae ep. cum sociis suis. IIII Id. Iul. Post resurrectionem Domini nostri — martirizatus est autem beatissimus Hermagoras ep. una cum sancto Furtunato, archidiacone suo IIII Id. Iulias. Regnante . . . — *f.* 21. Incipit praefatio de uita uel actibus et passione beatissimi Lamberti ep. Si paganorum figmenta — explendum curamus. — Incipit vita et passio praefati episcopi et martyris XV Kal. Oct. Gloriosus uir Lambertus — genus perire. Explicit liber primus. — Incipit liber secundus de miraculis s. Lamberti ep. Post haec in praefata uilla — tibi laudes et gloria. Explicit . . . *In marginibus lect. I—X indicatae.*

f. 25. Incipiunt capitula de s. Gallo. Haĕc continentur in sequenti opusculo. Cap. I(—XXXIIII) Quibus prouectibus beatus Gallus . . . — *f.* 25′. Incipit vita sancti Galli conf. Christi. Cum praeclara sanctissimi uiri Columbani — comprehendenda reseruet (?). *Responsoria man. rec. in marginibus apposita, — f. 28' et — f. 29 neumis instructa. — f. 36'.* Haec habentur in sequenti libro. I(—XLIII). Quomodo hostes sepulchrum beati Galli . . . Liber alter. Meritis beatissimi Galli — implorare digneris. Amen.

f. 47. Huius imitabilis conuersionis . . . Mariae Aegyptiace . . . de Greco transtulit in Latinum Paulus uenerabilis diaconus sanctae Neapol. ecclesiae. Secretum regis celare — in pace. Gratia . . . — *f. 55.* Factum est, priusquam — migravit ad Dominum, cui . . . *De s. Theophilo. — f. 59.* Incipit vita beatissimi Goaris (*al. man.* Gouuaris) conf. In diebus Childeberti regis Francorum — manifestare dignatus est, qui . . .

f. 62. In hoc libello insertae sunt passiones sanctorum martyrum . . . I(—L) Kal. Ian. die primo passio sancte Martine . . . *Index. — f. 62'.* In nomine Domini incipit passio s. Martine martyris Christi, que passa est in urbe Rome die I Kal. Ian. Regnante primum (*al. man.* primo) omnium — gratiam invenire apud Dominum . . . *Item passiones et vitae sanctorum:* — *f. 69.* Concordii mense Ian. die XI. Temporibus Antonini — prestante eo, pro cuius nomine passus est, qui . . . — *f. 69'.* Pontiani m. mense Ian. die XIII. Temporibus Antonini imp. facta est — sanctos suos. Ipsi . . . — *f. 70'.* Felicis presbyteri Nolani mense Ian. die XIIII. Factum est post completionem — perrexit ad Dominum nostrum . . . *In margine man. saec. XIII:* Sepultus vero est — dicitur Pincis. — *f.* 71. Marcelli pp. et m. mense Ian. die XVI. Tempore, quo Maximianus — mundus steterit. Regnante . . . — *f.* 74. Anastasii m. ex Persida ciuitate mense Ian. die XXII. Unigenitus filius — in sanctis eius, qui . . . — *f.* 79'. Blasii mense Febr. die III. Etenim in Sebastia — imperante Agricolao. Regnante . . . — *f.* 81. Martyrum quadraginta mense Mart. die IX. Qui in Sebastia ciuitate martyrio consummati sunt. — V Iduum Martiarum. In gloria . . . — *f.* 83'. Vita seu transitus s. Ioannis Penariensis mense Mart. die XVIII. Factum est autem in diebus illis — in praesentem diem. Prestante . . . — *f.* 84. Torpetis m. mense April. die XVIII. In illo tempore sub Nerone — liberabuntur. Cui . . . — *f.* 86. Alexandri pp. et aliorum sanctorum mense Mai. die II. Quinto loco a beato Petro — sexta Nonas Maias. Benedictus Deus . . . — *f.* 89. Gurdiani m. mense Mai. die X. Temporibus Iuliani impiissimi — in hodiernum diem ad laudem . . . — *f.* 90. Nerei et Achillei mense Mai. die XII. Nisi studia — ab eorum fallacia liberari. Gratia Domini nostri Iesu Christi tecum. Finiunt scripta Nerei et Achillei. Incipiunt scripta Marcelli. Marcellus servus — breviter intimabo. — *f.* 92'. Incipit de obitu Petronelle et passio Feliculae. Petronellam itaque — pro nomine Domini nostri Iesu Christi. Explic. scripta Marcelli missa ad Nereum et Achilleum. — *f.* 93'. Incip. rescripta de passione eorum. Eutices, Victorinus — hodiernum diem. Explicit. Incipit passio Domitille et Euphrosine et Theodore virg.

et Sulpicii ac Serviliani sponsorum earum. Factum est autem postquam — fodiens sepeliuit. — *f.* 94'. Incipit relatio Pastoris presbyteri tituli sancte Potentiane ad Timotheum presbyterum mense Mai. die IXX. Omnia, que a sanctis — in hodiernum diem per eum, qui . . . — *f.* 95. Cononis m. mense Mai. die XX. Regnante Aureliano — vicesima mensis Madii. Regnante . . . — *f.* 96. Bonifatii m. mense Iun. die III. Temporibus Diocletiani — coronam adsumens. In gloriam . . . — *f.* 97'. Primi et Feliciani mm. mente Iun. die VIII. Temporibus Diocletiani — quinto Idus Iunias. Regnante . . . — *f.* 99'. Gethulii m. et aliorum sanctorum martyrum mense Iunii die IX. Iam quasi tempestate remota — predii sui. Regnante . . . — *f.* 100'. Basilidis, Tripodis et Mandalis mm. mense Iun. die XII. In ciuitate orientali — in hodiernum diem. — *f.* 101'. Uiti, Modesti et Crescentie. In prouincia Lucana — praestat sanctis suis per omnia saecula saeculorum. — *f.* 103'. Iohannis et Pauli mense Iun. die XXVI. Sub Constantino Augusto — passio ista sanctorum ad laudem . . . — *f.* 105'. Symphorose, uxoris beati Gethulii m. cum septem filiis mense Iun. die XXVII. Sanctus Eusebius historiographus — miliario nono. Regnante . . . — *f.* 106'. Processi et Martiniani mense Iul. die II. Tempore, quo Symon magus — in hodiernum diem. Regnante . . . — *f.* 107'. Rufine et Secunde mense Iul. die X. Rufina et Secunda, due sorores — virtutum ostendunt ad laudem . . . — *f.* 108'. Felicitatis cum septem filiis mense Iul. die X. Temporibus Antonini — in regno caelorum. — *f.* 109. Incipit sermo beatae Praxedis mense Iul. die XXI. Virgo uenerabilis — florent orationes sanctorum in saecula saeculorum. Amen. — *f.* 109'. Victorini m. mense Iul. die XXIV. Hucusque nos patris Hieronimi — introire sanctorum. — *f.* 111. Simplicii, Faustini et Beatricis mart. mense Iul. die XXIX. Temporibus Diocletiani — Domino auxiliante, cui . . . — *f.* 111'. Acta et passio Felicis m. atque pontificis urbis Rome uia Portuense mense Iul. die XXIX. Fuit autem temporibus Constantii — IV° Kalendas Augustas. — *f.* 112. Seraphiae v. natal. ut supra. Cum dies itaque — IV° Kal. Augustas. — *f.* 113'. Donati ep. mense Aug. die VII. Erat quidam puer — civitatem Aretinam in pace. Regnante . . . — Unde supra *(altera)* vita s. Donati. Desideranti tibi, famula Dei, Anastasia — beneficia praestantur. In nomine . . . — *f.* 116'. Susanne mense Aug. die X. Temporibus Diocletiani — ante forum Salusti. Regnante . . . — *f.* 120. Eupli m. et leuite mense Aug. die XII. Sub Diocletiano nouies — in hodiernum diem in nomine Patris . . . — *f.* 120'. Eusebii presbyteri in Roma mense Aug. die XIV. Eodem tempore, quo Liberius — multum tempus. — *f.* 121. Agapiti mense Aug. die XVIII. Sub rege Antiocho — per Dei famulum Agapitum et per . . . — *f.* 122'. Iacinti diaconi mense Sept. die VIII. Sanctum itaque Iacintum — passus est pro nomine Domini nostri. — Cipriane et Iustine mm. mense Sept. die XIV. Inluminatio Domini nostri Iesu Christi — eorum milites, glori-

ficantes Patrem . . . — *f.* 125′. Luciae et Geminiani mm. Imperante Dio-
cletiano — XVI° Kal. Octobris. — *f.* 128′. Calisti pp. mense Oct. die XIV.
Temporibus Macrini et Alexandri — in pace. Regnante . . . — *f.* 130.
Simproniani, Claudii, Nicostrati, Castorii et Simplicii mense Nov. die VIII.
Tempore, quo Diocletianus — dies eorum. — *f.* 133. Theodori m. mense
Nov. die IX. Temporibus suis Maximianus — in presentem diem ad laudem . . . — *f.* 135. Menne m. mense Nov. die XI. Anno secundo imperii
sui Diocletianus — in presentem diem. — *f.* 136′. Incipit expositio Gregorii ep. Turonensis ecclesiae miraculorum beati Clementis m. atque pontificis. In diuinis uoluminibus — alme Rome. Cui . . . — Item aliud miraculum
eius. Fratres mei karissimi, uolo uobis — implere dignatus est Iesus
Christus . . . — *f.* 137′. Barbare m., mense Dec. die IV. Temporibus imperatoris Maximiani — preside Marciano, apud nos uero regnante . . . —
f. 139. Acta s. Nicolai ep. Myrensis atque Lycium metropoleos mense
Dec. die VI. Temporibus Constantini Magni — glorificantes et laudantes
Patrem . . . — *f.* 140′. Sauini ep. et m. mense Dec. die VII. Maximiano
Augusto . . .; *desinit in:* Venustiani uir. — *Desunt duae passiones.*
Complura folia refecta. Multa et emendata et addita.
Neumae.

Bethmann in Pertz’ Archiv Bd. XII, S. 344. — *Stevenson*, Codices Palatini Latini tom. I, p. 298.

2. Passionarium.

Vatican. 1194. membr. I + 208 f. 452 × 295 mm. 2 col. saec. X.

f. I. Matha Bufa *man. rec.* — *f.* I′. Sancti Andree apostoli . . . *Index
man. saec. XVI.*

f. 1. Primum passionarium *man. rec.*

Incipit prologus sancti Andree apostoli. Andreas, frater Petri . . . *et
passio. Passiones et vitae sanctorum:* — *f.* 4′. Bibiane, — *f.* 7. Barbare,
— *f.* 9′. Nicolai, — *f.* 24′. Ambrosii, — *f.* 36′. Sabini, — *f.* 40. Siri,
— *f.* 48. Eulalie, — *f.* 50′. Damasi, — *f.* 56′. Lucie, Eustratii, aliorum,
— *f.* 59. Orestis et Nardarii, — *f.* 76. Thome ap., — *f.* 86. Gregorii
Spoletani, — *f.* 88′. Eugenie, — *f.* 98. Anastasie, — *f.* 107′. Iohannis ap.,
— *f.* 116′. Silvestri pp., — *f.* 144. Basilii archiep., — *f.* 162′. Martine m.,
— *f.* 174′. Symeonis monachi, — *f.* 196′. Pauli eremit., — *f.* 121. Zotici,
Amantii et sociorum, — *f.* 203′. Theodore Alexandrine. — *f.* 208′ *desinit
in:* Incipit prologus s. Hilarii episcopi.

*Nonnulla in marginibus aliis manibus addita. Complura folia refecta,
margines nonnullorum foliorum desecti.*
Miniat. color.
Bethmann in Pertz’ Archiv Bd. XII, S. 223.

3. Passionarium apostolorum et evangelistarum.

Vatican. 1272. membr. 325 f. 302 × 192 mm. saec. X.

f. 1. serant et eos criminabantur. — Oportet namque, ut quotiens eterni regis magnificentiam in sanctis libris predicare cognoverimus. *Fragmentum homiliae vel sermonis de Matth. 9, 13, ut videtur, scripti.*

f. 3'. Lectio sancti euangelii secundum Math., legenda in natale apostolorum Iacobi et Iohannis filiorum Zebedei — Matth. Accessit ad Iesum mater filiorum . . . omelia Bede. Dominus conditor ac redemptor — reddere merebimur. Qui . . . — *f.* 9. Incipit sermo Leonis in natale apostolorum de octo beatitudinibus. Predicante, dilectissimi, Domino Iesu Christo — Dei pace requiescant. Prestante . . .

f. 13. Per omnia secula seculorum. Amen . . . *Praefatio communis.* — *f.* 13'. Te igitur . . . *Canon.* — *f.* 17. Incipiunt uersus Petri *(Damiani)* episcopi in laudem sanctorum apostolorum. Spiritus alme ueni — perhenni frui. — *f.* 18. IIII Kal. Iul. vigilia b. Petri apostoli, eodem die s. Leonis pape. *Missa, duae collectae, epistola, evangelium:* Simon, diligis me . . ., *praefatio de apostolis.*

f. 19'. Incipit prologus in passionem principis apostolorum Petri et Pauli. Symon interpretatur — III Kal. Iul. celebratur. — *f.* 20'. Incipit alius prologus. Paulus Hebraice — sicut et ego. Incipit passio Petri et Pauli ex historia Iosephi Iudaicae captiuitatis, quam b. Ambrosius de Greco transtulit in Latinum . . . Passio beatissimorum apostolorum Petri et Pauli et martyrium. Erant tunc temporis — III Kalendarum Iuliarum. Regnante. — *f.* 24. Incipit actus uel uita siue passio b. Petri apostolorum principis feliciter edita a Lino ep. Romano. Licet plurima — confirmata est. In nomine Domini nostri . . . — *f.* 42. *In natali sanctorum apostolorum Petri et Pauli sermones Leonis, Augustini; ad Act. apostol.* Misit Herodes rex manus . . . *homilia sine nomine scripta, et ad Matth.* Venit Iesus in partes Caesareae . . . *homiliae Bedae.* — *f.* 75'. III Kal. Iul. natale apostolorum Petri et Pauli. Mihi autem nimis honorati sunt . . . *Missa, totum officium, praefatio, oratio ad vesperas.*

f. 77. Incipit actus uel uita siue passio sancti Pauli ap. Fuit quidam in Hierusalem — quae sunt de Domino Iesu Christo. — Martyrium s. Pauli ap. a Lino ep. Romano Greca lingua conscriptum et ecclesiis orientalibus destinatum. Cum uenissent Romam — baptizati in nomine Iesu Christi. — *De natali s. Pauli sermones Augustini, Ioannis Chrysostomi; ad Act. ap.* In diebus illis Saulus adhuc spirans . . . *homilia sine nomine conscripta; ad Matth.* Ecce nos reliquimus . . . *homilia Hilarii et homilia Hieronymi in lect. I—IIII divisae.* — *f.* 119'. *Missa, totum officium, item:* — *f.* 121. VIII Kal. Febr. Conuersio sancti Pauli.

f. 122. Die XXVa mensis Iulii. Natale s. Iacobi, fratris Iohannis. Prologus. Iacobus Hebraice — VIII Kal. Augustias. Passio. Iacobus apostolus Domini nostri — perrexit ad Dominum. Cui ... — *Missa.* Eodem
die s. Eufraxie v.

f. 129'. Die XXVa mensis Augusti. Festiuitas Bartholomaei ap. Prologus.
Bartholomaeus apostolus — VIII Kal. Septembris creditur. Passio. Indie
tres esse — octavo Kal. Septembris. Regnante ... — *f.* 138. VII Kal. Iul.
Translatio Bartholomaei ap. Beati Bartholomei venerabile — laudare prae-
sumit. — Miracula, quae facta sunt in insula Cypparitana. — *Missa.*

f. 148. XI Kal. Octobris. Natale s. Mathei ap. Matheus apostolus et
evangelista — XI Kal. Octobris. Passio. Beatus Matheus apostolus et evangelista — undecimo Kal. Octobris. Regnante ... — *Missa.*

f. 158. Die septimo decimo mensis Octobris. Natale s. Luce ev. Expositio venerabilis Decorosi presbyteri in laude b. Luce ev. Prologus. Cum
in divinis voluminibus — sermo declarat. — Prologus. Lucas Hebraice —
undecimo Kal. Nouembris. Vita. Igitur gloriosissimus apostolus — predicauit, confluerent. Qui ... — *Missa.*

f. 166'. Die XXVIIIa mensis Oct. Natale apostolorum Symonis et Iude.
Prologus. Symon Chananeus — V Kal. Nouembris. Prologus. Iudas, qui
inter — V Kal. Nouembris. Passio. Symon Chananeus — honore celebratur. Regnante ... — *Missa.*

f. 178'. Die XXX mensis Nouembris. Natale s. Andree ap. Prologus.
Andreas frater Petri ...; *desinit in:* frater Petri. — *f.* 179. Ista super-
stitiosa et uana — veritatis venire. Ipsi ... *Sermones et homiliae Augustini
et Gregorii;* de epistola: De confessione verae fidei — pervenire possimus.
Per ...; *homilia* Aimoni ep. In omnibus operibus — aquilae per discretionem.
— *Missa, praefatio.*

f. 223'. Die XXIa mensis Decembris. Natale s. Thome ap. Prologus.
Thomas Hebraice — XII Kal. Ianuarias. Passio. Cum apostolus Thomas —
gaudia pervenire. Ipso adiuvante ... — *Missa.*

f. 240. Sexto Kal. Ianuarias. Natale Iohannis ap. et ev. Prologus. Iohannes Hebraice — VI Kal. Ianuarias. Passio. Secundam post Neronem —
consequuntur effectum. Prestante ... Sermo s. Eusebii, *ad epistolam homilia:*
Docet nos et exhortatur — pervenire possimus. Cui ...; *homilia Bedae:*
Lectio s. evangelii, quae nobis — promisit pervenire. Per ... — *Missa.*

f. 262. Incipit sermo in laudibus b. Mathie ap. Ex dictis sanctorum
patrum Christo favente delibatum. Prologus. Mathias Hebraice — VI Kal.
Martias. Fuit enim de septuaginta discipulis unus. — *(Sermo.)* Inclitam et
gloriosam festivitatem ... VI Kal. Martias. Qui ... — *Missae oratio, secreta, ad complendum.*

f. 272'. Die XXVa mensis Aprelis. Natale b. Marci ev. Prologus. Marcus
evangelista s. Petri — VI Kal. Martias. Passio. Tempore, quo dispersi

erant — imperante Gaio. In nobis autem . . . — *Missae oratio, secreta, ad complendum.*

f. 277'. Kal. Maias. Natale apostolorum Philippi et Iacobi. Prologus. Philippus Haebraicae — Kal. Maias celebratur. Passio. Dum in ipsis initiis — qui credunt regnum Patris . . . Alius prologus. Iacobus Alphei — VI Kal. Ianuarias creditur. Passio. Igitur Iudei postea — filius Dei. Qui . . . *Homilia Augustini.* Erigenda est nobis — sermo iste differri. — *Missa.*

f. 294'. (De s. Barnaba ap.) Redemptor et salvator noster Dominus Christus antequam — fideliter declarans. Passio eiusdem s. Barnabe. Iohannes igitur, qui et Marcus — collocatum est. Ad honorem . . . — *Missa; evangelium desinit in:* manserit.

f. 306. gratia Dei — Theodoxii filius religione ac pietate insignis. Ideoque pro his omnibus gratias agamus Domino per Christum. *Sermo de apostolis.* — *Ad Ioa.* Hoc est praeceptum meum . . . omelia *(Gregorii)* habita ad populum in basilica s. Pancratii m. Cum cuncta sacra eloquia — decertantes iuvat. Per . . . — *f. 319'. Ad Luc.* Designavit Dominus septuaginta . . . omelia Gregorii habita ad populum in basilica Salvatoris iuxta palatium Lateranense. Dominus ac salvator noster Iesus Christus aliquando nos . . .; *desinit in:* Specula quippe sunt.

Complures librarii. Multa aliis manibus et emendata et addita. Folia humore laesa. f. 1, 325 refecta; post f. 189 — f. 200, saltus in numerando. Miniat. color. et inaurat. flor. Pict. lineares rudesque.

4. **Passionarium.**

Regin. 496. membr. 230 f. 272 × 205 mm. saec. X. XI.

f. 1. Igitur Chlotharius rex Francorum . . . *Vita s. Medardi. Passiones, vitae, miracula sanctorum: f. 12'.* Nicolai, — *f. 15'—18. man. rec.* — *f. 19.* Gesta salvatoris Domini nostri Iesu Christi secundum carnem: Factum est autem in anno nono imperatoris Tyberii cesaris — omnia uerba in codicibus publicis. — *f. 47.* Epistola Pilati ad urbem Romam Claudio dicens. — *f. 48'.* De transitu sanctae ac beatissime virginis Mariae . . . Igitur cum Dominus et saluator — perfecta in saecula saeculorum. Amen. — *f. 57.* De inventione Crucis. — *f. 67.* Reversio s. Crucis. — *f. 72.* Christophori, — *f. 81.* Iuliane, — *f. 89'.* Nicolai, — *f. 114.* Sermo s. Augustini de dedicatione. Quotienscumque, fratres karissimi, altaris . . .; omelia Bede. Que impossibilia sunt . . . — *f. 122.* Item in dedicatione ecclesie. Stetit itaque rex Salomon — per immortalia saecula saeculorum. Amen. — *f. 123.* Cesarii diaconi, — *f. 129.* De s. Martino ep., *ead. man. qua f. 15'—18.* — *f. 133.* Eustachii, — *f. 146'.* Semproniani, Claudii, aliorum, mense Nov., — *f. 156'.* Theodori, mense Nov., — *f. 162.* Martini ep., *in marginibus lect. I—IX indicatae,* — *f. 180.* Mauri m., mense

Nov., — *f.* 183. Cecilie, — *f.* 205. Clementis, — *f.* 211'. Expositio Gregorii ep. Turonensis de eius *(s. Clementis)* miraculis. — *f.* 216. Chrisogoni m., — *f.* 223. Andree ap.

f. 230 *al. man. De capitulis generalibus ecclesiae cuiusdam annis 1441 et 1442 habitis; fragmentum. — f.* 230' *vacuum.*

Nonnulla aliis manibus addita. Complura folia laesa.

5. Passionarium.

Vatican. 1193. membr. 178 f. 450×308 mm. 2 col. saec. X. XI.

f. 1. Secundum passionarium. *man. rec.*

Domino sancto et meritis beatissimo patri Pascentio pape Fortunatus. Religiosi pectoris studio . . . *Prologus et vita s. Hilarii, epistula eius ad Agram filiam scripta. — Passiones, vitae, miracula sanctorum:* — *f.* 10. Gagi pp., — *f.* 15. Margeritae, — *f.* 15'. Felicis Nolani, — *f.* 18. Felicis m., — *f.* 19. Mauri, — *f.* 39. Marcelli, — *f.* 43'. Prisce et Aquili, sermones Petri Diaconi, ex commentariis Remigii super epistolas, — *f.* 48'. Sebastiani, — *f.* 62. Iohannis Calauite, — *f.* 69'. Vincentii, — *f.* 73'. Anastasii, — *f.* 86. Macharii Romani, — *f.* 93. In conuersione s. Pauli, vita et passio eius, — *f.* 100' *vacuum,* — *f.* 101. Paule, — *f.* 118'. Abbacyri et Iohannis m., — *f.* 131'. Ignatii Antiocheni, — *f.* 133. Blasii, — *f.* 140'. Agathe, — *f.* 142'. Savini Canosini ep., — *f.* 149. Valentini ep., — *f.* 152. Faustini et Iobitte, — *f.* 155'. Mathie ap., — *f.* 160. Pygmenii prbr., — *f.* 162. Quadraginta martyrum, — *f* 168'. Marie Egyptiace.

Nonnulla aliis manibus addita. Complura folia laesa, alia refecta, desunt complura.

Miniat. color.

Bethmann in Pertz' Archiv Bd. XII, S. 223.

6. Passionarium.

Regin. 463. membr. 34 f. 190 × 155 mm. saec. XI.

f. 1. 1321. C. 56. — *Infimo in folio index passionum man. saec. XVII, ex parte desectus.*

Incipit passio sancti Vincentii martiris atque levite. Probabile satis est . . . *Passiones sanctorum:* — *f.* 7'. Alexandri et Eventii, Theodoli atque Hermetis, — *f.* 14'. Nerei et Achillei, — *f.* 24. Babille ep., — *f.* 28'. Agapiti, — *f.* 32. Symphoriani; *desinit in:* habe Dominum tecum. — *Ad duas priores passiones in marginibus lectiones assignatae.*

Nonnulla eadem et man. saec. XVII addita.

7. **Passionarium.**

Regin. 466. membr. 121 f. 211 × 178 mm. saec. XI.

f. 1. [Indiae] tres esse ab istoriographis dicuntur; prima est India . . . *Passio s. Bartholomaei ap.; man. rec. in marginibus lect. I—XII indicatae.* — *f.* 17. Adventus reliquiarum eius in Gallias. — *f.* 19'. *al. man.* Translationis eiusdem historia. — *f.* 23. Per octavas s. Bartholomaei ap.; *desinit in:* quedam uero secundum.

f. 25. Dilectis in Christo patribus a fratribus congregationis almi confessoris Christi Theoderici Hucbaldus . . . sacerdos. Pia uestra religio . . . *De precationibus pro vivis et defunctis fratribus faciendis; oratio pro defuncto Hucbaldo dicenda.*

f. 26. Ymnus de sancto Theodorico. Festiua Christi cantica — uni Deo per secula . . . Amen. — Exultet Domino mente serena — Deus est tempore seculi. Amen. — *f.* 26'. Vita Theoderici. Incipit lectio prima . . . — *f.* 39. *man. rec.* Lectiones infra octavam. — *f.* 60'. In octava lectiones; *desinunt in:* recessit. Caecus. — *f.* 64, 65. *al. man. saec. XII.* De s. Remigio. — *f.* 64'. *De villa s. Theoderico data et reddita.* — *f.* 65'. Canamus Domino, *neumis instructum.* — *f.* 66. charismatum, quae per sanctos . . . *Vita s. Theodulfi conf.* — *f.* 78. In vigilia et in festivitate ss. Gervasii et Protasii, *responsoria et antiphonae neumis sine lineis instructae, lect. I—VIII;* — *f.* 83. *passio eorum.* — *f.* 101. In vigilia s. Amandi ep. *invitatorium, antiphonae, responsoria neumis sine lineis instructa, initia psalmorum,* — *f.* 104. *vita eius:* Scripturus vitam . . . *desinit in:* imminere quantum.

Complures librarii; nonnulla aliis manibus addita. Multorum foliorum infimi margines desecti, complura folia refecta.

Miniat. color.: — *f. 27 littera M, color. nigro rubroque;* — *f. 104 littera S;* — *f. 106' littera R.*

Neumae.

Bethmann in Pertz' Archiv Bd. XII, S. 282.

8. **Passionarium.**

Regin. 498. membr. 153 f. 243 × 175 mm. saec. XI.

In folio praeligato II: Hoc libro continentur: Illatio s. Benedicti . . . *Index man. saec. XVII.*

f. 1. *Infimo in folio:* Bibliothèque nationale. — *Item* — *f. 153.*

Incipit prefatio illationis sancti Benedicti. Exigis a me, mi pater reuerende Richarde . . . *Passiones et vitae sanctorum:* — *f.* 8. Leonardi conf., — *f.* 15'. Wendezlaui m., — *f.* 20'. Columbe virg. mart., — *f.* 24. Cucuphatis *et prologus in eius passionem,* — *f.* 28'. Mamertis mart. — *f.* 32. Revelatio, que ostensa est sancto pape Stephano et memoria de consecratione altaris ss. Petri et Pauli, quod est situm ante sepulchrum sancti

Dio[nysii]. — *f. 33'. aliis manibus:* Mitis et invicte . . . *Versus de s. Bene-dicto, versus Lucani, alii.* — *f.* 34. Sulpicii ep., — *f.* 45. Eusebii m., — *f. 46'.* Theodosie virg., — *f.* 57. Hemmerami ep., — *f. 69'.* Primi et Feliciani, — *f.* 70. Tractatus sancti Fausti de ascensione Domini. — *f. 71'.* Sermo de pentecoste. — *f. 72'.* De sancta Trinitate. — *f. 74'.* Omelia de Spiritu sancto. — *f.* 76. Miracula et obitus s. Nycolai ep. — *f. 80'.* Prefatio in translationem s. Nycolai ep. — *f. 81'.* Translatio s. Nycolai ep., *man. rec. in lect. I—VIII divisa.* — *f. 91'.* Sermo s. Augustini de vigi-lantia et sollicitudine praelatorum erga subditos. — *f. 95'.* Sermo s. Augustini de obedientia subditorum. — *f. 96'.* Revelatio Ratherii de quodam Dei servo. — *f.* 97. Caput de vita patrum. — *f. 97'.* Aliud. — *f. 97'.* Cur memoria s. Marie omni sabbato celebretur. — *f.* 99. Sermo s. Augustini ep. — *f.* 100. *Item.* — *f.* 101. Miracula de s. Servatio ep. — *f.* 104. Dialogus Augustini et Orosii; *initium* — *f.* 110'. — *f.* 114. Unde constituta sit festivitas, que dicitur ad vincula s. Petri. — *f.* 116. Cornelii pp., — *f.* 120. Prefacio in passionem s. Cip[riani], — *f.* 122. passio. — *f.* 123. Ful-gentii ep.

f. 142'. Epistola Alexandri regis ad Aristotelem. — *f.* 150'. Revelatio Salmonis didascali Iudeorum de Alexandro. — *f.* 153'. Cordis melos et oris — tecum sede claritatis. *Hymnus vel sequentia de B. M. V. neumis instructa, al. man.*

Complura in marginibus al. man. et emendata et addita. Nonnulla folia refecta.

Neumae.

Bethmann in Pertz' Archiv Bd. XII, S. 285.

9. **Passionarium.**

Regin. 523. membr. 245 f. 296 × 200 mm. saec. XI.

f. 1. E. 45.

alii Iohannem baptistam, alii Eliam . . . *Matth. 16, 13 et q. s.* — Omelia in natale *(s. Petri), initium deest; desinit in:* ante secula promisit, qui . . . — *f.* 5'. Lectio epistolae b. Pauli ad Titum. Fidelis sermo . . . In Greco habetur humanus sermo — iubilatio et gloria in secula seculorum. Amen.

f. 6'. Epitaphium Hugonis magni Rotberti regis filii, quod fecit Girar-dus Aurelianensis. Sublatum uidue iuuenem tibi Francia luge — repetat, petimus.

f. 7. Passio apostolorum Petri et Pauli . . . *Index.* — In natale Domini sermo. Hodie, dilectissimi fratres, letetur nobiscum totus mundus — gloriam eternam. Per eundem . . .

f. 8. Actus uel uita siue passio beati Petri apostolorum principis a Lino episcopo Romano conscripta . . . Licet plurima . . . *In marginibus lect. I—VI designatae. Passiones et vitae sanctorum itemque lectiones: — f. 19′.* Pauli ap., lect. I—VI, — *f.* 21. Vita s. Pauli a Lino episcopo conscripta, — *f.* 24. In festo omnium sanctorum, lect. I—IX. — *f.* 28. Transitus s. Martini, lect. I—IX, — *f.* 33. Briccii ep., — *f.* 35. Valeriani, Tiburtii, Maximi, Ceciliae, lect. I—IX, — *f.* 43′. Lucie, — *f.* 47′. Eugenie; *desunt complura.* — *f.* 48. De natale Domini *sermo sine nomine scriptus et homilia s. Augustini.* — *f.* 55′. Antiphona de s. Maria: Ecce tu pulcra es — ueni coronaberis alleluia, *neumis sine lineis instructa.* — *f.* 56. Gesta s. Iohannis. — *f.* 65. In festivitate sanctorum Innocentium mm. — *f.* 68′ *vacuum.* — *f.* 69. Actus s. Silvestri. — *f.* 72. Symeonis servi Dei, — *f.* 84′. Agnetis et Emerentiane, — *f.* 91. Vincentii, — *f.* 97′. Eugenie v., — *f.* 113. Agathae, lect. I—VIII. — *f.* 119′. In purificatione sermo s. Augustini, lect. I—V. — *f.* 121′. Saturi, Saturnini, *aliorum,* — *f.* 125. Gregorii pp., lect. I—VIII, — *f.* 140′. Hieronimi prbr., — *f.* 147. De vincula s. Petri ap. sermo. *al. man.* — *f.* 148. De sancto Pasche sermo s. Augustini. — *f.* 149. Inventio s. Crucis. — *f.* 155′. In reparitione s. Crucis sermo. — *f.* 151. Benedicti abb., lect. I—VII, — *f.* 165′. Iacobi ap., lect. I—VI, — *f.* 167. Euurtii ep., *a librario in lect. I—VIII, I—III divisa, in margine man. rec.* lect. IIII—IX, *f.* 177′. Aniani ep., lect. I—IX, — *f.* 183 *vacuum.* — *f.* 183′. Incipiunt homelias in festiuitate s. Iohannis bapt., *prima et secunda sine nominibus scriptae, tertia s. Augustini.* — *f.* 188′ *vacuum.* — *f.* 189. Sermo s. Augustini contra Iudeorum perfidiam. Vos convenio . . . — *f.* 191′. Euventii, Theodoli et Hermetis, — *f.* 197′. Vitalis et Agricolae, — *f.* 199′. Pancratii, — *f.* 201. Dionysii, lect. I—IX, — *f.* 210. Gervasii et Protasii, — *f.* 212′. Albani, — *f.* 214′. Processi et Martiniani, — *f.* 216′. Victoris et Coronae, — *f.* 219. Agapiti, lect. I—III, — *f.* 222. Cornelii pp., — *f.* 223′. Cypriani, — *f.* 225. Septem fratrum, — *f.* 226′. De beato patre nostro Effrem, lect. I, II, — *f.* 228. Stephani pp., — *f.* 235. Mauricii et soc., lect. I—VIII, — *f.* 239′. Clementis pp., lect. I—IX. — *Longiorum passionum vitarumque priores partes in lectiones divisae sunt.*

f. 245. Hec sunt expense . . . *Tabula.* — *f.* 245′. Uideo uirum similem . . . *Antiphonae de tribus pueris in camino ignis stantibus canendae et neumis sine lineis instructae; aliis manibus.* — *Probationes pennarum.*

Nonnulla in marginibus eadem et al. man. addita. Complura folia refecta. Neumae.

10. **Passionarium.**

Vatican. 1195. membr. 313+1 f. 570×367 mm. 2 col. saec. XI.

In folio praeligato index alterius passionarii.
f. 1. Secundus. *man. saec. XIV.*

[ ]teret. Conuersus igitur . . . *Vita s. Basilii; deest initium.*

f. 6. Passio s. Martine uirginis. Kal. Ian. Regnante primum omnium . . .
f. 14'. Dom. I post natale Domini. Omelia Haymonis. *Homiliae et sermones: Ambrosii, Augustini, Bedae, Bertharii, Haimonis, Methodii.*

Passiones et vitae sanctorum: — *f. 24'.* Margarite, — *f. 31.* Iuliani et
Basilisse, — *f. 43.* Pauli eremite, — *f. 46'.* Felicis prbr.; Felicis Nolani
ep., — *f. 51.* Hilarii ep., — *f. 56.* Theodore Alex., — *f. 61.* Marcelli pp.
et aliorum, — *f. 64'.* Antonii, — *f. 76'.* Sebastiani *et aliorum,* — *f. 92.*
Marie et Marthe *et aliorum,* — *f. 95.* Agnetis, — *f. 98.* Anastasii m., —
f. 109'. Vincentii m., *in marginibus octo lectiones indicatae.* — *f. 112'.*
Symeonis monachi, — *f. 116'.* Marciani, — *f. 118.* Gregorii Nazianzeni,
— *f. 121.* Cyri et Iohannis, — *f. 137.* Blasii, — *f. 142.* Agathe, — *f. 150'.*
Iuliane, — *f. 155'.* Valentini ep., — *f. 157'.* Mathie ap., — *f. 162.* Quadraginta martyrum, — *f. 167.* Gregorii pp., — *f. 177'.* Benedicti abb., —
f. 191. Marie Eg., — *f. 198.* Ambrosii Mediol., — *f. 206.* Georgii. *Post
— f. 211 tria folia desecta.* — *f. 212.* Iacobi ap., — *f. 217.* Sermo de
inventione Crucis. — *f. 220'.* Alexandri, Eventii, Theodoli, *aliorum,* —
f. 224'. Gordiani et Epimachi, — *f. 226.* Pancratii, — *f. 227.* Nerei et
Achillei, — *f. 234.* Domitille et Eufrosine, — *f. 235.* Isidori m., — *f. 234'.*
Bonifatii m., — *f. 237.* Pudentiane, — *f. 238.* Restituti, — *f. 240'.* Marcellini et Petri, — *f. 242.* Erasmi, — *f. 245.* Urbani pp. *et aliorum,* —
f. 252. Marmenie *et aliorum,* — *f. 253.* In dedicatione bacilice ss. Iohannis
et Pauli sermo s. Augustini. — *f. 259.* Vitalis m., — *f. 259'.* Primi et
Feliciani, — *f. 262.* Barnabe ap., — *f. 263.* Basilidis, Tripodis, Mandalis,
— *f. 265.* Zotici *et aliorum,* — *f. 267'.* Symphorose et septem filiorum,
— *f. 268'.* Translatio s. Bartholomei ap. — *f. 272.* Viti, Modesti, Crescentie,
— *f. 278'.* Gervasii et Protasii, — *f. 282'.* MCCCCLXXX martyrum. —
f. 286'. In nativitate s. Iohannis bapt. *sermones s. Augustini, homiliae
Bedae, Haimonis.* — *f. 297'.* Iohannis et Pauli, *octo lectiones in marginibus indicatae.* — *f. 309 a. fragmentum lectionarii minoris; lectiones in
cathedra s. Petri.* — *f. 309 a'.* Incipit prologus s. Gregorii in Ezechielem.
— *f. 312.* In natali s. Petri. Sermo. Petrus autem et Iohannes ascendebant — multiplicabatur. *Act. apost., lect. I—III;* sermo s. Leonis,
omilia Aymonis, *quae desinit in:* naturam nostram (?) ue.

*f. 313. Bulla Pauli pp. (II), anno 1467 pridie Non. Sept. ad Angelum
cardinalem de monasterio s. Mariae de Claravallis et Columba Placen-
tinensis dioecesis missa.*

*Complura aliis manibus et emendata et addita. Multa folia refecta.
Miniat. color.*

Bethmann in Pertz' Archiv Bd. XII, S. 223.

11. Passionarium.

Vatican. 6073. membr. 219 + 10 f. 386 × 290 mm. 2 col. saec. XI.

f. 1. loquitur in uobis . . . Passio s. Luciae. *Passiones et vitae sanctorum:* — *f.* 2. Ursicini, — *f.* 3'. Thomae ap., — *f.* 10. Stephani levitae, — *f.* 13'. Iohannis ev., — *f.* 19. Silvestri ep. conf., — *f.* 40'. Acta s. Barbatiani presb. conf., — *f.* 44'. Severini conf., — *f.* 49. Felicis presb., — *f.* 52. Sebastiani, — *f.* 57. Agne v. m., — *f.* 60. Vincentii lev. m., — *f.* 67. Iohannis Chrisostomi, — *f.* 71. Geminiani ep. conf., — *f.* 74'. Severi ep. Ravenne, — *f.* 80. Blasii m., — *f.* 82. Agathe v. m., — *f.* 85. Iuliane v. m., — *f.* 88'. Valentini m., — *f.* 89'. Faustini et Iovitte, — *f.* 92. Matthiae ap., — *f.* 96. Gregori pp., — *f.* 101'. Benedicti abb., — *f.* 104 *bis.* Tiburcii et Valeriani, — *f.* 106' *bis.* Georgii m., — *f.* 109' *bis.* Marci ev., — *f.* 110 *bis.* Vitalis, — *f.* 111 *bis.* Philippi et Iacobi app., — *f.* 112 *bis.* Alexandri, Euentii, Theoduli, — *f.* 116'. Inventio s. Crucis. — *f.* 121'. Pancratii m., — *f.* 122'. Ilari heremite, — *f.* 125'. Petronille v., — *f.* 126. Petri et Marcellini mm., — *f.* 128. Primi et Feliciani mm., — *f.* 131. Barnabae ap., — *f.* 132'. Viti et Modesti, — *f.* 135'. Gervasii et Protasii, — *f.* 137'. Sermones in nativitate sancti Iohannis bapt. — *f.* 141. Iohannis et Pauli, — *f.* 143. Petri et Pauli, — *f.* 152'. Septem fratrum, — *f.* 153'. Paterniani, — *f.* 154'. Quirici et Iulitte, — *f.* 159'. Rophilli conf., — *f.* 162. Apollenaris m., — *f.* 166. Iacobi fratris Iohannis ev., — *f.* 168. Nazarii m., — *f.* 172. Machabeorum, — *f.* 173. Eusebii m., — *f.* 173'. Stephani ep. et m., — *f.* 174. Cyriaci, — *f.* 174'. Laurentii, — *f.* 177. Hyppoliti, — *f.* 178'. Cassiani. — *f.* 180. In assumptione sancte Marie. Epistola s. Hieronymi ad Paulam et Eustochium. Cogitis me . . . — *f.* 191. Bartholomei ap., — *f.* 194'. Inventio capitis Iohannis bapt. — *f.* 200. Savine v., — *f.* 202'. Exaltatio s. Crucis. — *f.* 204'. Cypriani sacerd. et m., — *f.* 205'. Eufemiae v., — *f.* 207. Matthaei ap. et ev., — *f.* 213. Iustine v., — *f.* 217. Cosmae et Damiani. — In s. Michaelis *desinit* — *f.* 219 *in:* agerent et si in.

Multa aliis manibus et emendata et addita. Desunt complura folia; multa folia vel marginibus desectis laesa vel refecta. Veteris numeri f. xxx—ccclx; *f.* 104—113 *bis numerata.*

Bethmann in Pertz' Archiv Bd. XII, S. 255.

12. Passionarium.

Vatican. 6453. membr. 230 f. 592 × 395 mm. 2 col. saec. XI.

f. 1. qui erant Ierosolymis — baptizati sunt in nomine Domini Iesu Christi, cui . . . *Passio ss. Petri et Pauli.*

f. 11. III Kal. Iulii. Incipit prologus sanctorum Petri et Pauli. Symon, qui interpretatur . . . *et passio. Passiones et vitae sanctorum: — f.* 16'.

Processi et Martiniani, — *f.* 18. Felicitatis cum septem filiis, — *f.* 19.
Naboris et Felicis, — *f.* 21. Margarite v. m., — *f.* 24. Quirici et Iulitte,
f. 26. Marie Magdalene, — *f.* 27′. Apolenaris ep. m., — *f.* 32. Iacobi ap.,
f. 34′. Christofori, — *f.* 36′. Pantaleonis m., — *f.* 41. Nazarii et Celsi, —
f. 43′. Simplicii, Faustini, Beatricis, — *f.* 44. Abdon et Sennen, — *f.* 46′.
Absolutio s. Petri a vinculis. — *f.* 47. Sermo Bede ex historia Machabeorum; passio Machabeorum. — *f.* 47′, 48 *vacua.* — *f.* 54′. De inventione s. Stephani protom. — *f.* 56′. Xysti et Agapiti, — *f.* 58′. Donati
et Hylarii, — *f.* 63′. Laurentii, — *f.* 66′. Ypoliti, — *f.* 68. Cassiani, —
f. 68′. In assumptione s. Marie v. Epistola s. Hieronymi: Cogitis me ...
— *f.* 79. Agapiti m., — *f.* 81. Ruxurii m., — *f.* 82. Timothei, — *f.* 83′.
Simphoriani, — *f.* 85′. Bartholomei ap., — *f.* 89′. Genesii, — *f.* 90′.
Pontiani, — *f.* 94. Vita s. Augustini a Possidonio episcopo conscripta. —
f. 101. In decollatione s. Iohannis bapt.; *sermo sine nomine scriptus.* —
f. 102′. Sauine, — *f.* 103′. Felicis et Adaucti, — *f.* 104. Reguli, —
f. 107. Gorgonii, — *f.* 109. Proti et Iacinti, — *f.* 115. Cornelii et Cypriani, — *f.* 117. In exaltatione s. Crucis. — *f.* 119. Mamiliani cum sociis
suis, — *f.* 121′. Mathei ap., — *f.* 127′. Mauricii cum sociis suis, — *f.* 134.
Tecle v., — *f.* 134′. Iustine v., — *f.* 138′. Cosme et Damiani, — *f.* 141′.
De inventione s. Michaelis; sermo Augustini. — *f.* 145. Hieronymi, —
f. 147′. Reparate v., — *f.* 148. Domnini m., — *f.* 149′. Dionysii, Rustici,
Eleutherii, — *f.* 152. Cerbonii ep., — *f.* 155. Calixti pp. m., — *f.* 157′.
Galli abb., — *f.* 162. Luce ev., — *f.* 164. Miniatis m., — *f.* 166. Symonis
et Iude app., — *f.* 169′. Sermo Bede in sollemnitate omnium sanctorum.
— *f.* 173′. Cesarii m., — *f.* 176. Vitalis et Agricole, — *f.* 177. Leonardi
conf., — *f.* 180′. Quattuor coronatorum, — *f.* 185. Theodori m., — *f.* 186.
Passio ymaginis s. salvatoris. — *f.* 190. Martini, — *f.* 201. Ephisi m., —
f. 208. Potiti m., — *f.* 211. Frigdiani conf., — *f.* 215. Cecilie, de obitu
Tyburtii et Valeriani, — *f.* 224. Clementis, — *f.* 227′. Chrysogoni et
Anastasii; *quae passio desinit in:* voluerunt iussi.

*Nonnulla manibus rec. et emendata et addita; in marginibus lectiones
monasticae. — f. 1, 230 dissecta; desunt complura folia.*

Miniat. color.

Eodem tegumento, quo Vatican. 6450, 6451, 6452.

13. **Passionarium.**

Vatican. 7014. membr. 75 f. 552 × 390 mm. 2 col. saec. XI.

f. 1. [mere]tricem et ingressus ... *Passio s. Afrae, cuius initium man.
saec. XVII additum. Passiones et vitae sanctorum:* f. 3′. Agnelli, *deest
finis,* — *f.* 11. Gregorii m., *initium man. saec. XVII additum,* — *f.* 12.
Grisogoni et Anastasii, *item finis additus,* — *f.* 20. Felicis pape, —

f. 20'. Alterius Felicis, — *f. 21.* Basilii ep., *initium additum, — f. 33.* Pauli eremitae, — *f. 34.* Hylarii ep., — *f. 40.* Marcelli pp., *finis additus,* — *f. 43.* Paulae, *ultima pars, — f. 43'.* Iohannis Chrysostomi, — *f. 47'* Acta et gesta s. Marci et quomodo translatum eius corpus de Alexandria in Vinetiam, *fragmenta. — f. 48.* Geminiani, *deest initium,* — *f. 48.* Severi, archiep. Ravenne, — *f. 52'.* Eugenii et Vindemii (Vindemialis) epp., — *f. 54'.* Blasii ep., *fragmentum, — f. 55.* Vitalis, *deest initium, — f. 55.* Turpis m., — *f. 57'.* Philippi et Iacobi app., — *f. 59.* Sigismundi m., — *f. 60'.* Athanasii ep., — *f. 61.* Alexandri, Euentii et Theoduli, — *f. 65.* Senesii, *initium additum,* — *f. 66'.* Iohannis ante portam Latinam, — *f. 67'.* Victoris m., — *f. 69'.* Nerei et Achilli, *deest ultima pars, — f. 72.* Petri ap., *deest initium,* — *f. 72'.* Petronille et Felicule, — *f. 73.* Eutici, Victori, Marcellini et sponsarum eorum, — *f. 74'.* Pancratii, — *f. 75'.* Theodori conf.; *desinit in:* talento lucrum.

Complura aliis manibus addita. Nonnulla signa lectionum.

14. **Passionarium.**

Regin. 457. membr. 190 f. 222 × 135 mm. saec. XII.

f. 1. Rei geste ordo atque assumptio beati Iohannis evangeliste. Secundam post Neronem . . . *Passiones et vitae sanctorum: — f. 10'.* Iacobi ap., — *f. 12'.* Philippi ap., — *f. 18'.* Petri et Pauli app., — *f. 35.* Mathei ap., — *f. 43'.* Iude, Iacobi et Symonis app., — *f. 52'.* Andree ap., — *f. 57'.* Thome ap., — *f. 71.* Eustachii, — *f. 82.* De inventione s. Crucis, — *f. 87'.* De exaltatione s. Crucis. — *f. 91' vacuum. — f. 92.* Remigii archiep., — *f. 103'.* Sermo Rabani in natale omnium sanctorum. Legimus in ecclesiasticis historiis . . . *In marginibus XI lectiones assignatae.* — *f. 111.* Sermones s. Bonifacii m. Necesse est, fratres karissimi . . . — *f. 129.* Martini Turonensis, — *f. 184'.* Briccii ep. — *f. 185'.* Versus s. Martini.

f. 187. Interpretationes vocabulorum Latinorum. — f. 189'. Partes ordinis missae.

Complures librarii.

Bethmann in Pertz' Archiv Bd. XII, S. 281.

15. **Passionarium.**

Regin. 541. membr. 179 + 1 f. 380 × 275 mm. 2 col. saec. XII.

f. 1. Incipiunt actus sancti Silvestri urbis pape Rome. Historiografus noster Eusebius . . . *Passiones et vitae sanctorum: f. 16'.* Gregorii Lingonensis ep., — *f. 18.* Hilarii ep., — *f. 21.* Felicis prbr., — *f. 22.* Mauri abb., — *f. 34'.* Sulpicii ep., — *f. 36'.* Speosippi, Eleosippi, Meleosippi, *in marginibus lect. I—VIII assignatae, —f. 40'.* Sebastiani, —*f. 51.* Agnetis,

— *f.* 53. Vincentii m., — *f.* 56. Polycarpi, — *f.* 57'. Agathe, — *f.* 59'. Mathie ap., — *f.* 62. Gregorii pp., — *f.* 65'. Ambrosii, — *f.* 70'. Georgii, — *f.* 73. Marci ev., — *f.* 74. Vitalis, — *f.* 74'. Quiriaci, — *f.* 76. Iacobi ap., — *f.* 77. Philippi ap., — *f.* 77'. Amatoris ep., — *f.* 83. Inventio s. Crucis. — *f.* 85. Alexandri, — *f.* 87'. Gengulfi, — *f.* 90'. Gordiani, — *f.* 91'. Nerei et Achillei, — *f.* 94'. Pancratii, — *f.* 95'. Desiderii, — *f.* 96'. Urbani ep., — *f.* 100. Marcellini et Petri, — *f.* 101. Medardi, — *f.* 102'. Barnabe ap., — *f.* 103'. Veroli, *in marginibus lect. I—VIII assignatae*, — *f.* 107. Ferreoli et Feruccii, — *f.* 108. Cirici et Iulitte, — *f.* 110. Gervasii et Prothasii, — *f.* 111. Gallicani, Iohannis et Pauli, — *f.* 118'. Translatio ss. Benedicti et Scolastice. — *f.* 120'. Marie Magdalene, — *f.* 121'. Iacobi ap., — *f.* 123. Germani ep., — *f.* 129 a. *dimidium desectum*, Nazarii, — *f.* 130. Pantaleonis. — *f.* 132. Simplicii, Faustini et Beatricis; Abdon et Sennen, — *f.* 132'. Eusebii, — *f.* 137. Machabeorum, — *f.* 140. Stephani pp., — *f.* 142'. Inventio Stephani protom., — *f.* 144. Sixti pp., — *f.* 144'. Donati, — *f.* 145'. Cyriaci, — *f.* 147'. Laurentii, — *f.* 148'. Ypolyti, — *f.* 150. Mametis passio, *versibus conscripta*, — — *f.* 154. Agapiti, — *f.* 155. Simphoriani, — *f.* 156. Bartholomei, — *f.* 158. Augustini ep., — *f.* 166. Inventio capitis Iohannis bapt. — *f.* 168'. Egidii, *in marginibus lect. I—VIII indicatae*, — *f.* 173. Adriani et soc., — *f.* 175'. Christophori, *in lect. I—VIII divisa*, — *f.* 177. Theobaldi conf.

Nonnulla eadem et aliis manibus addita. Complura folia refecta. Miniat. color.

Bethmann in Pertz' Archiv Bd. XII, S. 288.

16. **Passionarium.**

Regin. 542. membr. 149 f. 380 × 280 mm. 2 col. saec. XII.

f. 1. Incipit prologus in vita s. Silvestri. Historiographus noster Eusebius . . .; *vita eius. Passiones et vitae sanctorum:* — *f.* 9. Sulpitii ep., — *f.* 13. Sauine v., — *f.* 14'. Miraculum s. Nicolai. — *f.* 18. Relatio de exaltatione s. Crucis. — *f.* 18'. Cornelii et Cypriani, — *f.* 19'. Lamberti, — *f.* 23'. Sequani conf., — *f.* 24. Mathei ap., — *f.* 27. Thebeorum, — *f.* 28'. Tecle, — *f.* 30'. Florentini, *in marginibus lect. I—VIII designatae,* — *f.* 32. Memoria Michahelis archangel. — *f.* 34. Hieronymi, — *f.* 36. Remigii ep., — *f.* 49. Leodegarii, — *f.* 51. Dionysii et soc., — *f.* 57'. Luce ev., — *f.* 57'. Sauiniani et Potentiani, — *f.* 63. Valerii, — *f.* 65'. Simonis et Iudae app., — *f.* 68'. Aniani ep., — *f.* 70. Theodori, — *f.* 72'. Decem milia martyrum, — *f.* 75'. Missae horum sanctorum martyrum in vigilia et in die, *oratio, secreta, postcommunio, ceterarum partium initia.* — *f.* 75'. Frodoberti abb., — *f.* 81. Septem dormientium.

f. 84. Epistolae b. Pauli ap.; argumenta. — *f.* 117′ *vacuum.* — *f.* 118. Incipit Ihezechiel propheta fer. II. lect. I. Et factum est in tricesimo anno — fatiam iudicia et scient, quia ego Dominus; *lectiones feriales duarum hebdomadarum.* — *f.* 128. Dominica, quando agitur de Trinitate ante aduentum Domini; lect. Creator omnium . . . *et homilia, lect. I—XII.* — *f.* 129. Fer. II. Danielis (*in margine man. rec.:* caput primum). Anno tertio regni Ioachim — *cap. 13.* — *f.* 136. (*in margine man. rec.:* Ysaye cap. 2,20) Quiescite ergo ab homine — et iustitia mea reueletur. *Lectiones Danielis et Isaiae in quattuor hebdomadas distributae.* — *f.* 148. *Sermo sine nomine scriptus et homilia Origenis ad Matth. 1, 18 et q. s.* Cum esset desponsata . . .

Complures librarii, nonnulla aliis manibus addita. Complura folia refecta. Miniat. color.

Bethmann in Pertz' Archiv Bd. XII, S. 288.

17. Passionarium.

Regin. 543. membr. 140 f. 378 × 290 mm. 2 col. saec. XII.

f. 1. Incipit prologus in uita sancti Quintini. Descriptiones uite sanctorum . . .; vita s. Quintini, *in lect. I—XII divisa. Passiones et vitae sanctorum:* — *f.* 4. Margarite, *in lect. I—XI divisa, al. man.* — *f.* 7. De assumptione s. Marie sermo s. Hieronymi. Cogitis me . . . — *f.* 15. Miracula s. Marie. — *f.* 21. In assumptione sermo s. Augustini, *homilia sine nomine scripta.* — *f.* 25. In annuntiatione sermo s. Augustini. — *f.* 26′. Saviniani, *in marginibus lect. I—VIII assignatae,* — *f.* 32. Martini, — *f.* 60. Versus de s. Martino. — *f.* 63. Cecilie, — *f.* 69′. Clementis, — *f.* 72. Andree ap., — *f.* 74′. Nicolai ep., *in marginibus lect. I—VIII assignatae,* — *f.* 83. De s. Benedicto sermo Odonis. — *f.* 87. Lucie, — *f.* 89. Columbe, — *f.* 91′. Martine, — *f.* 97′. Miraculum s. Andree ap. — *f.* 106′. Miraculum s. Nicolai. — *f.* 110. Thome ap., — *f.* 118. Iohannis ev., — *f.* 123. Martialis ep., — *Post* — *f.* 137′ *desunt complura.* — *f.* 138′. Eufemie.

Nonnulla aliis manibus addita. Complura folia refecta. Miniat. color.

18. Passionarium.

Vatican. 1191. membr. 205 f. 435 × 307 mm. 2 col. saec. XII.

f. 1. Tertium passionarium. *man. rec.*

Passio sancti Quirini ep. et m. Cum mundi istius . . . — *f.* 3. Passio ss. Tiburtii et Valeriani, *desinit in:* cum omni domo. *al. man.*

f. 4. Passio sancti Georgii m. Anno igitur ab incarnatione . . . *Passiones et vitae sanctorum:* — *f.* 10. Marci ev., — *f.* 12. Sermo s. Gregorii pp.

de litaniis. — *f.* 12′. Vitalis, Gervasii, Protasii, — *f.* 14′. Iacobi ap., — *f.* 15. Philippi ap., — *f.* 15′. In inventione s. Crucis. — *f.* 17. Alexandri, Eventii, Theoduli, — *f.* 17′. Hermetis, — *f.* 22. In inventione s. Michaelis. — *f.* 23′. Gordiani et Epimachi, — *f.* 25′. Antimi et soc., — *f.* 27′. Pancratii, — *f.* 29. Nerei, Achillei et Domitille, — *f.* 33. Petronelle, — *f.* 33′. Nicomedis, — *f.* 34. Domitillae, Eufrosinae, Theodorae, — *f.* 36. Bonifatii, — *f.* 39. Urbani pp., — *f.* 41′. Restituti, — *f.* 43′. Marcellini et Petri, — *f.* 46. Primi et Feliciani, — *f.* 49. Barnabae, — *f.* 54′. Basilidis, Tripodis, Mandalis, — *f.* 56′. Honofrii, — *f.* 58′. Viti et Modesti, — *f.* 62. Multorum martyrum, — *f.* 64′. Paulini ep., — *f.* 65′. Ioannis et Pauli, — *f.* 70. Ss. apostolorum *(Petri et Pauli)*, — *f.* 71′. Processi et Martiniani, — *f.* 73. Ruphinae et Secunde, — *f.* 75. Felicitatis et filiorum, — *f.* 76. Naboris et Felicis, — *f.* 78. Victoris et Corone, — *f.* 80. Quirici et Iulitte, — *f.* 84. Bonose, — *f.* 87. Alexii, — *f.* 90. Marinae, — *f.* 93′. Symphorosae et filiorum, *quorum die festo s. Gregorii homiliam de evangelio:* Loquente Iesu ad turbas . . . *legendam esse* — *f.* 94′ *adscriptum est.* — *f.* 94′. Caloceri et Parthemii, — *f.* 96. Praxedis et Pudentianae et Pii pp., — *f.* 101′. Marie Magdalene, — *f.* 105′. Apolenaris, — *f.* 111′. Crispine, — *f.* 114′. Iacobi ap., — *f.* 117′. Christophori, — *f.* 121′. Pastoris, — *f.* 125. Pantaleonis, — *f.* 131. Nazarii et Celsi, — *f.* 133′. Felicis pp., — *f.* 134. Simplicii, Faustini et Beatricis, — *f.* 135. Seraphie v., — *f.* 137′. Germani, — *f.* 138′. Stephani pp. *et aliorum,* — *f.* 144. Revelatio corporis s. Stephani protom. et soc. — *f.* 146′. Translatio eius corporis ad Constantinopolim, — *f.* 149. in Romam. — *f.* 151. Donati m., — *f.* 153′. Donati ep. conf., — *f.* 156. Abdon et Sennen *et aliorum,* — *f.* 159′. Sixti, — *f.* 161′. Laurentii, — *f.* 163′. Romani, — *f.* 165. Ypoliti, — *f.* 167′. Susanne, — *f.* 174. Epuli, — *f.* 175. Eusebii, — *f.* 176 Agapiti, — *f.* 178′. Ypoliti ep. m., — *f.* 187′. Aureae, — *f.* 192. Cassiani, — *f.* 192′. Bartholomaei ap., — *f.* 196′. Genesii, — *f.* 198. Augustini, — *f.* 204′. Petri ap.; *desinit in:* libras octo. — *Passiones vitaeque litteris initialibus in capita vel in lectiones divisae. Ultimis duobus in foliis chart. index man. saec. XVII.*

> *Multa aliis manibus addita. Complura folia refecta.*
> *Pict. miniat. color.*
> *Bethmann* in Pertz' Archiv Bd. XII, S. 223.

19. **Passionarium.**

> Vatican. 1192 membr. A—O+III+111 f. 460 × 337 mm.
> 2 col. saec. XII.

f. A. uiantibus uer reliquid — ore persoluunt. Cui est honor . . . *Passio s. Mauritii et sociorum.*

f. B′. Incipit acta seu gesta sanctarum uirginum Digne et Merite mense Sept. dies XII. Item prologus. Karissimis omnibus consacerdotibus . . . ; *gesta, passio, translatio corporum.* — *Passiones et vitae sanctorum:* — *f.* G. Tecle, — *f.* G′. Fauste, — *f.* H′. Faustine et Cypriani, — *f.* I. Marci pp., — *f.* L. Sergi et Bachi, — *f.* 1. Luce ev., — *f.* 2. Hylarionis eremitae, — *f.* 9. Grisanti et Darie, — *f.* 14. Symonis et Iude app., — *f.* 17′. Cesarii, — *f.* 19′. Germani ep., — *f.* 21′. Leonardi conf., — *f.* 25. Quattuor coronatorum, — *f.* 28′. In dedicatione basilice salvatoris. — *f.* 29. Passio imaginis salvatoris, miracula. — *f.* 33. Theodori m., — *f.* 35. Triphonis et Respicii, — *f.* 41′. Nymphe, — *f.* 45′. Martini ep., — *f.* 56. Menne, — *f.* 58. Bricii, — *f.* 59. Translatio s. Iohannis Chrysostomi, vita eius. — *f.* 72′. Machuti, — *f.* 75. Frigiani Luccensis ep., — *f.* 79′. Cecilie, — *f.* 82′. Tiburtii et Valeriani, — *f.* 85. Clementis, — *f.* 88′. Grisogoni, — *f.* 95. Catarine, — *f.* 100′. Andree, — *f.* 103′. Barbare, — *f.* 105. Sabe; *desinit in:* posuit eadem. — *In marginibus lectiones monasticae numeris assignantur.*

Multa aliis manibus et emendata et addita. Desunt complura folia; multa folia refecta.

Pict. miniat. color.

Bethmann in Pertz' Archiv Bd. XII, S. 223.

20. **Passionarium.**

Vatican. 1196. membr. II + 229 f. 528 × 356 mm. 2 col. saec. XII.

f. I. meum, loquar propositiones . . . *f. I, II, 228, 229 fragmenta antiphonarii saec. XIV, responsoria et antiphonae quadragesimales,* — *f.* II. *hebdomadae IV in quadragesima, notis musicis quadratis instructae.*

f. 1. Kal. Ian. Vita s. Basilii episcopi. Basilius igitur . . . *Passiones et vitae sanctorum:* — *f.* 8′. Macharii, — *f.* 13′. Martine, — *f.* 19. Concordii, *litteris initialibus divisa,* — *f.* 22′. Margarite, — *f.* 27. Ylarii, — *f.* 31. Felicis, — *f.* 32. Mauri, — *f.* 40. Papie et Mauri, — *f.* 40′. Ciriaci et soc., — *f.* 42′. Antonii monachi, — *f.* 45′. Prisce et Aquile, — *f.* 47. Sebastiani, *eadem man. in lect. I—VIII divisa,* — *f.* 55′. Zoe, — *f.* 56′. Marcelliani et Marci, — *f.* 57. Sebastiani, — *f.* 57′. Agnetis, *eadem man. in lect. I—VIII divisa,* — *f.* 60′. Iohannis Calouite, — *f.* 65. Anastasii, — *f.* 70. Vincentii m., — *f.* 72′. Paule, — *f.* 81′. Kyri et Iohannis, — *f.* 86. Blasii, — *f.* 90′. Agathe v., — *f.* 93. Valentini prbr.; Valentini ep., — *f.* 96. Constantie, — *f.* 101. In cathedra s. Petri. — *f.* 103. Mathie ap., — *f.* 107. Quadraginta martyrum, — *f.* 111. Gregorii pp., — *f.* 118′. Benedicti. — *f.* 121′. In annuntiatione s. Marie v., *sermo sine nomine scriptus; ad lect. Isaie:* Locutus est Dominus ad Achaz. Pete tibi signum . . . expositio Bede; *ad lect. evangelii:* omilia Augustini. — *f.* 127. Marie Egypt., — *f.* 130. In inventionę s. Michaelis archangeli, *sermones sine nominibus scripti.* — *f.* 137'. Gordiani, — *f.* 138'. Antimi et soc., — *f.* 141'. Pancratii, — *f.* 142'. Nerei et Achillei, — *f.* 148. Domitille et Eufrosine, — *f.* 149. Bonifacii, — *f.* 152. Translatio b. Marci pp. — *f.* 157 *vacuum.* — *f.* 157'. Translatio corporis s. Marci ev. — *f.* 162. Praxedis et Pudentiane, — *f.* 167. Urbani ep., — *f.* 170. Restituti, — *f.* 172. Marcellini et Petri, — *f.* 174'. Primi et Feliciani, — *f.* 177'. Barnabe ap., — *f.* 182'. Basilidis, Tripodis et Mandalis, — *f.* 184'. Honufrii eremit., — *f.* 189. Honufrii monachi, — *f.* 190. Viti et Modesti, — *f.* 193. Nicandri et Marciani, — *f.* 194'. MCCCCLXXX martyrum, — *f.* 196'. Paulini ep., — *f.* 197'. In nativitate Iohannis bapt. *sermones Augustini, Leonis, Maximi.* — *f.* 215'. Iohannis et Pauli, — *f.* 219'. Leonis pp., — *f.* 223. Petri et Pauli app.

f. 225, 226, 227. *Indices man. saec. XV.* — *f.* 226. *Fragmenta passionis Thomae Cantuariensis.*

Litterae initiales picturis linearibus distinctae.

Notae musicae.

Bethmann in Pertz' Archiv Bd. XII, S. 223.

21. **Passionarium.**

Vatican. 6933. membr. 255 f. 582×390 mm. 2 col. saec. XII. XIII.

f. 1. Sisinnio diacono Apronianus . . . *Deest initium, passio s. Cyriaci;* lect. IIII(—X). Eodem tempore ductus . . .; *desinit in:* et iussit. — *f.* 3. singularis omniumque . . . *Deest initium, passio s. Sebastiani;* lect. IIII (—XII) — nec nomen audire. *Ad:* Interea dum sancto Gaio episcopo (— heredem Christo. Qui . . .) *in margine al. man.:* III Id. Aug. Passio s. Tiburci m. — *f.* 16'. Passio s. Agnetis virg., lect. I(—VIII). Ambrosius servus — duodecima Kal. Februar. Regnante . . . — *f.* 20. Incipit prologus in passionem s. Vincentii; edita a Prudentio, *hoc al. man. subductum.* lect. I(—VIII). Probabile satis est — perseveret. Incipit passio s. Vincentii m. Cum apud Cesaraugustanam — nomen Domini nostri Iesu Christi . . . — *f.* 23. Incipit passio s. Anastasii m. Beatus itaque Anastasius — liberatum fuisse. Praestante . . .

f. 29'. Sermo s. Augustini in conversione s. Pauli ap. Hodie, dilectissimi, nobis lectio — de peccatis nostris largiente . . . — Item unde supra. Sermo Iohannis Chrysostomi. Procedat nobis, fratres karissimi, beatus Paulus — corona tua.

f. 31'. Incipit vita s. Geminiani ep. et conf. Post gloriosos — valeamus. Per . . . *Initium in tres lectiones divisum.* — *f.* 36'. Incipit vita s. Severi ep. et conf., lect. I(—III). Post excessum beatissimi Apollenaris — polliceri. Qui . . .

f. 37. In purificatione sancte Marie. Sermo s. Augustini ep. Hodiernus dies magnum — peccata mundi. Qui . . . — *f.* 39. Sermo s. Fulgentii. Si subtiliter a fidelibus — secundum verbum tuum in pace. Qui . . .

f. 41'. Incipit Passio s. Blasii, lect. I(—XII). Igitur cum — susceperunt. Cui . . . — *f.* 46. Incipit passio s. Agathe virg., lect. I(—VIII). Passionis beate Agathe — eos liberaret. Cui . . . — *f.* 48'. Incipit vita s. Eufraxie virg. In diebus Theodosii — omnium sanctorum. Per . . . *Initium in tres lectiones divisum.* — *f.* 56'. Passio s. Valentini ep. et m., lect. I(—III). Propheta loquitur — sepulti. Regnante . . . — *f.* 58'. Passio ss. Faustini et Iovite. Beatissimi viri — XV Kal. Mart. Regnante . . . *Initium in tres lectiones divisum.* — *f.* 62'. Passio s. Iuliane virg., lect. I(—III). Temporibus Diocletiani Cesaris (*in margine:* Maximiani imperatoris) — sub prefecto Eleusio. Regnante . . .

f. 65. Incipit sermo in cathedra s. Petri, lect. I(—IIII?). Institutio festivitatis hodierne — potestatem dedit. Qui . . . — Item alius sermo, lect. V(—VII). Postquam redemptor noster Iesus Christus — enumerenur. — Sermo unde supra. lect. VIII. Initium sacerdotii — gaudeamus in saecula saeculorum. Amen.

f. 67. VI Kal. Mart. Incipit prologus in natal. s. Mathie ap., lect. I. Mathias Hebraice — discipulus unus. Incipit sermo in laude eiusdem, lect. II(—XII). Inclytam et gloriosam — VI Kal. Mart. Qui . . . — *f.* 71'. Incipit vita s. Gregorii pp., lect. I(—XII). Gregorius urbe Roma . . .; *desinit* — *f.* 76' *in:* venerabili diaco. — *f.* 77. Iohannes dicit — per silentium reparemus.

f. 86'. In annuntiatione s. Marie. Sermo Iohannis Osauri, lect. I(—IIII). Omnium quidem martirum — salvavit nos. Ipsi . . . — *f.* 87'. Sermo Iohannis Osaurei. lect. V(—VII). Iterum libertas — gratias Ies. Christ. (?) — VIII. Sermo unde supra. Virginalis hodie — indutus est.

f. 89'. Incipit prologus in passione s. Georgii m. Plerique illustrium — tribuatur. Incipit passio s. Georgii m., lect. I(—VIII). Postquam Dominus et salvator — nona Kal. Maiarum. Regnante . . . — Item aliud miraculum draconis, quod Dominus fecit per beatum Georgium, lect. VIII(—XIII). Audite fratres mei — in Cappadocia. Prestante . . . — *f.* 96'. VII Kal. Mai. Passio s. Marci ev., lect. I(—VIII). Tempore, quo dispersi — sexto decimo. Imperante Gaio et Iunio. Regnante . . . — *f.* 98. IIII Kal. Mai. Passio s. Vitalis mr. edita a beato Ambrosio, lect. I(—III). Sanctus Vitalis militans — Kalendarum Maiarum. Regnante . . . — *f.* 99. III Kal. Mai. Passio s. Torpetis m., lect. I(—XII). In illo tempore sub Nerone — in mari. Adiuvante . . . — *f.* 102. Kal. Maii. Passio s. Phylippi ap., lect. I(—IIII). Cum in ipsis initiis . . . — Eodem die passio s. Iacobi ap., lect. V(—VIII). Iacobum, qui dicebat — regnum celorum. Ipso adiuvante . . . — *f.* 104. V. Non. Madii. Passio ss. Alexandri, Eventii et Theoduli, lect. I(—VIII).

Quinto loco — V Non. Maias. Regnante ... — f. 108'. Eodem die vita
s. Iuvenalis edita a s. Maximo ep. Dum Augustus Caesar — glorificantes
Dominum Iesum Christum ... — f. 110'. Eodem die hystoria de inventione
s. Crucis edita a s. Ieronimo, lect. VIII(—XII). Tempore Constantini —
dedit ad honorem Domini ... — 114. IIII Non. Mad. Passio s. Ysidori m.
Imperante Decio — Dei iubentis. Cui ... — f. 118'. II Non. Madii.
S. Iohannis ev. ante portam Latinam, lect. I(—VIII). Tempore Domitiani
— sicut dilexi vos.

f. 120. VIII Id. Madii. Basilice s. Michaelis. Angelorum quippe et hominum naturam. Require in dom. III post pentec. — *In margine man.*
saec. XIII: Legatur istoria, quae sic incipit: In anno dominicae incarnationis. Require in passionario, qui incipit ab istoria s. Petri et
Pauli.

VI Id. Madii. Passio ss. Gordiani et Epimachi, lect. I(—IV). Temporibus Iuliani — diem ad laudem et gloriam Domini Iesu. Amen. — f. 121'.
Eadem die s. Christine virg. et m., lect. V(—XII). Cum dudum — dignetur. Qui ... — f. 125. IIII Id. Madii. Passio ss. Nerei et Achillei. Nisi
studia catholicorum — valeamus. Gratia Domini Iesu Christi tecum. *Initium*
in tres lectiones divisum. — f. 128. IIII Id. Madii. Passio s. Panchratii m.
Temporibus Valeriani — Valeriano et Gallieno imperatoribus. Regnante ...
— f. 129. Incipit relatio s. Pastoris presbyteri sancte Potentiane ad Timotheum presbyterum. Omnia, quae a sanctis — in hodiernum diem. *In*
margine: In natale s. Praxedis virg., lect. I(—III). Virgo autem venerabilis
— ecclesie Romanae. — f. 130. XIII Kal. Iun. Passio s. Eustasii m. Christi.
In diebus Traiani — valeamus. Per ... *Initium in tres lectiones divisum.*
— f. 133'. Incipit passio ss. Partei et Partinopei, Paragorii et Restituti.
In exordio huius — in hodiernum diem ad laudem ... — Temporibus
Macrini — Pirro preside. Apud nos regnante ... — f. 135. Incipit passio
s. Iulie virg. et m. Scriptum est enim: Narrabunt — orationes sanctorum.
Ad laudem ... — f. 136. Incipit passio s. Urbani pontificis, lect. I(—XII).
Urbanus episcopus natione — persolvebant. Regnante ... — f. 141'. Incipit vita ss. Iustini et Clementis. Ad honorem sancte et individue —
infido saeculo. Regnante ... *Litteris initialibus in octo lectiones divisa.*
— f. 144'. Incipit de obitu Petronille et post Fenicule. Petronillam itaque — pro nomine Domini nostri Iesu Christi. — f. 145. III Non. Iunii.
Passio Marcellini et Petri. Benignitas salvatoris — in pace. Adiuvante ...
Initium in tres lectiones divisum. — f. 147'. VI Id. Iun. Passio ss. Primi
et Felicis. Temporibus Diocletiani — V Id. Iunii. Regnante ...

f. 152'. Sermo in laude s. Barnabe ap. Redemptor et salvator noster
Dominus Iesus Christus antequam — fideliter declaramus. — f. 152'. Passio
s. Barnabe ap., lect. I(—XII). Ego Iohannes, qui et Marcus — collocatum
est. Ad honorem ...

f. 154′. III Id. Iun. Incipit prologus in passion. s. Basilidis. Iesu Christi Domini nostri auxilio — properemus. Explicit prologus. Incipit passio, lect. I(—III). Cum paganorum persecutio — pridie Idus Iunii. Ad laudem . . . — *f.* 156′. Passio s. Viti m. et Crescentiane, lect. I(—XII). In provincia Lucania . . . ; *desinit* — *f.* 156′ *in:* Valerianus prefectus. — *f.* 157. et vestes multas — Maximiniano. Regnante . . . — *f.* 158. XIIII Kal. Iul. Passio ss. Marcellini et Marci. Clarissimis uiris — solatium praebebat. Require in passione s. Sebastiani. — XIII Kal. Iul. Passio ss. mm. Gervasii et Protasii, lect. I(—III). Ambrosius servus — misericordiam Domini nostri Iesu Christi, qui . . .

f. 159. In natale s. Iohannis bapt. Sermo Augustini, lect. I(—VIII). Post illum sacrosanctum — redimendo. Auxiliante . . . — *f.* 161. Sermo unde supra. Hodie, dilectissimi fratres, Iohannis — Christus Dominus noster, qui . . . — *f.* 162. Sermo Augustini. Hodie natalem s. Iohannis — studium, praestante . . .

f. 164. VII Kal. Iun. Passio s. Iohannis et Pauli, lect. I(XII). Sub Constantino — scripta est. Ad laudem . . .

f. 167. Sermo Leonis in die ascensionis Domini. Hodierno die ascensionem — quod promisisti. — *f.* 167′. Unde supra. Salvator noster, dilectissimi, — concedat. Quod ipse prestare dignetur, qui . . . — *f.* 168. Sermo unde supra. Ascensionis Domini nostri — postulemus. Cui . . . — *f.* 169′. Sermo Leonis. Glorificatio Domini nostri — consummationem saeculi. Quod nobis concedas, qui . . . — *f.* 170′ *vacuum.*

f. 171. *De s. Thoma Cantuar., deest initium.* — *f.* 171′. Incipit prologus de miraculis s. Thome archiep. Postquam igitur — cunctatione inuoluit. — *f.* 176′. Incipit prologus in vita s. Silvestri pp. Historiographus noster — fecisti pariter. Explicit prologus. — II Kal. Ian. Incipit vita s. Silvestri urbis Rome pontificis et conf. Silvester itaque cum — salvatoris nostri, qui . . . *Duodecim lectiones indicatae. Man. saec. XVII multae pennae probationes et plurimae maculae atramenti.*

f. 195′. In circumcisione Domini sermo Fulgentii. Incarnationis divine — prestare dignetur, qui . . .

f. 197′. Kal. Ian. Passio s. Concordi m. Temporibus Antonini — Concordii martyris. Prestante . . . — 198′. Incipit vita s. Basilii, lect. I(—VIII). Basilius in civitate — Dominum nostrum Iesum Christum. — *f.* 204. IIII Id. Ian. Natale s. Melciadis pp., lect. VIIII(—XII). Sanctus Melciades Afer — successit. Ad laudem . . . — *f.* 205′. Incipit vita s. Pauli, primi heremite, edita a beato Ieronymo presbitero, lect. I(—VIII). Inter multos sepe — regnis tuis. — *f.* 209. Incipit prologus in vita s. Ylarii ep. Domino sancto — peccamus. Incipit vita beatissimi ep. et conf., lect. I(—VI). Igitur beatissimus Hylarius . . . ; *desinit in:* et in statum. — *f.* 214. ex senatoria dignitate — glorificantes Dominum Patrem . . . *Passio s. Firmae, deest initium.*

— *f.* 216. Incipit prologus in vita s. Felicis in Pincis. Domino sancto — percurram. Incipit vita eiusdem. Ad gloriam — nono decimo Kal. Februarias regnante ... — *f.* 218′. Passio s. Felicis presbyteri. Dum fervor Diocletiani — in hodiernum diem. — *f.* 219. Obitus Felicis presbyteri, fratris alterius Felicis, lect. I(—III). Factum est autem — dicitur Pincis. Ad honorem ... — *f.* 220. Incipit vita s. Mauri abb., lect. I(—XI). Beatissimus igitur Maurus...; *desinit in:* beati Marci (?). — *f.* 224′. *Passio s. Syri, deest initium; desinit in:* migravit ad Dominum. Cui ... — *f.* 225′. Id. Dec. Passio s. Lucie virg. et m., lect. I(—X). Cum per universam ...; *desinit in:* ad vitam eternam. — *f.* 230. *Vitae s. Nicolai ep. fragmenta.* — *f.* 232′. VI Id. Dec. Passio s. Sauini ep. et m. Maximinianus Augustus septimo Iduum Decembrium. Regnante ... — *f.* 234. Incipit vita s. Ambrosii ep., lect. I(—X). Igitur posito ...; *desinit in:* tempus Fridigilda (?). — *Sequuntur fragmenta passionum ss. Prosperi, Iacobi, Nazarii.* — *f.* 244—255 *fragmenta aliorum homiliariorum et passionariorum minorum saec. XI:* — *f.* 244. Sermo Leonis pp. Sermo proximus ...; *desinit in:* nouam adopti. — *f.* 247. Passio s. Mathei ap. Quoniam Deo ita cura est...; *desinit in:* aliquem perculere. — *f.* 252. *Vita s. Nicolai, desunt initium et finis.* — *f.* 253′. Passio s. Sauini ep. — *f.* 255′. Passio s. Lucie, *deest finis.*
Multa aliis manibus et addita et emendata. — f. 170 duae col.
Miniat. color. rubro et caeruleo.

22. Passionarium.

Vatican. 9668. membr. 338 p. 270 × 190 mm. saec. XII. XIII.

In folio praeligato: Proprietà del Card. A. Mai.

p. 1. Vita s. Marcellini ... *Index. — p.* 2. *De tempestate 8. Iul. anni 1370 Romae exorta.*

p. 3. Conversus autem ad Marcellinum ... *Vita s. Marcellini. — p.* 10. *Officium breviarii monastici de s. Marcellino, antiphonae neumis sine lineis instructae, hymni, duodecim lectiones. — p.* 17. Translatio corporis s. Clementis. — *p.* 23 *aliis manibus. Index passionum sanctorum et reliquiarum cuiusdam ecclesiae.*

p. 25. *De miraculis et de auxilio B. M. V. narrationes. — p.* 49. *Missa de conceptione s. Mariae, oratio, secreta, praefatio, postcommunio; in fine initia introitus* (Gaudeamus omnes in Domino), *gradualis, epistolae, aliarum partium. — p.* 61. *Libellus de nativitate Mariae, duae epistolae, altera ad Chromatium et Heliodorum data.*

p. 69. *Passiones et vitae sanctorum:* Petri ap., — *p.* 76. Pauli, — *p.* 87. Georgii, — *p.* 99. Cyrici et Iulite, — *p.* 105. Andree ap., — *p.* 114. Thomae ap., — *p.* 142. Desiderii m., — *p.* 147. Constantiani abb., — *p.* 153. Medardi ep., — *p.* 159. Margarite, *deest ultima pars,* — *p.* 169.

Mauricii et sociorum; *in marginibus lectiones assignatae et:* Exstat apud Surium. Aug. Mai. — *p.* 173. Eparchi, *fragmenta,* — *p.* 188. Iustine, — *p.* 200. Cypriani, — *p.* 230. Iuliani, — *p.* 257. Pardulfi, — *p.* 272. Susannae, — *p.* 287. Adriani, — *p.* 307. Nicolai, — *p.* 329. Eustachii, *desinit in:* profusis lacrimis.

Complures librarii. Nonnulla in marginibus aliis manibus addita. Omnia folia refecta. Folia ita disponenda: p. 181, 182, p. 169—172, p. 183—187.

Litterae initiales atramento pictae.

Neumae.

23. Passionarium.

Regin. 593. membr. 153 + 1 f. 284 × 202 mm. saec. XIII.

f. 1. cause et tantost me fut ... *Fragmentum tabularum cuiusdam causae privatae saec. XV actae lingua Francogallica conscriptarum.*

f. 1'. De sancto Vodoaldo presbytero ... *Index man. saec. XVI.* — *f.* 1 a. *summo in folio:* G. 45. precibus summis Dominum rogabo, ut iuuet seruum Ludouicum humanum. *al. man.*

nempe arrepto forfice. *Ultima lectionis (X) pars et oratio de s. Uodoalo, lect. XI et XII; desinunt in:* seruemus. Ego. *2 col. al. man.*

f. 2. Nam pontifex, qui oleum ... *De s. Genovefa, ut videtur.* — *f.* 3. Passio Luciani m. *et minores passiones vitaeque sanctorum, quo in numero: f.* 14'. Speusippi, Elasippi, Melasippi, — *f.* 15'. Launomari abb., — *f.* 25. Batildis regine, *et oratio,* — *f.* 26. In ypapanti Domini sermo, *in marginibus man. rec. in lect. I—VI divisus, et expositio evangelii.* — *f.* 35'. Vedasti, *et oratio,* — *f.* 53'. In annuntiatione sermo. — *f.* 59'. Nouerint universi, quod coram nobis officiali Ioh. Thurani in Lana personaliter constitutus exequtor testamenti defuncte Iohannis uxoris ... satisfecit ... *Testimonii anno 1436 scripti exemplar.* — *f.* 68'. Quiriaci m., — *f.* 73. Medardi et Gildardi, — *f.* 75. Felicule, — *f.* 77'. Gallicani m., *in margine al. man. antiphona neumis instructa,* — *f.* 93. In festiuitate s. Augustini. Letare mater nostra ... *Totum officium breviarii, lect. I—IV, hymnus:* Celi cives applaudite — fruamur gaudiis. Praesta ..., *sequentia:* Interni festi gaudia — nobis mater gratia; *omnes, quae canuntur, partes neumis instructae.* — *f.* 102. Iuliani m., — *f.* 105. Egidii abb., *lect. I—IX in marginibus man. rec. indicatae,* — *f.* 110. In nativitate Marie sermo Fulberti Carnotensis episcopi. Approbate consuetudinis est — perpetuam gratiam filii tui ... Omelia s. Hieronymi *ad:* Liber generationis. In exordio huius evangelii — filius eius Amasias. — *f.* 117'. *Epistolae:* In omnibus quesivi requiem ... *expositio sine nomine scripta.* — *f.* 118'. *Ad evangelium Luc. 10, 38 et q. s.* Intravit Iesus in quoddam castellum ... omelia. —

f. 125. Lamberti ep. et m., — *f.* 126. In vigilia s. Mathaei ap. omelia *ad evangelium Luc. 5, 27 et q. s.* Vidit Iesus publicanum nomine Levi . . . *et ad Matth. 9, 9 et q s.* Vidit Iesus hominem sedentem in telonio . . . *homilia Bedae.* — *f.* 131'. Leodegarii ep. m., — *f.* 139. *De s. Lamberto antiphonae, invitatorium, responsoria neumis instructa.* — *f.* 143. Fidis v., — *f.* 146. Nichasii *et oratio,* — *f.* 148'. Romani ep., — *f.* 153. *De s. Martino Turonensi hymnus:* Rex Christe, Martini decus — ipse roboret; *hymnus ad laudes:* Martine par apostolis — lapso subveni. — *Ad initium multarum vitarum:* lect. prima.

Complura in marginibus aliis manibus addita; multis locis: Require in alio libro. *Multa folia refecta.*
Neumae.

24. Passionarium.

Borghes. 297. D 2. membr. 275 f. 337 × 240 mm. 2 col. saec. XIV.

f. 1. *Summo in folio:* Siluestri episcopi.
Si quis autem christianorum . . . *Vita s. Silvestri.* — *Passiones et vitae multorum sanctorum (in fine s. Priscae) cum aliorum, tum in Gallia cultorum, non ex ordine kalendarii dispositae.* — *f.* 1, 121. lectio eiusdem; *nonnullae vitae litteris initialibus divisae.*
f. 148. Sermones Augustini de s. Cypriano.
Miniat. color. rubro et caeruleo.

25. Passionarium Andegavense.

Regin. 465. membr. I + 84 f. 218 × 150 mm. saec. X. XI.

f. I. Episcoporum Andegauiorum . . . *et index man. saec. XV.* — *f.* I' *vacuum.*
f. 1. Capitula in vita sancti Maurilii Andegauorum episcopi. Unde Maurilius . . . *Capitulum I—VIIII, cetera neque numerata sunt et litteris initialibus carent.* — *f.* 2', 3 *vacua.*
f. 3'. Incipit prologus beati Gregorii Turonorum archiepiscopi in vita beati Maurilii Andegavorum episcopi . . . — *f.* 4. Sanctissimo sancte Parisiorum matris ecclesiae . . . *Vita s. Maurilii, man. rec. in lect. I—XII divisa.* — *In margine:* Surius, tom. V, p. 226.
f. 4. Cod. Alexandr. B 53.
f. 24'. Incipit prologus in vita beati Licinii Andegavorum episcopi. — *f.* 25'. Incipit vita sancti Licinii episcopi. Beatissimus igitur Licinius episcopus prosapia regum genitus Francorum . . .
f. 36'. Incipiunt capitula in vita sancti Magnobodi. — *f.* 38. Incipit vita sancti ac beatissimi Magnobodi episcopi ac conf. Gloriosus igitur atque

eximius Christi pontifex . . . *Vita man. rec. in lect. I—VIII et in I—IV divisa. — f. 62' vacuum.*

f. 63. Incipit vita sancti ac beatissimi Samsonis episcopi et confessoris. Igitur inter alia sancti Samsonis mirifica gesta . . . *Vitae prior pars man. rec. in lect. I—VIII divisa.*

f. 74'. Incipit vita sancti ac beatissimi Albini episcopi et conf. Religiosorum vita virorum . . . *Vita man. rec. in lect. I—XII divisa.*

f. 81. Nomina presulum, qui ex initio christianitatis per successiones Andegavensem rexerunt ecclesiam. Defensor — Ubertus; *nomina arcubus et picturis linearibus inclusa.*

f. 82'. Item duo miracula aedita a beato Gregorio Turonensi archiepiscopo.

f. 83. Nomina episcoporum Nannetensium; Clarus — Uualterus. — *f.* 83'. Nomina presulum Senonensium; Sauinianus — Archenbaudus. — *f.* 84. Nomina episcoporum Aurelianensium; Diclopitus — Rainardus. — Nomina episcoporum Cennomanensium; s. Iulianus — Auesgaudus, *duo nomina abrasa. — f.* 84'. *Probatio pennae.*

Complures librarii. Nonnulla in marginibus al. man. addita.
Pict. miniat. color. — f. 74'. Duae picturae.
Bethmann in Pertz' Archiv Bd. XII, S. 282.

26. **Passionarium Andegavense, litaniae, officium B. M. V.**

Regin. 711. membr. 114 f. 275×205 mm. saec. X—XIII. tom. II.

f. 1. Iste liber est de armario sancti Albini *(Andegavensis).* — Turonenses archiepiscopi. Galianus . . . Item series pontificum Pictauiensium, — *f.* 1'. praesulum Andecavensium, praesulum Cenomannensium. *Nonnulla man. rec. addita.*

f. 2. Incipiunt nomina XI regionum continentium infra se prouincias. CXIIJ. Italia . . . ; nomina civitatum harum regionum. *2 col.*

f. 3'. Karolus Magnus filius Pipini regis regnavit annis xlv . . . *Ordo temporum ab anno 813 usque ad annum 1212, compluribus manibus. — f.* 4'. Genealogia comitum Andegavensium. — *f.* 10' *vacuum. — f.* 4—10 *numeri foliorum abrasi, deinde saltus in numerando.*

f. 38. coronari. Dicata enim in omnibus . . . *al. man. In margine:* Vita s. Cypriani per Pontium eius diaconum, *man. saec. XVI. — f.* 40. Passio sanctorum episcoporum Cypriani atque Cornelii mm. — *f.* 41. Vita beatissimi Apollinaris ep. ecclesiae Valentinae super fluvium Rodani. — *f.* 43'. Vita s. Maximi Regensis episcopi scripta a Dinamio patricio; *desinit in:* restituit. Tunc con.

f. 46. Prouerbia philosophorum. Utilibus monitis prudens accomodat aurem . . . *Versus, al. man. 2 col. — f.* 46'. Alia prouerbia. — *f.* 49. De ornanda epistola. — *f.* 49'. Petrus Stabilie. *Probatio pennae.*

f. 50. Incipit prologus in uita beati Servatij episcopi *(Tungrensis)* et conf. Illustrissimi uiri uitam . . .; *vita,* — *f.* 63. Miracula. — *f.* 85. Passio sancti Nichasii Remensis archiepiscopi et m., *in octo lectiones divisa, et initium lectionis evangelii.* — *f.* 86'. Passio sancte Columbe virginis. — *f.* 88. Translatio sancti Aygulfi martyris. — *f.* 89' *vacuum.*

f. 90. Ex concilio Bonefacii pape, qui quartus . . .; ex decreto beati Gregorii pape de iuribus monachorum. *al. man. 2 col.* — *Exemplar instrumenti ab Ulrico abbate et a conventu monachorum s. Maglorii de societate et de beneficiis dati.*

f. 90'. Incipit qualiter dominus abbas Odilo migravit ad caelos et de virtutibus ejus. Totius nobilitatis . . . — *f.* 91'. *Index donorum monasterii s. Maglorii et res gestae eius civitatisque Parisiensis. 2 col.*

f. 91'. Kyrieleyson . . . *Litaniae; inter sanctos:* s. Maglori, s. Ienouepha. *2 col.*

f. 92. He sunt reliquie, quae habentur in ecclesia beati Maglori . . . In primis gaudeat Francia et maxime Parisius . . . — *f.* 92'. Sanctorum patrum auctoritas; *alia.*

f. 93. Hymnus de sancta Maria. Lux, que luces in tenebris — nos releua. Amen. — Probatio autem penne. Compatimur nobis . . . *Versus.* — *Exemplar instrumenti Wismundi abbatis de societate dati.*

f. 93'. Horas de sancta Maria. Ad primam. Ant. Aue Maria. Capitulum. Maria uirgo semper letare . . . *et antiphonae capitulaque tertiae, sextae, nonae, vesperarum.* — *Quot officia pro monachis aliorum conventuum sint facienda.*

f. 94. humori. Denique quid est mirabilius . . . *In margine man. saec. XVI:* D. Aug. de nuptiis et concupisc. ad Valerium Comitem l. 2. c. 3.

f. 96'. Incipit rythmus Einhardi uiri eruditissimi de passione Christi martyrum Marcellini et Petri. Erat quidam Rome — per aeterna seculorum secula. -- *f.* 103. Hi sunt duo uiri . . . *Responsoria neumis sine lineis instructa.* — *f.* 104 *vacuum.* — *f.* 104'. Prebenda l de Dymone . . . *Index redituum vel bonorum lingua Francogallica conscriptus et index cuiusdam libri.*

f. 105. Iste liber est sancti Albini. — Ossibus extruitur elephas dorsoque camelus . . . *Carmen physicum de animalibus, de plantis, de angelis.* — *f.* 112. De censibus conventus s. Albini.

f. 112'. Nostro condoluit pater exilio — cui laus et gloria. *Hymnus de nativitate Domini.* — *Duo carmina, alterum de vitiis praesulum, alterum inscribitur:* Decreta Simonis. -- *f.* 114. *Praecepta medica.*

Complures librarii. Nonnulla in marginibus addita.
Neumae.
Bethmann in Pertz' Archiv Bd. XII, S. 305.

6*

27. Passionarium Anglicum.

Regin. 483. membr. I + 186 f. 232 × 153 mm. saec. XIII.

f. I *vacuum.* — *f.* I'. Dunstanus episcoporum Anglorum; *probatio pennae.*
— Ordo ad benedicendum ecclesie signum . . . *Index man. saec. XVII.*
f. 1. Ordo ad benedicendum ecclesie signum. In primis dicatur litania . . .
Exorcizo te, creatura salis — cum Deo Patre.

f. 4. Incipit uita sancti Dunstani archiepiscopi et conf. Quia Dominum
in sanctis suis . . . — *f.* 41. Miracula eius. — *f.* 58 *vacuum.* — *f.* 59. Vita
Cuthberti Lindisfarniensis ecclesie antistitis. — *f.* 136. Vita Oswaldi regis
Anglorum. — *f.* 147. Vita Aidani Lindisfarnensis ecclesie antistitis. —
f. 152 *vacuum.*

f. 153. Oratio Anselmi Cantuarensis episcopi ad Christum. Domine Iesu
Christe, redemptio mea — secundi adventus.

f. 161. Altercatio cuiusdam Christiani et Iudei de fide catholica. Reuerentissimo Alexandro Dei gratia Lincolensi episcopo quidam fidei pro-
pugnator . . . Quam plurimis litteris — temeritatis commendatio.

Miniat. color.

28. Passionarium canonicorum s. Augustini Frankenthalensium.

Vatican. 6444. membr. 243 f. 522 × 170 mm. saec. XIII.

f. 1. 77.

Incipit passio sancti Andree apostoli. Passionem sancti Andree apostoli,
quam oculis nostris . . . *Passiones, vitae, miracula sanctorum:* — *f.* 4.
Barbarae, — *f.* 6. Nicolai, — *f.* 14. Luciae, — *f.* 16'. Ignatii ep. m.,
— *f.* 17. Thome ap., — *f.* 25'. Silvestri pp., — *f.* 51. Sebastiani m., —
f. 61. Agnetis v., — *f.* 65. Blasii, — *f.* 68'. Agathe v., — *f.* 71'. Marci
ev., — *f.* 73'. Iacobi apostoli fratris Domini, — *f.* 75. Philippi, — *f.* 76.
Historia de inventione Crucis. — *f.* 79'. Alexandri, Eventhii et Theodoli,
— *f.* 84'. Pancratii, — *f.* 86. Nerei et Achillei, — *f.* 90. Responsio Marcelli. — *f.* 91. Petronelle v., — *f.* 92. Nerei et Achillei, — *f.* 93. Potentiane v., — *f.* 94. Gingolfi m., — *f.* 100. Maximini ep., — *f.* 105'.
Marcellini et Petri, — *f.* 108'. Bonifatii archiep. Moguntini m. et sociorum eius, — *f.* 124'. Nazarii et Celsi, — *f.* 127'. Viti et Modesti, —
f. 133. Ursi, Albani, Theon. et sociorum, — *f.* 135. Apostolorum Petri
et Pauli, — *f.* 145. Iohannis et Pauli, — *f.* 149'. Udalrici, — *f.* 154.
Prologus in vitam sancti Udalrici ep. et conf. Reverendissimo patri Fride-
baldo sancte Afre m. alumpno Bernardus . . ., *capitula (45), vita.* — *f.* 167.
Cyriaci et soc., — *f.* 172. Alexi conf., — *f.* 175'. Egidii conf., — *f.* 179'.
Mariae Magdalenae, — *f.* 186'. Benedicti abb., — *f.* 187. Leonardi conf.,
— *f.* 192'. Remigii, — *f.* 210. Mauri abb. *(26 capitula),* — *f.* 225'. Sermo

de translatione s. Benedicti et s. Scolastice. — *f.* 229. Eucharii, Valerii atque Materni, — *f.* 235. Fidis v.

f. 237. Eriberto Coloniensi episcopo Albuinus . . . Ex quo domine pater misericordie vestrae gratiam — postea erit dies iudicii. *De Antichristo.* — *f.* 240'. Sermo de purificatione s. Marie v. Temporibus beati Bonifatii pape — misericordia Dei. — *f.* 242'. In conceptione s. Marie v. Tempore illo, quo diuine placuit — deuotis obsequiis.

f. 243'. Iste liber pertinet monasterio beate Marie Magdalene in maiore Franckendall inter Spiram et Wormaciam circa Renum situato ordinis canonicorum regularium sancti Augustini episcopi et doctoris eximii. *man. saec. XV.*

Complures librarii. Multa et abrasa et emendata et aliis manibus addita cum alia, tum signa recitatoris, divisiones lectionum signis in marginibus positis indicatae. — f. 60' infimo in fol. man. rec.: Hic deficiunt plus quam quattuor folia.

Bethmann in Pertz' Archiv Bd. XII, S. 256.

29. **Passionarium Bobiense.**

Vatican. 5771. membr. II + 366 f. 337 × 267 mm. 2 col. saec. IX. X.

f. I. Apostolorum Petri et Pauli . . . *Index man. saec. XIII. — f.* I' *vacuum. — f.* II. Istud passionarium est monachorum congregationis sancte Iustine de obseruantia ordinis s. Benedicti residentium in monte sancti Columbani de Bobio. Scriptum sub nro. 122. *man. rec.*

f. II'. Circumcisorum defensor factus . . . *man. saec. XIII. De s. Petro, deest initium. — f.* 1. *Summo in folio:* liber sancti Columbani de Bobio. *man. rec.*

f. 1. []nati exsecrabiles . . . *De s. Petro. — f.* 1—47. *Passiones et vitae apostolorum. — f.* 48—362. *Passiones et vitae sanctorum a s. Vitalis usque ad s. Mennae; man. rec. in marginibus lectiones assignatae.*

f. 363—366 *lineis plenis.* Sermo in laude beati Matthie apostoli ex dictis sanctorum patrum. Inclytam et gloriosissimam — migravit ad Dominum nostrum Iesum Christum . . .

Complures librarii. Multa aliis manibus emendata et addita. Complurium foliorum margines ex parte desecti.

Bethmann in Pertz' Archiv Bd. XII, S. 252.

30. **Passionarium Bobiense.**

Vatican. 5772. membr. I + 76 f. 420 × 295 mm. 2 col. saec. XI.

f. I *vacuum. — f.* I'. Iohannes abbas Bobij sancti Columbani et comes Marchion etc. *al. man.* — In hoc volumine continentur ut infra . . . *al. man.* Passio beate Martine . . . *al. man. Index.*

6**

f. 1. *Summo in folio:* Liber s. Columbani de Bobio. *man. saec. XIII.* — *Infimo in folio:* Iste liber est monachorum congregationis sancte Iustine de obseruantia ordinis s. Benedicti residentium in monte sancti Columbani de Bobio. Scriptum sub nro. 123; *eadem man., qua Vatican. 5771.*

f. 1. Incipit passio beate Martine. Regnante primo omnium . . . — *f.* 2 *al. man. lineis plenis.* — *Passiones et vitae sanctorum:* — *f.* 10′. Petri, qui et Balsami, — *f.* 11. Triphonis m., — *f.* 13′. Iuliani, — *f.* 27. Christofori, — *f.* 29. Severini, — *f.* 31′. Pauli eremitae, — *f.* 34. Policei, Candidiani et Filoromi, — *f.* 35. Felicis et Felicis, — *f.* 36. Mauri abb. — *f.* 47. Fursei abb., — *f.* 50. Marcelli pp., — *f.* 54. Sauini ep., — *f.* 56. Antonii, — *f.* 74. Brigide, *desinit in:* clarissime operari. *Ceterae octo passiones indice enumeratae non exstant.*

In marginibus man. rec. numeri lectionum additi. Partes marginum desectae.

Bethmann in Pertz' Archiv Bd. XII, S. 252.

31. **Passionarium Bonavallense.**

Regin. 482. membr. I+49 f. 228 × 170 mm. saec. X.

f. I *vacuum.* — *f.* I′. *Passio sanctae Agathae . . . Index man. saec. XVII.* *f.* 1. P. Danielis Aureli. A. 53.

Incipit passio sancte ac beatissime Agathe virginis atquae martiris. Beatissime martyris — sancte martyris liberassent. *In marginibus lect. I—VI assignatae.* — *f.* 10′. *Antiphonae et responsoria matutini et laudum de s. Agatha.* — *f.* 11′. *al. man.* Initium s. evangelii secundum Mathaeum. — *f.* 12. Passio s. Columbe v. m. — *f.* 16′. Passio s. Potiti. — *f.* 26′. *Quattuor antiphonae de s. Potito.* — *f.* 27. Passio s. Sauinae. — *f.* 34′. Passio s. Petronillae. — *f.* 37. Inventio s. Crucis. — *f.* 45. Passio s. Dorotheae.

f. 49. *Infimo in folio:* Hic liber est sanctorum martyrum Florentini et Hilarii Bone Vallis. *man saec. XII.*

Multa aliis manibus addita.
Miniat. color.
Neumae sine lineis — *f.* 47′, 49′.

32. **Passionarium Camaldulense.**

Vatican. 6074. membr. 257 f. 443 × 290 mm. 2 col. saec. XI.

f. 1. Iste liber est monasterii Marie de Rosa prope Señ. ordinis Chamaldulensis. *man. saec. XIII.*

f. 1. XVI Terni septeno decimo et pueri memorantur. Ignatius sanctus . . . *Kalendarium versibus conscriptum usque ad:* Silvestrem pridias celebramus ab orbe colendum.

f. 1′. III Kal. Decemb. Passio sancti Saturnini. Tempore, quo Maximinianus . . . *Passiones, vitae, miracula sanctorum, sermones, homiliae Gregorii et Hieronymi, alia sine nominibus scripta:* — *f.* 2′. Andree, *man. rec. in novem lectiones divisa,* — *f.* 5′. In translatione s. Nicolai. — *f.* 10′. Sauini ep. m., — *f.* 12′. Luciae, — *f.* 14. Thomae ap., — *f.* 17′. Victorie, — *f.* 19. Gregorii m., — *f.* 21. Columbe m., — *f.* 21′. Hylarii ep., — *f.* 24. Valentini, *man. rec. in duodecim lectiones divisa,* — *f.* 26. In cathedra s. Petri. — *f.* 27. In depositione Gregorii pp. — *f.* 36. Benedicti, — *f.* 48. Georgii, — *f.* 53. Marci ev., — *f.* 54. Iuvenalis, — *f.* 55′. Iohannis ante portam Latinam, *man. rec. in duodecim lectiones divisa,* — *f.* 56′. Hilari eremite, — *f.* 58. Urbani, — *f.* 67′. Petri et Pauli, — *f.* 75′. Margarite, — *f.* 79. Paterniani, — *f.* 82′. Rufine et Secunde, — *f.* 84′. Quirici et Iulitte, — *f.* 88. Rofilli conf. pont., — *f.* 90. Christofori, — *f.* 96. Petri a vinculis, — *f.* 99. Stephani ep. m., — *f.* 102. Donati et Hilariani, — *f.* 104′. Laurentii, — *f.* 108′. Genesii, — *f.* 109′. Bartholomei, — *f.* 115. Egidii, — *f.* 123. Antonini, — *f.* 125′. In nativitate s. Marie. — *f.* 131. Ambrosii ep., — *f.* 137′. Marci pp., — *f.* 142. Reparate v., — *f.* 142′. Dionysii, — *f.* 154. Thecle, — *f.* 155. Proti, Hyacinti, Eugenie, — *f.* 161. Ianuarii, Festi et Desiderii, — *f.* 168. Mauricii et soc., — *f.* 171′. Cosmae et Damiani, — *f.* 174′. Inventio basilice beati Michaelis archangeli. — *f.* 179′. Hieronymi, — *f.* 184. Pantaleonis, — *f.* 188′. Dionysii et soc., — *f.* 190. Lucae ev., — *f.* 192′. Calixti pp., — *f.* 194. Crisanti et Darie, — *f.* 201. Simonis et Iudae apostolorum, — *f.* 206. Sermo in festivitate omnium sanctorum. Legimus in ecclesiasticis libris . . . — *f.* 210. Cesarii, — *f.* 212′. Quattuor coronatorum, — *f.* 216′. Theodori, — *f.* 219. Menne, — *f.* 221′. Martini ep., — *f.* 228′. Briccii, — *f.* 231. Sermo Albini magistri in natale s. Martini. — *f.* 235′. Cecilie, — *f.* 243′. Clementis, — *f.* 248. Crisogoni et Anastasie. — *f.* 257. III Kal. Dec. Saturnini ep. et mart. Sanctorum (?) uirorum beatissime passiones . . . ; *desinit in:* cultibus nostris religione.

Nonnulla in marginibus addita. Desunt complura folia, multa vel desectis marginibus laesa vel refecta.

Pict. miniat. color. Pictura: — *f.* 1. *Christus crucifixus et duo latrones funibus suspensi.*

33. **Passionarium ecclesiae s. Ioannis Ravennatis.**

Vatican. 1190. membr. I + 264 f. 382 × 280 mm. 2 col. saec. XI.

f. I. Vitae et passiones sanctorum huius libri. 1. Nicolai ep. Vita . . . *Index man. saec. XVII.*

f. 1. qui etiam si egrotis — antequam moriar. *Vita s. Nicolai ep., mutila.* — *f.* 2′. Incipit uita s. Petri archipr. Rauenne, qui et Grisologi uocatur. Petrus vigesimus primus — in hunc diem. — *f.* 4′. Incipit vita

s. Marie Magdalene. Iosephus narrat — ad sepulchrum eius. Ipso largiente . . . — His ita premissis . . . *et rhythmi de s. Nicolao:* O uenerande amice — Christus salus. Amen. *man. saec. XIII.* — *f.* 5ʹ. [P]ost passionem . . .; *desinit in:* ne proiciatur margarita. *De s. Margarita, al. man.* *f.* 6. *Summo in folio man. saec. XIV:* Liber ecclesie sancti Iohannis ad Marmoratas de Burgo porte Anestaxii de Rauenna.

In natal. s. Iohannis bapt. lect. I *(et II).* Sermo s. Augustini. Post illum sacrosanctum — elemosynis redimendo (*man. rec.:* Ad quae nos adiuvare dignetur) Iesus Christus. — *f.* 7ʹ. Item unde supra. lect. III. Hodiernae diei — erit nobiscum. — *f.* 8. Item unde supra. lect. IIII. Imperator caeli — uitam nobis. Qui . . . — Item unde supra. lect. V. Sollempnitatem nobis — reconciliatione laetemur. Qui . . . — Item unde supra. lect. VI. Hodie natalem sancti Iohannis — perseuerantiam custodire. Qui . . . — Item unde supra. lect. VII. Aurum de terra — dominicae cantilena. — *f.* 11ʹ. lect. VIII. Incipit sermo Aurelii Augustini de nativitate s. Iohannis bapt. Si Iohannis bapt. praeconia — condicionis humanae. — Item unde supra. lect. VIIII. Sollemnis atque festus — in honorem Dei. Ipso . . .

f. 12ʹ. Passio sanctorum martyrum Iohannis et Pauli. Sub Constantino Augusto — passio ista sanctorum. Ad laudem . . .

f. 15. Vita siue passio beati Petri ap. et apostolorum principis feliciter edita a Lino aepiscopo Romae. Licet plurima — confirmata est. In nomine . . .; *in novem lectiones divisa.* — *f.* 21ʹ. Incipit prologus de passione s. Petri. Symon, qui interpretatur — tertio Kalendas Iulias celebratur. — Acta beati Pauli ap. Dum implerentur — de Domino Iesu Christo. — Incipit prologus in passione s. Pauli. Paulus Hebraice — sicut ego adiuuante. — *f.* 23. Martirium s. Pauli ap. a Lino aepiscopo Romano Greca lingua conscriptum et aecclesiis orientalibus destinatum. Cum uenissent Romam — baptizati in nomine Domini nostri Iesu Christi . . .

f. 28. Passio septem fratrum. Temporibus Antonini — in regno celorum. — *f.* 29. Passio sanctorum martyrum Naboris et Felicis. Regnante impiissimo Maximiano — sub Maximiano imperatore. Regnante . . . — *f.* 30ʹ. Passio s. Quirici et Iulitte. Imperante preside Alexandro — die quinto Iulii. Regnante . . . — *f.* 35ʹ. Incipiunt gesta s. Rophilli conf. lect. I(—VIIII). Sanctorum celebritas — XV Kalendas Augusti, cum quo . . . — *f.* 38ʹ. Passio s. Apolenari sacerdotis et m. lect. I(—VIIII). In diebus Claudii — die decimo Kalendarum Augustarum. Regnante . . . — *f.* 43ʹ. Passio s. Iacobi ap. fratris Iohannis evangeliste. Apostolus Domini nostri Iesu Christi — perrexit ad Dominum. Cui . . . — *f.* 46ʹ. Passio s. Nazarii m. Nazarius genitus quidem — die V Kalendarum Augustarum. Regnante . . . — *f.* 48ʹ. Passio sanctorum martyrum Abdon et Sennen. Horta tempestate — III Kalendarum Augustarum. Regnante . . . — *f.* 51ʹ. Passio sanctorum Machabeorum. In illis diebus — Domino regi saeculorum. — *f.* 52ʹ. Passio

s. Eusebii m. Igitur evolutis — Constantino principe. Regnante ... — *f*. 53. Passio s. Stephani sacerdotis et m. Temporibus Valeriani — sub Galieno et Valeriano consulibus. Regnante ... — *f*. 54. Passio s. Sixti ep. Temporibus Decii — VIII Iduum Augustarum. Regnante ... — *f*. 56. Passio s. Donati m. In diebus illis — septimo Iduum Augustarum. Regnante ... — *f*. 58. Passio s. Cyriaci diaconi et m. Tempore illo, cum nunciatum esset — intra termas Sallusti foras muros. Regnante ... — *f*. 60. Passio s. Laurentii levitae et m. Postquam decollatus est beatus Sixtus — tertio Iduum Augustarum. Regnante ... — *f*. 62′. Passio s. Eupli sacerdotis et m. Temporibus Diocliciani — die pridie Iduum Augustarum. Regnante ... *f*. 63′. Passio s. Yppoliti m. Die tertio, postquam — uivere male. Regnante ... *f*. 65′. Passio s. Cassiani m. Prudentius sicut notum — die Iduum Augustarum. Regnante ...

f. 66. Sermo s. Hieronymi presbyteri ad Paulam et Eustochium. Incipit epistola de assumptione perpetuae virginis. Cogitis me — appareatis in gloria.

f. 77′. Passio s. Mamae m. In diebus illis — XVI Kal. Septemb. Regnante ... — *f*. 81′. Passio s. Demetri m. Cum esset Maximianus imperator — in Thessalonicensium civitate. Regnante ... — *f*. 82′. Incipit prologus. Bartholomaeus apostolus — celebratur. Passio s. Bartholomaei ap. Indie tres esse — migravit ad Dominum. Cui ... — *f*. 86. Passio s. Anastasii m. Quamvis tempore persecutionis — tempore Diocliciani imperatoris. Regnante ... — *f*. 87. Passio s. Alexandri m. Tempore itaque Maximiani — supplicium complere. Qui ... — *f*. 88′. Incipiunt acta s. Augustini ep. Inspirante rerum omnium factore — honorificum est. — Vita. Igitur beatus Augustinus — cum eodem perfruar. Amen.

f. 97. In decollatione s. Iohannis bapt. Natalem, fratres karissimi, beati Iohannis diem — ad caelos Iesus Christus ...

f. 100′. Inuentio capitis Iohannis bapt. Et audivit Herodes rex — Chronicorum libro scriptum reperies.

f. 102′. Incipit uita s. Sauini. Tempore illo Sauinus — IIII Kalendarum Februarium. Prestante ... — *f*. 105′. De Paulino Nolane ciuitatis episcopo. Eum uicinis ualde patribus — ambigere non possent. — *f*. 106′. Incipit uita s. Marini conf. Temporibus Diocliciani — III Non. Iul.

f. 113. Natiuitate s. Mariae. Sermo. Gaudeamus, fratres karissimi, in die — dignetur in caelis. Quod ipse ... — *(Sermo.)* Natiuitas beatissimae et intemerate — dulcedine sacietur. Quod ipse ... — *f*. 117. *Ad Matth.* Liber generationis ... *homilia (in margine:* episcopi Petri Damiani): Audistis, fratres karissimi, dominicae incarnacionis — unctione linimur.

f. 121. In exaltatione s. Crucis. Tempore illo postquam — plurima incrementa. Donante ... — *f*. 122′. Passio s. Cornelii pp. Temporibus Decii — uolumina sanctorum. Amen. — *f*. 123′. Passio s. Cypriani sacer-

dotis et m. Imperante Valeriano — XVIII Kalendarum Octobris. Regnante . . .
— *f.* 124′. Passio s. Euphimiae m., quae passa est sub Diocliciano — proconsule autem Prisco. Regnante . . . — *f.* 126. Passio sanctorum martyrum
Cypriani et Iustinae. Inluminatio Domini nostri Iesu Christi — glorificantes
Patrem . . . — *f.* 130′. Passio s. Mathei ap. et ev. *(Prologus.)* Matheus apostolus — celebratur. *(Passio.)* Quam ita Deo cura — sequens libellus ostendit.
f. 136. Inuentio ecclesiae s. Michaelis archangeli. Memoriam beati
archangeli — oracioni uacabant. —*f.* 136′. De uictoria s. Michaelis archangeli.
Hec inter Neapolitanis paganis — perducat. — *f.* 137′. Dedicatio basilicae
s. Michaelis. Factum est, ut suggesserat — salutis in Christo Iesu . . .
— *f.* 138. Eodem die sermo s. Hieronymi secundum Matheum. Accesserunt discipuli . . . Quod sepe monui — propter angelos.
f. 139. Passio s. Iustine virg. et m. In illo tempore beata Iustina —
dierum Nonarum Octobrium. Regnante . . . — *f.* 140′. Eodem die uita
s. Pelagiae. Verba sacerdotis — in die iudicii. Quoniam ipsius honor . . .
— *f.* 143′. Incipit uita s. Hieronymi. Hieronymus natus in oppido Stri-
donis — et mensibus sex. — *f.* 147. Passio beat. Dionisii, Rustici et
Eleutherii. Post beatam et gloriosam — Parisii ciuitate. Regnante . . .
— *f.* 150′. Passio s. Domnini m. Tempore Maximiani — XIIII Kal. Novembris. Regnante . . . — *f.* 154′. Die XVII mens. Octub. natale s. Luce
aevangeliste. Incipit prologus. Lucas Ebraice — XV Kalendarum Novembris.
— Item prologus unde supra. Cum in diuinis voluminibus — declarat. —
(Passio.) Igitur gloriosissimus apostolus et evangelista — confluerent. Qui . . .
— *f.* 158. Passio sanctorum martyrum Cosme et Damiani. Temporibus
Diocletiani — imperatoribus Diocletiano et Maximiano. — *f.* 160. Incipit
prologus. S. Symon apostolus. Symon zelotes — V Kal. Novembris. —
Prologus. S. Iudas. Iudas — V Kal. Novemb. — Passio s. Symonis et
Iudae. Symon Chananeus — de decimo. Gloria Deo Patri . . . — *f.* 166.
Incip. lection. omnium sanctorum. Legimus in ecclesiasticis ystoriis —
gaudere mereamur. Per . . . *Litteris initialibus in sex lectiones divisa.*
— *f.* 170. Passio s. Cesarii diaconi. Tempore, quo Claudius — die Kalendarum Novembrium. Regnante . . . — *f.* 172. Eodem die s. Eustochie
virg. Anno sexcentesimo quinquagesimo septimo ab urbe condita — die
Kalendarum Novembrium. — *f.* 173. Passio sanctorum martyrum Vitalis
et Agricolae. Ambrosius servus — pridie Nonas Novembris. — *f.* 174′. Incipit uita s. Martini. Igitur Martinus Sabariae — anni quadringenti viginti
duo computantur. — *f.* 184′. Passio beati Theodori m. Sicut apparet sol —
laudabilem Deum. Cui . . . — *f.* 189. Incipit uita s. Probi conf. Probus septimus Ravennatium praesulum — gaudii sempiterni. Quod ipse prestare
dignetur . . . — *f.* 193. Passio s. Victoris m. In illis diebus — pridie
Iduum Novembrium. Regnante . . . — *f.* 195. Reuelacio vel inuencio
s. Antonini m. Igitur cum beatissimus urbis Placentine Sauinus episcopus

die Iduum Novembrium. Regnante . . . — *f.* 195'. Eodem die Fabricii ep. Igitur post excessum beati Martini — magnifice sanctitatis. Prestante . . . — *f.* 196'. Passio s. Platonis m. Non sunt peregrina — die quarto decimo mensis Decembrii. Regnante . . . — *f.* 201'. Passio s. Mauri m. In diebus illis — undecimo Kal. Decembrium. Regnante . . . — *f.* 203. Passio s. Caeciliae virg. et m. Humanas laudes — in hodiernum diem. Ad laudem . . . — *f.* 212. Passio s. Clementis sacerdotis et m. Tertius Romanae ecclesiae — nono Kalendarum Decembrium. Regnante . . . — *f.* 215'. Item miraculum s. Clementis. In diuinis uoluminibus — huius alme Rome. Cui . . . — *f.* 216'. Aliud miraculum. Fratres karissimi, uolo uobis — Christus Dominus noster. Cui . . . — *f.* 217. Passio s. Grisogoni m. In illis diebus, cum Diocletianus — sub Diocliciano imperatore. Regnante . . . — *f.* 217'. Prologus. Andreas — pridie Kal. Dec. — Passio s. Andree ap. Passionem s. Andree — sub Egeathe proconsule. Regnante . . . — *f.* 221. Passio s. Barbare virg. et m. In diebus illis sub imperatore Maximiano — die IIII mensis Decembrii. Regnante . . . — *f.* 223. Incipit vita s. Nicholai pontificis et conf. Christi. lect. I(—VIIII). Sit, etsi uehementissima tuba — ad exemplum salutis. Per eum . . . recuperatorem humani generis. Cum quo . . . — *f.* 227. Passio s. Sauini ep. et m. Maximianus Augustus — sub die VII Iduum Decembrium. Regnante . . . — *f.* 229. Incipit uita s. Ambrosii ep. et conf. Hortaris, venerabilis pater Augustine — fugisse se supplicium. Amen. — *f.* 239. Incipit uita s. Zenoni ep. et conf. In diebus illis in prouincia Italia — gaudio revertuntur. — *f.* 241. Incipit uita s. Syri conf. Caelestis exorta prosperitas — migrauit ad Dominum. — *f.* 246'. Passio s. Eulaliae virg. In Barchilona ciuitate — sub Daciano praeside. Regnante . . . — *f.* 247'. Passio beati Ursicini m. Si cui omnium — agente Paulino consulare sancta Iesu Christo regente. *Litteris initialibus in sex lectiones divisa.* — *f.* 251'. Passio s. Luciae virg. et m. Cum per universam prouinciam — agente Paschasio consulare. Regnante . . . — *f.* 253'. Passio beati Thome ap. XII Kal. Ian. *(Prologus.)* Thomas, qui dicitur — XII Kal. Ianuarias. — *(Passio.)* Cum apostolus Thomas — ad apostolorum gaudia pervenire.

f. 262. Incipit homilia in dedicatione aecclesiae. Quociescumque, fratres karissimi, altaris uel templi — protectione perducat. Qui . . .

f. 263'. *al. man.* Incipit uita s. Marine uirg. Erat quidam saecularis — in corpore alicuius manentis per eius honorem . . .

f. 263'. *Summo in folio, ut* — *f. 6:* Liber ecclesiae sancti Iohannis ad Marmoratas — de Rauenna, assignatus michi et sacristie ecclesiae Rauen. per dominum Bartholomeum de Zenariis de Rauenna. — *f.* 264. *Probationes pennarum.* — *f.* 264' *vacuum.*

Multa emendata. Complura folia laesa, — *f. 264 refectum.*

Bethmann in Pertz' Archiv Bd. XII, S. 223.

34. Passionarium s. Mariae ad martyres, sermones.

Vatican. 5696. membr. 309 + 1 f. 520 × 340 mm. 2 col.
saec. XI. XII.

f. 1 *vacuum.*

f. 1'. Codex vetustissimus olim sae. Mariae ad martyres, cuius saepe mentionem facit card. Baronius in Annalibus, ab illius ecclesiae canonicis S^mo D. N. Paulo P. P. V per D. Nicolaum Alemannum dono missus et ab eodem summo Pontifice bibliothecae Vaticanae donatus die 22 Nouembris 1612.

f. 1 a. *(Initium agglutinatum.)* Episcopi Tarentini. Legimus in ecclesiasticis historiis . . . *Sermo de omnibus sanctis. In margine:* edit. a Combefis, Bibliotheca concionum, tom. VIII, p. 384 A. M. — *Sermones Augustini, Bedae, Odonis abbatis Cluniacensis, Pauli Orosii.*

Passiones, vitae, miracula sanctorum: — f. 16. Cesarii, — *f.* 20. Leonardi conf., — *f.* 26. Quattuor coronatorum, — *f.* 31. Dedicatio basilice salvatoris et s. Theodori. — *f.* 31. *man. rec.:* Anno 1304 Sept. obiit dominus Matheus Rubeus, qui fuit corona et columna istius ecclesie. — *f.* 38. Triphonis et Respicii, — *f.* 43. Nimphe, — *f.* 48'. Martini ep., — *f.* 59. Martini pp., — *f.* 67'. Briccii, — *f.* 68'. Cecilie, — *f.* 77'. Clementis, — *f.* 81'. Grisogoni et Anastasie, — *f.* 87. Caterine, — *f.* 90. Petri Alexandrini ep. — *f.* 90'. Eusebii, Marcelli, Ypoliti *et aliorum,* — *f.* 95' *vacuum. f.* 96. Andreae ap., — *f.* 98'. Viviane v., — *f.* 102. Barbarae v., — *f.* 104. Sabae conf., — *f.* 108'. Nicolai ep., — *f.* 117'. Ambrosii, — *f.* 126. Savini ep. m., — *f.* 129. Damasi, — *f.* 129. *Infimo in folio:* De conceptione beate Marie legitur in libro rotundo. — *f.* 131. Lucie, — *f.* 132'. Eustratii, Auxentii, Mardarii, Orestis, *aliorum,* — *f.* 143. Thome ap., — *f.* 149. Gregorii Spoletani, — *f.* 151. Eugenie v., — *f.* 157. Translatio s. Stephani m. in Constantinopolim. — *f.* 158'. Translatio s. Stephani in Romam. — *f.* 160. Iohannis ap., — *f.* 165. Silvestri, — *f.* 183'. Basilii, — *f.* 187'. Martine v., — *f.* 194'. Iuliani et Basilisse et Celsi, — *f.* 202. Margarite, — *f.* 209. Mauri abb., — *f.* 215'. Marcelli pp., — *f.* 219. Antonii monachi, — *f.* 222'. Prisce v., — *f.* 223'. Sebastiani, Tiburtii, Castuli zetarii, Marcelliani, — *f.* 236', Agnetis, — *f.* 240. Iohannis Calouite, — *f.* 245'. Anastasii, — *f.* 252. Vincentii, — *f.* 255. Paule. — *f.* 266'. In conuersione Pauli, — *f.* 269'. Cyri et Iohannis, — *f.* 275.. Blasii, — *f.* 279'. Agathe, *f.* 281'. Valentini presb., Valentini m. — *f.* 286. In cathedra s. Petri, *sermo Leonis.* — *f.* 287'. Mathie ap., — *f.* 294. Benedicti abb., — *f.* 301'. Georgii m., — *f.* 307. Marci ev., — *f.* 308'. Vitalis et Gervasii et Protasii, *desinit in:* a diabolo.

Multa aliis manibus, plurima man. saec. XVI vel XVII addita; man. saec. XIII de lectionibus ut: Non legitur, *et novus lectionum ordo. Multa folia humore laesa, alia refecta.*

Pict. miniat. color.

35. Passionarium Moguntinum.

Palatin. 850. mixt. f. 1—66. membr., f. 67—121 chart. 279×192 mm. f. 1—66 binis col. saec. XV. XVI.

f. 1. C. 46. 569.

In nomine Domini nostri Iesu Christi incipit liber passionarii per anni circulum. Incipit prologus s. Andree apostoli. Andreas frater Petri carne... *et passio eius. Passiones sanctorum:* — *f.* 2'. Thome ap., — *f.* 6'. Chrisanti et Darie, — *f.* 10'. Adriani, — *f.* 14'. Anastasie. — *f.* 16, 17 *vacua.* — *f.* 18. Lucie, — *f.* 19. Eustachii et sociorum, — *f.* 22. Cecilie, — *f.* 27. Clementis pp., — *f.* 29'. Stephani pp., — *f.* 32. Sixti, Felicissimi et Agapiti, — *f.* 32'. Firmi et Rustici, — *f.* 34'. Laurentii, — *f.* 36. Ypoliti, — . 37. Agapiti, — *f.* 38'. Proti et Iacinti, — *f.* 42. Mathei ap., — *f.* 44'. Cosme et Damiani, — *f.* 45. Calixti pp., — *f.* 47. Zenonis, — *f.* 48'. Abdon et Sennen, — *f.* 49'. Symonis et Iude app., — *f.* 52'. Bartholomei ap., — *f.* 54'. Felicis pp., — *f.* 55'. Cornelii pp., — *f.* 56. Septem dormientium, — *f.* 57'. Quattuor coronatorum, — *f.* 61. Menne, — *f.* 62'. Philippi ap. — *f.* 63'—66 *vacua.* — *Nonnulla in marginibus eadem man. addita.*

f. 67. C. 17. 515. Canonicorum Moguntie. *al. man.* — *f.* 67—75 *vacua.*

f. 75. Epistola Iohannis Tritemii abbatis diui Iacobi maioris apostoli Herbipolensis in vitam sancti Rabani archiepiscopi Moguntini... Reuerendissimo in Christo patri illustrissimoque principi et domino domino Alberto sancte Moguntine sedis... Obediui mandatis tuis... Anno millesimo Dxv. — *f.* 78. Vita s. Rabani. — *f.* 109 *vacuum.* — *f.* 110. Epistola Ioannis Tritemii abbatis in vitam s. Maximi presulis Moguntini. — *f.* 112. Vita s. Maximi. — *Post* — *f.* 121 *septem folia vacua.*

Bethmann in Pertz' Archiv Bd. XII, S. 344. — *Stevenson,* Codices Palatini Latini tom. I, p. 302.

36. Passionarium monasticum s. Dionysii.

Regin. 528. membr. 232 f. 295×230 mm. saec. XI.

f. 1. *Summo in folio:* 48.

Incipiunt annotationes passionum et vitarum sanctorum, qui in hoc libro continentur. I. XVIII Kal. Ian. uita sancti Maximini abbatis — XXVI. VI Kal. Oct. inventio corporis sancti Uincentii. *Index.*

f. 1'. Hic est liber beati Dionisi *et probatio pennae al. man.* — *f.* 2. Iste liber est beati Dyonisi. *al. man.* — *Infimo in folio:* LX xlj. XIIII^e^xl.

Incipit prologus in vita sancti Maximini abb. Plures fuisse sectas..., *vita et miracula s. Maximini.* — *f.* 36. Sermo Odonis in festivitate s. Benedicti. — *f.* 42. Sermo s. Augustini de miraculis s. Stephani; inventio corporis. — *f.* 50. In natale ss. Innocentum sermo, *sine nomine scriptus.*

— *f.* 54. Passio s. Sebastiani. *Passiones et vitae sanctorum:* — *f.* 79'. Quadraginta martyrum, — *f.* 84'. Peregrini ep., — *f.* 87'. Muci prbr., — *f.* 92. Viti, — *f.* 100. Sixti, Laurentii et Ypoliti, — *f.* 102'. *In margine:* Incipit passio s. Laurentii. — *f.* 106'. De s. Hippolyto, *lectiones propriae assignatae,* — *f.* 109. Privati, — *f.* 111'. Symforiani, — *f.* 114. Timothei et Apollinaris, — *f.* 116. Adriani, — *f.* 126. Mauricii cum sociis, — *f.* 131. Cosmae et Damiani, — *f.* 136. Crispini et Crispiniani, — *f.* 139. Eustachii, — *f.* 148'. Clementis, — *f.* 154'. Basilii ep., — *f.* 172'. Gregorii pp. — *f.* 185—192 *minora.* — *f.* 185 *vacuum.* — *f.* 185'. Adventus et exceptio corporis s. Benedicti. — *f.* 192' *vacuum.* — *f.* 193. Benedicti, — *f.* 211'. Vita s. ac beatissimi patroni nostri Martini. — *f.* 222. Hilarii ep., — *f.* 225, Euurtii ep., *desinit in:* revelaverat fratribus. — *Omnes fere sermones, passiones vitaeque vel in foliis vel in marginibus priore man. in duodecim, man. rec. in octo lectiones divisae.*

Nonnulla eadem et aliis manibus addita.

Pict. miniat. color. — f. 2 littera P.

Bethmann in Pertz' Archiv Bd. XII, S. 287.

37. Passionarium Malmundariense.

Vatican. 8565. membr. 578 p. 380 × 278 mm. 2 col. saec. XI.

p. 2. *man. saec. XVI:* Liber monasterii sancti Petri Malmundariensis. *f.* 1 *agglutinatum.* Incipit ... vel de passione beati Lantperti martiris domino patri Herimanno archipraesuli Stephanus humilis Tungrorum episcopus. Cum cotidie aliorum ... — *p.* 20. *Ad Luc. 12, 32.* Nolite timere, pusillus grex ... *homilia:* Dominus ac redemptor noster omnes homines uolens salvos fieri — feliciter exaltatus. — *p.* 26. Vita Lamberti *versibus conscripta.* Pagani ritus coluerunt templa deorum — iure per annos.

Passiones, vitae, miracula sanctorum: p. 37. Pancratii, — *p.* 39. Cypriani et Iustine, — *p.* 64. *Item,* — *p.* 68. Anastasie, — *p.* 87. Silvestri pp. — *p.* 120. Amphilochii ep. Iconii vita s. Basilii archiepiscopi Capadocie. — *p.* 149. Iuliani m., — *p.* 184. Stephani protom., sermo s. Augustini, — *p.* 207. Columbe, — *p.* 212. Hilarii ep., — *p.* 219. Antonii abb., — *p.* 227. Genofeve v., — *p.* 242. Andree ap., — *p.* 269. *Item,* — *p.* 276. Eulalie, — *p.* 285. Blasii, — *p.* 291. Iuliane, — *p.* 299. Marci ev., — *p.* 303. Gervasii et Protasii, — *p.* 308. Gordiani, — *p.* 312. Pancratii, — *p.* 314. Fidei, Spei, Caritatis, — *p.* 320. Albini, — *p.* 323. Septem dormientium, — *p.* 337. Sulpicii ep., — *p.* 357. Goaris conf., — *p.* 366. Kyliani, Colomanni, Tudomanni et sociorum, — *p.* 375. *Item,* — *p.* 380. Arnulfi ep., — *p.* 391. Praxedis, — *p.* 393. Christine, — *p.* 406. Symplicii, Faustini, Beatricis, — *p.* 408. Abdo et Sennes, Sixti pp., Felicissimi, Agapiti, Laurentii, Ypoliti, — *p.* 414. Gaugerici ep., — *p.* 419. Donati ep., — *p.* 428. Laurentii, — *p.* 434. Ypoliti, — *p.* 439. Privati ep., — *p.* 443. Anastasii, — *p.* 445. Marcellini et Petri, — *p.* 449. Iuliani, — *p.* 452. Felicis et Regule, — *p.* 455. Iacinti, — *p.* 456. Eufemie, — *p.* 459. Theclae, — *p.* 468. Inventio capitis precursoris Domini. — *p.* 478. Duorum Ewaldorum, — *p.* 480. Thebeorum martyrum, — *p.* 485. XII Kal. Nov. ss. virginum, — *p.* 492. Quattuor coronatorum, — *p.* 502. Chuniberti ep., — *p.* 507. In dedicatione ecclesie sermo. Quotiescumque fratres — bona perducat. — *p.* 510. Alexis (?) conf., — *p.* 516. Leopardi, — *p.* 518. Eugenie, — *p.* 538. Symeonis monachi.

p. 548. Ex quo locum vestrum abiectum . . . *Litterae ab archiepiscopo Coloniensi ad monachos Malmeterensis ecclesiae datae, quibus monentur, ut eorum quattuor, qui priores sint, cum ministerialibus die nativitatis s. Mariae Coloniam veniant.* — *p.* 548. De s. Michaelis dedicatione. — *p.* 551. Exemplar precepti Sigiberti regis de foreste in circuitu monasteriorum. Sigibertus rex Francorum. Vestra comperiat largitas — in locis denominatis de foreste. — Exemplar precepti Childerici. Ad eternam mercedem — decrevimus adfirmare. Datum Sept. VI anno VIII imperii. — *p.* 553. Sigibertus, rex Francorum, Grimoaldo maioridomus. Singulariter et percuncta feliciter — decrevimus adfirmare. Datum Iunio XXV anno secundo regni. — *p.* 554. Exemplar precepti Theoderici regis dati abbati Godoino de confirmatione omnium rerum monasterii. Theodericus rex Francorum . . . Si petitiones sacerdotum — decrevimus roborari. — *p.* 555. Exemplar precepti Hludovvici regis dati abbati VVirundo de foreste et decimis atque capellis . . . Hludovvicus diuina ordinatione et prouidentia imperator Augustus. Imperialem celsitudinem decet . . .; *desinit in:* continebatur, qualiter.

p. 556. Quem dicunt homines . . . *Passio s. Petri ap., al. man.; desinit in:* conuenienter locuple.

Nonnulla aliis manibus addita, cum alia, tum signa lectoris et divisiones lectionum monasticae. — p. 487 et 488 una pagina.

Min. col. rubro.

Bethmann in Pertz' Archiv Bd. XII, S. 261.

38. Passionarium monasterii s. Victoris Massiliensis.

Regin. 539. membr. 191 f. 410 × 301 mm. 2 col. saec. XIII.

f. 1. *Summo in folio:* Vitae sanctorum monasterii s. Victoris Massil. — Numero 307 n. Pet. 1656. *Infimo in folio:* Volumen CCCVII non Petauianum.

Incipit passio sancte Theodosie virginis et martiris, que celebratur IIII Nonas Aprilis. Tempore illo Diocletiano . . . *Passiones et vitae sanctorum: — f. 6'.* Marie Egyptiace. — *Post — f. 8 desunt complura. — f. 9.* Ambrosii ep., —

f. 14. Georgii m., — *f.* 18'. Marci evangeliste, — *f.* 22'. Inventio Crucis. — *f.* 28'. Alexandri, Eventii, Theodoli, — *f.* 34'. Quiriaci, — *f.* 37. Victoris, — *f.* 39. Gordiani, — *f.* 40'. Pancratii, — *f.* 41'. Nerei et Achillei et Domitille, — *f.* 47'. Pontii m., — *f.* 51'. Peregrini ep., — *f.* 53'. Austrogisili ep., — *f.* 57. In letania maiore *sermones Augustini, Hieronymi;* Iohannis Chrysostomi de ascensione Domini. — *f.* 72'. Liber Gregorii Nazianzeni de pentecosten et de Spiritu sancto, *homiliae Ioannis Chrysostomi.* — *f.* 80'. Marcellini et Petri, — *f.* 83. Quintiani ep., — *f.* 84'. Primi et Feliciani. — *f.* 86'. In dedicatione templi omelia Augustini, sermo Maximi. — *f.* 92. Cirici et Iulitte, — *f.* 94. Gervasii et Protasii, — *f.* 99'. Maxentii conf., — *f.* 105. Iohannis et Pauli, — *f.* 108. De Iohanne bapt. sermo. — *f.* 110'. Petri et Pauli, — 118. *Sermones Leonis.* — *f.* 131. Marcelli, — *f.* 132'. Processi et Martiniani, — *f.* 134. Goaris prbr., — *f.* 137'. Septem fratrum, — *f.* 138'. Ermagorae, — *f.* 142. Apollinaris, — *f.* 146'. Iacobi ap., —*f.* 149'. Sanctorum dormientium, —*f.* 154' Pantaleonis,. — *f.* 159'. Faustine et Beatricis, — *f.* 160. Felicis m., — *f.* 162'. Fidei, Spei, Karitatis, — *f.* 165. Germani ep. Autisiodorensis, — *f.* 183. Christiane v. — *f.* 188. Translatio s. Benedicti et Scolastice. — *Nonnullae passiones vel vitae litteris initialibus divisae.*

Nonnulla aliis manibus addita, signa lectoris.

Miniat. color. rubro et caeruleo.

Bethmann in Pertz' Archiv Bd. XII, S. 288.

39. **Passionarium Sulmonense.**

Vatican. 1197. membr. I+183 f. 552 × 390 mm. 2 col. saec. XI. litteris Beneventanis.

f. I *et —f.* 183 *folia antiphonarii saec. XIV:* Isti sunt dies, quos ... *Dominicae et hebdomadae passionis fragmenta notis musicis quadratis instructa; miniat. color.*

fol. inserto man. saec. XVII: ... codicem canonici et capitulum cathedralis ecclesiae Valuensium in Pelignis ... Vaticanae bibliothecae ... loco muneris misit. *Al. man.:* Preterea hunc codicem ad Sulmonensem ecclesiam spectasse patet ex folio 9 a tergo in adnotatione de episcopis quibusdam Sulmonensibus seu Valuensibus.

f. 1. habent et non palpabunt — et preside Marciano. Apud nos ... *Passio s. Barbarae, deest initium.* — *f.* 1'. Incipit vita vel passio s. Peligni ep. et m. Romano florente imperio — Corphiniae Nonis Decembribus. Regnante ... — *f.* 9'. Incipiunt miracula eiusdem et dicta. Tempore, quo transactus — spiritum resumendi; *in decem lectiones divisa.*

f. 9'. Anno M.LXXVI. — In nomine Patris et Filii et Spiritus Sancti. Amen. Poperum fecit episcopus Tydolfus — non possum tibi resignare. —

Adnotatio[nem] de nonnullis episcopis Sulmonensibus edidit Ughellus. Ang. Mai. — *f.* 13. Qui Domini cunctos . . . *Versus, quibus narratum est, anno 1024 mense Ianuario Calixto papa et Waltero ordinis almi Valvensis praesule ossa s. Pelini in novum templum esse translata.* — Post non multum — beneficia multa fidelibus. *De s. Pelino et de ecclesia aedificata.* — *f.* 13'. *priore col.* Regi regum plebs deuota . . . *man. saec. XI. XII. Hymni de s. Pelino.*

f. 13'. *altera col.* Incipit prologus in vitam s. Nicolai. Sicut omnes martyres — tutos fore letemur. Explicit prologus. — lect. I(—XI). Nicolaus itaque ex illustri prosapia — servire mereamur Iesu Christo . . . — *f.* 22'. Incipit prologus Paulini in vitam s. Ambrosii ep. et conf. Hortaris, uenerabilis pater, — agnoscatur. Explic. prolog. — lect. I(—XI). Igitur posito in admiratione — supplicium. — *f.* 31. Passio s. Sauini ep. et m., lect. XII. Maximiano — in hodiernum diem. — *f.* 33'. Passio s. Eulalie m., lect. I(—III). Beatissima Eulalia — gratias agentes Patri et Filio . . . — *f.* 34'. Incipit prologus in passionem s. Eustracii et sociorum eius. (— *f. 35 man. saec. XVII:* Passio Eustachii et sociorum.) In una — narramus. Explic. prolog. — lect. I(—VIII). Imperantibus igitur Diocletiano et Maximiano — omnibus sanctis. — *f.* 44. Passio s. Lucie virg. et m., lect. I(—IV). Cum per universam — sub die Iduum Decembrium. Regnante . . . — *f.* 45'. Passio s. Thoma ap., lect. I(—X). Cum apostolus Thomas — gaudia pervenire. — *f.* 52. Passio s. Georgii m., lect. I(—III). Temporibus Diocletiani — annos iusti. Ipsi . . . — *f.* 53'. Eodem die passio s. Victorie. Factum est autem — XIV Kalendarum Ianuar. — *f.* 55'. Passio s. Anatolie. Sancta autem Anatolia — benedicitur Dominus. — *f.* 56. Incipit prologus in vitam s. Silvestri. Historiographus noster — culpam. Incipit liber primus ex parte libri octavi de episcopis Romanis intitulati Eusebii Cesariensis episcopi, qui et hanc historiam ecclesiasticam scripsit apud Cesaream Palestine. Silvester itaque cum — accepit palmam. Explicit liber primus. *In duodecim lectiones, ut videtur, divisa.* — Incipit liber secundus. Priori libello — finem imponat. Qui . . . — *f.* 74'. Incipit prologus in vitam s. Basilii archiepiscopi et conf. Postquam Lucifer — maiestas similis per omnia saecula saeculorum. Explic. prolog. — Basilius igitur — scripserat libros ad gloriam . . . — *f.* 87. Octaue s. Stephani protomartyris. Factum est, cum esset reconditum — in diebus illis in gloria. — *f.* 89. Incipit epistola Eugepii presbyteri ad Paschasium diaconum de uita et miraculis s. Severini. Domino suo venerabili Paschasio — non desistas. Cap. I(—XXXXV). Quomodo primum beatus Seuerinus . . . *Index capitulorum.* Explic. cap. Incipit uita beati Seuerini. Tempore, quo Attila rex — magisterio fructuosum. — *f.* 104'. Item epistola Paschasii, rescriptum ad Eugepium presbiterum. Domino semper — ampliatur. — *f.* 105. Incipit prologus in vitam s. Hylarii ep. et conf. Domino sancto et meritis — proponamus. Explic.

prolog. — Igitur beatissimus Hylarius — heredem Christi. Qui . . . *Decem lectiones, ut videtur, indicatae.* — *f.* 117'. Passio ss. martyrum Marii et Marthe, Audifax et Abacuc. Tempore Claudii — in hodiernum diem. Regnante . . . — *f.* 119'. Passio s. Agnes virg. et m., lect. I(—IX). Ambrosius seruus — valeat invenire. Qui . . . — *f.* 123. *In margine:* Require duos sermones s. Ambrosii in omeliis de eodem festo. — *f.* 123. Incipit prologus in passionem s. Uincentii leuite et m. Probabile satis est — perseueret. Explic. prolog. — Cum apud Cesaream Augustam — per totam Hispaniam nomen Domini nostri Iesu Christi . . . — *f.* 126. Incipit prologus in passionem s. Anastasii monachi. Athanasius gratia Dei — intercedat apud Dominum nostrum Iesum Christum . . . Explic. prolog. Beatus itaque Anastasius — liberatum fuisse. Prestante . . . — *f.* 133. Vita uel obitus s. Dominici. Uir Domini Dominicus Fulinge oppido Tuscie oriundus — in hodiernum diem. Ad laudem . . . — *f.* 135. Passio s. Policarpi ep. et m., lect. I(—III). Temporibus Marci Aurelii — consummati sunt. — *f.* 137'. Passio s. Ignatii ep. et m., lect. I(—III). Tempore, quo Traianus — fiunt miracula. Ad laudem . . . — *f.* 138'. Incipit prologus in passionem s. Blasii ep. et m. Plerique philosophorum — mercedis. Explic. prolog. lect. I(—IX). Igitur cum Romani imperii — in hodiernum diem. Ipso prestante . . . — *f.* 143'. Passio s. Agathe virg. et m., lect. I(—XII). Passionis beatissime virginis — liberassent. Cui . . . — *f.* 146. Beatissima virgo Austroberta — concedere dignetur. *Deest inscriptio; quattuor lectiones indicatae.* — *f.* 151'. Vita uel obitus s. Sauini Canosini ep., lect. I(—IX). Regnante Iustiniano — prospera evenerunt. — *f.* 156. Passio s. Ualentini ep. et m., lect. I(—III). Propheta loquitur — sepulti. Regnante . . . — *f.* 158. Passio ss. martyrum Faustini et Iovitte. Beatissimi uiri — martyrium. Regnante . . . *Duodecim lectiones indicatae.* — *f.* 161'. Incipit prologus in passionem s. Iulianes. Egregio patri — ministretur. Explic. prologus. Inter ceteros — XIV Kalendas Martii. Regnante . . . — *f.* 167. Incipit prologus in uitam s. Barbati conf. Sicut evidentissime — loquor. Explic. prologus. Tempore, quo Grimoaldus . . .; *desinit in:* obtemperans. — *f.* 170. appellari meruerant — VI Kal. Martias. Qui . . . *De s. Matthia ap., deest initium.* — *f.* 173'. Uita uel obitus s. Romani abb. Adest nobis — in sanctis suis. — *f.* 177'. Incipit prologus in passionem quadraginta martyrum. Martyrium — transibo. Explic. prologus. lect. I(—VIII). Temporibus Licinii — perrexit ad Dominum Iesum Christum . . . — *f.* 182'. Passio s. Marcelli pp. Tempore, quo Maximianus . . .; *desinit in:* ego tibi testis. — *Plurimae passiones vel litteris initialibus vel numeris in lectiones divisae; compluribus locis* Dimitte *appositum.*

Multa folia laesa maculisque atramenti aspersa. Complura et emendata et addita.

Miniat. color.

Notae musicae.

Bethmann in Pertz' Archiv Bd. XII, S. 223.

40. Passionarium ecclesiae s. Theodorici, sermones, breviarii officia.

Regin. 490. membr. 109 f. 232 × 200 mm. saec. X. XI.

f. 1. Verbum caro factum est . . . *Antiphonae ad Magnificat, ut videtur, de nativitate Domini, de s. Stephano, de Ioanne evangelista, de epiphania, de ss. Trinitate, de martyribus, de confessoribus. Sae neumis instructa.*

f. 1′. Nuper quoque ordinato Hugone Remis episcopo — collata remedia. *De miraculis eius.* — De sancta Macra virgine. Passa est . . .; *desinit in:* beatissima uirgo con.

f. 2. Incipiunt antiphonae de sancta Trinitate. Ant. Gloria tibi Trinitas. *Officium de ss. Trinitate, lectiones, capitula, orationes; antiphonarium et responsorium, initia neumis sine lineis instructa.* — *f.* 2′. Liber sancti Theoderici. *man. rec.*

f. 4. Sermo cuiusdam doctoris de natiuitate sancte Marie virginis. Natiuitas gloriosae genitricis — Maria interueniente ipse prestare dignetur, qui cum . . . *In margine man. rec. in octo lectiones divisus.*

f. 10. Incipit relatio de vita sancti ac beatissimi Siluestri papae urbis Romae . . . Historiographus noster Eusebius — euasero culpam. Incipit liber primus. Siluester igitur — cunctorum uolumina saeculorum. *Ab initio usque ad:* Immo etiam et hos . . . *man. rec. in octo lectiones divisus.* — *f.* 35′. Liber ecclesie sancti Theoderici. *man. rec.*

f. 40. Domino gloriosissimo ac praestantissimo regi Karolo Paulus diaconus. Sciens gloriosissimam — currere mereamur. Incipit imitabilis conuersionis . . . uenerabilis Marie Egyptiace . . . quam de Greco transtulit in Latinum Paulus venerabilis diaconus sanctae Neapolis ecclesie. Secreta regis celare — et adorando Spiritu nunc et semper et in secula seculorum. Amen.

f. 52′. Prefatio beatissime virginis Pecinne. Egregios sanctarum — commendare cupimus. Incipit textus descriptionis . . . Nobilissima igitur — maiestate per immortalia secula seculorum. Amen.

f. 57. Descriptio uitae beatissimi Marculfi confessoris. Sanctorum uitam — tormentis. Incipit vita. Beatissimus igitur Marculfus — per infinita secula seculorum. Amen.

f. 65. Epistula Haimoyni monachi ad dominum Bernonem abbatem caeterisque sub eo fratribus. Dignis memoria — perficere possim. Incipit inuentio siue translatio beati Vincentii levitae et martiris . . . Anno octogesimo quingentesimo quinto . . .; *desinit in:* emendatus recurrit. *Liber prior in octo lectiones divisus, libri alterius exstant septem lectiones.*

f. 72. Incipit passio beati Vincentii archidiaconi et martiris . . . Probabile satis est — per infinita secula seculorum. Amen. *man. rec. in duodecim lectiones divisa.*

f. 77. Sermo beati Augustini episcopi de passione sancti Uincentii m. In passione, que nobis — mors sanctorum eius, cui honor . . .

7*

f. 78'. Item sermo. Cunctorum licet — beatitudinis eternae, prestante Domino nostro Iesu Christo . . .

f. 80'. Incipit prologus in vita sanctarum virginum Bove et Dodae. Quisquis orthodoxae fidei — perueniamus. *Capitula.* — *f. 81'.* Incipit vita . . . Nemo miretur — Deus per immortalia secula seculorum. Amen.

f. 96. Aliquis ex fratribus — uidearis. *Epistola s. Hieronymi de Originis Periarchon.* Schedule quas — uenustatem. Ante annos circiter — cauenda sint, nouerit.

f. 107'. In uigilia sanctissime Hunegundis virg. ad vesperas. Sanctorum tuorum decus . . . *Antiphonae neumis sine lineis instructae.*

f. 108, 109 deficit miniator.

Miniat.

Neumae.

Bethmann in Pertz' Archiv Bd. XII, S. 283.

41. **Passionarium Trevirense.**

Regin. 497. membr. 163 f. 250 × 182 mm. saec. XI. XII.

In folio praeligato II: In hoc codice continentur: vita s. Basilii . . . *Index man. saec. XVII.*

f. 1. []sibiliter tulimus. Postquam autem . . . *Vita s. Basilii. Accedunt vitae sanctorum:* — *f. 22.* Egidii conf., *in marginibus man. rec. lect. I—VIII indicatae.* — *f. 25.* In ueneratione sancte Crucis. — *f. 30.* Prefatio s. Ieronimi prbr.; Didimi Alexandrini de Spiritu sancto. — *f. 64'.* Gertrudis virg.

f. 71. Epitaphium Arimaspis consulis in urbe Treveris; versus super sepulchrum s. Paulini ep.; versus de urbe Treveris. *Nonnulla lingua Anglosaxonica conscripta.* — *f. 72.* Nomina pontificum Treverice urbis. Eucharius . . . *usque ad:* Udo. Egilbertus. — *Carmina* contra fluxum sanguinis, contra uermem.

f. 72'. Passio s. Constantini m. — *f. 75.* Vita ss. confessorum Florentii et Vindemialis. — *f. 77'.* In divisione apostolorum. — *f. 78'.* In octava s. Marie. — *f. 79'.* In natale s. Augustini. — *f. 80.* In nativitate s. Marie omelia s. Gregorii pp. *Passiones et vitae sanctorum:* — *f. 81.* Ianuarii, Sossii, Proculi, Euticetis et Acutii mm., — *f. 88.* Fortunatae virg., *f. 96.* Odiliae virg. — *f. 105.* Vita s. Paulae vidue scripta a beato Ieronimo presb. — *f. 118.* Epitaphium Paule vidue. — *f. 118'.* Ieronimus ad Marcellam de nominibus, quibus apud Hebreos Dominus vocatur. — *f. 119.* De captivo monacho.

f. 122. Passio s. ac beatissimi mart. Christofori, rithmice composita. Erat quidam christianus — per cuncta seculorum secula. Amen. — *f. 133'.* De s. Michaele archangelo. — *f. 136'.* Passio s. Thecle virg. — *Post*

— *f.* 136 *fol. insertum:* De apparitione s. Michaelis archangeli. — *f.* 140′. Sermo in festivitate s. Marsi presb. et conf. — *f.* 144. Passio ss. martyrum Censurini praefecti, Cyriaci ep., Maximi presb., Archelai diaconi, Taurini et Erculani militum cum sociis. — *f.* 146′. In cathedra s. Petri ap. sermo. — *f.* 147′. In s. Mathie ap. — *f.* 148. Aliquot miracula s. Nicolai.

f. 148′. De martiribus lectiones *(I—VIII?).* — *f.* 150. Lectiones de martiribus *(I—IV).* — *f.* 150′. Lectiones de uno confessore *(I—IV),* — *f.* 151. *homilia.* — *f.* 151′. In dedicatione ecclesie sermo. — *f.* 152′. In exaltatione s. Crucis *homilia.*

f. 153. Passio vel vita s. Cristine virg. — *f.* 159. Vita s. Alexii conf. *et homilia. — Nonnullae passiones et sermones in octo lectiones divisi.*

f. 163. A. Dei misericordia Mogontiacus archiepiscopus H. . . . . *Litterae ab uno vel a compluribus episcopis ad canonicos Patherbrunnensis ecclesiae, ut videtur, missae, quibus ut concordes sint monentur.* — *f.* 163′. *Antiphonae de B. M. V.*

Complura aliis manibus addita. Multa folia refecta, nonnulla rescripta. Complures librarii.

Picturae lineares et rudes.

Bethmann in Pertz' Archiv Bd. XII, S. 284.

VI. LECTIONARIA.

1. Lectionarium.

Ottobon. 106. membr. 192 f. 352×285 mm. 2 col. saec. IX. X.

f. 1. noster medicus nobis fieri ipse ad nos uenire — nobis ante secula parauit. Per . . . *Homilia Bedae: Rogatus a discipulis . . . in litaniis ad Luc. 11, 5—11. Quis vestrum habet amicum . . .* — *f. 3'.* In die ascensionis Domini sermo s. Leonis pp. Post beatam et gloriosam . . . *Sermones et homiliae Augustini, Bedae, Gregorii, Haimonis, Hieronymi, Ioannis Chrysostomi, Leonis, Maximi; complures sine nominibus scriptae. Proprium de tempore usque ad dom. XXVII post pentecost. et proprium horum sanctorum:*

f. 45. In vigilia, in nativitate Iohannis bapt. — *f.* 57'. In vigilia, in natali apostolorum Petri et Pauli; in commemoratione s. Pauli. — *f.* 90. In natale sanctorum Iacobi et Iohannis, filii Zebedei. — *f.* 100'. In natale sancte Felicitatis et filiorum eius. — *f.* 107'. In natale s. Laurentii. — *f.* 112. In assumptione sancte Dei genitricis Marie. — *f.* 114'. Epistola s. Hieronymi ad Paulam et Eustochium. Cogitis me . . . — *f.* 144. In exaltatione s. Crucis; *alio loco requirendum.* — *f.* 150. In dedicatione basilice s. Michaelis. — *f.* 167. Passio s. Cecilie, *in novem lectiones divisa, et:* Revelatio domini Paschalis pape de inventione corporis s. Cecilie. *In margine additum:* Edidit Baronius ad A. C. 821. T. V. — *f.* 174'. Passio s. Clementis; expositio s. Gregorii ep. Turonensis ecclesie de libro miraculorum beati Clementis. — *f.* 175. Vita s. Martini Severi ep.; prologus. — *f.* 187. Omelia in natale omnium sanctorum. Legimus in ecclesiasticis libris . . . *In decem lectiones divisa; desinit in:* Deoque placentem. — *Sermo, cuius initium deest.* — *f.* 191. In assumptione s. Marie Magdalene de hoc mundo. Iosephus narrat — sepulchrum illius. Per . . . — *f.* 192' *vacuum.*

Complura folia refecta.
Miniat. color.

2. Lectionarium.

Palatin. 430. membr. 186 f. 305 × 127 mm. saec. IX. X.

f. 1. C 88. 798. 318.

[ ]men. se a carnalibus desideriis — competit relaxemus. *Sermo de ieiunio, deest initium.* — *f.* 1′. Item sermo de beato Ioseph. In beato Iacob — adoratur a regibus. Ipso adiuuante . . . — *f.* 3. XVIIII Incipit sermo de eo, quod scriptum est: mortuus est Ioseph et filii Israhel creuerunt. Audivimus in lectione, quae lecta est — habitare dignetur, qui — *f.* 4′. *(Sermo)* Augustini ep. de decem plagis. Quia sermo, qui — feliciter peruenire, prestante. — *f.* 7. XXI Incipit de eo, quod scriptum est; indurauit Dominus cor Pharaonis. Quocies leccio illa — uenire possimus, prestante. — *f.* 9. XXII Omelia s. Augustini de uia trium dierum. In leccionibus diuinis — perueniamus ad regnum, prestante. — *f.* 10′. Omelia de manna uel amara aqua. Aesterna die, fratres karissimi, cum diuina lectio — prestare dignetur . . . — *f.* 12′. XXIV Omelia de exploratoribus. Sicut in leccione, que nobis modo recitata est — qui interpellat pro peccatis nostris. Ipsi gloria . . . — *f.* 14. XXV Omelia de uirga Aaron. Omnis princeps tribus — uirtutes in Christo Domino nostro. Cui . . . — *f.* 15′. XXVI Omelia de Balaham et Balach, media quadragesima. Cum diuina lectio legeretur — credentes in Iesum Christum . . . — *f.* 17′. Omelia de Raab meretrice et duobus nunciis. Leccio ista, fratres karissimi . . . non tam gesta — illorum Deus, quod ipse prestet. — *f.* 20. Omelia de eo, quod scriptum est: praecepit Iesus populo suo, ut parati essent ad transeundum Iordanem et aliquid de Rab meretrice et de subuersione Hiericho. Sicut frequenter caritati uestre — manet in eternum, donante ipso . . . — *f.* 22. XXVIII Sermo s. Ambrosii ep. de Gedeone. Esterna die audiuimus, fratres karissimi, quod cum sibi — spiritualia prouidere, auxiliante . . . — *f.* 24. XXX Omelia s. Augustini ep. de Samson. Samson, fratres dilectissimi, fortitudinem habuit — mortuus consummauit, qui . . . — *f.* 26. XXXI Omelia de Dauid et patre suo et de Goliat. In scripturis diuinis, fratres dilectissimi, una — saluus erit prestante . . . — *f.* 28. Sermo s. Augustini de Absalon. Solet fidem natura — cum patre regnare ipso adiuuante . . . — *f.* 28′. Omelia s. Augustini de plaga Dei. Modo cum regnorum leccio legeretur — habere mereamus per. — *f.* 29′. XXXIV Sermo de iudicio Salomonis. Bonum est, semper orare — crux tua, quod ipse prestet . . . — *f.* 30′. Incipit sermo de s. Helia. De sancto Helia nobis leccio — omnibus spiritualibus prestante. — *f.* 32. XXXVI Omelia de beato Heliseo et Gieci puero eius. Frequenter caritati uestre suggessimus — protectione perducat, cui . . . — *f.* 33′. Homelia de Heliseo et secure in gurgite lapsa. Modo cum diuina leccio legeretur — quod ipse concedit, cui . . . — *f.* 35 *dimidium abscissum.* — *f.* 35′ *vacuum.*

f. 36. Incipit homelia Leonis papae de passione Domini. Desiderata nobis, dilectissimi, -- promissa complere. Per Dominum . . . — *f.* 38. Ioh. Quis ex uobis arguet . . . *homilia (in margine man. saec. XIV:* s. Gregorii) habita ad populum in basilica beati Petri ap. Pensate, fratres karissimi, mansuetudinem — euadere nequaquam possit. — *f.* 41. In uigilia osanne *(in margine man. saec. XIV:* palmarum) *homilia Hieronymi:* Postquam Dominus quadriduanum — et uiuificat morientem ipso adiuuante, qui . . . *Inter* — *f.* 42 *et* — 43 *deest folium.* — *f.* 44. Incipit omelia Hiohannis de parasceuen. Conuenientes ad stationem — perpetua charitate. — *f.* 46'. Incipit omelia de sabbato sancto. Iudaei ergo, quoniam . . . sicut enim dies ille sabbati . . . .; *desinit in:* ut illic quodam.

f. 47. Feria quarta pasche *(man. saec. XIV).* Ioh. Manifestauit se iterum . . . omelia habita ad populum in basilica beati Laurentii. Lectio s. evangelii, que modo in vestris auribus . . . questione animum pulsat — ad perfectionem roborat per Dominum . . . — *f.* 50. Item unde supra de resurrectione. Gaudete, fratres karissimi, quia redempcionis nostre — feliciter perueniamus. Ipso adiuvante . . . — *f.* 51. Item de resurrectione Christi. Pascha Christi, fratres dilectissimi, regnum est celorum — protegereque dignetur per . . . — *f.* 52'. Ioh. Maria stabat ad monumentum . . . homilia habita ad populum in basilica beati Iohannis, que appellatur Constantiniana. Maria Magdalene, que fuerat — consolabitur gaudio. Qui . . . — *f.* 58. Ioh. Cum sero esset . . . homilia habita ad populum in basilica beati Iohannis bapt., que appellatur Constantiniana. Prima leccionis evangelice animum — singulariter amatis, qui . . . — *f.* 63'. Ioh. Ego sum pastor bonus . . . omelia habita ad populum in basilica beati Petri apostoli. Audistis ex leccione evangelica erudicionem — in peruencione saciemur. — *f.* 66. Incipit sermo de letania. Scire debemus et intelligere — indulgencia peruenire. Prestante . . .

f. 67. Sermones de ascensione Domini. Saluator noster, dilectissimi, ascendit — bona concedat. Quod ipse prestare . . . — *f.* 68. Item in dominica ascensa Domini. Magnus hodie, fratres, suscipimus — suscipiat caritas uestra. — *f.* 68'. Marc. Euntes in mundum . . . omelia habita in basilica s. Petri die ascensionis Domini. Quod resurrectionem dominicam — desiderium nostrum. Ipse, qui dedit, Iesus Christus . . .

f. 73. Sermo s. Augustini de pentecoste. Sanctitati uestrae — cum gratia Christi committimus. Quod ipse prestare dignetur . . . — *f.* 74. Item unde supra. Discensurus e mundo — in uobis esse dignetur, cui . . . — *f.* 74'. Ioh. Si quis diligit me, sermonem meum . . . omelia habita ad populum [in basilica] beati Petri die sancto pentecosten. Libet, fratres karissimi, evangelice leccionis — in temptatione per . . .

f. 75. Incipit omelia in natal. s. Petri *(in margine man. saec. XIV:* vincula Petri). Eodem tempore misit Herodes rex — crescebat et multiplicabatur. *Act. apost. 12, 1—24.* — *f. 76.* In natal. s. Pauli (*in margine man. saec. XIV:* Petri et Pauli apostolorum). Cum omnes beati apostoli — deiecit uanitatem. — *f. 77.* Ioh. Hoc est praeceptum meum . . . omelia habita ad populum in basilica s. Pangrati die natalis eius. Cum cuncta sacra eloquia — decertantes iuuat per . . . — *f. 81.* Incipit omelia s. Leonis papae de s. mart. Laurenti. Beatissimi Laurenti martyris, cuius natalem — exultacio[ne] possimus. Prestante. — *f. 82'.* Luc. Si quis uult post me uenire . . . omelia habita ad populum in basilica sanctorum Processi et Martiniani die natalis eorum. Quia Dominus ac redemptor noster nouus homo — sed datur per . . .

f. 83'. Luc. Homo quidam erat diues . . . omelia habita ad populum in basilica beati Laurentii mart. In uerbis sacri eloquii — in uestris mentibus loquatur, qui . . . — *f. 87.* Luc. Homo quidam fecit cenam magnam . . . omelia habita ad populum in basilica sanctorum apostolorum Philippi et Iacobi. Hoc distare, fratres karissimi, — amore flagramus, qui . . . — *f. 93.* Luc. Accesserunt ad Iesum publicani et peccatores . . . omelia habita ad populum in basilica sanctorum Iohannis et Pauli. Aestiuum tempus — iudex noster, qui . . .

f. 102'. Incipit homelia in natal. s. Iohannis bapt. In sancti ac beatissimi Iohannis baptiste laudibus — predicauit, qui . . . — *f. 103'.* Item de eadem festiuitate. Imperator celi et terrae — et prosperauit a nobis, qui . . . — *f. 104'.* Luc. Cum audieritis praelia . . . omelia habita ad populum in basilica s. Menne die natalis eius. Quia longius ab urbe . . .; *desinit in:* agentes et retribui. — *f. 109.* in hunc locum et — et est ibi glorificans Deum cum omnibus electis suis. *Man. saec. XIV inscribitur:* De assumptione b. Marie. *Eadem man. additur:* puto omnino apoc[ryphum]. — *f. 111.* Matth. Simile est regnum celorum decem uirginibus . . . omelia s. Agnae die natalis primo. Sepe vos, fratres karissimi, admoneo — nescitis diem neque horam.

f. 114'. Luc. Cum adpropinquaret Iesus Hierusalem . . . omelia habita ad populum in basilica s. Iohannis, quae appellatur Constantiniana. Leccio sancti euangelii breui, si possum . . .; *desinit in:* quisquis nunc. — *f. 119'. man. saec. XIV:* Hic deficit unum folium. — *f. 120.* [ ]men, quicumque — benedicta prece proferre, qui . . . — Luc. Rogabat Iesum quidam de Pharisaeis, ut cum illo manducaret . . . omelia habita ad populum in basilica beati Clementis. Cogitanti mihi . . .; *desinit in:* ostendit, quod post . . . *Man. saec. XIV:* Hic deficit unum folium. — *f. 124.* inquinatur — sua protectione perducat, qui . . . *De iracundia.*

f. 124. Omelia (*man. saec. XIV:* Maximi) de natal. sanctorum confessorum. Herit sensibus uestris — emendatos liberet, qui. — *f. 125.* Homelia de natale uirginum. Audistis, fratres karissimi, . . . ubi Dominus in parabolis . . .; *desinit in:* sensibus lampades . . . *Man. saec. XIV:* Hic deficit unum folium.

f. 126. [ ]dum celum dicitur . . . *In margine man. saec. XIV:* De homine rege, qui fecit filio suo nuptias. *Porro tractatur* — *f. 128—133.*

adsumere naturam nostram, qui . . . — *f.* 127. Omelia de cottidianis diebus. Benedictus Deus et pater Domini nostri Iesu Christi — remissio omnium peccatorum adiuuante . . .

f. 133. In Christi nomine incipit prologus et historia Iacobi filii Ioseph natiuitatis s. Mariae uirginis. Ego Iacobus filius Ioseph — infantem matris Domini.

f. 139'. Omelia de cottidianis diebus. Studete quaeso, fratres karissimi, Dei uerbum — gratia eius, qui . . . — *f.* 141. Ioh. Erat quidam regulus . . . omelia habita ad populum in cimiteriorum sanctorum Nerei et Achillei. Lectio sancti evangelii . . . expositione non indiget — per fidem tenetis per . . .

f. 142'. Luc. Si quis uenit ad me . . . omelia habita ad populum in basilica s. Sebastiani m. die natal. eius. Si consideramus, fratres, que et quanta — remedia contulit per . . . — *f.* 147. Omelia de natale sanctorum martyrum. Quotiescumque, fratres karissimi, sanctorum martyrum — per caritatem pristinam reuocantur. — *f.* 149. Luc. Sint lumbi uestri precincti . . . omelia habita ad populum in basilica beati Felicis conf. die natal. eius. Sancti evangelii, fratres karissimi, aperta — semper timeatur.

f. 151. De cottidianis diebus. Legimus in sanctis scripturis — innumerabilis uirtus per omnia saecula saeculorum.

f. 152'. Sermones de transitu s. Martini. Martinus igitur obitum suum — diues ingreditur. — *f.* 154'. Item unde supra de s. Martini Toronens. Arcadio uiro et Honorio — ad urbem Toroni sunt reversi. — *f.* 155. Matth. Homo quidam peregre . . . omelia habita ad populum in basilica beati Silvestri conf. die natalis eius. Lectio sancti evangelii sollicitae considerare — quod fecimus, excuset.

f. 158. Omelia de cottidianis diebus. Audite, filioli mei, et intelligite — acceptabile sit Deo. — *f.* 159. Omelia secunda die rogationum. Audiuimus, fratres dilectissimi, cum evangelium legeretur, ubi dixisse Dominum ad turbas — perueniat ad coronam. Prestante . . . — *f.* 161. Item omelia in die tertia rogationum. Audiuimus, fratres dilectissimi, cum lectio legeretur, dicente Domino — quod promisit prestante . . .

f. 163. Luc. Designavit et alios septuaginta duo . . . omelia habita ad populum in episcopio ad fontes Lateranes. Dominus et saluator noster Iesus Christus aliquando nos sermonibus — esse ualeamus. — *f.* 170'. (*In margine man saec. XIV:* Sabato quattuor temporum ante nativitatem.) Luc. Anno quinto decimo . . . XX omelia habita ad populum. Redemptoris precursor quo tempore — misericordie pignus tenetur (?). — *f.* 177'. Ioh. Una sabbati Maria Magdalenae . . . omelia habita ad populum in basilica s. Iohannis, quae appellatur Constantiniana. Facta longa molestia — mereamini peruenire. Ipso adiuuante . . .

f. 179. Item unde supra. Omelia sancti Cesarii ad monachos. Audiuimus, fratres karissimi, cum . . ., dixisse Dominum ad turbas — sub sua protectione perducat, qui . . . — *f.* 180'. Incipit omelia Augustini ad monachos. Frequentes diximus — ipse intrauit in regnum celorum.

f. 182. Incipit omelia s. Effrae de die iudicii. Venite omnes, fratres, audite consilium meum — in laudem Dei.

f. 184. In nomine Dei summi. Memoriam beati Michaelis archangeli — hereditatem capiunt salutis in Christo.

f. 186. Matth. Misit Iesus duodecim discipulos . . . omelia ad populum habita in basilica s. Stephani. Cum constet omnibus . . .; *desinit in:* quasi iam nobis e . . . pro . . .

Nonnullorum foliorum margines desecti.
Multa aliis manibus et emendata et addita.
Stevenson, Codices Palatini Latini tom. I, p. 129.

3. **Lectionarium.**

Vatican. 1278. membr. 142 f. 330 × 234 mm. 2 col. saec. X.

f. 1—6 *man. saec. XII, lineis continuis.*

Cum esset desponsata etc. Hoc est ergo celeste misterium — nomen meum super eum. Cui . . . — Primo tempore — in sempiternum. Consolamini –– coram eo. Consurge — salutare Dei nostri. *Lectiones Isaiae prophetae.* — Dilectissimi fratres, hodie natus est Christus — bone voluntatis. Ipsi . . . — Dilectissimi fratres, oriente hodie salvatore — nos liberavit. Ipsi . . . — Predicamus hodie natum — apparuit. Qui . . . — Nativitas Domini nostri Iesu Christi — recuperat. — Quia largiente — Deus homo. — Nato in Bethlehem . . .; *desinit in:* Confirma fratres . . . *Sermones et homiliae in nativitate D. N. I. Chr.*

f. 7. Incipiunt capitula partis II. XXV(—LXXIII) Dominica initium quadragesimae. Sermo beati Leonis . . . *Index.*

f. 9. Incipit omeliarum pars II. Dominica initium quadragesimae. Sermo b. Leonis pp. Permotos esse — operibus credite. Sermo Maximi. Ante diem devotionis — reficit in aeternum. — Sequentia s. evangelii sec. Matth. In illo tempore ductus est . . . *homilia Gregorii:* Dubitari a quibusdam — relaxamus.

f. 13. XXVI. In diebus quadragesimae. Sermo Leonis. Semper quidem nos — coheredes autem Christi. — Sermo Maximi, de quo supra: Quia nonnullorum est — retributio prosequatur. — *Sermo Ioannis Chrysostomi:* Confitemini Domino — reddatur et pius. — *f.* 16'. Fer. II ebdomad. I. Omelia Leonis: Rogo vos et admoneo — protectione perducat. Qui . . . — Matth. Cum venerit filius hominis . . . *sermo Hieronymi:* Cum autem venerit — non habeat ruinarum. — Fer. III. Matth. Cum intrasset Iesus . . . *sermo Hieronymi:* Et cum intrasset — Bethania est. — Fer. IIII. Matth. Accesserunt ad Iesum . . . *sermo Hieronymi:* Tunc responderunt ei —

diabolo consecratus sit. — Item unde supra. Generatio mala — victoria tua. — Fer. V. Matth. Egressus inde Iesus secessit . . . *homilia Bedae:* In lectione s. evangelii — clamamus. Qui . . . — Fer. VI. Ioh. Erat dies festus . . . *homilia Bedae:* Duo pariter miracula — dignetur. In qua . . . — Sabb. Matth. Assumpsit Iesus Petrum . . . *sermo Hieronymi:* Et post dies sex — salvatoris adventus.

f. 32'. Dominica II in quadragesima. Matth. Adsumpsit Iesus Petrum . . . *homilia Bedae:* Quia Dominus ac redemptor noster — mereamur. Prestante . . . — Item in eadem dominica. Marc. Venit ad Iesum leprosus . . . *sermo Bedae:* De hoc leproso — Deo placentem. — Fer. II. Ioh. Ego vadam . . . *homilia Augustini:* De passione sua — facta sunt tempora. Fer. III. Matth. Super cathedram Moysi . . . *sermo Hieronymi:* Tunc Iesus locutus — estis homicidae. — Fer. IIII. Matth. Ascendens Iesus . . . *sermo Hieronymi:* Et ascendens Iesus — credere noluerunt. — Fer. V. Luc. Homo quidam erat dives . . . *sermo Bedae:* Homo quidam . . . Purpuram regii — credere recusavit. — Fer. VI. Matth. Homo erat paterfamilias, qui plantavit . . . *homilia Hieronymi:* Homo erat paterfamilias — contra eum clamant. — Sabb. Luc. Homo quidam habuit duos filios . . . *sermo Bedae:* Ait autem: Homo quidam — inventus est.

f. 54. Dominica II[I] in quadragesima. Luc. Erat Iesus eiciens demonium . . . *homilia Bedae:* Demoniacus iste — blasphemare quaerebant. — Fer. II. Luc. Dixerunt Pharisei ad Iesum: Quanta audivimus . . . *homilia Bedae:* Quanta audivimus facta — terram tegunt. — Fer. III. Matth. Respiciens Iesus discipulos suos dixit Symoni Petro . . . *sermo Hieronymi:* Si peccaverit in nos — non possit. — Fer. IIII. Matth. Accesserunt ad Iesum . . . Quare discipuli tui . . . *sermo Hieronymi:* Mira Phariseorum scribarumque stultitia — iaculo vulneratum. — Fer. V. Luc. Surgens Iesus de synagoga . . . *sermo Bedae:* Si virum a demonio — inventio contigerit. — Fer VI. Ioh. Iesus fatigatus ex itinere . . . *sermo Augustini:* Oportebat autem inquit eum — salvator mundi. — Sabb. Ioh. Perrexit Iesus in montem . . . *homilia Bedae:* Praesentem sancti evangelii — dignetur. Qui . . .

f. 71. Dominica III[I] in quadragesima. Ioh. Abiit Iesus trans mare . . . *homilia Bedae:* Qui signa et miracula — aeternam. In qua vivit . . . *In margine man. rec. ad:* Cum sublevasset oculos . . .: Lectio s. evangelii sec. Ioh. (*al. man.:* In illo tempore.) Cum sublevasset oculos — temptans eum: Et reliqua. *Item in margine:* Omelia ista dicitur in dominica de Trinitate. — Fer. II. Ioh. Prope erat pascha . . . *homilia Bedae:* Solet movere quosdam — sed induamus Iesum Christum. — Fer. III. Matth. Iam die festo mediante . . . *sermo Augustini:* Ascendit ergo Dominus ad diem festum — crediderunt in eum. — Fer. IIII. Ioh. Praeteriens Iesus vidit hominem caecum . . . *sermo Augustini:* De homine quem — procidens adoravit eum. — Fer. V. Luc. Ibat Iesus in civitatem, quae vocatur Naim . . .

sermo Bedae: Et factum est deinceps — in corde mittendo. — Fer. VI.
Ioh. Erat quidam languens Lazarus . . . *sermo Augustini:* Inter omnia
miracula — magis occiderent. — Sabb. Ioh. Ego sum lux mundi . . .
sermo Augustini: Dominus noster Iesus Christus, fratres karissimi, cum
esset — fatali necessitate.

f. 94. Dominica IIII in quadragesima. Ioh. Quis ex vobis arguet me . . .
homilia Gregorii: Pensate, fratres karissimi, mansuetudinem — nequaquam
possit. — Fer. II. Ioh. Miserunt principes et Pharisaei . . . *sermo Augustini:*
Principes vero illi — paratus est dare. — Fer. III. Ioh. Ambulabat Iesus
in Galileam . . . *sermo Augustini:* In isto evangelii capitulo — bonus est.
— Fer. IIII. Ioh. Facta sunt encaenia . . . *homilia Augustini:* Encaenia
— participatio salvatoris. — Fer. V. Luc. Factum est in una . . . *sermo
Bedae:* Et factum est in una dierum docente illo — ante porcos. — Fer. VI.
Ioh. Collegerunt pontifices et Pharisei . . . *homilia Bedae:* Collegerunt —
faciemus. Nec tamen — magis occiderent. — Sabbato ante palmas. In
traditione symboli sermo s. Maximi ep. de expositione eiusdem. Cum apud
patres — ducit ad vitam. — Item de eodem sabbato. Marc. In illo tempore Iudas Iscariot . . . *sermo Bedae:* Et Iudas Scariot unus . . . Infelix
Iudas — male subsistere.

f. 110′. Dominica in palmas. Sermo Maximi de ps. XXI: Psalmi vigesimi
primi — vestimento deaurato. — Sermo Augustini, de quo supra: Postquam Dominus — fuerant crediturae. — In Matth. sermo Hieronymi —
ex commentar. Factum est autem . . . Egreditur — a peccatis eorum.
Qui . . . — Matth. Cum appropinquasset Iesus Ierosolimis . . . *homilia
Bedae:* Mediator Dei et hominum — dignatus est Christus. — Fer. II.
Ante sex dies paschae . . . *homilia Bedae:* Moris esse — in nomine eius,
qui . . . — Fer. III. Ante diem festum paschae . . . *homilia Bedae:* Scripturus evangelista — visionis inducat Iesus Christus. — Fer. IIII. Omelia
Leonis. Cum multis modis — gloriae preparemur.

f. 125. Feria V. Cena Domini leguntur lectiones tres de lamentatione
Hieremiae. Aleph. Quomodo sedet . . . *man. rec. neumis instructae.* Ioh.
Sciens Iesus, quia venit eius hora . . . omelia Augustini. Pascha non
sicut — proxime futurum. Per . . . — *f.* 132′. Fer. VI. Parasceve. Heth.
Cogitavit Dominus . . . *man. rec. neumis instructum.* Sermo Iohannis Constantinopolitani. Hodierna die — peccatum hoc. — *f.* 138′. Sabbato
sancto in pascha. Caph. Non enim humiliavit . . . Sermo Augustini. Iudei
ergo — polluta esse non debet. — Item de eodem sabbato. Sed videamus de hoc ipso — viventem cum mortuis. *Sermones hebdomadae sanctae
litteris initialibus in novem lectiones divisi.*

*Nonnulla in marginibus manibus rec. addita, probationes pennarum.
Neumae.*

Miniat. color. nigro et rubro — f. 9.

4. Lectionarium.

Vatican. 8562. membr. 208 f. 352 × 278 mm. 2 col. saec. X.

f. 1. In nomine omnipotentis Dei incipiunt tractatus sive omelie beatorum Ambrosii, Augustini, Hieronimi, Leonis, Maximi, Gregorii et aliorum catholicorum et uenerabilium patrum legendi per totius anni circulum tam in singulis diebus quamque in reliquis diuinis festivitatibus.

f. 1'. Hoc est natiuitate Domini necnon . . . *Index festorum.* — *f. 2.* Capitula . . . *Index lectionum evangelicarum, scriptorum, homiliarum a numero I usque ad numerum XCVII, dom. in palmis et aliarum sex homiliarum usque ad sabbatum sanctum.*

f. 3'. Ebdom. V ante natale Domini lectio s. euangelii secundum Iohannem. In illo tempore cum subleuasset oculos Iesus — manducent hi et reliqua. Item omelia beati Augustini episcopi de eadem lectione. Miracula, que fecit Dominus noster Iesus Christus . . . *Homiliae et sermones Ambrosii, Augustini, Eusebii Caesariensis, Fulgentii, Gregorii, Hieronymi, Isidori, Ioannis Chrysostomi, Leonis, Maximi, Origenis, Severiani.*

f. 38'. In nativitate Domini lect. I(—III) de Isaia propheta. — *f. 56.* In natale s. Stephani, — *f. 63.* Iohannis ev., — *f. 70.* Innocentum. — *f. 80'.* In epiphania Domini lect. I(—III) de Isaia propheta. — *f. 121.* In natale s. Agnetis. — *f. 127.* In purificatione sancte Marie. — *f. 207'.* In cathedra s. Petri. — *f. 208'.* De s. Mathia *sermo sine nomine scriptus; desinit in:* Denique ut apostolorum ad.

Signa recitantis. In marginibus man. rec. divisiones lectionum monasticae. Miniat.: — f. 1 littera J.

5. Lectionarium.

Vatican. 4222. membr. 171 f. 660 × 370 mm. 2 col. saec. XI. litteris Beneventanis.

f. 1. Homiliae de divitibus et de pauperibus fragmentum; initium evanuit. — f. 2, 3 dimidia supersunt. — f. 2. agitur de s. Ioanne bapt. — f. 3. Homilia s. Gregorii ad Luc. 21, 25: Erunt signa in sole . . . — f. 4. Item sermo beati Augustini ep. aduersus Iudeos . . . Legimus sanctum Moysen . . . *Proprium de tempore ab adventu usque ad fer. VI post dom. I in quadragesima. Homiliae, sermones, tractatus Augustini, Ambrosii, Bedae* (*f.* 41. Sermo Dd. ep. in laudem s. Marie. Fratres karissimi, quorumcumque Christus a somno mentis oculos excitavit — cum quibus humanitas [?] vivit et regnat in unione substantiae per infinita saecula saeculorum), *Epiphanii, Fulgentii, Gregorii, Hilarii, Ioannis Chrysostomi, Leonis, Maximi, Origenis, Severiani.*

f. 25'. Primo tempore alleviata est . . . *Lect. I—III Isaiae in nativitate Domini.* — *f.* 85'. Omnes sitientes . . . *Lect. I—III Isaiae in epiphania.* *f.* 50. Inventio corporis s. Stephani. — *f.* 52. Relatio translationis eius a Ierusolymis Constantinopolim. — *f.* 54'. In natale s. Iohannis ev. Secundam post Neronem . . . — *f.* 65. In natale Innocentium *sermones.* — *f.* 125'. In purificatione s. Marie *item.*

f. 171'. *desinit homilia sine nomine scripta:* Mirum non esse debet . . ., *ad Ioa. 5, 1:* Erat festus dies Iudeorum . . ., *in:* sabbato ut respon.

Nonnulla aliis manibus addita. Multa folia et alio modo et marginibus desectis laesa, complura folia desunt.

Miniat. color.

6. Lectionarium.

Vatican. 6450. membr. 194 f. 552 × 370 mm. 2 col. saec. XI. tom. I.

f. 1. scientia designatur — cum Iohanne ualeatis. *De verbis otiosis.* — Fer. IIII. Lectio sancti evangelii secundum Lucam. In illo tempore missus est angelus — uirginis Marie et reliqua. Omelia venerabilis Bede presbyteri. [E]xordium nostre salutis . . . *Proprium de tempore a fer. IV quattuor temporum adventus usque ad fer. IV post dom. palmarum. Homiliae et sermones Ambrosii, Augustini, Bedae, Fulgentii, Gregorii, Leonis, Ioannis Chrysostomi, Origenis, Rabani, Remigii, Severiani.* — *Insunt praeterea multae homiliae et sermones sine nominibus scripti et:*

f. 11. Epistola Leonis pp. ad Flavianum de incarnatione Domini contra Euticen. — *f.* 14'. Lectio I(—III) Isaye in nocte nativitatis Domini. — *f.* 35. In natale s. Iohannis ev. Sermo Eusebii episcopi de istoria ecclesiastica. — *f.* 45. Lectio I(—III) Isaye in epiphania. — *f.* 56. Dom. II post epiphaniam. Epistola Pauli *(ad Romanos).* Quod ante promiserat . . . — *f.* 169. Passio s. Lucie; *in margine in sex lectiones divisa.* — *f.* 170. Vita beate Odilie v. — *f.* 174'. Passio s. Sebastiani. — *f.* 183'. *Sermones et homilia in dedicatione ecclesiae,* — *f.* 186 *in dedicatione beati Michaelis archangeli.* — *f.* 191'. Vita s. Eusebii ep. — *f.* 192. In certamina ss. Iustus et Clemens. — *f.* 193'. Vita siue obitus s. Marie Magdalene.

Desunt litterae initiales. In marginibus man. saec. XIX nonnulla cum alia, tum, ex quibus libris sermones et homiliae desumptae sint, addita. Bethmann in Pertz' Archiv Bd. XII, S. 256.

Vatican. 6451. membr. 251 f. 555 × 370 mm. 2 col. saec. XI. tom. II.

f. 1. Incipit liber II a resurrectione Domini usque ad eius aduentum. Lectio s. evangelii secundum Marcum. In illo tempore Maria Magdalena orto iam sole. Et reliqua. Omelia lectionis eiusdem beati Gregorii pp. habita ad populum in basilica beate Marie uirginis. Multis uobis lectioni-bus . . . *Proprium de tempore usque ad dom. XXIV post pentecost. Homiliae et sermones Ambrosii, Augustini, Fulgentii, Gregorii pp., Gregorii Nazianzeni, Hieronymi, Hilarii, Ioannis Chrysostomi, Isidori, Leonis, Maximi, Origenis; alia sine nomine scripta. Accedunt:*

f. 24'. Sermo s. Ambrosii in natale martyrum tempore paschali. — *f. 25.* De inventione s. Crucis. — *f.* 116. In festivitate alicuius martyris a tempore resurrectionis Domini usque pentecost. omelia s. Augustini. — *f.* 118. In octava apostolorum Philippi et Iacobi omelia. — *f.* 122. In apparitione s. Michaelis omelia. — *f.* 122'. In festivitate s. Pancratii omelia. *f.* 125. Epistola s. Ambrosii et tractatus de inventione sanctorum martyrum Gervasii et Protasii. — *f.* 126'. In vigilia, in nativitate Iohannis bapt. *homiliae et sermones.* — *f.* 138. In vigilia, in natale ss. Petri et Pauli, in natale s. Pauli, infra octavam *homiliae et sermones.* — *f.* 151. In sanctorum Machabaeorum sermo. — *f.* 152. Sermo s. Effrem monachi de transfiguratione Domini, omelia s. Ambrosii. — *f.* 155'. In natale s. Laurentii *sermones et homiliae.* — *f.* 159'. In assumptione s. Marie *sermones; sermo s. Hieronymi:* Cogitis me . . ., *homilia.* — *f.* 169'. In decollatione s. Iohannis bapt. *sermones et homiliae.* — *f.* 172'. In nativitate s. Mariae. — *f.* 185. In exaltatione s. Crucis. — *f.* 188'. De ieiunio septimi mensis sermones. — *f.* 192. In festivitate s. Michaelis sermo s. Hysidori. — *f.* 196'. In festivitate s. Lucae, — *f.* 200. omnium sanctorum, — *f.* 207. s. Martini, — *f.* 208. beati Nicolai, — *f.* 210'. in vigilia, in natale s. Andree, — *f.* 241. in dedicatione ecclesiae, — *f.* 247. in Trinitate *homiliae et sermones.*

f. 250. In natale unius martyris omelia (37) s. Gregorii. Si consideremus, fratres karissimi, que et quanta . . .; *desinit in:* ebdomadibus singulis eius.

Nonnulla manibus rec. addita; probationes pennarum. Desunt complura folia, post — f. 215 quattuor folia.

Pict. miniat. color.

Vatican. 6452. membr. 142 f. 550 × 367 mm. 2 col. saec. XI. XII. tom. III.

f. 1. Domine saluum me fac — fruimur maiestate. *De Iesu super mare ambulante.*

f. 1'. Dom. in quadragesima. Sermo s. Ambrosii episcopi. Ecce nunc tempus acceptabile . . . *Proprium de tempore usque ad sabbatum sanctum. Sermones et homiliae Ambrosii, Augustini, Gregorii, Hieronymi, Ioannis Chrysostomi, Isidori, Leonis, Maximi, Severiani.*

f. 78'. In traditione symboli.

Nonnulla man. saec. XIX addita.

Pict. miniat. color.

7. Lectionarium.

Palatin. 257. membr. 257 f. 325×235 mm. 2 col. saec. XI. XII.

f. 1. [Secundi]no episcopo Gregorius seruus seruorum Dei — certiores
fiant. Explicit epistola. Incipiunt capitula. Homilia prima secundum Lucam.
Erunt signa . . . *Index.* — *f.* 1′. Dominica I de adventu lectio sancti
evangelii secundum Lucam. In illo tempore dixit Iesus discipulis suis:
Erunt signa — fluctuum. Et reliqua. Homilia lectionis eiusdem beati Gregorii pape. Dominus ac redemptor noster . . . *Homiliae s. Gregorii.* —
f. 115 *minus quam cetera folia.*

f. 132. Vos inquam — quaerere de beatis. *Sermo s. Augustini et versus:*
Iudicii signum . . .

f. 133. *altera man.* In natale Domini nostri Iesu Christi. lectio I(—III).
Primo tempore alleuiata est — filia Israhel. lect. IIII. Audite filii lucis —
agnoscamus presepe Domini nostri Iesu Christi. lect. V. Rogo uos, fratres
karissimi — celebratur in terris. — Iesus, filius Nave — conuersus ad Dominum Iesum Christum.

f. 137′. Sermo in s. Stephani protomartyris. Fratres karissimi, esterna
die celebrauimus — peruenire possitis adiuti gratia Domini. — *f.* 139′.
Sermo s. Augustini de eodem. Ad aquas Tibilitanas — ascendisse cum
carne. — *f.* 142. Matth. Mitto ad vos prophetas . . . *homilia Hieronymi:*
Ecce ego . . . Hoc, quod antea dixerat — ora conspicient. — *f.* 144. In
natal. s. Iohannis evangelistae. Mellitus, seruus Christi — consequuntur
effectum. Prestante . . . — *f.* 152′. Ioh. Dixit Iesus Petro: Sequere me . . .
homilia Bedae: Lectio sancti evangelii . . . tanto maiore — promisit peruenire. Per . . . — *f.* 157. In natal. Innocentium sermo. Zelus, quo tendat — muneris est diuini. — *f.* 158′. Matth. Defuncto autem Herode
apparuit angelus . . . *homilia Bedae:* De morte pretiosa — Israel saluus fiat.

f. 159′. In vigilia epiphaniae. Matth. Herode defuncto . . . *homilia:*
Obitus quippe Herodis — in tabernaculis iustorum. — *f.* 161. In circumcisione Domini. Sermo. Postquam consumati sunt . . . Quid est autem hoc
— optamus et obsecramus. Prestante (?) . . . — *f.* 163′. Sermo s. Augustini.
Circumciditur itaque puer — inmaculatus exiret. — *f.* 164. Luc. Cum consummati essent . . . *homilia Bedae:* Sanctam venerandamque — in novitate
ambulemus. — *f.* 167′. In epiphania Domini. lectio I(—III) Isaiae. Omnes
sicientes — non derelicta dicit Dominus. — *f.* 169′. Sermo s. Maximi ep.
Exultandum nobis est — quod sumimus. Prestante Domino . . . — *f.* 170′.
Sermo s. Leonis. Celebrato proximo die — parata sunt coelestia. Per
Christum . . . — *f.* 171′. Sermo s. Maximi. Gaudete in Domino — adorare
eum. — *f.* 173′. Matth. Cum natus esset Iesus . . . *homilia Gregorii:*
Sicut in hac leccione — amaricati redeamus. — *f.* 176. In octaua Domini.
Sermo s. Maximi. In hac, dilectissimi, celebritate — portare dignetur. —

f. 178. Matth. Venit Iesus a Galilea . . . *homilia Bedae:* Lectio sancti evangelii . . . magnam nobis . . .; *desinit in:* ecclesia sponsa videlicet.

f. 180. Dominica I post epiphan. Luc. Ibant parentes Domini . . . *homilia:* Lectio sancti evangelii, que modo lecta est . . . infantiam Domini — suscipienda conuertat Iesus Christus . . . — *f.* 185. Dominica II post epiphan. Ioh. Nuptiae factae sunt . . . *homilia:* Miracula Domini et saluatoris — Abraam uirum iustum, cui dixit Dominus, qui cum Patre . . . — *f.* 189'. Dominica III post epiphan. Matth. Cum descendisset Iesus . . . *homilia:* Magna leprosi huius fides — haberetur. Per adventum Domini et salvatoris nostri, qui . . . — *f.* 192'. Dominica IIII post epiphan. Matth. Ascendente Iesu in naviculam . . . *homilia:* Ingrediente Domino — ubi uult Iesus Christus Dominus noster . . .

f. 196. Matth. Egressus Iesus secessit . . . *homilia:* In leccione sancti evangelii . . . audivimus magnam mulieris — ad regnum celeste perducat. Qui . . . — *f.* 198. Luc. Erat Iesus eiciens . . . *homilia:* Demoniacus iste — et custodiunt illud. — *f.* 202. Dominica IV in quadragesima. Ioh. Abiit Iesus trans mare . . . Quia signa et miracula — uenturus est in mundum. — *f.* 205'. Dominica in palmis. Matth. Cum appropinquasset Iesus . . . *homilia Ioannis:* Puto, res ipsa exigit — ipsi acceperunt. — *f.* 209'. In cena Domini. Aleph [lect. I]. Quomodo sedet sola — erectus est inimicus. lect. II. Beth (?). Manum suam misit — inualuit inimicus. lect. III. Fe. Expandit Sion — principes eius. *Lamentationes Ieremiae.* lect. IIII(—VI). Exaudi Deus deprecationem — in ipsa pugna et lucta . . . *Sermo Augustini.* — lect. VII(—VIIII). Conuenientibus uobis — secundum eundem spiritum. — *f.* 212. In parasceuen. lect. I. *(Initium legi non potest)* — in die sollempni. lect. II. Bet (?). Cogitauit Dominus — medebitur tui. lect. III. Nun. Prophete tui — hostium tuorum. *Lamentationes Ieremiae.* lect. IIII(—VI). Protexisti me — producit ad eos. *Sermo Augustini.* — lect. VII(—VIIII). Festinemus ingredi — pro sua reuerentia. — *f.* 213'. Sabbato. [lect. I.] Sade (?). Misericordie Domini — nec mala. [lect. II.] Sade. Lapsa est — color optimus. lect. III. Recordare Domine — ciuitatibus Iuda. lect. IIII(—VI). Deus, laudem meam — Christo detrahebant. *Sermo Augustini.* — lect. VII(—VIIII). Christus assistens — conscientiam peccati.

f. 215'. In natal. s. Georgii m. Ioh. Ego sum vitis vera . . . *homilia Augustini:* Iste locus euangelicus — oppugnent ea. — *f.* 219. In natal. apostolorum Philippi et Iacobi. Ioh. Non turbetur cor . . . *homilia s. Augustini:* Erigenda est nobis — largiente reddamus. Deberi uobis, fratres karissimi — in presentia eius. — *f.* 221. In inventione s. Crucis. Ioh. Erat homo ex Pharisaeis . . . *homilia s. Augustini:* Ergo iste Nichodemus ex his — parere ancillas. — *f.* 224. In natal. s. Iohannis bapt. *Sermo.* Hodie, dilectissimi fratres, Iohannis, qui — perducat ad patriam. Qui . . . Luc. Impletum est tempus Elisabeth . . . *homilia:* Quodsi diligenter aduertas — penam sermonis euasit. — *f.* 227. In natal. s. Petri. Matth. Venit Iesus in partes Caesareae . . . *homilia Bedae:* Lectio sancti evangelii . . . tanto attentius — uel auctoritas. — *f.* 230. In assumptione s. Marie. Luc. Intravit Iesus in quoddam castellum . . . *homilia s. Augustini:* Verba Domini nostri Iesu Christi — ut pascamur. — *f.* 232. In s. Laurentii. Ioh. Nisi granum frumenti . . . *homilia Augustini:* Dominus noster, fratres, se ipsum — peruenit ad triumphum. — *f.* 234′. In nat. s. Marie. Matth. Liber generationis Iesu Christi . . . *homilia Remigii:* Liber est interior — uel apponent (?). — *f.* 238′. In exaltatione s. Crucis. Ioh. Nunc iudicium est . . . *homilia Augustini:* Nunc, inquit, iudicium est mundi. Quid ergo — potestate derogauit. — *f.* 241′. *(In s. Matthaei ap.)* Luc. Exiit Iesus et vidit publicanum . . . *homilia s. Ambrosii:* Sequitur mistica uocatio — nouit occulta. — *f.* 244. In festivitate s. Michaelis. Matth. Accesserunt discipuli . . . *homilia Hieronymi:* Ignorantes adhuc discipuli — gloriam promisit aeternam. — *f.* 248. In festivitate omnium sanctorum. Matth. Videns Iesus turbas . . . *homilia Augustini:* Cum uidisset turbas . . . Si queritur, quid — conuertatur in planctum.

f. 253′. *(In dedicatione ecclesiae).* Luc. Ingressus Iesus perambulabat . . . *homilia:* In hoc loco manifestat — dignatus; — *f.* 256. — in domum sempiternam. Ipso prestante . . . — *f.* 254. In consecratione ecclesiae. *Sermo.* Sicut optime nouit . . .; *desinit in:* altaris cum. — *f.* 255. Sermo de s. Trinitate. Credimus sanctam Trinitatem — Patri per omnia; — *f.* 257. — comprehendi. Gloriosa Trinitas Deus, qui . . . — *f.* 257′ *legi non potest.*

Complures librarii. Multa aliis manibus addita. Multorum foliorum margines desecti, complura folia refecta. — f. 188—195 post — f. 203 posita.

Stevenson, Codices Palatini Latini tom. I, p. 63.

8. **Lectionarium.**

Vatican. 7017. membr. 343 f. 270 × 183 mm. saec. XII.

f. 1. [ ]lienos efficite, ut peccata — in futuro ad eternam beatitudinem fidelium peruenire. Prestante . . . ℟. Aue Maria, gracia . . . Luc. Erunt signa — orbi. Omelia lectionis eiusdem beati Gregorii papae. Dominus ac redemptor noster paratos — timendo peruenitis. *Sermones et homiliae de tempore ab adventu usque ad sabbatum post diem resurrectionis Domini; responsoria lectionum, antiphonae, versus, responsoria totius officii. In proprio de tempore officia — f. 36′ s. Stephani, — f. 41′ s. Ioannis ev., — f. 47′ ss. Innocentium.*

f. 241′. In uigilia s. Andree apostoli. Lectio sancti evangelii secundum Iohannem. In illo tempore respondens Iesus dixit Nathanaheli: Priusquam te . . . *Proprium sanctorum; responsoria lectionum, antiphonae, initia psalmorum, versus, responsoria. — f.* 249. In natale s. Silvestri. — *f.* 254. In natale s. Sebastiani mart. — *f.* 255. In s. Calixti. In natale s. Agnetis.

8*

— *f.* 262'. In conuersione s. Pauli, *sermo, homilia.* — *f.* 269. In purificatione, *sermo.* — *f.* 273. Laus s. Mariae edita a sancto Ambrosio. Sit
igitur uobis — uitae informet. — *f.* 276. In s. Agathae. — *f.* 277'. In cathedra s. Petri, *sermones.* — *f.* 280'. In natale s. Benedicti abbatis, *vita
in lectiones divisa.* — *f.* 284'. In annuntiatione s. Marie, *homilia.* — *f.* 288.
Passio s. Sebastiani m. — *f.* 300'. Passio s. Vincentii m. — *f.* 303'. Passio
s. Agathae v. et m. — *f.* 310'. Passio s. Luciae v. et m. — *f.* 313'. Incipit
vita s. Gregorii pape. — *f.* 322. Incipit vita s. Ambrosii. — *f.* 325' *vacuum.*
— *f.* 339. Sermo s. Ambrosii archiepiscopi. Heret sensibus — emendatas
liberet. — *f.* 340'. Sermo s. Augustini episcopi. Omnium quidem bonorum
— uiuis ex pignore. — *f.* 342. Unde supra sermo. Coronam uniuersorum
martyrum — ad martyrum palmam. — *Omnes, quae canuntur, partes et
evovae neumis sine lineis instructae.*

Neumae.

9. **Lectionarium.**

Vatican. 8563. membr. 261 f. 358×280 mm. 2 col. saec. XII.

f. 1. [ ]uit in sepulchro — promisit, inducat, qui uiuit et regnat . . . *De
resurrectione Domini.*

f. 4'. Sermo beati Maximi episcopi de die sancto pasche. Non inmerito,
fratres, hodierna die . . . *Proprium de tempore usque ad dom. VI post
s. angeli. Sermones et homiliae Ambrosii, Augustini, Bedae, Gregorii,
Hieronymi, Ioannis Chrysostomi, Leonis, Maximi, Origenis. — Insunt:*

f. 44'. In natale Philippi et Iacobi. — *f.* 95. In vigilia, in nativitate
s. Iohannis bapt. — *f.* 108. In festivitate Petri et Pauli apostolorum. —
f. 116. In natale s. Pauli. — *f.* 120'. Ex commentariis plurimorum doctorum.
Item — *f.* 129'. — *f.* 135'. In natale s. Laurentii. — *f.* 140'. In purificatione vel assumptione sive nativitate s. Marie. Omelia s. Augustini.
Castissimum Marie virginis uterum . . . — *f.* 142'. In purificatione, — *f.* 144'.
In nativitate s. Marie. — *f.* 146. In decollatione s. Ioannis bapt. — *f.* 138'
novi numeri, al. man. Epistola Odilonis abbatis Cluniacensis ad Henricum
imperatorem augustum . . . Omnis catholicus homo — uiuit et regnat. Amen.
— *f.* 157'. In nativitate s. Marie. — *f.* 159'. In natale s. Cypriani. —
f. 173. In s. Michaelis. — *f.* 187. In vigilia, in natale s. Andree.

f. 195. *Communis sanctorum homiliae et sermones.* — *f.* 246. In dedicatione ecclesiae. — *f.* 256'. In letania, quando volueris. — *f.* 260'.
Ieiunii decimi mensis sermo beati Leonis pape. Si fideliter, dilectissimi,
atque sapienter . . .; *desinit in:* propheta, quoniam (?).

*Complures librarii. Signa recitantis. Multa in marginibus aliis mani-
bus et emendata et addita, cum alia, tum antiphonae neumis instructae.
Ubique man. rec. lectiones monasticae selectae.*

Neumae.

10. Lectionarium.

Vatican. 1277. membr. 187 f. 330 × 212 mm. 2 col. saec. XIII.

f. 1. Incipiunt capitula sermonum sanctorum catholicorum patrum, qui in hoc volumine continentur. Capitula. I. De pascha. II. De ascensione. III. De pentecostem. IIII. De nativitate s. Iohannis baptiste. V. De natale apostolorum Petri et Pauli.

Omelia Eusebii Hieronimi de die sancto pasche. Exulta celum — potentia tua. *Sermo.* Item de eodem. Post auditas itaque — inferos vicit. Sermo s. Augustini de resurrectione Domini. Resurrectionis dominice — dicere non possumus. — Item eiusdem de eodem. Resurrexit hodie — propter resurrectionem nostram, cui est . . . — Sermo s. Augustini habitus fer. II pasch. Evangelista dicens — nullumque mendacium. — Sermo s. Augustini de ascensione Domini. Ascensionis dominice — securus intrabit. — Item s. Augustini sermo de die pentecost. Post miracula tanta — Domino mansionem. — Item sermo s. Augustini de die pentecost. Fratres karissimi, hodierno die anniversaria — non debet offendere.

f. 8'. Sermo s. Augustini in nativitate s. Iohannis bapt. Cum et patriarchas — amabiliter suadeo. — Item s. Augustini unde supra. Beati Iohannis bapt. merita — iudicem sentiamus. Qui . . . — Item sermo s. Augustini unde supra. Vox Domini in virtute — salvus fiat miserante Domino nostro Iesu Christo . . . — Item sermo s. Augustini unde supra. Persuasum habet — fidei subiecti.

f. 13. In natal. apostolorum Petri et Pauli. Sermo s. Augustini. Fratres! Gubernator in tempestate — in laude divina. — Item sermo s. Augustini unde supra. Piscatoris et persecutoris — introire pastoris. *Bis ternae lectiones man. rec. in margine indicatae.* — Item sermo s. Augustini unde supra. Apostolus Petrus — testimonium dilectioni.

f. 17. I(—CVI). In natale sancti Iohannis bapt. . . . *Index festorum.* — *f.* 18. Incipiunt sermones sanctorum catholicorum patrum legendi a nativitate s. Iohannis bapt. usque ad adventum Domini. I(—IL). Sermo b. Ambrosii ep. in natale s. Iohannis bapt. In sancti ac beatissimi — gestibus praedicavit. — Item eiusdem de eodem. Sancti Iohannis baptiste — conditionis humane. — Item unde supra sermo s. Augustini ep. Diei hodierni festivitas — renovantur augmenta. — Item eiusdem de eodem. *(Ita ceteri sermones inscribuntur.)* Diei hodierni solempnitas — in presepi positus est. — Sancti Iohannis, cuius — ipse salvator. — Omnibus sanum sapientibus — in honore Dei. — Causa hodierne — agnoscantur. — Quem diem celebramus — Ave gratia plena. — Sanctus Iohannes non evangelista — agere didicistis. — Beatus Iohannes, fratres karissimi, cuius — vivificaturus est vos et me. — Sermo s. Maximi unde supra. Hodie, dilectissimi, Iohannis, qui — habitavit in nobis. — Item cuius supra. Festivitatem praesentis — revelavit per . . . — Item cuius supra. Solempnitates nobis diversorum — reconciliatione laetemur.

f. 43′. Item in natale apostolorum Petri et Pauli. Sermo s. Ambrosii. Cum omnes beati apostoli — deicit vanitatem; *in marginibus tres lectiones assignatae.* Item cuius supra. Notum nobis omnibus — substantiam transformatur. — Item cuius supra. Natalem beatissimorum — mortua est. — Sermo s. Augustini unde supra. Recens sancti evangelii lectio — postea probemus voluntatem. — Item eiusdem de eodem. *(Ita in ceteris.)* Hodiernum nobis diem festum — pervenire mereamur. — Istum nobis diem — potestis facere. — Petri et Pauli apostolorum dies — ad te convertentur. — Debuimus quidem tantorum — merita tua. — Sermo s. Maximi. Gloriosissimos christianae fidei — principes collocaret. — Item cuius supra. *(Ita in ceteris.)* Beatissimorum apostolorum Petri et Pauli — patrocinio gloriatur. — Apostolici natalis gaudio — sanguinis consecrarunt. — Beatissimorum apostolorum passio — effusione fundarent (?). — *f.* 57′. Sermo s. Iohannis ep. in commemoratione s. Pauli. Beatus Paulus — gratia et misericordia Domini nostri . . . — Sermo s. Ambrosii, ubi conqueritur de neglecta sollempnitate apostolorum Petri et Pauli. Satis ad correptionem — spernit et Dominum. — *f.* 60′. Sermo s. Ambrosii de Heliseo propheta. Scpe dixisse — nemo ledatur. — Item eiusdem de eodem. Mirum forsitan — germinare virtutum. — *f.* 62. Incipit sermo s. Ambrosii in vinculis s. Petri. Astruximus superiore dominica — non negabit. — Sermo s. Ambrosii. Amarior fortasse — euntem in celum.

f. 63′. Eodem die natale s. Eusebii ep. Sermo s. Ambrosii. Ad sancti martyris Eusebii laudem — in martyrio copulavit. — Item cuius supra. Depositionem s. Eusebii — creationis accessu. — Item cuius supra. Ad sancti ac beatissimi Eusebii nostri, cuius — sequeremur, ostendit. — Sermo Maximi unde supra. Sanctorum patrum — impassibilem Deitatem.

f. 67′. Eodem die natalis ss. Machabeorum. Sermo s. Augustini. Istum diem nobis — matrem traxit. — Item eiusdem de eodem. Magnum spectaculum — manet in aeternum.

f. 71′. In inventione s. Stephani. Sermo s. Augustini. Expectat sanctitas vestra — coronator Stephani adoretur. — Item eiusdem de eodem. Donet mihi Dominus — in diem dominicam differamus. — Miracula s. Stephani, sicut habentur in libro b. Augustini ep. de civitate Dei xx° ij°. Ad aquas — resurrectio praedicatur.

f. 76′. In natali s. Laurentii m. Sermo s. Augustini. Libenter nos predicare — supplicia atrociora fecerunt. Item cuius supra. Beatissimi Laurentii martyris, cuius — iudicii non timere. — Item unde supra sermo s. Augustini. Beatissimi martyris Laurentii dies — Deus eorum. — Item eiusdem de eodem. Agnoscit fides vestra — Christus teneatur (?). — Beati Laurentii triumphale — morte fecerunt. — Sermo Maximi ep. unde supra.

Sicut patrum nostrorum — confidenter evasit. — Item cuius supra. Beatissimi Laurentii, fratres karissimi, annua — illuminatione gaudere. — Sanctum est, fratres, ac — confusa torpesceret. — Item sermo Augustini unde supra. Inter laurigeros — confitearis adquiri. Explicit. *Hic desinunt numeri.*

f. 86'. Incipit tractatus sancti Ieronimi prbr. de ascensione sanctae Dei genitricis Marie. Cogitis me, o Paula — appareatis in gloria. Amen. — Item sermo s. Augustini ep. unde supra. Adest nobis, dilectissimi fratres, dies — electis suis. Ipsi . . . Item sermo Ieronimi prbri. unde supra. Fratres dilectissimi, cum aliquid — adiuvare. Ipso adiuvante . . . — Item sermo Ieronimi prbri. Creator omnium et auctor —· ad coronam. Qui . . . — Item sermo Ieronimi prbri. Celebritas hodierna —— quod ipse prestare dignetur. — Item unde supra. Inter praecipuas — incarnatumque. — Item sermo unde supra. Merito itaque sancta — in gloria, qui . . .

f. 106. Incipit sermo Augustini de massa candida. Sicut audivimus et cantando — non formidemus.

f. 109. Lect. I. Sermo s. Augustini ep. In decollatione s. Iohannis bapt. Cum sanctissimum evangelium legeretur — iuratio tollitur. — lect. II. Item eiusdem de eodem. Propter hunc locum — a nobis abstuleritis. — lect. III. Sermo b. Ambrosii ep. unde supra. Diximus superiore dominica — eum mansuetum.

f. 112. In nativitate sancte Dei genitricis Marie. Sermo s. Augustini ep. lect. IIII. Adest nobis, dilectissimi, optatus dies — prolem ferre mundi Dominum Iesum Christum . . . — lect. V. Item unde supra. Scientes, fratres dilectissimi, auctori nostro — non abstulit. Ipsi . . .

f. 114. Lect. VI. Lectiones in natali sancti Cornelii ep. et m. Cornelius natione Romanus — triginta quinque.

f. 115'. Lect. VII. Eodem natalis s. Cipriani m. Sermo beati Augustini ep. Spiritus sanctus doceat nos — gloria provectum, per . . . — Item eiusdem de eodem. Sermonem a nobis debitum — dicamus et nos. Deo gratias. — Item eiusdem de eodem. Istum nobis festum diem — Deum non habetis. — Item unde supra. Sanctissimus et sollempnissimus dies — morte ponendam. — Item unde supra. Diei tam grati — ut pateretur. — Item unde supra sermo s. Maximi. In martyrio beatissimi martyris — fidei profecit. — Item unde supra sermo s. Ambrosii. Sancti Cypriani festivitatem — festinat attingere. — Item cuius supra. Ante dies, cum — germinabit tibi.

f. 125. In festivitate sancti Michaelis archangeli. Sermo b. Gregorii. Angelorum et hominum — vocationis acceperunt. Eodem die lectio s. evangelii secundum Matheum. In illo tempore accesserunt — regnum celorum. Omelia eiusdem b. Ambrosii. Si diligenter audieritis — fluctibus demergatur.

f. 128'. In festivitate omnium sanctorum. Sermo Rabani prbr. Legimus in ecclesiasticis historiis — sollempnia valeamus auxiliante Domino. — Item unde supra (*in margine plumbo scriptum:* Augustini). Hodie, dilectissimi, omnium sanctorum — leticie largitorem, qui . . .

f. 133. In natale apostolorum unius sive plurimorum. Sermo b. Augustini. Iste locus evangelicus, fratres, ubi se — quod locutus sum vobis. Item eiusdem de eodem. *(Ita in ceteris.)* Vitem se dixit esse Iesus — iudicentur ex eis. — Magis magisque — habitavit in nobis. — Audistis, karissimi, Dominum dicentem — omnia in omnibus. — Plenitudinem dilectionis — praesumamus audacia. — Cum Dominus Iesus commendasset — in alium differendum. — In lectione evangelica, quae hanc antecedit — oderitque perverse. — Exortans Dominus servos — colliguntur a Christo.

f. 142'. In natale plurimorum martirum. Sermo s. Augustini. Memoriam martirum — sanctorum perveniamus. — Item eiusdem de eodem. *(Ita in ceteris.)* Quando honorem martiribus — et vos eritis. — Psalmus, qui cantatur Domino — redde, quod promisisti. — Sanctorum martirum non magna — penam timebitis. — Quoniam dies sanctorum martirum — ad martirum palmas. — Beatorum sollempnitas — qui habitet in te. — Ammonent nos — sollempnia reliquerunt. — Per tanta gloriosa — mors sanctorum eius. — Dominus noster Iesus Christus testibus — donata sunt nobis. — Item unde supra sermo b. Ambrosii ep. Cum omnium sanctorum martirum — quam corpore. — In natale unius martiris. Sermo s. Augustini ep. Cantavimus Deo martirum voce — hinc exeamus. — Item eiusdem de eodem. Omnium quidem bonorum — precibus omnibus satiare. — Item eiusdem de eodem. Fortitudinem sanctorum martirum — paciencia mea. — Item unde supra sermo Maximi ep. Sufficere nobis debent — beatitudo suscipiet.

f. 159. In natale confessoris unius seu plurimorum. Sermo s. Iohannis ep. Qui sanctorum merita — probaretur exemplum — In natale unius confessoris. Sermo b. Fulgentii ep. Dominicus sermo, quem — utiliter habeamus.

f. 163'. In natale virginum. Sermo s. Augustini. Que sint decem virgines — quam extinguat. — *In marginibus atramento vel plumbo ternae lectiones, in nonnullis sermonibus identidem ternae indicatae.*

f. 167. De celebritate defunctorum et resurrectione eorum. Sermo s. Augustini ep. Ammonet nos beatus apostolus — spiritaliter amant. — Item eiusdem de eodem. Quando celebramus — conversi ad Dominum.

f. 169. Sermo s. Augustini ep. de ordinatione sua. Hodiernus dies, fratres, ammonet me — feliciter pervenire. — Item eiusdem de eodem. Die quidem omni — conspectus inveniat. — Item eiusdem de eodem. Semper quidem me — feliciter veniemus.

f. 172'. Sermo s. Augustini in natale viginti martyrum. Die sollempni sanctorum martirum — caritate vestra. — *f.* 173. In natale s. Victorie. Refulget et praeminet — de diabolo meruerunt. — Item eiusdem. Sollempnitas beatissimorum martirum letiorem — martiribus coronare. — *f.* 175. Sermo in natale s. Petri ad vincula. Huius diei observantiam — celi consulant. — *f.* 176. Sermo in nativitate sancte Marie v. Approbatae consuetudinis — gratiam filii tui Domini nostri . . . — *f.* 178′. Sermo de annuntiatione dominica. Castissimum Marie virginis uterum — dicaris salvatoris. — Item unde supra. Quoniam annuntiationis — mater ad templum. — — *f* 183. Omelia b. Augustini de adventu Domini. Propria divinitate, fratres dilectissimi — premia mereantur. Prestante . . . Item omelia b. Augustini de adventu Domini. Sanctam et desiderabilem — feliciter pervenire ipso auxiliante . . .

f. 185′. Sermo in dedicatione ecclesie. Recte festa ecclesia coluit — nos perducat, qui . . . Item unde supra. Quotiescumque, fratres karissimi, altaris . . .; *desinit in:* potuerunt sub. — *f.* 187′. *Probationes pennarum. Complura aliis manibus et emendata et addita. Nonnulla folia laesa. Pict. linearis plumbo confecta — f. 34.*

11. Lectionarii commune sanctorum.

Vatican. 1273. membr. 48 f. 283 × 195 mm. 2 col. saec. XIV.

f. 1. Incipit commune sanctorum. In natal. apostolorum. Sermo Gregorii. lect. I(—VI). Scriptum est: Spiritus Domini — in te diligantur, ipso adiuvante . . . — *f.* 2. Item unde supra sermo Augustini. lect. prima. Audistis, fratres karissimi, Dominum dicentem — Dominum diligant. — Ioh. Hoc est praeceptum meum . . . omelia Gregorii. Cum cuncta — prodesset ad salutem. — Item de apostolis sermo Augustini. Plenitudinem dilectionis — praesumamus audacia. — Item unde supra sermo Augustini. Merito queritur — rationem salutis. — Ioh. Haec mando vobis . . . omelia Augustini. In lectione evangelica, quae hanc antecedit — oderitque perverse.

f. 9′. In nataliciis evangelistarum. De expositione Gregorii super Ezechielem. Sancta quattuor animalia — per contemplationem volamus. — Luc. Designavit Dominus septuaginta . . . omelia Gregorii. Dominus et salvator . . . aliquando — audientibus exoptat.

f. 13. In natale unius martyris. Sermo Augustini. In omnibus scripturis — stultus autem glutit illum. — Luc. Si quis venit . . . omelia Gregorii. Si consideremus — post Dominum recusat. — Item unde supra sermo Maximi. Ad exhibendum vestrae caritati — ad virtutis exemplum. — Matth. Si quis vult . . . omelia Gregorii. Quia Dominus ac redemptor — conscendisse videamur. — Matth. Nichil est opertum . . . omelia Hieronimi. lect. vij. Et quoniam in praesenti saeculo — numeri conservatio. — Matth. Nolite arbitrari . . . omelia Hieronimi. Supra dixerat — et messurus est.

f. 21′. In natal. plurimorum martyrum. Sermo Augustini. Quotienscumque, fratres karissimi — pristinam revocantur praestante . . . — Luc.

Cum audieritis . . . omelia Gregorii. Dominus ac redemptor noster perituri — flamma caritatis incendit. — Item unde supra sermo Augustini. In psalmo diximus — imitari valeamus. — Item unde supra sermo Maximi. Recte atque debite — regnas in coelo. — Matth. Videns Iesus turbas ascendit in montem . . . omelia Augustini. Si quaeritur, quod — induerit immortalitatem.

f. 32. In natale unius confessoris. Sermo Ambrosii. Ad sancti ac beatissimi patris N. — pastor agnoscat ipso adiuvante . . . — Matth. Homo peregre proficiscens . . . omelia Gregorii. Lectio sancti evangelii, fratres karissimi, sollicite — in operibus exercere. — Sermo Augustini. Solet multos movere — imitarentur, elucebat. — Omelia Gregorii. Sancti evangelii, fratres karissimi, aperte nobis — durius dampnat.

f. 38′. In natale sanctarum virginum. Sermo Augustini. Inter ceteras parabolas — esse potuerit. — Matth. Simile est regnum — decem virginibus . . . omelia Gregorii. Saepe vos, fratres karissimi, admoneo — dominationes obsecuntur. — Sermo Augustini. Quae sint decem — velis nolis veniet. — Matth. Simile est regnum — thesauro abscondito . . . omelia Gregorii. lect. septima. Coelorum regnum, fratres karissimi, idcirco — stridor dentium.

f. 45′. In consecratione ecclesiarum. Consecrationes altarium — Romano pontifici separatum. — Sermo Augustini. lect. iiij. Quotienscumque, fratres karissimi, altaris — sacramenta suscipiant. — Luc. Ingressus Iesus perambulabat . . . omelia Ambrosii. lect. VII. Zacheus pusillus — et Dominum sequebatur.

Miniat. color. rubro et caeruleo. — f. 1. Insigne Nicolai V.

12. Lectionarium.

Palatin. 433. chart. 419 f. 285 × 195 mm. 2 col. saec. XV. pars I.

In folio praeligato: 175. IIII.

f. 1. [R]euerentissimo et sanctissimo fratri Secundino coepiscopo Gregorius seruus seruorum Dei. Inter sacra missarum sollempnia — certiores fiant. — Incipit epistola Karoli imperatoris de corpore omeliarum. [K]arolus, Dei fretus auxilio rex Francorum . . . Cum nos diuina semper — tradimus ad legendum.

f. 1′. Epistola ad Romanos. [F]ratres, scientes, quia iam est hora — cum credidimus. Omelia Bede presbiteri. [E]xcitat nos et arguit apostolus . . . *Homiliae epistolarum et evangeliorum et sermones Adam abbatis, Augustini, Bedae, Eusebii, Fulgentii, Gregorii, Hieronymi, Hilarii, Ioannis Chrysostomi, Leonis, Maximi, Origenis, Petri Damiani; nonnulli sine nominibus scripti. Proprium de tempore ab adventu usque ad fer. IV post dom. I in quadragesima. Ad evangelium Ioa. 8, 31 et q. s.* Si manseritis in sermone meo . . . omelia s. Augustini. Quod, dilectissimi, lectionem pristinam . . .; *desinit in:* ab initio agnoscimus.

Nonnulla al. man. addita. Deficit miniator.

Bethmann in Pertz' Archiv Bd. XII, S. 335.

Palatin. 432. 432 f. 293 × 205 mm. cetera ut supra. pars II.

In folio praeligato: C. 13. 425. 2055.

f. 1. Occidit Adam . . . *Fer. IV post dom. I in quadragesima homiliae s. Augustini altera pars. Proprii de tempore usque ad sabbatum sanctum homiliae epistolarum et evangeliorum et sermones Ambrosii, Augustini, Bedae, Gregorii, Herici, Hieronymi, Ioannis Chrysostomi, Leonis (— f. 271.* Iohannis pape: Sacramentum, dilectissimi, dominice passionis, quam Dominus Iesus Christus — quod loquimur, per . . .), *Maximi, Origenis; complures sine nominibus scripti.*

f. 432. Primum volumen omeliarum cum sermonibus ab aduentu usque ad resurrectionem Domini. — *f.* 432' *vacuum.*

Deficit miniator.

Stevenson, Codices Palatini Latini tom. I, p. 134.

13. Lectionarium.

Palatin. 435. chart. 281 f. 293 × 213 mm. 2 col. saec. XV.

f. 1. Omelie et legende per totum annum. In illo tempore stabat Iohannis [et] ex discipulis eius duo — sunt Iesum. Et reliqua. [T]anta ac talis est diuine scripture sublimitas . . . *Vigilia s. Andreae ap. Proprii sanctorum passiones et vitae a s. Andreae ap. usque ad s. Matthiae ap. et proprii de tempore a dominica prima (— f. 8) adventus Domini usque ad sabbatum in vigilia paschae homiliae Augustini, Aviti, Bedae, Fulgentii, Gregorii, Hieronymi, Ioannis Chrysostomi, Isidori, Maximi, Origenis, Rabani. — f.* 151. *altera man.*

f. 152. [F]acta est autem fames in terra. Descenditque Abraham — et vidi omnia, que acciderunt nobis in Egypto. *Scriptura currens libri Gen. et Exod. — f.* 169'. Verba Iheremie filii Elchie . . . Priusquam te formarem — in ergastulo et sedit ibi Ieremias diebus multis. *Scriptura currens. — f.* 176'. *Lamentationes Ieremiae.*

f. 182'. Incipit de sanctis pars hiemalis. In vigilia s. Andree . . . *Proprium sanctorum a s. Andreae usque ad s. Ambrosii man. altera scriptum; sermones, passiones, vitae, homiliae. — f.* 243', 244, 245 *vacua.*

f. 246. [I]n illo tempore Maria Magdalena et Maria Iacobi — unguerent Iesum. Et reliqua. [M]ultis nobis lectionibus . . . *Proprium de tempore*

a resurrectione Domini usque ad fer. III in rogationibus. — f. 256'.
Apocalypsis b. Iohannis ap. — *f.* 268. Epistola b. Iacobi ap. — *f.* 274.
Epistolae b. Petri ap. — *f.* 277'. Epistola b. Iudae ap. *Scriptura currens.*

Deficit miniator.

Stevenson, Codices Palatini Latini tom. I, p. 136.

14. **Lectionarium.**

Palatin. 436. chart. I + 148 f. 306 × 148 mm. saec. XV.

f. I. 449. 450. — *f.* 1. c 27. 214.

f. 1. Nota omelias super euangelia primo incipienda dominica in adventu Domini. Capitulum primum. *al. man.*

Omelia beati Iohannis episcopi de eadem lectione super euangelium, ut legitur in die palmarum. Puto, ipsam res exigit, ut queramus . . . — *f.* 1'. De s. Andrea omelia. *Proprii sanctorum a s. Andreae usque ad s. Agathae passiones, vitae, homiliae, nonnullorum festorum antiphonae et responsoria; proprium de tempore ab adventu usque ad epiphaniam. Sermones et homiliae Ambrosii, Bedae, Fulgentii, Gregorii, Hieronymi, Ioannis Chrysostomi, Isidori, Leonis, Maximi, Origenis, Rabani. — f.* 48, 49, 86 *partes desectae. — f.* 86' *vacuum.*

f. 99—119. *al. man.* Epistolae b. Pauli ap.; argumenta. Ep. ad Galat. 3, *desinit* — *f.* 148 *in:* [mani]festum est, quod iustus ex fide. — *f.* 148' *vacuum.*

Omnia folia refecta.

Stevenson, Codices Palatini Latini tom. I, p. 136.

15. **Lectionarium.**

Palatin. 439. chart. 204 f. 290 × 220 mm. 2 col. saec. XV.

f. 1. [F]eria IIII a in vigilia ascensionis ewangelium secundum Iohannem. In illo tempore subleuatis Iesus oculis . . . [Homili]a b. Iohannis episcopi. Potuit silenter hec eadem verba . . . *Proprii de tempore usque ad dominicam ultimam post pentecost. et quattuor tempora mensis Septembris scriptura currens et homiliae Ambrosii, Augustini, Bedae, Gregorii pp., Hieronymi, Maximi, Origenis, quorum nomina in marginibus adduntur.*

f. 135. Sequitur de sanctis pars estiualis. In ss. Tiburtii et Valeriani . . . *Proprii sanctorum vitae et passiones in lectiones divisae; in fine s. Marthae v.*

Deficit miniator.

Stevenson, Codices Palatini Latini tom. I, p. 138.

16. **Lectionarium.**

Vatican. 1276. membr. 314 f. 292 × 190 mm. saec. XV.

f. 1. Sanctam et desiderabilem — fideliter peruenire. Prestante Domino ... *Proprium de tempore ab adventu usque ad fer. II post dominicam palmarum et homiliae omnium feriarum quadragesimalium. Sermones et homiliae Ambrosii, Augustini, Bedae, Gregorii, Hieronymi, Ioannis Chrysostomi, Leonis, Maximi, Origenis, complures sine nominibus scriptae.* — *Post* — *f.* 8' *desunt complura.* — *f.* 54'. In s. Stephani. — *f.* 61. S. Iohannis ev. vita. — *f.* 70'. In ss. Innocentium. — *f.* 74. Sermo in festo s. Thome m. — *f.* 81'. S. Silvestri pp. vita. — *f.* 205' *vacuum.* — *f.* 314'. Fer. II post dominicam palmarum omelia s. Augustini. Hesternam lectionem s. evangelii ...; *desinit in:* Cetera que. — *Post* — *f.* 314 *quattuor folia vacua.*

Nonnulla man. saec. XVII et emendata et addita. Multis locis deficit miniator.

Miniat. color. et inaurat. flor. — *f.* 1. *Margines fig. flor. distincti et insigne.*

17. **Lectionarium Coelestinorum, breviarii officium de transfiguratione Domini.**

Regin. 529. membr. 172 f. 287 × 200 mm. saec. XII.

f. 1. Incipit liber sancti Martini episcopi de Trinitate. Clemens Trinitas — secula seculorum. Amen.

f. 2. In Christi nomine incipit prologus de uita sancti Martini episcopi. Seuerus Desiderio karissimo salutem. Ego quidem — loquatur auctorem. *Capitula, praefatio. Vita:* Igitur Martinus Sabbarie — secula seculorum. Amen.

f. 84. In natale sancti Gendulfi hymnus. Iesu sanctorum praemium — esse permanet. *Vita eius.* lect. prima. Temporibus Decii — in secula seculorum. — Ad laudes hymnus. Inter celicolas — nomen et unum.

f. 88. Sancti Gorgonii martiris. Sanctus Grisogonus biennium ... *Vitae sanctorum:* — *f.* 88'. Petri episcopi et martyris, — *f.* 89'. Lini pape, — *f.* 90. Agricole et Vitalis, — *f.* 91. Saturnini. — *f.* 91'. *Homilia Bedae presb.:* Tanta ac talis — mereretur intueri, *ad Ioa. 1, 35:* Stabat Iohannes et ex discipulis eius duo ... — *f.* 99. Crisanti et Darie passio. — *f.* 99'. Eligii vita.

f. 102. Prologus *(Ioannis diaconi)* hic uite Nicolai praesulis almi. Sicut omnis materies — fore letemur. — *f.* 103. Narratio vite. Beatus Nicholaus ex illustri — quod dicitur Adriaticum. *A* — *f.* 104: Prefata uero urbe ... *in octo lectiones divisa,* lect. IX. Ilico dux ille ... — *f.* 123'. Hymnus eiusdem. Exultet aula celica — iungamur in celestibus.

f. 124. Dom. ante aduentum Domini. Secundum Iohannem. In illo tempore: Cum subleuasset... et reliqua. Quod subleuasset oculos Iesus — secum tenuit. *Homilia.*

f. 124'. De translatione sancti Nicholai lect. prima. Igitur dum omnipotens Deus — sexus et etatis. *Tres lectiones, al. man.*

f. 125. In natali unius apostoli. Dominus Iesus mandatum nouum... *Sermones et homiliae de communi sanctorum usque ad homiliam s. Gregorii pp.:* Sancti evangelii, fratres karissimi, aperta est... *ad Luc. 12, 35:* Sint lumbi vestri praecincti...

f. 159'. In transfiguratione Domini, quae est VI° Kal. Augusti. capitulum. Dabo operam...; responsorium. Assumens Iesus...; hymnus. O nata lux de lumine... *Officium breviarii, hymni, novem lectiones; antiphonae et responsoria neumis instructa.*

f. 168. Omelia beati Gregorii pape. Quia largiente Domino... *De nativitate Domini.* — *f.* 169'. Omelia Bede. Nato in Bethleem... *ad Luc. 2, 15:* Pastores loquebantur ad invicem...; *desinit in:* quae dicta.

f. 171. Tabula de sanctis. Primi heremite... *Index sanctorum ex kalendario Francogallico exscriptus.* — *f.* 171. Iste liber est ex monasterio Celestinorum sancte...

f. 171'. me respondirent... *Tabula causae de villa quadam actae lingua Francogallica conscripta. In margine:* Datum la mayson maistr Michel. *man. rec.*

Nonnulla in marginibus aliis manibus addita. Omnia folia refecta.
Miniat.
Neumae.
Bethmann in Pertz' Archiv Bd. XII, S. 288.

18. Lectionarium Forcalquariense.

Regin. 125. membr. 133 f. 368 × 247 mm. 2 col. saec. XII.

f. 1. *Summo in folio:* Legendarium ecclesiae s. Marii Forcalqueriensis.

f. 1—6. *man. saec. XIII.* In festivitate sancte heucaristie. Immensa divine — dubitare non debemus. *Sermo s. Thomae Aquinatis.* Ioh. Caro mea vere est cibus... omelia. Cum enim cibo et potu — effectus sentiat. — Hymnum. Pange lingua. — Sacris sollempniis. — Verbum supernum, *quorum initia notis musicis quadratis instructa sunt; capitulum.* — *Missae oratio, Super oblata, complendum, epistolae et evangelii lectiones;* Lauda Syon... *notis musicis quadratis instructum.* — *f.* 6 *pars avulsa.* — *f.* 6' *vacuum.*

f. 7. (*man. rec.:* Dominica de Trinitate.) Omnes, quos legere potui — sicut procedit de se ipso. — *f.* 15'. Ebdomada V ante natale Domini. lectio s. evangelii secundum Iohannem. In illo tempore cum sublevasset oculos — manducent hii. Et reliqua. Omelia b. Augustini ep. de eadem lectione. Miracula, que fecit — prophetarum Dominus erat. *Proprii de tempore usque ad dom. V post epiphaniam, ut videtur, expositiones episto-larúm sine nominibus scriptae, sermones et homiliae Ambrosii, Augustini, Bedae, Fulgentii, Hieronymi, Ioannis ep., Isidori, Leonis, Maximi, Ori-genis, Severiani, sine nominibus scriptae.* — *f.* 74 *insertum; man. saec. XIV:* Sermo Augustini de natal. Domini. *Al. man.:* lect. vj in natale Domini. Inter presuras et angustias — filium Dei. — Sermo s. Augustini: Vos, in-quam, convenio . . ., *in duodecim lectiones divisus, versus primi:* Iudicii signum . . . *neumis instructi.* — *In fine sine inscriptione:* Matth. Exultavit Iesus in spiritu . . . homilia b. Augustini. Sanctum evangelium, cum legere-tur . . .; *desinit* — *f.* 133' *in:* subveniens quibusdam. — *Insunt:*

f. 17'. III Kal. Dec. vigilia s. Andree apostoli. Ioh. Stabat Iohannes . . . *homilia Bedae:* Tanta ac talis — promittere dignatur Iesus Christus . . . — *f.* 42. Incipit passio s. Andree apostoli, qui passus est in Achaia ciui-tate Patras sub Egea proconsule pridie Kal. Decembris. Passionem — veritatis venire. Cui . . . — *f.* 44'. Incipit prologus in vita s. Nicholai ep. et conf., que celebratur VIII Idus Decembris. Sicut omnis materies — fore letemur. Incipit vita. Nicholaus itaque — glorificant Deum, qui . . . — *f.* 50. Incipit passio s. Lucie v. et m. Tempore illo — in pace. Ipsi . . . — *f.* 51'. Incipit passio s. Thome apostoli, qui passus est in India sub Carisio quodam preside XII Kal. Ianuarii. Beatum Thomam — in pace. Ipsi . . . — *f.* 82. In natale s. Stephani prothomartyris Christi. Sermo Ful-gentii Carthaginiensis ep. Heri celebravimus temporalem — gratia salva-toris nostri. — Omelia Maximi. Lectio actuum apostolorum — prestare digne-tur, qui . . . — Sermo Augustini de miraculis beati Stephani. Ad aquas — testes fuerunt. — Matth. Ecce ego mitto . . . sermo ex commentario Iheronimi. Hoc, quod — conspiciant. — *f.* 88'. In natale s. Iohannis ev. VI Kal. Ianuarii. Sermo b. Ysidori ep. Iohannes apostolus et evangelista — ebulliat. — Item ex hystoria ecclesiastica relatio de eodem . . . Audi fabulam — resurrectionis ostendens. — *f.* 90. Incipit transitus eiusdem b. Iohannis ev., qui est VI Kal. Ianuarii. Secundam post Neronem — effectum. Prestante . . . — *f.* 98'. V Kal. in Bethleem Iude natale Inno-centum. Sermo b. Severiani. Zelus quo tendat — est divini. — Item b. Io-hannis de eisdem Innocentibus. Dedicatur novus ab infantibus — per interitum comparatur. — Matth. Angelus Domini . . . omelia Bede. De morte preciosa — iustorum coram eo, qui . . . — *f.* 103. Natale s. Tro-phimi ep. et conf. Sanctorum mortem — eternum optinebit. — *f.* 104. Incipit prephatio in vita Silvestri sancti ep. Historiographus — culpam. Inc. actus seu vita sancti ac beatissimi Silvestri ep., quod celebratur II Kal. Ian. Silvester igitur . . .; *desinit in:* conflictu dimi (?). — *f.* 111' *vacuum.* — *f.* 129. Incipit vita beati Hylarii ep. et conf. Igitur beatus Hilarius — per fidelissimum lavacrum.

128

Complura folia laesa.
Pict. miniat. color.: — f. 88' littera J.
Neumae. Notae musicae.

19. Lectionarium monasticum.

Vatican. 1267. membr. 262 f. 555 × 380 mm. 2 col. saec. XI.

f. 1. Dominica I de aduentu. Lectio s. evangelii secundum Matheum. In illo tempore dixit Iesus discipulis suis: Sicut fulgur exit . . . Homilia Remigii episcopi super Matheum. Nomine occidentis — non transibunt. *Proprii de tempore usque ad dominicam in quinquagesima scriptura currens, sermones, homiliae: — f. 2'.* Sermo de aduentu: Interrogatus Dominus a Phariseis — infidelium corda, *sine nomine scriptus. — f. 7.* Dom. I de aduentu. Visio Isaie . . . lect. I(—VIII). Audite celi — in caligine eius *(5, 30).* Luc. Interrogatus Iesus a Phariseis. Quando uenerit regnum Dei . . .; Math. Sicut fulgur exit . . . *homiliae et sermones Ambrosii, Augustini, Hieronymi, Maximi, alii sine nominibus scripti.*

f. 16. Dominica secunda de aduentu. [lect. Isaiae] I(—VIII). In anno, quo mortuus est rex Ozias — sanctus Israel *(12, 6).* Luc. Erunt signa . . .; Marc. Fuit Iohannes in deserto baptizans . . .; Ioh. Iohannes testimonium perhibens . . . *homiliae et sermones Gregorii, Ambrosii, Bedae, Augustini.*

f. 24'. Dom. III de aduentu. [lect. Isaiae] I(—VIII). Ecce Dominus ascendet — eam in ruinam *(23, 14).* Matth. Cum audisset Iohannes . . . *homilia Gregorii.*

f. 26. Incipiunt sermones Leonis papae de ieiunio mensis decimi. — Fer. III. Luc. Missus est angelus . . . *homilia Bedae.* — Fer. VI. Luc. Exurgens Maria . . . *homiliae Bedae et Ambrosii.* — [Sabbato.] Luc. Anno quinto decimo . . . *homiliae Gregorii et Ambrosi.*

f. 40. Dom. IIII de aduentu. [lect. Isaiae] I(—VIII). Ululate naues maris — aduersus eam *(29, 7).* Ioh. Miserunt Iudei . . . *homilia Gregorii. Sermones Augustini de incarnatione Domini, epistola Leonis pp. ad Flavianum episcopum de incarnatione Domini contra Euticen.* — Matth. Desponsata mater Iesu . . . *homilia Bedae.*

f. 47'. In die natal. Domini. lectio I(—III) Isaie prophete. Primo tempore alleuiata est — terra sitienti. lect. IIII(—VI). Sermo Leonis pp. . . . Exultemus in Domino . . . *et:* Audistis, fratres karissimi, quemadmodum — reformationis Domini nostri. lect. VII; VIII. Sermo Fulgentii. Cupientes aliquid . . . *et:* Castissimum Marie — dicaris saluatoris. Qui . . . Math. Liber generationis . . . *homilia Hilarii:* lect. VIIII. Satis anxie . . .; *homilia Remigii ep.:* Potest hoc intelligi . . . Luc. Exiit edictum . . . *homilia Gregorii pp.:* lect. X. Quia largiente . . .; *homilia Bedae:* Audiuimus ex lectione . . . Luc. Pastores loquebantur . . . *homilia Bedae:* lect. XI. Nato in Bethlehem . . .

Ioh. In principio erat . . . *homilia Bedae:* lect. XII. Quia temporalem . . . *Sermones Augustini, Leonis, Isidori, Maximi, Ambrosii, sine nominibus scripti.*

f. 144. Dominica I post natale Domini. Gal. Quanto tempore haeres . . . *expositiones:* lect. I(—VIII). Quia repromissiones — Christus est, *et:* Secundum consuetudinem humanam — debet credi. Luc. Erant Ioseph et Maria . . . *homilia Bedae.*

f. 148'. In octaua Domini *sermones Augustini, Ambrosii, Hieronymi, Cyrilli.* Ephes. Gaudete in Domino . . . *expositio:* Eadem uobis scribere — rectitudine fidei. Luc. Postquam consummati sunt . . . *homiliae Bedae.*

f. 161'. In vigilia epyphanie. Matth. Defuncto autem Herode . . . *homilia Remigii.*

f. 163'. In die sancto epyphanie. lect. Esaye I(—III). Omnes sitientes — nomen tuum; *lect. IIII—VIII sermones Leonis et Fulgentii.* Matth. Cum natus esset . . . *homilia Gregorii, lect. IX—XI; lect. XII sermones Leonis et Augustini.*

f. 176. In octava epyphanie *sermones Augustini, Fulgentii, lect. I—VIII;* de lectione Esaye. Esayas interpretatur — laudes offeruntur. Sermo[nes] de eadem epyphania *Augustini, Leonis, Maximi.* Matth. Venit Iesus a Galilea . . . *homilia Bedae, lect. IX—XII.*

f. 193. Infra ebdomadam epyphanie. Ioh. Vidit Iohannes Iesum . . . *homilia Bedae, sermones sine nominibus scripti, Ambrosii, Maximi.*

f. 199. Dom. I post octauam epiphanie. Incipit epistola ad Romanos. lect. I(—VIII). Paulus seruus — propter iustificationem nostram *(4, 25).* Luc. Ibant parentes . . . *homiliae Bedae, lect. IX—XII.* — *f.* 202. Lectio de epistola Pauli. Iustificati igitur — per Iesum Christum Dominum nostrum *(Rom. 5, 21).*

f. 202. Dom. II post octauam epiphanie. Epistola Pauli ad Corinthios. lect. I(—VIII). Paulus uocatus apostolus — ex uobis ipsis *(5, 13).* Ioh. Die tertia nuptie . . . *homilia Bedae, lect. IX—XII.*

f. 206. Dom. III [post octavam epiphaniae]. lect. I(—VIII). Paulus apostolus . . . et Timotheus — adiuui te *(2 Cor. 6, 2).* Matth. Cum descendisset Iesus de monte . . . *homilia Bedae;* require in antea homiliam Origenis. *man. rec.*

f. 208. Dom. IIII post octauam epyphanie. lect. I(—VIII). Paulus apostolus non ab hominibus neque per — massam corrumpit *(Gal. 5, 9).* Matth. Ascendente Iesu in nauiculam . . . *homilia sine nomine scripta.* Aliquotiens in uno — in aquis multis; require homiliam Origenis. *man. rec.*

f. 219. Dominica in septuagesima. *(Gen.)* lect. I(—VIII). In principio creauit . . . VIII Mulieri quoque dixit: Multiplicabo — et mortuus est *(5, 31).* Matth. Regnum celorum homini patrifamilias, qui exiit primo . . . *homilia Gregorii, lect. I—XII.*

f. 223. Lectio in sexagesima (*man. rec.:* Sermo b. Gregorii pape). Virtutes angelorum — tenebras propinquaret. Luc. Exiit, qui seminat . . *homilia Gregorii, lect. I—XII.*

f. 226'. Lectio in quinquagesima. lect. I(—VIII). Noe uero cum quingentorum — nunc est mare salis *(Gen. 5, 31—14, 3).* Luc. Assumpsit Iesus duodecim . . . *homilia Gregorii, lect. IX—XII;* sermo Augustini de Abraham in quinquagesima.

f. 231. Dominica I post epiphaniam. Obsecro uos, fratres, per misericordias Dei, ut exhibeatis . . . *(Expositio.)* Quia supra dixerat — ministrare debent. — *f.* 232'. Dominica II post epiphaniam. lect. ad Corinthios. Habeatis igitur . . . *(Expositio.)* In hoc loco defectus lectionis — in aliis uenerantur. — *f.* 234. Dominica III post epiphaniam. lect. ad Romanos. Nolite esse prudentes . . . *(Expositio.)* Apud se prudens est — munera dando. Matth. Cum descendisset Iesus de monte . . . *sermo Origenis.* — *f.* 239'. Dominica IIII post epiphaniam. Epistola ad Romanos. Nemini quicquam debeatis . . . *(Expositio.)* Id est sicut omnibus — proximum cum alio. Matth. Ascendente Iesus in nauiculam . . . *sermo Origenis.* — *f.* 241. Dominica V post epiphaniam. Matth. Simile est regnum celorum homini, qui seminauit . . . *homilia Augustini.* — *f.* 262. Iste sermo prope natiuitatem Domini legendus est. Leticia, quanta sit — Spiritu Sancto. *In margine:* Est prima homilia s. Maximi Taurinensis. A. Maius. — *Insunt:*

f. 5'. In natale s. Lucie . . . Lectio s. euangelii secundum Matheum . . . Simile est regnum celorum thesauro abscondito . . . Homilia beati Gregorii pape. Celorum regnum . . . lect. IX(—XII). — *f.* 6'. In s. Thome ap. Ioh. Thomas autem unus . . . *homilia Gregorii, sermo Augustini.* — *f.* 103. Sermones s. Augustini de natali sancti Stephani. Item sermo Leonis *et sine nominibus scripti; homiliae Hieronymi, Ioannis Chrysostomi.* — *f.* 121. Prologus de vita et assumptione b. Iohannis ap. et ev. Melitus seruus Christi . . . hystoria. lect. I(—VIII). Secundam post Neronem . . . ; *sermones Eusebii, Augustini, homilia Bedae. Item in octava* — *f.* 157. — *f.* 131. In natale Innocentium *sermones Augustini, Severiani, Ioannis ep., sine nominibus scripti, homilia Bedae.* — *f.* 139. *man. saec. XIII:* Vita s. Thome archiepiscopi et m. requir. in passionario. — Vita s. Silvestri. lect. I(—XII). Silvester igitur urbis . . . Math. Vigilate ergo . . . *homilia Remigii.* — *f.* 211'. In natale s. Agnetis virginis *sermones Ambrosii.* — *f.* 213'. In purificatione s. Marie *sermones Ambrosii, Augustini, sine nominibus scripti, homilia Bedae.* — *f.* 242'. In conuersione sáncti Pauli *sermones Augustini, homilia Remigii.* — *f.* 246. In purificatione s. Marie *sermo Augustini, homilia Bedae.* — *f.* 249. In natale s. Agathe *homilia Gregorii.* — *f.* 250'. In cathedra s. Petri sermo. Adest, dilectissimi fratres, principis . . . *homilia Augustini.* — *f.* 252. Prologus in laude b. Mathie ap. Mathias Hebraice . . . sermo in laude b. Mathie ap. ex dictis patrum Christo fauente delibatus. lect. I(—VII).

Inclitam et gloriosam . . . ; *homilia Gregorii, oratio. — f.* 259. Sermo s. Leonis pp. lect. VIII. Gaudeo, dilectissimi, de religioso — esse consortes. *De s. Petro ap.* — Sermo. Astruximus — non negabit. Cui . . . — *f.* 261. Homilia. Quanta tunc erit — neque horam. *De decem virginibus.* — *Plurimae homiliae et sermones manibus prioribus et recentioribus in lectiones divisi. — f.* 260'. *Probatio pennae.*

f. 263. Die XX Decembris MD.Lxxvij. summus dominus noster Gregorius xiij dedit librum hunc bibliothecae Vaticanae. — *f.* 263' *vacuum. Complura aliis manibus et emendata et addita. Nonnulla folia laesa. Pict. miniat. color.*

Bethmann in Pertz' Archiv Bd. XII, S. 224.

20. Lectionarium monasticum.

Vatican. 1268. membr. 252 f. 555 × 380 mm. 2 col. saec. XI.

f. 1. Dominica in septuagesima. Nescitis, quod hi, qui in stadio currunt . . . *(Expositio.)* Volens et desiderans egregius doctor Corinthios — huius mundi. — Dominica in septuagesima. Sermo s. Iohannis Constantinopolitani. Simile est regnum — pauci sunt eligendi a Domino nostro Iesu Christo. Amen. — Item unde supra. Sermo s. Hieronimi. Parabola ista — pauci uero electi. *Proprium de tempore usque ad sabbatum sanctum.* — *f.* 6'. Dominica in sexagesima. Epistola ad Corinthios. Libenter suffertis . . . *(Expositio.)* Apostolo transeunte — fuisse concessum. — Abbreuiatio superiorum. Tres celi significant — subaudisset. — *Sermones Augustini et Hieronymi.* — *f.* 17'. Dominica in quinquagesima. Si linguis hominum loquar . . . *(Expositio.)* Haec uerba — omnipotentis Dei. — Item de caritate. Iam qualis et — sine decore (?). — *Sermones Augustini.*

f. 27. Feria IIII. Caput ieiunii. Sermo Origenis. Cum autem ieiunatis, nolite . . . Superabundanter — expectamus saluatorem Dominum nostrum Iesum Christum . . . Sermo *(homilia)* Augustini. *Item fer. V, fer. VI, sabbato sermones (homiliae) Augustini, Origenis, homilia Bedae.* — *f.* 34. *Sermones Ioannis Constantinopolitani ep., Augustini, Ambrosii de poenitentia et de ieiunio quadragesimae.* — *f.* 37'. Dominica in quadragesima. Lectio I(—IIII). Hos sanctos quadragesime — operibus credite. — Sermo s. Leonis pp. lect. V(—VIII). Hebreorum quondam — humanae. Per . . . — Matth. Ductus est Iesus in desertum . . . *homilia Gregorii* lect. IX(—XII). Dubitari a quibusdam — competit relaxari. *Sermones (homiliae) Ambrosii, Augustini, Fausti, Hieronymi, Leonis, Maximi, sine nominibus scripti de ieiunio.* — *f.* 63. *Sermones (homiliae) feriarum Augustini, Origenis, Ioannis Chrysostomi, Bedae, Leonis.* — *f.* 78'. Dominica II in quadragesima. Lect. I(—VIII). Senuit autem Isaac — septem annis aliis *(Gen. 27, 1 — 29, 30).* — Matth. Egressus Iesus secessit in partes . . . ; *homilia Ioannis Con-*

stantinopolitani ep., sermo Maximi, sermo Ioannis ep. de confessione pec-cati. — *Homiliae feriarum Ioannis Chrysostomi, Augustini, Hieronymi, Ambrosii.* — *f.* 104'. Dominica III. Lect. I(—VIII). Ioseph cum sedecim esset annorum — prepositum esse scirent universe terre Egypti *(Gen. 37, 2—41, 43)*. — Luc. Erat Dominus Iesus eiciens daemonium ... *homilia Bedae, lect. IX—XII, et sermo (homilia) Ambrosii.* — *Homiliae (sermones) feriarum Bedae, Origenis, Hieronymi, Ambrosii, Augustini, Ioannis Constantinopol.* — *f.* 120. Dominica IIII. Lect. I(—VIII). Post multum tempus mortuus est rex — educerent ... de terra Egypti *(Exod. 2, 23—6, 26)*. — Ioh. Abiit Iesus trans mare ... *homilia Bedae, lect. IX—XII; sermones Severiani, Remigii.* — *Homiliae (sermones) feriarum Augustini, Severiani, Ambrosii.*

f. 142. Dominica de passione. lect. I(—VIII). Verba Hieremie filii ... Et factum est uerbum — serere super spinas *(1, 1—4, 3)*. — Ioh. Dicebat Iesus: Quis ex uobis ... *homilia Gregorii, lect. IX—XII, homilia Augustini, sermones Leonis.* — *Homiliae (sermones) feriarum Augustini, Gregorii, Leonis.*

f. 167'. Sermo Augustini in vigilia Osanne. Postquam Dominus — fuerant crediturae; *sermones Hieronymi, Maximi, Leonis.* — *f.* 171. Dominica in ramis palmarum. lect. I(—VIII). In principio regni Ioachim — prophetas in Babylone *(Ierem. 26, 1—29, 15?)*. — Matth. Cum appropinquasset Iesus Hierosolymis... *homilia Bedae, lect. IX—XIII, homiliae et sermones Ioannis, Remigii, Hieronymi, Hilarii, Leonis, Isidori* (testimonia scripturarum de passione Christi). — *Homiliae feriarum Bedae, Augustini, passionis secundum Matth. expositio Bedae, sermones Leonis. Complures homiliae feriales vel priores earum partes in lect. I—III divisae sunt.*

f. 213. Fer. V in cena Domini. *Lamentationes, man. rec. initium neumis instructum, lect. I—III.* Ex commentar. libri Augustini. lect. I(—VI). Exaudi Deus — crucifige. In III nocturno b. Ambrosii, lect. VII(—VIIII). Convenientibus vobis — venero disponam. Matth. Ante diem festum ... *homilia Bedae, sermones Ioannis Chrysostomi, Leonis, Augustini.* — *f.* 231. Fer. VI in parasceve. *Lamentationes, in primo nocturno man. rec. initium neumis instructum, lect. I—III; IIII(—VI).* In IIo nocturno. Ex commentariis Augustini. Deus Deus meus — humilitatem meam. In IIIo nocturno VII(—VIIII). Festinemus ergo ingredi — in conbustionem. VIIII. Sermo Iohannis Const. Hodierna die Dominus — peccatum hoc. *Sermones Severiani* (uidetur, *man. rec.*), *Ambrosii, sermo sine nomine scriptus.* — *f.* 226. Sabbato sancto. Lectio I(—III). *Lamentationes, man. rec. initium neumis instructum.* In IIo nocturno. Ex commentariis Augustini, lect. IIII(—VI). Deus, laudem — a dextris eius. In III nocturno, lect. VII(—VIIII). Christus assistens — in morte sua confirmavit. *Sermones Augustini, Ioannis Chrysostomi, Maximi; Remigii de vespere sabbati, sermo sine nomine scriptus;*

— Matth. Vespere autem sabbati . . . *homilia Bedae, altera homilia de vespere sabbati sine nomine scripta.*

f. 233'. Incipit vita b. Gregorii pp. Gregorius genere — perspicuis representantur; *man. rec. lect. I—XII ex priore parte assignatae.* — Luc. Sint lumbi uestri precincti . . . *homilia Gregorii.* — *f. 241.* Incipiunt capitula (I—XXXVIII) de vita et miraculis b. Benedicti abbatis. Incipit vita. Fuit vir vite venerabilis — silentium reparemus. *Lect. I—XII et in margine man. rec.:* In s. Scolastice, lect. I(—III). — Matth. Ecce nos reliquimus omnia . . . Homilia Iohannis ep. ex commentariis super Matheum. — *f. 250'.* In annuntiatione incarnationis dominicae. Sermo Hieronimi. lect. I(—IIII). Ave Maria gratia plena. Talibus namque dicebat — ex ambobus Emmanuhel. *In margine:* alius sermo. V(—VIII). Adventum Domini et salvatoris — in salutari meo. — Luc. Missus est angelus . . . *homilia Ambrosii, lect. IX—XII.*

Complura in marginibus aliis manibus addita.

Miniat. color. fig. Pict.: post — f. 78' ad homiliam dom. II in quadragesima et — f. 160.

Neumae.

Bethmann in Pertz' Archiv Bd. XII, S. 224.

21. Lectionarium monasticum.

Vatican. 1269. membr. 215 f. 555 × 380 mm. 2 col. saec. XI.

f. 1. Sermo s. Ambrosii de natal. martirum tempore paschali. Dignum et congruum — ut dum sepul. *Initium sermonis, item initia:* in natale ss. Cantianorum sermo[nis] Ambrosii, in natale s. Georgii sermo[nis] *sine nomine scripti.* — *f. 3—11. al. man. saec. XIV.* — *f. 3.* [P]assionem beati Andreae apostoli . . . *et passio vitaque:* — *f. 5.* s. Barbarae, — *f. 8.* s. Nicolai.

f. 12. In natale s. Marci ev. Ioh. Ego sum vitis . . . *homilia Augustini,* lect. IX(—XII). Isto loco evangelico — Manete in me; *man. rec. lect.* IX(—XII). Ego sum, inquit, vitis — non fuistis. *Homiliae, sermones, passiones, vitae proprii sanctorum:* — *f. 14.* Philippi et Iacobi. Ioh. Non turbetur cor . . . *homilia Augustini:* Erigenda est nobis — Pater et Filius. — *f. 19.* Inventio s. Crucis. Anno ducentesimo tertio — Maria. Praestante . . ,; *homilia Bedae:* Sicut ex lectione — eius invicem; *sermo:* Hodie, fratres karissimi, quia crucis — percipite regnum. Cum quo . . .

f. 26. Sermo Ambrosii de martyribus diebus paschalibus. Dignum et congruum — cum resurgit.

f. 27. Sermo Ambrosii de inventione corporum ss. Gervasii et Protasii. — *f. 28'.* In vigilia Iohannis bapt. Luc. Fuit in diebus Herodis . . . *homilia Bedae:* Venturus in carne — coronat aeterna. Qui . . . In natale,

9**

octava s. Iohannis bapt. *sermones et homiliae Augustini, Maximi, Ambrosii, Remigii, man. rec. Petri Damiani.* — *f. 47.* Sermo Leonis de celebritate provectionis sue. Honorabilem mihi, dilectissimi — aetati. Per... Item unde supra; in natale Petri et Pauli app. *sermones et homiliae Leonis, Bedae, Augustini.* — *f. 58'.* In natale s. Pauli sermo Iohannis. Beatus Paulus — misericordia Iesu Christi . . .; in natale Petri, Pauli, octava apostolorum *sermones et homiliae Ioannis Chrysostomi, Augustini, Ambrosii, Leonis, Hieronymi.* — *f. 70. (In natale s. Mariae Magdalenae)* Sermo s. Augustini de muliere peccatrice. Quod admonemur — salvam fecit. — *f. 72'. (In natale s. Iacobi ap.)* Luc. Facta est contentio . . . *homilia Bedae:* Sicut bonis — culmine excrescant; expositio Augustini. — *f. 74.* Sermo in Christofori m. Dum cupimus — triumphat Iesus Christus. — *f. 75.* In s. Iacobi. Matth. Accessit ad Iesum mater . . . *homilia Bedae:* Dominus conditor ac redemptor vulnera — reddere merebimur. Qui . . . — *f. 77.* In s. Petri a vinculis expositio epistole Bede de commentariis super actus apostolorum, lect. I—III. Misit Herodes rex . . . Hunc Herodem — venire credebant. Sermo Leonis, lect. IIII(—VI). Exultemus in Domino — passione quaesivit. Sermo Augustini, lect. VII. VIII. Beatus Petrus — pro ovibus conservatis. Matth. Venit Iesus in partes . . . sermo Leonis, lect. IX(—XI). Evangelica reserante historia — nominis sui. Sermo Ambrosii, lect. XII. Refert s. Lucas — in Domino. Cui . . . — *f. 79.* Eodem die Machabeorum. Mulierem fortem quis . . . Nemo quidem — consolatore inclito. — *f. 81.* Sermo Iohannis de septem fratribus et matre eorum. Quam speciosa — caritatem Domini nostri Iesu Christi. — *f. 83'.* Eodem die s. Eusebii sermo Ambrosii. Ad sancti Eusebii martyris laudem — martyrio copulavit; *et:* Depositionem s. Eusebii — creationis accessu. — *f. 84'.* In natale s. Laurentii sermo Maximi. Sanctum est, fratres, ac Deo — confusa torpescerent, *et sermones Maximi (?), Leonis, Ambrosii, homilia Augustini.* — *f. 88'. (In assumptione B. M. V.)* Sermo Augustini de domina nostra Dei genitrice Maria. lect. I(—VI). Celebritas hodierni diei admonet — praestare dignetur. Qui . . . Item unde supra. lect. VII. VIII. Scientes, fratres dilectissimi, auctori — abstulit. Ipsi . . .; *sermones Augustini, Autperti, Hieronymi* (Cogitis me), *Ambrosii, homilia Augustini:* Sanctum evangelium, cum legeretur — dat Deus, *lect. IX—XII et homilia Augustini:* Verba Domini nostri Iesu Christi — ut pascamur, *lect. IX—XII.* — *f.* 105. In decollatione s. Iohannis bapt. sermo Iohannis. lect. I(—VI). Hodie nobis Iohannis virtus — mortuus est. Ex commentariis Hieronymi in Matheo, lect. VII, VIII. Herodes autem tenuit — non habuerat. *Sermo Bedae, homilia Bedae:* lect. IX(—XII). Natalem, fratres karissimi, beati Iohannis — ad coelos Iesus Christus . . . — *f.* 110'. Incipiunt cantica canticorum, quod Hebraice dicitur syra syrim. Osculetur me — super montes aromatum. *Divisa in:* Vox ecclesiae, sponsi, ad Hierosolyma, vox synagogae, Christi ad ecclesiam, vox amicorum, vox adversus haereses, vox Christi ad synagogam, sponsa de sponso, vox patriarcharum. — In nativitate s. Mariae sermo (*man. rec.: Petri Damiani*). lect. I(—XII). Nativitas beatissime et intemerate — in fine seculorum, *homilia sine nomine scripta*. Audistis, fratres karissimi, dominicae — unctione linimur. — *f.* 117. In exaltatione s. Crucis, lect. X(—XII). Tempore illo, postquam — incrementa. Donante Iesu Christo...; lect. VIIII *homilia Augustini:* Nunc inquit iudicium — in veritate. Sermo unde supra (*man. rec.: Petri Damiani*). Vexillum imperatoris — libet exclamare. — Laus crucis. O beata crux — virtus et imperium cum Patre. Amen. — *f.* 123'. In s. Mathei ap. Matth. Vidit Iesus hominem ... *homilia Bedae:* lect. IX(—XI). Legimus apostolo dicente — in throno Patris una cum ... — *f.* 126. In natale s. Cypriani sermo Maximi. S. Cipriani festiuitatem — vindemiae; *duo sermones* unde supra. — *f.* 127. In s. Michaelis archangeli sermo Gregorii, lect. I(—VIII). Angelorum quippe et hominum — pulveris nostri; *sermones Isidori et Gregorii, homilia Hieronymi:* lect. IX, X. Quod saepe monui — propter angelos; *homilia Maximi:* lect. XI, XII. Si diligenter audistis — fluctibus demergatur; *sermo sine nomine scriptus.* — *f.* 134. In s. Lucae ev., lect. I(—VIII). Igitur gloriosissimus — confluerent. Qui ... — *f.* 136. In vigilia omnium sanctorum. Luc. Descendens Iesu de monte stetit in loco campestri ... *expositio Bedae:* lect. I(—III). Et ipse elevatis oculis — industriam spectat operis. — Kal. Nov. In festivitate omnium sanctorum. lect. I(—VIII). Legimus in ecclesiasticis libris — mereamur; sermo unde supra, *homilia Augustini:* lect. IX(—XII). Si quaeritur, quid — induerit immortalitatem. — *f.* 142. In ss. Vitalis et Agricolae sermo Ambrosii. lect. I(—III). Qui ad convivium — integritatis sacravit. — *f.* 143. In vigilia; in natale s. Andreae. Matth. Stabat Iohannes et ex discipulis ... *homilia Bedae:* Tanta ac talis — dignatus Iesus Christus; *homiliae Bedae, Augustini, Gregorii:* lect. IX(—XII). Audistis, fratres karissimi, quia ad — contemnenda perducatur.

f. 152. In dedicatione ecclesiae. Sermo Augustini. lect. I(—IIII). Celebritas huius congregationis — honori. Praestante ... Sermo Augustini. lect. V(—VIII). Admoneo vos, fratres karissimi — orantem. Cui ... *Sermones Augustini, Ambrosii Autperti in commentariis super Apocalypsim, Origenis de constructione tabernaculi, homilia Bedae:* lect. IX(—XII). Quae impossibilia — benigne pro nobis. lect XII. De Zachaeo sermo Iohannis. Si per Christum gesta — voluit, muneretur; *homilia sine nomine scripta:* Dominus conditor ... de constructione — viventium Iesus Christus...

f. 164. [In festivitatibus apostolorum.] Ioh. Hoc est praeceptum meum ... *homilia Gregorii:* lect. IX(—XII). Cum cuncta — iuvat. Praestante ... *Commune sanctorum; homiliae et sermones Gregorii, Ambrosii, Ioannis, Augustini.* — In unius martyris. Luc. Si quis vult ... *homilia Gregorii:*

lect. IX(—XII). Quia Dominus ac redemptor noster novus — habituri sumus. Praestante . . . *Homiliae Gregorii, Augustini, Hieronymi. — In plurimorum martyrum. Luc. Cum audieritis . . . homilia Gregorii:* lect. IX(—XII). Quia longe ab urbe . . . lect. XII. Sed auditis tot — opitulatur in temptatione per . . . *Sermones et homiliae Augustini, Ioannis Osaurei, Leonis, Maximi, Ambrosii. — In natal. confessorum. Matth. Homo peregre proficiscens . . . homilia Gregorii:* lect. IX(—XII). Lectio s. evangelii, fratres karissimi, sollicite — fecimus, excuset. *Homiliae et sermones Gregorii, Fulgentii, Bedae, Hieronymi, Remigii. — In natal. virginum. Matth. Simile est regnum coelorum thesauro abscondito . . . homilia Gregorii:* lect. IX(—XII). Coelorum regnum, fratres karissimi, idcirco — labore capiatis. *Homiliae et sermones Gregorii, Augustini, sine nominibus scripti, homiliae de confessoribus; al. man. homilia Bedae:* Homo nobilis — clade peritura. — *f.* 214' *vacuum. — f.* 215. requiem dabo — coelestem excipiat. — Sermo Augustini unde supra: Venite ad me omnes, qui laboratis . . .; *desinit in:* lapidatus sum. — *Multae homiliae et sermones in lectiones (I—VIII, IX—XII, I—III) divisi.*

Complura aliis manibus et emendata et addita.

Pict. miniat. color. Pict.: — f. 81', 117, 164.

Bethmann in Pertz' Archiv Bd. XII, S. 224.

22. Lectionarium monasticum.

Vatican. 1270. membr. 190 f. 555 × 380 mm. 2 col. saec. XI.

f. 1. Sermo in resurrectione Domini (*man. rec.:* Augustini). Beneficia Dei nostri — dubitent praeparatos. *Sermones Augustini et Gregorii. Proprium de tempore usque ad dom. XXVI post pentecost. —* Fer. II post dominicam resurrectionis. Luc. Exeuntes duo ex discipulis . . . *homilia sine nomine scripta:* lect. I(—II). In quotidiana vobis — recipiat ad regnum. lect. III. Item unde supra. Exultandum nobis est — in hunc mundum. — *Per hebdomadam sermones et homiliae Ambrosii, Bedae, Augustini, Gregorii, Severiani; in nonnullis lect. I—III indicatae. —* Lectiones in octava. Sermo Augustini, lect. I(—V). Digne, fratres karissimi, piis studiis — vivit in terris. Sermo Augustini, lect. VI(—VII). Retinet sanctitas vestra, fratres, superiorem tractatum — esse possimus. Sermo Iohannis ad neophitos, lect. VIII. Benedictus Deus — misericordiam Domini nostri Iesu Christi. Ioh. Cum sero factum esset . . . *homilia Gregorii:* lect. IX(—XII). Prima lectionis huius — amatis. Qui . . .

f. 42. Dominica I post octavam paschae. Ioh. Ego sum pastor bonus . . . *homilia Gregorii,* lect. IX(—XII): Audistis, fratres karissimi, ex lectione . . . eruditionem uestram — in peruentione satiemur. *Item ceterarum dominicarum homiliae vel priores earum partes in lectiones (IX—XII) divisae.*

— *f.* 43. Dominica II. Ioh. Modicum et iam non videbitis . . . *homilia Bedae:* Laeta Domini promissa — vincentium Iesus Christus. — *f.* 44'. Dominica III. Ioh. Vado ad eum . . . *homilia Bedae:* Sicut ex lectione — consuevit Iesu Christo. — *f.* 46. Dominica IIII. Ioh. Si quid petieritis . . . *homilia Bedae:* Potest movere — annuntiet nobis. Cum quo . . . — Fer. II. Sermo Augustini de letaniis, lect. I(—III). In omnibus scripturis — dignetur. Qui . . . *Sermones Augustini, Ioannis, Ambrosii.* Luc. Quis vestrum habebit amicum . . . *homilia Bedae:* lect. I(—III). Rogatus a discipulis — paravit. Praestante . . . — In vigilia ascensionis Domini. Luc. Haec sunt verba . . . *homilia Bedae:* lect. I(—III). Ascensurus in coelum — introducat Iesus Christus . . .

f. 60'. Lect. I(—IIII). Sermo Augustini (*in margine man. rec.:* Leonis) de ascensione Domini. Post beatam et gloriosam — collocavit. Qui . . . Item sermo eiusdem unde supra (*in margine man. rec.:* Leonis), lect. V(—VIII). Sacramentum, dilectissimi, salutis nostrae — ascendere. Cui . . . *Sermones Augustini (Leonis).* Marc. Euntes in universum mundum . . . *homilia Gregorii:* lect. IX(—XII). Quod resurrectionem dominicam — dedit Iesus Christus . . . — *f.* 65'. Dominica post ascensionem Domini sermo *(sine nomine scriptus).* Lect. I(—IIII). Hodierno die ascensionem — quod promisisti. Item unde supra, lect. I(—VIII). Dum enim Christus ascendit — admissum. Qui . . . Ioh. Cum venerit paraclitus . . . *homilia Bedae:* lect. IX(—XII). Ex multis sancti evangelii locis — praerogavit Iesus Christus . . .

f. 70'. Sabbato in pentecostes. Ioh. Si diligitis me . . . *homilia Bedae:* lect. I(—III). Quia s. Spiritus — apud Patrem, cum quo . . . — Sermo Leonis de pentecoste. lect. I(—VI). Hodiernam, dilectissimi, festivitatem toto orbe terrarum — universa moderantem. Item sermo Leonis. lect. VII, VIII. Hodiernam solemnitatem, dilectissimi, in praecipuis festis — celebremus. Adiuvante . . . *Sermones Leonis, Augustini, Ambrosii.* Ioh. Si quis diligit me . . . *homilia Gregorii:* lect. IX(—XII). Libet fratres, karissimi, evangelicae lectionis verba — sed datur. Praestante . . . — *Per hebdomadam et quattuor temporibus homiliae (sermones) Augustini, Bedae, Ambrosii; Leonis de ieiunio mensis quarti, Ioannis de misericordia, lectiones I—III in compluribus assignatae.*

f. 105'. Dominica I post (VIII *abrasum*) pentecost. Require homeliam Gregorii pp. in fine huius libri. Item alia homilia. Luc. Homo quidam dives, qui induebatur . . . *homilia Augustini (man. rec.* lect. IX—XI): Advertit sanctitas vestra — totum dimittimus. Lect. XII. Sermo Ambrosii. Narratio — pauperibus conferendum. Sermo Augustini. Felix operarius — — ipse est Christus . . . — *Item ceteris dominicis lectiones (IX—XII) assignatae.* — *f.* 107. Dominica I post VIII pentecostes *(dom. II post pentecost.).* Luc. Homo quidam fecit cenam magnam . . . *homilia Gregorii:* Hoc distare

— flagramur. Qui . . . *homilia Augustini:* Lectiones sanctae propositae — conversi ad Dominum. — *f.* 112. Dominica III. Luc. Accesserunt ad Iesum publicani . . . *homilia Gregorii:* Aestivum tempus — quaereret, invenit. — *f.* 113′. Ab hoc loco in sancti angeli congrue legi potest. Lect. I(—XII). Angelorum quippe . . . XII. Dum enim angelus — sed ecce, dum — iudex noster. Qui . . . *Homilia Ambrosii:* Quis ex vobis — ille convivium. — *f.* 117. Dominica IIII. Luc. Estote misericordes . . . *homilia Hieronymi:* Hoc loco nobis — de oculo fratris; *homilia Augustini:* Ego, fratres, vires parvas — fructus Dei. — *f.* 118′. Dominica V post pentecostes. Luc. Cum turba irruerent . . . *homilia Bedae:* Stagnum Genesareth — ut sequeren-tur. Item Ambrosii super Luc. Ascendens autem in naviculam . . . Ubi Dominus multis — habeant potestatem. — *f.* 120′. Dominica VI post pentecosten. Matth. Nisi abundaverit . . . *homilia Hieronymi:* Promittuntur nobis — peccata persolvas; *homilia Augustini:* Sancti evangelii capitulum — factus es nobis. Augustini de eadem lectione sermonis in monte (*in margine:* Ista legatur). His verbis praemiserat — ad regnum coelorum. — — *f.* 123. Dominica VII. Marc. Cum turba multa esset cum Iesu nec haberent . . . *homilia Bedae:* Et in hac lectione — pastos cybariis. — *f.* 125. Dominica VIII. Matth. Attendite a falsis prophetis . . . *sermo Hieronymi:* Et de omnibus quidem — habetis affectum; *homilia Augustini* (*in margine:* Ista legatur): Cum dixisset paucos — miraculum viderimus. — *f.* 126′. Dominica VIIII. Luc. Homo quidam . . . habebat villicum . . . *homilia Hieronymi:* Quis sit villicus — parce et metet; *sermo Severiani:* Omnium quidem ciborum — sermone pandemus; *Augustini:* Quod ad-monendum — conversi ad Dominum. — *f.* 130′. Dominica X. Luc. Cum appropinquasset Iesus Ierusalem . . . *homilia Gregorii:* Sancti evangelii, fratres karissimi, lectionem brevi — loquimur. Qui . . .; *sermo Ambrosii:* Et eiciebat omnes vendentes — locus morbi remaneret. — *f.* 132′. Do-minica XI. Luc. Dixit Iesus ad quosdam . . . *homilia Bedae:* Quia para-bolam — pensetur, ignoro. — *f.* 134′. Dominica XII. Marc. Exiens Iesus de finibus Tyri . . . *homilia Bedae:* Surdus ille et mutus — dignabitur Iesus Christus . . .; *sermo Hieronymi:* Et iterum exiens Iesus — tacere non poterant. — *f.* 136′. Dominica XIII. Luc. Beati oculi . . . *sermo Bedae:* Non oculi scribarum — devotus operare; *Augustini:* Gaudere nos apostolus — solliciti fueritis; *Ambrosii:* Homo quidam ex Hirusalem descendebat — forma virtutis. — *f.* 139′. Dominica XIIII. Luc. Dum iret Iesus . . . *homilia Bedae:* Leprosi non absurde — est in coelis; sermo Augustini de decem leprosis et de apostolo et psalmo. De divinis lectionibus — gratias agite. — *f.* 142. Dominica XV. Matth. Nemo potest duobus dominis . . . *ho-milia Augustini:* Quae verba consideranda — temporalium cogitare; *sermo Hieronymi:* Non potestis Deo servire — angustias saeculi. — *f.* 144. Do-minica XVI. Luc. Ibat Iesus in civitatem Naim . . . *homilia Bedae:* Et factum est deinceps — in corde mittendo. — *f.* 144'. Dominica XVII. Luc. Cum intraret Iesus in domum . . . *homilia Bedae :* Hydropis morbus — vetat, congruit. — Incipiunt sermones s. Leonis pp. de ieiunio mensis septimi; *fer. IIII expositio Bedae, sermo Severiani; fer. VI homiliae Augustini et Ambrosii; sabb. homiliae Gregorii, Augustini, Ambrosii.* — — *f.* 159'. Dominica XVIII. Matth. Accesserunt ad Iesum Pharisei . . . *homilia Ioannis :* Convenerunt, ut multitudine — per ipsum . . . — *f.* 160'. Dominica XVIIII. Matth. Ascendens Iesus in naviculam . . . ; *homilia Ioannis :* Christum in humanis actibus — iam moreris. — *f.* 161'. Dominica XX. Matth. Simile factum est regnum coelorum regi, qui fecit nuptias filio suo . . . *homilia Gregorii :* Textum lectionis — naturam nostram. Qui . . . *Ioannis ep. :* Homo rex dicitur — patientur fletus. — *f.* 168'. Dominica XXI. Ioh. Erat quidam regulus . . . *homilia Gregorii :* Lectio sancti evangelii expositione non indiget — tenetis. Praestante . . . — *f.* 169. Dominica XXII. Matth. Assimilatum est regnum coelorum homini regi, qui voluit rationem . . . *homilia Augustini :* Cum Petrus interrogasset — ceteri timeant; *Hieronymi :* Ideo assimilatum est — de cordibus vestris; de dialogo s. Gregorii pp. : Sed inter haec sciendum est — fuerimus. Ipso adiuvante . . . — *f.* 171'. Dominica XXIII. Matth. Abeuntes Pharisei . . . *homilia Ioannis Chrysostomi :* Omnis malitia — sicut Deus; *sermo Bedae :* Et observantes — invenisset locum. — *f.* 173. Dominica XXIIII. Matth. Loquente Iesu ad turbas . . . *sermo Severiani :* Omnes evangelicae lectiones magna — exclusit eternitas tempus; *Bedae :* Ecce vir venit — caput suum. — *f.* 176. Dominica XXV. Marc. Exiens Iesus vidit turbam multam et misertus est . . . *homilia Bedae :* Quomodo misertus est — est potestatis. — *f.* 178. Dominica XXVI. Matth. Accesserunt ad Iesum Pharisei temptantes . . . Si licet . . . *homilia Ioannis :* Viro casto — emendatur natura.

f. 180'. Dominica de sancta Trinitate. Sermo Augustini de una Trinitate et de trina unitate. lect. I(—XI). Evangelica lectio proposuit — quaerite. Qui . . . — *f.* 184. Ioh. Cum venerit paraclitus . . . *homilia Augustini :* Dominus Iesus in sermone — convertit in amorem. (*In margine man. rec. :* require omeliam Bede dom. I post pentec.) lect. XII Augustini : Adesto lumen uerum — tibi gratiarum actio in saecula saeculorum. Amen.

f. 185'. Matth. Accesserunt ad Iesum Saducaei, qui negant esse . . . *homilia Ioannis Chrysostomi :* Quae erant haereses — difficile conquiescunt. — *f.* 188'. Matth. Simile est regnum coelorum homini, qui seminavit bonum semen . . . *sermo Hieronymi :* Aliam parabolam proposuit — regno Patris sui. — Luc. Homo quidam erat dives et induebatur purpura . . . *homilia Gregorii :* In verbum sacri eloquii — intus arbitramini.

Complura aliis manibus et emendata et addita.

Miniat. color.

Bethmann in Pertz' Archiv Bd. XII, S. 224.

23. Martyrologium et lectionarium monasticum.

Regin. 537. membr. 52 f. 440 × 313 mm. 2 col. saec. XII.

f. 1. et ignorantia uiarum . . . *Miracula ad XVIII Kal. Sept. Assumptio B. M. V. narrata.*

f. 3. XVII Kal. Septembres. In Nicea Bithynie natalis Ursacii confessoris . . . *Martyrologium usque ad:* VII Kal. Octobris. Natale beati Cleophe. *Insunt hae vitae et passiones sanctorum, sermones, miracula:* — *f.* 3. Passio s. Mimetis m. et monachi. — *f.* 6'. Passio s. Bartholomei apostoli, *in duodecim lectiones divisa.* — *f.* 8'. Vita s. Audoeni, Rothomagensis episcopi; prologus, *desinit* — *f.* 9' *in:* ab ipso Paulo. — *f.* 11. Vita s. Augustini, *cuius pars in novem lectiones divisa.* — *f.* 16. In decollatione s. Iohannis bapt. sermo. Narrat Iosephus uinctum — et gloriam sancte Trinitatis. — *f.* 16'. Vita s. Sabine m. — *f.* 17'. Passio ss. Felicis et Adaucti. — *f.* 19. eius cumulum referre . . . *Miraculum ad nativitatem B. M. V. narratum. Deest initium.* — *Post* — *f.* 20 *desunt complura.* — *f.* 26. Sermo dulcissimus. Sollennem memoriam — longa salus . . . per omnia saecula saeculorum. Amen. — *f.* 26'. Sermo s. Augustini de annunciacione dominice incarnationis. Scientes, fratres dilectissimi, auctori nostro — inmensitas nunc et semper et per omnia saecula saeculorum. Amen. — *f.* 28. Item s. Augustini de annuntiatione dominice incarnationis. Castissimum Marie — dicaris salvatoris ipso adiuvante . . . — *f.* 29. Sermo beati Ambrosii in natiuitate b. Marie. Natiuitas gloriose genitricis — Maria interveniente ipse praestare dignetur, qui . . . — *f.* 31'. Sermo in natiuitate sancte Marie. Fratres karissimi, et explanandum — gaudia sempiterna praestante eodem Domino . . . — *f.* 32'. Item sermo de nativitate s. Marie. Hodie, fratres dilectissimi, beate uirginis — dignetur in celis, praestante Domino . . . *Ter in octonas lectiones divisus.* — *f.* 34. Item in nativitate beate Marie perpetue virginis. Igitur beata et gloriosissima — docuerit Dominum nostrum Iesum Christum, qui . . . *Ter in octonas lectiones divisus.* — *f.* 37'. De exaltatione s. Crucis et eius reuersione. Tempore illo postquam Constantino — testantur miracula. *In duodecim lectiones divisum.* — *f.* 39'. Passio s. Alexandri m. — *f.* 43. Passio s. Mauricii cum sociis, *in duodecim lectiones divisa.* — *f.* 45'. Vita et passio s. Firmini ep. et m., *desinit in:* et virtutes celorum.

f. 48. Vnde dicit Aristoteles hoc est animal . . . — Prologus et capitula sequentis libri. — *f.* 48'. Incipit liber moralium dogma philosophorum editus a magistro Galtero, qui Alexandre idem fecit, [vel] a magistro Villermo instructore Henrici filii cuiusdam comitis Andegauensis in Britannia. Rubrica. Moralium dogma philosophorum . . .; *desinit in:* ne alios offendat. *al. man.*

f. 51. Custos. Prepositus . . . *Index tributorum quorundam capitulorum. Insunt:* Capitulum B. M. V. Rector altaris beate Marie virginis. In ecclesia

s. Nicolai ultra Mosam. Capitulum sancti Iohannis. Capitulum s. Dionysius. Capitulum s. Bartholomaeus. Capitulum Hoyense. Nova villa iuxta Tyhange. *al. man.*

Nonnulla eadem man. addita.

24. Lectionarium monasticum.

Vatican. 1271. membr. 381 f. 430 × 290 mm. 2 col. saec. XII.

f. 1. Dominica I adventus. Visio Isaie. Audite celi et percipite . . . *Proprii de tempore usque ad sabbatum sanctum scriptura currens, sermones, homiliae litteris initialibus in lectiones divisae Ambrosii, Augustini, Bedae, Fulgentii, Gregorii, Maximi, Remigii; expositiones epistolarum, sermones, homiliae sine nominibus scriptae. Insunt:* — *f.* 30'. In s. Stephani protom. In diebus illis crescente numero — euangelizante uerbum Dei. *Act. apost., sermo, homilia.* — *f.* 34'. VI Kal. Ian. S. Iohannis. Secundam post Neronem — ad laudem Domini et salvatoris. Amen. — *f.* 40. Incipit passio ss. Innocentium. *Sermones, homilia.* — *f.* 47'. Natale s. Siluestri. Siluester igitur — quieuit in pace. — *f.* 87. Dominica in sexagesima. In principio creauit Deus — invocare nomen Dei. *Scriptura currens Genesis. Item:* — *f.* 91'. Dominica in quinquagesima. Noe vero cum quingentorum esset — et mortuus est. — *f.* 96. Fer. IIII caput ieiunii. Postquam vero nonaginta et novem annorum esset — facies iudicium. *Scriptura currens (Gen. et Exod.* — *Exod. 12, 27) per dominicas quadragesimae (praeter primam) et per ferias quadragesimae. Praeter dominicam primam desunt sermones.* — Sabbato ante dom. de passione . . . Erat autem quidam vir de Saraa et de stirpe Dan — Iudicavit quoque Israel viginti annis. *(Iud. 13, 2 — 16, 31.)* — *f.* 132. Dominica de passione. Verba Heremie prophete, filii . . . Priusquam te formarem . . . *(— 49, 2?) Scriptura currens per dominicas et ferias usque ad fer. IV post dominicam in ramis palmarum. Desunt sermones et homiliae.* — *f.* 148'. Fer. V. In coena Domini. Incipiunt lamentationes. *In margine ad Aleph et Beth neumae sine lineis appositae.*

f. 156. Incipit passio beati Andreae ap. Passionem beati Andreae apostoli, quam oculis . . . *Proprium sanctorum usque ad annuntiationem B. M. V.; passiones, vitae, sermones, homiliae sanctorum:* — *f.* 161. Passio s. Barbarae. — *f.* 163'. Vita s. Nicholai ep. — *f.* 170'. Passio s. Luciae. — *f.* 171'. Natale s. Agnetis. — *f.* 173'. Passio s. Vincentii. — *f.* 175. In conversione s. Pauli. — *f.* 177. Natale s. Severi. — *f.* 178'. Purificatio s. Mariae. — *f.* 181'. Passio s. Blasii. — *f.* 184. Passio s. Agathae. — *f.* 187'. In cathedra s. Petri ap. — *f.* 191. Passio b. Mathiae ap. — *f.* 196. Natale s. Gregorii pp. — *f.* 199'. Natale s. Benedicti abb. — *f.* 202. In annuntiatione B. M. V.

f. 205. In natale apostolorum in primo nocturno. Totum mundum, fratres . . . *Communis sanctorum sermones et homiliae.*

f. 218. Sermo in dedicatione ecclesiae. Ad dedicationem ecclesiae — ero illorum Deus. Luc. Ingressus Iesus perambulabat . . . *homilia:* Quae impossibilia — regemque venturum.

f. 224. (*In margine al. man.:* In resurrectione.) Marc. Maria Magdalene . . . (*in margine al. man.:* homilia Gregorii pp.) Multis vobis lectionibus — filium suum. Qui . . . *Proprii de tempore usque ad dom. XXIII post octavam pentecost. scriptura currens et homiliae, sermones in ascensione Domini et dominica post ascensionem. — f.* 278′. Dominica de sancta Trinitate. Omnis itaque scriptura — non secundum relativum. — Ioh. Cum venerit paraclitus . . . *(homilia:)* Credimus sanctam Trinitatem — gratia et pax. Amen. — *f.* 281′ *vacuum. — Plurimae homiliae et sermones sine nominibus scripti.*

f. 282. Infra pasche sollempnia per sanctorum festivitates homilia s. Augustini ep. Ioh. Ego sum vitis vera . . . Iste locus evangelii — fructum afferamus in vite.

f. 284. Incipit passio Marci ev. Per idem tempus — Gaio et Iunio. Regnante . . . *Proprium sanctorum usque ad s. Clementis; passiones, vitae, sermones, homiliae: — f.* 285′. S. Philippi ap. Eodem die s. Iacobi ap., — *f.* 287. ss. Alexandri, Eventii et Theoduli mm., — *f.* 288. Eodem die inventio s. Crucis. — *f.* 291. In celebrationem atque victoriam sancti Michaelis. — *f.* 292′. In dedicatione sancti Michaelis. — *f.* 294′. s. Christine v. m., — *f.* 296′. s. Panchratii, — *f.* 297′. ss. Veriani, Iustini, Faustini, *aliorum,* — *f.* 299. ss. Primi et Feliciani, — *f.* 301. ss. Basilidis, Cirini, Naboris et Nazarii, — *f.* 302. ss. Viti et Modesti, — *f.* 304. ss. Gervasii et Protasii, — *f.* 305. In natale s. Iohannis bapt., — *f.* 311′. ss. Iohannis et Pauli, — *f.* 313. Passio s. Petri apostoli a Lino Romano ep. Graeca lingua edita et ecclesiis orientalibus destinata, sed a Marcello Deo dilecto et ipsius Petri discipulo Latine per hoccidentis partem fideliter est diffusa. — *f.* 318′. In celebratione sancti Pauli apostoli a praedicto Marcellino compilata. — *f.* 322. In octava apostolorum. — *f.* 324. s. Paterniani, — *f.* 327. s. Apollenaris, — *f.* 332. s. Iacobi ap., — *f.* 335. s. Petri a vincula, — *f.* 338′. ss. Donati et Hyllariani, — *f.* 342. s. Laurentii, *desinit in:* V Id. Augusti. Tunc. — *f.* 344. noctu venit Iustinus . . . *s. Iustini,* — *f.* 344′. Dormitio siue assumptio s. Dei genitricis uirginis Mariae. Epistola b. Hieronimi. Adest, dilectissimi fratres, dies valde — electis suis. Ipsi . . . — *f.* 349′. s. Augustini, — *f.* 351. Decollatio s. Iohannis bapt. — *f.* 354. In nativitate s. Mariae. — *f.* 356′. Eodem die exaltationis s. Crucis. — *f.* 359′. s. Lucae, — *f.* 362′. ss. app. Symonis et Iudae, — *f.* 366′. Festiuitas omnium sanctorum. — *f.* 373′. Vita uel actus b. Martini. — *f.* 377. s. Ceciliae, *desinit — f.* 377′ *in:* orans commendabat.

— *f.* 378. []tem iuxta eum angelum. — *f.* 378′. s. Clementis. — *f.* 381′. *Probationes pennarum, quo in numero:* Anno Domini millesimo CCCXV.

Nonnulla aliis manibus addita, cum alia, tum numeri lectionum monasticarum. Multae pennarum probationes.

Miniat. color.

Neumae.

25. **Lectionarium de s. Andrea ap. monasterii ss. Andreae et Gregorii.**

Vatican. 1274. membr. 164 f. 300 × 170 mm. saec. X.

f. 1. Cupientes aliquid loqui — vos estis. *Sermo de sanctis man. saec. XII.* — *In margine man. saec. XIV:* Legimus regulam sancti Benedicti.

f. 1′. Tempore Tyberii piissimi si quidem inperatoris. — Ubi cottidie fuerunt miracula. Ad laudem ... *De brachio s. Andreae ap. per Gregorium diaconum, postea papam Romam translato.*

f. 3′. Suscipe sancte hoc munus Andrea — Indignus Adenulfus tuo regimine fultus. *Rhythmi, quibus liber s. Andreae dedicatur.*

f. 4. In vigilia s. Andree apostoli. Lectio s. evangelii secundum Iohannem. In illo tempore stabat Iohannes et ex discipulis eius duo — sunt Iesum. Et reliqua. Omelia venerabilis Bede. lect. I(—III). Tanta ac talis — dignatus est Iesus Christus ...

f. 14′. Incipit prologus in passione s. Andree apostoli. Andreas frater Petri — pridie Kal. Decembris. — *f.* 15. lect. I(—VIII). Passionem sancti Andree apostoli, quam — veritatis venire. Ipsi ...

f. 26′. Incipiunt sermones in natale s. Andree. Ambulans autem Iesus iuxta mare — evangelium Iesu Christi. Ipsi ... — *Sermones Gregorii et Augustini, homiliae.*

f. 78′. Incipiunt capitula libri de miraculis s. Andreae. — *f.* 79′. Incipit prephatio de miraculis s. Andreae. Inclyta sanctorum apostolorum trophea — puritas mentis. — *f.* 80. Incipit textus de uirtutibus. Igitur post illum dominice ascensionis nobilem — non neganda. *Inter versus et in marginibus octo lectiones indicatae.*

f. 119′. Incipiunt sermones, qualiter populus Mirmidoniensium per praedicationem beati Andree — ad baptismum pervenerunt. Postquam Dominus noster Iesus Christus — unum per eterna secula. Amen.

f. 160. Item versi in sancti Andree apostoli. Concinat altithrono uox omnis cordis ab antro | Ac lingue sistro concinat altithrono ...

f. 164. Ego Adinolfus presbyter et monachus ... *Christo, s. Andreae, s. Gregorio librum dedicat furemque eius exsecratur.*

f. 164'. *man. rec. de fratre Matheo* in congregatione nostri monasterii. — Hii sunt libri, quos abbas Fulgentius pro conscientie libertate sanctorum Andree et Gregorii monasterio largitus est.

Miniat. color. Pict. tabularis: — *f. 3' imagines Christi, ss. Andreae et Gregorii papae.*

26. Lectionarium monasterii s. Gregorii Clivoscarensis.

Vatican. 1189. membr. 203 f. 330 × 240 mm. 2 col. saec. X. XI.

f. 1. Incipit passio sanctorum Marcelli pp., Cypriani, Largi, Zmaragdi, Trasonis, Saturnini, Sisinni, Aproniani, Papie et Mauritii et ceterorum. mens. Ianuar. dies sedecim. Tempore, quod Maximianus — sub die quartum Nonarum Februariarum. Finit passio s. Aproniani. *Ita in ceteris.*

f. 2. Iste liber est monasterii s. Gregorii in Cliuoscari.

f. 2'. Incipit passio ss. Saturnini, Sysinnii, Papias et Maurus. Tunc iussit — Augusti. Finit passio supra scriptorum sanctorum. — *f.* 3'. Incipit passio s. Cyriaci et aliorum. Post paucos dies — sororem suam Arthemiam. — *f.* 6. Incipit passio s. Marcelli pp. Post dies octo — mundus steterit. Regnante . . . — *f.* 7. Incip. acta beati Antonii et Pauli heremite collecta de uita ss. patrum. mens. Ian. dies XVII. Beatus Antonius — in terra illa. Prestante . . .

f. 13. Dom. II post theophaniam. Ad Romanos. Fratres, habentes donationes — differentes. Et cetera. Omelia venerabilis Bede. Donorum gratia specialis — animabus vestris. Quod ipse prestare dignetur . . . — *f.* 14. Ioh. Nuptie facte sunt — ibi. Et cetera. Omelia. Non sine causa — caelestem saporem. — *f.* 17. Dom. III post theophaniam. Ad Romanos. Fratres! Nolite esse prudentes — hominibus. Omelia eiusdem. De prudentia huius seculi — multitudine peccatorum. Per . . . — *f.* 18. Matth. Cum descendisset Iesus de monte . . . *homilia Bedae:* Nisi de monte — pro sua emundatione. — *f.* 21. Dom. IIII. Ad Rom. Fratres! Nemini quicquam — diligatis. *Homilia.* Beatus apostolus — est nobis. — *f.* 22. Matth. Ascendente Iesu . . . *Homilia.* Hac nauigatione — tollet a nobis. — *f.* 24' *vacuum.*

f. 25. Incipit sermo s. Augustini de s. Symeone. Nuper dies natalis — peccata mundi Iesus Christus . . . — *f.* 27. Item sermo ubi supra. Ecce homo erat — ecclesiam suam. Qui . . . — *f.* 28'. Item sermo ubi supra. Salvator noster, fratres dilectissimi, natus — carne processit. Cui . . . — *f.* 31. In purificatione s. Mariae lect. libri sapientiae. Dominus possedit me — ordinata sum. Et reliqua. *Homilia.* Presens ista festivitas — exquirunt Dominum nostrum Iesum Christum, qui . . . — *f.* 32. In purificatione s. Mariae. Matth. Postquam impleti sunt . . . omelia domini Aymonis. Auctor humani — domus Israhel.

f. 37′. Mense Februario die III. Natale s. Blasii m. Igitur cum Romani imperii — imperante Agricolao. Regnante . . . — *f.* 42′ *vacuum.* — *f.* 43′. S. Agatha passa est — eos liberaret. Ad laudem . . . *Deest inscriptio.* — *f.* 47′. Mense Februario die X. Natale s. Scolastice virg. Omilia venerabilis Bertharii abb. Lectio sancti evangelii . . . magnum humanis mentibus — gaudium domini tui. Prestante . . . *In marginibus quinque lectiones indicantur.* — *f.* 58′. Incipit prologus in natale ss. Abbacyrii et Iohannis Mediolani (?). Inclytas — curamus. Incipit passio eorum. Anno igitur — in abscondito. *In margine quinque lectiones indicantur.* — *f.* 69. Incipit passio s. Valentini presbyteri XVI Kal. Martias. Tunc tenuit — in hodiernum diem. Regnante . . . — *f.* 72. Eodem die s. Valentini ep. Incipit passio eiusdem. Propheta — collaudantes Dominum Iesum Christum . . . — *f.* 75′. Item prologus in passione ss. quadraginta martyrum. Mart. die IX. Martirum XL sanctorum — transibo. Incipit passio eorum. Temporibus Licinii — congregemus cum eis. Per . . .

f. 84. Matth. Assumpsit Iesus Petrum — seorsum. Omelia s. Effrem. De regionibus messis — regnum et imperium . . .

f. 90. Incipit uita beatissimi Gregorii pp. urbis Rome mense Mart. die XII. Mox accersito — in Saxoniam destinavit.

f. 97′. Dominica in palmas passio Domini nostri Iesu Christi secundum Matthaeum. Dixit Iesus discipulis suis: Scitis, quia post biduum — crucifigatur. *(Homilia.)* Post biduum id est — morerentur et corrumperentur. — *f.* 114. Dominica in septuagesima lectio ad Corinthios. Fratres! Nescitis, quod hi — comprehendatis. Omelia. In lectione apostolica — gratiae dono Iesus Christus . . . — Matth. Simile est regnum coelorum homini patrifamilias . . . omelia domini Aymonis. Frequenter in scripturis — ab origine mundi. — *f.* 121′. Dominica in sexagesima lectio ad Corinthios. Fratres, libenter — sapientes. Omelia. Cum apostolica lectio legeretur — eternum ueniat. Prestante . . . — Luc. Cum turba plurima . . . omelia domini Aymonis. Predicante Domino nostro — habete inter uos. — *f.* 130. Dominica in quinquagesima lectio ad Corinthios. Fratres! Si linguis — tinniens. Omelia. De laude caritatis — diligamus. — Matth. Assumpsit Iesus duodecim . . . omelia domini Aymonis. Post infirmis redditam — qui in celis est.

f. 137. Fer. IIII caput ieiunii. Lectio Iohel prophete. Hec dicit Dominus — corde uestro. Omelia. Exordium sancte quadragesime — diligentibus se. Cui . . . — *f.* 138′. Sequitur omelia. Cum ieiunatis . . . Superabundanter et digne Dominus — expectamus Dominum nostrum Iesum Christum . . . — *f.* 143. Dominica initium quadragesime. Lectio ad Corinthios. Fratres! Hortamur uos — respicitis. Omelia. Ingressuri igitur, dilectissimi, dies — uenire mereamur. Prestante . . . — *f.* 144′. Matth. Ductus est Iesus . . . *homilia Bedae.* Tricesimo anno nativitatis — superauit et uicit. — *f.* 149. Dom. II in quadragesima lectio ad Thessalonicenses. Fratres! Rogamus uos — ut abundetis magis. *Homilia Bedae:* Per sanctam et apostolicam scripturam — sed Christo. Cui . . . — *f.* 150. Matth. Exiens Iesus secessit in partes . . . *homilia Bedae:* Sanctus enim euangelista — mereatur peruenire. Prestante . . . — *f.* 152'. Dom. III in quadragesima lectio ad Hebreos. Fratres! Estote imitatores — suauitatis. *Homilia Bedae:* Ad imitationem Dei — ad eterna premia ueniatis. Auxiliante . . . — *f.* 153'. Luc. Erat Iesus eiciens . . . *homilia Bedae:* Nulla debet uideri — felicitate beatificantur. — *f.* 158. Dom. IIII in quadragesima lectio ad Galatas. Fratres! Scriptum est — de libera. Omelia. Ex lectione apostolica — peruenire mereamur. Per . . . — *f.* 160. Ioh. Abiit Iesus trans mare . . . *homilia Bedae:* Qui prudenter — sua passione redimere. Qui . . . — *f.* 163'. Dom. V in quadragesima lectio ad Ebreos. Fratres! Christus assistens — inuenta. Tractatus uenerab. Uede presbyteri. De uero et magno — cum sanctis eius perpetuam. Per . . . — *f.* 164. Ioh. Quis ex uobis . . . *homilia Bedae:* Longe superius — in Christum proicit.

f. 167'. Dominica in palmis lect. ad Philippenses. Fratres! Hoc enim sentite — ut homo. Tractatus Uede. Sacramentum dilectissimi dominice passionis — tradidit eum. Qui . . . — *f.* 168'. Fer. V in cena Domini lectio ad Corinthios. Fratres! Conuenientibus uobis — manducare. Tractatus Uede. Cena Domini — potius coronemur. Ipso prestante . . . — *f.* 169'. Incipit sermo s. Iohannis Osaureos in parasceue. Hodie incipiamus — regna mereamur. Per . . . — *f.* 171. Item omelia in cena Domini. Ioh. Ante diem festum . . . *homilia Bedae.* Scripturus euangelista — uisionis inducat Iesus Christus . . .

f. 175. In uigilias pasche sabbato sancto lectio ad Colossenses. Fratres! Si consurrexistis — Dei sedens. Omelia. Domini nostri Iesu Christi honorabilem — quem rogamus. Cui . . . — *f.* 176. In diem sanctum pasche lectio ad Colossenses. Fratres! Expurgate — Christus. Omelia. Resurrectio Domini nostri Iesu Christi fidem nostram — exaltari mereamur. Qui . . . — *f.* 177. Marc. Maria Magdalene . . . *homilia Bedae:* Sancte mulieres — cum ipso in gloria. — *f.* 181. Fer. II lectio actuum apostolorum. In diebus illis stans Petrus — Iudeam. Omelia. Breuiter omnia — et beata eternitas. Cui . . . — *f.* 182. Dominica octabas pasche lectio epistole beati Iohannis ap. Karissimi! Omne, quod — fides nostra. Omelia. Audistis epistola . . . Iesum apostolum — eterna letitia. Per . . . — *f.* 183'. Ioh. Cum esset sero . . . *homilia Bedae:* Una sabbatorum . . .; *desinit in:* uidimus humanitatem.

f. 186. Expositio s. Ieronimi. [D]eus laudem meam ne tacueris, hoc est — qui pro nobis passus est. Qui . . . — *f.* 194. Sermones in quadragesima ad completorium. [R]ogo uos, fratres karissimi, ut attentius — perferatur in celum. — *f.* 195. Sermo. Rogo uos et ammoneo — protectione perducat. Qui . . . — *f.* 197'. *(Sermo.)* O uita, que tantos — eternis gaudiis perfrui. Ipso prestante . . . — *f.* 200. Obsecro uos, dilectissimi fratres, ut qui — ad te uero confugimus, Patri et Filio . . .

Nonnulla aliis manibus addita; multorum foliorum partes vacuae abscisae.

Miniat. color. Picturae lineares ut Vatican. 615.

Bethmann in Pertz' Archiv Bd. XII, S. 223.

27. **Lectionarium Malmundariense.** Pars hiemalis.

Vatican. 9499. membr. 260 f. 476 × 325 mm. 2 col. saec. XV.

f. 1. *Kalendarium. Ind. cal. dies Aeg. grad. num. rubricae.* — *f.* 3. Kal. Mai. Dedicatio ecclesiae. — *f.* 3'. VI Kal. Iul. Dedicatio turris Malmund.

f. 7. In uigilia pasce lect. I. In principio creauit . . . *lect. I—III, tractus, collectae.*

f. 9. Incipit Ysaia propheta, lect. I. Uisio Ysai· filii Amos, quam uidit . . . Audite celi et auribus . . . *Lectionarium breviarii Benedictini, scriptura currens, sermones, homiliae in lectiones divisae, evangelia, responsoria, collectae. Epistolas s. Pauli argumenta antecedunt. — Proprium de tempore ab adventu usque ad sabbatum sanctum.*

Homiliae et sermones Ambrosii, Augustini, Bedae, Fulgentii, Gregorii, Hieronymi, Ioannis Chrysostomi, Isidori, Leonis, Maximi, Severiani; multa sine nominibus scripta.

f. 153. *Lamentationes Ieremiae neumis vel notis musicis instructae.* — *f.* 165' *vacuum.*

f. 166. Passio sancti Andree apostoli, lect. I. Proconsul Egeas Patras . . . *Passiones et vitae sanctorum in lectiones divisae, homiliae, responsoria, collectae usque ad ss. Tiburtii et Valeriani.* — *f.* 244' *vacuum.*

f. 245. Incipit commune sanctorum de uno uel de pluribus apostolis. lect. prima. Maiorem hanc dilectionem . . . *Commune sanctorum.*

f. 255. In commemoratione gloriose uirginis Marie. Sabbatis diebus lect. I. Sacrosanctam uenerabilis Dei genitricis Marie . . . — *f.* 259. In conceptione beate Marie virginis in primis uesperis ant. Gaude mater ecclesia . . . *Totum officium breviarii rhythmicum; lect. V desinit in:* nostra Dei ge.

Nonnulla in marginibus al. man. addita.

Miniat. color. et inaurat. flor.

Notae musicae.

28. Lectionarium basilicae ss. Philippi et Iacobi.

Vatican. 3835. membr. 329 f. 299 × 245 mm. 2 col. saec. VIII. litteris semiuncialibus. tom. I.

f. 1. Incipit sermo sancti Leonis pp. de passione Domini nostri Iesu Christi. I. Sacramentum, dilectissimi, dominicae passionis . . . *Decem sermones. Sermones ss. Ambrosii, Augustini, Gregorii Nazianz., Hieronymi, Hilarii, Ioannis Chrysostomi, Leonis.* — *f.* 29' *rescript.* Incipit sermo sancti Augustini in uigilia osanne. — *f.* 32'. De V feria passionis dominice. Quinque sermones per lectiones novem. — *f.* 51'. De VI fer. passionis dominice. Septem sermones per lectiones novem. — *f.* 78. In sabbato sancto. Sex sermones per lectiones novem. — *f.* 95. In pascha, octo sermones = *novem lectiones.* — *f.* 108'. Fer. II [et III et tempore paschali] sermo XXXIX(—XLIV). — *f.* 128'. Octaba paschae sermo XLV(—LVIII). — *f.* 176. In pentecoste sermo LIX(—LXVIII).

f. 203'. De natale sancti Iohannis bapt. sermo LXIX(—LXXV). — *f.* 229. In natale apostolorum Iacobi et Philippi. Sermo LXXVI. — *f.* 240. Incipiunt lectiones in vigilia apostolorum Petri et Pauli. Lect. I(—III). *Act. apost. 3, 1.* Petrus autem et Iohannes ascendebant — multiplicabantur. — *f.* 240—242 *lineis plenis.* — *f.* 243. De natale apostolorum sermo LXXX(—LXXXV). *In fine:* Expliciunt sermones in natale Petri apostoli de prima vigilia. — *f.* 255'. Lectiones de natale apostolorum in secunda uigilia, lect. I(—III). *Act. apost. 4, 5.* Factum est autem in crastinum — receperunt uerbum Domini. — *f.* 256—260 *lineis plenis.* — Sermo LXXXIX (—XCVII). *In fine:* Expliciunt sermones in natale Petri apostoli de secunda vigilia, numero VIII. — *f.* 273. Lectiones I(—III) in uigilias beati Pauli apostoli. Saulus autem adhuc spirans — continuo in nomine Domini nostri Iesu Christi. — *f.* 273—276 *lineis plenis.* — Sermo XCVIII(—CIV). — *f.* 294'. Lectiones (I—III) eiusdem beati Pauli in secunda vigilia de actibus apostolorum. *(17, 16.)* Paulus autem cum Athenis — et confirmabatur. — *f.* 295'—297' *lineis plenis.* — Sermo CVIII(—CXIV). — *f.* 316. In duodecim apostolorum. Sermo CXV.

f. 329. Uilegis obsecro, ut oris pro scriptore, ut per apostolorum principem soluatur uincula Agimundi pbr. peccatori sicut inutilis scriptori. — Basilica apostolorum Philippi et Iacobi. *al. man.* — *f.* 329'. *Probationes pennae:* Iohannes presbyter peccator . . ., Iohannes cardinalis sacrae Romane ecclesie; *aliae.*

Multa folia humore laesa. — *f. 32', 33, 33' al. man. litteris cursivis.*

Vatican. 3836. membr. 314 f. cetera ut supra. tom. II.

f. 1. Incipit sermo sancti Augustini de sanctorum Machabeorum. Kal. Augustas. Gratias Deo Domino nostro . . . Sermo I(—V). *Ante sermonem IV:*

legitur VIIII lectione de euangelio. — *f.* 14'. In natale sancte masse candide. Sermo VI, VII. — *f.* 18'—20 *lineis plenis.* — *f.* 22'. De natale s. Xysti scriptum est quarta decima lectione post sancti Laurentii. — *f.* 23. Incipiunt sermones s. Laurentii. Sermo VIII(—XVII). — *f.* 50'. De Susanna et senioribus. Sermo XVIII, *in duas lectiones divisus.*

f. 55. *al. man.* Sermo s. Iohannis Chrysostomi, lect. VII. Omnium quidem martyrum — salvabit nos. Ipsi . . . — *f.* 58. Omelia s. Augustini *ad Luc. 10, 38.* Intravit Iesus in quoddam castellum . . . Sanctum evangelium, cum legeretur . . . — *f.* 61. S. Antipatri episcopi patris nostri ad matutinum in adsumptione sancte Marie, lect. I. Iterum nos — salutem Iesum Christum . . . Ipsi . . . — *f.* 63. *al. man.* — *f.* 70'. Procli episcopi Constantinopolitani homelia in sancte Dei genitricis Marie, lect. VII. Uirginalis hodie sollemnitas . . .; *desinit in:* animatu nature.

f. 71. *prima man.* non adiuvet. Sermones s. Leonis de ieiunio septimi mensis. — *f.* 80'. In sancti archangeli. Sermo XXVII(—XXX). — *f.* 95. In natale s. Andree. Sermo XXXI(—XXXVI).

f. 110. In commemoratione de adventum Domini; dom. I(—IV). Sermo XXXVII(—XLIII). — *f.* 128. *Luc. 3, 1—11.* — *f.* 128' *lineis plenis.* — *f.* 139'. De incarnatione dominica. Sermo XLIV(—XLVI). Sermo XLV. Epistola s. Leonis ad Flavianum. — *f.* 151'. Sermones s. Leonis de ieiunio mensis decimi. Sermo XL(—XLIX).

f. 158'. Incipit omelia sancti Augustini de natalibus martyrum. Cum omnium sanctorum martyrum . . . — *f.* 190. In dedicatione ecclesiae. Sermo L(—LXV). — *f.* 198'. Omelia ad aedificationem animae, *ex regula s. Benedicti desumpta.* Sermo LXVI. — De die iudicii. Sermones LXVII(—LXXII).

f. 216. De natale s. Cypriani. — *f.* 230'. In natale ss. Cosmae et Damiani, — *f.* 233'. Vincentii, — *f.* 235. Perpetuae, — *f.* 241. Victoriae, — *f.* 244. Genesi, — *f.* 246. Felicis et Adaucti. Sermones LXXIII(—XC). — *f.* 248. Chrysostomi, quando regressus est de Dacia in Constantinopolim, sermones XC(—C). — *f.* 252'. S. Leonis de natale ipsius. — *f.* 260'. Varii sermones s. Augustini. *Multi sermones sine nominibus scripti.*

f. 277. *al. man.* Sabbato de ebdomada II. capitulum secundum Lucam. Homo quidam abuit duos filios — inuentus est. Omelia ad sanctum Petrum et Marcellinum. Homo quidam . . . Hodie nobis Dominus . . . — *f.* 279. Secundus — quintus sermo eiusdem. — *f.* 290'. Ebdom. III in quadragesima fer. VI omilia eiusdem. — *f.* 299. Ebdom. IV in quadragesima fer. IIII omilia eiusdem; *desinit in:* ipsa quodam mo.

Complura folia humore laesa; nonnulla refecta. Signa recitatoris.
Miniat. color. — *f. 64 littera P pict.*
Ballerini, Opera s. Leonis pp. (Venetiis 1753) tom. I, p. LXXX. — *Mai,* Nova patrum bibliotheca (Romae 1844) tom. I, p. III. — *Bäumer,* Geschichte des Breviers S. 226.

29. Lectionarium Roffense.

Vatican. 4951. membr. 220 f. 334 × 251 mm. 2 col. saec. XII.

In folio praeligato: Emptum ex libris cardinalis Sirleti.

f. 1. In hoc uolumine continentur hec. Sermones de incarnatione uerbi . . . *Index man. rec. — Infimo in folio:* Liber de claustro Roffensi . . . *al. man.*

Epistola Leonis pape ad Flauianum Constantinopolitanum episcopum de incarnatione uerbi. Leo episcopus . . . Lectis dilectionis tue litteris . . . *Proprium de tempore a nativitate Domini usque ad festum s. Trinitatis. Sermones Augustini, Eusebii, Fulgentii, Hieronymi, Ioannis Chrysostomi, Isidori, Leonis, Maximi.*

f. 173'. Sermo beati Augustini ep. in natali s. Vincentii levitae et martyris. In passione, que nobis . . . *Item sermones:* — *f.* 179'. In conversione s. Pauli. — *f.* 180'. In festivitate s. Iohannis bapt., — *f.* 184. apostolorum Petri et Pauli, — *f.* 185. s. Laurentii. — *f.* 187. In assumptione B. Dei genitricis Marie. Cogitis me . . . ; *in lect. I—VIII, ter in ternas lectiones infra octavam, in lect. I—VIII dominica infra octavam, in lect. I—VIII die octava, ut videtur, legendas divisus.* — *f.* 196'. In decollatione s. Iohannis bapt.

f. 209. *Sermones communis martyrum, confessorum, virginum, varii, in dedicatione ecclesiae.*

f. 217. Ex decretis beati Gregorii pp., quo ubique cum sacerdotali officio monachis ministrare liceat. *Deficit miniator.* — *f.* 218'. Ponitur in precio res inpreciabilis ipsa — Marsque leone caret. *Versus de passione Domini.* — *Locus abrasus.* — *f.* 219'. Decretum beati Gregorii pape. Et episcopi nullam molestiam abbatibus . . . *Decreta de monachis.* — *f.* 220. [T]empore quo rex Willelmus iunior . . . *De reliquiis s. Andreae ap. inventis. al. man.; desinit in:* negotio ani.

Nonnulla in marginibus eadem et al. man. addita. — *f. 199' et 220' probationes pennarum Anglicae.*

Miniat. color. viridi et caeruleo.

Pict. lineares — *f. 218' et 220'.*

30. Lectionarium proprii sanctorum Wormatiense.

Palatin. 477. membr. 283 f. 460 × 315 mm. 2 col. saec. XV.

f. 1. 039.

Incipiunt lectiones in officiis | matutinalibus de sanctis per circu | lum anni legende. Primo | in vigilia s. Andree. evangelium. lectio s. evangelii secundum Iohannem. In illo tempore stabat Iohannes . . . Omelia venerabilis Bede presbyteri de eadem lectione. Tanta ac talis — laturus occurrat. Tu autem Domine . . . — In die sancto. lectio prima (—VI). Beatus Andreas —

hominum predicavit. — Evangelium. lectio sancti evangelii secundum Math. Ambulans Iesus iuxta mare — piscatores hominum. Omelia beati Gregorii pp. de eadem lectione. lect. VII(—IX). Audistis, fratres karissimi, quia ad unius — cum possidetur. — Lectiones infra octavam, si fuerit ante adventum. lect. I(—III). Sanctus Andreas pendens in cruce — crediderunt in Domino. Cui . . . — Secuntur tres lectiones de miraculis eius. Post deambulationem — suscitati sunt. *Item passiones et vitae sanctorum et homiliae, quarum multae in communi requirendae sunt, in lectiones (I—III, I—VI, VII—IX) divisae.*

f. 5. De s. Barbara. — *f.* 6'. De s. Nicolao. In octava s. Andree.

f. 8'. In conceptione beate Marie, lect. I(—III). Vox ecclesie ad synagogam. Descendi in ortum nucum — montes aromatum. — lect. IIII(—VI). Tempore illo, quo — mercede remuneremur. Matth. Liber generationis . . . *homilia Bedae:* Moyses vir sanctus — es in celis.

f. 11. De s. Lucia. — lect. V. De s. Iodoco. — lect. VI. De s. Odilia. — *f.* 13. In vigilia, in die s. Thome. Ioh. Thomas unus . . . *homilia Gregorii:* Iste unus — sine operibus mortua est. — *f.* 15. De s. Thoma Cant. — Ioh. Ego sum pastor bonus . . . *homilia Gregorii:* Audistis, fratres karissimi, ex lectione — fallacia supplantat. — *f.* 17. De s. Silvestro pp. — *f.* 18. De s. Felice in Pincis. — *f.* 19. De s. Mauro abb. — *f.* 20. De s. Marcello pp. et m. — *f.* 20'. De s. Anthonio conf. — *f.* 21'. De s. Prisca v. et m. — *f.* 22. Marii et Marthe mm. — *f.* 22'. De ss. mm. Fabiano et Sebastiano. — *f.* 24. De s. Agnete. — *f.* 25. De s. Vincentio m. — *f.* 26. De s. Emmerenciana v. et m. — *f.* 26'. De s. Thymotheo. — *f.* 27'. In conversione s. Pauli. Hodie, dilectissimi, lectio de actibus — illud accipias. — Luc. Homo quidam dives, qui habebat villicum . . . *homilia Hieronymi:* Theophilus Anthyocene — mutatus sit. — *f.* 29'. De s. Polycarpo ep. — *f.* 30'. De s. Iohanne Chrisostomo. — *f.* 31. In octava sive in secundo festo s. Agnetis. — *f.* 32. De s. Valeriano ep. — *f.* 32'. De s. Aldegunde v.

f. 33'. De beata virgine sabbato ante septuagesimam et hoc, si festum purificationis fuerit in septuagesima. Fratres, nobis itaque — de captivitate revocavit. — Luc. Erat pater Ioseph et mater . . . *homilia Origenis:* Congregemus — eius animam pertransisse. — *f.* 35. De beata virgine . . . quando festum purificationis fuerit ante septuagesimam. Celebrantes commemorationem — divinitatis sue.

f. 36. De s. Brigida.

f. 36'. De purificatione s. Marie v. Exultent virgines — inhaerere potuisset. — Luc. Postquam impleti sunt . . . *homilia Bedae:* Sollempnitatem hodiernam — esse participes.

f. 39. De s. Blasio. — *f.* 40. De s. Agatha v. et m. — *f.* 41'. De s. Dorothea v. et m. — lect. VI. De ss. Vedasto et Amando. — *f.* 43.

De s. Appollonia v. et m. — *f.* 43'. De s. Scolastica v. — *f.* 44'. De s. Eulalia v. — *f.* 45. De s. Valentino ep. — *f.* 45'. De ss. Faustino et Iovita mm. — *f.* 46'. De s. Iuliana. — *f.* 47. De s. Symeone. — In cathedra s. Petri. Institutio sollempnitatis — sanctitati redditis. — Matth. Venit Iesus in partes Cesaree ... *homilia Hieronymi:* Philippus iste — beato Petro apostolo. — *f.* 50. In vigilia, in die s. Mathie ep. — *f.* 51'. In die s. Gregorii pp.

f. 53. In die annuntiationis b. Marie v. Ingressus autem angelus — laudibus gaudet. — Luc. Missus est angelus ... *homilia Ambrosii:* Latent divina — filius altissimi vocabitur.

f. 55. De s. Ambrosio, si venerit ante pascha.

f. 56'. Incipiunt lectiones de sanctis legende tempore estivali post pascha. — De s. Ambrosio ep., de ss. Tyburcio et Valeriano, de s. Georgio, de s. Marco evangelista. — *f.* 57'. De s. Vitali m. — *f.* 58. De ss. Philippo et Iacobo. — Ioh. Non turbetur cor ... *homilia Augustini:* Erigenda est — perturbatione recreantur. — *f.* 59. De inventione s. Crucis. Ioh. Erat homo ex Phariseis ... *homilia Bedae:* Sicut ex lectione — ignoranciam designat. — *f.* 60. De s. Iohanne evangelista ante portam Latinam. Ioh. Sequere me ... *homilia Bedae:* Lectio sancti evangelii, que nobis — assercione perdocuit. — *f.* 60'. De s. Gordiano et Epimacho pro III. lectione; *item:* de ss. Nereo, Achilleo et Pancratio, de s. Servacio ep., de s. Potentiana, de s. Urbano pp. — Rubrica de festo s. Maximini, Treverensis archiep.

f. 62. Feria II de sancta Trinitate. Ioh. Cum venerit paraclitus ... *homilia Bedae:* Ex multis sancti evangelii locis — manere concessum, *lect. I—III. Item:* Feria III de s. Trinitate. Credimus unum esse — sed potentialiter; feria IIII de s. Trinitate. Hec vero sancta — aut superat potestate. — *f.* 64'. Sequitur de corpore Christi. Inmensa divine — petra autem erat Christus. Ioh. Caro mea ... *homilia Aug.:* Cum enim cibo — manducat me. — Feria VI. Christus panis est — fides est, *lect. I—III. Item:* Sabbato. Iteratur cottidie — ad Christum pertineret. — Dominica infra octavas. lect. I(—VI). Huius sacramenti — presencia corporali. Sequentia evangelii: Caro mea ... Evangelium de dominica pro IX lectione. Homo quidam erat dives et induebatur purpura ... *homilia Gregorii:* In verbis sacri eloquii — cottidie splendide. — Feria II. O digna et numquam — sed mentem, *lect. I—III; item:* Feria III. Hic panis vere — existeret, solveretur. — Feria IIII. Potissime igitur — in premium largiatur. — Feria V in octava corporis Christi. lect. I(—VI). Eugenius episcopus servus — pontificatus nostri anno tertio.

f. 73'. De s. Maximino Treverorum ep. — *f.* 74. De s. Petronella. — *f.* 74. De ss. Marcello et Petro. — *f.* 75'. De s. Erasmo ep. et m. — *f.* 76. De s. Bonifacio m. et soc. — *f.* 76. De s. Medardo ep. — *f.* 76'.

De ss. Primo et Feliciano mm. — *f. 78.* S. Barnabe ap. — *f. 79'.* De s. Nazario et soc. — *f. 80'.* De s. Basilio. — *f. 81.* De s. Vito et soc. — *f. 82.* De ss. Marco et Marcelliano. — *f. 82'.* De ss. Gervasio et Protasio mm. — *f. 83.* De s. Albano. — *f. 84'.* In festo ss. decem milium martyrum. — lect. V(—VI). De s. Albino. — *f. 85'.* In vigilia s. Iohannis bapt. Luc. Fuit in diebus Herodis . . . *homilia Bedae:* lect. I(—III). Venturus in carne — offerendum instituit. — In die s. Iohannis bapt. Sollempnitatis nobis — fidem veritatis instituit. Luc. Elyzabeth impletum est . . . *homilia Bedae:* Precursoris Domini — divinitatis corporaliter. — *f. 88'.* In crastino s. Iohannis bapt. Festivitatem presentis diei — increpare peccantem. — *f. 89.* S. Iohannis et Pauli mm. — Proxima die sequenti. De s. Ioh. bapt. Cunctorum quidem prophetarum — promittitur nasciturus. — lect. III. De septem dormientibus. — *f. 91.* In vigilia ss. Petri et Pauli apostolorum. Ioh. Symon Iohannis . . . *homilia Bedae:* lect. I(—III). Virtutem nobis — Spiritus sanctus percipitur. — *f. 92.* In die ss. Petri et Pauli apostolorum. Omnium quidem sanctorum — milia protestantur. Matth. Venit Iesus in partes Cesaree . . . *homilia Bedae:* Lectio sancti evangelii, quam modo — falsorum deorum. — *f. 94.* In commemoratione s. Pauli. Dyonisius ad Thimotheum — magistro meo. — *f. 95'.* In octava s. Iohannis bapt. *Rubrica.* — Hodie, dilectissimi, dies — deploranda materia. Luc. Et factum est in die octavo . . . *homilia Bedae:* Iohannes interpretatur — divulgabant verba hec.

f. 98. In die visitationis beate Marie v. Beatissima virgo — in montana perrexit. Luc. Exurgens Maria . . . *homilia Ambrosii:* Morale est omnibus — repletur Elyzabeth. — *f. 100.* Proxima die sequenti. lect. I(—III). Letanter igitur — benedictus in saecula.

f. 101'. De s. Udalrico. — Lect. VI. De translatione s. Martini.

Die sequenti de b. virgine. lect. I(—III). Sed nichil in se — salutari meo. Cui . . .

f. 103. In octava apostolorum ss. Petri et Pauli. — Matth. Iussit Iesus discipulos suos . . . *homilia s. Augustini:* Cum sanctum evangelium legeretur — animas nostras ponere.

f. 105. Die sequenti de beata virgine. De bulla Bonifacii. lect. I(—III). Bonifacius episcopus servus — anima mea Dominum.

f. 106. De s. Kyliano et soc. eius.

f. 107. In octava visitationis beate Marie v. Igitur felicis recordationis Urbanus — anno primo. — Luc. Exurgens Maria . . . *homilia Ambrosii:* Meliores ad deteriores — sine dolore pareret.

f. 109. De s. Felicitate cum septem filiis. — *f. 110.* De translatione s. Benedicti.

f. 110'. In dedicatione ecclesie. Recte festa ecclesie — ad faciem. — Luc. Ingressus Iesus perambulabat Iericho . . . *homilia Bedae:* Que impossibilia — amantem se.

f. 113. De s. Margareta v. — *f.* 114. De s. Heinrico imperatore.
f. 114'. In divisione apostolorum. Cum Dominus noster — perpetuas
meruerunt. Marc. Euntes in mundum universum . . . *homilia Gregorii:*
Numquid, fratres mei, — bene habebunt. — *f.* 116. De s. Alexio. —
f. 117. De ss. Iustino et Stacteo. — *f.* 118. De s. Arbogasto. — *f.* 118'.
De s. Praxede. — *f.* 119'. De s. Maria Magdalena. Luc. Rogabat Iesum
quidam . . . *homilia Gregorii:* Cogitanti michi — invenit holocausta. —
f. 121. De s. Appollinari ep. et m. — *f.* 122. In vigilia et in die s. Iacobi ap. — lect. VI. De s. Christofero. — Matth. Accessit ad Iesum
mater . . . *homilia Bedae:* Dominus conditor et redemptor — esse com-
monitam. — *f.* 124. De s. Anna. Matth. Simile est regnum coelorum
thesauro abscondito . . . (*man. rec.:* Ev. Liber generationis. Decursis igitur.) *homilia Bedae:* Merito igitur ab omni immundo — se abstinebit. —
f. 125'. De s. Panthaleone m. — *f.* 126. De s. Martha, hospita Christi.
Luc. Intravit Iesus in quoddam castellum . . . *homilia Augustini:* Martha
et Maria — scilicet Dominus Deus. Cui . . . — *f.* 128. De ss. Abdon et
Sennes. — *f.* 129. De s. Germano. — *f.* 129'. Vincula s. Petri ap. Matth.
Venit Iesus in partes Cesaree . . . *homilia Bedae:* Novit dilectio vestra —
extitisse monstratur. — *f.* 131'. De s. Stephano pp. et m. — *f.* 132. De
inventione s. Stephani. Matth. Ecce ego mitto . . . *homilia sine nomine
scripta:* Dominus noster Iesus Christus — super malam generationem
veniet. — *f.* 134. De s. Oswaldo rege et m. — *f.* 134'. De ss. Sexto,
Felicissimo et Agapito m. — *f.* 135'. De s. Afra cum suis sodalibus.
Luc. Accesserunt ad Iesum publicani . . . *homilia Gregorii:* Considerandum nobis — ex peccatis omnibus angustentur. — *f.* 137. De s. Cyriaco.
— *f.* 138. In vigilia et in die s. Laurentii. Ioh. Granum frumenti . . .
homilia Augustini: Se ipsum Dominus — vestigia sequitur Christi. —
f. 140. De s. Tyburcio m. — Die sequenti de s. Laurentio. lect. I(—VI).
Beatissimi Laurentii — gloria est preferendus. — *f.* 141'. De s. Ypolito
et soc.

f. 142'. In vigilia assumptionis b. Marie. Luc. Extollens quedam mulier . . .
homilia Bedae: lect. I(—III). Magne devotionis — custodiunt illud. —
f. 143. In die assumptionis B. M. V. lect I(—III). Vox ecclesie. Osculetur
me — ipsa velit. — *In margine man. rec.:* Hic legatur sermo: Hodie
namque gloriosa virgo 149. — lect. IIII(—VI). Ecce iste venit — cordis tui.
Luc. Intravit Iesus in quoddam castellum . . . omelia Anshelmi ep. In
sacra scriptura — typum tenent. — *f.* 145'. Secunda die. lect. I(—III).
Cogitis me — ab aliquo doctorum queratis.

f. 146'. De octava s. Laurentii. lect. I(—III). Sanctum est, fratres, —
exultatione possimus.

f. 147. Quarta die sequenti. De assumptione tamen — conditus fuerat,
lect. I—III. Item: — *f.* 148. Quinta die sequenti. Hinc aiunt — et vir-

ginitas. — *f.* 148′. Sexta die sequenti. Preterea, karissime, quia — altissimi obumbratur. — *f.* 149′. Dominica infra octavas de assumptione. Hodie namque gloriosa — ei ergo monstravero. Luc. Intravit Iesus in quoddam castellum . . . *homilia Bedae:* Hec leccio, fratres karissimi, pulcherrima — patria perficitur. — *f.* 152. In octava assumptionis b. Marie v. Adest, dilectissimi fratres, dies valde — admodum ordinata. Luc. Intravit Iesus in quoddam castellum . . . *homilia Augustini:* Verba Domini nostri — benedicere disponebat.

f. 153′. In vigilia, in die s. Bartholomei ap. — *f.* 155. De s. Rufo. — *f.* 155′. De s. Augustino. — *f.* 157. In decollatione s. Iohannis bapt. Marc. Misit Herodes rex . . . *homilia Augustini:* Cum sanctum evangelium legeretur — a malo est. — *f.* 159. De s. Felice et Adaucto. — *f.* 159′. De s. Paulino Treverensi archiep. — *f.* 160′. De s. Egidio conf. — *f.* 161′. De s. Anthonio. — *f.* 162′. De s. Mansueto conf. — *f.* 163′. De s. Magno conf. — *f.* 164. De s. Euorcio.

f. 165. In nativitate B. M. V. lect. I(—III). Vox Christi ad ecclesiam. Quam pulchra es — inquinabo eos. *In margine man. rec.:* Hic legatur sermo: Hodierne diei celebritas 170. — lect. IIII(—VI). Dilectus meus misit — acies ordinata. Matth. Liber generationis . . . omelia Rabani ep. Matheus in exordio — certamen inivimus. — *f.* 167. Prima die sequenti, si fuerit dominica. Beata et gloriosa — esse solere. lect. VI. De s. Gorgonio. Matth. Liber generationis . . . *homilia sine nomine scripta:* Querendum est, quare tot patribus — salvatoris excludit. Die feriata: lect. I, II. Nativitas gloriose genitricis — scripta sunt. lect. III. De s. Gorgonio. — *f.* 170. Secunda die. Hodierne diei celebritas — insignia pullularunt, *lect.* I—III. *Item:* — *f.* 171. Tertia die. Nec itaque vos — genuit salvatorem. — lect. III. De ss. Proto et Iacinto. — *f.* 171′. Quarta die. O preferenda gratia — membris infunditur. — *f.* 172. Quinta feria. Nunc autem fratres — nasci dignatus est.

f. 173. In exaltatione s. Crucis. — Ioh. Ego, si exaltatus fuero . . . *homilia Augustini:* Non ergo dixit — lumen in vobis est.

f. 175. In octava nativitatis B. M. V. Adest nobis, dilectissimi, optatus dies — gloriosa fecunditas. — Matth. Liber generationis . . . Decursis igitur generibus — testimoniis declaratur.

f. 175. De s. Lamberto. — *f.* 175′. In vigilia s. Mathei ap. Luc. Vidit publicanum nomine Levi . . . *homilia Bedae:* Idem Levi — in penitentiam. — *f.* 178. In die s. Mathei ap. Matth. Cum transiret Iesus . . . *homilia Bedae:* Legimus apostolo dicente — Levi vocabatur. — *f.* 180′. De s. Mauricio et soc. — *f.* 181′. De s. Tecla v. — *f.* 182′. De s. Ruperto ep. Wormatiensi. — *f.* 184. De ss. Cosma et Damiano mm. — *f.* 185′. De s. Wenceslao m. — *f.* 186. De s. Michahele archangelo. Novem angelorum — locum frequentate. — Matth. Accesserunt ad Iesum . . .

homilia Maximi: Si diligenter audistis — da pauperibus. — *f.* 188'. De s. Ieronimo conf. — *f.* 189'. De s. Remigio. — *f.* 190'. De s. Leodegario m. — *f.* 191. Duorum Ewaldorum mm. — *f.* 192. De s. Francisco conf. patre ordinis Minorum. — *f.* 193. De ss. Sergio et Bacho mm. — *f.* 193. De s. Dionysio et soc. — *f.* 195. De s. Gereone cum soc. — *f.* 196. De s. Kalixto pp. — *f.* 197. De trecentis Mauris. — De s. Gallo abb. — *f.* 198. De s. Florencio ep. — *f.* 199'. Luce evangeliste. — *f.* 200'. De s. Ianuario et soc. — *f.* 202. Undecim milium virginum. — *f.* 203'. De s. Severo. — *f.* 205. De s. Severino Coloniensi archiep. — *f.* 205'. De ss. Crispino et Crispiniano. — *f.* 206. De s. Amando ep. — *f.* 207. In vigilia, in die Symonis et Iude apostolorum. — *f.* 208'. De s. Narcisso. — *f.* 209'. In vigilia; in die omnium sanctorum. lect. I(—VI). Ex consuetudine sancte Romane ecclesie — bonorum possint fructum. — *f.* 211. De s. Eustachio. — *f.* 211'. De s. Pirminio conf. — *f.* 212'. De s. Leonhardo. — *f.* 213. De s. Willebrordo. — *f.* 213'. Quattuor coronatorum. — *f.* 214'. De s. Theodoro m. — *f.* 215. Martini pp. et m. — *f.* 216. De s. Martino ep. *et lectiones infra octavam.* — *f.* 218. De s. Briccio ep. — *f.* 221. Quinta die lect. III. De s. Othmaro. — *f.* 223'. De s. Elyzabeth regina *(Thuringensi).* — *f.* 225. De s. Columbano abb. — *f.* 225'. De s. Cecilia virg. et m. — *f.* 227'. De s. Clemente m. — *f.* 228'. De s. Crisogono m. — *f.* 229'. De s. Katherina virg. et m. — *f.* 231. De s. Lino pp. et m. — *f.* 231'. De s. Conrado Constantiensi ep. — *f.* 232' *vacuum.*

f. 233. In vigiliis aut festis apostolorum omelie siue evangelia per circulum anni . . . Lectio sancti evangelii secundum Matheum. In illo tempore misit Iesus duodecim — domus Israhel. Omelia Gregorii pp. de eadem lectione. Cum constet — appropinquabitur regnum celorum . . . *Communis sanctorum homiliae et sermones.*

f. 269. *al. man.* In festo nivis gloriose virginis Marie. Tempore, quo Liberius — reservat fundamenta. Pro VI. lect. sumatur legenda de s. Oswaldo rege et mart. 134. — *f.* 270. De compassione beate virginis. Ioh. Stabant iuxta crucem . . . *homilia sine nomine scripta.* Sicut christiane religionis defectus — molestia commendaretur. — *f.* 271'. De nomine Iesu. Adest nobis, dilectissimi, preclara festivitas — pervenientibus in premium. Matth. Angelus Domini . . . *homilia Ioannis ep.:* Omnia enim, quae in Ioseph — divina natura. — *f.* 274. De transfiguratione Domini. Hodie, dilectissimi, solito serenior — spem vitae contulit. Pro VI. lect. sumatur legenda de sanctis Sixto, Felicissimo ut supra 134. — Matth. Assumpsit Iesus Petrum . . . *homilia Leonis:* Evangelica lectio, que per aures — nec morte dissolvi.

f. 276. Incipiunt lectiones de s. Iosepho. Quantum virtutis — qui de celo descendi. Matth. Exurgens autem Ioseph . . . *homilia sine nomine scripta.* Sacratissimum iusti Ioseph — in secula benedictus. — *f. 278'.* De s. Ioachim. lect. I(—VI). O sancte Ioachim — dulciter expiravit. — *f. 281', 282, 283 vacua.*

Complura aliis manibus addita. Nonnulla folia refecta.

Miniat. color. rubro et caeruleo: — f. 1. littera J.

Bethmann in Pertz' Archiv Bd. XII, S. 335. — *Stevenson,* Codices Palatini Latini tom. I, p. 152.

31. **Lectionarium Wormatiense, proprii de tempore pars aestiva.**

Palatin. 478. membr. I + 164 f. 460 × 315 mm. 2 col. saec. XV.

f. I. 211. — *f.* I' *vacuum.*

f. 1. Incipit liber pars estivalis de tempore secundum chorum Wormaciensem etc.

In die sancto pasce evangelium ad matutinas. lectio sancti evangelii secundum Marcum. In illo tempore Maria Magdalene — iam sole. Et reliqua. Omelia beati Gregorii pp. de eadem leccione, lectio j(—III). Multis nobis lectionibus — mentis videtur. *Proprii de tempore usque ad dom. XXV post octavam pentecost. homiliae Augustini, Bedae, Gregorii, Ioannis ep., Origenis in lectiones I—III vel VII—IX divisae.*

f. 9. Incipit liber Apokalipsis feria II (*post* dom. I post pascha). — *f.* 15'. Incipit iterum Apokalipsis feria II (*post* dom. II post pascha). — *f.* 22'. Incipit epistole Iacobi feria II (*post* dom. III post pascha). — fer. V. Incipit epistola Petri I. — *f.* 37. Fer. VI (*post* ascensio. Domini.) Incipit actus apostolorum. — *f.* 39. Feria II (*post* dominic. infra octavam ascensionis). Actus apostolorum. Viri Israhelite — tria milia. *Item feria III—VI.* — *f.* 50'. (*Post* dom. I in octava penthecost.) Incipit liber Regum per octavas corporis Christi. Fuit vir . . . *Scriptura currens usque ad ultimam post pentecost. dominicam in capita et lectiones (I—III) divisa.* — *f.* 75'. Parabole Salomonis. — *f.* 79'. Liber Ecclesiastes. — *f.* 83'. Liber Sapientie. — *f.* 86'. Liber Ecclesiasticus. — *f.* 91. Liber Iob. — *f.* 97'. Liber Tobias. — *f.* 102. Liber Iudith. — *f.* 105. Liber Hester. — *f.* 108. Liber I Machabeorum. — *f.* 115'. Liber II Machabeorum, *non divisus.* — *f.* 121'. Liber Ezechiel, *non divisus.* — *f.* 125. Liber Daniel. — *f.* 129'. Prophetae minores, *non divisi.* Liber Osee. — *f.* 131'. Liber Iohel. — *f.* 132. Liber Amos.

f. 135. Dominica I post octav. penthecost. Luc. Homo quidam erat dives et induebatur . . . *homilia Gregorii:* In verbis sancti eloquii — favore laudare. *Homiliae dominicales usque ad dom. XXV.* — *f.* 159'. Feria IIII quattuor temporum. Marc. Respondens unus de turba . . . *homilia Bedae:* Notandum, quod semper — impetrare meretur. *Item feria VI et sabbato.* — *f.* 163. Fer. II in rogationibus. Legimus in prophetis — et non fecit.

f. 163'. De clavis et lancea Christi. Ioh. Rogaverunt Iudei Pilatum . . . *homilia Augustini:* Unus militum . . . Vigilanti verbo . . .; *desinit in:* dignaremur. Nosque. — *f.* 165 *vacuum.*

Complura in marginibus eadem et aliis manibus addita. — *f. 133 ante* — *f. 132 positum.*

Miniat. color. rubro et caeruleo.

Bethmann in Pertz' Archiv Bd. XII, S. 335. — *Stevenson*, Codices Palatini Latini tom. I, p. 152.

VII. MARTYROLOGIA.

1. **Martyrologium.**

Regin. 514. membr. II + 99 f. 296 × 233 mm. saec. X.

f. I. pour faire. *Probatio pennae. — f.* I' *vacuum. — f.* II. Rome natalis sancte Balbine uirginis — poneret. *eadem man. saec. XVI qua — f.* I. *f.* II' *vacuum.*

f. 1. P. 45.

Incipit praefatio sequentis operis, quo genere vel quo culto martyres sancti honorandi sint. Ex libris beati Augustini episcopi doctoris ecclesiae mirabilis. *Inscriptio. — f.* 1'. Populus christianus memoria martyrum — caritate, non seruitute. — *In summo folio:* Adoni tribuunt hoc martyrologium Treuirensi archiepiscopo [qui] diui Gregorii septimi aetate fuerit. Editum est tom. 7. Surii p. 286. Prodiit et anno 1613 cum martyrologio Romano curante Heriberto Rosaueydo, qui Adoni Viennensi ascribit. Ioan. Molanus cum Ussuardi martyrologio hanc praefationem edidit. p. 4. Et in multis libris ms. Bedae adscribi testatur. *man. saec. XVII.*

f. 1'. *Infimo in folio:* Pa. Petauius.

Incipit martyrologium per anni circulum. VIII Kal. Ian. In Bethleem Iude: natiuitas Domini nostri Iesu Christi . . . Eodem die natale sancte Ana-stasie . . . *Martyrologium usque ad:* VIIII Kal. Ian. Uigilia natalis Domini: [e]odem die apud Antiochiam Syrie: natale sanctarum uirginum. *Ind. cal. Vitae et passiones sanctorum, multae in ternas vel senas lect. divisae. Eadem et aliis manibus cum alia, tum de monasterio Fontanellae addita. — f.* 60. *infimo in fol. man. saec. XV.* Sanctus Yuo canonicus primus epi[s]copus ecclesie nostre. — *f.* 99 *vacuum.*

Bethmann in Pertz' Archiv Bd. XII, S. 286.

2. **Martyrologia s. Hieronymi et Usuardi, vitae sanctorum.**

Urbin. 49. membr. III + 235 f. 354 × 250 mm. 2 col. saec. XV.

f. I *vacuum. — f.* II. Tabula martirologii Ieronimi presbiteri . . . *Index.* — *f.* III *vacuum. — f.* III'. In hoc codice continentur opera . . . *Orbes, quibus libri opera indicantur, coloribus, auro, floribus distincti.*

f. 1. Martyrologium sanctissimi atque beatissimi Ieronimi presbiteri incipit feliciter. Epistola Cromacii et Eliodori episcoporum ad Ieronimum presbiterum . . . Domino sancto fratri . . . Cum religiosissimus . . .; rescriptum Ieronimi. — *f.* 1′. *Index festorum apostolorum et martyrologium a nativitate Domini usque ad ultimum Decembris diem.*

f. 2. Letanias indicendas Kal. Ianuarii. Mensis Ianuarius habet dies XXXI. Circumcisio Domini nostri Iesu Christi. In oriente sancti Stephani . . . *Martyrologium usque ad:* II Kal. Ianuarii. Cartagine Donati, Celestini, Saturnini.

f. 21′. Ieronimus presbiter . . . Ne putes, me in hoc — salutatus in Christo. uale.

f. 22. Libellus de festis apostolorum et reliquorum, qui discipuli aut uicini successores eorum fuerunt, incipit. Rome natale beatorum Petri et Pauli . . . — *f.* 26. De festis reliquorum sanctorum.

f. 29. Kal. Ianuarij. Letanias indicendas. Mensis Ianuarij habet dies XXXI. Rome natiuitas sancti Almachii . . . De festis reliquorum sanctorum martyrum. *Vitae et passiones.* — *f.* 178. Martiriologium Ieronimi presbiteri ad Cromatium et Heliodorum episcoporum exit feliciter. — *f.* 178′ *vacuum.*

f. 179. De prologis diuersis super opus martilogii . . . Notandum est, quod licet multi — aliis elegerunt. — *f.* 179. Prefatio, que in pluribus libris ascribitur Bede super opere martilogii incipit feliciter. Festiuitates sanctorum apostolorum seu martirum — non seruitute.

f. 179′. Epistola seu prefatio Usuardi monachi ad Karulum regem super opere martilogii . . . Domino regum piissimo Karulo Augusto . . . Minime uestrum latet — custodire potentia.

f. 179′. Martilogium eiusdem incipit . . . Kal. Ianuarii. Circumcisio Domini nostri Iesu Christi. Rome natale s. Almacii martiris. *Martyrologium, numerus aureus, litterae dominicales usque ad:* Pridie Kal. Ianuarii. Rome natale s. Silvestri pape. — *f.* 232. Post primam sancte Marie pronuntiatur . . . *Ordo et partes primae post martyrologium dicendae.* — *f.* 232′. *Capitula primae per annum dicenda.* — *f.* 234′. Martirilogium sanctorum martirum secundum Usuardum monachum exit feliciter. — *f.* 235 *vacuum.*

Miniat. color. et inaurat. — *f.* 1. fig. flor., insigne.

Bethmann in Pertz' Archiv Bd. XII, S. 262. — *De Rossi et Duchesne,* Acta Sanctorum (Bruxellis 1894), Novembris tom. II, pars I, p. XIX.

3. **Martyrologia Usuardi et Adonis.**

Regin. 513. membr. II + 100 f. 283 × 187 mm. 2 col. saec. XIV.

f. I, II *vacua.*

f. 1. Incipit epistola Cromacii et Heliodori episcoporum ad beatum Ieronimum super opere martirologij. Domino sancto fratri Ieronimo Cromacius et Heliodorus episcopi in Domino salutem. Cum religiosissimus Augustus Theodosius — martiribus exhibere. — Epistola sancti Ieronimi ad eosdem. Cromacio et Heliodoro sanctis episcopis Ieronimus presbyter. Constat Dominum Iesum Christum — esse sublimes. — Incipit epistola, quae in aliquibus libris ascribitur Bede super opere martirologii. Festiuitates sanctorum apostolorum — caritate, non seruitute.

f. 1'. Epistola seu praefatio Usuardi monachi ad Karolum regem et imperatorem super opere martirologij. Domino regum piissimo Karolo Augusto Usuardus indignus sacerdos et monachus perhempnem in Christo coronam. Minime uestram latet — custodire potentia. Amen.

f. 1'. Incipit martirologium, quo communiter utitur ecclesia. Mensis Ianuarius habet dies XXXI. dies primus. a. Kalendis Ianuarias. Circumcisio Domini Domini nostri Iesu Christi. Rome natalis sancti Almachii ... *Martyrologium usque ad:* Dies XXXI Decem. secundo Kal. Ian. Rome natalis sancti Siluestri ...

f. 28. Incipit prologus Adonis in opere martyrologii. Ado peccator lectori salutem. Ne putes — salutatus in Christo. Vale.

Quo genere uel cultu sancti martyres uenerandi sunt — ex libris beati Augustini episcopi. Populus christianus — per sacramentum memorie celebratur.

f. 28'. Mensis Ianuarius habet dies XXXI. primus dies. a. Kalendis Ianuarii. [C]ircumcisio Domini nostri Iesu Christi. Rome natalis s. Almachii ... *Martyrologium usque ad:* Secundo Kal. Ian. XXXIus dies. Rome natalis sancti Siluestri ... — *f.* 100 *vacuum.*

Nonnulla eadem et al. man. in marginibus addita.

Bethmann in Pertz' Archiv Bd. XII, S. 286.

4. Martyrologium eremitarum s. Augustini Bononiensium.

Vatican. 5416. membr. 81 f. 223 × 168 mm. saec. XIII.

In folio praeligato: Ex libris Francisci Peniae Rotae Romanae decani. — *f.* 1. Conuentus Bononiensis.

f. 1. *Kalendarium. Ind. astr. cal. dies Aeg. num. Inter sanctos:* Ian. Aldegundis. Febr. Vedasti et Amandi ep. Mart. Albini. Iul. Germani ep. Sept. Maurilii ep., Mauritii et soc. Oct. Germani, Remigii, Vedasti, Amandi, Leodegarii, Fidis, Dionysii et soc., Quintini conf. m. Nov. Leonardi, *man. rec.:* Edmundi archiep. Cant., Edmundi regis, *alii.* — *f.* 4. Idus Aug. Diuisio apostolorum. Quando Ierusalem capta fuit a Francis. — *f.* 4'. X Kal. Sept. Obiit frater Benaia. — *f.* 5'. V Id. Oct. Translatio sancti patris nostri Augustini ep.

f. 7. Kyrieleyson ... *Litaniae, preces, orationes; duae orationes ultimae et:* Fidelium animae per misericordiam Dei ...: — *f.* 6'. *aliis manibus.*

f. 7'. Misereatur tui . . . *Absolutiones, benedictiones, antiphonae, versus, responsoria, orationes de communi sanctorum; complures librarii.*

f. 8. Epistola Usuardi ad Carolum regem. Domino regum piissimo . . . Minime uestram latet — custodire potentia. Amen.

f. 8'. Kalendas Ianuari. Circumcisio Domini nostri Iesu Christi. Rome sancti Almachii martyris . . . *Martyrologium usque ad:* (II Kal. Ian.) Rome sancti Siluestri pape. Letanias indicenda; *aliis manibus complura de Anglia et de Bononia addita.* — *f.* 80. *al. man.*

f. 78'. Iste liber est fratris Martini de sancto Paulo de Bononia, ordinis fratrum heremitarum sancti Aug. — *f.* 81 *vacuum.*

f. 81'. al. man. Deus, qui odiernam diem apostolorum Petri et Pauli martirio consecrasti . . . *oratio; item de s. Ioanne bapt., de B. M. V., initium s. evangelii secundum Ioannem aliis manibus.*

5. Martyrologium, regula s. Benedicti, homiliae capitulares.

Vatican. 378. membr. 128 f. 288 × 185 mm. saec. X.

f. 1. Iste liber est ecclesie sancte Marie de Campitello. *man. saec. XIII.*

Incipit epistula Chromatii et Heliodori episcoporum ad s. Hieronymum. Domino sancto patri Hieronimo presbytero . . . Cum religiosissimus Augustus Theodosius — martiribus exhibere. — Rescriptum beati Hieronimi. Constat Dominum nostrum omni die — fecit esse sublimis.

f. 2. Principium Iani . . . Ianuarius habet . . . Kal. Ianuarias. Circumcisio Domini. Rome natale sancti Almachii mr. . . . *Martyrologium usque ad:* II Kal. Ian. Rome natale sancti Siluestri pape et conf.; *ind. astr. cal.; complura aliis manibus addita. Litteris maximis martyrologia:* — *f.* 4. II Id. Ian. *et* — *f.* 5. XIII Kal. Febr. — *f.* 33'. Kal. Iul. Dedicatio huius ecclesie sancte Marie in Palladio.

f. 33'. Professiones fratrum Mainradi, Oderisii, Petri, Ioannis Capuani.

f. 53. VII Kal. Oct. Obiit Petrus laudabilis medicus, qui de sua ope construxit monasterium istud. — *Alia necrologia.*

f. 70. In annuntiatio. sancte Mariae. Exordium nostre redemptionis . . . *Homiliae ad primam legendae, compluribus manibus.* — *f. 72'. Nomina monachorum.*

f. 73. In Christi nomine; incipit prologus. Ausculta, o fili . . . *Regula s. Benedicti in septuaginta tria capita divisa.*

f. 109. Dom. (I.) In aduentu Domini. Dominus ac redemptor . . . *Homiliae per annum ad primam legendae. Dom. VI post octavam pentecost. homilia:* In hac lectione considerandum est . . . *desinit in:* aliter incolu.

6. Martyrologium, regulae s. Benedicti et s. Augustini, homiliae capitulares.

Regin. 249. membr. 168 f. 219 × 147 mm. saec. XII.

f. 1. In nomine Dei summi incipit prologus regule eximii patris beatissimi Benedicti abbatis. Ausculta, o fili . . . — *f. 3. Capitulorum index.* — *f. 4'. Regula s. Benedicti; usque ad:* regna patebunt eterna.

f. 48'. Incipit regula sancti Augustini. I cap. ut similiter habitent. Hec sunt, que . . . — *f. 57. De regula s. Augustini; desinit in:* et regnat in.

f. 60. Incipit epistola Ormisde pp. per uniuersas prouincias. Si quis diaconus — continere uidentur. — *f. 63'.* De monachis. Nisi oderimus malum — iniqui sermonis. — *f. 64'.* Consilium Lanfranci ad quendam monachum consulentem de monasterio relinquendo . . . Indicatum est mihi — potuerit adimplere.

f. 65'. Incipit marthirologium totius anni. Mensis Ianuarius habet dies xxxta. Kal. Ianuarii. Letanias indicendas. Circumcisio Domini nostri Iesu Christi. Rome natalis sancti Almachii . . . *Martyrologium usque ad:* II Kal. Ianuarii. Rome natalis sancti Silvestri; *dies. Aeg., nonnulla al. man. in marginibus addita.*

f. 147'. Dominica prima de aduentu Domini. Cum appropinquasset Hierosolimis — adducite michi. Puto, res ipsa exigit . . . *Homiliae capitulares, proprii de tempore,* — *f.* 159. *in dedicatione et proprii sanctorum.* — *f.* 160'. In liberatione ciuitatis Iierusalem. — *f.* 163'. S. Mauritii et sociorum, s. Dionysii et sociorum. — *f.* 164'. In communi sanctorum, — — *f.* 165 *rescripto, de thesauro abscondito, al. man.* — *f.* 168'. Pertinet Bernardo Hannepreuve (?) presbytero curato beate Marie in ecclesia Siluanectensi. 1535.

7. Martyrologium Benedictinum.

Regin. 515. membr. 72 f. 307 × 245 mm. saec. XII.

f. 1. V 45.

Epistola Chromatii et Heliodori ad sanctum Iheronimum missa. Domino sancto patri Iheronimo presbytero Chromatius et Heliodorus episcopi in Domino salutem. Cum religiosissimus Augustus Theodosius — martyribus exibere. — Rescriptum beati Iheronimi Chromatio et Heliodoro episcopis Iheronimus presbyter. Constat Dominum nostrum — esse sublimes.

f. 2. Clemens episcopus, seruus seruorum Dei, venerabili fratri archiepiscopo Narbonensi salutem . . . Pia mater ecclesia — pariter et iudicant. Datum Auinione IIII Kal. Nouemb. pontificatus nostri anno quintodecimo. *al. man. De missa ad schisma tollendum celebranda. In margine:* Iste fuit Clemens VII antipapa, antea Robertus de familia comitum Gebennensium. v. Panuin in epitome p. 236. *man. saec. XVII.*

11*

f. 2'. Anno Domini millesimo CCCCo octuagesimo sexto die sancti Augustini fuit in capitulo nostro statuta et ordinata ista societas inter nos et canonicos fratres sancti Laurentij de Abbatia — secundum ordinis disciplinam. *De officiis pro defunctis fratribus agendis et de fratribus recipiendis. Eadem man., qua* — *f. 2.*

f. 3. Incipit epistola Usuualdi monachi ad regem Karolum de festis sanctorum. Domino regum piissimo Karolo Usuuardus indignus sacerdos ... Minime uestram latet — custodire potentiam.

f. 3'. Kal. Ianuarii. Circumcisio Domini nostri Iesu Christi ... Rome natalis sancti Almachii ... *Martyrologium usque ad:* pridie Kal. Ianuarii. Rome natalis sancti Siluestri pape. *Lunationes, complura manibus rec. addita, probationes pennarum lingua Francogallica conscriptae.* — *f.* 13. *De festo s. Matthiae ap. annis bissextis celebrando.* — *f.* 18. *De capitulo in annuntiatione Domini celebrando.* — *f.* 63. *De collecta et de precibus die beati Dionysii, quo* — in qualibet ecclesia nostri ordinis missa in conuentu de Spiritu Sancto celebretur, *pro abbatibus in capitulo congregatis dicendis.*

f. 71. Operentur fratres a mane usque ad sextam ... *Praecepta monachis de singulis hebdomadis diebus data et de abstinentia, de lectionis mensae recitatione, de infirmis fratribus. Desinit in:* non quia honorantur, sed.

Miniat.: — *f. 2 littera D,* — *f. 3' littera C.*

Bethmann in Pertz' Archiv Bd. XII, S. 286.

8. **Martyrologium, regula s. Benedicti, homiliae capitulares.**

Vatican. 5413. membr. I+101 f. 309×187 mm. saec. XIII.

f. I ... Cum nouum ... *Responsoria et antiphonae matutini et laudum in dedicatione ecclesiae, neumis sine lineis instructae, saec. XII.*

f. I'. Ex libris Francisci Peniae Rotae Romanae decani.

f. 1. Festiuitas sanctorum apostolorum — non seruitute. *De cultu martyrum.*

f. 1'. Incipit martirologium per anni circulum. VIIII Kal. Ianuarii. Vigilia natalis Domini. Apud Antiochiam Syrie: Natale sanctarum uirginum xl canonicarum ... *Martyrologium usque ad:* X Kal. Ianuarii natale sancte Uictorie virginis et m.

f. 45. Incipit regula sancti Benedicti abbatis. Ausculta fili — patebunt superna. Amen. *Singulae partes inscribuntur.*

f. 80'. In illo tempore loquente Iesu — suxisti. *Luc. 11, 27; al. man.*

f. 81. In vigilia natalis Domini. In illo tempore cum esset desponsata ... Que fuit necessitas ... *Homiliae ad primam legendae de tempore et de festis sanctorum per annum usque ad:* in natale s. Thome ap.; in dedicatione ecclesie; — *f.* 99. *de communi sanctorum;* — *f.* 101. *de adventu Domini.*

f. 100. Necrologia monialium, ut videtur; man. saec. XVI in margine. Nonnulla man. rec. addita. Neumae.

9. Martyrologium Benedictinum Casinense.

Vatican. 4958. membr. 95 f. 300 × 230 mm. saec. XI. litteris Beneventanis.

In folio praeligato: Emptum ex libris cardinalis Sirleti.

f. 1. Infimo in folio: Iste liber est sacri monasterii Casinensis. N. 967. Incipit epistola Chromatii et Heliodori episcoporum ad Ieronimum presbyterum. Domino sancto patri Ieronimo presbytero Chromatius et Heliodorus episcopi in Domino salutem. Cum religiosissimus Augustus Theodosius — martyribus exibere. — 1'. Incipit rescriptum eiusdem Ieronimi ad eosdem. Chromatio et Heliodoro episcopis Ieronimus presbyter. Constat Dominum nostrum omni die — esse sublimes.

f. 2'. Kalendis Ianuarii. Circumcisio Domini nostri Iesu Christi. Rome natale sancti Almachii m. . . . *Martyrologium usque ad:* II Kal. Ian. Rome natale sancti Siluestri pape. *Ind. cal., vitae sanctorum, nonnulla eadem et alia man. addita.*

f. 93. Iste sunt littere pascales. Inperat. Altitonans — celsa. ferentes. *Versus al. man.*

f. 93'. Incipit catalogus abbatum monasterii Casinensis. Sanctus Benedictus primus abbas — Desiderius abbas; *quot annos sederint, et in margine al. man., quo anno mortui sint; al. man. additi:* Oderisius, Otto, Cirardus.

f. 94'. Quia ecclesie supplicationibus . . . *Exemplum instrumenti fr. Alexandri Casinensis monachi et prepositi sancte Marie de Albeneto de septem missis pro defunctis fratribus legendis anno 1215 scripti. In margine nomina testium, quorum in numero Petrus abbas; al. man.*

f. 94'. Hoc modo debent seculares uiri offerre Deo filios suos. Ego ille princeps uel comes — ibi signum crucis. *Pauca in margine man. saec. XIII addita.*

f. 95'. Cena Domini, quando cenauit cum discipulis suis. — Aduentus Spiritus Sancti in discipulos Domini nostri Iesu Christi. *Tabula festorum. Complura folia refecta. Miniat. color. Bethmann in Pertz' Archiv Bd. XII, S. 246.*

10. Martyrologium Benedictinum Casinense.

Ottobon. 3. membr. I + 31 f. 215 × 148 mm. saec. XIII. litteris Beneventanis.

In folio praeligato: Ex codicibus Illm̃i et Excellm̃i Dñi Ioannis Angeli ducis ab Altaemps.

f. I. multi insurgent aduersum ... *Versus laudum fer. II hebdomadis II quadragesimae; folium antiphonarii neumis sine lineis instructi. Fer. V eiusdem hebdomadis desinit in responsorio:* Benedictus Deus — a Domino meo.

f. 1. *Infimo in folio:* Iste liber est monasterii Casinensis.

Kal. Ian. Circumcisio Domini nostri Iesu Christi. Natale sancti Basilij episcopi ... *Martyrologium breve usque ad:* II Kal. Ian. Rome natale sancti Silvestri pape; *lunationes, ind. astr. cal.* — Kal. Oct. Hic in Casino dedicatio ecclesie s. Benedicti. — III Non. Nov. Hic in Casino dedicatio ecclesie sancti Martini et sancte Marie.

f. 31'. [I]an. Aug. et Dec. IIII Non. habent ... *De kalendario Romano et praeceptum ad inueniendum lunas.*

Neumae.

Bethmann in Pertz' Archiv Bd. XII, S. 357.

11. Martyrologium Monasterii Cella Donni Bonini vocati.

Regin. 511. membr. 125 f. 276 × 202 mm. saec. X.

f. 1. Incipit prefatio sequentis operis, quo genere vel quo cultu martires sancti honorandi sunt ex libro beati Augustini episcopi doctoris aeclesiae mirabilis. Populus christianus memorias martirum — non seruitute.

f. 1'. Incipit martirilogium per anni circulum. VIII Kal. Ian. In Bethlehem Iude natiuitas saluatoris Domini ... Eodem die natale sancte Anastasie ... *Martyrologium usque ad:* VIIII Kal. Ian. Vigilia natal. Domini. Eodem die apud Antiochiam Syrie natale sanctarum uirginum xl. *Ind. cal., vitae et passiones sanctorum; in lectiones divisae:* — *f.* 8. Passio s. Felicis presbyteri Nolani, *tres lect.,* — *f.* 12'. s. Polycarpi, *tres lect.,* — *f.* 14'. s. Ignacii ep. m. — *f.* 73'. Vita s. Augustini episcopi Hipponensis, *novem lect.* — *f.* 93'. ε. Hieronymi, *novem lect* — *f.* 15'. Pridie Non. Febr., *desinit in:* mortis adquiescere; *de s. Philea.* — *f.* 16. neruorum flagellacione. VIIII Kal. Mai. sanctorum Felicis, Fortunati et Achillei. — *f.* 98'. XVII Kal. Nov. Apud urbem Trecassem in coenobio Cella Donni Bonini uocato dedicatio ecclesie beatorum Petri et Pauli atque Andree apostolorum cum hinc inde consecratis aris ... anno dcccl ... — *f.* 1 a. *chart.* Non multum variat a codice Adonis. *man. rec.*

Nonnulla manibus rec. addita. Pauca folia refecta.

Bethmann in Pertz' Archiv Bd. XII, S. 286.

12. Martyrologium Benedictinum Fuldense.

Regin. 441. membr. 77 f. 209 × 157 mm. saec. X—XII.

f. 1. Iura quedam. Cum in pluribus diuersisque — irritas esse censemus. *Petri exceptiones legum Romanarum saec. XIII. In margine:* ed. Berolini et alibi. A. Mai. — *f. 24 vacuum.* — *f.* 25. De iusticia et iure. Iuri operam daturum — propter infinitatem. — *f.* 44′. Possessio alia ciuilis — aliam adipisci. — *Multa in marginibus addita.* — *f.* 45′ *vacuum.*

f. 46. *In margine:* R. C f. 111 r.

Mensis Ianuarius habet dies XXXI. Kal. Ian. Circumcisio Domini nostri Iesu Christi. *al. man.* Roma sancti Almachii . . . *Martyrologium usque ad:* II Kal. Ian. Roma depositio sancti Siluestri. *Ind. astr. dies Aeg.; al. man., signa orbis versibus indicata; man. rec. nomina sanctorum addita.* — *f.* 67. IIII Kal. Oct. In monasterio Fuldensi depositio sanctissimae uirginis Liobae . . . quae in loco, qui dicitur Biscofesheim . . . *Al. man.:* — *f.* 50′. IIII Non. Mart. Obiit Wigo. — *f.* 59. V Id. Iun. Obiit Huoggi abba. — *f.* 59′. XIII Kal. Iul. Obiit Hemmo. — *f.* 60. VIII Kal. Iul. Obiit Rahholf. — *f.* 60. VI Kal. Iul. Obiit Sunzo episcopus.

f. 74′. Ant. Splendet Bethlehemiticus campus -— sub Herode. *man. saec. XII.*

f. 75. Uersus de duodecim mensibus. Primus Romanas ordiris Iane kalendas — December adest. Dira patet Iani — genialis hiemps. — Tetrastikon authenticum de singulis mensibus. Ianuarius. Hic iam mensis adest — ludere uerna licent. — *f.* 76. Primus adest aries — ludere pisces.

f. 76′. De mensibus duodecim. Nisan in libro — October octauus. *De Hebraicis mensium nominibus.*

f. 77. Inquisitus aliquis de furtu, luxuria . . . Videte, fratres, christiane religionis officium . . . Benedictio aquae bullientis vel ferri igniti ad patefaciendum sontem; *desinit in:* occultorum cordium te.

Bethmann in Pertz' Archiv Bd. XII, S. 280.

13. **Martyrologium monacharum s. Laurentii.**

Vatican. 5414. membr. 64 f. 274 × 213 mm. saec. X. XI.

In folio praeligato: Ex libris Francisci Peniae Romanae Rotae decani. *f.* 1. Iesus Christus filius Dei in Bethlehem nascitur . . . Eodem die natale sancte Anastasie . . . *VIII Kal. Ian. Martyrologium usque ad:* III Non. Iul. Apud Syriam sancti Domitii mart. *Ind. cal., vitae multorum sanctorum, constitutiones summorum pontificum. Permulta necrologia monasterii s. Laurentii in Gallia meridionali (in Provincia) siti; man. rec.* — *f.* 26′ *loco abraso:* XIII Kal. Mai. Eodem die dedicatio ecclesie beati Laurentii et altario beate virginis Marie. — *f.* 62′. Depositio domini Rostagni Autoegni Auinionensis episcopi. *Nominantur cum alii, tum multis locis:* monach[i], sacerdo[tes] s. Andree, monacha[e] sancti Verani. — *f.* 6. Lucas Puluerillus de monte Pessulano *(pater trium monacharum s. Laurentii).* — *f.* 9. Adelaidis, priorissa sancti Cesarii Arelatensis. — *f.* 10. Monasterium sancti Petri Sulmodiensis. — *f.* 38. Elesiarius, canonicus s. Michaelis de Ferigaleto.

f. 27, 27′ vacua ad: laudes versificatae beati domini Benedicti episcopi ciuitate Auennica *persequendas. Incipiunt a:* Corpore dum uixit compleuitque bona dixit . . .; *desinunt in:* sepe etenim triduo.

Multa folia refecta.

Bethmann in Pertz' Archiv Bd. XII, S. 250.

14. **Martyrologium Benedictinum s. Laurentii extra muros Romae.**

Vatican. 6827. membr. 211 f. 262×190 mm. saec. XV.

f. 1. Aue Maria. *Probatio pennae.*

Kalendarium. Ind. astr. cal. — f. 3. VIII Id. Aug. *al. man.* Obiit pie memorie dominus Calistus papa tercius, qui restituit et donauit portam urbis sancti Laurentij appellatam et pontem Manuilum huic monasterio sancti Laurentii . . . Concessit insuper visitantibus hoc monasterium singulis festiuitatibus sanctorum Stephani et Laurentii plenariam indulgentiam . . . prout continetur in duabus bullis in presenti libro scriptis. — *f.* 17. IIII Non. Nouembris. Dedicatio basilice et altarium sanctorum Stephani, Laurentii, Ypoliti et apostolorum.

f. 21′. Calistus seruus seruorum Dei . . . Leuita Laurentius — concedimus per praesentes. Rome 1458 pridie Kal. Aug. *De indulgentiis monasterio s. Laurentii extra muros ordinis s. Benedicti concessis. — f. 22′.* Calistus episcopus seruus seruorum Dei . . . Romanorum gesta pontificum . . . *De bonis monasterio s. Laurentii datis; desinit in:* pro tempore praesentes.

f. 24. VIIII Kal. Ianuarii . . . Uigilia natalis Domini. Apud Antiochiam Syrie: natale sanctarum uirginum quadraginta . . . *Martyrologium usque ad:* X Kal. Ianuarii. Apud Nicomediam sanctorum martyrum uiginti; *lunationes, nonnulla manibus rec. addita.*

f. 147. Gregorius in dialogo. Hoc autem nolo te lateat — quam vixit. *De regula s. Benedicti.*

f. 147′. Incipit prologus regule . . . *Index.*

f. 149. Incipit prologus regule sancti Benedicti abbatis. Ausculta fili . . . *et regula in 73 capitula divisa usque ad:* Deo protegente peruenies.

f. 208′. De forma uisitationis. In facienda uisitatione . . . — *f.* 210′. In commemoratione parentum nostrorum. *Index monasteriorum sociorum.* — *f.* 211. Generalis excommunicatio in ramis palmarum. — *f. 211′ desinit in:* Utilis ratio ad inueniendum pasca.

Miniat. color. et inaurat. Pict.: — f. 24 littera U, — f. 149′ littera A.

15. **Martyrologium Benedictinum Laureshamense.**

Palatin. 834. membr. 92 f. 265×180 mm. saec. IX.

f. 1. *Pictura linearis canonis tabularis, supra imagines solis lunaeque. Infra:* Reddere Nazario me, lector care, memento, | Alterius domini ius quia nolo pati.

f. 1′. Incipit martyrlogium Bedani presbyteri. Kal. Ian. Octauas Domini et natale Almachi . . .; *usque ad:* II Kal. Ian. Depositio sancti Siluestri. *Ind. astr., numeri dierum hebdomadarum 1—7, vitae cum aliorum, tum Romanorum sanctorum; martyrologia multorum dierum desunt; al. man.: f.* 8′. V Non. Mai. Depositio sancti Philippi confessoris Christi, qui requiescit in loco, quod dicitur Zella et in monte, qui uocatur Oslinus iuxta fluuium, que uocatur Primma. — *f.* 22. III Non. Nou. Depositio Pirmini conf. Christi, qui requiescit in pago Blesinse et in monasterio, quod dicitur Hornbah.

f. 26. Concordatio mensium Ian. Aug. Dec. IIII Non. habent . . .; terminus quadragesimae et paschae.

f. 28′. *Pictura linearis tabularis, imagines trium sanctorum. Supra:* Haec uulgo pictura manet dignissima laude | Et manus eximia, laude cluente simul.

f. 29. Incipit computatio Eusebii Hieronimi. ab Adam usque ad diluuium . . . *usque ad annum 814:* obitus Karoli imperatoris. *Infra:* Te Pater ac Fili necnon et Spiritus alme — felicia cedere cuncta. *al. man.* —- *f.* 29′. *Tabula temporum ab anno 836 usque ad annum 1006.*

f. 34. Hebraice. Thebeth . . . *nomina mensium Hebraica, Graeca, Latina eorumque interpretatio et signa.* — *f.* 35′. Concordatio mensium in horarum spatio. — *f.* 36. De computo uel loquela digitorum. — *f.* 38. Dies, Idus mensium, termini paschales, *alia praecepta calendaria, de duodecim signis.* — *f.* 42′. Effectus signorum. — *f.* 43. De lunis. — *f.* 45′. De signis, qui extra zodiacum sunt, *orbes.*

f. 46. Capitula prime particule. De philosophia igitur incipientes, quid sit, dicamus. Quae sunt et non videntur — de insertis arboribus. *De tribus particulis philosophiae, man. saec. XIII.* — *f.* 47 *vacuum.*

f. 47′. Incipit liber de astra celi sancti Hisidori Spalensis episcopi. Incipit prologus. Domino et filio Sisebuto Hisidorus. Dum te prestantem . . . *et capitula.* — *f.* 49. De diebus. Dies est solis — quinque exestimauerunt. *Tabulae, orbes.* — *f.* 67′ *vacuum.* — *f.* 90. *Pictura linearis: Ianus trifrons.*

f. 91. Incipiunt partes philosophie. Philosophiam triuarice diui[di]tur . . . — *f.* 92′. Storia simplex est — pro peccatis nostris. *Dividitur in tropologiam, id est morum institutionem, allegoriam, anagogen. man. saec. X.*

Nonnulla aliis manibus addita.

Picturae lineares: — *f. 1, 28, 90.*

Neumae — *f. 2.*

Bethmann in Pertz' Archiv Bd. XII, S. 344. — *Stevenson,* Codices Palatini Latini tom. I, p. 293.

16. Martyrologium Benedictinum Laureshamense.

Palatin. 833. membr. 84 f. 182 × 145 mm. saec. IX. X.

f. 1. In Christi nomine incipit martyrologium Bedae presbyteri. Utere feliciter ... — Kal. Ian. Octabas Domini et natalis Almachi ... *Codex prior. Martyrologium usque ad:* II Kal. Ian. Depositio sancti Siluestri episcopi. *Ind. astr. cal. rubricae, numeri dierum hebdomadarum, cum alia, tum martyrologia sanctorum Germanorum manibus rec. addita. Necrologia aliis manibus:* — *f.* 8. III Non Mai. Obitus Odeluuini. — IIII Id. Mai. Obiit Libolf. — *f.* 10′. III Id. Iun. Obitus Uualteri. — *f.* 15′. III Kal. Sept. Obiit Amelung abbas. — *f.* 16. II Non. Sept. Obiit Hohsuuint. — Non. Sept. Obiit Suuanemunt. — *f.* 16′. XIII Kal. Oct. Obitus Gozbaldi episcopi anno ab incarnatione dcccl (?). — *f.* 21. XVII Kal. Dec. Anniversaria Thiotonis uenerabilis adque nobilissimi episcopi.

f. 22′. Redde sancto Nazario librum, qui pertinet ad eum in Laurissa. *man. saec. XIV.*

f. 24. Hodie sanctissima uirgo ... *Antiphonae de assumptione B. M. V. neumis sine lineis instructae; desinit in:* Bis uirgines. *man. rec.*

f. 24′. Concordia mensium. Ian. cum Decemb. in horarum mensura — hora VI pedem j. *Usque ad menses Iunium et Iulium.*

f. 25′. Ad uesperum. Antiphonae. Dum sacrum mysterium ... *Antiphonae de s. Michaele archangelo, item ad tres nocturnos et ad matutinales laudes, quae desinunt in:* Ant. Omnes fideles. — *Probatio pennae.*

f. 26. Epithavia sanctorum. Ad Laurissam. *Inscriptio man. saec. XIV. Codex alter.*

f. 26′. In laude summi uerbi — consortes fieri ipsius. *Rhythmi de morte s. Ioannis bapt. ul. man.*

f. 27. In paradiso beati Petri. Quamuis clara fides — ubi gramina riuis. — *Epitaphia sanctorum. Tres librarii. In margine:* Gruter MCLII 2.

f. 82′. Virgo deuota cunctis — suis mereri. *Hymnus de s. Caecilia.* — *f.* 83. Gaudia diei celebremus — cunctis horis. *Hymnus de s. Nazario.* — *f.* 83′. Vincenti uerbo Dei — constans Uincenti. *Hymnus de s. Vincentio.* — *f.* 84. Sancto Spiritu nos instructi — orator seculi secula. *Hymnus de s. Sebastiano. Complures librarii; nonnulla al. man. et emendata et addita.*

Neumae.

Bethmann in Pertz' Archiv Bd. XII, S. 343. — *Stevenson,* Codices Palatini Latini tom. I, p. 292. — *De Rossi,* Inscriptiones christianae urbis Romae vol. II (Romae 1888), pars I, p. 95. — *Ebner* in Histor. Jahrbuch (München 1892) S. 768.

17. **Martyrologium et regula s. Benedicti monasterii s. Mariae de Matina.**

Ottobon. 575. membr. 197 f. 288 × 193 mm. saec. XIII.

In folio praeligato: R. 6. 31. Ex codicibus Ioannis Angeli ducis ab Altaemps.

f. 1. metum corporee fragilitatis excludens ... Apud Spoletum sancti Pontiani martyris ... *XIV Kal. Febr. Martyrologium usque ad:* X Kal. Ian. Apud Nichomediam sanctorum martyrum uiginti ...; *lunationes. Nonnulla al. man. addita. Necrologia: —f.* 4'. V Kal. Febr. Obiit dominus Nicolaus ... abbas monasterii Matine. — *f.* 31'. VII Kal. Mai. Obiit dompnus Dominicus abbas Sabuoinus, postea fuit abbas Casanensis. — *f.* 105. IX. Obiit abbas Iohannes abbas monasterii Casemarii. — *f.* 109'. XII Kal. Dec. Item commemoratio patrum nostrorum, matrum ... et monasteriorum sociorum. — *f.* 38 *dimidium abscissum.*

f. 121'. Prescriptio super regula sancti Benedicti. Plurimi nequaquam pleniter intellegentes ... — *f.* 124. Capitula. — *f.* 125. De generibus monachorum ... — Deo protegente peruenies. *Regula s. Benedicti.*

f. 174. In facienda uisitatione cautelam — conscientiam suam. *De visitatoris officio.*

f. 175'. [E]x nimietate debitorum non tam periculum ... *Decretum, quo monetur,* ut abstineant abbates ab emptione et ab edificiis, exceptis edificiis anno 1101 et 1188 inchoatis, *et ut marchis ad pondus Trecense multentur. Desinit in:* seuocandus est. *al. man.*

f. 176'. *Res historicae de monasterio Matinae, cum aliae, tum de anno 1306, de indictione XII aliis manibus conscriptae.*

f. 177. Incipit enchiridion (beati Augustini) ad Laurentium. Incipit prologus super enchiridion. Dici non potest, dilectissimi fili Laurenti ... *saec. XII.* — *f.* 178. De fidei catholice fundamento. Fundamentum aliud ait ... — *f.* 184'. De furti et adulterii exemplis — non esse peccat. — *f.* 185. nisi mortis Christi similitudinem. *Initium deesse videtur.* — De parvulorum peccatis; *desinit* caput: de dimittendis nobis peccatis *in:* omnia munda sunt nobis. *Complura in marginibus manibus rec. addita.*

18. **Martyrologium Benedictinum monacharum s. Mariae de Moriano et regula s. Benedicti.**

Vatican. 4849. membr. 160 f. 245 × 145 mm. saec. XII.

f. 1. Incipit de regula prologus sancti Benedicti abbatis. Qui leni iugo Christi — manet in eternum.

Incipit regula cap. I. Ausculta, o fili — mereamur esse consortes. — *f.* 5. Incipiunt capitula ... *Index.* — *f.* 6. Monachorum quatuor esse genera . . . *Regula s. Benedicti usque ad:* patebunt eterna. — *f.* 61. Promissio regularis, petitio nouitiorum, traditio infantium.

f. 62′. In Christi nomine. Incipit martyrologium per circulum anni compositum ab Usuardo eximio sacerdote, epistola ad regem Karolum directa. Domino regi piissimo — custodire potentia. Amen.

f. 64. VIIII Kal. Ian. Vigilia natalis Domini. Apud Antiochiam Syrie natale sanctarum uirginum quadraginta . . . *Martyrologium usque ad:* X Kal. Ian. Apud Nichomediam sanctorum martyrum xx. *Vitae et passiones singulorum sanctorum. Permulta necrologia a saec. XII incipientia.*

f. 151. Ab Idibus Septembris usque ad capud quadragesime ora VIIII refitiant fratres — deinde conticeant. *Ordo monasticus per annum.* — *f.* 154 *vacuum.*

f. 154′. Iohanne de Solario librum I . . . *Tabula legatorum. man. rec.*

f. 155. [Q]uo modo sedet sola ciuitas . . . *Lamentationes Ieremiae; desinunt in:* contra nos uehementer, ideo.

19. Martyrologium Benedictinum monasterii s. Sophiae Beneventani, regula s. Benedicti, homiliae capitulares.

Vatican. 5949. membr. 80 + 31—202 f. 356 × 266 mm. 2 col. saec. XIII. litteris Beneventanis.

f. 1. Incipit epistola Cromatii et Eliodori ad Ieronimum presbyterum de celebrandis nataliciis sanctorum in totius anni circulum. Domino sancto patri Ieronimo presbytero Chromatius et Heliodorus . . . Cum religiosissimus Augustus Theodosius — martiribus exhibere. — *f.* 1′. Incipit rescripta sancti Ieronimi presbyteri. Cromatio et Heliodoro episcopis Ieronimus presbyter. Constat Dominum nostrum — esse sublimes.

f. 2′. Iam prima dies . . . Kalendis Ian. Octaua Domini et eius circumcisio. Rome natalis sancti Almachii . . . *Martyrologium usque ad:* II Kal. Ian. Rome natalis sancti Siluestri. *Ind. cal., dies Aeg., man. rec. lunationes et alia addita.* — *f.* 6. III Id. Ian. Natale sancti Leucii ep. c. in sancta Sophia. — *f.* 39′. VI Non. Mai. Natalis sancti Iuuenalis in sancta Sophia. — *f.* 43. II Id. Mai. Beneuenti natalis sancti Bonifacii mart. in sancta Sophia. — *f.* 77. VII Kal. Sept. Apud Beneventum translatio sancti Mercurii m. a quinto decimo in sanctam Sophiam. — *f.* 79. VI Kal. Sept. Et dedicatio trium altarium huius ecclesie.

f. 66 *bis* a. Cena Domini — aduentus Spiritus sancti. *Tabula festorum et probationes pennae.* — *f.* 66 *bis* a′. Ad faciendum saponem album, ad inueniendum pasca. *man. rec.* — *f.* 67 *bis vacuum.*

f. 67′ *bis.* Ausculta, o fili, precepta. *Infra:* Innocentius III. Eis, quibus de officio in certis casibus competit illos absoluere — indulgere. *De monachis absolvendis, man. rec.*

f. 68 bis. In nomine Domini. Incipit prologus in regulam beati patris nostri Benedicti. Ausculta, o fili — esse consortes. — *f. 70 bis, 71 (post — f. 73 positum).* Capitula regule. — *f. 73 bis. Regula in septuaginta tria capita divisa.*

f. 123'. Dom. I de aduentu lectio. Dominus ac redemptor . . . *Lectiones homiliarum per annum ad primam legendae usque ad dom. XXV post pentecost. de tempore, de sanctis,* — *f. 164'.* Dom. Trinitatis, — *f. 165'. de communi apostolorum,* — *f.* 177. in dedicatione; *desinit in:* assumpsit. Et.

f. 178. Omnis huius operis decor — mirum ligaturis. *Rhythmi, quibus traditum est codicem iussu Ioannis prioris monasterii ab Eustasio scriptore et a Sipontino miniatore conscriptum esse. Duae picturae lineares; alterius inscriptio:* M. Sipontinus, *alterius inscriptio abrasa.*

f. 178'. Sermo de natali Domini. Quia temporalem mediatoris — de diuinitate dixerunt.

f. 179a. Kal. Ian. Obierunt frater Petrus . . . *Necrologia monasterii sancte Marie de Gualdo a saec. XII usque ad saec. XIV, res historicae et liturgicae, multa abrasa.* — *f.* 195'. *Orationes, probationes pennarum.*

f. 196. Ordo ad monachum faciendum. In primis faciat abbas ammonitionem hanc. Dominus et saluator noster . . .; *litaniae;* — *f.* 201. *missa. Desinit in:* manum. Qui non.

Multa aliis manibus et emendata et addita. Multa folia refecta.
Pict. miniat. color. et inaurat. — *f. 67' bis et* — *f. 178 picturae lineares.*
Bethmann in Pertz' Archiv Bd. XII, S. 253.

20. **Martyrologium Cartusianum Bononiense.**

Vatican. 377. membr. II + 92 f. 313 × 202 mm. 2 col. saec. XII.

f. I. sunt prospera . . . *Postcommunio missae;* missa tempore synodi: oratio, super oblata, postcommunio. *Missae diversae sacramentarii saec. IX, ceterae partes* — *f. 89.* — *f. 91.* Missa sancti Sigismundi regis et martyris, praefatio. — *f. 92.* Impositio manuum super infirmum, *cetera* — *f. II et:* Reconciliatio penitentis ad mortem. — *f. II'.* Oratio in agenda mortuorum, quando egreditur (anima) de corpore; *desinit in:* suscipi iubeas.

f. 1. Martilogium beati Ieronimi conuentus Cartusiensis prope Bononiam. *man. rec.*

In nomine Domini incipit epistola Chromatii et Eliodori ad Ieronimum presbyterum de nataliciis sanctorum. Domino sancto fratri Ieronimo presbytero Chromatius et Eliodorus episcopi . . . Cum religiosissimus Augustus — martiribus exibere. — Rescripta Ieronimi Chromatio et Eliodoro episcopis . . . Constat Dominum omni die — libellus ascriptus.

Item epistola Adonis Treuerensis episcopi. Ado peccator lectori salutem. Ne putes me in hoc opere — excolere optaui. Salutatus in Christo uale.

f. 1′. Kal. Ian. Octaua Domini et circumcisio eius. Rome natalis sancti Almachii . . . *Martyrologium usque ad:* II Kal. Ian. Rome natalis sancti Siluestri; *ind. cal. et vitae sanctorum.*

f. 84. Passio beatorum apostolorum Petri et Pauli edita ab Eusebio Cesariensi atque Ysipo, translata uero a sancto Ambrosio. Cum fides Domini — tercio Kalendarum Iuliarum. Regnante in perpetuum — in cuncta saecula saeculorum. — *f.* 85. Passio s. Pauli apostoli. Cum conuenissent Romam — in nomine Domini nostri Iesu Christi. Cui cum patre — saecula saeculorum. Amen. *Infra duae lineae abrasae.*

f. 88′. Libido est appetitus . . . *Definitiones et partitiones variarum notionum. man. saec. XIII.*

21. **Martyrologium canonicorum regularium.**

Ottobon. 38. membr. 226 f. 238 × 150 mm. saec. X.

In folio I praeligato: Sirmondus edidit Concil. tom. VII, p. 1307. — *In folio II praeligato:* Ex codicibus Ioannis Angeli ducis ab Altaemps. R. 6. 24. B. 6. 8.

f. 1. capitis martyrium sub Chosroe rege cum aliis lxx, ut legitur, compleuit. Item sancti Gaudentii episcopi et natale sancti Timothei apostoli. *Martyrologium a X Kal. Febr. usque ad:* II Kal. Ian. Rome depositio sancti Siluestri. *Ind. cal., dies Aeg., dies litteris numerati. Nonnulla aliis manibus addita, ut:* — *f.* 10. IIII Id. Mai. Ipso die obiit Leo presbyter. — *f.* 12. Non. Iun. Ipso die obiit Sabina diacona. — *f.* 21. V Kal. Nov. Ipso die obiit Franco presbyter. — *f.* 23. V Kal. Dec. Ipso die obiit Iohannes presbyter. *Alia, quae addita erant, abrasa.* — *f.* 24′. Incipit horelegium.

f. 25. Item de sacerdotale gradu. Canones et decreta Zosimi pp. decreuerunt, ut clericus . . . — *f.* 30′. *Epistola s. Hieronymi ad Damasum papam missa:* Legi litteras apostolatus uestri — quod Grece dicitur locus Phautiot. *al. man.*

f. 31. Sicut regulariter sanctum tenetur, ego ille trado atque offero meipsum catholice ecclesie isti illi . . . secundum regulam canonicam fideliter seruiturum — testibus roboraui. *Exemplum professionis al. man.*

f. 31′. In nomine Dei summi. Incipit prolagus. Cum in nomine sancte et indiuidue Trinitatis christianissimus ac gloriosissimus Chludouuicus — ingredi mereantur. *De synodo anno 816 Aquisgrani habito.* — *Amalarii regulae clericorum.* — Capitula. — *f.* 40. Capitulum I Isidori in libro officiorum. De tonsura. Tonsura ecclesiastica — numeros tenet. *144 capita decretalium.* — *f.* 192. *Alia de sacerdotibus eorumque vita triginta capita decretalium et capitularium.*

f. 223 *loco abraso:* Questo libro e de Marco Antonio Spechio.

f. 223'. Anno ab incarnatione Domini millesimo quinquagesimo nono presidente domino et venerabili papa Nicholao . . . *De concilio in ecclesia Lateranensi de communi vita clericorum regulaque habito. al. man.*

Bethmann in Pertz' Archiv Bd. XII, S. 357. — *De Rossi et Duchesne,* Acta Sanctorum, Novembris tom. II, pars 1, p. XXXII.

22. Martyrologium Cisterciense monasterii Fossae Novae et s. Petri Amalfitani et regula s. Benedicti.

Ottobon. 176. membr. 119 f. 263 × 188 mm. saec. XII.

In folio praeligato: R. 6. 29. B. V. 27. Ex codicibus Ioannis Angeli ducis ab Altaemps.

Martyrologium istud olim fuit monasterii Fossae Noue, in quo sanctus Thomas de Aquino obiit. In calce codicis extant tabula quaedam et historia fundationis abbatiae beatae Mariae de canonica primo canonicorum regularium ordinis Lateranensis, deinde Cisterciensium an. 1217. Sic animadvertit fr. Claudius Stephanotius, procurator generalis congregation. s. Mauri, anno 1691.

f. 1. (V Kal. Ian.) Apud Bethlehem natale sanctorum Innocentium . . . Ancyrae Galatie: sanctorum Eutici presbyteri . . . *Martyrologium usque ad:* X Kal. Ian. Apud Nicomediam sanctorum martyrum uiginti; *lunationes, complura addita, necrologia, quorum alia abrasa, alia desecta. — f. 52'.* III Kal. Sept. Obiit bone me[mo]rie magister Pe[tru]s Capuanus tituli [s.] Marcelli pbr. [ca]rd. fundator [can]onice Amalf. — *f. 54'.* II Id. Sept. In conuentu celebretur de Spiritu sancto pro ingressu Cisterciensium.

f. 78'. Hoc autem nolo te lateat — quam uixit. *S. Gregorius de s. Benedicto.* — Incipit prologus. Regule sancti Benedicti abbatis. Ausculta, o fili . . . *et regula s. Benedicti.*

f. 117'. De commemoratione, que fit tertio Idus Ian., Eugenii pape tertii, magistri Petri Capuani cardinalis sancti Marcelli fundatoris huius monasterii, Iordanis cardinalis; *al. man.:* Nicolai Tusculani episcopi, Ludovici Francie regis, Henrici regis Anglorum, comitis Theobaldi, Henrici comitis Trecensis, Mathei cancellarii regis Sicilie et Riccardi regis Anglie. — XII Kal. Decembres. *Commemoratio monasteriorum sociorum. — f.* 118. *al. man.:* Anno Domini M.CC.XXIIJ V Id. Febr. in domo sancti P. de Amalfia, que est filia (Fosse Nove, *abrasum*) primus procreatus est abbas Nicolaus de sancto Germano . . ., successit M.CC.XXVIII Stefanus de Gaieta . . . — *De formula fraternitatis, de poena sacerdotum sine vino celebrantium anno 1242. Complures librarii.*

f. 119. Institutio sancti Bernardi, quo modo cantare et psallere debeamus. Uenerabilis pater noster Bernardus — contribulatione (?) prestolari. *Complura folia refecta.*

23. Martyrologium Engolismense.

Regin. 512. membr. 1 + 140 f. 285 × 182 mm. saec. X.

f. 1. *scida agglutinata, res gestae saec. XVIII.*

f. 1a. Populus christianus memorias martyrum — caritate, non seruitute. — *Infimo in folio:* Alexander Pauli filius Petauius senator Parisiensis
anno 1647.

f. 1a′. VIII Kal. Ianuarii. In Bethleem Iudae natiuitas saluatoris Domini
nostri Iesu Christi ... Eodem die natale sancte Anastasie... *Martyrologium
usque ad:* VIIII Kal. Ian. Vigilia natalis Domini. Eodem die apud Antiochiam Syrie natale sanctorum virginum xl. *Passiones et vitae sanctorum.
De ecclesia Engolismensi complura et emendata et addita, ut — f. 14,
— f. 72′, — f. 111′.* — *f.* 85. XIII Kal. Sept. Dedicatio sancti Petri
Engolismensis sedis.

f. 139′. Tarnald, *probatio pennae.* — *f.* 140. *Neumae.* — *f.* 140′
vacuum.

Neumae.

Bethmann in Pertz' Archiv Bd. XII, S. 286.

24. Martyrologium fratrum Minorum et eremitarum s. Augustini.

Ottobon. 37. membr. 71 f. 240 × 160 mm. saec. XIII.

In folio praeligato: Ex codicibus Ioannis Angeli ducis ab Altaemps.
R. 6. 26. B. 6. 3.

f. 1. Kal. Ian. Circumcisio Domini. Rome natale sancti Almachii m. ...
Martyrologium usque ad: II Kal. Ian. Rome sancti Siluestri; *lunationes,
ind. cal., vitae nonnullorum sanctorum.* — *f.* 13′. II Non. Mart. Obiit bone
memorie Nycolaus heremita et presbyter et huius ecclesie prior, qui multa
persecutione sustinuit in hoc heremo. *al. man.* — *f.* 38. II Non. Iul. Obiit
frater noster magister Bonushomo Celanj. *al. man.* — *f.* 48 V Kal. Sept.
Obiit frater noster Petrus, qui fuit sacerdos de ista ecclesia. — *f.* 48′.
II Kal. Sept. Obiit Iohannes Montefortini. — *f.* 49′. II Non. Sept. Obiit
domina Inmilia ...; *cetera abrasa.* — *f.* 58′. IX Kal. Nov. In Uenusia
ciuitate Apulie natale sanctorum Felicis episcopi ...; *man. rec. additum:*
et dedicatio huius ecclesie per manus s. Siluestri pp. — *f.* 69 *refectum.*
— *f.* 69′. *Praecepta ad lunam pronuntiandam et probationes pennae.*

f. 70. Deus, cuius dexteram beatum Petrum ... *collecta, item in:* septem
fratrum, Apollinaris, Iacobi, Nazarii et Celsi, Felicis et sociorum; Abdonis
et Sennen mm. *initium collectae;* — *f.* 72. s. Laurentii, *cuius deest
initium,* Tiburtii, vigilia s. Marie; *litteris Beneventanis saec. XI.* — *f.* 70,
71 *refecta.*

25. Martyrologium fratrum Minorum in usum eremitarum s. Augustini translatum et capitula.

Vatican. 4773. membr. 135 f. 260 × 180 mm. saec. XIV.

f. 1. Faciem meam non auerti . . . *Capitula primae a dom. III quadragesimae incipientia de tempore, de sanctis, de communi sanctorum, nonnulla aliis manibus addita.*

f. 4. Sermo sancti Augustini episcopi. O beata uirgo Maria, quis digne tibi ualeat — salua nos, ne pereamus. *Tres lectiones. Probationes pennae.* — *f.* 5′. Diuitijs nolite cor apponere . . . *Probationes pennarum, inter quas:* Octauianus Patauus studens Rome scribebat.

f. 6. *Kalendarium. Ind. astr. et cal. dies Aeg. Nonnulla al. man. addita, alia abrasa.* — *f.* 12 *vacuum.*

f. 13. Anno a creatione mundi — sancte Anastasie. *Martyrologium in nativitate Domini, man. saec. XVI.* — *f.* 13′. *Item.*

f. 14. Hec lectio martyrologji in uigilia pasce prima pronuntiatur . . . *Item in ascensione Domini, in vigilia pentecost. et nativitatis.*

Notandum, quod licet multi operam dederint ad compilandum martirologium, tamen tres . . . *De martyrologiis Hieronymi, Bedae, Usuardi, epistola Chromatii et Heliodori, epistola Hieronymi ad eos data.* — *f.* 14′. *Praefatio Bedae, epistola ad Karolum regem scripta.* — *f.* 15. *Tabulae temporum, in qua anni 1420, 1421, 1422 nominantur; man. saec. XV.*

f. 18. *Kalendarium ab Augusto usque ad Novembrem. Ind. cal. dies Aeg. Omnia fere abrasa et nomina sanctorum eremitarum s. Augustini inserta.*

f. 29. In anno illo, in quo nativitas Domini in dominica . . . *Rubricae breviarii al. man. saec. XV.* — *f.* 31. Rubrica pro historiis ponendis in mense Septembris. *al. man.*

f. 31′. Nota de isto vocabulo olimpiade pro martyre Papias videlicet. O limphos lumen . . . *et de notariis acta martyrum scribentibus, a pp. Fabiano et Clemente constitutis; al. man.*

f. 32. Incipit martirilogium per anni circulum . . . Kal. Ian. Circumcisio Domini nostri Iesu Christi secundum carnem. Rome. Natale Almachii . . . *Martyrologium usque ad:* pridie Kal. Ian. Rome. Natale sancti Siluestri. *Lunationes; multa abrasa, complura addita.* — *f.* 64. III Kal. Madii. Eodem die obitus domine Marie (?), uxoris olim domini Poncelli de Ursinis, et tenetur conuentus Augustini in tali die facere obsequias pro anima sua. Eo quod dimisit multa bona conuentui. Anno Domini M.CCCCX°. *al. man.* — *f.* 84. Idus Iulii. Eodem die dedicatio sancti sepulchri. — *f.* 126. Non. Decemb. Item eodem die obitus domini Danielis. *Cetera abrasa; al. man.* *f.* 134. Es pastor. ymnus. Petrus beatus . . . *Ordo breviarii man. saec. XIII a s. Petri in vinculis usque ad assumptionis B. M. V. Desinit in:* cum psalmis de virginibus.

f. 135. *Probationes pennarum lingua Latina et Italica conscriptae cum aliae, tum fratris Octaviani Patavi, fratris Raphaelis de Petra, fratris Pauli Mediolanensis Romae annis 1543 et 1544 litteris studentium.*

26. Martyrologium fratrum Minorum Anglicorum.

Ottobon. 91. membr. I + 90 f. 335 × 250 mm. saec. XV.

f. I. Ex codicibus Ioannis Angeli ducis ab Altaemps. R. 6. 39. B. IV. 4. — *f.* I' *vacuum.*

f. 1. Nono Kal. Ian. Uigilia natalis Domini. Apud Antiochiam Syrie natale sanctarum uirginum xl . . . *Martyrologium usque ad:* X Kal. Ian. Apud Nichomediam sanctorum martyrum uiginti; *lunationes, vitae sanctorum. A* — *f.* 28' *usque ad finem altera man.* — *f.* 81'. Pridie Id. Nov. *litteris min.:* Dedicatio ecclesie s. Marci.

Miniat. color. et inaurat. flor.: — *f.* 1 *littera U et insigne Petri Barbi cardinalis.*

27. Martyrologium fratrum Minorum loci Fulginei et capitula.

Vatican. 5743. membr. I + 143 f. 211 × 156 mm. saec. XV.

f. I. Ioannis Canniti de Firmo et amicorum suorum optimorum Rome existentis in edibus dd. Capranicensium die 20 mensis Ianuarii. — *f.* I' *vacuum.*

f. 1. Kalende Ianuarii. Incipit martirologium per totum circulum anni. A. B. . . . Kalendis Ianuarij. Circumcisio Domini nostri Iesu Christi secundum carnem. Rome natale Almachii m. . . . *Martyrologium usque ad:* Pridie Kal. Ianuarii. Rome natale sancti Siluestri, *ind. cal., lunationes, mense Ianuario dies Aeg. Multa cum alia, tum de ordine Minorum addita, mutata, emendata,* — *f.* 10, 12'. *de Fulgineo, civitate Tusciae.* — *f.* 137', *Lunatio Ianuarii, inducta.* — *f.* 137' *vacuum.*

f. 138. Ista sunt capitula totius anni ad pretiosa. Dom. prima de aduentum cap. Non in comessationibus . . . *De tempore usque ad pentecost.,* — *f.* 140. *de sanctis a s. Andreae usque ad festum omnium sanctorum,* — *f.* 142. *de communi sanctorum et in dedicatione ecclesiae.* — *f.* 143 *vacuum.*

f. 143'. Credo in Deum — vitam eternam. Amen. — *Scriptum man. saec. XVI, inductum.*

28. Martyrologium fratrum Minorum Gualdensium et capitula.

Vatican. 5417. membr. I + 126 f. 173 × 118 mm. saec. XV.

f. I *vacuum.*

f. I'. Iste liber est loci fratrum Minorum de Gualdo. — 1552 fuit persus hic liber, fuit retrouatus sottum chorus conventus Gualdii tempore guardianus fratris Petri Gualdensis . . . per fratrem Felix Egubinus fuit retrovatus nel 1554.

f. 1. Depti a cheso mozzo scudo doro de Pauli presente (?). *De pretio libri, ut videtur.* — Ex libris Francisci Peniae Romanae Rotae decani.

f. 1'. Prologus, a quo sit editus liber iste et cuius auctoritate . . . Incipit martirologium religiosi uiri Usuardi — adiuuemur et saluemur.

f. 2. Incipit martylogium per anni circulum . . . Kal. Ian. . . . Circumcisio Domini nostri Iesu Christi secundum carnem. Rome beati Almachii martyris . . . *Martyrologium usque ad:* Pridie Kalendas Ianuarii . . . Rome sancti Siluestri . . . *Ind. cal., lunationes. Multa aliis manibus addita.* — *f. 74 scida inserta.* — *f. 74 vacuum.* — *f. 74'. Martyrologium:* Decim. Non. Kal. Sept.

f. 121. Dominica prima de aduentu ad absolutionem capituli lectio. Non in comesationibus . . . — *Capitula primae de tempore,* — *f.* 123. *de sanctis,* — *f.* 124. *de communi, in dedicatione,* in sollempnitate corporis Christi. — *f.* 124'. Modus legendi martyrologium. *al. man.*

f. 125. Memorabilia de sanctis fratribus Minoribus, qui et sanctitate et miraculis claruerunt. Ista sunt nomina . . . Sanctus Franciscus — frater Franciscus de Bittonia castri Gualdi. *Complures librarii.* — *f. 126' vacuum.*

29. **Martyrologium fratrum Minorum Narniensium et capitula.**

Vatican. 5415. membr. 158 f. 233 × 174 mm. 2 col. saec. XIV.

f. 1. *Kalendarium. Ind. astr. cal. dies Aeg. grad. rubricae. Nonnulla man. rec. addita.* — *f.* 1'. XIII Kal. Mart. Anniuersarium pro anima domini Francisci Stactuli (?) et pro omnibus de domo sua. — *f.* 2. IIII Non. Mart. Consecratio ecclesie sancti Iuuenalis episcopi mart. — *f.* 2'. VIII Id. Apr. Etiam ego fr. Cechurellus Iannit (?) de Narnio guardianus conuentus Narniensis de consensu et de consensu aliorum fratrum obligati sumus facere duas exsequias ad petitionem Francisci Iuuenelli annuatim pro anima domine Gagietane . . . — XII Kal. Mai. Anniuersarium pro salute anime Gagietane et omnibus de domo sua.

f. 7. Incipit martylogium per anni circulum. Kalendis Ianuarii. Circumcisio Domini nostri Iesu Christi secundum carnem. Rome natale Almachij martyris . . . *Martyrologium usque ad:* pridie Kal. Ian. Rome natale s. Silvestri. *Lunationes, ind. cal. dies Aeg. Complura aliis manibus addita.*

f. 152'. A quo est liber expletus — gaudeat eque. *Rhythmi librarii.*

f. 152'. Incipiunt capitula ad pretiosa per totum anni circulum . . . In dominica prima ad aduentum Domini. Non in commessationibus . . . *Proprium de tempore.* — *f.* 155. In festiuitatibus sanctorum *a s. Andreae usque ad omnium sanctorum.* — *f.* 157. *Commune sanctorum.* — *f.* 157'. *Vocabula Italica:* stifone . . . macchie octo cento setanta guatro. *man.*

saec. XVI. — f. 158. *In dedicatione. Nonnulla man. rec. addita.* —
f. 158'. *Locus abrasus; infra man. saec. XVI.:* figiolo d' Antonio (?) De-
lomo, reverend. pater domini mei.
f. 158 *dimidia pars deest.*

30. Martyrologium fratrum Minorum Parisiensium.

Vatican. 4774. membr. 120 f. 148 × 105 mm. 1285.

f. 1. Annus ab origine mundi (6485). Annus ab incarnacione Domini
(1285) . . . *Tabula temporum et festorum. Inest:* Annus pontificatus domini pape Honorii I. Annus natiuitatis XX (?), regni I Philippi regis Francorum, annus ordinacionis domini R. episcopi Parisiensis X (?), annus fun-
dacionis XX, dedicationis XX huius ecclesie. *De cereo paschali.*

f. 2. [S]ciendum est, quod quaelibet littera — sexto Kal. Martii. *Inter-*
pretatio litterarum dominicalium et numeri aurei. In margine ad vocabula
praesenti anno: M° CC° LIIII°.

f. 2'. (*In margine:* Incipit martyrologium per anni circulum.) Nono Kal.
Ian. . . . [V]igilia natalis Domini. Apud Antiochiam Sirie: natale sanctarum
uirginum quadraginta . . . *Martyrologium usque ad:* Decimo Kal. Ian.
[A]pud Nichomediam: sanctorum martyrum viginti. *Lunationes, plerumque*
singulis diebus singuli sancti. Ad Kal. Ian. in margine: Incipit martyrologium per anni circulum, *nonnulla al. man. addita.* — *f.* 47'. Corrumpunt
bonos mores colloquia mala. *Probatio pennae.*

f. 47'. Incipit declaratio uerborum, que obscura sunt in legendis sanctorum ordinata a fratre Ot. Andreas. Achaia ab Achatio — Vitalis et
Agricole — magna statera. — *f.* 58'. Explicit . . . ordinata per fratrem
Othonem lectorem Stayñ. *al. man.* — *f.* 59. Abdicare. Marta . . . *Index*
interpretationis in tribus columnis scriptus man. saec. XIV. — *f.* 60' *vacuum.*

f. 61. Custodi me Domine ut pupillam oculi — uiuit et regnat. Amen.
De oculo morali al. man. saec. XIV. Multa in marginibus al. man.
addita. A — *f.* 61 *usque ad finem 2 col.*

f. 111. Titulus Abigeis 37 . . . *Index titulorum pandectarum al. man.*
saec. XIV. — *f.* 120 *vacuum.* — *f.* 120'. Augustinus in libro de doctrina . . .
De caritate et aliae sententiae, probationes pennarum.

31. Martyrologium et capitula fratrum Minorum Pontizarensium.

Regin. 429. membr. 3 + 171 f. 271 × 183 mm. saec. XIII. XIV.

f. 1. *In scidis membr. agglutinatis:* Martyrologium Romanum conventus
fratrum Minorum apud Pontizaram. Ars dictaminis Thomae de Capua
cardinalis.

f. 1 a. De ieiunio pentecoste . . . *Comes lectionum evangelii de tempore*
et de sanctis. — *f.* 1 a'. Expliciunt . . . scriptur.; *man. saec. XV lunationes*

martyrologii. — f. 1 b. or . . . gustum dilatemus, ut senatus exultemus laudes apostolici — flammas . . . vindices. *Hymnus notis musicis quadratis instructus, man. saec. XIV. — f.* 1 b'. Luna prima. *Tabula lunationum eadem man. ut — f.* 1 a'.

f. 1 c. *Kalendarium. Ind. cal. num. dies Aeg. — f.* 3'. XIII Kal. Iul. Sanctorum Geruasii et Protasii. Dedicatio huiusce conventus Pontizare. Anno Domini M.CCCC⁰ 1485⁰.

f. 7. Incipit martyrologium per totius anni circulum. octauo Kalendas Ianuarii. Iesus Christus filius Dei in Bethleem Iude nascitur. Eodem die natalis sancte Anastasie . . . *Martyrologium usque ad:* Nono Kal. Ianuarii. Vigilia nativitatis Domini. Apud Antiochiam natalis sanctarum virginum quadraginta. *2 col.*

f. 84'. Iam Christum chorus humilis — sacerdos ueritate. Venite. *Invitatorium notis musicis quadratis instructum. — f.* 85. *Probationes pennae. Item — f.* 85' *et:* Sancta Maria, Dei genitrix virgo, intercede pro nobis . . . *Invitatorium notis musicis quadratis instructum.*

f. 86. Incipiunt capitula, quae dicuntur ad absolutionem capituli per totum annum. Dominica prima de aduentu . . . Non in comessacionibus . . . *Proprium de tempore. — f.* 88'. *Proprium sanctorum. — f.* 90. *In dedicatione ecclesiae et commune sanctorum.*

f. 90'. Regi, que fecit opera, Christo confiteantur — renouantur. *Invitatorium rhythmicum de stigmatibus s. Francisci.*

f. 91. Incipiunt ordinationes officii . . . primo de pulsatione campanarum. Ad omnes horas . . . — *f.* 102'. Ordinationes facte in capitulo generali Metis celebrato et in aliis capitulis post dictum capitulum celebratis. — *f.* 104. *Preces, orationes, conclusiones martyrologii, probationes pennae. Complures librarii.*

f. 104. Iste liber est de conuentu fratrum Pontizare.

f. 104'. Christum regem adoremus dominantem gentibus. *Invitatorium notis musicis quadratis instructum.*

f. 105. Incipiunt responsoria artis dictaminis composite per venerabilem fratrem magistrum Thomam de Capua sacrosancte Romane ecclesie cardinalem. In hoc prohemio reprehenduntur illi . . . *Index.* [I]uste iudicate — conuenientes in unum de et . . . Expliciunt epistole magistri Thome de Capua cardinalis. *lineis plenis.*

f. 169'. pretio ·X· solidis th. de cal.

f. 170. [ ]to praedicto subditi (?) conuenerunt . . . *De electione cuiusdam archiepiscopi vel praepositi Coloniensis. Desinit in:* renuant adherere. *man. saec. XIV. 2 col.*

Multa aliis manibus addita. Complura folia refecta.
Notae musicae.
Bethmann in Pertz' Archiv Bd. XII, S. 280.

32. **Martyrologium Moguntinum.**

Vatican. 4885. membr. 168 f. 299 × 195 mm. saec. XI.

f. 1. [Ro]mam perductus . . . *II Non. Mai. S. Ioannis ap. ante portam Latinam. Martyrologium usque ad:* II Kal. Ian. Rome depositio sancti Siluestri pp. Hic constituit . . . *Litteris Latinis, ut in sacramentario Fuldensi Vatican. 3806 Graecis litteris, dies numerati; ind. astr. cal., nomina mensium Graeca, Hebraica, Aegyptiaca; constitutiones summorum pontificum.* *f.* 2. II Id. Iun. Translatio sanctorum martyrum Nazarii et Celsi. — *f.* 8′. VII Kal. Nov. Translatio sancti Amantii et dedicatio ecclesie ipsius. — *f.* 9. IIII Non. Nov. Dedicatio ecclesie sancti Blasii. — *f.* 10. Kal. Dec. Rome ordinatio beati Bonifatii episcopi. *Nonnulla abrasa, alia addita.*

f. 12′. In nomine Dei summi incipit prologus. Cum in domine sancte et indiuidue Trinitatis — ingredi mereantur. *De synodo Aquisgrani anno 816 Ludovico imperante habita.*

f. 14′. Isidori in libro officiorum de tonsura. Tonsure ecclesiastice — peruenire mereamur. *Regula canonica in 144 capita divisa.*

f. 165′. Incipit epistola formota Attici episcopi Constantinopolitani. Greca elementa . . . *De epistolis formatis, de litteris Graecis pro numeris adhibendis, de episcopis, presbyteris, diaconis, ex decretis Zachariae pp., ex regulis Isidori de delictis; al. man. ex decretis Leonis pp. de ieiunio mensis decimi, Gelasii pp. de ordinationibus.*

f. 168′. Capitula omnium sanctorum. Post partum uirgo . . . *Versus et responsoria de sanctis et preces dicendae* mane prima.

In marginibus complura al. man. addita.

Bethmann in Pertz' Archiv Bd. XII, S. 244.

33. **Martyrologium fratrum Praedicatorum et lectiones evangeliorum.**

Vatican. 5418. membr. I + 129 f. 185 × 134 mm. saec. XV.

f. I, I′. Oremus. Deus, qui presentem diem . . . *et aliae probationes pennarum lingua Latina et Italica.* — Iste liber pertinet; *nomen deletum.* *f.* I′. Ex libris Francisci Penie Romane Rote decani.

f. 1. De arte inueniendi, qualiter sit luna qualibet die . . . Sciendum est, quod quelibet lictera . . . ; de prologis diuersis super opus martyrologii . . . Notandum, quod scilicet multi . . . — *f.* 1′. Epistola Cromatii et Eliodori. — *f.* 2. Responsio Ieronimi. — *f.* 2′. Praefatio, quae Bedae ascribitur. — *f.* 3. Epistola Usuardi. — *f.* 4. Notanda de vigilia natalis Domini et de evangeliis et de constitutionibus legendis et de obitu alicuius recitando.

f. 4′. Kalendis Ianuarii. Circumcisio Domini nostri Iesu Christi. festum duplex. Rome natalis sancti Almachii m. . . . *Martyrologium usque ad:*

pridie Kal. Ian. Rome natale sancti Siluestri pp. *Lunationes, ind. cal., complura aliis manibus addita.* — *f.* 75'. *al. man.:* Nonis Marcii. Depositio sancti Thomae in Terracina Campanie civitate in monasterio Fosse Noue.

f. 76. Dom. prima aduentus Domini. Secundum Matheum. In illo tempore: Cum appropinquasset Ihesus Ierosolimis . . . *Evangelia post martyrologium legenda; proprium de tempore usque ad dom. XXV post festum Trinitatis,* — *f.* 84. *proprium sanctorum a s. Andreae usque ad s. Catharinae,* — *f.* 88. *commune sanctorum, al. man.*

f. 90. Frate Ieronimus de Augusta, ord. predicatorum. — *f.* 90' *vacuum.*

f. 91. Deus in adiutorium meum . . . Kirieleyson . . . *Litaniae, preces, orationes.* — *f.* 93' *vacuum.*

f. 94. Incipiunt constitutiones ordinis fratrum predicatorum. Prologus. Quoniam ex precepto regule . . . — *f.* 94'. Distinctiones et capitula. — *f.* 95'. Definitio prima. de officio ecclesie. Caput primum. Audito primo signo — ipso facto. — *f.* 110. Secunda distinctio. De domibus concedendis et construendis primum caput. Nulla domus — alios libellos. *Nonnulla al. man. addita.* — *f.* 125 *scida membr. inserta al. man. conscripta.* — *f.* 125' *vacuum.*

f. 108', 128, 129. Transit pauper ad regni solium . . . *Invitatorium, antiphonae, responsoria rhythmica de s. Dominico, notis musicis quadratis instructa, al. man.*

Folia postrema laesa.

Notae musicae.

34. **Martyrologium fratrum Praedicatorum.**

Palatin. 835. chart. membr. I + 81 + 1 f. 210 × 221 mm. 1426.

f. I. C. 44. 1544. 410. — *f.* I'. 41 Ianozii de Manettis charte 79.

f. 1. De arte inueniendi, qualiter pronuntianda luna . . . Sciendum est, quod quelibet littera — sexto Kal. Martii. *Inest:* anno 1254 presenti. — De prologis diuersis super opus martirologii . . . Notandum, quod licet multi — et hoc martyrologium subscriptum, quod fratres Praedicatores prae aliis ellegerunt.

f. 1'. Epistola Cromatii et Eliodori episcoporum ad Ieronimum . . . Domino sancto patri Ieronimo . . . Cum religiosissimus Augustus — et martirum exibere. — Responsio Ieronimi . . . Cromatio et Elyodoro sanctis episcopis Yeronymus presbyter. Constat Dominum nostrum — esse sublimes.

f. 2. Incipit prephatio Usuardi ad Karolum regem. Domino regi piissime Karolo . . . Usuardus . . . Minime latet — custodire potentia.

f. 2'. Hic prologus Augustini secundum alios presbiteri. [F]estiuitates sanctorum — non seruitute.

f. 3'. [L]Iber iste, qui martirologium dicitur . . . continet ista per ordinem. Officium legendi — per totum annum. De officio legendi et kallendario et martirologio et aliis . . . Laudate Dominum de celis . . .; de modo legendi martyrologii in conventu, in capitulo, in ecclesia, de legendis constitutionibus et evangeliis. — *f. 4'.* Numerus sanctorum martyrologii.

f. 4'. Incipit martirologium per anni circulum. Kalendis Ianuarii luna — septimo Ydus Ianuarii. *Lunationes.*

f. 5'. In primo libro de martyribus Stephanus . . . *man. rec. Numerus sanctorum. Item:* — *f. 6'.* In secundo libro de martyribus . . . — *f. 7'.* Summa sanctorum. — *f. 8, 8 a, 9 vacua.* — *f. 9' locus abrasus.*

f. 10. XI XIII . . . Apud Antiochiam passio sancti Ysidori episcopi . . . Quarto Nonas Ianuarii. *Martyrologium usque ad:* Decimo Kal. Ianuarii. Apud Nicomediam sanctorum martyrum uiginti . . . *Initium:* — *f.* 14. Nono Kal. Ianuarii. Vigilia natalis Domini . . . — *f.* 18. De anno bissextili rubrica. *Prioribus in foliis gradus festorum et numerus lectionum. Multa eadem et aliis manibus addita.* — *f.* 56. *Post:* Sext. Kal. Septembris: Kalendis Septembris. — *f.* 14'. VI Kal. Ian. Totum duplex sancti fratris Andree. *al. man.* — *f.* 16'. Kal. Febr. MIIICXXXVI obiit frater Symon prior sancti Gregorii. *al. man.* — *f.* 56'. III Non. Sept. Ordinatio sanctissimi pontificis atque incomparabilis uiri Gregorii papae urbe Rome. Totum duplex. — *f.* 64'. VI Ydus Octobris. Item anniuersarium domni Bonifilij sacerdotis benefactoris nostri. Ea die conueniunt consorcia sacerdotum ciuitatis.

f. 79. Explicit martyrologium scriptum per me Yllarium de Fauenario MCCCC vigesimo sexto die secundo mensis Ianuarij. — *f.* 79, 80 *vacua.*

f. 80'. Martirilogio da preti e da frati et da monaci et da . . . (?) e dalo loro monastero. — *f.* 81. Nicholo *et aliae pennae probationes.* — *f.* 81' *vacuum.*

Folia ita disponenda: 14, 10, 11—13, 15, 17, 16.

Stevenson, Codices Palatini Latini tom. I, pag. 294.

35. Martyrologium fratrum Praedicatorum s. Sabinae de urbe, lectiones evangeliorum, regula s. Augustini.

Vatican. 7658. membr. 188 f. 235 × 170 mm. saec. XIV.

f. 1. *Kalendarium. Praeter mensem Ianuarium fere ubique nomina sanctorum desunt; loco eorum necrologia et anniversaria ordinis fratrum Praedicatorum.*

f. 4. De officio legendi, de kalendario et luna et martirologio et aliis hiis annexis. Dum dicitur ps. Laudate Dominum de celis . . . — *f.* 8. De prologis diuersis super opus martirologii, epistola Cromatii, responsio Ieronimi, prefatio Bede vel Adonis, epistola Usuardi. — *f.* 10 *vacuum.*

f. 11. Incipit martyrologium per anni circulum. *al. man.* Sancte Sabine de vrbe. — Kal. Ian. . . . Circumcisio Domini nostri Iesu Christi. Festum duplex. Rome: natalis sancti Almachii martyris . . . *Martyrologium usque ad:* pridie Kal. Ian. Rome: natalis sancti Siluestri, *lunationes, grad. num., complura man. rec. addita, necrologia ordinis fratrum Praedicatorum.* — *f.* 100'. *man. rec.:* XVI Kal. Dec. Eodem die consecratio ecclesie et altarium sancte Sabine.

f. 113. Incipiunt lectiones evangeliorum legende cum Kalendis per totum annum. dominica I in aduentu Domini. Secundum Matheum. In illo tempore: Cum appropinquasset Iesus Ierosolimis . . . *Proprium de tempore usque ad dom. XXV post festum Trinitatis,* — *f.* 122. *in dedicatione,* — *f.* 122'. *de sanctis a s. Andreae usque ad s. Catharinae.* — *f.* 129. *altera man. usque ad finem.*

f. 132. Incipit regula beati Augustini episcopi. Ante omnia, fratres karissimi, diligatur Deus — non indicatur.

f. 139. Incipiunt constitutiones ordinis fratrum Predicatorum. Quoniam ex precepto . . . — *f.* 140. *Index capitum in lectiones divisorum.* — *f.* 182. Constitutiones papales.

f. 185. *al. man.* Deus in adiutorium meum intende . . . *Ps. 69, litaniae, orationes.* — *f.* 188' *vacuum.*

Multa in marginibus eadem et aliis manibus addita, complura folia refecta.

Miniat. color.: — f. 11 littera C.

36. **Martyrologium Saresberiense.**

Ottobon. 163. membr. 82 f. 245 × 170 mm. saec. XIV.

In folio I praeligato: R. 7. 4. J. 1. 9. S. V. 126. — *In folio II praeligato:* Ex codicibus Ill^{mi} et Excell^{mi} Dñi Iohannis Angeli ducis ab Altaemps.

f. 1. *Infimo in folio:* Collegii Anglicani.

Nono Kal. Ian. Uigilia natalis Domini. apud Antiochiam Syrie: natalis sanctarum virginum quadraginta . . . *Martyrologium usque ad:* X Kal. Ian. Apud Nichomediam: sanctorum martyrum viginti; *lunationes.* — *f.* 80 *eadem man. addita:* Inventio capitis precursoris Domini. — Natalis sancti Mathie apostoli. — In ciuitate Dorobernensi natalis sancti Ethelberti regis. *Item alia addita sunt de coena Domini, de parasceve, de sabbato sancto, de resurrectione Domini.*

f. 81'. Incipit liber de gradibus uirtutum a sancto Augustino ordinatus . . . potest legi ad primam post martyrologium prout regula . . . Tamen in ecclesia Sarum legitur Haimo . . ., sed qui illum non habent, possunt legere . . . Primus gradus huius sacratissime scale est — alit et fouet.

f. 82. Omina (?) sunt — pensanda (?) filo. — Cum datur iniusto peccandi — nichil obsteterit. *Versus al. man.* — Precium huius libri . . . *al. man., cetera abrasa.*

Bethmann in Pertz' Archiv Bd. XII, S. 358.

37. Martyrologium Senonense.

Regin. 435. membr. 48 f. 210 × 162 mm. saec. IX—XIII.

f. 1. B. 54.

f. 1'. In nomine sanctae Trinitatis incipit martyrulogium anni circuli de singulis festiuitatibus sanctorum. Mensis Ian. habet dies XXXI. Kal. Ian. Circumcisio Domini nostri Iesu Christi. Romae uia Appia coronae et militum triginta. *Ind. cal.; ceteris mensibus praepositum:* Letaniae indicendae. *Martyrologium usque ad:* VII Id. Sept.; *desinit in:* Aurelianis depositio beati Euortii episcopi. Et in territorio. *Aliis manibus: — f.* 3'. V Kal. Febr. obiit Karolus imperator. — *f.* 5'. VIIII Kal. Mart. Obiit [A?]delfus laicus. — *f.* 7. Id. Mart. Obiit Gerbardus. — *f.* 8'. IIII Non. Apr. Obiit Ermengardis regina. — *f.* 8'. II Non. Apr. Obiit Eua Deo sacrata. — *f.* 17. XII Kal. Iul. Obiit Hludouicus imperator.

f. 25. Incipit expositio missae. Primo igitur conuenientibus — eorundem sacramentorum. *saec. XI.*

f. 33. Incipit de quodam miraculo b. Martini, quod contigit in festiuitate translationis eius. Fulberto amico singulariter dilecto Hugo diuina miseratione archidiaconus. Ardue discretionis obseruantia — redemptionem eternaliter. *Dialogus Fulberti et Hugonis, saec. XII.*

f. 40'. Incipit quoddam scriptum Fulberti de eo, quod tria maxime necessaria sunt ad perfectionem christianae religionis. Venerabili patri . . . Deodato Fulbertus exiguus. Unde inter hesterna . . .; *desinit in:* reuelanda, ne.

f. 41. Affinitas est personarum . . . *Iuris definitiones, sententiae pontificum Romanorum, constitutiones conciliorum, loci pandectarum. Desinit in:* ut reliqua fortuita cala (?), *2 col. saec. XIII.* — *f.* 48 *sectum.*

Complures librarii. Multa in marginibus addita.

Bethmann in Pertz' Archiv Bd. XII, S. 280. — *De Rossi et Duchesne,* Acta Sanctorum, Novembris tom. II, pars 1, p. XXXVI.

38. Martyrologium Senonense et sacramentarii fragmentum.

Regin. 567. membr. 57 f. 257 × 195 mm. saec. X.

f. 1. [ ]samon (?) natalis sancti Christofori . . . *Martyrologium a VIII Kal. Aug. usque ad:* Non. Kal. Ian. Romae sanctorum Metrobii, Pauli, Zenoni. *f.* 13. ΦΥΝΥϹ ΗΥΓ. *Man. rec. addita cum alia, tum ind. astr. cal., versus calendares, Hebraica et Graeca mensium nomina. Necrologia compluribus manibus:* — *f.* 1. V Kal. Aug. Obiit Vitt . . . — IIII Kal. Aug. Obiit Odo puerulus. — *f.* 2. Pridie Kal. Aug. Obitus Adini archidiaconi. — *f.* 2′. Non. Aug. Obiit Gerlannus archiepiscopus et Heldemannus archiepiscopus. — *f.* 3′. IIII Id. Aug. Obiit Ingelrada uxor Vulfaldi. — *f.* 4. Anno incarnationis Domini dCCCCxlVIIII pridie Id. Aug. obiit Frothmundus comes Senonensis. — *f.* 4′. VII Kal. Sept. Obiit Guillelmus archiepiscopus. — *f.* 5′. XII Kal. Sept. Obiit Uarenbertus leuita. — *f.* 7. V Kal. Sept. Obiit Gregor . . . presbyter. — *f.* 7′. III Kal. Sept. Obitus Ricardi comitis. — *f.* 10. III Id. Sept. Obiit Gualterus laicus anno dCCCC . . . — II Id. Sept. Ordinatio domini Hildemanni archiepiscopi. — *f.* 11′. Id. Nov. Obitus Gualterii maioris archiepiscopi anno incarnationis Domini nostri dCCCCXXI. — *f.* 12. Anno incarnationis Domini dCCCCXXXVIIII (?) VI Kal. Dec. ordinatio domini Gerlanni archiepiscopi. — *f.* 12′. VII Id. Dec. Obiit Geremias Senonice urbis presul dCCCCXX et VIIII dominice incarnationis. — *f.* 13. XII Kal. Ian. Obiit Ragenerius laicus, qui nobis dedit anzingam unam (?) de terra arabili in suburbio ciuitatis Sennonensis, qui uocatur Mercatellus.

f. 13. Incipit epistola Cromatii et Eliodori episcop. ad Heronimum episcopum. Domino sancto fratri Hieronimo presbytero. Cromatius et Heliodorus episcopi in Domino salutem. Cum religiosissimus Augustus Theodosius — martiribus exibere.

f. 13′. Ipsorum rescriptum Hieronimi ad Cromatium et Heliodorum. Cromatio et Heliodoro episcopis Hieronimus presbyter in Domino salutem. Constat Dō nostro omni die martyrum triumphos excipere . . .; *desinit in:* ut nullus dies sit.

f. 14′. Qui autem implere poterit . . . *al. man. in margine:* Hacberti de Ebora ciuitate ep. penitentialis. *Terminatur* — *f.* 17′ *usque ad:* labore hec redimat.

f. 15′. Ian. Aug. et Dec. IIII Nonas habent . . . *De kalendario.* — *f.* 16. *Tabula signorum et mensium.* — *f.* 16′. Signa tempestatum vel serenitatis *et tabula.* — *f.* 17. *Tabula paschalis ab anno 937 (37 man. rec.) usque ad annum 950 neque vero perfecta, nonnulla abrasa.* — In concilio Calcidonensi capitulo XXIIItio pastores gregem sibi commissum — corrigatur necesse est. — Concilium Cartaginis. Quisquis uero episcoporum — locum suum amittat. *In margine de urbe Senonensium a Gualterio capta, de adventu Hungarorum.* — *f.* 18. De lunae cursu per signa; tonitruale. — *f.* 18′. *Numeri annorum ab anno 909 usque ad annum 920 et res gestae.*

f. 19. Dom. III in quadragesima. Quaesumus omnipotens Deus . . . Collecta, super oblata, denuntiatio scrutinii tertiae ebdomadae in quadragesima, collecta super populum. — *f.* 19′. Ordo scrutinii, missa. — *f.* 30. Canon. — *f.* 33. *Missae a fer. III hebdomadae III usque ad sabbatum hebdomadae IIII. — f. 36'.* Fer. IIII hebdomadae IIII. Aurium apertio, *initia quattuor evangeliorum*, *Credo apostolicum*, *Pater noster*, *eorum interpretatio. — f. 53'. Canon. — f. 57'.* Sabbato hebdomadae IIII. Super oblata . . .; *desinit in:* rebelles compelle pro.

In marginibus man. saec. XI. ind. astr. cal., res astrologicae. — f. 34. De signis in somnis visis. — f. 37'. De utilibus, de malis diebus, de nativitatibus hominum, de somniis scrutandis, alia.

Humore laesum. — Folia ita disponenda: 8, 10, 9, 11.

Bethmann in Pertz' Archiv Bd. XII, S. 293. — *Delisle*, Mémoires de l'Institut National de France, Académie des inscriptions et belles-lettres (Paris 1886) tom. XXXII, p. 162—167. — *De Rossi et Duchesne*, Acta Sanctorum, Novembris tom. II, pars I, p. XIV. XXXVII. — *Ebner*, Quellen und Forschungen zur Geschichte und Kunstgeschichte des Missale Romanum im Mittelalter. Iter Italicum. Freiburg 1896. S. 242.

39. Martyrologium Tolonense.

Regin. 540. membr. 194 f. 392 × 260 mm. 2 col. saec. X.

f. 1. Numero 308. N. Pet. 1656. *Infimo in folio:* Volumen CCCVIII Non Petauianum. Martyrologium antiquum, quod fuit ecclesiae cathedralis Tolonensis.

Kalendas Marti. *Kalendarium a mense Martio usque ad mensem Octobrem. Ind. astr. cal. dies Aeg. Complures sancti versibus nominantur. Necrologia. f. 5.* Si uis scire, que regula . . . *Tabulae ad pascha inveniendum a saec. XII usque ad saec. XVII. — f. 6'. De partibus kalendarii Romani, praecepta ad Kalendas et ad epactas inveniendas. — f. 7. In quattuor columnis:* Termini ac regulares (temporum festivorum), embolismi, de annis solaribus et communibus.

f. 8. Anno Domini Mo IIIIo XIX die XX mensis Aprilis fuit inchoatum diuina spirante gratia . . . opus chori noui huius sancte ecclesie . . . *Quattuor inscriptionum ecclesiae Tolonensis exemplaria compluribus manibus.*

f. 8'. Incipit explanacio ex libris beati Augustini episcopi, quo genere vel cultu sancti martyres sint celebrandi vel venerandi. Populus christianus — memorie celebratur.

f. 9'. Incipit libellus de festiuitatibus sanctorum martyrum apostolorum et reliquorum sanctorum, quem apostoli uel successores eorum prenotauerunt . . . Kal. Ianuarii. Octaue Domini et circumcisio eiusdem Domini nostri Iesu Christi secundum carnem. Rome natalis sancti Siluestri pape. *Ind. astr. cal. Vitae et passiones sanctorum. Quorum missae ubi, utrum in sacramentario Gelasiano an in Gregoriano, inveniantur, indicatur, ut — f. 17'. de ss. Fabiano et Sebastiano:* quorum misse speciales tam in libro sacramentorum beati Gregorii, quam in Gelasii continentur. *Plurima necro-*

*logia, res gestae, anniversaria ecclesiae Tolonensis aliis manibus. — f. 87',
100'. Picturae lineares. — f. 175' vacuum.*

f. 187. [D]e electione duorum dominorum et duorum regnorum et
duarum uiarum uolo uobis — obnixe queso. *Tractatus moralis. — f.* 188.
Primus gradus est eiusdem sacratissime scale fides — regnum ascendite.
Amen. *De triginta gradibus s. scalae man. saec. XIII. — f.* 188—191
inserta.

Miniat. color. Picturae lineares.

Bethmann in Pertz' Archiv Bd. XII, S. 288.

40. Martyrologium Tolosanum.

Borghes. 19. A. 1. membr. 152 f. 307 × 224 mm. 2 col. saec. XIV.

f. 1. P *(cetera legi non possunt)* constituamus altaria. Quis enim anti-
stitum — sacramentum memorie celebratur. *De cultu martyrum.*

f. 2. VIIII Kal. Ian. Uigilia natalis Domini. Eodem die apud Antiochiam
Sirie natale sacrarum uirginum xl . . . *Martyrologium usque ad:* X Kal.
Ianuarii. Rome depositio sancte Uictorie uirginis et martyris; *litaniae indicendae, ind. cal., lunationes, passiones et vitae sanctorum, loci vacui. —
— f.* 96'. IIII Non. Sept. *litteris maximis:* Ipso die in pago Tolosano
apud Apameam — castellum passio beati Antonini martyris miraculis gloriosi.

f. 140. *Kalendarium, binis col. — f.* 157. Iun. Translatio s. Antonini.
— IIII Non. Sept. *litteris maximis:* s. Antonini martyris.

*Complura in marginibus eadem et aliis manibus addita. Folia humore
laesa.*

Miniat. color. rubro et caeruleo.

VIII. BREVIARIA.

1. Breviarium et missale.

Vatican. 7018. membr. 224 f. 313 × 200 mm. saec. XI. XII.

f. 1. [Post]quam ablactauerat in uitulo trimo et tribus modiis farinae . . . *1 Reg. 1, 24. Officium breviarii dom. I post octavam pentecost. lect. VI. Proprium breviarii et missalis de tempore usque ad dom. XXVI post octavam pentecost.* In breviario insunt scriptura currens nocturni primi et secundi (sex lectiones), homiliae nominibus scriptorum plerumque omissis (tres lectiones), invitatoria: super Venite, antiphonae, initia psalmorum et hymnorum, capitula, responsoria. Antiphonis et responsoriis saepe neumae sine lineis additae. In missali habentur introitus et ceterae quae canuntur partes neumis sine lineis instructae, orationes, lectiones, propria praefationum. Ita in missis dominicarum; feriarum quartarum epistolae et evangelia, feriarum sextarum evangelia. — *f.* 58'. Dom. de sancta Trinitate ad uesperas ant. super psalmos. Gloria tibi Trinitas . . . *Officium breviarii et missae.* — *f.* 62. In dedicatione ecclesiae ad uesperas lectio. Uidi ciuitatem sanctam . . . *Item.*

f. 66. xviij Kal. Maias. Natale ss. Tiburtii et Ualeriani. Sancti tui . . . *Proprium sanctorum breviarii et missalis (ut supra proprium de tempore) usque ad s. Andreae ap. Lectiones breviarii I—III vel I—VI vitae vel passiones, VII—IX homiliae.* — *f.* 73. In depositione s. Maioli abb. — *f.* 73'. In s. Proculi. — *f.* 154'. VII Kal. Dec. Natale s. Prosperi conf. (natione Hispanus, in urbe Exulia [?] praesul). *Totum officium cum antiphonis et responsoriis.* — *f.* 161 *vacuum.*

f. 161'. In uigilia omnium apostolorum. ant. Ego autem sicut oliua . . . *Commune sanctorum breviarii et missalis.*

f. 173. Missa ad poscenda suffragia sanctorum. Concede quaesumus . . . *Missae diversae, saepe solae collectae, secreta, ad complendum.* — *f.* 178. *Missae in agenda mortuorum.* — *f.* 181 *vacuum.*

f. 181'. In nomine Domini nostri Iesu Christi. Incipit ordo ad uisitandum infirmum. In primis faciat sacerdos laetanias . . . Ne reminiscaris . . .

Ordo ungendi, communicandi, commendationis animae. Agenda mortuorum; *officium defunctorum cum novem lectionibus;* lect. IX *(Iob 29, 2—13).* Quis mihi hoc tribuat, ut sim iuxta — cor uidue consolatus sum.

f. 186. Per omnia saecula . . . *Praefatio communis et canon missae usque ad:* Agnus Dei, qui tollis . . . — *f.* 187. Preces populi tui — liberemur. *Collecta man. rec.* — *f.* 187' *vacuum.*

f. 188. Beatus uir . . . *Psalterium Gallicanum, psalmi numeris distincti.* — *f.* 215. Canticum Esaye prophete. Confitebor tibi . . . *Cantica Vet. et Nov. Test. cum nominibus scriptorum,* hymnus angelorum: Gloria in excelsis, Pater noster, Credo *(apostolicum et Nicaenum),* fides catholica: Quicumque.

f. 218. Iesus Christus, de quo . . . *Orationes, confessio et absolutio;* ad crucem adorandam.

f. 219. Incipiunt benedictiones de aduentu Domini. Omnipotens Deus, cuius . . . *Benedictiones episcopales de tempore, de sanctis, de feriis, pro iter facientibus, pro redeuntibus de itinere, in commemoratione mortuorum.*

f. 224'. Dignus es Deus . . . *Index antiphonarum, ut videtur; probationes pennae.*
Miniat.
Neumae.

2. Breviarii proprii sanctorum partes.

Vatican. 7126. membr. 191 f. 220 × 145 mm. saec. XIII.

f. 1. forsitan credunt (?) . . . *Lectio VII officii s. Andreae ap., antiphonae, invitatorium, responsoria, versus, responsoria neumis sine lineis instructa, hymni, oratio.*

f. 6'. S. Bebiane v. Orto imperio — suis emancipare. *Tres lectiones.*

f. 8. Sancte Barbare. Temporibus imperatoris Maximiani — ad compunctionem intuentium. *Tres lectiones.*

f. 9. In sancti Sabe. Beatissimus igitur Sabas — uidere hunc. *Lectio I—XII.*

f. 13. Sancti Nicholai . . . ymnus. Debitas laudes . . . *Totum officium ut s. Andreae ap., duodecim lectiones.*

f. 26'. In sancto Ambrosio. lectio I. Igitur posito in ampinistratione — nec occultum. *Lectio I—XI.* Ant. O doctor . . . *neumis instructa.* Lectio XII de sancto Sauino. Nuntiatum est autem — hodiernum diem. Ad laudem . . .

f. 31'. Sancte Eulalie uirg. et m. Beatissima Eulalia — infatigabilis extitit. *Tres lectiones.*

f. 32. In sancta Lucia ad uesperas. R̝. Rogaui Dominum . . . Ad Magnificat. Orante sancta Lucia . . . *Totum officium.*

f. 40'. Sancti Agnelli conf. Igitur uir Domini — accipere meruerunt. *Tres lectiones.*

f. 41. In uigilia sancti Thome . . . Ant. ad Magnificat. Beatus Thomas . . ., *et die eius. Totum officium, lectiones.*

f. 49′. Sancti Gregorii *(Spoletani)* m. Temporibus Diocletiani — Gregorium presentauerunt. *Tres lectiones.*

f. 50. Antiph. ad matutinum. Esurgite uigilemus . . . *In vigilia nativitatis Domini, in nativitate, infra octavam. Tota officia.*

f. 77. De sancto Stephano ant. Videbunt omnes . . . *Totum officium.*

f. 92. In natali sancti Iohannis ant. Inuitatorium. Regem apostolorum . . . ymnus. Iste electus Iohannes . . . *Totum officium.*

f. 101′. Nocturnum inuitatorium. Adoremus Dominum, qui in sanctis gloriosus est . . . *Ss. Innocentium totum officium, duodecim lectiones.*

f. 111. In festo sancti Thome (m.) . . . Sacrosanctam ecclesiam . . . *Lectiones et antiphonae, quarum neumae desunt.*

f. 114. Intra octauam. Ant. ad Inuitatorium. Christus natus est . . . *Infra octavam nativitatis Domini antiphonae et lectiones et* dom. intra octavam *lectiones, quarum ultima desinit in:* Iesu fama.

Priora folia humore corrupta.

Neumae.

3. **Breviarii pars hiemalis.**

Ottobon. 137. membr. 155 f. 135 × 85 mm. 2 col. saec. XIV.

In folio praeligato: R. 81. Ex codicibus Ioannis Angeli ducis ab Altemps.

f. 1. *Tabula calendaris, evanuit.* — *f.* 1′. Dominic. I in aduentu . . . ant. Scientes fratres, quia iam . . . Beatus uir . . . *Psalterium Gallicanum feriatum, invitatoria, antiphonae, initia psalmorum laudum.* — *f.* 63′. Te Deum, Benedicite, Benedictus, canticum beate uirginis: Magnificat, canticum Symeonis: Nunc dimittis. — *f.* 65. *Litaniae, preces, orationes.* — *f.* 66. Simbolum. Quicumque.

f. 67′. *Kalendarium. Ind. astr. cal. grad. num. Man. rec. nonnulla addita, ut* — *f.* 69. Aldaberti m., — *f.* 70′. Procopii m.

f. 73′. De officio ecclesie. Notandum, quod per totum annum . . . *Rubricae.*

f. 74. Dominica prima in aduentu Domini sabbato precedenti ad vesperas super psalmos ant. Benedictus. capitulum. Ecce dies veniunt . . . *Proprium de tempore usque ad sabbatum hebdomadis I post octavam paschae; lect. II scripturae currentis Apocalypsis desinit in:* a peccatis nostris in sang[uine].

Folia ita disponenda sunt: f. 121, 147, 132, 145, 146, 152, 151, 154, 133, 150, 134—144, 122—131.

4. Breviarii scriptura currens et aliae partes.

Vatican. 9376. membr. 23 f. 115 × 90 mm. saec. XIV.

f. 1. Lectio prima. Uir erat in terra Hus ... *Scriptura currens a mense Septembri usque ad dom. ultimam post pentecost. et responsoria.*

f. 13′. Aduentus Domini celebratur ... *Rubricae.* — *f.* 16. De specialibus antiphonis laudum; *rubricae.*

f. 19. *al. man.* In conceptione beate Marie virginis. Ad vesperas ant. Alte sonat [sacra tuba] ... *Officium rhythmicum, hymni, novem lectiones.*

f. 22. *al. man.* Sermo s. Augustini episcopi. Uidi portam in domo Domini clausam ... *Lectiones de B. M. V. tempore adventus I—VI et responsoria; tertii nocturni responsoria.*

f. 22′. Hanc tabulam de istoriis, que ponuntur in Septembri, fecit fieri dominus papa Bonifacius VIII, que nunquam fallit. Deo gratias. In anno illo ... *Rubricae.* — *f.* 23′. Tabula noviter facta ... *De dominicis post pent. celebrandis; rubricae.*

5. Breviarii proprii de tempore pars hiemalis.

Palatin. 515. membr. 153 f. 192 × 145 mm. 2 col. saec. XV.

f. 1. *Summo in folio man. saec. XVI:* Neẃenstatt.

Deus pacis sanctificet nos ... *Capitulum sabbati ante dom. I adventus.* R̹. Ecce dies ueniunt ... *Proprium de tempore adventus. Vesperarum hymnus:* Conditor alme ..., *cuius stropha V:* Te deprecamur agye uenture iudex seculi ... Super Magnificat. Ecce nomen Domini uenit de longinquo. Oratio. Excita potentiam tuam ... Ad completorium. Ant. Veni Domine uisitare nos in pace. Hymnus. Veni redemptor ... Capitulum. Patientes estote ... Ant. ad Nunc dimittis. Qui uenturus est, ueniet. — Dom. I. Invitatorium. Dominum, qui uenturus est, cuius ... *Dominicis tres nocturni, novem lectiones, in laudibus quinque antiphonae,* hymnus: Vox clara ..., *suffragia B. M. V. et omnium sanctorum, post laudes prima, tertia, sexta, nona, in vesperis quinque antiphonae. Feriis tres lectiones,* antiphonae super Benedictus, super Magnificat, *in vesperis una antiphona.*

f. 32′. In die sancto. Inuitatorium. Christus natus est ... *Proprium de nativitate Domini, de s. Stephano, de s. Ioanne ap., de Innocentibus et infra octavas.*

f. 60. In epiphania Domini. In priori vesp. ant. Tecum principium. ps. Dixit Dominus cum reliquis. *Proprium epiphaniae usque ad dom. III post epiphaniam. In fine scriptura currens:* Fidelis sermo — ut irreprehensibiles sint. — *f.* 71. Ab hinc non canitur ymnus ad vesp. usque ad purificationem, nisi eueniat dedicacio ecclesie uel festum patroni, nec psalmi penitentiales usque ad quadragesimam.

f. 81′. In septuagesima. In priori vesp. super psalmos feriales antiphona. Alleluia ... *Proprium dominicae in septuagesima usque ad dom. in passione. Scriptura currens Gen. 1, 1:* In principio creauit Deus celum — Hec dicit Dominus Deus Israel: Ponat uir gladium suum super femur suum. *Exod. 32, 27. In fine:* dominica in medio quadragesime, dom. in passione, *qua incipit scriptura currens:* Verba Ieremie filii Elchie.

f. 135. Dominica in palmis. Capitulum. Fratres, hoc sentite in uobis ... *Proprium hebdomadae maioris usque ad completorium sabbati sancti, loco scripturae currentis sermones et lamentationes Ieremiae.* — *f.* 147. Feria V in coena Domini. Super Benedictus ant. Traditor autem dedit ... Et statim incipitur R̥. Et respondent duo presbyteri stantes in ambone cum hoc ℣. Qui prophetice promisisti, ero mors tua, o mors ... — *f.* 150′. Sabbato sancto. Tres primas lectiones de prophetia non lamentando, sed sicut alias lectiones eiusdem diei. lectio I. Quomodo obscuratum ...

Complura folia ex parte vacua, nonnullis locis deficit miniator, multa al. man. in marginibus addita.

Stevenson, Codices Palatini Latini tom. I, p. 170.

6. Breviarii commune sanctorum et officia.

Palatin. 528. chart. 61 f. 133 × 96 mm. saec. XV.

f. 1. Incipit commune sanctorum et primo de apostolis capitulum. Fratres, iam non estis ... *Commune apostolorum.* — *f.* 7. In natale ewangelistarum.

f. 8′. In festo unius martyris ad vesperas capitulum. Beatus vir, qui inventus est ...

f. 14′. In natale plurimorum martyrum ad vesperas capitulum. Iustorum anime ...

f. 21. In natale unius confessoris pontificis ad vesperas capitulum. Ecce sacerdos ...

f. 27. In natale confessoris non pontificis ad vesperas capitulum. Beatus uir, qui suffert ...

f. 31. In natale virginis ad vesperas capitulum. Fratres, qui gloriatur ...

f. 36. In natale vnius vidue ad vesperas capitulum. Confitebor tibi ...

f. 39. In festo sanctorum a pasca usque ad pentecosten capitulum ad vesperas. Stabunt iusti ... *Toto in communi sanctorum sola hymnorum initia.*

f. 43′. De sancta Trinitate officium. Ad primas vesperas. Ant. Gloria tibi Trinitas ... *Totum officium, hymni, lectiones.*

f. 50. [S]Acerdos in eternum ... *Officium corporis Christi totum, hymni, lectiones.*

f. 58′. Rex pacificus ... Ant. vesperarum. *Officium de nativitate Domini; hymni:* Christe redemptor, Ex patre patris, Solus ante principium, Natus ineffabilitus; *responsorium lect. II nocturni II sermonis s. Leonis:* Salvator noster, dilectissimi, hodie . . .; *desinit in:* O magnum.

f. 61. Ad te leuaui. *Probatio pennae.*

Miniator praeter — f. 1, 2 ubique deficit.

Stevenson, Codices Palatini Latini tom. I, p. 128.

7. Breviarii proprii de tempore pars aestivalis et proprii sanctorum pars hiemalis.

Palatin. 547. chart. 155 f. 200 × 140 mm. saec. XV.

f. 1. Incipit de domina nostra, quomodo peragetur post nativitatem Christi usque ad purificationem Marie virginis. In primis vesperis ant. O admirabile commercium . . . Capitulum. Fratres, quando tempore heres . . . *Officium B. M. V. sabbato, homilia trium lectionum:* Congregemus in unum . . . *ad* Luc. Erant pater et mater mirantes . . . — *f.* 2'. In secundo, — *f.* 3. in tertio sabbato homilia[e]. — *f.* 4. Item de domina nostra post purificationem usque ad quadragesimam ad vesperas ant. Ecce tu pulchra . . . Capitulum. Ego flos campi . . . Invitatorium. In honore beatissime Marie virginis . . . *Tres nocturni, lectiones trium sabbatorum.* — *f.* 10. Item de domina nostra post pasca usque ad pentecost. ad vesperas super psalmos feriales ant. Alleluia. Ymnus. Vita sanctorum . . . Capitulum. In omnibus requiem . . . *Homilia trium lectionum ad Ioa.:* Stabant iuxta crucem . . . — *f.* 11. De domina nostra post festum Trinitatis usque ad adventum Domini. Ad vesperas ant. Ecce tu pulchra . . . lect. prima. Loquamur pauca . . . Lect. I secundi sabbati. Timeo ac sat pertimesco . . .; *lect. III desinit in:* proprium est angelis.

f. 13. ℞. Ascendens Christus in altum . . . *Ad tertiam officii ascensionis Domini. Proprium de tempore usque ad dom. XXIII post octavam corporis Christi.* — *f.* 26. De sancta Trinitate. Ad vesperas. Super omnia laudate ant. Gloria tibi Trinitas . . . — *f.* 30. Festum corporis Christi in primis vesperis ant. Sacerdos in eternum . . . *et lectiones infra octavam:* Panis est in altari . . . — *f.* 38'. *Scriptura currens incipiens a libris regum una cum homiliis dominicarum post pentecost. — f.* 91. *Homiliae quattuor temporum Septembris. — f.* 92 *vacuum.*

f. 92'. Ad vesperas ant. Tecum principium (?) . . . , ymnus. A solis ortus . . . Oratio. Deus, pro cuius ecclesia Thomas . . . *Proprium sanctorum a s. Thomae Cantuarensis usque ad annuntiationis B. M. V. In fine:* s. Barbarae v. *Insunt:* — *f.* 106'. s. Brigittae, — *f.* 115. s. Iulianae, — *f.* 119'. s. Gregorii pape. Gloriosa sanctissimi solempnia Gregorii . . . *Officium rhythmicum. — f.* 121'. s. Gertrudis, — *f.* 126. s. Barbare *et:* In purificatione ymnus ad vesperas. Quod chorus vatum . . .

f. 129. Incipit commune sanctorum. Notandum, si vigilia unius apostoli...
Secundum Iohannem. In illo tempore ... Ego sum vita ... *In fine:* de
viduis. — *f.* 155' *vacuum.*

Nonnulla in marginibus al. man. addita.

Stevenson, Codices Palatini Latini tom. I, p. 176.

8. Breviarii commune sanctorum et aliae partes.

Palatin. 529. membr. f. 106—121. chart. a + 121 f. 108×75 mm.
saec. XIV—XVI.

f. a. C. 145. H. 598. 234. — *f.* a' *vacuum.*

f. 1. In uigilia vnius apostoli ad vesperas. Capitulum. Beatus uir, qui
inuentus est ... *Commune sanctorum, lectiones, psalmorum hymnorumque
initia; man. saec. XIV. Conficitur — f. 56. — f.* 51—54. De una vidua,
quae fuit martyr. De uirginibus praeceptum non habeo ... *Commune cum
lectionibus, cetera ut supra; man. saec. XV.*

f. 56. Dominicis diebus. Invitatorium. Adoremus Dominum, qui fecit
nos ... *Ordinarium officii per hebdomadam, omnes horae, hymnorum
initia. Inter — f. 63 et 64 est   f. 55 interponendum.* — Altera oratio
vesperarum sabbati: Deus, qui conspicis omni ... — *f. 77. man. rec. terminatur. — f. 77' vacuum.*

f. 78. Uerba mea auribus ... *Officium defunctorum, psalmi, novem
lectiones, eaedem, quae Palat. 523 — f. 390', responsoria; vesperae in fine,
ps. 129 sola versuum initia. — f.* 103. Breuiores lectiones et responsoria.
Ne des alienis ... *man. saec. XV. — f.* 106 *vacuum.*

f. 107. In principio erat verbum — gratie et veritatis. *Initium s. evangelii secundum Ioannem. — f.* 107'. Passio Domini nostri Iesu Christi
secundum Iohannem. Egressus est Iesus — posuerunt eum. *man. saec. XVI
usque ad finem.*

f. 115'. O bone Iesu ... *Precationes.*

f. 119'. Uenite, exultemus ... *Ps. 94. — f.* 120. Te Deum laudamus ...
In marginibus manibus rec. nonnulla addita.

Stevenson, Codices Palatini Latini tom. I, p. 173.

9. Breviarii Argentinensis pars hiemalis.

Palatin. 526. chart. 141 f. 140 × 100 mm. saec. XV.

f. 1. 405. — *Kalendarium. Ind. astr. cal., scriptura currens. Tabula
temporum, supra:* 1444. 1463. 1482. — *f.* 7. Aureus numerus. Aries ...
bonum. malum ... *Tabula calendaris. — f. 7'.* 1440. *Tabula ad invenienda
tempora festiva.*

f. 8. Beatus vir . . . *Psalterium Gallicanum. Ps. 1—25 matutinum dominicae; ps. 33, 44, 45, 47, 60, 63, 64, 74, 86, 95—98.* — *f.* 19'. Ad primam dominicis diebus. Deus in nomine tuo . . . *Psalmi, Quicumque, preces, oratio de ss. Trinitate, Pretiosa in conspectu . . . , psalmi tertiae, sextae, nonae.* — *f.* 24'. *Vesperae dominicales et feriales.*

f. 32'. Praeparatio ad missam. Sancti Spiritus assit nobis gratia . . . ; *psalmi, orationes.*

f. 34'. De apostolis. Regem apostolorum . . . *Ordo officii communis sanctorum man. rec.* — *f.* 35. Incipit commune sanctorum, *in fine:* de virgine martyre. *Ad* — *f.* 41'. *scida inserta, nocturno II officii de confessore pontifice addita.*

f. 47. In vigilia Andree apostoli. In illo tempore: Stabat Iohannes . . . *Proprium sanctorum tempore hiemali usque ad ss. Cancii, Canciani mm. et Petronellae v. die 31. Maii.* — *f.* 119'. *Commune sanctorum tempore paschali.* — *f.* 122'. *Rubrica:* fit circa templum processio reliquiarum Marci. *Ad* — *f.* 135 *scida inserta, rubricae.*

f. 140. Ant. Absterget Deus omnem . . . *Antiphonae, versus, responsoria, orationes de ss. Georgio, Blasio, Erasmo, Vito, Pantaleone, Christophoro, Dionysio, Cyriaco, Eustachio, Aegidio, Magno, Achatio, Catharina, Margaretha, Barbara.* — *f.* 140', 141 *vacua.*

f. 141'. Contra morticinium carnis (?) Deus . . . *Tria incantamenta.*

Bethmann in Pertz' Archiv Bd. XII, S. 337. — *Stevenson,* Codices Palatini Latini tom. I, p. 172.

10. Breviarium Augustanum.

Palatin. 523. mixt. 404 f. 152 × 97 mm. saec. XIV. XV.

f. 1. Hic et omni loco . . . *Precatio ante horas dicenda, invitatoria, benedictiones lectionum, antiphonae, versus, responsoria, orationes post singulas horas dicendae.*

f. 3. Historia de beata virgine Maria. Ad vesperas ant. Gaude regina, nobilis virgo . . . *Officium B. M. V. rhythmicum,* lect. I(—III). Loquamur, fratres karissimi, aliquid in laudibus — filius optaret. lect. IV(—VI). Sancta Maria virgo — potentia creatoris. — Luc. Extollens quedam mulier . . . lect. VII(—IX). Rem valde presumptuosam — a te mereor minime. *Binae vesperae et:* Infra pasca evangelium s. Iohannis. Stabant iuxta crucem . . . Homilia s. Augustini. Hec nimirum est illa hora . . .

f. 6'. *Kalendarium. 2 col. Ind. cal., res domesticae, versus de quattuor temporibus, nonnulla man. rec. addita.* — *f.* 8'. IV Kal. Octob. Dedicatio ecclesiae Augustanae.

f. 9'. In dedicacione templi uel altaris infra pasca. Secundum Lucam. In illo tempore . . . Non est arbor bona . . . *Homilia Bedae presbyteri:*

13**

Quia propicia divinitate — hore pietatis. — Collecta de ss. Quirico et Iovitta mm., de virginibus responsorium, responsorium sabbato ante dom. III quadragesime.

f. 10. Capitula et oraciones . . . Uigilate et state . . . *de sanctis, in vigiliis sanctorum; antiphonae, capitula, versus, responsoria, preces, orationes dominicarum et feriarum,* Suffragia solita longiora.

f. 16. De pluribus apostolis capitulum. Hec dicit Dominus: Venient et videbunt . . . *Commune sanctorum cum sermonibus homiliisque, postremo:* de simplici virgine. *In fine:* Initium sancti evangelii secundum Mathaeum . . . *homilia Bedae presbyteri:* In huius sancti evangelii exordio — donec veniat ad David.

f. 42. Adoremus Dominum, qui fecit nos . . . Beatus vir . . . *Psalterium Gallicanum feriatum, invitatoria, antiphonae, versus, responsoria, initia psalmorum laudum. In ps. 118 nomina litterarum Hebraicarum.* — *f.* 86'. Canticum Moysi. Confitebor tibi . . ., *cantica V. et N. Test. cum nominibus scriptorum,* angelicus: Te Deum, oratio dominica, symbolum *(apostolicum),* fides Anastasii: Quicumque. — *f.* 91. *Litaniae et initia psalmorum, orationes, al. man.* — *f.* 92' *vacuum.*

f. 93. In vigilia pentecost. super psalmos omnia laudate ant. . . . Veni sancte Spiritus . . . *Proprium de tempore usque ad dom. XXIV post octavam pentecost.* — *f.* 100. Fer. II post octavam pentecost. de Trinitate. Inuitatorium. Deum verum . . . — *f.* 103. De corpore Christi ad vesperas . . . Ant. Animarum cibos Dei sapientia . . . — *f.* 118. Historiae *et scriptura currens dominicarum post pentecost. incipientes a libris regum.* — *f.* 128'. *Homiliae a dom. I post octavam pentecost. incipientes.*

f. 140'. De sancto Urbano. Oratio. Da quaesumus . . . *Proprium sanctorum usque ad octavam s. Andreae ap. Insunt:* — *f.* 136. Visitatio beate Marie — ad vesperas super psalmos omnia laudate. Accedunt laudes virginis . . . *Officium rhythmicum.* — *f.* 173. In s. Anne. Ant. . . . Gaudete Syon filie . . . *Officium rhythmicum.* — *f.* 214. In dedicatione ecclesie ad vesperas ant. Sanctificauit Dominus tabernaculum . . . — *f.* 220. In s. Francisci. Ant. . . . Franciscus uir catholicus . . . *Officium rhythmicum.* — *f.* 234'. In s. Elizabeth. Ant. . . . Laetare Germania . . . *Officium rhythmicum.* — *f.* 244'. Capitulum de exaltatione sancte Crucis. Christus peccata nostra — sanctissimus Domino. *Eadem man. additum.*

f. 245. In aduentu Domini super psalmos ad vesperas ant. Benedictus . . . *Proprium de tempore usque ad sabbatum ante pentecost.*

f. 352. Barbare v. et m. Ad vesperas super psalmos feriales ant. Virgo gloriosa . . . *Proprium sanctorum usque ad s. Ambrosii ep.* — *f.* 359. In s. Antonii conf. ew. Dies iste celebris . . . *Officium rhythmicum. In fine:* — *f.* 380. In translatione sancti Udalrici ep., quae celebratur proxima feria II post octavam pasce.

f. 380. Infra pasca. De vno sancto capitulum. Qui uicerit uestimentis albis . . . *Commune et proprium sanctorum tempore paschali.*

f. 387. Notandum, quod in quacumque die . . . *Ordo tempore nativitatis Domini, in quo folia proprii de tempore allegantur.* — *f.* 389 *vacuum.*

f. 390′. Uigilie mortuorum. In primo nocturno ant. Surge Domine Deus meus . . . *Lectiones nocturni I Romanae;* nocturni II lect. I. Quis mihi tribuat — peccatis meis. lect. II. Spiritus meus — pat. meam quis considerat. lect. III. Pelli meae — sinu meo; nocturni III lect. I. Tempus, quod inter hominis — posse pronfereri. lect. II. Non igitur ista — in corpore. lect. III. Cum ergo sacrificia — tolerabilia permanebunt. *Orationes; vesperae in fine.* — *f.* 393′. Alia breuis vigilia mortuorum. Ne des alienis honorem . . . *Lectiones breves et responsoria trium nocturnorum.*

f. 395. Sabbato ymnus. O lux beata Trinitas . . . *Hymni ordinarii, de tempore, de sanctis, de communi.*

Bethmann in Pertz' Archiv Bd. XII, S. 337. — *Stevenson,* Codices Palatini Latini tom. I, p. 172.

11. Breviarium eremitarum s. Augustini in usum fratrum Minorum translatum.

Ottobon. 140. membr. VIII + 85 + 287 f. 173 × 115 mm. 2 col. saec. XIV.

f. I. Dominica cum feria . . . *Rubricae et tabula festorum, man. rec.* — *f.* II. 500. Ex codicibus Ioannis Angeli ducis ab Altaemps. R. III. 37. — *f.* II′. C. 73.

f. III. *Kalendarium. Ind. astr. cal. dies Aeg. grad. Multa manibus rec. cum alia, tum de ordine Minorum addita.* — *f.* V. IV Id Mai. Dedicatio; *nomen deest. Inter* — *f. VIII et f. 1 unum folium excisum.*

f. 1. Incipit ymnarium per totum annum . . . Primo dierum . . . *Hymni ordinarii, de tempore, de sanctis, de communi, in dedicatione, quorum initia notis musicis quadratis instructa sunt.* — *f.* 18′. [P]ange lingua gloriosi corporis . . . — *f.* 19 *vacuum.*

f. 19′. Beatus uir . . . *Psalterium Gallicanum litteris initialibus feriatum; numeri psalmorum. Manibus rec. feriae, antiphonae, inscriptiones, interpretationes appositae.* — *f.* 77′. *Ps. 131, 12, desinit in:* sedem tuam. — *f.* 78—85 *desunt.* — *f.* 86. [sa]gittas meas complebo . . . *Canticum Moysi Deut. 32, 23.* — *f.* 86′. Hymnus trium puerorum, canticum Zachariae prophete, sancte Marie uirginis, Simeonis. — *f.* 87. Hymnus sancti Nicetis: Te Deum; oratio dominica, hymnus angelorum: Gloria in excelsis, *qui* — *f.* 88′ *desinit in:* adoramus. — *f.* 89 . . . Trinitate sentiat. *Symbolum Quicumque, sine initio; litaniae, preces, orationes.* — *f.* 91′, 92, 93, 94 *vacua.*

f. 1 *bis.* Ad onorem omnipotentis Dei et beatissime virginis Marie incipit breviarium ordinis (eremitarum *abrasum*) secundum consuetudinem sancte Romane ecclesie. Sabbato de aduentu ad vesperam (?) capitulum. Fratres, scientes, quia hora . . . *Proprium de tempore usque ad dom. XXIV post pentecost. — f.* 58 *bis. Post fer. IV cinerum initia psalmorum poenitentialium et litaniae. — f.* 116. *Scriptura currens incipiens a libris regum. — f.* 120. *Homiliae dominicarum post pentecost. — f.* 129. *Scriptura currens mense Augusto a parabolis Salomonis incipiens. — f.* 143'. Aduentus Domini celebratur . . . *Rubricae.*

f. 146. Incipiunt festiuitates sanctorum per circulum anni. In sancti Saturnini mr. Oratio. Deus, qui nos . . . *Proprium sanctorum usque ad s. Chrysogoni.*

(*f.* 242.) *f.* 1 *ter.* In natalitiis apostolorum ad vesperas capitulum. Fratres, iam non estis . . . *Commune sanctorum.*

f. 19' *ter.* In dedicatione ecclesiae. Ad uesp. ant. Domum tuam . . .

f. 21' *ter.* Officium defunctorum. Ad matutinum inuitatorium. Regem, cui . . . *Novem lectiones, orationes, vesperae in fine.*

f. 24 *ter.* Incipit officium beate Marie uirginis secundum consuetudinem Romane curie . . . Inuitatorium. Aue Maria . . . *Officium B. M. V. per diversa anni tempora.*

f. 28 *ter.* De specialibus antiphonis laudum . . . In anno illo, quo natale Domini . . . *Rubrica, sex tabulae; man. rec. usque ad — f. 41. — f.* 32 *ter.* Incipit officium sancte Trinitatis. In primis uesperis. Gloria tibi Trinitas . . . *— f.* 34' *ter.* Incipit officium corporis Christi. In primis uesperis ant. Sacerdos in eterno . . . *et lectiones infra octavam. — f.* 38' *ter.* In uigilia sancte Marie ad niues. Ad uesperas ant. Dum esset rex . . . *Officium festi. — f.* 40' *ter.* In festo conceptionis beate Marie uirginis . . . Anselmus Cantuuensis — ipsa disparuit. *Homilia s. Anselmi:* Audistis, fratres karissimi, dominice incarnacionis — non equatur; *oratio.*

f. 42' *ter.* Incipit tabula mensis Septembris . . . *Ordo historiarum vel responsoriorum.*

f. 43' *ter.* In ipsa denique nocte . . . *Lectiones et homilia festi B. M. V. ad nives, al. man.*

f. 44 *ter.* Hec sunt decem precepti legis diuine. Non adorabis . . ., septem peccata mortalia, septem uirtutes, septem dona s. Spiritus, peccati contra s. Spiritum, dotes anime, dotes corporis, septem virtutes, septem sacramenta; *desinit in:* Batismus, Co[nfirmatio].

f. 45 *ter.* De vysitacione ad vesperas ant. Surgens autem Maria . . . *Officium. — f.* 45' *ter.* Residuum hystorie de conceptione. Clericus vero domum — celebrandum predicauit. *— f.* 46 *ter vacuum.*

f. 46' *ter.* Hec est absolucio . . . in articulo mortis., *al. man. —* 1412 die 23 Madii fuit scripta in monasterio sancte Marie de Bedagio. *al. man.*

Et MCCC° viij intraui in religionem die 12 mensis Marcii et in die annuntiationis virginis Marie fui indutus. *al. man., qua plurima in marginibus
addita sunt.* — *f.* 287. Incipiunt VII gaudia uirginis Marie. Gaude uirgo
mater Christi — de celesti solio. *rhythmice; al. man.*

    Miniat. color. et inaurat.: — *f. 1 littera P cum imagine s. Augustini.* —
f. 19'. Miniat. color. et inaurat. littera B.

    Notae musicae.

12. **Breviarium Romanum eremitarum s. Augustini.**

    Regin. 1740. membr. 392 f. 122 × 85 mm. 2 col. saec. XIV.

    f. 1. In nomine Domini Iesus eiusque genitricis uirginis Marie incipiendo
breviarii secundum ritum sancte Romane ecclesie. In primo sabbato de
aduentu ad uesperas. cap. F[ratres scientes] . . . *Proprium de tempore usque
ad dom. XXIV post pentecost.* — *f.* 116. In uigilia beatissime Trinitatis.
ad uesperas. ant. Sedenti super solium . . . *Officium rhythmicum.* — *f.* 120'.
In solemnitate corporis Domini nostri Iesu Christi. ad uesperas ant. Sacerdos in eternum . . . *cum lectionibus infra octavam.* — *f.* 131. *Scriptura
currens incipiens a libris regum.* — *f.* 136. *Homiliae dominicarum post
pentecost.* — *f.* 154. *Scriptura currens incipiens mense Augusto a parabolis
Salomonis.* — *f.* 175. *Rubrica.* Incipit aduentus — fit de eodem. *Post*
— *f. 184 duo folia vacua.*

    f. 185. *Kalendarium. Ind. astr. cal. grad. rubr. Addita sunt man. rec.:*
— *f.* 185. In die epiphanie ego G. ingressus in religionem s. Augustini
1486. — *f.* 186. XIIII Kal. April. tali die ego Gn. natus fui 1475 . . .
f. 187'. XV Kal. Iul. s. Isabrii, Basilii et Innocentii Dyrrhachii. — *f.* 188.
II Non. Iul. Asti primi archiepiscopi Dyrrachiensis. — *f.* 190. XIII Kal. Dec.
1507 fui factus archisacrista ego Gn.

    f. 241. Incipit proprium sanctorum in morem sancte Romane ecclesie.
In sancti Saturnini martyris. Oratio. Deus, qui nos . . . *Proprium sanctorum
usque ad s. Catharinae.* — *f.* 356—360 *vacua.*

    f. 361. Incipit commune sanctorum secundum Romanam curiam. In
natale apostolorum in uesperis capitulum. Fratres, iam non estis . . .

    f. 381. In anniuersario dedicationis ecclesie. Ad uesperas ant. Domum
tuam . . . ; *desinit responsorium lect. IV in:* Orantibus.

    f. 383. Incipit agenda mortuorum. In uesperis ant. Placebo . . . *Novem
lectiones, orationes.*

    f. 387. Incipit officium beate Marie secundum curiam *(Romanam).* Ad
uesperas per totum annum ant. Dum esset rex . . . *Officium B. M. V. per
diversa anni tempora.*

    Initio codicis litterae nigrae evanuerunt. — *f. 191—240 inter* — *f. 144
et 145 inserenda sunt.*

13. **Breviarium eremitarum s. Augustini.**

Ottobon. 544. membr. I + 399 f. 150 × 105 mm. 2 col. saec. XV.

f. I. R × 3. — *f.* I' *vacuum.*

f. 1. *Kalendarium. Ind. astr. cal. dies Aeg., rubricae.* — *f.* 1. II Kal. Febr. Translatio s. Marci ev. — *f.* 1. *Infimo in folio:* T. cher. — *f.* 6 *vacuum.*

f. 7. Hymnus iste . . . Primo dierum . . . Beatus uir . . . *Psalterium Gallicanum feriatum cum ordinario officii de tempore.* — *f.* 48. *Post vesperas fer. II prima cum symbolo Quicumque, tertia, sexta, nona.* — *f.* 60. Confitebor tibi . . . *Cantica feriarum, quae* psalm[i] *inscribuntur, cetera cantica sine inscriptionibus.* Te Deum, Nunc dimittis, Pater noster, Credo *(apostolicum).*

f. 64'. Sabbato primo de aduentu. Ad uesperas hympnum. Creator alme . . . *Hymni de tempore, de sanctis, de communi, in dedicatione.* — *f.* 79 *vacuum.*

f. 80. Ad honorem et reuerentiam Dei omnipotentis et beate matris eiusdem uirginis Marie incipit breviarium secundum ordinem Romane matris ecclesie. In primo sabbato de aduentu ad uesperas. Capitulum. Fratres, scientes, quia hora . . . *Proprium de tempore usque ad dom. XXIV post pentecost.* — *f.* 143'. *Post fer. IV cinerum litaniae.* — *f.* 196. Dominica de Trinitate in prim. uesperis ant. Gloria tibi Trinitas . . . — *f.* 200'. Officium corporis et sanguinis Domini nostri Iesu Christi. In primis uesperis ant. Sacerdos in eternum . . . *cum lectionibus infra octavam.* — *f.* 203'. *Scriptura currens incipiens a libris regum.* — *f.* 207'. *Homiliae dominicarum post pentecost.* — *f.* 216. *Scriptura currens mense Augusto a parabolis Salomonis incipiens.*

f. 232. Aduentus celebratur . . . *Rubricae.* — *f.* 237, 238 *vacua.*

f. 239. Incipiunt festiuitates sanctorum per totum anni circulum. In sancti Saturnini martyris. Oratio. Deus, qui nos . . . *Proprium sanctorum usque ad s. Catharinae.* — *f.* 331. In uigilia beatissimi patris nostri Augustini ep. et conf. Ad uesperas ant. Letare mater nostra Ierusalem . . . *Officium festi.* — *f.* 368', 369 *vacuum.*

f. 370. Incipit commune sanctorum. In natalitiis apostolorum. Ad uesperas. Fratres. Iam non estis . . .

f. 383. In dedicatione uel anniversario dedicationis ecclesie. Ad uesperas ant. Domum tuam . . .

f. 385. Incipit officium beate Marie uirginis. Notandum, quod officium beate uirginis . . . Ad uesperas ant. Dum esset rex . . . *Officium B. M. V. per diversa anni tempora.*

f. 388'. Ordo ad communicandum infirmum. In primis pulsetur campana . . . — *f.* 389. Ordo ad ungendum, commendatio animae, ordo sepeliendi, *in quo* — *f.* 392'. Incipit officium in agenda mortuorum. Notandum, quod officium mortuorum . . . Ad uesperas ant. Placebo . . . *Officium defunctorum, novem lectiones, orationes.* — *f.* 397'. Modus faciendi aquam benedictam. Exorcismus salis . . . Exorcizo te . . . — *f.* 398. Incipit ordo ad benedicendum mensam per totum annum. Congregatis fratribus . . . Benedicite . . .

Pict. miniat. color. et inaurat. flor. Insignia. — *f. 2 et* — *f. 239 insigne gentis Buoncompagni.*

14. Breviarium eremitarum s. Augustini.

Vatican. 3515. membr. 448 f. 87 × 70 mm. 2 col. saec. XV.

f. 1—4 *vacua.* — *f.* 4'. Antonii cardinalis Carafae bibliothecarii munus ex testamento. *Insigne.*

f. 5. O beata Maria regis eterni . . . *al. man. Precationes de B. M. V.* — *f.* 6. *Litaniae de B. M. V. et orationes.* — *f.* 8'. Te matrem Dei laudamus . . . — *f.* 10. O sancta Colonia, gaude Deo grata . . . *et orationes de s. Ursula, oratio de s. Petronilla; aliae manus.*

f. 11. *Kalendarium. Ind. cal., nonnulla manibus muliebribus addita.*

f. 18'. De specialibus antiphonis laudum . . . Tabula prima. In illo anno, quo . . . *Septem tabulae.* — *f.* 21' *vacuum.*

f. 22. In nomine Iesu Christi. Incipit ordo breuiarii secundum ritum Romane ecclesie. In primo sabbato aduentus. Ad uesperas. Capitulum. Fratres, scientes, quia hora . . . *Proprium de tempore usque ad dom. XXIV post pentecost.* — *f.* 158. Dominica octavae pent. officium Trinitatis. Ad vesperas ant. Gloria tibi Trinitas . . . — *f.* 160'. Officium corporis Christi. In primis vesperis ant. Sacerdos in eternum . . . *et lectiones infra octavam.* — *f.* 166'. *Scriptura currens dominicarum post pentecost. incipiens a libris regum.* — *f.* 170. *Homiliae dominicarum post pentecost. a dom. III incipientes.* — *f.* 180'. *Scriptura currens mense Augusto a parabolis Salomonis incipiens.*

f. 195. Aduentus Domini celebratur . . . *Rubricae.*

f. 199'. Infrascripta inuitatoria . . . Venite exultemus Domino . . . *Invitatoria.* — *f.* 200', 201 *vacua.*

f. 201'. Iste hymnus . . . Primo dierum omnium . . . — *f.* 202. Beatus uir . . . *Psalterium Gallicanum dispositum per hebdomadam cum ordinario officii de tempore.* — *f.* 210'. *Post laudes dominicales prima, tertia, sexta, nona.* — *f.* 269. *Post vesperas sabbati completorium.*

f. 270'. Incipit ymnarius per anni circulum. Sabbato de aduentu. Ad uesperas ymnus. Conditor alme . . . *Hymni de tempore et de sanctis.*

f. 280'. Incipiunt absolutiones et benedictiones . . . Exaudi Domine Iesu . . .

f. 281. Incipiunt festiuitates sanctorum per anni circulum. In sancti Saturnini m. Oratio. Deus, qui nos . . . *Proprium sanctorum usque ad s. Catharinae.*

f. 394'. Incipit commune sanctorum . . . In natalitiis apostolorum. In uesperis. Capitulum. Fratres, iam non estis . . . — *f.* 414. In anniversario dedicationis ecclesie.

f. 417. Incipit officium beate Marie virginis. Notandum, quod officium beate Marie virginis . . . Ad matutinum . . . Inuitatorium. Aue Maria . . . *Officium B. M. V. per diversa anni tempora.*

f. 422. Incipit ordo ad communicandum infirmum. In primis pulsetur campana capituli et fratres . . . Oremus. Dominus Iesus Christus, qui dixit discipulis suis . . . — *f.* 422'. *Ordo ad ungendum.* — *f.* 424. *Ordo commendationis animae et litaniae.* — *f.* 426'. *Ordo sepeliendi.* — *f.* 430. Officium mortuorum. Placebo . . . *Novem lectiones.*

f. 432'. Incipiunt septem psalmi penitentiales. Ant. Ne reminiscaris . . . Ps. Domine, ne in furore . . ., *litaniae, preces, orationes.* — *f.* 434'. Forma absolutionis plenarie. — *f.* 435. Benedictio mense, — *f.* 436. aque, — *f.* 437'. ad omnia; *rubricae de festivitatibus.*

f. 438 *al. manibus.* Incipit quorundam officium beate Marie . . . Capitulum. Ab initio . . . Hymnus. Aue maris stella . . . Ad Magnificat antiphona. Virgo prudentissima . . . *Tres nocturni, novem lectiones, lectiones a nativitate usque ad purificationem.* — *f.* 442. Oret pro nobis uoce pia . . . *Benedictiones lectionum de B. M. V., initia psalmorum matutinalium de B. M. V., orationes.* — *f.* 445—448 *vacua.*

Pict. miniat. color. et inaurat. fig. flor.; insignia Carafae: — *f.* 22, *202, 280, 395.*

15. **Breviarium eremitarum s. Augustini Veronensium.**

Vatican. 7725. membr. 415 + 1 f. 131 × 92 mm. 2 col. saec. XV.

f. 1. *Kalendarium. Ind. cal., nonnulla man. rec. addita.* — *f.* 5. Id. Sept. Dedicatio ecclesie Veronensis.

f. 7. In nomine Domini nostri Iesu Christi. Incipit breviarium secundum ordinem sanctae Romanae ecclesie et secundum ordinem sancti Augustini. In primo sabato de aduentu. Ad uesperas capitulum. Fratres, scientes, quia hora . . . *Proprium de tempore usque ad dom. XXIV post pentecost.* — *f.* 140'. Officium sancte Trinitatis. ad uesperas ant. Sedenti super solium . . . *Officium rhythmicum.* — *f.* 143'. In sollemnitate corporis Iesu Christi. In primis uesperis. Ant. Sacerdos in eternum . . . *et lectiones infra octavam.* — *f.* 151. *Scriptura currens incipiens a libris regum.* — *f.* 152 *bis.* — *f.* 154. *Homiliae dominicarum post pentecost. a dom. II incipientes.* — *f.* 163. *Scriptura currens mense Augusto a parabolis Salomonis incipiens.*

f. 177'. Aduentus Domini celebratur . . . *Rubricae, in quibus anni 1455 praeteriti fit mentio. — f. 185.* De specialibus antiphonis laudum *septem tabulae et rubricae de historiis.*

f. 188. Iste ymnus . . . Primo dierum omnium . . . Beatus uir . . . *Psalterium Gallicanum feriatum, initia psalmorum laudum, ordinarium officii de tempore. — f. 196'. Post laudes dominicales hymnus et psalmi feriales primae. — f. 237'. Post vesperas fer. II ps. 118, tertia, sexta, nona. — f. 249. Cantica cum nominibus scriptorum.* Te Deum, ymnus trium puerorum, canticum uirginis, Zacharie, Simeonis, laus angelorum: Gloria in excelsis, oratio dominica, simbolum *(apostolicum),* psalmus Anastasii: Quicumque. *— f. 255. Litaniae, preces, orationes.*

f. 257. Sabbato de aduentu. Ad uesperas ymnum. Conditor alme syderum . . . *Hymni de tempore et de sanctis, — f. 264. de communi et in dedicatione, dom. prima post pascha ad nocturnum hymnus:* Rex eterne celi . . .

f. 266'. Incipiunt festiuitates sanctorum per anni circulum. In sancti Saturnini martyris oratio. Deus, qui nos . . . *Proprium sanctorum usque ad s. Catharinae. — f. 269'.* In conceptione beate Marie uirginis. Ad uesperas. Ant. Gaude mater ecclesia . . . *Officium rhythmicum. — f. 319.* Officium uisitationis gloriose uirginis Marie ad Elisabeth. In primis uesperis. Ant. Accedunt laudes uirginis . . . *Officium rhythmicum.*

f. 384. Incipit commune sanctorum in nataliciis apostolorum. Ad uesperas capitulum. Fratres, iam non estis . . .

f. 400. In anniuersario dedicationis ecclesie. Ad uesperas. Ant. Domum tuam . . .

f. 402'. Incipit officium beate uirginis Marie. Notandum, quod officium beate Marie non dicitur . . . Ad uesperas ant. Dum esset rex . . . *Officium B. M. V. per diversa anni tempora. — f. 405'. Proprium temporis adventus. — f. 406'. Proprium a nativitate Domini usque ad purificationem.*

f. 407. Incipit officium mortuorum. Ad uesperas ant. Placebo Domino . . . *Totum officium, novem lectiones, orationes.*

f. 410'. Ordo ad benedicendum mensam per totum annum . . . Benedicite . . . *— f. 412.* Ordo commendacionis anime *et litaniae.*

f. 414 al. man. Est presbiteri Antoni ex familia Marinonorum. *— f. 414', 415 vacua. — f. 415' al. man.* Collecta de B. M. V. Deus, qui per resurrectionem . . . *post Regina coeli dicenda;* Omnipotens sempiterne Deus, qui gloriose uirginis Marie corpus . . . *post Salve regina dicenda.*

Nonnulla eadem et al. man. addita.

16. Breviarii eremitarum s. Augustini proprium sanctorum.

Vatican. 6269. chart. f. 254—431 213 × 151 mm. saec. XVI.

f. 254. Scipioni cardinali Cobellutio bibliothecario pro bibliotheca Vaticana Dominicus Bellus clericus capelle pontificiae dono dedit 1618.

Amavit eum Deus ... Lect. 1. In Africa depositio sancti Augustini ... *Officium s. Augustini, hymni, novem lectiones, antiphonae, responsoria.* — *f.* 260. *Lectiones infra octavam.* — *f.* 273. Officium in prima translatione s. Augustini, — *f.* 276'. in secunda translatione.

f. 280. In sancte Monice, matris beati Augustini, ad vesperas ant. Letare felix ciuitas ... *Officium, hymni, lectiones, antiphonae, responsoria.* — *f.* 286. In conversione sancti Augustini, *lectiones.* — *f.* 289. In translatione s. Monice, *item.* — *f.* 291. In vigilia sancti Nicolai de Tolentino ad vesperas. Ant. Elegit Nicolaum dominus ... *Officium, hymni, lectiones, antiphonae, responsoria.* — *f.* 297'. Lectiones infra hebdomadam.

f. 310. In festo beati Yuonis conf. ant. Cunctos presbyteros illustrat iste ... *Officium, hymni, lectiones, antiphonae, responsoria.* — *f.* 326. *Lectiones infra octavam.* — *f.* 332. In translatione beati Yuonis; *hymni, lectiones, antiphonae, responsoria.* — *f.* 343. *Lectiones infra octavam.* — *f.* 363—373 *vacua.*

f. 374. De sancto Paulo primo heremita. Oratio. Deus, qui multimodis ... *Proprium sanctorum usque ad de s. Kyliano. Insunt:* — *f.* 382'. De s. Brigida v. — *f.* 386. De lancea et clavis Christi. — *f.* 391. De s. Uuidone. — *f.* 392'. De s. Gingolfo. — *f.* 397'. De s. Medardo. — *f.* 412. De s. Albano m. — *f.* 414. De septem dormientibus. — *f.* 415'. De s. Udalrico.

f. 425. Responsorium. Libera me ... *et ordo officii defunctorum breviarii.*

f. 427. Aduentus Domini celebratur ... *Rubricae.*

f. 374—424 deficit miniator.

17. Breviarium Benedictinum Beneventanum s. Sophiae.

Vatican. 4928. membr. II + 365 f. 227 × 145 mm. saec. XII. litteris Beneventanis.

f. I. Psalterium Beneventanum monasterii s. Sophie ... Codex olim pertinuit ad Ioannem decanum eiusdem monasterii ..., qui vivebat anno Chr. 1120. Murator. tom. V. Rer. Ital. p. 96. Ios. Assemanus.

f. II. Emptum ex libris cardinalis Sirleti.

f. 1. Anni Domini. Indictiones ... *Annales Beneventani ab anno 1113, anni usque ad 1166 numerati.*

f. 9. *Kalendarium, ind. astr. cal. dies Aeg., man. rec. nonnulla addita.* — *f.* 15. Ian. Aug. et Dec. ... *De anni partibus, praecepta ad eas in-*

veniendas, tabulae calendares. — *Post* — *f. 22 unum folium exsectum.* — *f. 24' vacuum.*

f. 25. Incipit breuiarium siue ordo officiorum per totam anni decursionem. In primis sabbato ante aduentum Domini canuntur ad vesperas . . . Regnum . . . *Rubricae et directorium breviarii de tempore et de sanctis usque ad s. Andreae,* — *f. 85. de communi,* — *f. 87. in dedicatione ecclesiae.*

f. 89. Domine Iesu Christe . . . *Bis ternae precationes in adoratione crucis dicendae.* — *f. 91'.* Ordo ad sumendum corpus Domini. Item psalmi. Miserere mei . . . *Index psalmorum, orationes, ante et* — *f. 94 post perceptam communionem dicendae.* — *f. 95.* Confiteor . . . *Ordo confitendi et absolvendi.* — *f. 98.* Beatissime uirginis uerbique . . . *Precationes ante psalmodiam dicendae.* — *f. 99.* Ab aduentu usque ad natiuitatis Domini. Oratio. Deus, qui de beatae . . . *Orationes, man. rec.*

f. 100'. Psalterium decani Iohannis. Beatvs vir . . . *Psalterium Romanum litteris initialibus feriatum, inscriptiones et numeri psalmorum.* — *f. 181. Cantica ferialia cum nominibus scriptorum;* ymnus trium puerorum, canticum Zachariae prophetae, s. Marie, s. Symeonis, ymnus s. Abundii: Te Deum; ymnum angelorum: Gloria in excelsis; oratio dominica, symbolum apostolorum, symbolum Niceni concilii, fides catholica Athanasii ep.: Quicumque. — *f. 190. Litaniae, preces, orationes.* — *f. 194. Litaniae pro defunctis, orationes.* — *f. 196 vacuum.*

f. 197. Et erit in nouissimis diebus . . . *Capitula de tempore, de sanctis, de communi.* — *f. 211'.* Fratres, si consurrexistis . . . *Ordo, capitula, versus, responsoria de tempore paschali, man. rec.*

f. 214'. Primo dierum omnium . . . *Hymni ordinarii, de tempore, de sanctis, de communi, in dedicatione.* — *f. 255.* Canticum de aduentu Domini. Ecce Dominus in fortitudine . . . *Cantica dominicalia et festiva.* — *f. 262 vacuum.*

f. 262'. Excita Domine potentiam tuam . . . *Orationes per annum de tempore et de sanctis a dom. I adventus usque ad dom. XXVI post octavam pentecost.* — *f. 267. Ordo ad benedicendum cereos in purificatione.* — *f. 269.* Benedictio cineris in capite ieiunii, — *f. 274.* florum et frondium dominica palmarum, *ordo processionis.* — *f. 275.* Mandatum in cena Domini. — *f. 275'.* Benedictio ignis novi, — *f. 276.* olei et casei in pascha. — *f. 290. Orationes dominica de Trinitate,* — *f. 290'. de communi,* — *f. 292'. in dedicatione,* — *f. 293. cotidianis diebus.*

f. 294'. Benedictiones ad lectiones. In nocte. A uinculis peccatorum . . . *et capitula.* — *f. 296'. Ordo primae.* — *f. 298.* Ad benedicendam mensam. — *f. 299.* Ad mandatum in diebus sabbatorum et hospitum. — *f. 299'.* Pro fratribus iter facientibus, redeuntibus. — *f. 300.* Pro eis, qui de coquina exeunt, in coquinam ingrediuntur. — *f. 300'.* Orationes in cotidianis diebus.

f. 302. Cum aliquis uenerit ad sacerdotem confiteri peccata sua ... *Ordo confitendi. — f. 305. Ordo ad ungendum infirmum, litaniae. — f. 310.* Ordo unctionis brevior, *cura morientis et mortui. — f. 317. Vi*giliae mortuorum. Ant. Dirige Domine Deus meus... *Officium defunctorum, novem lectiones,* lectio IX. Militia est vita — ulla spe, *Iob 7, 1—6; orationes. Post laudes ordo sepeliendi. — f. 326.* Vesperae mortuorum. *Toti officio defunctorum desunt notae musicae, quarum lineae sunt ductae.*

f. 328. In festo s. Margarite. Omnipotens sempiterne Deus ... *Orationes de sanctis man. rec.*

f. 330. Quod fuit ab initio ... *Epist. I Ioannis. Officia dominicae et fer. II usque ad sabbatum, ut videtur, infra octavam ascensionis, dominicae evangelium secundum Ioannem:* Cum venerit paraclitus — dixi vobis; *feriarum lectiones eiusdem epist. I Ioannis incipientes a:* Nolite mirari, fratres, si odit ...

f. 335'. In nataliciis apostolorum. Lectio ad uesperas. Fratres, iam non estis ... *Commune sanctorum, tota officia, lectiones.*

f. 359. In dedicatione ecclesie. Ad uesperas ant. Hec est domus Domini firmiter edificata ... *Totum officium, lectiones. — f. 364, 365 fragmenta commentarii de leproso mundato et de socru Petri litteris Beneventanis scripti. Nonnulla manibus rec. aliis litteris addita.*

Miniat. color. inaurat.

Muratori, Antiquitates Italicae I (Mediolani 1738), p. 254. — *Pertz,* Monumenta Germaniae. Scriptor. III (Hannoverae 1839), p. 173. — *Bethmann* in Pertz' Archiv Bd. XII, S. 245.

18. **Breviarium Benedictinum.**

Ottobon. 283. membr. 436 f. 222 × 172 mm. 2 col. saec. XIV.

In folio praeligato: Ex codicibus Ioannis Angeli ducis ab Altaemps.

f. 1. Dominica prima de aduentu secundum Lucam. In illo tempore. Erunt signa ... *Lectio evangelii; item in epiphania et proprii de tempore usque ad dom. XXIV post pentecost., — f. 10'. proprii sanctorum a s. Andreae usque ad dedicationem s. Michaelis, — f. 14. communis sanctorum et in dedicatione ecclesiae.*

f. 16'. In festo niuis sancte Marie ad vesperas ant. Dum esset rex ... *Totum officium.*

f. 18'. locus abrasus; infra al. man.: Galienus. Itaque hanc ... *Praeceptum medicum contra venenatum potum aliaque mala datum.*

f. 19. Incipit breuiarium monasticum secundum ordinem et consuetudinem sancti Benedicti abbatis. In primo sabbato de aduentu. Ad vesperas. Capitulum. Erit in nouissimis diebus ... *Proprium de tempore usque ad sabbatum post dom. XXVII post pentecost.*

f. 238. Sabbato ante aduentum de sancta Trinitate. Capitulum. O altitudo diuitiarum ... *Totum officium.*

f. 241'. Incipit officium mortuorum. Ad matutinum ant. Dirige Domine Deus . . . *Novem lectiones*, lect. X. Vir fortissimus Iudas . . ., *vesperae in fine.*

f. 243'. Incipit proprium in festiuitatibus sanctorum per totum annum. In sancti Seuerini conf. et abbatis oratio. Deus, qui beatum Seuerinum . . . *Proprium sanctorum usque ad s. Silvestri.* — *f.* 301. S. Felicule, *lectiones.* — *f.* 384. S. Sauini. *Totum officium.*

f. 398. In festo consecrationis ecclesie capitulum. Uidi ciuitatem . . .

f. 401'. Ad completorium per totum annum ymnus. Te lucis ante terminum . . . — Suffragia *(preces)* in ferialibus diebus.

f. 402. In festiuitatibus sanctorum a pascha ad pentecosten. Capitulum. Stabunt iusti . . .

f. 404. Incipit officium beate Marie uirginis a natiuitate Domini usque ad aduentum. Ad matutinum . . . Aue Maria, gratia plena . . . *Officium B. M. V. per diversa anni tempora.* Lect. I(—III). Sancta Maria uirgo uirginum — sine tempore; *rhythmice.*

f. 409'. Incipit commune sanctorum. In festiuitate unius apostoli ad uesperas capitulum. Iam non estis ospites . . .

f. 426. Incipit officium noue sollempnitatis corporis Domini nostri Iesu Christi . . . In primis uesperis ant. Sacerdos in eternum . . . *Totum officium et lectiones infra octavam.*

f. 431. Incipit ordo ad faciendum aquam benedictam. Dominica prima de aduentu . . . Exorcizo te . . . Asperges, Vidi aquam.

f. 432. Canticum. Audite me diuini fructus — bona ualde. *Item:* Gaudens gaudebo — in manu Dei tui. — Non uocaberis ultra — laudem in terra.

f. 432'. In anno illo, in quo natiuitas . . . Inuitatorium. Prope est . . . *Ordo breviarii.*

f. 436'. Oratio de sancto Adriano. Dum beatus Adrianus . . . *Ant., versus, responsorium, collecta.*

Nonnulla al. man. addita.

19. Biblia et breviarium Benedictinum Cervariense.

Urbin. 597. membr. 864 f. novi numeri. 132×87 mm. 2 col. saec. XIV.

f. 1. A. Quod afflictio letificat sanctos . . . *Loci biblici ordine litterarum dispositi.*

f. 3. Ista est formula absolutionis generalis indulgentie a pena et culpa concessa per dominum papam Gregorium XI in articulo mortis facienda per sacerdotem, videlicet oratio. Dominus noster — continetur; *man. rec. saec. XV.* — *f.* 3a *vacuum.*

f. 4. Ista biblia cum iuncta breuiarii est ad vsum fratris Beltrami de Currentibus abbatis sancti Iohannis Parmensis in vita sua. Proprietas uero est monasterij sancti Ieronimi de Ceruaria ordinis sancti Benedicti diocesis Ianuensis. Vnde post vitam ipsius mittatur ad monasterium predictum. Ego frater Beltramus propria manu scripsi. *Infra:* Augustinus (?) in libro de moribus ecclesiasticis. Prudentia . . . *de virtutibus cardinalibus et alia.* — *f.* 4′ *vacuum.* — *f.* 5. I. h. s. — *f.* 5′ *vacuum.*

f. 6. Dies mensium . . . *Tabulae calendares.* — *f.* 7. *al. man. Kalendarium. Ind. astr. et cal. grad. dies Aeg.* — *f.* 10. XIII Kal. Aug. Consecratio ecclesie s. Ieronimi. — *f.* 13. Mensis. Dies . . . *Tabulae calendares, item* — *f.* 13′—14′; — *f.* 13. *de anno 1404 al. man. additum.*

f. 14′. Ista biblia et breuiarium postremo conligatum est monacorum congregacionis s. Iustine de Padue, deputata monasterio s. Ieronimi de Ceruaria diocesis Ianuensis prope portum Delfini numero 207.

f. 15. Prologus. Incipit epistula sancti Ieronimi presbyteri ad Paulinum. Frater Ambrosius — moriturum, *et duo prologi s. Hieronymi.* — *f.* 18′. Incipit liber geneseos. In principio . . . *Libri Vet. Test.* — *f.* 261′. Incipit liber ymnorum soliloquiorum prophete Dauid. de Christo psalmus Dauid . . . *Psalterium Gallicanum, inscriptiones, man. rec. numeri psalmorum appositi.* — *f.* 461. *Prologus Nov. Test.* — *f.* 461′. *Libri Nov. Test.* — *f.* 574′. Incipiunt interpretationes. Aaz, apprehendens uel apprehensio — Zosim, consiliantes eos uel consiliatores eorum. — *f.* 622′ *vacuum.*

f. 623. Dominica I aduentus. epistola (ad) Romanos. XIII f. . . . *Index lectionum epistolarum et evangeliorum per annum de tempore et de sanctis legendarum.*

f. 629. Incipiunt cantica prophetarum. Canticum Ysaie prophete. Confitebor . . . *Cantica Vet. et Nov. Test. nominibus scriptorum additis,* ymnus s. Ambrosii necnon Augustini: Te Deum, symbolum Athanasii, symbolum apostolorum. Petrus. Credo . . ., symbolum Niceni concilii, ymnus angelicus: Gloria in excelsis. — *f.* 632. *Psalmorum poenitentialium initia, litaniae, orationes.*

f. 633′. Incipit ymnarius per anni circulum. In dominicis diebus uel noct. Primo dierum . . . *Hymni de tempore, de sanctis, in dedicatione, de communi.* — *f.* 642. Domine, miserere nostri, te enim . . . *Cantica dominicalia et festiva.*

f. 643′. Incipit officium feriale a prima dominica post octauam epiphanie . . . Sabbato ad uesperas ant. Regnum tuum . . . *Officia ferialia per annum.*

f. 646. De specialibus antiphonis . . . *Septem tabulae de antiphonis tempore nativitatis Domini canendis.* — *Aliis manibus:* — *f.* 647′. Ornatus mulierum nocet uiro . . . *Duodecim eius damna, duodecim fructus Crucis, duodecim causae doloris Christi, alia.* — *f.* 649. [N]uouo tempo —

l angelico amore. *Versus lingua Italica conscripti, quos vocant laudes s. Francisci.*

f. 649'. Eugenius episcopus . . . Excellentissimi corporis . . . Datum Rome . . . Anno 1433. *De festo corporis Christi. — f.* 650'. Casinensis gloria perpes . . . *Tres hymni de s. Placido.*

f. 651. Ad laudem Dei et virginis Marie. Incipit breuiarium secundum consuetudinem monacorum sancti Ieronimi de Ceruaria ordinis sancti Benedicti diocesis Ianuensis. In primo sabbato de aduentu. Capitulum ad uesperas. Fratres, scientes, quia hora . . . *Proprium de tempore usque ad dom. XXIV post pentecost. — f.* 717. Dominica prima post pent. Officium super benedictione sanctissime Trinitatis. In primis uesperis ant. Sedenti super solium . . . *Officium rhythmicum. — f.* 719. In sacra sollempnitate corporis Domini. Iohannes episcopus, seruus seruorum . . . Bene gestis frequenter additur — Data Abinone . . . In primis uesperis ant. Sacerdos in eternum . . . — *f.* 722'. *Scriptura currens incipiens a libris regum. — f.* 723. *Homiliae dominicarum post pentecost. — f.* 727. *Responsoria dominicarum post pentecost. Rubricae. — f.* 732'. Festa commemorationis.

f. 733. Incipiunt festiuitates sanctorum per anni circulum . . . In s. Saturnini m. oratio. Deus, qui nos . . . *Proprium sanctorum usque ad s. Catharinae. Adduntur: — f.* 827. Incipit officium inuentionis sancte Crucis. In uigilia ad uesperas ant. Helena Constantini mater . . . — *f.* 828'. Festum visitationis beate Marie u. Ad uesperas. Accedunt laudes uirginis . . . *Officium rhythmicum. — f.* 832' *vacuum. — f.* 833. In exaltatione sancte Crucis. Ad vesperas ant. O magnum pietatis opus . . .

f. 835. Incipit commune sanctorum. In natali apostolorum ad uesperas capitulum. Fratres, iam non estis . . .

f. 847. In anniversario dedicationis ecclesie ad uesperas ant. Domum tuam . . .

f. 848'. Incipit ordo offitii beate Marie uirginis . . . ad uesperas ant. Dum esset rex . . . *Officium per diversa anni tempora.*

f. 851'. Incipit officium in agenda defunctorum. Ad uesperas ant. Placebo . . . *Officium defunctorum, novem lectiones. — f.* 853. *Ordo ad communicandum et ungendum infirmum. — f.* 854. *Ordo commendationis animae et sepeliendi; in fine:* Officium pro saecularibus defunctis. — *f.* 857. Absolutio generalis concessa a papa Gregorio XI in articulo mortis. Dominus noster Iesus Christus — Spiritus sanctus. Amen.

f. 857'. Incipit ordo ad faciendum aquam benedictam . . . Exorcizo te . . .; Asperges, Vidi aquam. — *f.* 858. Incipit ordo ad benedicendum mensam per totum annum. Congregatis fratribus . . . Benedicite . . .

f. 859. Incipiunt aliqua notabilia circa aliquot casus presbyteri celebrantis. Ricardus de undecima. Si sacerdos . . . *Praecepta Ricardi, s. Thomae; al. man.: ss. Augustini, Leonis pp., Benedicti, Hieronymi. — f.* 861

vacuum. — *f.* 862. Pro infirmis ad visum et paralismum. Accipe unam libram ... *Praecepta medica, item* — *f. 864.* — *f.* 863 *vacuum.* — *f.* 864. Praesentate sunt bule pensionis per Iacobum de Catabrano die viiij Ianuarii 1451.

In marginibus complura sunt addita.

Miniat. color. et inaurat.

20. Breviarii monacharum s. Benedicti proprium et commune sanctorum.

Vatican. 6071. membr. f. 389—566. 164 × 110 mm. 2 col. saec. XIV.

f. 389. Dyre tyranne, non es confusus ... *Responsorium lect. II s. Agathae. Proprium sanctorum usque ad:* ss. Saturnini et Sisinnij mm. *Insunt:* — *f.* 390′. s. Austroberte, — *f.* 391. Scolastice matris nostre, — *f.* 395. s. Barbati ep., *f.* 413′. s. Adalberti m., — *f.* 427′. s. Petri Celestini de Murrone, — *f.* 428′. Restitute v., — *f.* 434′. s. Phebroine v. m., — *f.* 460. s. Precopii, *f.* 461′. Cirici et Iulitte, — *f.* 463. Seueri ep., — *f.* 502′. Rufi et Carponi, — *f.* 519′. In dedicatione ecclesie sanctissimi patris nostri Benedicti. — *f.* 531′. Germani ep.

f. 551′. Si festum aliquod XII lectionum ... *Rubricae.*

f. 552′. Oratio de sancto Bertario, abbate Casinensi, de s. Katerina. — *f.* 553′. Antiphone de Cruce tempore paschali, de s. Maria v., de sanctis, in ferialibus diebus ad Magnificat, *commemorationes, man. saec. XVI.* — *f.* 554′, 555 *vacuum.*

f. 556. In natalicijs apostolorum ad vesperas ant. Hoc est preceptum meum ... *Commune sanctorum.* — *f.* 566. Commune martyr. non pontif. *desinit in:* Cant. Benedictus uir, qui confidit in Domino.

Nonnulla in marginibus al. man. addita.

21. Breviarium Benedictinum.

Ottobon. 671. membr. 327 f. 96 × 72 mm. saec. XV.

f. 1 chart. Q VIII 5. Ex codicibus Io. Angeli ducis ab Altaemps.

f. 2. Nisi quia fini ... *Pars codicis saec. XIV.* — *f.* 2′. Si per quadridenas Domini diuiseris annos ... *Vaticinia, versus. saec. XVII.*

f. 3. *Kalendarium. Ind. astr. et cal. grad. num. Man. rec. nonnulla addita et a possessore, ut:* s. Bernardi. hec die veni Romam.

f. 9. De specialibus antiphonis laudum, que ponuntur ante natiuitatem. In illo anno, in quo natale Domini ... *Rubrica.* — *f.* 11 *vacuum.*

f. 12. In nomine Domini nostri Iesu Cristi. feria secunda ad primam ant. Seruite Domino. ps. Dauid. Beatus uir ... *Psalterium Gallicanum dispositum per hebdomadam cum ordinario officii de tempore. In psalterio*

tantum priores versuum partes. — *f.* 47′. Incipiunt letanie et prima antiphona. Ne reminiscaris . . . Kyrie eleyson . . ., *preces, orationes.* Sancte
pater Benedicte *bis.*

f. 49. In aduentu Domini. Ad matutinum cantica. Ecce Dominus in
fortitudine . . . *Cantica dominicalia et festiva.*

f. 52. In aduentu Domini. Ad uesperos hymnus. Conditor alme . . .
Hymni de tempore, — *f.* 56. *de sanctis, in dedicatione, de communi.* — *f.* 61
vacuum.

f. 62. Sabbato ante primam dominicam de aduentu. Ad uesperos ant.
Regnum tuum . . . *Proprium de tempore usque ad dom. XXIV post pente-*
cost. — *f.* 106′. *Scriptura currens ab epiphania usque ad septuagesimam*
incipiens ab ep. s. Pauli ad Romanos. — *f.* 167. In festo sancte Trinitatis in
octaua pentec. In primis uesperis ant. Gloria tibi Trinitas . . . — *f.* 169. In
festo corporis Christi . . . In primis vesperis ant. Sacerdos in eternum . . .
f. 173′. *Scriptura currens usque ad adventum a libris regum incipiens.* —
f. 189. *Evangelia et homiliae a dom. III post pentecost. usque ad ad-*
ventum.

f. 199. Incipit rubricam generalem secundum ordinem monasticum. Aduentus Domini — in his rubricis generalibus. — *f.* 203 *vacuum.*

f. 204. Incipit proprium sanctorum totius anni. Et primo de sancto
Saturnino. Oratio. Deus, qui nos . . . *Proprium sanctorum usque ad s. Ca-*
tharinae. — *f.* 229′. *Commune sanctorum tempore paschali.* — *f.* 247.
Privilegium domini Bonifacii pp. IX in visitatione beate Marie virginis. Ad
perpetuam rei memoriam. Superni benignitati conditoris . . .

f. 288′. In dedicatione ecclesie ad uesperos ant. Domum tuam . . . —
f. 291 *vacuum.*

f. 292. Incipit commune sanctorum. In nataliciis apostolorum. Ad uesperos
ant. Hoc est preceptum . . .

f. 316. Incipit officium mortuorum. Ad uesperos ant. Placebo . . . *Novem*
lectiones, orationes.

f. 318′. Petrus Ioannis de Emenes. nil est absconditum, quod non reue-
labitur . . . *et alii loci biblici aliis manibus.*

f. 319. In festo sancti Symeonis conf. ad uesperos ant. Vir Dei . . .
Totum officium, hymni, lectiones, lectiones infra octavam. — *f.* 323. In
festo transfigurationis Domini . . . cap. Carissimi, non enim in doctas fa-
bulas . . . *Totum officium, hymni, lectiones.* — *f.* 326. In festo sancti
Placidi et sociorum eius in primis vesperis. Martyris inuicti . . . *Antiphonae;*
item — *f.* 326′. In festo s. Mauri abbatis in I. vesperis. Beatissimus igitur
Maurus . . . *al. man.*

f. 327′. Benedictio prime lectionis primi nocturni. benedictione perpetua . . .
Benedictiones lectionum nocturni I et II.

In marginibus pauca addita.

22. Breviarium Benedictinum Fuldense.

Palatin. 525. membr. 237 f. 127×85 mm. 2 col. saec. XV. tom. I.

f. 1. 73. 74. 412.

Exaudi Domine Iesu Christe . . . *Absolutiones et benedictiones lectionum al. man.* — *f.* 1'. Preces ad quindecim gradus et ad septem psalmos. Saluos fac seruos . . . *et orationes al. man.*

f. 2. *Kalendarium Fuldense. Ind. astr. et cal. grad. dies Aeg.* — *f.* 8. Aureus numerus. Aries . . . *Tabula calendaris.* — *f.* 8'. *Interpretatio eius.* — *f.* 9. Ad tempus ut . . . 1420. *Tabula temporum usque ad 1472.* — *f.* 10. Litterae dominicales . . . *Tabula ad invenienda tempora festiva.* — *f.* 10'. *Interpretatio eius.*

f. 11. Domine, ne in furore . . . *Initia psalmorum poenitentialium, litaniae, orationes. In fine:* Capitulum, Pretiosa in conspectu . . . *primae, al. man.* — *f.* 14 *rescriptum.* Suffragia communia ad matutinum et vesperas. De s. Cruce. Per signum crucis . . .

f. 15. Dominicis diebus. Invitatorium. Adoremus Dominum . . . Beatus vir . . . *Psalterium Gallicanum feriatum cum ordinario monastico de tempore, quo ubique deleto ordinarium non monasticum imponitur.* — *f.* 78 *scida membr. inserta. Antiphonae man. rec.* — *f.* 93. *Cantica ferialia,* canticum trium puerorum, Zachariae, Magnificat, laus angelorum: Te Deum, fides: Quicumque.

f. 99'. Et sic confectus psalterii sub anno millesimo quadringentisimo trigesimo tertio sabbato ante diem palmarum . . . Sequuntur preces ad primam. Reple os meum . . . — *f.* 100. Preces minores . . . Ego dixi . . . Preces maiores: Oremus pro omni gradu ecclesie . . . — *f.* 100'. De omnibus sanctis preces: Post partum . . . In quadragesima preces ad matutinum: Deus animabus . . ., *collectae; item preces ad laudes usque ad completorium.*

f. 102'. Vigilie mortuorum. Placebo . . .; *novem lectiones, orationes.*

f. 106. Incipit libellus matutinalis siue breviarium secundum chorum et modum maioris ecclesie . . . *(nomen abrasum)* et primo dominica prima aduentus Domini in primis vesperis super psalmos feriales ant. (Missus est Gabriel . . . *man. rec.*); capitulum. Deus pacis sanctificet vos . . . *Proprium de tempore usque ad fer. VI hebdomadis pentecost.:* Collecta. Da, quaesumus, ecclesie tue — incursione. Per . . .

Multa abrasa, alia man. rec. addita.

tom. II. f. 238—486. cetera ut supra.

f. 238. Spiritus sanctus discipline . . . *Capitulum fer. VI hebdomadis pentecost. Proprium de tempore usque ad dom. XXV post pentecost.* — *f.* 240. De s. Trinitate ant. Gloria laudis resonet . . . — *f.* 241'. De corpore Christi ad vesperas. Sacerdos in eternum . . . — *f.* 242. Nota, quod haec sola tenetur in secundo nocturno secundum chorum Fuldensem. In voce exultationis . . . — *f.* 246. *Scriptura currens et responsoria dominicarum post pentecost. a prima dominica incipientia.* — *f.* 273. *Evangelia et homiliae earum.*

f. 287. In illo tempore stabat Iohannes . . . Omelia. Libet perscrutari, fratres . . . *Proprium sanctorum a vigilia s. Andreae usque ad s. Catharinae.*

f. 451. In dedicatione ad vesperas. Presta Domine, ut quisquis . . . *Totum officium.*

f. 455. Incipit commune sanctorum ad primas vesperas super omnia laudate. Ant. Non uos me elegistis . . . *In fine:* de pluribus virginibus. Sancti per fidem vicerunt . . .

Multa, inprimis hymni, abrasa; alia manibus rec. addita.

Bethmann in Pertz' Archiv Bd. XII, S. 337. — *Stevenson,* Codices Palatini Latini tom. I, p. 172.

23. Breviarium Benedictinum Augustanum.

Palatin. 517. chart., f. 2—12. membr. 542 f. 214 × 153 mm. 1477—1482.

f. 1. C 79. 1889. 2185.

Materia meditandi per ebdomadam. feria secunda cogita de morte . . . *Infra:* Hec collecta sunt in domo patris prioris Argentine in Carthusia. *al. man.*

f. 2. In primo nocturno absolucio. Exaudi Domine Iesu . . . *Absolutiones et benedictiones lectionum. Supra:* Domine Iesu, ne sinas . . . *Precatio. Infra:* Nota de patientia. Item legitur de Bonifacio papa octauo: Intravit ut vulpes . . . — *f.* 2'. Turcus pontifici Romano: Fata monent . . . *Item:* Pontifex Romanus Turco. *Disticha.*

f. 3. *Kalendarium. Ind. astr. et cal. num. necrologia, res historicae.* — *f.* 9 *vacuum.*

f. 9'. Hec tabula deseruit hystoriis. Salomon . . . *Tabula responsoriorum magnorum scripturae currentis post pentecost. legendae et interpretatio.* — *f.* 10. Distributio librorum in Augusto. Dominica prima imponuntur parabole . . .; *item mense Septembri, Octobri, Novembri.*

f. 12. Feria secunda ad primam ymnus. Iam lucis . . . Beatus vir . . . *Psalterium Gallicanum feriatum cum ordinario de tempore, numeri psalmorum, divisiones.* — *f.* 81. Confiteor tibi . . . *Cantica Vet. et Nov. Test. cum nominibus scriptorum et cum numeris feriarum.* — *f.* 86. Symbolum *(apostolicum).* — *f.* 86'. Hymnus, quem s. Augustinus et s. Ambrosius inuicem condiderunt: Te Deum; fides s. Athanasii: Quicumque. — *f.* 87'.

Septem psalmi poenitentiales . . . *Initia eorum, litaniae, preces, orationes.* — *f.* 90. Ecce Dominus in fortitudine . . . *Cantica festiva et dominicalia.*

f. 94′. In aduentu Domini ymnus ad uesperas. Conditor alme . . . *Hymni de tempore, de sanctis,* — *f.* 102′. de s. patrono nostro Udalrico. Gaude Syon sublimata . . ., *de communi, in dedicatione.* — *f.* 106. Explicit anno 1477.

f. 106′. In agenda mortuorum ad uesperas ant. Placebo . . . *Officium defunctorum, novem lectiones.* — *f.* 110′. Quid agatur pro patribus conuentualibus defunctis.

f. 112. Incipit rubrica generalis. Aduentus Domini celebratur . . . — *f.* 115. De specialibus antiphonis laudum et uesperarum.

f. 117. Incipit ordo ad benedicendum mensam per totum annum. Congregatis fratribus . . . Benedicite . . .

Frater Wilhelmus Wittwer de Höchstetten 1477.

f. 118′. Incipit cursus de beatissima virgine Maria ad uesperas. Ant. Dum esset rex . . . *Officium B. M. V. per diversa anni tempora.* — *f.* 122. *Officium B. M. V. in sabbato, lectiones s. Augustini:* Videamus fratres — omnia, quae praedixit.

f. 127′. Incipit ordo breuiarii per anni circulum secundum rubricam Romanam monachorum sanctorum V̊dalrici et Affre in Augusta. Sabbato prime dominice aduentus Domini ad uesperas ant. Regnum tuum . . . *Proprium de tempore usque ad dom. XXIV post pentecost.* — *f.* 302. Officium s. Trinitatis in primis uesperis ant. Gloria tibi Trinitas . . . — *f.* 304′. In festo corporis Christi ad uesperas ant. Sacerdos in eternum . . . — *f.* 311′. *Scriptura currens dominicarum post pentecost. incipiens a libris regum. f.* 318. *Homiliae dominicarum post pentecost.* — *f.* 335. *Scriptura currens mense Augusto a libris Salomonis incipiens.*

f. 355. Explicit de tempore. V Id. Iunii. Anno . . . 1478 per fratrem Wilhelmum Wittwer professum huius monasterii.

f. 355′. Incipit proprium sanctorum. In uigilia sancti Andree ad uesperas . . . capitulum. Fratres, corde enim . . . *Proprium sanctorum usque ad s. Saturnini.* — *f.* 392′. *Commune sanctorum tempore paschali.* — *f.* 425′. Officium s. Udalrici. Uenerandi patris Udalrici solemnia . . . *Officium rhythmicum.* — *f.* 494′. *Lectiones de s. Prisca et homilia die octava nativitatis B. M. V.*

f. 495. Explicit . . . X Kal. Octob. 1478.

f. 496. Incipit commune sanctorum. De apostolis et ewangelistis ad uesperas ant. Hoc est preceptum . . .

f. 526. In anniversario dedicationis ecclesiae ad uesperas ant. Domum tuam . . .

f. 529. Explicit liber per manus fratris Wilhelmi cognomine Wittwer anno 1478. IV Id. Octob.

f. 529'. De rubrica Romana dicitur esse . . . *De accessu et de recessu altaris rubricae, precationes.* — *f.* 531. Secuuntur commemorationes dominica die. De sancta Trinitate ant. Te Deum patrem . . . *Commemorationes per hebdomadam.* — *f.* 531'. De horis sancte Crucis . . . Adoramus te Domine . . . *Officium per omnes horas; in fine:* 1482.

f. 533. Quinta nocte lectiones infra octavam sancti Benedicti abbatis . . . Ex secundo libro dyalogorum beati Gregorii pape. lectio prima . . . Petrus. Minus patenter intelligo . . . *Lectiones et rubricae, ant. de ss. Narcisso et Felice, oratio de s. Udalrico.*

f. 535'. Nouerint universi hec inspecturi, quod . . . Conradus abbas et conuentus huius monasterii . . . impetrauit apud sanctam sedem apostolicam visitantibus septem altaria (ecclesiae monasterii) . . . omnes et singulas indulgentias, quas merentur visitantes septem principales ecclesias urbis Rome . . . sub forma breuis, cuius hic tenor sequitur. Alexander VI dilectis filiis abbati et conventui monasterii sanctorum Udalrici et Affre ordinis s. Benedicti Augustensi prouincie Moguntine. Volentes animarum vestrarum saluti . . . Datum Rome 25. Sept. 1496. — *f* 536', 537, 538 *vacua.* — *f.* 539. Forma absolucionis iubilei in vita tociens quociens . . . Misereatur . . . Dominus noster Iesus Christus per meritum sue passionis . . . — Forma absolucionis et plenissime remissionis semel in vita et in articulo mortis . . . — *f.* 539' *vacuum.*

f. 540. Tabula . . . ynuitatoriorum . . . a Kalendis Octobris usque ad aduentum Domini. In die Remigii. Venite exultemus . . . — in die s. Katherine.

f. 541. Incipit rosarium gloriosissime virginis Dei genitricis et primo dicitur: Suscipe deuotissima . . . *Tria rosaria cum multis mysteriis a solitis diversis.* — *f.* 541'. Deinde dicuntur 7tem gaudia . . . Gaude flore virginali . . . *Rhythmi et orationes.* — Oratio s. Ambrosii episcopi ante missam dicenda. Summe sacerdos . . . *Precationes ante et post missam dicendae.*

In marginibus et in scidis insertis vel agglutinatis interpretationes Germanicae vocabulorum Latinorum, precationes, etymologiae nominum Mariae et Iesu, epitaphia, res historicae, inprimis de monasterio s. Udalrici Augustano. Inter quae: — *f.* 447. Remedium contra cirenam (?). Ricipe aychlenstayn . . . — *f.* 532'. Carmen elegiacum de ruina templi sanctorum Udalrici, Afrae et Hilariae *(Augustae facta)* . . . Annos mille quater centum decies quoque septem . . . — *f.* 533. 7tem sunt aues. Der erst hat kayn kragen: apis ayn pin . . . — *f.* 534'. Epitaphium . . . fratrum Melicensium . . . huius monasterii reformatorum . . . — *f.* 535. Epitaphium . . . patris Melchioris de Stamhen, huius monasterii abbatis . . .

Miniat. color. et inaurat. flor.: — *f. 12 littera B.*

Bethmann in Pertz' Archiv Bd. XII, S. 337. — *Stevenson,* Codices Palatini Latini tom. I, p. 170.

24. Breviarium Bisuntinense.

Ottobon. 672. membr. 363 f. 102 × 70 mm. 2 col. 1452. 1453.

f. 1. chart. Q 3. 12. Ex codicibus Io. Angeli ducis ab Altaemps. — *f. 1′ vacuum.*

f. 2. Kalendarium. Ind. astr. et cal. grad. num. dies Aeg.; multa manibus rec. addita. — *f.* 5. III Non. Mai. Dedicatio s. Io[hannis].

f. 8. Inuitatorium. Adoremus Dominum . . . Beatus vir . . . *Psalterium Gallicanum dispositum cum ordinario officii de tempore. Post laudes dominicales prima, tertia, sexta, nona.* — *f.* 85. *Post vesperas dominicales completorium.* — *f. 86′.* Letania. Kyrieleyson . . ., *preces, orationes.*

f. 90′. Inicium s. evangelii secundum Iohannem. In principio . . . *Ioa. 1, 1;* secundum Marcum. In illo tempore: Maria Magdalena . . . *Marc. 16, 1;* secundum Marcum. In illo tempore: Recumbentibus undecim . . . *Marc. 16, 14;* secundum Iohannem. In illo tempore . . . Si quis diligit me — sic facio. *Ioa. 14, 23.*

f. 88′. Sequitur exorcismus salis. Exorcizo te . . . *Benedictio aquae, novae domus, sponsi et sponsae, panis, vini.* — *f.* 93. *Probationes pennae.*

f. 94. Incipit breuiarium secundum usum Bisuntinensem. Et primo in aduentu Domini ad vesperas capitulum. Deus autem pacis sanctificet . . . *Proprium de tempore usque ad:* Dom. XXV post octauam eucaristie. — *f.* 167′. Officium fer. VI in paraceue, *desinit in:* ℞. Omnis terra tremuit. — *f.* 168. In sancto sabbato.

f. 169. Explicit IX die mensis Marcii a. D. 1452 hora 5 post meridiem i. h. n. s.

f. 194. In festo eucaristie ad vesperas ant. Gaude felix mater ecclesia . . . *Officium rhythmicum.* — *f.* 200. Dominica post octauam eucharistie. *Scriptura currens a libris regum incipiens una cum homiliis dominicarum usque ad finem anni.*

f. 227. In uigilia s. Andree secundum Iohannem. In illo tempore: Stabat Iohannes . . . *Proprium sanctorum usque ad s. Catharinae.* — *f.* 255. Officium beate virginis post pascha . . . Ad vesperas capitulum. Ecce virgo . . . — *f.* 259. *Post inventionem s. Crucis:* In dedicatione ecclesie ad vesperas . . . capitulum. Uidi ciuitatem . . .

f. 330′. Scriptum et finitum in villa de Riueria per me Iohannem Regmerii presbyterum die 18 mensis Iuli. Anno Domini incarnacionis 1453.

f. 339. Incipit commune sanctorum et primo de apostolis ad vesperas ant. Estote fortes . . .

f. 352′. Explicit per me Iohannem Regmerii alias Herault presbyterum et in artibus bacharium in uilla de Riueria die 18 mense Septembri. Anno Domini 1453.

f. 353. Incipit concambium in aduentu Domini primo ad vesperas ant. Missus est . . . *Officium vel ordo officii B. M. V. tempore adventus. man. rec.*

Folia sunt ita disponenda: 15, 331—338, 16—86, 87, 89, 90, 88, 91, 92.

Nonnulla al. man. addita.

Miniat. color. et inaurat.

25. **Breviarium Calatense.**

Vatican. 6548. chart. 334 f. 284×205 mm. saec. XVII.

f. 1 *al. man.:* De vita et obitu sancti Stephanj Calatiensis episcopi. Tempore Landulfi . . .; *desinit in:* uim extingue. — *f.* 5. Passio sanctorum XII fratrum. Cum feruor — suis beneficiis prosunt. *2 col.* — *f.* 9. In natiuitate Domini lectio prima. Primo tempore alleviata . . . *Tres lectiones Isaiae proph.* lectio IV. Praedicamus hodie — portabat inclusum. lectio V. Sanctificavit nobis — virgo est. lectio VI. Sermo s. Augustini. Vos inquam — nobiscum Deus. — *f.* 12. Varietas dierum et statuum humanorum. *Sententiae et loci biblici.* — *f.* 13. In vigilia sancti Laurentii. Secundum Mathaeum 16. d. In illo tempore: Dixit Iesus discipulis suis: Si quis uult . . . *Sermones et homiliae de sanctis et de tempore.*

f. 29. *Kalendarium. Ind. astr. et cal. grad. fest., kalendarium novum; orationes et folia breviarii allegantur. —f.* 32. Iulii 22. Dedicatio ecclesiae Calatinensis.

f. 35. Dominica prima aduentus. Ad uesperas ant. Benedictus Dominus Deus meus. ps. Benedictus . . . *Antiphonae, invitatoria, initia psalmorum, versus, responsoria, orationes, benedictiones proprii de tempore ab adventu usque ad dom. XXIV post pentecost.* — *f.* 202′. In festo ss. Trinitatis. Ad uesp. ant. Gloria tibi Trinitas . . . — *f.* 205′. In sollemnitate corporis Christi ant. Sacerdos in eternum . . .

f. 208. Hymnarius. In s. Vincentii leuitae et martyris. Christi miles . . . *Hymni de sanctis et de communi.* — *f.* 217. Conditor alme syderum . . . *Hymni de tempore.*

f. 217. In s. Hilarii episcopi. Ad Magnificat ant. O quam perfectissimum laicum . . . *Antiphonae, oratio, invitatorium.* — *f.* 228. S. Andree apostoli. Ad uesperas ant. Cum peruenisset . . . *Antiphonae, invitatoria, initia psalmorum, versus, responsoria, orationes proprii sanctorum usque ad vigiliam s. Andreae ap., s. Saturnini, s. Lazari, s. Petri conf.* — *f.* 306′. Placebo . . . Commemoratio defunctorum.

f. 317. Commune sanctorum. In nataliciis apostolorum. Iam non estis . . . *Desum ubique psalmi et lectiones.*

In marginibus loci biblici antiphonarum et antiphonae notis musicis quadratis instructae.

Multa folia vacua.

Notae musicae.

Bethmann in Pertz' Archiv Bd. XII, S. 257.

26. Breviarium Camaldulense Florentinum.

Urbin. 599. membr. 9 + 310 f. 140 × 100 mm. 2 col. saec. XV. tom. I.

f. 1 *vacuum.* — *f.* 1'. Al Serenissimo Francesco Maria Feltrio della Rovere Sesto Duca d' Urbino Don Siluano Razzi Camald. Nella piccola — l' affetto m' inchino. Di Firenze il di di S. Giovanni Batista. 1591. *Litterae de breviario, quod monasterii* de gl' angeli di Fiorenza *fuit et duci dono datur, in membrana typis scriptae.* — *f.* 2' *vacuum.*

f. 3. *Kalendarium. Ind. astr. et cal. num.* — *f.* 9 *vacuum.* — *f.* 9'. I. h. s., *infra:* Monachorum Angelorum Florentie.

f. 1 *veteris numeri.* In nomine Domini, sancte ac indiuidue Trinitatis ac sanctissimi patris nostri Benedicti incipit breuiarium diuini officii totius anni secundum ordinem et consuetudinem Camaldulensem. Dominica prima de aduentu. Sabbato ad uesp. capitulum. Ecce dies . . . *Proprium de tempore usque ad dom. XXIV post octavam pentecost.* — *f.* 147'. Dominica sanctissime Trinitatis in utroque uespere super psalmos ant. Gloria tibi Trinitas . . . — *f.* 151. In sollemnitate corporis Christi in utroque uespere super psalmos ant. Sacerdos in eternum . . . — *f.* 154'. *Scriptura currens post pentecost. usque ad finem anni incipiens a libris regum.* — *f.* 174'. *Homiliae dominicarum post pentecost. incipientes a dom. I. In fine:* Explicit officium dominicale. — *f.* 192—198 *vacua.*

f. 199. In plurimorum apostolorum . . . *Index psalmorum et canticorum in communi sanctorum, de tempore, de sanctis canendorum.* — *f.* 200. Tabula perfecta ad inueniendum pasca . . . *et interpretatio, in qua anni 1412 fit mentio.* — *f.* 200' *vacuum.*

f. 201. Incipit in nomine Domini psalterium secundum ordinem Camaldulensium. feria II ad primam ant. Seruite . . . Beatus uir . . . *Psalterium Gallicanum feriatum, antiphonae, numeri et divisiones psalmorum, feriae, horae, nocturni.* — *f.* 274'. Cantica. fer. II. Confitebor tibi . . . *Cantica Vet. et Nov. Test. cum nominibus scriptorum primo excepto,* hymnus s. Ambrosii et Augustini: Te Deum, fides catholica Atanasi: Quicumque. — — *f.* 281. Letanie maiores, *preces, orationes.* — *f.* 283'. Cantica dominicalia. Domine miserere nostrum . . ., *et festiva.*

f. 285'. Incipit hymnarius a Kalendis Octobris usque ad aduentum . . . Primo dierum . . . *Hymni de tempore, de sanctis, de communi, in dedicatione.*

f. 303. Incipit officium mortuorum. Inuitatorium. Regem, cui ... *Officium defunctorum, initia psalmorum, novem lectiones, responsoria, orationes; vesperae in fine.* — *f.* 307. Incipiunt benedictiones dominicales et feriales. In primo nocturno: Benedictione perpetua ... *Benedictiones lectionum; accedunt de tempore et de sanctis.* — *f.* 310. Lectio breuis in sancto Romualdo. Benedictio Domini — gloriam tuam. Tu autem ... — *f.* 310′ *vacuum.*

tom. II. f. 311—510. cetera ut supra.

f. 311. Incipiunt festiuitates per totum annum sanctorum. In natale sancti Andree apostoli ad uesp. capitulum. Corde enim creditur ... *Proprium sanctorum usque ad:* de sanctis Saturnino, Grisanto et Dario.

f. 480. Lectio sancti evangelii secundum Lucam. In illo tempore: Designauit Dominus et alios ... *Homilia s. Gregorii:* Dominus ac salvator ... aliquando nos ..., *tres lectiones et evangelium.* — *f.* 491. Incipit plurimorum. In natale plurimorum apostolorum ad uesp. capitulum. Iam non estis ... *Commune sanctorum.* — *f.* 502. *Commune sanctorum tempore paschali et officia* s. Marci, s. Zenobii, s. Barnabae ap., quando uenerint tempore paschali.

f. 508. Domine labia, mea aperies ... — Celi enarrant. *Ps. 18, 2. Initium officii B. M. V., pars matutini.* — *f.* 509, 510 *vacua.*

Pict. miniat. color. et inaurat. figur. flor.

Beissel, Vaticanische Miniaturen (Freiburg 1893), S. 49.

27. **Breviarii Carnotensis pars hiemalis.**

Vatican. 4756. membr. 363 f. 140 × 105 mm. 2 col. saec. XIV.

f. 1. *Kalendarium. Ind. astr. et cal. dies Aeg. num. lect., praecepta de valetudine.* — *f.* 3. XVI Kal. Nov. Dedicatio ecclesie sancte Marie Carnot. *alia man. rec. addita.*

f. 4. Beatus uir ... *Psalterium Gallicanum litteris initialibus feriatum, man. rec. completum.* — *f.* 36′. *Cantica Nov. et Vet. Test.,* Te Deum, symbolum Quicumque, *litaniae.* — *f.* 40′ *vacuum.* — *f.* 41. In anno, quo ... *Rubricae.*

f. 44. Ordinacio seruicii beate Marie uirginis faciendi diebus sabbati inter festa Trinitatis estiualis et hyemalis et ab octabis epiphanie usque ad septuagesimam ... cap. Emulor uos Dei emulacione ... Ad matutinas ... hymnus. Quem terra ... — *f.* 46. Incipiunt hore s. Spiritus. Hympnus. Veni sancte Spiritus ... — *f.* 46′. Incipit officium horarum pro defunctis. Deitatis paternitas ... *Hymnus.* — *f.* 47. Incipiunt hore de passione Domini. Inuitatorium. Regem Christum crucifixum ... *cum lectionibus.* — *f.* 49′. Incipiunt hore de sancta Cruce. Ad matutinas. Adoramus te

Christe . . . — *f.* 50. De s. Petro heremita alias de Monte Rotundo in ecclesia Carnotensi officium . . . Capitulum. Hic uir despiciens . . . *cum novem lectionibus.* — *f.* 52. Sancta Maria, regina celorum . . . *Duae precationes de B. M. V.*

f. 53. Dominica prima in aduentu Domini. Sabbato ant. Benedictus . . . Capitulum. Qui uenturus est . . . *Proprium de tempore usque ad festum ss. Trinitatis; quae canuntur partes notis musicis quadratis instructae. In fine:* Sabbato post pent. Ad uesperas de Trinitate ant. Gloria tibi Trinitas . . . *Officium de ss. Trinitate.*

f. 253. In uigilia unius apostoli uel plurimorum . . . Secundum Iohannem. In illo tempore: Dixit Iesus discipulis suis: Ego sum uitis . . . *Commune sanctorum.*

f. 263′. Si festum omnium sanctorum . . . Inuitatorium. Regem, cui omnia . . . *Officium defunctorum, lectiones, orationes, vesperae in fine.*

f. 266′. In festo estiuali beati Anani. Post modum . . . anno Domini M⁰ CC⁰ lxij — ostendere euidenter. *Lectio VI—IX.* — *f.* 267′. Pange lingua Nicolay . . .; Cleri patrem et patronum . . .; Congaudeant celicole . . . *Hymni et oratio:* Deus, qui tuorum pro salute fidelium corpus beati Nicolai Barum de Mira transferri . . . *man. rec.*

f. 269. In festo s. Saturnini . . . ant. Iste cognouit . . . *Proprium sanctorum usque ad ss. Marcelli et Petri, die 2. Iunii; quae canuntur partes notis musicis quadratis instructae.* — *f.* 350. In festo conceptionis beate Marie uirginis secundum usum Carnotensem . . . Tempore illo, quo diuinae . . . *al. man. Novem lectiones; item lectiones, orationes, antiphonae:* — *f.* 351. s. Guillelmi, Byturicensis archiep. *(lect. I—IX),* — *f.* 352. s. Sulpicii, Byturicensis archiep. *(sex lectiones),* — *f.* 352′. s. Prisce *(tres lectiones),* — *f.* 353. s. Ambrosii ep. *(lect. I—IX),* — *f.* 354. s. Marci ap. euangelistae *(lect. I—IX),* — *f.* 355. s. Cleti pp. et m. *(tres lectiones),* s. Iohannis ante portam Latinam *(tres lectiones),* — *f.* 355′. s. Mamertis ep. *(tres lectiones),* — *f.* 356. ss. Donatiani et Rogatiani *(tres lectiones),* s. Urbani pp. m. *(tres lectiones),* — *f.* 356′. s. Augustini ep. Anglorum *(tres lectiones),* s. Martini Treuerensis ep. *(tres lectiones),* — *f.* 357. s. Felicis pp. m. *(tres lectiones).*

f. 357′. Si festum sci. Ambrosii . . . *Rubricae, al. man.* — *f.* 358. Incipit officium corporis Christi. Ant. Sacerdos in aeternum. — *f.* 360, 361, 362 *vacua.* — *f.* 360′. *Probationes pennae.* — *f.* 361′. *Exemplar epistolae.* — *f.* 362′. Beati Fiacri . . . *Orationes de s. Fiacrio, de s. Anna, aliae, quarum complures humore evanuerunt.*

f. 357. Ce liure est et appartient a messer Philibert (?) Leblont chapelain cam. en eglise de Meux. ita est P. Leblont.

Notae musicae.

28. Breviarium Cartusianum Trisultense.

Vatican. 7683. membr. 196 f. 150 × 100 mm. 2 col. saec. XIV.
tom. I.

f. 1. Kalendarium. Grad. num. rubricae, quarum maior pars abrasa, nonnulla man. rec. addita. — f. 4. XVI Kal. Iul. Dedicatio ecclesiarum nostrarum (?).

f. 7'. Incipit sancta Crux di Sp . . . (?). Aue mater salutaris — totius periculi. *Rhythmi de B. M. V. ordine litterarum A—M digesti.*

f. 8. Ad prima feriae II ant. Seruite Domino. ps. Beatus uir . . . *Psalterium Gallicanum feriatum, antiphonae, versus, responsoria, lectiones ordinarii. — f. 92. Cantica ferialia cum nominibus scriptorum. — f. 97.* Ps. Te Deum, Benedicite, ps. David: Magnificat, canticum: Nunc dimittis, canticum: Gloria in excelsis, oracio: Pater noster, symbolus: Credo in Deum, symbolus fidei: Quicumque. — *f.* 100'. *Litaniae, preces, orationes.*

f. 102. Canticum in dominicis diebus. Domine miserere nostri . . ., *et cantica festiva. — f.* 107'. *Cantica de communi.*

f. 109. In aduentu Domini ymnus. Conditor alme siderum . . . *Hymni proprii de tempore et de sanctis, — f.* 114. *ordinarii.*

f. 116. Incipit officium defunctorum secundum ordinem Cartusiensem. ad uesperas antiphona. Placebo . . . *Novem lectiones, orationes.*

f. 120'. Istud breuiarium est domus sancti Bartholomei de Trisulto ordinis Cartusiensis in Campania Romana diocesis Alatinensis. *man. rec.*

f. 121. In nomine Patris et Filii et Spiritus sancti. Amen. Sabbato ante dominicam aduentus ad uesperas capitulum. Ecce dies ueniunt . . . *Proprium de tempore usque ad dom. in septuagesima. — f.* 196'. *Responsorium post laudes eius dom., desinit in:* ne derelinquas me.

tom. II. f. 197—406. cetera ut supra.

f. 197. Neque despicias me Deus . . . *Responsorium post laudes dom. in septuagesima terminatur. Proprium de tempore usque ad dom. XXV post octavam pentecost. — f.* 275'. In fer. V post octavas pentecostes. In festo corporis Christi. In primis uesperis ant. super psalmos. Cenantibus autem accepit Iesus . . . *et lectiones infra octavam. — f.* 282'. *Responsoria dominicarum post pentecost. a dom. I usque ad dom. XXV post octavam pentecost. — f.* 289. *Scriptura currens incipiens a libris regum. — f.* 296. *Homiliae a dom. I post octavam pentecost. incipientes.*

f. 317. Incipit festiuale sanctorum. In festo beati Thome martyris . . . Presta, quesumus, omnipotens Deus . . . *Proprium sanctorum usque ad s. Thomae apostoli.*

f. 387'. Incipit commune sanctorum apostolorum. ad uesperas cap. Scimus, quoniam diligentibus . . . — *f. 406'.* In natale unius virginis. Secundum Math. In illo tempore dixit Iesus discipulis . . . *Reliqua evanuerunt. Nonnulla eadem et al. man. addita. Nonnulla folia refecta.*

29. Breviarium Cisterciense.

Vatican. 6244. membr. 307 f. 223 × 165 mm. saec. XV.

f. 1. quando ueniam et apparebo ante faciem Dei . . . *Ps. 41, 3. Psalterium Gallicanum feriatum, antiphonae, versus.* — *f.* 17. *In ps. 118 divisiones sextae et nonae; tertia, sexta, nona fer. II et III.* — *f. 26'. Cantica Vet. et Nov. Test.,* Pater noster, Gloria in excelsis, Quicumque. — *f.* 31. *man. saec. XVI:* Iste liber est monasterii San; *cetera desunt.*

f. 31'. Kalendarium. Grad. num., collectae. Inter sanctos: Ian. Guilielmi ep., Speusippi, Eleusippi, Meleusippi mm., Proiecti m., Iuliani. Febr. Vedasti, Amandi, Vitalis, Felicole et Cenonis m. Mart. Herculani m., Albini m., Guthberti. Mad. Exuperantii. Iun. Florentii cum soc. Iul. Christofori et Cucufatis m. Aug. Ludovici conf. Nov. Egmundi ep., Aniani ep. Dec. Galgani conf. *cum octava.* — *f. 37',* 38. *Tabula temporum.*

f. 38'. Commemorationes sanctorum, qui proprias non habent collectas. vnius martyris pontificis. Da, quesumus, omnipotens Deus . . . *Commune sanctorum.* — *f.* 39. *Propriae collectae sanctorum; in fine:* Florentii et Cesarii et Ciriaci, qui in presenti requiescunt ecclesia.

f. 40. Incipit officium defunctorum ad vesperas ant. Placebo . . ., *altera man. additum. Antiphonae, lect. I, II, III, responsoria.*

f. 41. Sabbato ante primam dominicam aduentus Domini. ad vesperas ant. Custodit Dominus . . . Capitulum. Ecce dies ueniunt . . . *Proprium de tempore usque ad dom. XXV post pentecost.* — *f.* 87. Fer. IV in capite ieiunii *benedictio cinerum.* — *f.* 146. *Scriptura currens dominicarum post pentecost. incipiens a dom. II.* — *f.* 170. *Homiliae dominicarum post pentecost. a dom. I incipientes.*

f. 190'. In natale sancti Andree apostoli ad vesperas capitulum. Corde creditur . . . *Proprium sanctorum usque ad s. Saturnini m. et officia s. Stephani protom., Ioannis ev., Innocentium. Inter sanctos:* — *f. 204'.* Brigide, — *f. 208'.* Vedasti et Amandi epp., — *f.* 211. Albini ep., — *f. 221'.* Medardi, — *f. 229'.* septem fratrum, — *f.* 235. Christophori et Cucufati, — *f.* 241. Magni m. — *Post* — *f.* 242 *unum fol. officii s. Bernardi abb. evulsum,* — *f.* 246. Genesii m., — *f.* 253. Eufemie m. v., — *f.* 258. Leodegarii.

f. 272'. In natali unius apostoli ad utrasque vesperas . . . capitulum. Iam non estis . . . — *f. 292'.* In dedicatione ecclesiae ad vesperas super psalmos. Ant. O quam metuendus . . .

f. 295. Singulis diebus ad nocturnos . . . Eterne rerum conditor . . .
Hymni ordinarii, — f. 296. de tempore et de sanctis, — f. 303 de communi et in dedicatione. — f. 304. Cantica dominicalia et festiva.

f. 307. Vndecim milium uirginum hympnus. Ierusalem et Syon filie —
laus et iubilatio. — *Item:* de s. Katherina. Sponse Christi eximie — Katerine milicia.

*f. 307'. Benedictiones lectionum. — Exorcismus salis.
Nonnulla al. man. addita.*

30. Breviarii matutinalis Cisterciensis pars hiemalis.

Vatican. 9215. membr. 251 f. 100×71 mm. saec. XV.

f. 1 vacuum.

*f. 1'. Kalendarium Dec. Ian. Febr. Mart. April. Ind. astr. et cal. dies
Aeg. grad. num. — Inter sanctos:* Dec. Eligii. Ian. Genofeve, Guillelmi
ep., Iuliani. Febr. Vedasti et Amandi. Mart. Albini, Cuthberti ep., Roberti abb. *— f. 6' vacuum.*

f. 7. [Incipiunt] sanctorum communes collecte. Hec est collecta vnius
martyris pontificis. Infirmitatem nostram respice . . . *Collectae litteris designatae.*

f. 8'. Incipit proprie sanctorum collecte et propriis eorum nominibus
depictatae. Saturnini mr. collecta. Deus, qui nos beati Saturnini . . ., *usque
ad s. Georgii m.*

f. 10. Dominica prima aduentus Domini. Inuitatorium. Ecce uenit rex . . .
*Proprium de tempore usque ad vigiliam paschae; praeter psalmos et
praeter hymnos omnes officii matutini laudumque partes; accedunt nonnullae antiphonae horae primae.*

f. 210. In dedicatione ecclesie. Inuitatorium. Exultemus Domino regi
summo . . . Hymnus. Christe cunctorum dominator — omne per euum.
Item ut supra officium usque ad antiphonam primae. — f. 217' vacuum.

f. 218. In natali beate Andree apostoli. Inuitatorium. Adoremus uictoriosissimum regem Christum . . . *Proprium sanctorum usque ad annuntiationis s. Mariae.*

f. 319'. In natali vnius confessoris pontificis. Inuitatorium. Regem confessorum . . . *Commune confessorum pontificum, propriae collectae sanctorum,
lectiones.*

f. 333. Ad nocturnum ymnus per totum annum . . . Eterne rerum conditor . . . *Hymni ordinarii, de tempore, — f. 336'. de sanctis, — f. 340'.
de communi.*

f. 342'. Cantica dominicis diebus. Domine miserere nostri . . . *Cantica
dominicalia et festiva, — f. 346'. de communi.*

f. 348'. (Invitatorium.) Cordis orìs voce voto . . . *Officium rhythmicum de s. Wilhelmo eremita; al. man.*

Miniat. color. et inaurat. fig. flor. Pict.: — f. 218 *littera S.*

31. Breviarium Cisterciense.

Cappon. 119. membr. 16 + 220 + 302 f. 140 × 103 mm. 2 col. 1483.

f. 1. *Kalendarium. Ind. astr. et cal. num., rubricae, litterae collectarum. f.* 3. VI Non. Mai. Dedicatio ecclesie sancte Marie Careuall' Ml'i *(Mediolani?)*.

f. 7. Incipiunt commemoraciones sanctorum, qui proprias non habent collectas. Et primo unius martiris pontificis. Ad uesperas commemoracio. ant. Beatus uir, qui suffert . . . *Litteris miniatis signatae. — f.* 8'. Commemoraciones sanctorum, qui proprias habent collectas. *Litteris caeruleis signatae.*

f. 10'. Nota. Si uis inuenire litteram dominicalem . . . *et orbis.* — *f.* 11. *Tabulae ad invenienda tempora festiva. — f.* 11' *vacuum.*

f. 12. Benedictiones in lectionibus ad uigilias. In primo nocturno. Benedictione perpetua . . . *Item:* in secundo, in tertio nocturno. — *f.* 12' *vacuum.*

f. 13. 1488 pascha . . . *Tabula temporum usque ad 1514. — f.* 13' *vacuum.*

f. 14. Aureus numerus . . . *Tabula ad inveniendum pascha. — f.* 14'. Quando 1 auro numero corre . . . *Eadem lingua Italica cum orbe et cum interpretatione Latina. — f.* 15. Si uis scire, quotus sit annuatim aureus numerus . . . *et orbis. — f.* 15'. Numerus indictionis. — *f.* 16 *vacuum.*

f. 1 *veteris numeri.* In nomine Domini nostri Yhu Christi. Incipit breuiarium more ordinis Cisterciensis. Sabbato ante primam dominicam aduentus Domini. Ad vesperas super psalmos antiphona. Custodit Dominus . . . *Proprium de tempore usque ad dom. XXV post pentecost. — f.* 154'. Dominica de Trinitate. Inuitatorium. Deum uerum unum . . . — *f.* 158. Officium corporis Christi. Ad uesperas super psalmos ant. Laudate nomen Domini . . . — *f.* 166. *Scriptura currens dominicarum post pentecost. incipiens a libris regum. — f.* 194'. *Evangelia et homiliae earum a dom. III post pentecost. usque ad dom. XXV.*

f. 216'. In dedicatione ecclesie. ad uesperas super psalmos ant. O quam metuendus . . . *Totum officium.*

f. 220. 1483 die 4. Ianuarii Gaiete. — *f.* 220' *vacuum.*

f. 1 *bis veteris numeri.* Incipit officium sanctorum. In die natiuitatis Domini. Ad uesperas commemoracio de sancto Stephano. antiphona. Stephanus autem plenus . . . *Proprium sanctorum a s. Stephani usque ad s. Thomae ap.*

f. 120' *bis.* Explicit . . . 1483 . . . Die 21. Iunii.

f. 121 *bis.* In natali apostolorum. ad uesperas capitulum. Iam non estis ... *Commune sanctorum.*

f. 154' *bis.* In uisitatione gloriosissime Dei genitricis uirginis Marie. Ad uesperas super psalmos ant. Sancta Maria ... *et dom. infra octavam dieque octava.*

f. 158' *bis.* Nota, quod ... commemoracio ... infra octauam natiuitatis Domini ... In die s. Stephani ... ant. Dum medium silentium ... *Tabula commemorationum usque ad:* octauo die Innocentium.

f. 160' *bis.* Incipit officium uisitationis beate Marie uirginis ad Helisabet. in primis uesperis ant. super psalmos. Accedunt laudes uirginis ... *Officium rhythmicum; item officium dom. infra octavam et die octava.*

f. 171 *bis.* In nomine sancte et indiuidue Trinitatis, Domini nostri Y. Xpi. Incipit psalterium. Fer. II ad primam ant. Seruite. ps. Beatvs uir ... *Psalterium Gallicanum feriatum cum invitatoriis et antiphonis. — f.* 241. Confitebor tibi ... *Cantica ferialia, cetera cantica,* oratio dominica, symbolum *(apostolicum),* fides catholica: Quicumque. — *f.* 248'. Cantica dominicis diebus dicenda ... Domine miserere nostri ... *Cantica dominicalia et festiva, in fine:* Te Deum.

f. 253'. Priuatis diebus ad nocturnos ymnus. Eterne rerum conditor ... *Hymni ordinarii, de tempore, de sanctis, de communi, in dedicatione.*

f. 268. Incipit officium mortuorum. Ad uesperas ant. Placebo ... *Initia psalmorum, novem lectiones, in fine rubricae.*

f. 271'. Letaniae seu rogationes. Kyrieleyson ..., *preces, orationes.*

f. 272. Exorcismus salis. Exorcizo te ... *Benedictiones. — f.* 278'. *Ordines ad faciendum clericum, monachum, moniales. — f.* 285'. *Ordo ad ungendum, ad communicandum infirmum, commendatio animae, ordo sepeliendi.*

f. 296. In festiuitate beati patris nostri Bernardi abb. ad completorium hymnus. Bernardus inclitis ortus natalibus — in infinito seculo; in tertiam hymnus. Iam regina discubuit — ardens ut facula.

f. 297. Quibus diebus intermittenda est commemoracio beate Marie; *aliae rubricae,* orationes sacerdotis missam celebrantis. — *f.* 301', 302 *vacua.*

Pict. miniat. color. et inaurat. fig. flor.

32. **Psalterium, missale votivum, breviarii Coronensis partes.**

Vatican. 4757. membr. 367 f. 125 × 90 mm. saec. XIV.

f. 1. *Kalendarium man. rec. — f.* 5'. II Kal. Sept. Consecratio ecclesie Coronensis.

f. 8. Beatus uir ... *Psalterium Gallicanum litteris initialibus feriatum. — f.* 82'. *Cantica ferialia et* Te Deum. — Canticum trium puerorum in camino ignis, Zacharie patris Iohannis bapt., sancte Marie, quando apparuit

15*

Elizabeth cognate sue, Symeonis, symbolum Anastasii pape: Quicumque, ant. Gratias tibi Deus — vna vnitas, Kyrie, oratio dominica, ant. Ne reminiscaris.

f. 90. Kyrieleyson . . ., *litaniae, orationes, oratio pro defuncto patre Waltero et matre Margareta, precationes de Trinitate, de filio Dei, aliae.*

f. 103. Ad aquam, cum dicitur: benedicite, responsio: Dominus, ex cuius latere . . . *Benedictiones in missa faciendae.* Vox de celo audita est ad beatum Antonium . . . *et oratio.* — *f.* 103′. Exorziso te creaturam salis . . . *Ad aquam benedicendam.* — Passio Domini nostri Iesu Christi secundum Iohannem, *edita a Ioanne XXII cum oratione:* Deus, qui manus tuas . . .

f. 105. Pro existente in peccatis officium: Fac mecum signum . . . Pro iter agentibus officium: Esto mihi in Deum . . . In festo purificationis: Suscepimus Deus . . . *Oratio et sex lectiones breviarii:* Quia item, karissimi, uestre salutis . . .

f. 110. In principio missae . . . *Ordo missae.* — *f.* 113′. Te igitur . . . *Canon.*

f. 118. Prima dominica aduentus. Officium. Ad te leuaui . . . *Missae de tempore et de sanctis.* — *f.* 119. De sancta Maria officium in aduentu, in natali tempore, in paschali tempore. — *f.* 128. De sancta Cruce officium. Nos autem gloriari . . . — *f.* 132. De sancta Trinitate officium. Benedicta sit sancta Trinitas . . .

f. 146. *Commune sanctorum.*

f. 157. De passione officium. Domine, ne longe . . . (Passio secundum Matthaeum:) ad eum mulier habens alabastrum . . .; *deest initium.* — *f.* 164′. Pro animabus Walteri et Margarete et omnium fidelium defunctorum officium. — *f.* 166. Epistola de sancta Maria: Egredimini filie Syon . . ., *item:* Ego quasi uitis . . . — *f.* 167′. Canticum angelorum a pastoribus primo in terra auditum: Gloria in excelsis. Symbolum fidei catholice editum per c l episcopos . . . Credo in unum Deum. — *f.* 168. Tractus de sancta Maria: Ad rose titulum . . . *Tractus de tempore, de Maria Magdalena.*

f. 171. In natali vnius apostoli siue plurimorum. Ant. Estote fortes . . . *Commune sanctorum breviarii, initia psalmorum*, *hymni, lectiones.*

f. 215. In natiuitate s. Iohannis bapt. Ad uesp. ant. Descendit angelus . . . *Totum officium, hymni, lectiones, tractus:* Adhuc clausus dedit plausus . . . — *f.* 222′. In festiuitate omnium sanctorum ad uesp. ant. Sancti Dei omnes . . . *Totum officium, hymni, completorium, lectiones:* Legimus in ecclesiasticis . . . — *f.* 240. Commemoracio animarum omnium fidelium defunctorum. ant. Placebo . . . *Officium defunctorum, novem lectiones.* — *f.* 244. Commendatio mortuorum: Subuenite . . . — *f.* 246′. Lectio de natiuitate s. Iohannis bapt.: Mittitur igitur — peruenire mereamur. Annuente Domino nostro . . .; *lectio de decollatione eius:* Decollatio Iohannis — esset completum. Cui est honor . . . — *f.* 248′. Principia propria ympnorum de apostolis uel antiphonae eorundem. Andrea pie . . . — *f.* 249. De decollatione s. Iohannis bapt. ant. Perpetuis nos . . . *Officium, desunt lectiones.* — *f.* 251. *Commemorationes apostolorum et sanctorum, in quibus de s. Eadmundo, de s. Eadwardo, de s. Eadmundo rege Anglorum, de s. Ludovico rege Franciae, de s. Fredeswitha v.*

f. 253′. Beatissimus Eadmundus archiepiscopus Cantuariensis composuit hoc psalterium compendiose sumptum ex psalterio Dauitico in honore beate uirginis Marie . . . Gloria fine carens sit tibi virgo parens. Aue uirgo lignum uite . . . *Preces, orationes.* — *f.* 264. Omnipotens sempiterne Deus . . ., *man. rec. Oratio, secreta, postcommunio pro navigantibus super mare et alia.* — *f.* 264. 1453 a di 5 april maistro Paulo de Vicenza passo de questa uita ad altra, a cui Dio perdonj; *alia lingua Italica addita.*

Multa aliis manibus in marginibus addita. Pict. miniat. — *f.* 117. *Pictura tabularis: Christus in throno residens, evangelistae circulis inclusi, inscriptio:* In Domino nostro Iesu Christo, cuius est hec ymago, inhabitat tocius Trinitatis plenitudo.

Greith, Spicilegium Romanum (Frauenfeld 1838) S. 132. — *Bethmann* in Pertz' Archiv Bd. XII, S. 244.

33. Breviarium Cracoviense.

Vatican. 4751. membr. 425 f. 210 × 155 mm. 2 col. saec. XV.

f. 1. *Kalendarium Cracoviense.*

f. 7. Inuitatorium. Adoremus Dominum . . . hymnus in septuagesima ad nocturnum. Primo dierum omnium . . . Beatus uir . . . *Psalterium Gallicanum feriatum cum ordinario de tempore.* — *f.* 69′. *Post vesperas fer. II prima, tertia, sexta, nona.* — *f.* 86′. Benedicite, Benedictus, Te Deum, *cetera cantica suis locis, litaniae, orationes.*

f. 89′. Placebo . . . *Officium defunctorum, novem lectiones, orationes.*

f. 93. Veni redemptor gentium . . . *Hymni ordinarii, de tempore, de sanctis, in dedicatione.* — *f.* 105′. *man. rec.* de s. Stanislao: Gaude mater Polonia . . .

f. 106. A diebus antiquis . . . *Proprium de tempore a sabbato ante dominicam I adventus usque ad dominicam XXV post festum Trinitatis.* — *f.* 259. De sancta Trinitate ant. Gloria tibi Trinitas . . . — *f.* 261. De corpore Christi ant. Sacerdos in eternum . . . — *f.* 264. *Dominica post Trinitatis scriptura currens.* — *f.* 280. *Homiliae.* — *f.* 292. In dedicatione ecclesiae ant. Sanctificauit Dominus tabernaculum . . .

f. 294. In uigilia s. Andree [secundum] Matheum. In illo tempore: Stabat Iesus . . . *Proprium sanctorum usque ad s. Catharinae.* — *f.* 361. *In margine al. man.:* oratio de s. Ladislao rege. — *f.* 380′. De s. Stanislao. Dies adest celebris . . . *Officium rhythmicum.*

15**

f. 407. In uigilia unius apostoli. Secundum Lucam. In illo tempore: Designauit Dominus . . . *Commune sanctorum.* — *f.* 418. De simplice confessore . . . capitulum. Dilectus Deo . . . — *f.* 421′. De uiduis capitulum. Mulierem fortem . . . — *f.* 422′. De domina ant. ad psalmos. Maria uirgo . . . *Officium B. M. V., lectio I—III.* Mole grauati criminum — ueram requiem, *rhythmice; lectio IV—VI.* Beata et gloriosa — uenisse salutem; *lectio VII—IX.* Magne deuotionis — sine fine. — *f.* 424′. Incipit officium de beata uirgine. Salue sancta parens . . . *Officium missae, Gloria de B. M. V.*

f. 425′. Ordo sacerdotis missam celebraturi . . . Adiutorium nostrum . . . *Initia psalmorum et tres orationes.*

In marginibus man. rec. nonnulla addita.

34. Breviarium Carpentoratense.

Borghes. 53. A 1. membr. 398 f. 250 × 186 mm. 2 col. saec. XIV.

f. 1. *Kalendarium. Ind. astr. et cal. dies Aeg. num. Nonnulla aliis manibus addita.* — *f.* 1. IX Kal. Febr. Dedicatio ecclesie de Prius. *man. rec.*

f. 7. Incipit liber ymnorum uel soliloquiorum prophete Dauid de Christo. Beatus uir . . . *Psalterium Gallicanum litteris initialibus feriatum.* — *f.* 50′. Confitebor tibi . . . *Cantica ferialia.* Ego dixi . . . ; Exultavit cor meum . . . cantic[a], *reliqua et* Benedicite, Benedictus, Quicumque psalm[i] David *inscribuntur.* — *f.* 54. *al. man.* Canticum beate Marie, Symeonis, cimbolum apostolorum, laus angelorum: Gloria in excelsis. — *f.* 55. *Litaniae, preces, orationes, precationes fer. II et V, fer. III et VI, fer. IV et sabbato dicendae.* — *f.* 57′. *al. man.* Te Deum, versiculi s. Gregorii, O gloriosa regina mundi — morte perpetua. Amen; O virgo decus uirginum — nostrumque muni exitum. Amen. *rhythmice.* — *f.* 58′ *vacuum.*

f. 59. In vesperis singulis diebus sabbati a dominica . . . O lux beata Trinitas . . . *Hymni ordinarii,* — *f.* 62. *de tempore et de sanctis,* — *f.* 70. In festo sancti Syffredi, — *f.* 71. *de communi sanctorum, in dedicatione ecclesiae.*

f. 72′. *aliis manibus.* In transfiguratione Domini ad vesperas super psalmos ant. Accessit Iesus . . . *Totum officium.* — *f.* 73′. In natale vndecim milia virginum in primis vesperis. Insignes sponse Christi . . . *Totum officium.* — *f.* 75. Officium Crucifixi per dominum Iohannem papam XXII compositum. Ant. Adoramus te . . . Ymnus. Patris sapientia . . . *Officium per omnes horas.* — *f.* 75′. In conceptione beate Marie. In primis vesperis ant. Gaude nunc ecclesia . . . *Officium rhythmicum.*

f. 77. Incipiunt responsoria per totius anni circulum dicenda. Die sabbati ante dominicam aduentus Domini ad uesperas responsorium. Ecce dies ueniunt . . . *Versus, responsoria, invitatoria, antiphonae, responsoria lectionum proprii de tempore. — f.* 122'. *Antiphonae dominicales a dom. I usque ad dom. XXV post pentecost. — f.* 124'. *Responsoria dominicalia a dom. I post octavam pentecost. usque ad adventum.*

f. 129'. In natali s. Blasii ad Magnificat ant. O laudabilem decorem . . . *Totum officium; desunt hymni. — f.* 132. In natale s. Augustini ant. Letare mater Ierusalem . . . *Totum officium praeter hymnos. — f.* 134' *vacuum.*

f. 135. Incipiunt responsoria de nathaliciis sanctorum per totius anni circulum dicenda. In nathale sancti Nycolay ad Magnificat ant. Pastor eterne . . . *Versus, responsoria, invitatoria, antiphonae, responsoria lectionum. Proprium sanctorum usque ad:* s. Andree. — *f.* 172'. In s. Katherine ant. Ave virginum gemma . . . *Officium rhythmicum. — f.* 174. In festo s. Syffredi ad vesperas super psalmos ant. In his sacris sollemniis . . . *Officium rhythmicum. — f.* 178'. *Commune sanctorum. — f.* 184. In agenda mortuorum. ant. Placebo Domino . . . — *f.* 185. In dedicatione ecclesie. ad Magnificat ant. O quam metuendus . . .

f. 187. *al. man.* De Trinitate sermo beati Augustini episcopi. Fides, quam sancti patriarche — nasceretur de virgine. *lect. I—VI, initia evangelii et homiliae.*

f. 189. Incipit liber Ysaie prophete dominica de aduentu Domini. Uisio Ysaie . . . *Lectionarium breviarii, scriptura currens, sermones, homiliae; proprium de tempore usque ad dom. XXVI post pentecost., singularum dominicarum post pentecost. scriptura currens una cum homiliis.*

f. 298. Incipiunt natalicia sanctorum per totius anni circulum. Incipit uita s. Siluestri. Siluester igitur urbis Rome episcopus . . . *Lectiones proprii sanctorum usque ad s. Thomae ap., — f.* 342'. *communis sanctorum. — f.* 348. In dedicatione. — *f.* 349. In cotidiana commemoratione beate Marie. — *f.* 350. In commemoratione eiusdem tempore natiuitatis, purificationis, in aduentu. — *f.* 351. *Officii mortuorum lectiones.*

f. 354'. Hee commemorationes dicuntur in ecclesia Carpentoratensi. In commemoratione beati Syffredi ad uesperas ant. Syffrede, terror demonum . . . *Commemorationes consuetae. — f.* 357. *Preces in laudibus, tertia, sexta, nona, vesperis, ad primam, ad completorium, ad aquam aspergendam dicendae. — f.* 358'. Preces in matutino ante lectiones *(absolutiones)* et benedictiones lectionum. — *f.* 359. Item in matutino beate Marie.

f. 359'. *al. man.* Hystoria de translatione corporis beati Syffredi episcopi.

f. 362. Incipiunt capitula per circulum tocius anni dicenda. Dominica ante aduentum Domini capitulum in laudibus. Ecce dies ueniunt . . . *Capitula, versus, responsoria proprii de tempore et sanctorum, — f.* 369. *communis sanctorum, — f.* 371. *in dedicatione ecclesiae, in commemoratione B. M. V.*

f. 371'. Dominica I de aduentu Domini. Excita Domine potentiam tuam . . . *Orationes proprii de tempore et sanctorum,* — *f.* 384. *communis sanctorum, in dedicatione.* — *f.* 384'. *Orationes aliis manibus additae.*

f. 385'. O beata Maria, quis digne . . . *Lectiones de B. M. V.*

f. 386. In natale Domini. Alleluia. ℣. Dies sanctificatus illuxit nobis . . . Prosa. Letabundus exultet — est translata. *Item versus et prosae:* Victime paschali . . ., Veni sancte Spiritus . . .

f. 387. In festiuitate eucaristie ant. ad vesperas. Sacerdos in eternum . . . *Totum officium.* — *f.* 392'. *Missa de ss. corpore Christi, sequentia:* Lauda Sion, *lectiones breviarii infra octavam; al. man.*

f. 397'. Im Sthephan de la Stanio; *al. man.*

f. 398. Anno Domini 1365 prima die Madii fuit terre motus . . . in Nicossia in regno Cypri. *al. man.* — *Probationes pennarum.*

f. 398'. *Tabula paschalis ab anno 1252 usque ad annum 1290. Multa aliis manibus addita, probationes pennarum.*

Miniat. color. rubro et caeruleo.

35. Breviarium Herbipolense.

Palatin. 513. membr. 345 f. 365 × 268 mm. 2 col. 1454.

f. 1. Dominica prima in aduentu Domini. Nota, si . . . Ad vesperas vero adventus Domini ant. Benedictus. ps. Ipsum . . . cap. Deus pacis sanctificet . . . *Proprium de tempore usque ad dom. XXV post pentecost.* — *f.* 119. In festo sancte Trinitatis ad vesperas super psalmos ant. Gloria tibi Trinitas . . . — *f.* 122. In festo corporis Christi ad vesperas ant. Sacerdos in eternum . . . — *f.* 125'. Bulla Martini pape per octavas corporis Christi legenda. Martinus episcopus . . . Memoriam ineffabili sacramenti . . . — *f.* 126'. Bulla Eugenii pape legenda in octava corporis Christi. Eugenius episcopus . . . Excellentissimi corporis et sanguinis Domini n. I. Chr. sacramentum . . . — *f.* 128'. *Scriptura currens dominicarum post pentecost. incipiens a libris regum.* — *f.* 160'. *Evangelia dominicalia et homiliae dominicarum post pentecost.* — *f.* 176' *vacuum.*

f. 177. In nomine Domini. Amen. Incipit ordo de festiuitatibus sanctorum per circulum anni peragendis. In vigilia sancti Andree apostoli . . . lectio prima secundum Iohannem. In illo tempore: Stabat Iohannes . . . *Proprium sanctorum usque ad s. Mercurii.*

f. 323'. Incipit commune sanctorum secundum chorum sancti Kyliani. In vigilia vnius apostoli. Ad vesperas super psalmos feriales ant. Estote fortes in bello . . .

f. 339'. In aduentu Domini ympnus. Ueni redemptor gentium . . . *Hymni te tempore, de sanctis, de communi.*

f. 345. Finitum et completum sub annis Domini M° cccclɪɪɪj° sabbato proxima post festum sancti Francisci. Per manus Martini de Erffordia scriptoris. — *f.* 345' *vacuum.*

In marginibus nonnulla eadem et al. man. addita.

Miniat. color. et inaurat. flor.: — *f. 1 littera D.*

Stevenson, Codices Palatini Latini tom. I, pag. 170.

36. Breviarium Herbipolense, partis aestivae proprium et commune sanctorum.

Palatin. 527. membr., a f. 120 mixt. 142 f. 151 × 101 mm. saec. XIV.

f. 1. De sanctis infra pascham et pentecosten capitulum. Fulgebunt iusti . . . *Commune sanctorum tempore paschali.*

f. 2. Tyburcii, Valeriani oratio. Praesta quaesumus . . . *Proprium sanctorum usque ad:* s. Katherinae. Inclita sancte virginis . . . *Officium rhythmicum.*

f. 126. In vigilia apostolorum ewangelium. Ego sum vitis . . . *Commune apostolorum, martyrum; communis unius martyris lect. II homiliae s. Gregorii:* Quia Dominus et redemptor noster novus homo . . . *ad Matth. 16, 24.* Si quis vult venire . . . *desinit in:* elatis preciperet humilitatem.

Stevenson, Codices Palatini Latini tom. I, p. 172.

37. Breviarium fratrum Humiliatorum.

Vatican. 9217. membr. 438 f. 128 × 99 mm. 2 col. 1443.

f. 1. *Orbis ad inveniendum aureum numerum et* — *f.* 1' *tabula.*

f. 2. *Kalendarium. Ind. astr. et cal. dies Aeg. grad. num.* — *f.* 2'. Hic liber factus fuit 1443. — *f.* 3'. II Non. Apr. Depositio beati Ambrosi archiep. *r.* — *f.* 4'. XVI Kal. Iul. Sanctorum palatinorum et militum sub Karolo rege Francorum vt Rolandi comitis cum sociis suis in valle siue Runciualle. — *f.* 7'. VII Id. Dec. Ordinatio sancti Ambrosii archiep. — VI Id. Dec. Zenonis ep.

f. 8. Gloria Patri et Filio . . ., *compluribus tonis;* Kyrie leyson, Domine miserere . . . in parasceve, *notis musicis quadratis instructa.* — *f.* 9' *vacuum.*

f. 10. Incipit breviarium officij totius anni secundum ordinem fratrum Humiliatorum. Dominica prima de aduentu ad vesperas . . . Deus in adiutorium . . . Ad Magnificat ant. Ecce nomen Domini uenit . . . *Proprium de tempore usque ad dom. XXV post pentecost.* — *f.* 131. *Scriptura currens incipiens a libris regum.* — *f.* 133'. Offitium corporis Christi. In primis vesp. ant. Sacerdos in eternum . . ., *lectiones infra octavam.* — *f.* 138'. *Scriptura currens.* — *f.* 155'. *Homiliae dominicarum post pente-*

cost. a dom. I incipientes, in fine quattuor temporum Septembris. — f. 166. De Trinitate ad vesperas ant. Gloria tibi Trinitas . . . — *f.* 168. In dedicatione ecclesiae capitulum. Vidi civitatem . . .

f. 170. Beatus uir . . . *Psalterium Gallicanum feriatum, initia psalmorum laudum, invitatoria, antiphonae, versus, responsoria. — f.* 226. *Post vesperas fer. II prima, tertia, sexta, nona. — f.* 237. Oratio post psalterium. — *f.* 237'. Incipiunt cantica prophetarum, *cum nominibus scriptorum. — f.* 241. Ymnus trium puerorum, canticum Zacharie prophete, virginis Marie, Symeonis. — *f.* 242'. Oratio dominicalis *et* salutatio angelica, *lingua Graeca conscriptae,* Credo in Deum, canticum Ambrosii et Augustini. — *f.* 243. Canticum beate virginis Marie et ad laudes omnium festiuitatum ipsius. Te matrem laudamus . . ., fides catholica: Quicumque. — *f.* 244. Letaniae. *Inter sanctos:* Christophore, Blasi, Nazari, Celse, Georgi, Eusebi, Maurici cum soc., Syre, Iuliana, Iulita, Tecla, Clara, Helena, Iustina, Sophia, Christina, Scolastica, Fides, Spes, Karitas.

f. 247. Incipit ymnale totius anni tam dominicarum quam sanctorum. Dominica prima aduentus ymnus. Conditor alme . . . *Hymni de tempore et ordinarii, — f.* 254'. *de sanctis, — f.* 261'. *de communi.*

f. 263'. Incipiunt capitula ad horas diei per totum annum. Dominica prima de aduentu Domini . . . Ecce dies ueniunt . . . *Capitula proprii de tempore, — f.* 269'. *de communi sanctorum. — f.* 270'. *Orationes totius anni, feriales, dominicales, in dedicatione, — f.* 280. *proprii sanctorum a s. Andreae usque ad s. Catharinae, — f.* 289. *de communi.*

f. 290'. Ordo ad uisitandum infirmum fratrem seu sororem . . . Sonata tabula uel campana . . . ℞. Fiat pax in uirtute tua . . ., *litaniae, ordo ad ungendum et ad communicandum. — f.* 295. Ordo agendus pro morientibus, *litaniae;* antiphona: Subvenite . . . *et ordo sepeliendi notis musicis quadratis instructus. — f.* 305. *Benedictiones aquae et aliae benedictiones. — f.* 307. Oratio beati Thome. Concede michi, misericors — in patria perfrui; *aliae precationes. — f.* 308. Benedictio ad faciendum clericum.

f. 309. Incipit de festiuitatibus sanctorum. In vigilia sancti Andree apostoli ad matutinum lectiones tres . . . secundum Iohannem. In illo tempore. Stabat Iohannes . . . Cognoscamus agnum, fratres . . . *Proprium sanctorum usque ad s. Catharinae. — f.* 341. In sancto Gregorio ad vesperos ad Magnificat ant. Gloriosa sanctissimi . . . *Officium rhythmicum. — f.* 365. Officium visitationis gloriose virginis. Accedunt laudes virginis . . . *Officium rhythmicum. — f.* 412. In natale s. Katerine. Ad Magnificat ant. Inclita sancte virginis Caterine sollemnia . . . *Officium rhythmicum.*

f. 414. In natale vnius uel plurimorum apostolorum ad vesperos capitulum. Iam non estis . . . *Commune sanctorum.*

f. 438'. Incipit officium beate Marie virginis secundum ordinem Humiliatorum. In aduentu Domini intermittitur . . . memoriam in vesperis per hanc antifonam: O virgo virginum . . . — *f.* 478. Lectiones de ystoria Ezechielis: Et facies et pennas per quattuor — glorie Domini.

Pict. miniat. color. et inaurat. fig. flor.

Notae musicae.

38. Breviarii Hungarici (?) pars aestiva.

Ottobon. 667. chart. 323 f. 142 × 103 mm. 1479—1481.

f. 1. E[go vero orationem] meam. *Ps. 68, 14. Psalterium Gallicanum dispositum per hebdomadam cum ordinario officii de tempore, a matutino feriae V incipiens. Initia psalmorum laudum, numeri psalmorum.* — *f.* 40. *Post orationem laudum sabbati:* canticum Ambrosii et Augustini: Te Deum, *laudes dominicales cum canticis, ps. 142,* psalmus. Confitebor tibi . . . *et cctera cantica ferialia.*

f. 55′. Ymnus tempore hyemale. Deus creator . . . *Hymni ordinarii, de tempore, de sanctis, quorum in numero:* — *f.* 71′. In depositione Ruperti: Eya fratres extollamus . . . — *f.* 82. De s. Afra: Gaude civitas Augusta . . . — *f.* 83′. De sancto Augustino: Magne pater Augustine . . . — *f.* 86′. De s. Elizabeth: Novum sydus . . . — *f.* 88. *Hymni de communi, in dedicatione.* — *f.* 92. De s. Dorothea: Dorothee collaudemus . . . — *f.* 94. *aliis manibus.* Christe redemptor . . ., *de omnibus sanctis, de B. M. V.:* O mater Christi fulgida . . . De sacro tabernaculo . . . En miranda prodigia . . . Sabbatis noctibus ad vesperas primas: O pater sancte . . . — *f.* 95′. Omnipotens misericors Deus, vniversa nobis aduersantia exclude . . . *Oratio, bis.*

f. 96. Dixit Dominus Domino meo . . . *Vesperae dominicales et feriales, altera man. Desunt numeri psalmorum.* — *f.* 99. *Post ps. 117:* Confitemini . . . *prima, tertia, sexta, nona.*

f. 114′. Finitum est hoc opus die sabbati post Margarethe v. et m. anno Domini . . . 1481.

f. 115. Sequuntur preces in quadragesima et quattuor temporibus . . . Kyrieleyson . . . *Preces ad primam desinunt in:* Spiritu principali confirma me. *Tria folia excisa.*

f. 116. amorem suaviter . . . *Lect. VII dominicae pent. Proprium de tempore usque ad dom. XXV post octavas corporis Christi. Dominicarum lectiones scripturae currentis una cum homiliis.* — *f.* 123′. Ad vesperas. De sancta Trinitate. Gloria tibi Trinitas . . . — *f.* 127′. De corpore Cristi ad vesperas. Sacerdos in eternum . . . Fer. VI infra octavam. lectiones: Urbanus, episcopus, seruus seruorum . . . Transiturus de hoc mundo . . .

f. 182. Finita est hec pars operis feria tercia ante Egidii anno Domini 1479.

f. 182′. In dedicatione templi antiffena. Pax huic domui . . . *Officium.* — *f.* 186. Commemoracio beate Marie virginis tempore estiuali et nuncupatur O decus. Sancta Maria . . . *Officium B. M. V., tres nocturni, preces;*

in fine: lectiones breues. — *f.* 190. Ad primam preces. Exultabunt sancti in gloria . . . *et orationes.* — *f.* 191'. Hic incipiuntur vespere mortuorum. Placebo . . . , vigilia mortuorum, *novem lectiones.* — *f.* 195. Lectiones minores in uigilia. Ne des alienis . . . , *novem lectiones, orationes.*

f. 198. subire voluisti . . . *Collecta officii de decem milibus militum martyrum, 22 Iun. Proprium sanctorum usque ad s. Catharinae, tertia man.* — *f.* 204. S. Ladislai regis ad uesperas ant. Fons eterne pietatis . . . *Officium rhythmicum.* — *f.* 216. De s. Willibaldo oratio. — *f.* 216'. S. Kyliani et sociorum oratio. — *f.* 219'. Ss. Andree et Benedicti (fratrum Polonorum) mm. *oratio et lectiones.* — *f.* 230. *infra:* 1476. — Incipit officium transfigurationis Domini nostri Iesu Christi institutum per sanctissimum dominum dominum nostrum Calixtum papam tertium solemnis dupplice celebracione festinandum. Ad primas vesperas ant. Sunt de hic stantibus . . . — *f.* 233'. S. Dominici conf. ant. Gaude felix parens Yspania . . . *Officium rhythmicum. In quo:* — *f.* 233. s. Oswaldi regis, oratio. — *f.* 235. S. Affre m., oratio. — *f.* 242. De s. Stephano rege . . . Adest festum venerandi . . . *Officium rhythmicum.* — *f.* 246'. De s. Augustino . . . Letare mater nostra Ierusalem . . . — *f.* 260'. Oratio de s. Emmerano m. — *f.* 261. S. Gerardi (Pannonii) m., oratio, lectio[nes]. — *f.* 262'. S. Venceslai m., ant., oratio. — *f.* 269. S. Gereonis et sociorum mm., oratio, Colomanni m., oratio, lectio[nes]. — *f.* 269'. De s. Gallo. *Totum officium.* — *f.* 279'. De s. Emerico duce ad vesperas primas ant. Letare Pannonia mater . . . *Officium rhythmicum.* — *f.* 284'. De s. Brictio. *Totum officium.* — *f.* 287. De s. Othmaro abb. oratio; de s. Aniano oratio. — *Alia officia rhythmica.*

f. 295. Incipit minus commune de sanctis. In uigilia vnius apostoli. Secundum Iohannem. In illo tempore . . . Hec mando uobis . . . *In homilia s. Gregorii:* Lectio sancti evangelii, fratres karissimi, solicite nos . . . *ad Matth. 25, 14:* Homo peregre proficiscens . . . *desinit responsorium lect. II in:* verus Dei. — *A* — *f.* 301 *usque ad finem quarta man.*

In marginibus nonnulla eisdem manibus addita. Complura folia refecta.

39. Breviarium Romanum fratrum Minorum.

Ottobon. 676. membr. VII + 516 f. 140 × 95 mm. 2 col. saec. XIV.

f. I. Q 16. 6.

Kalendarium. Ind. astr. et cal. grad., nonnulla man. rec. addita. — *f.* VII' *vacuum.*

f. 1. [I]n nomine Domini nostri Iesu Christi incipit psalterium secundum ordinem sancte Romane ecclesie et consuetudinem fratrum Minorum . . . Hymnus. Primo dierum . . . Beatus uir . . . *Psalterium Gallicanum dis-*

positum per hebdomadam cum ordinario officii de tempore. — *f. 1'. Ps. 4, 2*
desinit in: in tri[bulatione]. — *f. 2.* parturiit iniustitiam, *ps. 7, 15.* — *Post*
laudes dominicales prima. — *f. 48'. Ps. 94, hymnus et psalmi primae,*
tertia, sexta, nona, vesperae dominicales, completorium. — *f. 52'. Vesperae*
feriales.

f. 62. Incipit ymnarium secundum consuetudinem fratrum Minorum. In
primo sabbato de aduentu ad vesperas ymnus. Conditor alme . . . *Hymni*
de tempore, — *f. 67. de sanctis,* — *f. 72. de communi, in dedicatione.*

f. 74'. In nomine Domini nostri Iesu Christi et beatissime Marie uirginis et sanctissimi patris nostri Francisci et sanctorum omnium aliorum.
Incipit ordo breviarii fratrum Minorum secundum consuetudinem Romane
curie. In primo sabbato de aduentu ad uesperas capitulum. Fratres, scientes, quia iam . . . *Proprium de tempore usque ad dom. XXIV post pente-*
cost. — *f.* 160'. *Post caput ieiunii, fer. IV cinerum, litaniae, preces,*
orationes. — *f.* 226. In octava pent. officium sanctissime Trinitatis. In
primis uesperis ant. Sedenti super solium . . . *Officium rhythmicum.* —
f. 229. Officium sacratissimi corporis et sanguinis Domini nostri Iesu Christi.
Rubrica Parisiensis. Iohannes episcopus seruus seruorum Dei etc. Si aliquid festum duplex . . . Ad uesperas ant. Sacerdos . . .; *lectiones infra*
octavam. — *f.* 235'. *Scriptura currens incipiens a libris regum.* — *f.* 243.
Homiliae dominicarum post pentecost. a dom. III usque ad dom. XXIV. —
f. 254'. *Scriptura currens mense Augusto incipiens a parabolis Salomonis.*

f. 278'. Aduentus Domini celebratur . . . *Rubricae.*

f. 281'. Incipiunt festiuitates sanctorum per anni circulum. In sancti
Saturnini martyris oratio. Deus, qui nos . . . *Proprium sanctorum usque*
ad s. Catharinae. — *f.* 431. Officium s. Francisci. Franciscus uir catholicus . . . *Officium rhythmicum, lectiones infra octavam.* — *f.* 472. Incipit
officium transfigurationis Domini nostri Yesu Christi ad vesperas ant. Assumpsit Iesus . . . — *f.* 474'. Incipit officium immaculate uirginis Marie.
Sicut lilium inter . . .; *al. man.*

f. 477. Incipit commune sanctorum. In uigilia unius apostoli uel plurimorum seu euangelistarum. Ad uesperas capitulum. Fratres, iam non estis . . .

f. 495. In dedicatione ecclesie ad uesperas ant. Domum tuam . . .

f. 497'. Incipit ordo officij beate uirginis Marie. Notandum, quod officium beate uirginis . . . ad uesperas ant. Dum esset rex . . . *Officium*
B. M. V. per diversa anni tempora.

f. 502. Incipit officium in agenda defunctorum. Notandum, quod officium
mortuorum . . . Ad vesperas . . . ant. Placebo . . . *Novem lectiones, orationes.*
— *f.* 505'. Ordo ad communicandum infirmum, — *f.* 506'. ad ungendum.
— *f.* 508'. Commendatio animae *et ordo sepeliendi.*

f. 513. Incipit ordo ad benedicendum mensam per totum annum. Congregatis fratribus . . . Benedicite . . .

f. 514′. Iste sunt absolutiones . . . Exaudi Domine . . . *Absolutiones et benedictiones lectionum.*

f. 515. Incipit ordo ad benedicendum aquam . . . Exorcizo te . . . Asperges, Vidi aquam.

f. 516′. Commemoratio apostolorum . . . Petrus apostolus . . . *Commemorationes ss. Petri et Pauli, Francisci, Antonii, Ludovici, Bernardini. In marginibus nonnulla eadem et al. man. addita.*

40. Breviarium Romanum fratrum Minorum.

Regin. 1742. membr. 275 f. 113 × 85 mm. 2 col. saec. XIV.

f. 1 *chart.* Emptus ab eminentissimo ac reverendissimo domino Friderico cardinali Sfortia anno 1673.

f. 2. *Kalendarium. Ind. astr. et cal. num. rubr. dies Aeg. Nonnulla manibus rec. addita.*

f. 8. Primo dierum . . . Nocte surgentes . . . Hymni. Beatus vir . . . *Psalterium Gallicanum litteris initialibus feriatum, invitatoria, antiphonae, hymni ordinarii officii de tempore. — f.* 15′. *Post matutinum dominicae ante ps. 21 hymnus primae:* Iam lucis orto . . . — *f.* 56′ *vacuum. — f.* 57. *Vesperae dominicales. — f.* 60. *Ad ps. 118 hymni tertiae, sextae, nonae. — f.* 69. *al. man. — f.* 69′. Canticum trium puerorum, laus angelorum: Te Deum, canticum Zacharie, beate virginis, Symeonis, Credo in Deum, oratio dominica. — *f.* 71. Letania. Kyrieleison . . .; *preces et orationes.*

f. 73. Adventus Domini celebratur . . . *Rubrica.*

f. 77. scandere celi. Huius obtentu Deus alme . . . In natali sancti Francisci ad uesperas hymnus. Decus morum (?), dux Minorum . . . *Notandum, quod ab octava pentecost. . . . Rubricae, item — f.* 77′. — *f.* 78. Lauda Ihrusalem . . . *Ps. 147. Hoc folium deest post — f. 68, ubi ps. 147 al. man. est appositus. Eodem — f.* 78. In aduentu Domini hymnus: Conditor alme . . . *Hymni de tempore, de sanctis, de communi. — f.* 85. *al. man. — f.* 86′. *Hymnus:* Virginis proles . . . *desinit in:* meruit secreta. *Confectus est — f.* 77, *sed hic al. man., quae desunt, addita.*

f. 87. Ad honorem omnipotentis Dei et beatissime uirginis . . . *(cetera abrasa)* Romane ecclesie, alleluia, alleluia, alleluia. Sabbato de aduentu ad uesperas capitulum. Fratres, scientes, quia hora . . . *Proprium de tempore usque ad dom. XXIV post pentecost. — f.* 167′. *Scriptura currens incipiens a libris regum et homiliae dominicarum post pentecost. — f.* 175. *Scriptura currens incipiens mense Augusto a parabolis Salomonis.*

f. 186′. Ordo Minorum fratrum secundum consuetudinem Romane ecclesie ad uisitandum infirmum . . . Oratio. Introeat . . . *Ordo ad ungendum. — f.* 187′. *Ordo ad communicandum, commendationis animae, sepeliendi.*

f. 192′. Et non plures dominicae . . . *Ordo officii al. man.*

f. 193. Incipiunt festiuitates sanctorum per totum annum. In festo s. Saturnini . . . Oratio. Deus, qui nos . . . *Proprium sanctorum usque ad s. Catharinae.*

f. 265. In nataliciis apostolorum ad vesperas capitulum. Fratres, iam non estis . . . *Commune sanctorum.*

f. 275. In dedicatione ecclesie ad vesperas ant. Domum tuam . . .

f. 276′. Summe sacerdos — neque siciam in eternum. *Oratio ante missam dicenda.*

Aliis manibus nonnulla addita. — f. 86 post — f. 76 ponendum est. Compluribus in foliis litterae initiales excisae sunt; pauca folia lacerata.

41. **Breviarium Romanum fratrum Minorum.**

Regin. 2050. membr. 341 f. 295 × 207 mm. 2 col. saec. XIV. tom. I.

f. 1. Bibliotheca s. Silvestri.

Tertius est Maius . . . *Kalendarium saec. XIII a mense Maio incipiens. Ind. astr. et cal. dies Aeg. Multa manibus rec. addita. — f.* 1. Notandum est, quod semper in quarta dominica post pascha est consecratio huius venerabilis et decentissime ecclesie. *man. rec. — f.* 1. IV Non. Mai. Obiit presbyter Ambrosius anno MCCXXXIII. — V Kal. Iun. Obiit presbyter Guido MCCXXX. — *f.* 1′. III Non. Iun. Anno MCCXXXVIIII indictione duodecima. Quando sol obscurauit et tenebre facte sunt per totum orbem. — XVII Kal. Iul. Obiit Stultus Abamonte a. MCCXXX. — *f.* 2. VII Id. Iul. Obiit dominus Stultus Boederocci. — *f.* 2′. VI Kal. Sept. Obiit presbyter Cambius Abamonte. — *f.* 3. VI Kal. Oct. Obitus episcopi Mathei MCCXXXVII indictione XI. — *f.* 4. IX Kal. Dec. Obitus presbyteri Iacobi.

f. 5. In nomine Domini. Incipit breuiarium secundum consuetudinem Romane curie. In primo sabbato de aduentu ad vesperas capitulum. Fratres, scientes . . . *Proprium de tempore usque ad dom. XXIV post pentecost. — f.* 143. *Post fer. IV cinerum litaniae, in quibus duobus nominibus abrasis nomina s. Francisci et Clarae man. rec. scripta sunt. — f.* 270. *Scriptura currens incipiens a libris regum. — f.* 279′. *Homiliae dominicarum post pentecost. incipientes a dom. II. — f.* 296′. *Scriptura currens incipiens mense Augusto a parabolis Salomonis; non ubique in lectiones divisa, item ut pars prior. — Omnes, quae canuntur, partes notis musicis Gotice instructae, etiam — f.* 204′ *lamentationes Ieremiae.*

f. 336′. De specialibus antiphonis laudum, quae ponuntur ante natale Domini . . . *Ordo officii. — f.* 338′. Aduentus Domini celebratur . . . *Rubricae, quae desinunt — f.* 339′ *in:* festum IX lectionum.

f. 340. Iste sufragie sequentes dicuntur in laudibus . . . Kyrieleyson . . . *Preces feriales ad laudes et ad horas parvas dicendae; al. man.* —

f. 340' vacuum. — f. 341. Deus, qui per resurrectionem . . . *Orationes ad Regina coeli et ad Salve regina. Probatio pennae. — f. 341' vacuum. Nonnulla eadem et al. man. addita.*

Notae musicae.

Regin. 2051. membr. 232 f. cetera ut supra. tom. II.

f. 1, 2. Bibliotheca s. Silvestri.

f. 1. Incipiunt festiuitates sanctorum per anni circulum. In sancti Saturnini martyris. orat. Deus, qui nos . . . *Proprium sanctorum usque ad s. Chrysogoni. — f. 40'.* In natali sanctorum a pasca usque ad pentecost. — *f.* 54. De translatione s. Francisci *rubrica. — f.* 147. In vigilia sancti Francisci. Franciscus uir catholicus . . . *Officium rhythmicum.*

f. 182'. In natali apostolorum. Ad uesperas capitulum. Fratres, iam non estis . . . *Commune sanctorum.*

f. 222'. In dedicatione ecclesie. Ad vesperas ant. Domum tuam . . .

f. 227. Incipit ordo officii beate Marie virginis. Notandum, quod officium . . . ad vesperas ant. Dum esset rex . . . *Officium B. M. V. per diversa anni tempora. Officii tempore adventus desinit oratio:* Famulorum tuorum . . . *in:* genitricis.

f. 229. De sancto Celsio. Sit tibi Christe Iesu . . . *Probatio pennae, orationes* de s. Proiecto, de paschate, Regina coeli *notis musicis instructum, al. man. — f.* 229'. In festo sanctorum Iuliani et Celsii martyrum. Beatus igitur Iulianus . . . *Tres lectiones. — f.* 230. [E]cce uirgo concipiet . . . *Antiphonae et oratio de B. M. V., de s. Anastasia. — f.* 230'. In commemorationem sancte Crucis. Per signum crucis . . . *Suffragia consueta;* Alma redemptoris mater, Regina coeli, commemoratio ss. Celsii et Iuliani, s. Bassiani conf. et pont., qui populum Laudensem a corporali lepra curavit. — *f.* 232 *agglutinatum.* Oratio in commemorationem. Maiestatem tuam . . ., *de ss. Iuliano et Celsio, de Cruce, ceterae orationes.*

A — f. 229. *complures librarii.*

Nonnulla eadem et aliis manibus addita.

Quae canuntur partes notis musicis ut in codice Regin. 2050 instructae; lineae notarum in officio s. Francisci vacuae; desunt notae a — f. 227 usque ad finem. Nonnullis locis notae quadratae.

42. Breviarium fratrum Minorum Florentinorum.

Vatican. 4752. membr. 303 f. 195 × 135 mm. 2 col. saec. XIV. tom. I.

f. 1. *Kalendarium. Ind. astr. et cal. dies Aeg. grad. num. — f. 3.* IX Kal. Mai. s. Zenobii ep. et conf. duplex in civitate Florentia. — *f. 7 vacuum.*

f. 8. In nomine Domini. Incipit ordo breuiarii fratrum Minorum secundum consuetudinem Romane ecclesie. In primo sabbato de aduentu. Ad vesperas capitulum. Fratres, scientes, quia ... *Proprium de tempore usque ad dom. XXIV post pentecost. — f.* 184. *Scriptura currens incipiens a libris regum. — f.* 196. *Homiliae dominicarum post pentecost. — f.* 207. *Scriptura currens mense Augusto a parabolis Salomonis incipiens. — f.* 232. Aduentus Domini celebratur ... *Rubricae.*

f. 236. Invitatoria subscripta ... Venite, exultemus Domino ... Beatus uir ... *Psalterium Gallicanum dispositum cum ordinario de tempore. — f.* 288'. *Post vesperas dominicales tertia, sexta, nona. — f.* 299'. Canticum trium puerorum, beate uirginis, Simeonis, oratio de dominica: Pater noster, symbolum duodecim apostolorum, Te Deum, *cetera cantica suis locis. — f.* 301', 302, 303 *vacua.*

f. 303'. In s. Saturnini mart. oratio. Deus, qui nos ... *et tres lectiones nocturni II.*

tom. II. f. 304—588. cetera ut supra.

f. 304. Incipiunt festiuitates sanctorum per anni circulum. In uigilia sancti Andree apostoli ad uesperas. Salue Crux ... *Proprium sanctorum usque ad s. Catharinae. — f.* 458'. In uigilia sancti Francisci ad vesperas ant. Franciscus uir catholicus ... *Officium rhythmicum, lectiones infra octavam. — f.* 502, 503 *vacua. — f.* 504. Incipit officium beatissime Trinitatis compositum et ordinatum a reuerendo domino et patre nostro Iohanne de Piccianor ordinis fratrum Minorum bone memorie archiepiscopo Canturense et nobili magistro in sacra theologia. In primis uesperis ant. Sedenti super solium ... *Officium rhythmicum; al. man. addita, quae sequuntur: — f.* 507. Officium corporis Christi. ant. Sacerdos in eternum ... *cum lectionibus infra octavam. — f.* 517. In festiuitate sacrorum stigmatum s. Francisci ad vesperas ant. Crucis uox ... *Officium rhythmicum. — f.* 518. In sollempnitate uisitationis beate Marie. In primis uesperis ant. Accedunt laudes uirginis ... *Officium rhythmicum cum lectionibus infra octavam et — f.* 521. Bonifatius episcopus seruus seruorum ... Humanam creaturam ... *— f.* 524'. In festo niuis. Ad uesperas ant. Dum esset rex ... *— f.* 526'. In conceptione beate Marie. Ad uesperas ant. Conceptio gloriosae ... *— f.* 529. Officium sanctissimae Crucis ... In uigilia inuentionis s. Crucis. Helena Constantini mater ... *— f.* 533'. In festiuitate s. Ludovici ep. Ad uesperas ant. Ludouicus filius regis ... *Officium rhythmicum. — f.* 536'—543' *vacua.*

f. 544. Incipit commune sanctorum. In uigiliis apostolorum. Ad uesperas ant. Hoc est praeceptum ...

f. 572'. In uigilia dedicationis. Ad uesperas ant. Domum tuam ... *et in dedicatione.*

f. 576. Incipit ordo officii b. Marie uirg. secundum Romanam curiam . . . Ad uesperas ant. Dum esset rex . . . *per diversa anni tempora.*

f. 581. Incipit officium in agenda mortuorum . . . Ad uesperas ant. Placebo . . . ; *novem lectiones, orationes.*

f. 585. Congregatis fratribus . . . Benedicite . . . *Ordo ad benedicendum mensam per annum. — f.* 587′, 588 *vacua.*

Miniat. flor. fig.

43. Breviarii Romani fratrum Minorum proprium de tempore.

Vatican. 4760. membr. 317 f. 390 × 265 mm. 2 col. saec. XIV. tom. I.

f. 1. *Kalendarium. Ind. astr. et cal. dies Aeg. grad. num. — f.* 7 *vacuum.*

f. 8. Inuitatoria subscripta . . . Venite, exultemus . . . Beatus uir . . . *Psalterium Gallicanum dispositum cum ordinario officii de tempore. — f.* 21′. *Post laudes dominicales prima. — f.* 94. *Post vesperas sabbati Magnificat, tertia, sexta, nona. — f.* 99′. *Completorium. — f.* 102. Ne reminiscaris . . . *Psalmi poenitentiales, litaniae, orationes.*

f. 104′. Sabbato de aduentu. Ad uesperas ymnus. Conditor alme . . . *Hymni de tempore, de sanctis, de communi, in dedicatione. — f.* 117 *vacuum.*

f. 118. In nomine Domini. Incipit ordo breuiarii fratrum Minorum secundum consuetudinem Romane curie. In primo sabbato de aduentu ad uesperas capitulum. Fratres, scientes, quia . . . *Proprium de tempore usque ad feriam V post dom. II quadragesimae; desinit in lectione III homiliae s. Gregorii ad evangelium secundum Lucam:* Homo quidam erat dives . . . *in:* dum gentilium.

Miniat. color. et inaurat. — f. 118. Insignia cuiusdam cardinalis et pict.

tom. II. f. 318—635. cetera ut supra.

f. 318. confessionem accipiunt . . . *lectio III homiliae s. Gregorii feria V post dom. II quadragesimae. Proprium de tempore usque ad dom. XXIV post pentecost. — f.* 483′. De summa Trinitate in primis uesperis ant. Sedenti super solium . . . *Officium rhythmicum. — f.* 489′. *Scriptura currens incipiens a libris regum. — f.* 495. In festo corporis Christi. In primis uesperis. Sacerdos in eternum, *lectiones infra octavam:* Urbanus episcopus seruus seruorum . . . Transiturus de mundo . . . — *f.* 514′. Martinus episcopus seruus seruorum . . . Ineffabile sacramenti . . . — *f.* 535. *Homiliae dominicarum post pentecost. — f.* 569. *Scriptura currens mense Augusto a parabolis Salomonis incipiens.*

Miniat. color. et inaurat. flor.

44. Breviarium Romanum fratrum Minorum.

Vatican. 5814. membr. 502 f. 161 × 100 mm. 2 col. saec. XIV.

f. 1. *Kalendarium. Ind. astr. et cal. grad. rubricae; nonnulla man. rec. addita.*

f. 8. Incipit ordo breuiarii secundum consuetudinem Romane ecclesie. primo sabbato de aduentu capitulum. Fratres, scientes, quia hora ... *Proprium de tempore usque ad dom. XXIV post pentecost. — f.* 90′. Fer. IV ciner. *litaniae. — f.* 168. In uigilia beatissime Trinitatis ad vesperas ant. Sedenti super solium ... *Officium rhythmicum. — f.* 172. In sollemnitate corporis Domini nostri Yesu Xpi ad vesperas ant. Sacerdos in eternum ... *cum lectionibus infra octavam. — f.* 178′. *Scriptura currens incipiens a libris regum. — f.* 183. *Homiliae dominicarum post pentecost. incipientes a dom. II. — f.* 193′. *Scriptura currens mense Augusto a parabolis Salomonis incipiens. — f.* 212. Aduentus Domini celebratur ... *Rubricae. — In fine deest unum folium.*

f. 216. Incipit psalterium secundum consuetudinem curie Romane ... Inuitatorium. Venite et exultemus ... Beatus uir ... *Psalterium Gallicanum dispositum cum ordinario officii. — f.* 228. *Post laudes dominicales psalmi primae. — f.* 279′. *Post vesperas dominicales tertia, sexta, nona. — f.* 291′. *Post vesperas sabbati completorium, cuius orationes — f.* 65.

f. 292′. Incipit proprium sanctorum. In festo s. Saturnini m. oratio. Deus, qui nos ... *Proprium sanctorum usque ad s. Catharinae. In fine: Ss. Perpetuae et Felicitatis vv. mm.*

f. 418. Incipit commune sanctorum. In uigilia unius apostoli capitulum. Fratres, iam non estis ...

f. 441. In anniuersario dedicationis ad vesperas ant. Domum tuam ...

f. 444′. Ordo offitii beate uirginis. Notandum, quod offitium ... ant. Dum esset rex ... *Officium B. M. V. per diversa anni tempora.*

f. 451. Incipit officium in agenda mortuorum. Ad uesperas ant. Placebo ... *Officium defunctorum, novem lectiones, orationes.*

f. 456′. Incipit ordo ad benedicendum mensam per totum annum. Congregatis fratribus ... Benedicite ... — *f.* 458′. Ordo ad communicandum infirmum ... Miserere mei ... — *f.* 459′. *Ordo ad ungendum. — f.* 461. *Ordo commendationis animae et sepeliendi.*

f. 468′. In sollemnitate beati Francisci. Ad uesperas ant. Franciscus uir catholicus ... *Officium rhythmicum, lectiones infra octavam. — f.* 479. In festo sacrorum stigmatum. — *f.* 480. In s. Ludovici ep., in translatione eius. *Totum officium. — f.* 484′. In sollemnitate s. Clarae. *Totum officium. — f.* 488. In beatissimi Antonii de Padua. *Totum officium. — f.* 492. In translatione s. Clarae. *Oratio et novem lectiones. — f.* 493′. In

16*

s. Ursulae et XI milium virginum. *Oratio et novem lectiones.* — *f.* 496. In
s. Dominici. *Oratio et novem lectiones.*

f. 498′. In commemorationibus pro sanctis. Petrus apostolus ... *Suffragia
sanctorum.* — *f.* 499′. Post officium oratio deuota. Suscipe sancte Pater —
Deus ignosce.

f. 500. Ad te Domine leuaui ... *Index psalmorum litterarum ordine
dispositus usque ad:* Paratum cor meum ...; *man. rec.* — *f.* 503. Sub-
scriptae missae ... *Index missarum et partes litaniarum, man. rec.*
Miniat. color. et inaurat. fig.

45. **Breviarium Romanum fratrum Minorum.**

Vatican. 7686. membr. 154 f. 205 × 147 mm. 2 col. saec. XIV.
tom. I.

f. 1. In nomine Domini. Amen. Incipit ordo breuiarii fratrum Minorum
secundum consuetudinem curie Romane. In primo sabbato de aduentu.
Ad uesperas capitulum. Fratres, scientes, quia hora ... *Proprium de tempore usque ad dom. XXIV post pentecost.* — *f.* 4. Ordo primae in dominica. — *f.* 6. Ordo primae ferialis. — *f.* 21′. De antiphonis ferialibus,
rubrica. — *f.* 46. Ordo completorii. — *f.* 48′. Ordo canticum gradum. —
f. 50. Suffragia communia. — *f.* 120′. *Scriptura currens incipiens a libris regum.*
— *f.* 126. *Homiliae dominicarum post pentecost. a dom. II incipientes.* —
f. 135. *Scriptura currens mense Augusto a parabolis Salomonis incipiens.*

f. 152′. *Rubricae.* — *Septem tabulae de specialibus antiphonis laudum.*

tom. II. f. 155—373. cetera ut supra.

f. 155. Incipiunt festiuitates sanctorum per totum annum. In festo sancti
Saturnini ... Oratio. Deus, qui nos beati ... *Proprium sanctorum usque
ad s. Catharinae.* — *f.* 177′. *al. man.* — *f.* 209. In vigilia beate Clare v.
ad uesperas ant. Iam sancte Clare claritas ... *Officium rhythmicum.* —
f. 229. In sancti Francisci ad uesperas ant. Franciscus uir catholicus ...
Officium rhythmicum.

f. 246. Incipit commune sanctorum de breuiario. In nataliciis apostolorum ad uesperas capitulum. Fratres, iam non estis ...

f. 259′. In dedicatione ecclesie et in anniversario. Domum tuam ...

f. 261′. Officium b. uirginis. Notandum, quod officium b. uirginis ...
ad uesperas ant. Dum esset ... *Officium per diversa anni tempora.* —
f. 266. Officium in agenda mortuorum. Notandum, quod officium defunctorum ... Ad uesperas ant. Placebo ... *Novem lectiones, orationes.*

f. 269. Ordo ad communicandum infirmum. In primis pulsetur ... Pax
huic domui ... Oratio. Dominus Iesus Christus, qui dixit discipulis suis ...
— *f.* 270. Ordo ad ungendum. — *f.* 271′. Ordo commendationis animae

et ordo sepeliendi. — f. 277. Incipit ordo ad benedicendum mensam per totum annum . . . Benedicite . . . — *f. 278'. Rubricae. — f. 280.* Incipit benedictio aquae. Exorcizo te . . .

f. 281. Beatus uir . . . *Psalterium Gallicanum feriatum cum ordinario officii de tempore, initia psalmorum laudum. — f. 288. Post laudes dominicales psalmi primae, Quicumque, antiphonae tertiae. — f. 330'. Post vesperas fer. II reliquae primae partes, tertia, sexta, nona. — f. 344.* Post vesperas sabbati Magnificat, Nunc dimittis, Credo in unum Deum, Te Deum; *cetera cantica suis locis. — f. 345. Litaniae, preces, orationes.*

f. 347. Sabbato de aduentu Domini ad uesperas ymnus. Conditor alme syderum . . . *Hymni de tempore et de sanctis, — f. 354. in dedicatione et de communi. — f. 356' vacuum.*

f. 357. Kalendarium. Ind. astr. et cal. dies Aeg. num. rubricae, aliis manibus addita cum alia, tum: — f. 357. de kalendario anni 1361. Inter sanctos: Febr. Giliberti. Mart. Firmini abb. Iul. *man. rec.* Mustiole v., Quirici et Iulitte. Nov. *man. rec.* Decollatio sancti Herculani ep. et m. Dec. *man. rec.* Victorie v.

f. 363. al. man. Rubricae, sed omnes fere abrasae; loco earum: Oratio de s. Brigida v.

f. 363'. Hymnus iste . . . Primo dierum omnium . . . *et alii hymni. — f. 364.* Aduentus Domini celebratur . . . *Rubricae. Desinunt — f. 365' in:* In nata. — *f. 366—373 vacua.*

Complura aliis manibus addita. Multa folia refecta. — f. 363 ante — f. 281 ponendum est.

Miniat. color.

46. Breviarium et antiphonarium fratrum Minorum.

Vatican. 8737. membr. 287 f. 215 × 152 mm. 2 col. saec. XIV.

f. 1. vere non est hic aliud nisi domus Dei . . . *Responsorium lect. V in dedicatione ecclesiae, officium usque ad secundas vesperas. — f. 2'. Officium B. M. V. per diversa anni tempora. — f. 5. Officium pro defunctis, novem lectiones. Vesperae desinunt in:* Ant. ad Magnificat.

f. 9. Kalendarium; menses Maius, Iunius, Iulius, Augustus.

f. 16. Exultent iusti in Domino . . . *Versus sextae communis martyrum; fragmenta communis sanctorum et initium officii in dedicatione. — f. 17'. al. man. Tabula epactarum ab anno 1368 incipiens, benedictio febricitantis.*

f. 33. Partes proprii sanctorum, cuius initium — f. 122, pessime disiectae. — *f. 46.* In festo s. Francisci. Ad uesperas ant. Franciscus uir catholicus . . . *Officium rhythmicum.*

f. 117. Partes proprii de tempore, a — f. 128 item pessime disiectae. — f. 287. In officio s. Ioannis ap. oratio de s. Innocentibus: Deus, cuius

16**

hodierna die . . . *desinit in:* moriendo confessi sunt. — *Omnes, quae canuntur, partes neumis instructae.*

Probationes pennarum man. saec. XVII. Multa folia laesa. Neumae.

47. **Breviarium Romanum fratrum Minorum.**

Vatican. 10000. membr. 414 f. 172 × 117 mm. 2 col. saec. XIV.

f. 1. Ad honorem omnipotentis Dei et beatissime uirginis Marie. Incipit breuiarium fratrum Minorum secundum consuetudinem Romane ecclesie . . . Sabbato de aduentu ad uespm̃. cap. Fratres, scientes, quia hora . . . *Proprium de tempore usque ad dom. XXIV post pentecost.* — *f.* 156′. *Scriptura currens incipiens a libris regum.* — *f.* 160. Officium noue sollempnitatis corporis Christi. In vigilia ad vesp. ant. Sacerdos in eternum . . ., *lectiones infra octavam.* — *f.* 164′. *Homiliae dominicarum post pentecost. a dom. II usque ad dom. XXIV.* — *f.* 175. *Scriptura currens mense Augusto a parabolis Salomonis incipiens.*

f. 191. Aduentus Domini celebratur . . . *Rubricae.*

f. 193′. Mº ccccº lxxiiij mense Septembris die xiij hic liber emptus est a me dompno Pancratio Iacobutij de Otriculo a dompno Angelo de Fossambruna ducato uno et Bononenis xlvj.

f. 194, 195. *al. man., lineis continuis.* In sanctorum martirum Victoris et Corone. In diebus Antonini imperatoris . . ., *lect. I—III et responsoria; lect. III desinit in:* ad regem nostrum pertines.

f. 196. *Kalendarium. Ind. astr. et cal. grad. rubricae, necrologia, res Otriculi et Narniae gestae, aliis manibus.* — *f.* 197. III Non. Mart. Dedicatio ecclesie Narniensis. — *f.* 199. II Id. Iul. Dedicatio ecclesie sancti Victoris de Vtriculo. — *f.* 200. XI Kal. Oct. Dedicatio ecclesie beate Firmine civitatis Amerie. — *f.* 202. *al. man. Tabula paschalis;* Te Mariam laudamus . . .; hymnus sancte Uictoriae. Uirgo Christi Uictoria — et in perpetuum. Amen.

f. 203. In dominicis diebus . . . Primo dierum omnium . . . — *f.* 203′. Beatus uir . . . *Psalterium Romanum litteris initialibus feriatum cum ordinario de tempore, numeri psalmorum usque ad ps. 20.* — *f.* 255′. *Ad antiphonas vesperarum lineae notarum musicarum vacuae.* — *f.* 258′. *Post vesperas fer. II prima, tertia, sexta, nona.* — *f.* 272′. Confitebor tibi . . . *Cantica ferialia.* — *f.* 276′. Benedicite, Benedictus, Magnificat, Nunc dimittis, Te Deum, Te decet laus, Credo *(apostolorum),* Credo *(Nicaenum),* Gloria in excelsis, Pater noster, Quicumque. — *f.* 279′. *Litaniae, preces, orationes. Inter sanctos:* Olimpiades, Ursicine, Viuenti, Firmina, Corona.

f. 281′. Sabbato primo de aduentu ad vesperas ymnus. Conditor alme syderum . . ., *initium notis musicis quadratis instructum, ad cetera initia lineae notarum vacuae. Hymni de tempore et de sanctis.* — *f.* 297. De

s. Firmina. Agmina sacra — sacro lumini; Alme uirginis — supernorum civium. — *f.* 298. *Hymni de communi sanctorum,* — *f.* 301'. *in dedicatione.* — *f.* 302'. *Rubricae al. man.*

f. 302'. Incipit officium passionis Domini nostri Iesu Christi. ad matutinum inuitatorium. Christum captum et irrisum . . . Ymnus. In passione Domini . . . *Officium per omnes horas.* — *f.* 306. Rubricae de specialibus antiphonis laudum, septem tabulae. — *f.* 309. Officium s. Fulgentii ep. et m., *complures librarii.* — *f.* 314'. Rota ad inveniendum litteram dominicalem.

f. 319. Incipiunt festiuitates sanctorum per anni circulum. In sancti Saturnini m. oratio. Deus, qui nos annua . . . *Proprium sanctorum usque ad s. Catharinae.* — *f.* 325. In inventione corporum beatorum martyrum Firmine et Olympiadis. — *f.* 430'. In festo beate Firmine v. et m. ad matutinum invitatorium. Christum regem glorie . . . *Officium rhythmicum.* — *f.* 436. Officium s. Trinitatis. ad vesperas ant. Gloria tibi Trinitas . . . *man. rec.*

f. 441. Incipit commune sanctorum. In vigilia apostolorum ad vesperas ant. Hoc est preceptum meum . . .

f. 464'. In dedicatione ecclesie . . . ant. Domum tuam . . .

f. 465'. Incipit ordo officii beate Marie virginis. Notandum, quod . . . — *f.* 468. Incipit officium beate Marie virginis secundum consuetudinem Romane ecclesie . . . ad completorium . . . *(hymnus)* Memento salutis auctor . . . *Officium B. M. V. per annum,* — *f.* 471. *tempore adventus,* — *f.* 472. *tempore nativitatis.* — *f.* 473. *Antiphonae de B. M. V.:* Alma redemptoris, Ave regina, Salue reginam misericordie.

f. 474. Incipit ordo officii defunctorum; *responsorium lectionis II desinit in:* Qui Lazarum resuscitasti.

Prima et ultima folia al. man. Nonnulla in marginibus aliis manibus addita. Complura folia laesa.

Notae musicae.

48. Breviarii Romani fratrum Minorum proprium de tempore.

Vatican. 6069. membr. 378 f. 218 × 169 mm. 2 col. 1318.

f. 1. Incipiunt absolutiones per totum annum . . . Benedictione perpetua . . . *Absolutiones et benedictiones lectionum.*

f. 1'. dat odorem. Cuius cunctorum laus promitur ore piorum. Germinabit. lect. III. Beata uirgo Maria secundo dicitur ortus conclusus . . . *Officium conceptionis B. M. V. a lect. III matutini usque ad vesperas. al. man.* — *f.* 2' *vacuum.*

f. 3. In nomine Domini Dei eterni. Amen. Anno ab incarnatione Domini nostri Iesu Christi millesimo trecentesimo decimo octavo. Indictione prima mense Madii die secundo intrante . . . incipit breuiarium per totum annum secundum curiam Romanam. Sabbato de aduentu ad uesperas capitulum. Fratres, scientes, quia hora est . . . *Proprium de tempore usque ad dom. XXIV post pentecost.* — *f.* 147. Fer. IV cinerum *initia septem psalmorum poenitentialium et litaniae.* Inter sanctos ad: Iohannes bapt., Petre, Paule, Marce: bis dicatur. — *f.* 220 *vacuum.* — *f.* 285. *Scriptura currens incipiens a libris regum.* — *f.* 292'. *Homiliae dominicarum post pentecost. a dom. II incipientes.* — *f.* 315'. *Scriptura currens incipiens a parabolis Salomonis.* — *f.* 320'. *Rubricae de scriptura currente.*

f. 352'. Aduentus Domini celebratur . . ., tabulae Parisienses de specialibus antiphonis laudum, *aliae rubricae.* — *f.* 359'. Definitiones capituli Pisani.

f. 361'. Notandum, quod officium beate uirginis . . . Domine labia mea . . . Ad uesperas ant. Dum esset rex . . . *Officium B. M. V. per diversa anni tempora.*

f. 369'. Incipit officium in agenda mortuorum. Notandum, quod officium mortuorum . . . ad vesperas ant. Placebo . . . *Novem lectiones, orationes.*

f. 375. In uigilia sancti Dompnij (pont. et m.) ad vesperas ant. Belliger iste sagax . . . *Officium rhythmicum, hymni, lectiones, antiphonae, responsoria, al. man.* — *f.* 378' *vacuum.*

Pict. miniat. color. et inaurat. flor.

49. **Breviarium Romanum fratrum Minorum Castellanorum.**

Regin. 1738. membr. IX + 279 f. 166 × 155 mm. 2 col. saec. XIV. XV.

f. I. Deus, qui apostolorum diuisione . . . *Oratio in divisione apostolorum, fere tota deleta. Infra:* Istud breuiarium pertinet ad locum sancte Susanne et concessum est ad usum fratrum Francisci de ciuitate Castellana per plures uicarios et confirmatum per Rm. p. V. fratrem Angelum de Vulseno tunc uicarium prouincie Romane. 1469 die V Iulii (*al. man.:* Aug.) etiam idem fr. Angelus manu propria subscripsi in loco Uirularum. — *f.* I' *vacuum.* — *f.* II. Isti sunt angelica . . . *Officium de ss. Gervasio et Protasio, octo lectiones.* — *f.* III' *vacuum.*

f. IV. *Kalendarium. Ind. astr. et cal. dies Aeg. Nonnulla man. rec. addita.* — *f.* IV'. *Infimo in folio al. man.:* Colliguntur omnes anni ab Adam . . . *Ratio annorum usque ad nativitatem Christi.*

f. 1. Iste hymnus . . . Ad nocturnum. Primo dierum . . . Beatus uir . . . *Psalterium Gallicanum feriatum cum ordinario officii de tempore et cum initiis psalmorum laudum. Multarum partium sola initia.* — *f.* 33. Post vesperas fer. II ordinarium primae, tertiae, sextae, nonae. — *f.* 40'. Ymnus trium puerorum, canticum Zacharie, sancte Marie, sancti Symeonis, laus cum iubilo: Te Deum, *cetera cantica suis locis.* — *f.* 41'. Kyrieleison . . . *Litaniae, preces, orationes.*

f. 43. De transitu eius deuoto. Demum gloriosus — perfecte reperire curatum. *De morte et de miraculis cuiusdam hominis sancti, al. man.*

f. 43′. In nomine Domini. Incipit ordo breuiarii fratrum Minorum secundum consuetudinem Romane curie. In primo sabbato de aduentu ad vesperas capitulum. Fratres, scientes . . . *Proprium de tempore usque ad dom. XXIV post pentecost. — f.* 131′. *Scriptura currens incipiens a libris regum. — f.* 137. *Homiliae dominicarum post pentecost. — f.* 143. *Scriptura currens mense Augusto a parabolis Salomonis incipiens. — f.* 158. Aduentus Domini celebratur . . . *Rubricae; septem tabulae antiphonarum laudum. — f.* 161. (Infra octavam ascensionis.) de sermone sancti Leonis pape. lectio IIII. Nos illorum instruxit — ardentia. lectio VI. In fractione quoque panis — passus et mortuus. — *f.* 161′. De omelia. lectio V. Increpata igitur — non contradicit.

f. 162. Incipiunt festiuitates sanctorum. In sancti Saturnini martyris oratio. Deus, qui nos . . . *Proprium sanctorum usque ad s. Catharinae.*

f. 232′. In natali apostolorum. Ad vesperas capitulum. Fratres, iam non estis . . . *Commune sanctorum.*

f. 245. In anniuersario dedicationis ecclesie. Ad uesperas. Domum tuam . . .

f. 246′. Incipit ordo officii beate Marie uirginis. Notandum, quod officium . . . Ad uesperas ant. Dum esset rex . . . *Officium B. M. V. per diversa anni tempora.*

f. 249′. Incipit officium in agenda mortuorum . . . Ad vesperas ant. Placebo . . . *Officium defunctorum, novem lectiones, orationes.*

f. 252. Congregatis fratribus . . . Benedicite . . . *Ordo ad benedicendum mensam. — f.* 253. Ordo Minorum fratrum secundum consuetudinem Romane ecclesie ad uisitandum infirmum . . . Pax huic domui . . . *Ordo ungendi et communicandi. — f.* 254. Ordo commendationis anime *et sepeliendi.*

f. 256′. In festo sancte Trinitatis antiphone super psalmos. Gloria tibi . . . *Totum officium. — f.* 259. In festo beati Dominici confessoris . . . *Oratio et lectio I—IX. — f.* 260. S. Romani m., *lectio;* oratio sancte Marthe. — *f.* 260′. Tempore paschali de sanctis. De s. Ambrosio. Licet nos — cum resurgit; *lectio I—VI.* De omelia s. Augustini. Sed cum dicit, ego sum uitis — confessio fit ad salutem. — *f.* 262. In vigilia beati Francisci ad vesperas ant. Franciscus uir katholicus . . . *Officium rhythmicum, lectiones infra octavam et in translatione. — f.* 269′. Incipit officium de niue. ad vesperas antiphona. Dum esset rex . . . — *f.* 271. Incipit officium corporis Christi. Sacerdos in eternum . . .; *lectiones infra octavam. — f.* 278. Incipit officium transfigurationis institutum de nouo per sanctissimum dominum nostrum papam Calixtum III. Ad uesperas ant. Assumpsit Yesus . . . *A — f. 259 usque ad finem complures librarii.*

In marginibus nonnulla aliis manibus addita.

Miniat. color.

50. Breviarium Romanum fratrum Minorum.

Ottobon. 559. membr. 206 f. 193 × 137 mm. 2 col. saec. XV.
tom. I.

f. 1. CCCCIXXXV R. II. Cod. . . . — *f*. 1' *vacuum*. — *f*. 2. Ex codicibus Ioannis Angeli ducis ab Altaemps — *f*. 2' *vacuum*.

f. 3. *Kalendarium. Ind. cal. num.; pauca aliis manibus addita.*

f. 9. In nomine Domini nostri Iesu Christi incipit ordo breuiarii fratrum
Minorum secundum consuetudinem Romane curie. In primo sabbato de
aduentu ad vesperas capitulum. Fratres, scientes, quia . . . *Proprium
de tempore usque ad dom. XXIV post pentecost.* — *f*. 160'. Officium de
Trinitate ad vesperas ant. Gloria tibi Trinitas . . . — *f*. 163. Officium in
sollemnitate corporis et sanguinis Iesu Christi ad vesperas ant. Sacerdos
in eternum . . . — *f*. 169'. *Scriptura currens incipiens a libris regum.* —
f. 175. *Homiliae dominicarum post pentecost.* — *f*. 187'. *Scriptura currens
mense Augusto a parabolis Salomonis incipiens.*

f. 203'. Adventus Domini celebratur . . . *Rubricae.* — *f*. 206' *vacuum*.

tom. II. 251 f. cetera ut supra.

f. 1. Inuitatoria subscripta . . . Venite, exultemus . . . Beatus uir . . .
Psalterium Gallicanum feriatum cum ordinario officii de tempore. — *f*. 10.
Ordinarium primae dominicalis. — *f*. 59. *Post vesperas fer. II prima
ferialis, tertia, sexta, nona.* — *f*. 74'. *Completorium, ps. 148—150.* —
f. 76. Canticum Te Deum; *cantica suis locis.* — *f*. 76'. Ne reminiscaris . . .
Initia psalmorum poenitentialium, litaniae, preces, orationes.

f. 78'. In aduentu ad vesperas hymnus. Conditor alme . . . *Hymni de
tempore, de sanctis, de communi.*

f. 87'. In festiuitatibus sanctorum per anni circulum. In s. Saturnini martyris oratio. Deus, qui nos . . . *Proprium sanctorum usque ad s. Catharinae.*
f. 196. In festo s. Francisci. Ad Magnificat ant. O stupor et gaudium . . .
Officium rhythmicum.

f. 217'. Notandum, quod istud inuitatorium scilicet Gaudete . . . *Rubrica
de communi apostolorum.* — *f*. 217'. In nataliciis apostolorum ad uesperas
capitulum. Fratres, iam non estis . . . *Commune sanctorum.*

f. 240'. Incipit ordo officii beate Marie virginis . . . ad vesperas ant.
Dum esset rex . . . *Officia B. M. V. per diversa anni tempora.*

f. 245'. Incipit officium in agenda mortuorum. Notandum, quod officium
mortuorum . . . ant. Placebo . . . *Officium, novem lectiones, orationes.*

f. 249'. Incipit ordo ad benedicendum mensam per totum annum. Congregatis fratribus . . . Benedicite . . .

f. 251. In mense Septembris postea istoria Iob . . . *Duae rubricae de scriptura currente.*

f. 251'. Omnis spiritus laudat Dominum . . . *Probationes pennae.* — in media una grosa cum tribus sigillis . . . *Praecepta de scribendis et mittendis litteris, aliis manibus.*

Pict. miniat. color. inaurat.

51. **Breviarium Romanum fratrum Minorum.**

Regin. 2092. membr. II + 454 f. 142 × 94 mm. 2 col. saec. XV.

f. I. Benedictus papa XIII bibliothecae Vaticanae dono dedit. — *f.* I' *vacuum.* — *f.* II. Breuiarium Romanum. — *f.* II' *vacuum.*

f. 1. *Kalendarium. Ind. astr. et cal. grad. Litteris miniatis:* — *f.* 3. V Kal. Iun. Translatio sancte Brigide in Suetiam. minus. — *f.* 4. IX Kal. Aug. Sancte Brigide sponse Christi. maius. — *f.* 5'. Non. Oct. Canonicatio sancte Brigitte. maius. *Complura man. rec. addita.*

f. 7. Incipit ordo breuiarii secundum consuetudinem Romane ecclesie vel curie. In primo sabbato de aduentu ad uesperas. capitulum. Fratres, scientes, quia hora . . . *Proprium de tempore usque ad dom. XXIV post pentecost.* — *f.* 79. Post fer. IV cinerum litaniae. — *f.* 147'. Sabbato dominice sancte Trinitatis. Ad uesperas ant. Gloria [tibi] Trinitas . . . — *f.* 150. Officium corporis Christi Domini. In primis vesperis ant. Sacerdos in eternum . . . — *f.* 156. *Scriptura currens incipiens a libris regum.* — — *f.* 159'. *Homiliae dominicarum post pentecost.* — *f.* 170'. *Scriptura currens incipiens mense Augusto a parabolis Salomonis.* — *f.* 188'. Explicit feriale.

f. 189. In dominicis diebus . . . ad nocturnum ymnus. Primo dierum . . . Beatus uir . . . *Psalterium Gallicanum feriatum cum ordinario officii de tempore et cum initiis psalmorum laudum.* — *f.* 197. *Post laudes dominicales hymnus primae.* — *f.* 240. *Post ps. 118 Quicumque et hymni tertiae, sextae, nonae.* — *f.* 253'. Confitebor tibi . . . *Cantica Vet. et Nov. Test., quae* psalm[i] *inscribuntur.* — *f.* 258. Ad completorium. Te lucis . . ., psalmus Nunc dimittis. — *f.* 258'. Te Deum, Gloria in excelsis, Credo *(Nicaenum).*

f. 259. Dominica prima de aduentu ad uesperas ymnus. Conditor alme . . . *Hymni de tempore, de sanctis, de communi, in dedicatione ecclesiae.* — *f.* 268'. De specialibus antiphonis laudum, que ponuntur ante natiuitatem Domini. — Tabula ordinata de dominicis. *Ordo officii.*

f. 272. Benedictio salis et aque . . . Exorcizo te . . ., Asperges, Vidi aquam. — *f.* 273'. Ordo ad benedicendum mensam per totum annum. Congregatis fratribus . . . Benedicite . . .

f. 275'. Rubrica. De dominicis post pentecosten. Nota, quod a festo pentecosten . . . — *f.* 276 *vacuum.*

f. 277. Incipiunt festiuitates sanctorum per anni circulum. In sancti Saturnini martyris oratio. Deus, qui nos . . . *Proprium sanctorum usque ad s. Catharinae.* — *f.* 313. Sciendum est, quod in festiuitatibus sancte Crucis et angelorum non fit commemoratio de apostolis nec de sancto Francisco. — *f.* 400'. Aduentus Domini celebratur — O sapientia . . . *Rubricae.* — *f.* 403'—406 *vacua.*

f. 407. In natalitiis apostolorum. ad vesperas capitulum. Fratres, iam non estis . . . *Commune sanctorum.*

f. 423'. In anniuersario dedicationis ecclesie. ad vesperas ant. Domum tuam . . .

f. 426. Incipit ordo offitii beate Marie uirginis. Notandum, quod offitium . . . Ad matutinam inuitatorium. Aue Maria . . . *Officium B. M. V. per diversa anni tempora.*

f. 430'. Ordo ad ungendum infirmum secundum consuetudinem Romane ecclesie ad uisitandum infirmum . . . Pax huic domui . . . — *f.* 432. Ordo ad communicandum. — *f.* 432'. Ordo commendationis anime *et sepeliendi.*

f. 437'. Incipit offitium pro defuncti[s]. Inuitatorium. Regem, cui omnia . . . *Novem lectiones, vesperae in fine.*

f. 440'. In festo uisitationis beate Marie virginis. In primis uesperis. Accedunt laudes uirginis . . . *Officium rhythmicum. Lectiones infra octavam:* Bonifatius episcopus seruus seruorum . . . Superni benignitati . . . — *f.* 445'. In inuentione sancte Crucis ad uesperas ant. Helena Constantini mater . . . *Totum officium.* — *f.* 448'. In exaltatione sancte Crucis. In primis uesperis ant. O magnum pietatis . . . *Totum officium.* — *f.* 452'—454 *vacua.*

Complura eadem et al. man. addita.

Miniat. color. et inaurat. fig. flor.

52. **Breviarium Romanum fratrum Minorum.**

Urbin. 111. membr. 553 f. 353 × 260 mm. 2 col. saec. XV.

f. 1. *Kalendarium. Ind. astr. et cal. grad., praecepta de valetudine.* — *f.* 7 *vacuum.*

f. 8. Incipit ordo breuiarii secundum consuetudinem Romane curie. In primo sabbato de aduentu. Ad uesperas capitulum. Fratres, scientes, quia hora . . . *Proprium de tempore usque ad dom. XXIV post pentecost.* — *Scriptura currens, sermones, homiliae non ubique in lectiones divisae vel ad delectum* pro residuo octauae *provisae sunt.* — *f.* 104'. *Post fer. IV cinerum litaniae.* — *f.* 199. Officium sanctissime Trinitatis. Ant. ad vesperas. Gloria tibi Trinitas . . . — *f.* 202. Officium corporis Christi. In primis vesperis ant. Sacerdos in eternum . . . *cum lectionibus infra octavam:* Cumque pie memorie Eugenius papa . . . — *f.* 216'. *Scriptura currens incipiens a libris regum.* — *f.* 221'. *Homiliae dominicarum post pentecost. a dom. IV incipientes. — f. 231'. Scriptura currens mense Augusto incipiens a parabolis Salomonis.*

f. 254. In nomine Domini. Amen. Incipit psalterium cum invitatoriis, ymnis, antiphonis et versiculis secundum consuetudinem Romane curie. In dominicis et diebus tempore aduentus . . . Invitatorium. Regem uenturum . . . Beatus uir . . . *Psalterium Gallicanum dispositum cum ordinario officii de tempore. — f.* 262. *Post laudes dominicales prima, tertia, sexta, nona dominicarum et festorum. —f.* 274'. *Post laudes fer. II ordinarium primae ferialis. — f.* 314'. *Post vesperas dominicales completorium. — f.* 317. Aduentus Domini celebratur . . . *Rubricae.*

f. 318'. Incipiunt festiuitates sanctorum per anni circulum. In sancti Saturnini m. Oratio. Deus, qui nos . . . *Proprium sanctorum usque ad s. Catharinae. Vitae, sermones, homiliae, non omnes in lectiones divisae.*

f. 504. In natalitiis apostolorum. Ad uesperas capitulum. Fratres, iam non estis . . . *Commune sanctorum.*

f. 517'. In anniuersario dedicationis ecclesie. Ad uesperas ant. Domum tuam . . .

f. 520. Incipit ordo officii beate uirginis. Notandum, quod officium . . . Ad uesperas ant. Dum esset rex . . . *Officium B. M. V. per diversa anni tempora.*

f. 523. Incipit officium in agenda defunctorum . . . Ad uesperas ant. Placebo . . . *Officium defunctorum, novem lectiones et orationes.*

f. 525'. Pax huic domui . . . *Ordo ad communicandum infirmum. — f.* 526. *Ordo ad ungendum. — f.* 527'. Ordo commendationis anime *et sepeliendi. —f.* 531. Incipit ordo ad benedicendum mensam per totum annum. Congregatis fratribus . . . Benedicite . . . — *f.* 532. Incipit benedictio aque secundum consuetudinem Romane curie . . . Exorcizo te . . .; Asperges, Vidi aquam.

f. 533. In quadragesima in diebus feriarum. Ad uesperas ymnus. [A]udi benigne . . . *Quattuor hymni quadragesimae;* Aurora lucis . . . *tempore resurrectionis. Deficit miniator.*

Miniat. color. et inaurat. fig. flor. Complura eadem man. addita.

53. **Breviarium Romanum monialium ordinis Minorum Gallicarum.**

Urbin. 603. membr. 564 f. 182 × 125 mm. 2 col. saec. XV.

f. 1. Ciclus . . . *Tabulae calendares et interpretatio. — f.* 7. *Kalendarium. Ind. astr. et cal. num. dies Aeg. Picturae et versus calendares.* — *f.* 9'. Non. Iun. Hic arripuit rex Ludouicus Euerdi (?) trans mare anno Mº CCº xlviiiº. — VII Id. Iun. Hic Mº CCº xlixº die dominica per dominum regem Ludouicum capta fuit Damieta . . . *Nonnulla lingua Francogallica man. rec. addita.*

f. 13. Primo dierum . . . Beatus uir . . . *Psalterium Gallicanum feriatum, invitatoria, antiphonae, versus, responsoria, hymni, initia capitulorum et psalmorum laudum. In fine cantica Vet. et Nov. Test. cum antiphonis,* Te Deum, Benedicite, Benedictus, Magnificat, *quae* psalm[i] David *inscribuntur,* canticum Quicumque. — *f.* 84', 85, 86 *vacua.* — *f.* 90'. *Litaniae, preces, orationes.*

f. 93. Le ymne des apostres a uespres et a laudes. Exultet celum . . . *Hymni Francogallice inscripti.* — *f.* 95'. L en doit sauoir . . . *Rubricae.* — *f.* 101, 102 *vacua.*

f. 103. In nomine Domini incipit ordo breuiarii fratrum Minorum secundum consuetudinem Romane curie. In primo sabbato de aduentu ad uesperas capitulum. Fratres, scientes, quia hora . . . *Proprium de tempore usque ad dom. XXIV post pentecost., rubricae lingua Francogallica conscriptae.* — *f.* 196. *Post fer. IV cinerum litaniae.* — *f.* 289'. In festo sancte Trinitatis . . . ad uesperas super psalmos ant. Gloria tibi Trinitas . . . — *f.* 293. *Scriptura currens incipiens a libris regum.* — *f.* 301'. *Homiliae dominicarum post pentecost.* — *f.* 313. *Scriptura currens incipiens mense Augusto a parabolis Salomonis.* — *f.* 343. Si (?) auant . . . *Rubricae et ordo officii.*

f. 346. Ci en commencent les festes de sains par tout l an . . . Deus, qui nobis . . . *Proprium sanctorum a s. Saturnini usque ad s. Catharinae.* — *f.* 491 *folium insertum.* Ant. Virginis eximie Katherine . . ., *capitulum, hymnus de s. Catharina, man. rec.* — *f.* 491' *vacuum.* — *f.* 494. En la feste de la chaieres s. Pere (?) . . . *Manu priore addita:* in cathedra sancti Petri. — *f.* 494. *In conversione sancti Pauli.* — *f.* 495'. *De sancto Francisco.* — *f.* 496' *vacuum.* — *f.* 497. Des especiaus antiennes, qui sont mises deuant noel . . . *Ordo officii ferialis.* — *f.* 499' *vacuum.* — *f.* 500. In natali sancti Remigii ad vesperas ant. Amauit eum . . . *Totum officium, additum priore man. Item:* — *f.* 501. S. Eutropii, *novem lectiones.* — *f.* 502. S. Desiderii, *totum officium.* — *f.* 504. In translatione s. Ludovici, regis Franciae, *totum officium.* — *f.* 506. Corporis Domini nostri Iesu Christi. Ant. Sacerdos in eternum . . . *Totum officium et lectiones infra octavam.* — *f.* 511. S. Margarite, *novem lectiones.* — *f.* 512. S. Marthe, *totum officium.* — *f.* 515'. S. Anne, *totum officium.* — *f.* 518'. B. Marie v. de la nauie *(nivis), totum officium.* — *f.* 521. De saint Loys (?) de Marceille, *novem lectiones.* — *f.* 525. S. Ludovici regis. Ludouicus decus . . . *Officium rhythmicum.* — *f.* 530. In translatione beati Remigii, *totum officium.* — *f.* 532'. S. Dionysii, *totum officium.* — *f.* 535. S. Barbare, *novem lectiones.* — *f.* 536'. S. Nicasii, *totum officium.*

f. 539. In natalicis apostolorum ad vesperas capitulum. Fratres, iam non estis . . . *Commune sanctorum.*

f. 560. Des especiaulz antiennes, qui sont mises deuant noel . . . *Rubricae.*

— f. 562'. Absolutiones et benedictiones lectionum, man. rec. ut — f. 491. —
f. 564' vacuum.

Pict. miniat. color. et inaurat. fig. flor.

54. Breviarium et missale fratrum Minorum.

Vatican. 4753. membr. 169 f. 216 × 142 mm. 2 col. saec. XV.

f. 1. Kalendarium. Ind. astr. et cal. dies Aeg.; man. rec.: XV Kal. Oct.
Lamberti ep. et conf. *— f. 7' vacuum.*

f. 8. A Kalendis Octobris . . . Primo dierum . . . Beatus vir . . . *Psalterium Gallicanum dispositum cum ordinario officii de tempore. — f. 10.
Post laudes dominicales prima dominicalis. — f. 22'. Post vesperas dominicales completorium. — f. 23. Prima ferialis, tertia, sexta, nona. —
f. 26. Litaniae, orationes, symbolum apostolorum.*

f. 27. Conditor alme siderum . . . *hymni de tempore, de sanctis, in dedicatione, de communi. — f. 30' vacuum.*

f. 31. Fratres, surgite . . . *Proprium breviarii de tempore ab adventu
usque ad dom. XXIV post pentecost. — f. 47'. Fer. IV cinerum litaniae
et preces. — f. 61.* Officium beatissime Trinitatis compositum per fratrem
Iohannem de Pecchario, ordinis Minorum fratrum . . . In primis vesperis
ant. Sedenti super solium . . . *Officium rhythmicum. — f. 63.* Incipit officium
corporis Christi. Ad vesperas ant. Sacerdos in eternum . . . *— f. 65'. Scriptura currens incipiens a libris regum. — f. 67. Homiliae dominicarum
post pentecost. — f. 69. Scriptura currens mense Augusto a parabolis Salomonis incipiens. — f. 73'.* Aduentus Domini celebratur . . . *Rubricae.*

f. 74. Incipiunt festiuitates sanctorum per anni circulum. In s. Saturnini.
Oratio. Deus, qui nos . . . *Proprium sanctorum usque ad s. Catharinae.*
— f. 95. In uesperis s. Francisci ad ant. Franciscus uir catholicus . . .
Officium rhythmicum, lectiones infra octavam.

f. 100. [Pa]tris linquens dexteram . . . *Hymnus:* Verbum supernum prodiens . . ., *ant. ad Benedictus, antiphonae, capitula, versus, responsoria
per horas, hymnus* Pange lingua . . . *officii corporis Christi.*

f. 100'. In natiuitate apostolorum. Ad uesperas capitulum. Fratres, iam
estis . . . *Commune sanctorum.*

f. 104'. In dedicatione ecclesie. Ad uesperas ant. Domum tuam . . .

f. 105. Exorcismus salis ad faciendum aquam benedictam . . . Exorcizo
te . . ., *et benedictiones ciborum, baculorum, scarsellarum.*

f. 105. Incipit officium beate Marie v. secundum consuetudinem Romane
curie. Notandum, quod officium . . . ant. Dum esset rex . . . *Officium
per diversa anni tempora.*

f. 106'. Incipit officium in agenda mortuorum. Notandum, quod officium . . .
ant. Placebo . . . *Officium defunctorum, novem lectiones, orationes, ordo*

*ad communicandum, ad ungendum infirmum, commendatio animae, ordo
sepeliendi.*

f. 108'. Dominica prima de aduentu . . . Introitus. Ad te leuaui . . .
*Proprium missalis de tempore usque ad dom. XXIV post pentecost. —
f. 114'. Feria IV cinerum benedictio cinerum. — f. 124'. Die palmarum
benedictio ramorum. — f. 130. Sabbato sancto benedictio cerei paschalis.
— f. 132.* Aduentus Domini celebratur . . . *Rubricae. — f. 132'. Ordo
missae, canon.*

f. 144. Incipit proprium sanctorum de missali. In uigilia s. Andree
apostoli. Introitus. Dominus secus mare . . ., *usque ad s. Catharinae. —
f. 145. In festo purificationis B. M. V. benedictio candelarum.*

f. 155. Incipit commune sanctorum de missali. In uigilia unius apostoli.
Introitus. Ego autem sicut oliua . . .

f. 160. In dedicatione et in anniuersario dedicationis. Introitus. Terribilis
est locus . . . et in honorem sanctorum, quorum corpora hic sunt. — *f. 160'.
Missae diversae, votivae, B. M. V. — f. 163. Missae in agenda mortuorum. — f. 167, 168 vacua.*

f. 168'. Illumina oculos . . ., *man. rec. preces, orationes pro remissione
peccatorum;* Per te accessum habeamus . . . *et aliae precationes de B. M. V.*
— f. 169'. Fulgentius in sermone contra occiosos narrat . . . Quaeritur,
quid . . .; *de utilitate exercitii. al. man.*

Miniat. color. et inaurat. flor.

55. Breviarium Romanum fratrum Minorum.

Vatican. 4759. membr. 554 f. 114 × 81 mm. 2 col. saec. XV.

f. 1. Kalendarium, lineis continuis.

f. 7. Hymnus iste . . . Primo dierum omnium . . . Beatus uir . . . *Psalterium Gallicanum dispositum cum ordinario officii de tempore. — f. 19'.
Post vesperas dominicales prima, tertia, sexta, nona. — f. 98. Post vesperas
sabbati* canticum Mariae: Magnificat, Nunc dimittis, hymnus completorii:
Te lucis ante terminum. — *f. 98'.* Pater noster, symbolum apostolorum,
laus angelorum: Gloria in excelsis, hymnus: Te Deum.

f. 100. Sabbato de aduentu ad uesperas. Conditor alme siderum . . .
Hymni de tempore, de sanctis, de communi, in dedicatione.

f. 113. In nomine Domini. Incipit ordo breuiarii secundum consuetudinem
Romane curie. Sabbato de aduentu. Fratres, scientes, quia . . . *Proprium
de tempore usque ad dom. XXIV post pentecost. — f. 292'.* In festo sancte
Trinitatis ad uesperas ant. Gloria tibi Trinitas . . . — *f. 296'.* Officium
corporis Christi. In primis uesperis ant. Sacerdos in eternum . . . — *f. 306.
Scriptura currens incipiens a libris regum. — f. 312'. Homiliae dominicarum post pentecost. — f. 323. Scriptura currens mense Augusto a parabolis*

Salomonis incipiens. — f. 341. Aduentus Domini celebratur . . . *Rubricae et tabula historiarum mensis Septembris.*

f. 345. Incipiunt festiuitates sanctorum per anni circulum. In festo s. Saturnini mart. oratio. Deus, qui nos . . . *Proprium sanctorum usque ad s. Catharinae. — f.* 449. In sancti Francisci conf. ad uesperas ant. Franciscus uir catholicus . . . *Officium rhythmicum.*

f. 469. In nataliciis apostolorum ad uesperas capitulum. Fratres, iam non estis . . . *Commune sanctorum.*

f. 493. In dedicatione uel anniuersario dedicationis ecclesie ad uesperas ant. Domum tuam . . . — *f.* 496'. Incipit ordo officium beate uirginis. Notandum, quod officium . . . ant. Dum esset rex . . . *per diversa anni tempora. — f.* 502'. Incipit officium in agenda mortuorum . . . Placebo . . . *Totum officium, novem lectiones, orationes. — f.* 507. Incipit ordo ad benedicendum per totum annum mensam. Congregatis fratribus . . . Benedicite . . .

f. 509. In sancti Antoni Paduani . . . ad uesperas hymnus. En gratulemur hodie . . . *Item hymni de s. Clara, de s. Francisco. — f.* 512 *vacuum.* — *f.* 513. In primis uesperis hymnus: Proles de celo . . . *de s. Francisco ut — f.* 510'; *antiphonae, lectiones de vita eius. — f.* 522'. Ad uesperas ant. Crucis uox . . . *Officium rhythmicum de stigmatibus s. Francisci. — Lectiones: — f.* 524. de s. Ludovico ep., — *f.* 531. in translatione s. Ludovici ep., — *f.* 533. infra octavam beati Antonii, — *f.* 535. in translatione s. Clare. — *f.* 538. Incipit officium immaculate conceptionis uirginis Marie editum per reuerendum patrem dominum Leonardum Nogarolum, prothonotarium apostolicum . . . Ant. in I vesperis. Sicut lilium . . . — *f.* 544'. Officium visitationis beate Marie v. Ant. ad vesperas. Ut vox Marie . . . — *f.* 549. Officium transfigurationis Domini. Ant. ad vesperas. Assumpsit Iesus . . . — *f.* 554 *vacuum.*

Miniat. color. et inaurat. flor.

56. **Breviarium Romanum fratrum Minorum**.

Vatican. 6256. membr. 484 + 3 f. 138 × 104 mm. 2 col. saec. XV.

f. 1. *Kalendarium. Ind. astr. et cal. grad. rubricae. — f.* 6a, 6b *vacua.*

f. 7. Ymnus iste dicitur . . . Primo dierum omnium . . . Beatus uir . . . *Psalterium Gallicanum ex parte per hebdomadam dispositum cum ordinario officii. — f.* 15'. *Post laudes dominicales prima. — f.* 58'. *Post vesperas dominicales completorium, tertia, sexta, nona.*

f. 69'. Sabbato de aduentu ad vesperas ymnus. Conditor alme syderum . . . *Hymni de tempore, — f.* 74'. *de sanctis, — f.* 79. *al. man.:* Aures ad nostras deitatis — per cuncta secula regnat. *Hymnus de D. N. I. Chr. — f.* 79', 79a *vacua.*

f. 80. In nomine Domini. Incipit ordo breuiarii fratrum Minorum secundum consuetudinem Romane curie. In primo sabbato de aduentu. Ad vesperas capitulum. Fratres, scientes, quia hora . . . *Proprium de tempore usque ad dom. XXIV post pentecost. — f.* 153. *Fer. IV cinerum initia psalmorum poenitentialium et litaniae. — f.* 246. In festo s. Trinitatis ad vesperas ant. Sedenti super solium . . . *Officium rhythmicum. — f.* 248'. In festo corporis Christi. In primis uesperis ant. Sacerdos in eternum . . . *et lectiones infra octavam. — f.* 256. Iohannes episcopus seruus seruuorum etc. Bene gestis et congrue — robore duraturum. — *f.* 257. *Scriptura currens incipiens a libris regum. — f.* 261. *Homiliae dominicarum post pentecost. a dom. II incipientes. — f.* 273. *Scriptura currens mense Augusto a parabolis Salomonis incipiens.*

f. 287. *Tabula mensis Septembris. De scriptura currente. — f.* 288'. De specialibus antiphonis laudum *septem tabulae. — f.* 290'. Aduentus celebratur . . . *Rubricae.*

f. 293'. Incipiunt festiuitates sanctorum per anni circulum. In sancti Saturnini m. Oratio. Deus, qui nos . . . *Proprium sanctorum usque ad s. Catharinae. — f.* 419'. In festo sancti Francisci. Ad vesperas ant. Franciscus uir catholicus . . . *Officium rhythmicum et infra octavam lectiones de vita eius.*

f. 446'. Incipit commune sanctorum secundum consuetudinem Romane curie . . . In primis in natal. apostolorum. Ad vesperas capitulum. Fratres, iam non estis . . . — *f.* 465'. In dedicatione ecclesie.

f. 468. Incipit officium beate Marie virginis secundum consuetudinem Romane curie . . . Ad matutinum invitatorium. Aue Maria . . . *Officium per diversa anni tempora.*

f. 472. Incipit officium in agenda defunctorum. ad vesperas. ant. Placebo . . . *Novem lectiones, orationes.*

f. 474. Ordo Minorum fratrum secundum consuetudinem Romane curie ad [ungendum] infirmum, — *f.* 476 ad communicandum. — *f.* 476'. Ordo commendationis anime, *litaniae, ordo sepeliendi. — f.* 481'. Ordo ad benedicendum mensam. — *f.* 482'. Officium sepulture paruulorum.

f. 483. *aliis manibus:* Oratio dom. XV post pent., s. Ieronimi, s. Cesarii m., s. Felicitatis. — *f.* 483'. Epitaphium Christi inuentum super sepulchrum sanctum Ierusalem. Uita mori uoluit — uita resedit. — *f.* 484. *Index dominicarum et festorum. — f.* 484'. *vacuum.*

57. Breviarium Romanum fratrum Minorum.

Vatican. 7692. membr. 19 + 410 f. 117 × 86 mm. 1462.

f. 1. *al. man.* Sixtus episcopus seruus seruorum Dei . . . *(nonnulla legi non possunt)* cum precelsa meritorum insignia — futuris temporibus ualituris. Datum Rome apud sanctum Petrum. Anno 1476. Tertio Kal. Martii.

De missa et de officio conceptionis B. M. V. — f. 2. Litterae a Leonardo Nogarolo ad Sixtum pp. IV datae.

f. 5. Incipit officium immaculate uirginis Marie editum per reverendum patrem dominum Leonardum Nogarolum, prothonotarium apostolicum, artium et sacre theologie doctorem famosissimum. In primis uesperis. ant. Sicut lilium inter spinas ... *Totum officium praeter hymnos; officium infra octavam.*

f. 10'. Missa. Introitus. Egredimini et videte ... *Desunt lectiones.*

f. 11. *Kalendarium. Ind. cal. grad. rubricae; nonnulla man. rec. addita.*

f. 17. Aduentus Domini celebratur ... *Rubricae. — f.* 18'. De specialibus antiphonis laudum septem tabulae.

f. 1 *bis (veteris numeri).* Inuitatoria subscripta dicuntur ... Venite, exultemus ... Ad nocturn. ymnus. Primo dierum omnium ... Beatus uir ... *Psalterium Gallicanum dispositum cum ordinario de tempore. — f.* 10'. *Post laudes dominicales prima, tertia, sexta, nona. — f.* 18'. *Vesperae dominicales et feriales. — f.* 27'. *Completorium et antiphonae de B. M. V. — f.* 29'. *Matutina laudesque feriarum. — f.* 63. *Lectiones de assumptione B. M. V.*

f. 66. Preparatio misse ... *Initia psalmorum, orationes,* oratio devota: Facturus memoriam — exaudire delecteris; oratio Clementis pp. II: Omnipotens et misericors Deus, ecce accedo — facie contemplari. *Item gratiarum actio;* oratio s. Augustini. Deus, propitius esto — crux Christi salva me. — Oratio de b. Martha. — *f.* 69, 69a *vacua.*

f. 70. In primo sabbato de aduentu ad uesperas capitulum. Fratres, scientes, quia hora ... *Proprium de tempore usque ad dom. XXIV post pentecost. — f.* 121'. *Fer. IV cinerum litaniae, preces, orationes. — f.* 187'. In vigilia sanctissime Trinitatis ad uesperas ant. Sedenti super solium ... *Officium rhythmicum. — f.* 190'. In solempnitate corporis Christi ad vesperas ant. Sacerdos in eternum ..., *et lectiones infra octavam. — f.* 200'. *Homiliae dominicarum post pentecost. a dom. III incipientes. — f.* 212. *Scriptura currens a libris regum incipiens usque ad finem anni.*

f. 229'. Incipiunt festiuitates sanctorum per totum annum. In sancti Saturnini m. oratio. Deus, qui nos ... *Proprium sanctorum usque ad s. Catharinae. — Ante — f.* 252. *scida membr.* Responsorium de s. Agata, *eadem man. — f.* 312. In sancte Clare virg. Iam sancte Clare claritas ... *Officium rhythmicum. — f.* 330. In sacrorum stigmatum b. Francisci. Crucis vox hunc alloquitur ... *Officium rhythmicum. — f.* 351. *eadem man. additum:* In vigilia s. Francisci. Ad uesperas. Ant. Franciscus vir catholicus ... *Officium rhythmicum, lectiones infra octavam:* de institutione religionis.

f. 306'. Incipit commune sanctorum. In primis in nataliciis apostolorum ad uesperas capitulum. Fratres, iam non estis ...

f. 384'. In dedicatione templi uel altaris. capitulum. Uidi ciuitatem ...

17*

f. 386'. Incipit ordo officii beate Marie virginis. Notandum, quod officium . . . Inuitatorium. Aue Maria . . . *Officium per diversa anni tempora.*

f. 391. Incipit officium in agenda mortuorum. Notandum, quod officium defunctorum . . . Ant. Placebo . . . *Novem lectiones.* — *f.* 394. Ordo ad communicandum infirmum, — *f.* 394'. ad ungendum. — *f.* 396. Ordo commendationis anime *et ordo sepeliendi.*

f. 400'. Explicit anno Mccclxij in die s. Martini ep.

f. 401. *eadem man. addita.* Ant. Gloria tibi Trinitas . . . *ad officium de ss. Trinitate.* — In transfiguratione Domini. In primis vesperis super psalmos. Ant. Sunt de hic stantibus . . . *Totum officium, hymni, lectiones.* — *f.* 404'. Missa. Introitus. Viderunt ingressus tuos . . ., sequentia. Adest dies celebris — vita beata; *deest lectio evangelii.* — *f.* 405'. Forma absolutionis plenariae, *altera al. man.* — *f.* 407. Intcrrogationes ad morientem. — *f.* 407'. Oratio ad b. Mariam v. — *f.* 408. In festo translationis sancti Ludovici ep. conf. lect. I(—IX). *al. man.* — *f.* 409. Oratio de quinque martyribus Franciscanis. *al. man.* — *f.* 409' *vacuum.* — *f.* 410. Tabula ad inveniendum indictionem.

Nonnulla in marginibus aliis manibus addita.

58. Breviarium Romanum fratrum Minorum.

Ottobon. 545. membr. 535 f. 137 × 98 mm. 2 col. 1465.

f. 1. In nomine Domini. Amen. Incipit ordo breuiarii fratrum Minorum secundum consuetudinem Romane curie. In primo sabbato de aduentu. Ad uesperas. Capitulum. Fratres, scientes, quia hora . . . *Proprium de tempore usque ad dom. XXIV post pentecost.* — *f.* 82. Fer. IV cinerum rubrica de septem psalmis poenitentialibus et de litaniis sine cantu dicendis. — *f.* 173. Festum sanctissime Trinitatis sabbato post pent. ad vesperas ant. Sedenti super solium . . . *Officium rhythmicum.* — *f.* 177'. Festum corporis Christi. Ant. Sacerdos in eternum . . . *Lectiones nocturni I et II.* Sermo decretalis Urbani pp. V. Transiturus de mundo . . . — *f.* 191'. *Scriptura currens incipiens a libris regum.* — *f.* 196. *Homiliae dominicarum post pentecost.* — *f.* 208'. *Scriptura currens mense Augusto a parabolis Salomonis incipiens.*

f. 225. Aduentus Domini celebratur . . . *Rubricae.* — *f.* 227'. Incipiunt rubrice noue secundum consuetudinem Romane curie. De mense Decembris. Rubrica. In primis sciendum est, quod nulla ystoria . . .

f. 231. Incipit ymnarium per totum annum . . . Primo dierum . . . Beatus uir . . . *Psalterium Gallicanum dispositum per hebdomadam.* — *f.* 243. *Post laudes dominicales prima, tertia, sexta, nona, vesperae dominicales, completorium.* — *f.* 256'. *Matutina et laudes feriarum.* — *f.* 307'. *Vesperae feriales.* f. 318. Simbolus compositus in sinodo Nicee. — f. 318'. *Litaniae, preces, orationes.*

f. 321. Incipiunt festiuitates per anni circulum. In sancti Saturnini m. Oratio. Deus, qui nos . . . *Proprium sanctorum usque ad s. Catharinae.* — f. 469. In uigilia s. Francisci . . . ad uesperas ant. Franciscus uir catholicus . . . *Officium rhythmicum; de vita eius lectiones infra octavam.*

f. 499. Incipit commune sanctorum. In uigilia apostolorum ad vesperas ant. Hoc est preceptum . . . *Communis de sancta non virgine nec martyre* (In festo beate Marie Magdalene) *desinit responsorium primum in:* Diffusa est gratia.

f. 520. . . . et uenient ad eam omnes gentes. Lectio secunda . . . *Officium in dedicatione ecclesiae.*

f. 522'. Incipit ordo officii beate uirginis. Notandum, quod officium . . . Ad uesperas ant. Dum esset rex . . . *Officium B. M. V. per diversa anni tempora.*

f. 528. Incipit officium in agenda mortuorum. Notandum, quod officium mortuorum . . . Ad uesperas ant. Placebo . . . *Officium defunctorum, novem lectiones, orationes.*

f. 532'. Incipit ordo ad benedicendum mensam per totum annum. Congregatis fratribus . . . Benedicite . . .

f. 534. Explicit breuiarium per me fratrem Antonium de Yporegia ordinis Minorum. 1465 die 17 Iunii ad laudem Patris omnipotentis Dei. In ciuitate Regii tempore sanctissimi pape Pauli secundi.

59. **Breviarium Romanum fratrum Minorum Sutrensium.**

Ottobon. 511. membr. 481 f. 137 × 92 mm. 2 col. 1471.

f. 1. *Kalendarium. Ind. astr. et cal. dies Aeg. grad.* — f. 3. XVI Kal. Iun. Consecrationis nostre ecclesie sancti Francisci de Sutro est IIIa dominica Maii.

f. 7. In nomine Domini. Amen. Ad honorem uirginis Marie. Incipit ordo breuiarii fratrum Minorum secundum ordinem sancte Romane ecclesie. In primo sabbato de aduentu ad uesperos. Capitulum. Fratres, scientes, quia hora . . . *Proprium de tempore usque ad dom. XXIV post pentecost.* — f. 170. In sollemnitate sanctissime Trinitatis ad vesper. ant. Sedenti super solium . . . *Officium rhythmicum.* — f. 173. In sollemnitate corporis Christi. Ad vesperos. Sacerdos in eternum . . . — f. 182. *Scriptura currens incipiens a libris regum.* — f. 185. *Homiliae dominicarum post pentecost.* — f. 193'. *Scriptura currens mense Augusto a parabolis Salomonis incipiens.*

f. 210'. Aduentus Domini celebratur . . . *Rubricae.*

f. 214'. Incipit ymnarium per totum annum tam feriale quam festivum. In primo sabbato de aduentu. Conditor alme . . . *Hymni de tempore et de sanctis.*

17**

f. 221. In aduentu ant. Veniet ecce rex . . . Ps. Beatus uir . . . *Psalterium Gallicanum dispositum cum ordinario officii de tempore. — f.* 229. *Post laudes dominicales psalmi et symbolum Quicumque primae. — f.* 266′. *Post matutinum sabbati ps. 118, tertia, sexta, nona. — f.* 269′. *Vesperae.* *—f.* 277. Ant. Ne reminiscaris . . . *Litaniae, preces, orationes; al. man.*

f. 279. Incipiunt festiuitates sanctorum per totum annum. In festo sancti Saturnini . . . Oratio. Deus, qui nos . . . *Proprium sanctorum usque ad s. Catharinae. — f.* 413. In vigilia sancti Francisci. Ad vesperos ant. Franciscus uir catholicus . . . *Officium rhythmicum.*

f. 438′. Explicit proprium sanctorum. Deo gratias. Amen. Die 18 mense Maij. Anno 1471. Fr. Iohannes de Sutro scripsit.

f. 438′. Incipit commune sanctorum. In natalicijs apostolorum. Ad vesper. ant. Hoc est preceptum . . .

f. 459′. In dedicatione ecclesie ad vesperos ant. Domum tuam . . . — *f.* 462. Ymnus sancti Ambrosii episcopi. Te Deum.

f. 462′. Incipit officium gloriosissime uirginis Marie secundum consuetudinem Romane curie . . . ad vesperos ant. Dum esset rex . . . *Officium B. M. V. per diversa anni tempora.*

f. 466′. Incipit officium mortuorum. Ad vesperos ant. Placebo . . . *Novem lectiones, orationes.*

f. 470. Ordo Minorum fratrum secundum consuetudinem Romane ecclesie ad uisitandum infirmum . . . ps. Miserere mei . . . *et ad ungendum. — f.* 471. *Ordo ad communicandum. — f.* 471′. *Ordo commendationis animae cum litaniis et ordo sepeliendi. — f.* 477. Incipit ordo benedictionis mense per totum annum. Congregatis fratribus . . . Benedicite . . . — *f.* 479. Sequitur benedictio salis et aque . . . Exorcizo te . . . Asperges, Vidi aquam.

f. 480. Hec antiphona sequens Alma redemptoris . . ., *tota et rubrica de antiphonis:* Ave regina, Regina celi, Salve regina. — *f.* 480. Item rubrica de corpore Christi. Iohannes episcopus seruus seruorum Dei etc. Bene gestis et congrue — respectu eucaristie.

f. 481′. Benedictio panis. Benedic Domine . . . *Benedictio ciborum.* Benedictio generalis. Ad introducendum mulierem in ecclesia.

In marginibus nonnulla eadem man. addita.
Miniat. color. et inaurat. flor.

60. **Breviarium Romanum fratrum Minorum.**

Vatican. 6014. membr. 460 f. 132×90 mm. 2 col. 1474.

f. a. Ex conuentu ss. apostolorum Urbis.

f. 1. Iesus. *Kalendarium. Ind. astr. et cal. — f.* 7 a *vacuum.*

f. 8. In Dei nomine. Amen. Incipit psalterium ordinatum secundum curiam Romanam. Ad matutinum inuitatorium. Dominum, qui fecit nos . . .

Psalterium Romanum dispositum cum ordinario officii de tempore. — *f.* 20.
Post laudes dominicales prima, tertia, sexta, nona. — *f.* 25. Expositio
Athenasii: Quicumque. — *f.* 34′. *Post vesperas dominicales completorium.*
— *f.* 95′ *vacuum.*

f. 96. Incipit hymnarium secundum ritum et consuetudinem sancte Romane ecclesie. In primo sabbato de aduentu. Conditor alme . . . *Hymni
de tempore, de sanctis, de communi.* — *f.* 111′, 111a, 111b *vacua.*

f. 112. Ad honorem omnipotentis Dei et beate Marie uirginis breuiarium
incipit secundum ritum et consuetudinem sancte Romane ecclesie. In primo
sabbato de aduentu ad uesperas capitulum. Fratres, scientes, quia hora . . .
Proprium de tempore usque ad dom. XXIV post octavam pentecost. —
f. 181. Fer. IV cinerum *litaniae.* — *f.* 251′. Dom. de Trinitate. Ad vesperas
ant. Gloria tibi Trinitas . . . — *f.* 254′. Incipit officium noue solemnitatis
corporis Christi. Ad vesperas ant. Sacerdos in eternum . . . — *f.* 259.
Scriptura currens incipiens a libris regum. — *f.* 263. *Homiliae dominicarum post pentecost.* — *f.* 273. *Scriptura currens mense Augusto a parabolis Salomonis incipiens.* — *f.* 289. Incipit rubrica magistra. Aduentus
Domini — O sapientia . . .

f. 292. Iesus. Incipiunt festiuitates sanctorum per anni circulum. In
s. Saturnini m. Oratio. Deus, qui nos . . . *Proprium sanctorum usque ad
s. Catharinae.*

f. 404′. Incipit commune sanctorum. In nataliciis apostolorum. Ad vesperas
ant. Fratres, iam non estis . . .

f. 423. In anniversario dedicationis ecclesie. Ad vesperas ant. Domum
tuam . . .

f. 425′. Incipit officium in agendis defunctorum. Ant. Placebo . . . *Novem
lectiones, orationes.*

f. 430. Incipit officium beate Marie uirginis secundum ritum et consuetudinem sancte Romane ecclesie. Ad matutinum. Aue Maria . . . —
Officium B. M. V. per annum. — *f.* 434. Incipit officium beate Marie uirginis in commemoratione secundum consuetudinem Romane ecclesie quolibet
sabbato. ad vesperas capitulum. Ab initio . . . *Tres nocturni, novem lectiones.*

f. 436′. Incipit officium transfigurationis saluatoris. Ad vesperas ant.
Assumpxit Iesus . . . *Totum officium.*

f. 439′. Incipit ordo ad benedicendum mensam per annum. Congregatis
fratribus . . . Benedicite . . .

f. 441′. Explicit breuiarium . . . Scriptum per me domnum Iacobum
Magroni de Melficta. Anno Domini M° cccc° lxx° quarto die quinta Ianuarii
septime indictionis.

f. 442. Infra scripte sunt rubrice noue et earum declarationes, que de-
fectuose in libris reperiuntur, mense in mensem. In primis in Ianuario. In
circumcisione . . . *De historiis, de concurrentibus festis, de ieiuniis, de festis.*

61. **Breviarium Monasteriense.**

Borghes. 93. T. 2. membr. 496 f. 192 × 132 mm. 2 col. saec. XIV.

f. 1. De sancta Cruce. Perpetua, Domine Iesu Christe, pace ... *Suffragia consueta per hebdomadam dicenda, primum collectae, deinde antiphonae et versus.*

f. 3. *Kalendarium. Ind. astr. et cal. grad., quibus diebus* spysegelt *donetur; nonnulla man. rec. addita.* — *f.* 6. XVI Kal. Aug. ista die anni lxxv, ind. XIII obiit dominus Roccherus ...

f. 9. Iste quatuor collecte dicuntur post vigilias. Deus indulgentiarum Domine, da animabus ... *Quattuor orationes pro defunctis.* — *f.* 9'. Vigilie, (quae) servantur in ecclesia Monasteriensi. Oremus pro fidelibus defunctis. ps. Dilexi ... *Totum officium defunctorum, novem lectiones minores:* Ne des alienis ... — *f.* 12. Preces ad primam in quadragesima, — *f.* 12'. cottidianis diebus. — *f.* 13'. In magnis festis capitula et feriale capitulum, benedictiones lectionum. — *f.* 14. Preces ad matutinas et ad vesperas, — *f.* 14'. ad tertiam, sextam, nonam.

f. 15. Inuitatorium. In manus tuas Domine ... Ant. Seruite. Beatus vir ... *Psalterium Gallicanum feriatum, partes ordinarii, initia psalmorum laudum.* — *f.* 26. *Post laudes dominicales et* — *f.* 94. *post vesperas fer. II prima,* — *f.* 96. *tertia, sexta, nona.* — *f.* 90. *Locus hymno vesperarum dominicalium vacuus.* — *f.* 111'. Canticum Ysaie. Confitebor ... canticum Ezechie: Ego dixi ..., *cetera cantica suis locis.* — *f.* 112. Ymnus trium puerorum, hymnus Ambrosii et Augustini, canticum Zacharie: Nunc dimittis, canticum Marie: Magnificat. — *f.* 114. *Litaniae; desinunt in:* S. Margareta, ora pro nob[is].

f. 115. In vigilia penthecostes ad vesperas super psalmos. Ueni, sancte Spiritus, reple ... *Proprium de tempore usque ad dominicam ultimam (XXV) post octavam pentecost.* — *f.* 132'. De Trinitate hystoria. ant. Gloria tibi Trinitas ..., *lectiones infra octavam, quae a* — *f.* 128 *incipiunt.* — *f.* 137'. In festo corporis Christi. Sacerdos in eternum ..., *lectiones infra octavam.* — *f.* 150'. Antiphone de libris regum. — *f.* 151. *Scriptura currens a libris regum incipiens usque ad finem anni.* — *f.* 227. *Homiliae dominicarum post pentecost. a dom. I usque ad ultimam.* — *f.* 264'. *Tres collectae de s. Urbano, de s. Nicomede, de ss. Marcellino et Petro.*

f. 265. Passio Bonifatii et sociorum eius. Cum beatus Bonifatius ... *Proprium sanctorum usque ad s. Catharinae. Officia rhythmica:* — *f.* 274'. Decem milium martyrum. O rex regum Domine ... — *f.* 301. De tribus magis. Magorum presentia Agrippina gaude ... — *f.* 306. In divisione apostolorum. Viri vere portendentes ... — *f.* 398. Undecim milium virginum. O quam pulchra virginum ... — *f.* 428. In s. Elisabeth. Letare Germania ... — *f.* 439. In s. Katerine. Ave virgo gloriosa ...

f. 440. In dedicatione ecclesie ad vesperas ant. Gloria tibi Trinitas . . .
— *f.* 446. Lectiones et homilie legendae in dedicatione veteris chori et altariorum. — *f.* 448′. Ordo in dedicatione veteris ecclesie.

f. 449. In vigilia apostolorum ad vesperas. Dum steteritis ante reges . . . *Commune sanctorum.* — *f.* 457′. De vno martire ymnus. Martir egregie — omne per evum. — Hymnus de s. Laurentio. Stola iocunditatis — decantemus. Alleluia.

f. 458. Passio X millium martirum. Adrianus imperator . . . *Lectiones ad proprium sanctorum addendae.* — *f.* 494 *vacuum.* — *f.* 494′. Alla colle molle . . . *Rhythmi lingua Italica conscripti.*

f. 495—496. Impetratur commissio pro Iohanne fratre meo contra Willam filiam Walt[r]ami Ioest . . . *Rerum domesticarum et negotiorum rationes nummis Francogallicis, Germanicis, Bohemicis relatae.* —*f.* 495. *Impensae itineris Auinionem facti; man. saec. XIV.*

Multa in marginibus eadem man. addita.

62. Breviarium Olivetanorum.

Vatican. 7235. membr. 252 f. 175 × 115 mm. 2 col. saec. XV. tom. I.

f. 1. *Kalendarium. Ind. astr. et cal., lineis continuis.* — *f.* 7. Septuagesima . . . *Tabula festorum.*

f. 7′. Rubrica ad faciendum officium per totum annum. Aduentus Domini — Rubrica in festo corporis Christi. — *f.* 10′ *vacuum.* — *f.* 11. De specialibus antiphonis laudum, que ponuntur ante natiuitatis Domini . . .

f. 15′. Dominica infra octauam s. Ioannis baptiste. Sermo s. Ambrosii. Sancti Ioannis baptiste natalicia . . . *Octo lectiones, item lectiones de dom. infra octavam apostolorum Petri et Pauli, de dom. infra octavam assumptionis B. M. V., de dom. infra octavam nativitatis B. M. V.* — *f.* 19′ *vacuum.*

f. 20. Ad laudem totius Trinitatis. Incipit ordo breuiarii secundum consuetudinem monachorum ordinis montis Oliueti. In primo sabbato de aduentu. ad uesperas capitulum. Fratres, scientes, quia hora . . . *Proprium de tempore usque ad dom. XXIV post pentecost.* — *f.* 196. In festo sanctissime Trinitatis. In primis uesperis ant. Sedenti super solium . . . *Officium rhythmicum.* — *f.* 199′. Officium corporis Christi. In primis uesperis ant. Sacerdos in eternum . . . — *f.* 204′. *Dom. infra octavam lectiones ex decreto Eugenii papae:* Excellentissimum corporis et sanguinis D. N. I. Chr. sacramentum . . . — *f.* 205. *Scriptura currens incipiens a libris regum.* — *f.* 210′. *Homiliae dominicarum post pentecost.* — *f.* 230. *Scriptura currens mense Augusto a parabolis Salomonis incipiens.* — *f.* 252′ *vacuum.*

Vatican. 7236. 248 f. cetera ut supra. tom. II.

f. 1. Incipit psalterium secundum ordinem monachorum montis Oliueti. Feria secunda ad primam ymnus. Iam lucis orto . . . Beatus uir . . . *Psalterium Gallicanum dispositum cum ordinario officii de tempore. — f.* 54'. *Post laudes sabbati prima, tertia, sexta, nona. — f.* 60. *Vesperae. — — f.* 69. *Completorium.*

f. 70. In festiuitatibus sanctorum cantica. Uos sancti Domini uocabimini . . . *— f.* 70'. Incipiunt vij psalmi penitentiales . . . *Initia psalmorum, litaniae, preces, orationes.*

f. 73. In primo sabbato de aduentu. Ad uesperas. Creator alme . . . *Hymni de tempore, de sanctis, de communi. — f.* 84', 85 *vacua.*

f. 86. Incipiunt festiuitates sanctorum per anni circulum. In s. Saturnini mr. oratio. Deus, qui nos . . . *Proprium sanctorum usque ad s. Catharinae.*

f. 199. In dedicatione templi ad uesperas. Capitulum. Uidi ciuitatem . . . *— f.* 202' *vacuum.*

f. 203'. Incipit commune sanctorum. In nataliciis apostolorum. Ad uesperas capitulum. Fratres, iam non . . .

f. 226. Incipit officium gloriosissime uirginis Marie — secundum tempora diuersa anni. In primis a pentecosten usque ad aduentum. Ad uesperas ant. Dum esset . . .

f. 231. Incipit ordo ad communicandum infirmum fratrem . . . Miserere mei Deus . . . *— f.* 232. *Ordo ad ungendum. — f.* 234. *Ordo commendationis animae et sepeliendi. — f.* 236'. Incipit officium in agenda mortuorum . . . ant. Placebo . . . *Officium defunctorum, novem lectiones. — f.* 242. Haec est forma generalis indulgentie . . . Confiteor — Spiritus sancti. Amen.

f. 242'. Incipit ordo ad benedicendum mensam per totum annum. Congregatis fratribus . . . Benedicite . . .

f. 244. In festo uisitationis uirginis Marie ad uesperas ant. Deuota uisitatio . . . *Totum officium.*

Pict. miniat. color. et inaurat. fig. flor.

63. **Breviarii Passaviensis pars aestiva.**

Vatican. 9210. membr. 392 f. 160 × 112 mm. saec. XV.

f. 1. orabit ad te omnis sanctus . . . *Ps. 31, 6. Desunt viginti folia. Psalterium Gallicanum feriatum, initia psalmorum laudum, ordinarium officii de tempore praeter hymnos. — f.* 62. *Ad ps. 118 antiphonae. — f.* 80. Confitebor tibi . . . *Cantica; inscribuntur sola:* canticum Anne prophete, filiorum Israel: Cantemus Domino . . ., Moysi: Audite celi . . . — *f.* 85'. Ymnus trium puerorum, canticum Zacharie, Marie virginis, Symeonis, laus angelica: Te Deum, fides Anastasii: Quicumque. — *f.* 89. *Litaniae, preces, orationes.*

f. 92. Vigilie mortuorum. Oremus pro omnibus fidelibus defunctis . . . Invitatorium. Circumdederunt me gemitus mortis . . . *Totum officium, novem lectiones, lect. IX:* Fratres, sicut portauimus ymaginem terre — dedit nobis uictoriam per Iesum Christum. — *f.* 96. Vigilie minores. Ne des alienis . . . *Novem lectiones, responsoria, orationes.* — *f.* 99. Vespere mortuorum, *oratio addita.* — *f.* 99' *vacuum.*

f. 100. Sabbato sancto pasche ad uesperas super psalmos ant. Alleluia . . . Ad Magnificat ant. Uespere autem sabbati . . . *Proprium de tempore usque ad dom. XXV post octavam pentecost.* — *f.* 139. De sanctis infra pascha et ascensionem. *Proprium sanctorum temporis paschalis.* — *f.* 176. Ant. super psalmos. Sanctificavit . . . *Ordo officii dedicationis ecclesiae.* — *f.* 177. Officium de sancta Trinitate. Ant. Te Deum Patrem ingenitum . . . *et officium infra octavam.* — *f.* 183. *Scriptura currens a libris regum incipiens usque ad adventum.* — *f.* 245. *Homiliae dominicarum post pentecost. a dom. I post octavam pentecost. incipientes.*

f. 263. De sanctis post festum penthecost. usque ad aduentum Domini. Petronelle virg. ant. tantum. Veni sponsa . . . *Proprium sanctorum usque ad s. Andreae ap.* — *f.* 343'. In s. Elizabeth super psalmos ant. Letare Germania, claro felix germine . . . *Officium rhythmicum.* — *f.* 354'. Hystoria de corpore Christi . . . Ant. Sacerdos in eternum . . . *Lectiones infra octavam.* — *f.* 360. Hystoria de s. Anna. Anne sancte celebremus inclita sollemnia . . . *Officium rhythmicum.* — *f.* 362' *vacuum.*

f. 363. Incipit commune de sanctis. In vigilia apostolorum. Ad vesperas super psalmos. ant. Non uos me elegistis . . . *Communis virginum sermo:* Hodie, fratres karissimi, virginale decus illuxit . . .; *desinit lect. III in:* ut femina.

Nonnulla in marginibus al. man. addita. Complura folia refecta.

64. **Breviarium fratrum Praedicatorum Gerundinensium.**

Vatican. 7237. membr. 339 f. 120 × 87 mm. 2 col. saec. XIV.

f. 1. dissipauerunt legem tuam . . . *Ps. 118, 126. Extrema sextae pars. Psalterium Gallicanum feriatum, antiphonae. Psalmorum ultimorum tantum partes priores.* — *f.* 8'. Canticum puerorum, Zachariae, b. Marie v., Symeonis, canticum Augustini et Ambrosii: Te Deum, canticum Athanasii: Quicumque. — *f.* 10'. Psalmus, qui dicitur ante letaniam. Deus in adiutorium . . .; *litaniae, orationes, quarum ultima man. rec. scripta.*

f. 13. *Kalendarium. Ind. astr. et cal. grad.* — *f.* 16. VIII Id. Iul. Dedicatio ecclesiae Gerundinensis *et alia man. rec. addita.*

f. 19. De quo officium sit agendum. Notandum, quod . . . *Rubricae.*

f. 20. Dominica prima in aduentu Domini. Sabbato praecedenti ad vesperas ant. Benedictus Deus... *Proprium de tempore usque ad dom. XXV post Trinitatis. — f.* 145. In festo sancte Trinitatis ad vesperas super psalmos ant. O beata et benedicta ... — *f.* 148'. *Scriptura currens dominicarum post pentecost. — f.* 169'. *Homiliae earum. — f.* 181. Sciendum est, quod a dominica Deus omnipotens (?) usque ad aduentum ... *Rubrica de homiliis legendis.*

f. 181'. In dedicatione ecclesie ad uesperas ant. Sanctificauit Dominus... *Totum officium al. man. — f.* 183. De festis in communi. In quacumque die ... *Rubricae.*

f. 188. In vigilia s. Andree lectio secundum Iohannem. In illo tempore: Stabat Iohannes ... *Proprium sanctorum usque ad s. Saturnini; man. rec. addita lectio VI—IX de ss. Simone et Iuda, lectio I—III de undecim milibus virginum, lectio I—III de quattuor coronatis.*

f. 304. Incipit officium in communi sanctorum. In communi unius uel plurimorum apostolorum extra tempus paschale. ad vesperas super psalmos ant. Estote fortes ... — *f.* 316. *Lectiones de communi sanctorum et de B. M. V. man. rec. additae.*

f. 328. Incipit uita beati Alexii conf. lectio prima. Beatus Alexius ... *lectio I(—III) al. man. addita. Item lectiones: — f.* 330. de s. Lucia, *I—VIII, — f.* 331. de s. Thoma ap., *I—VI, — f.* 332'. de s. Thoma m., *I—IX, — f.* 333'. de s. Silvestro pp., *I—IX, — f.* 334'. de octava s. Stephani, *I—III,* de octava s. Iohannis bapt., *I—III, — f.* 335'. de s. Felice presbytero, de s. Mauro, *I—III, — f.* 336. de s. Marcello, *I—III, — f.* 336'. de s. Antonio abb., *I—III, — f.* 337. de s. Prisca, *I—III, — f.* 337'. de ss. Fabiano et Sebastiano, *I—IX. — f.* 338'. In conuersione s. Pauli ap., *IV—VI, — f.* 339. in s. Agnetis secundo, *I—III,* de s. Blasio ep. et m., *I—IX, — f.* 339'. de s. Valentino m., *I—III.*

65. **Breviarium Rhedonense.**

Ottobon. 543. membr. 387 f. 173 × 115 mm. 2 col. saec. XV.

f. 1. *Kalendarium. Ind. astr. et cal. dies Aeg. num.*

f. 7. Inuitatorium. Praeoccupemus faciem ... hymnus. Primo dierum ... Beatus vir ... *Psalterium Gallicanum feriatum cum ordinario officii de tempore. — f.* 60. *Post vesperas sabbati completorium. — f.* 60'. Te Deum, psalmus Benedicite, psalmus Benedictus, psalmus Magnificat, Nunc dimittis, *cetera cantica suis locis. — f.* 61. *Litaniae, preces, oratio.*

f. 63. Ad vesperas defunctorum ant. Placebo ... *Officium defunctorum, novem lectiones, orationes.*

f. 65. Si festum beati Andree die sabbati euenerit, ad vesperas ant. Iuuauit ... Capitulum. Hora est iam nos ... *Proprium de tempore usque ad:*

Dom. XXIV post octavam sacramenti. — *f.* 154. In festo sacramenti ad vesperas ant. Sacerdos in eternum . . . *Officium et lectiones infra octavam.* — *f.* 158'. *Scriptura currens a libris regum incipiens una cum homiliis dominicarum post pentecost.* — *f.* 174. In festo Trinitatis ad primas vesperas capitulum. Gratia Domini . . .

f. 176. Quintini martyris collecta. Sancti nos quaesumus . . . *Proprium sanctorum usque ad apostolorum Simonis et Iudae.* — *f.* 178 *scida membr. inserta.* Die omnium fidelium lect. V. Uos itaque — videre meruerunt *et responsorium.* — *f.* 249'. In s. Moderamni ep. translatione. Dum Moderamni anima . . . *Officium rhythmicum.* — 348'. Moderamni ep. Plebs fidelis et deuota . . . *Officium rhythmicum.* — *f.* 354, 355 *vacua.*

f. 356. In communi vnius euangeliste ad vesperas capitulum. Qui timet Deum . . . *Commune sanctorum. In fine:* In translatione sanctorum lectiones. Non abs re — effici mereamur. Prestante . . . *Octo lectiones.*

f. 370. In capitulo generali ab episcopo et canonicis Redonensibus fit constitutio . . . Capitulum. Ab initio et ante saecula . . . *Officium B. M. V. sabbato per annum;* lect. I(—VI). Castissimum Marie virginis — gratie redolent suavitate. Luc. Missus est Gabriel . . . *homilia:* Exordium nostre salutis — sicut angelus Gabriel.

f. 374. Armagili conf. ad vesperas . . . ℞. Quantum fuit gloriosa . . . *Officium rhythmicum.* — *f.* 375. Symphoriani ad vesperas ant. Peractis vir nequissimus . . . *Officium rhythmicum.*

f. 377. In dedicatione ecclesie ad vesperas ant. Sanctificavit Dominus . . . — *f.* 379' *vacuum.*

f. 380. Yuonis conf. ad vesperas ant. Virga virens virtutibus . . . *Officium rhythmicum.* — *f.* 381'. Florencii conf. collecta. Deus, qui beatum Florencium . . ., *et novem lectiones.* — *f.* 383. In festo transfigurationis Domini ad vesperas super psalmos ant. Sunt de hic stantibus . . . —*f.* 385. Finis legende s. Petri apostoli, scilicet passionis. Cumque sanctus apostolus — emisit spiritum. — Finis legende passionis beati Pauli apostoli. Tanta enim lucis — audierant nuntiantes. — *f.* 386. Lectiones per octauam natiuitatis beate Marie. Natiuitatem gloriosam — effudit Dominum nostrum Iesum Christum, qui . . . *Septendecim lectiones.* — Dom. infra octavam: *Ad Matth. I, I homilia:* Quid autem dicit — natum esse testatur. *Tres lectiones. In marginibus pauca addita.*

66. Breviarium Romanum Francisci Petrarcae.

Borghes. 364. membr. 400 f. 220 × 165 mm. 2 col. saec. XIV.

In tegumento interiore: 73. Garrula licenuris tale sic voce locuta est . . . *Versus.* — Relictum fuit per dominum Franciscum Petrarcham condam canonicum Paduanum sacristie magiori ecclesie Paduane.

f. 1. Breviarium Francisci Petrarche Florentini. — *f.* 1'. Miserere mei Deus . . . *Probatio pennae.*

f. 2. In nomine Domini. Incipit ordo breuiarii secundum ordinem et consuetudinem Romane curie. In primo sabbato de aduentu. ad uesperas. capitulum. Fratres, scientes, quia hora est . . . *Proprium de tempore usque ad dom. XXIV post pentecost. — f. 72'. Fer. IV cinerum litaniae. — f.* 148'. *Scriptura currens incipiens a libris regum. — f.* 154'. *Homiliae dominicarum post pentecost. a dom. II incipientes. — f.* 164. *Scriptura currens mense Augusto a parabolis Salomonis incipiens.*

f. 181. Aduentus Domini celebratur — O sapientia et cetera. *Rubrica.*

f. 183'. *Kalendarium. Ind. cal. dies Aeg.; nonnulla man. rec. addita.*

f. 189'. Inuitatoria subscripta . . . Venite, exultemus Domino . . . Beatus uir . . . *Psalterium Gallicanum dispositum per hebdomadam cum ordinario officii. — f.* 198. *Post laudes dominicales prima. — f.* 237'. *Post vesperas dominicales tertia, sexta, nona. — f.* 246'. Ymnus beatorum Ambrosii et Augustini: Te Deum, canticum Marie, canticum Symeonis, symbolum apostolorum.

f. 247. In primo sabbato de aduentu ad vesperas ymnus. Conditor alme syderum . . . *Hymni de tempore et de sanctis, — f.* 253. *de s. Francisco, — f.* 254. *de communi sanctorum et in dedicatione.*

f. 256'. Incipiunt festiuitates sanctorum per anni circulum. In sancti Saturnini m. oratio. Deus, qui nos beati Saturnini . . . *Proprium sanctorum usque ad s. Catharinae. — f.* 294'. In uigilia beati Antonii conf. Ad uesperas ant. Gaudeat ecclesia . . . *Officium rhythmicum. — f.* 376' *vacuum.*

f. 377. In nataliciis apostolorum. Ad uesperas capitulum. Fratres, iam non estis . . . *Commune sanctorum.*

f. 394. In anniuersario dedicationis. Ad vesperas ant. Domum tuam decet . . .

f. 396. Incipit ordo officii beate uirginis. Notandum, quod officium beate uirginis non dicitur . . . ad uesperas ant. Dum esset rex . . . *Officium B. M. V. per diversa anni tempora. — f.* 399'. *Officii B. M. V. proprium tempore nativitatis.:* O admirabile commercium . . . ; *pars ultima evanuit.*

f. 400. suam a me. communio. Lotum fecit ex sputu . . . *Fer. IV post dom. IV in quadragesima (?). Fragmenta gradualis saec. XII neumis instructi. —* Fer. V *(post dom. IV in quadragesima?).* Letetur cor querentium . . . *— f.* 400'. *Offertorium desinit in:* et misericordiam.

Complura eadem et al. man. addita. Nonnulla folia refecta. Multi loci usu evanuerunt.

Pict. miniat. color. et inaurat. flor.

Cozza-Luzi in Omaggio della biblioteca vaticana nel giubileo episcopale di Leone XIII 1893, p. 1—19.

67. Breviarii Romani commune sanctorum.

Vatican. 4755. membr. 36 f. 185 × 130 mm. saec. XIV.

f. 1. In natalitiis apostolorum ad uesperas capitulum. Fratres, iam non estis . . . *Commune sanctorum, sine psalmis; lectiones,* — *f.* 19'. *tempore paschali.*

f. 22. In dedicatione ecclesiae ad uesperas ant. Domum tuam . . . et in dedicatione altaris, *item ut supra.*

f. 25. In natale apostolorum ps. I Benedicam Dominum in omni tempore . . . *Psalmi communis apostolorum et martyrum, absolutiones et benedictiones lectionum.* — *f.* 31', 32 *abrasa.*

f. 33. Dominus papa Innocentius VI. tempore mortalitatis secunde in collegio cardinalium ordinavit sequentem missam contra subitaneam mortem. Recordare Domine . . . *Officium missae, al. man.* — *f.* 36 *vacuum.*

f. 33 *post* — *f.* 34 *ponendum est.*

68. Breviarium Romanum.

Vatican. 4761. membr. 396 f. 355 × 245 mm. 2 col. saec. XIV.

f. 1. *Kalendarium. Ind. astr. et cal. dies Aeg. grad. num. rubricae.* — *f.* 7 *vacuum.* — *f.* 7'. *Insignia cardinalis de Robore.*

f. 8. Incipit ordo breuiarii secundum consuetudinem Romane curie. In primo sabbato de aduentu. Ad uesperas capitulum. Fratres, scientes, quia . . . *Proprium de tempore usque ad dom. XXIV post pentecost.* — *f.* 78'. *Fer. IV cinerum litaniae.* — *f.* 139'. Offitium s. Trinitatis. In primis vesperis ant. Gloria tibi Trinitas . . . — *f.* 141'. In festo corporis Christi. Ad uesperas ant. Sacerdos in eternum . . . *cum lectionibus infra octavam.* — *f.* 147. *Scriptura currens librorum regum.* — *f.* 151'. *Homiliae dominicarum post pentecost.* — *f.* 160. *Scriptura currens mense Augusto a parabolis Salomonis incipiens.* — *f.* 177. Aduentus Domini . . . *Rubricae.* — *f.* 178. De specialibus antiphonis laudum, *item.* — *f.* 181' *vacuum. Saltus in numerando, cum* — *f.* 182 *et* 183 *desint.*

f. 184. Hic hymnus . . . Primo dierum . . . Nocte surgentes . . . *Desunt notae musicae, quarum lineae sunt ductae.* — *f.* 185. Beatus uir . . . *Psalterium Gallicanum feriatum cum ordinario officii de tempore.* — *f.* 238. Benedicite, Benedictus, Magnificat, Nunc dimittis, hymnus: Te Deum, oratio Domini, symbolum *apostolorum, ps. 89; cetera cantica suis locis.*

f. 240. Sabbato de aduentu. Ad uesperas ymnus. Conditor alme . . . *Hymni de tempore, de sanctis, de commune, in dedicatione.* — *f.* 249' *vacuum.*

f. 250. Incipiunt festiuitates per totum annum. In festo s. Saturnini . . . Oratio. Deus, qui nos . . . *Proprium sanctorum usque ad s. Catharinae, s. Zenobii, s. Romuli.* — *f.* 362'. In conceptione beate Marie virginis ad uesperas ant. Conceptio gloriose . . . — *f.* 365 *vacuum.*

f. 366. In natalitiis apostolorum. In uigilia. Ad uesperas capitulum. Iam non estis . . . *Commune sanctorum.*

f. 389. Incipit ordo offitii beate uirginis. Notandum, quod offitium . . . ad uesperas ant. Dum esset rex . . . *Officium B. M. V. per diversa anni tempora.*

f. 392'. Offitium in agenda mortuorum . . . Placebo . . . *Officium defunctorum, lectiones, orationes.*

f. 395. Incipit ordo ad benedicendum mensam . . . Congregatis fratribus . . . Benedicite . . .

Miniat. color. et inaurat. — *f. 185. Pict. maior et insignia cardinalis de Robore.*

69. **Breviarium Romanum Tarentinum.**

Vatican. 4592. membr. 465 f. 142 × 102 mm. 2 col. saec. XV.

f. 1. *Kalendarium. Ind. astr. et cal. dies Aeg.* — *f.* 6. IV Kal. Nov. Consecratio maioris ecclesie Tarentine. — *f.* 7', 8. *Tabulae calendares.* — *f.* 8' *vacuum.*

f. 9. In nomine Domini. Amen. Incipit ordo breuiarii secundum consuetudinem Romane curie. In primo sabbato de aduentu. Ad uesperas capitulum. Fratres, scientes, quia hora . . . *Proprium de tempore usque ad dom. XXIV post pentecost.* — *f.* 157'. In festo sancte Trinitatis. Ad vesperas. Gloria tibi Trinitas . . . — *f.* 159'. In festo corporis Christi. Ad vesperas. Sacerdos in eternum . . ., *cum lectionibus infra octavam.* — *f.* 167'. Rubrica de festo eucharistie. Iohannes episcopus seruus seruorum Dei . . . Bene gestis et congrue . . . — Datum Avinione. — *f.* 168. *Scriptura currens incipiens a libris regum.* — *f.* 173'. *Homiliae dominicarum post pentecost.* — *f.* 186. *Scriptura currens mense Augusto incipiens a parabolis Salomonis.* — *f.* 202'. Notandum, quod . . . *Rubricae.* — *f.* 207', 208, 209 *vacua.*

f. 210. Ymnus iste dicitur . . . Ad nocturnum. Primo dierum . . . Beatus uir . . . *Psalterium Gallicanum dispositum cum ordinario officii de tempore.* — *f.* 220'. *Post laudes dominicales prima, tertia, sexta, nona.* — *f.* 229'. *Post vesperas dominicales completorium.* — *f.* 272. *Vesperae feriales.* — *f.* 280. Ant. Ne reminiscaris . . . *Litaniae, preces, orationes.*

f. 282. Incipit ymnarium per totum annum secundum consuetudinem Romane curie. Sabbato de aduentu. Ad uesperas ymnus. Conditor alme . . . *Hymni de tempore, de sanctis, in dedicatione, de communi.*

f. 293. Benedictio panis dandi ad populum. Domine sancte . . . *Item benedictiones* uvae, agni in pasca, pomorum, ad omnia, ad corporalia, bordone et scarcelle. — *f.* 294', 295 *vacua.*

f. 296. Incipiunt festiuitates per totum annum. In s. Saturnini m. Oracio. Deus, qui nos ... *Proprium sanctorum usque ad s. Catharinae. — f. 335'.* In festo s. Cataldi, archiepiscopi Tarentini ... Inuitatorium. Regem regum magnificum ... *Officium rhythmicum.*

f. 432. Incipit commune sanctorum per totum annum. In nataliciis apostolorum et euangelistarum. Ad vesperas. Capitulum. Fratres, iam non estis ...

f. 450. In anniuersario dedicationis ecclesie. Ad vesperas. ant. Domum tuam ...

f. 452'. Incipit ordo officii beate Marie virginis. Notandum, quod officium ... Ad vesperas ant. Dum esset rex ... *Officium B. M. V. per diversa anni tempora.*

f. 457. Incipit officium in agenda mortuorum. Notandum, quod officium ... Placebo ... *Officium defunctorum, novem lectiones. — f. 460'.* Ordo commendacionis anime. Kyrieleison ...

f. 463. Incipit ordo ad benedicendum mensam per totum annum. Congregatis fratribus ... Benedicite ... — *f. 464'.* Ad benedicendum aquam exorcismus salis ... Exorcizo te ... Asperges, Vidi aquam.

Pict. miniat. color. et inaurat. fig. flor. — f. 9. Insigne.

70. **Breviarium Romanum et pontificale.**

Vatican. 6255. membr. III + 431 + 1 f. 154 × 108 mm. 2 col. saec. XV.

f. I, II, III *vacua.*

f. 1. Kalendarium. Ind. astr. et cal. dies Aeg. Inter sanctos: Ian. Marcellini ep., Savine v. m. Febr. Gilberti conf., Theodore v. m., Amandi ep., Eugenie v., Savini ep., Desiderii ep., Fulgentie v. *(bis),* Barbati, Victoris, Victorini mm., Zenobii m. Mart. Herculani ep. m., Albini ep., Gettulii abb., Eustraxii abb. Apr. Secundi m. Mai. Antimi, Florentii. Sept. Eustatii cum soc. *r.,* Ieronimi *r.* Oct. Reparate, Germani conf. Nov. Amici conf. — *f.* 6a *vacuum.*

f. 7. In nomine Domini. Amen. Incipit ordo breuiarij secundum consuetudinem Romane curie. In primo sabbato de aduentu ad uesperas. Capitulum. Fratres, scientes, quia hora ... *Proprium de tempore usque ad dom. XXIV post pentecost. — f.* 81'. Fer. IV cinerum *initia psalmorum poenitentialium et litaniae. — f.* 160. Officium sancte Trinitatis. In primis uesperis ant. Gloria tibi Trinitas ... — *f.* 163. Officium sollempnitatis corporis Christi. In primis uesperis ant. Sacerdos in eternum ... *et lectiones infra octavam. — f.* 168'. *Scriptura currens incipiens a libris regum. — f.* 172'. *Homiliae dominicarum post pentecost. a dom. III incipientes. — f.* 181. *Scriptura currens incipiens a parabolis Salomonis.*

f. 196. meum et uisitasti nocte . . . *Ps. 16, 3. Psalterium Gallicanum ex parte per hebdomadam dispositum cum ordinario officii. — f.* 201′. *Post laudes dominicales prima. — f.* 254′. *Post vesperas fer. II tertia, sexta, nona. — f.* 265′. *Post vesperas sabbati* ps. Magnificat, Nunc dimittis.

f. 266. Incipiunt festiuitates sanctorum per circulum anni. In sancti Saturnini m. oratio. Deus, qui nos . . . *Proprium sanctorum usque ad s. Catharinae. — f.* 334′. In uigilia beati Emigdii ep. et m. ad uesperas ant· Sanctus Emigdius, natione Francus . . . *Totum officium. — f.* 379 *vacuum.* — *f.* 379′. *Tabula paschalis.*

f. 380. Incipit commune sanctorum de breuiario. In nataliciis apostolorum ad uesperas. Capitulum. Fratres, iam non estis . . . — *f.* 400. In anniversario dedicationis ecclesiee . . . ant. Domum tuam . . .

f. 403. Incipit ordo officij beate Marie uirginis. Notandum, quod officium beate uirginis . . . Ad uesperas ant. Dum esset rex . . . *Officium B. M. V. per diversa anni tempora.*

f. 408. Incipit officium in agenda mortuorum. Notandum, quod officium mortuorum non agitur . . . Placebo . . . *Novem lectiones, orationes.*

f. 412. Incipit ordo ad benedicendum mensam per totum annum. Congregatis fratribus . . . Benedicite . . . — *f.* 413′. Pater Noster, ps. Credo in Deum *(apostolicum),* ps. Credo in unum Deum *(Nicaenum). — f.* 414. *Ordo ad communicandum infirmum, — f.* 415. *ad ungendum. — f.* 416′. *Ordo commendationis animae et litaniae.*

f. 419. Rubrica de crismandis pueris in fronte. Pontifex pueros et eciam adultos . . . Spiritus sanctus superueniat . . . — *f.* 421. *Ordo ad clericum faciendum. — f.* 422. *Ordinatio minorum graduum. — f.* 426′. *Benedictio patenae, calicis, — f.* 427. *sacerdotalium indumentorum, — f.* 428. *linteaminum et corporalium. — f.* 429. Ordo, qualiter pontifex preparet se ad missam sollempnem; *orationes ad induenda vestimenta.*

f. 430. Thomas . . . *Cetera deleta. — f.* 430′ *vacuum.*

Pict. miniat. color. et inaurat. fig. flor. — f. 7. Insigne abrasum.

71. Breviarium Romanum canonicorum in Alga Venetiarum.

Vatican. 7724. membr. 438 f. 145 × 98 mm. 2 col. 1475.

f. 1. licitum ambulare cum Deo tuo — inhabita in terra. *Ant.* — Ant. ad matutinum usque ad adventum in feriali officio. Aspice Domine . . . *al. man.*

f 1′. Istud breuiarium est donni Sancti et donni Iohannis Baptiste, fratrum de Bergamo, canonicorum congregationis sancti Georgii in Alga Uenetiarum. *al. man.*

f. 2. *Kalendarium. Ind. astr. et cal. grad. dies Aeg.*

f. 8. Anno Domini 1419 de mense Ianuarii dominus Martinus papa concessit plenariam indulgentiam in articulo mortis fratribus nostris existentibus in congregatione nostra s. Georgii in Alga Uenetiarum. Hec est forma . . .

f. 8'. Inuitatoria subscripta dicuntur singulis diebus dominicis . . . Venite, exultemus . . . *Invitatoria per annum dicenda.*

f. 9. Incipit psalterium secundum consuetudinem Romane curie . . . Ad nocturn. ymnus. Primo dierum omnium . . . Beatus vir . . . *Psalterium Gallicanum per hebdomadam dispositum cum ordinario officii de tempore.* — *f.* 19. *Post laudes dominicales prima, tertia, sexta, nona.* — *f.* 73'. *Post vesperas sabbati completorium, Pater noster, Credo in Deum, antiphonae de B. M. V.* — *f.* 76. *Litaniae, preces, orationes.*

f. 78'. Sabbato de aduentu ad uesperas ymnus. Conditor alme syderum . . . *Hymni de tempore et de sanctis,* — *f.* 85'. *de communi et in dedicatione.*

f. 87'. Aduentus Domini celebratur . . . *Rubricae.* — *f.* 90. De specialibus antiphonis laudum septem tabule.

f. 92'. In Christi nomine. Incipit ordo breuiarii secundum consuetudinem Romane curie. Sabbato primo de aduentu. Ad uesperas capitulum. Fratres, scientes, quia hora . . . *Proprium de tempore usque ad dom. XXIV post pentecost.* — *f.* 108. *Rubricae.* — *f.* 216'. Officium de Trinitate. In primis vesperis ant. Gloria tibi Trinitas . . . — *f.* 218'. In sacra sollemnitate corporis Domini nostri Iesu Christi. In primis vesperis. Sacerdos in eternum . . . *et lectiones infra octavam.* — *f.* 227. *Scriptura currens incipiens a libris regum.* — *f.* 232'. *Homiliae dominicarum post pentecost. a dom. IV incipientes.* — *f.* 241'. *Scriptura currens mense Augusto a parabolis Salomonis incipiens.*

f. 259. Incipit proprium de festiuitatibus sanctorum totius anni et primo: In sancti Saturnini martyris. Oratio. Deus, qui nos . . . *Proprium sanctorum usque ad s. Catharinae.*

f. 378'. Lect. VIII de omilia s. Gregorii pp. super evangelium dominice II post pent. In illis appetitus — ualeatis amare.

f. 379. Incipit commune sanctorum de breuiario. In natalitiis apostolorum. Ad vesperas. Capitulum. Fratres, iam non estis . . .

f. 398'. In anniversario dedicationis ecclesie . . . Domum tuam . . .

f. 401. Incipit ordo officii beate Marie virginis. Notandum, quod officium beate Marie v. . . . Ad vesperas ant. Dum esset rex . . . *Officium B. M. V. per diversa anni tempora.*

f. 405. Officium in agenda mortuorum, *novem lectiones.* — *f.* 408. Ordo ad communicandum infirmum. — *f.* 408'. Ordo ad ungendum, *litaniae.* — *f.* 410. Ordo commendationis anime *et ordo sepeliendi.* — *f.* 414'. Ordo ad benedicendum mensam.

f. 416. Explicit anno Domini 1475.

18*

Commemorationes infra octavam nativitatis Domini. — *f.* 416'. *Bene-dictiones et absolutiones lectionum.* — *f.* 417' *vacuum.*

f. 418. Sequuntur de sermone sancti Augustini episcopi in commune unius martiris. Qvia autem damnata est ... *Lectiones de communi sanctorum.*

f. 429. In festo visitationis beate virginis Marie ... capitulum. Ego quasi terebintus. Ad Magnificat antiphona. Hodie Iohannes Spiritu sancto repletus ... *Totum officium praeter hymnos, lectiones infra octavam; lect. III septimae diei desinit in:* Set te queso Helisa.

Complura folia refecta.

Pict. miniat. color. et inaurat., margines auro et flor. distincti.

72. Breviarium Romanum Matthiae Corvini, regis Hungariae.

Urbin. 112. membr. 597 f. 393 × 275 mm. 2 col. 1487.

f. 1. *Kalendarium. Ind. astr. et cal.*

f. 7. Ave Maria — Dominus tecum. Incipit ordo breviarii secundum consuetudinem Romane curie. In primo sabbato de adventu ad vesperas capitulum. — *f.* 8. Fratres, scientes, quia hora ... *Proprium de tempore usque ad dom. XXIV post pentecost.* — *f.* 113'. *Post fer. IV cinerum litaniae.* — *f.* 210. Officium de sancta Trinitate. Antiphona. Gloria tibi Trinitas ... — *f.* 212'. Officium corporis Christi. Ad vesperas ant. Sacerdos in eternum ... *cum lectionibus infra octavam.* — *f.* 221. *Scriptura currens incipiens a libris regum.* — *f.* 226'. *Homiliae dominicarum post pentecost.* — *f.* 240'. *Scriptura currens mense Augusto incipiens a parabolis Salomonis.* — *f.* 266'. Aduentus Domini ... *Rubricae, septem tabulae de adventu.* — *f.* 273. Nouae rubricae. — *f.* 277', 278 *vacua.*

f. 278'. Ordo psalterii secundum consuetudinem Romane curie foeliciter incipit. Invitatoria subscripta ... — *f.* 279. Primo dierum ... Beatus vir ... *Psalterium Gallicanum dispositum cum ordinario officii de tempore.* — *f.* 288'. *Post laudes dominicales prima, tertia, sexta, nona.* — *f.* 342. *Post vesperas dominicales completorium.* — *f.* 343. Laus doctorum: Te Deum, symbulum apostolorum, oratio: Pater noster, oratio: Ave Maria. — *f.* 344', 345 *vacua.*

f. 345'. Incipit proprium sanctorum per totum anni circulum. In festo sancti Saturnini mart. oratio. Anno Domini M.CCCC. LXXXXII. — *f.* 346. Deus, qui nos ... *Proprium sanctorum usque ad s. Catharinae. Multae vitae vel passiones in novem lectiones divisae. In fine:* — *f.* 551'. In sancti Iacobi intercisi, *novem lectiones.* — *f.* 554, 555 *vacua.*

f. 555'. Incipit commune sanctorum. In nataliciis apostolorum. Ad vesperas capitulum. — *f.* 556. Fratres, iam non estis ...

f. 583'. In anniuersario dedicationis ecclesie. Ad uesperas ant. Domum tuam ...

f. 587. Incipit officium beate Marie uirginis secundum consuetudinem Romane curie ... Inuitatorium. Ave Maria ... *Officium per diversa anni tempora.*

f. 592. Incipit officium defunctorum secundum consuetudinem Romane curie. Ad uesperas ant. Placebo ...; *novem lectiones, responsoria, orationes.*

f. 595′. Incipit ordo ad benedicendum mensam per totum annum. Congregatis fratribus ... Benedicite ...

f. 597. Sit laus Deo ... *Rhythmi librarii. Infra al. man.:* Exemplaribus satis fidis Mathie inclyti regis Hungarie et Boemie breuiarij codicem ego Martinus Antonius presbyter Dej gratia faustissime manu propria scripsi. Opus absolutum pridie Kalendas Nouembris. Anno salutis M° cccclxxxvjj°. — *f.* 597′ *vacuum.*

In omnibus fere paginis pict. miniat. color. et inaurat. fig. flor. Picturae maiores vel tabulares: f. 7′. Altare. — f. 8. S. Paulus ap. docens. — f. 278′. Duo homines sancti. — f. 279. David rex orans. — f. 345′. Altare; apostoli. — f. 346. S. Petrus ap. ad primatum vocatur. — f. 555′. Altare; Deus Pater creator. — f. 556. Sanctissima Trinitas et chorus sanctorum. — Multis locis insignia regalia; quorum nonnullis deletis insigne cuiusdam cardinalis (Georgii de Amboise vel alicuius Trivultiorum?) appositum est. Cf. Urbin. 110. Missale Matthiae Corvini.

Bethmann in Pertz' Archiv Bd. XII, S. 262. — *Fraknói*, Mathias Corvinus, König von Ungarn (Freiburg 1891) S. 297.

73. Breviarium Romanum.

Vatican. 3479. chart. 401 f. 219×140 mm. 2 col. saec. XV. XVI.

f. 1. usque post octauam natalis Domini ... *Rubricae.* Hoc subsequente continentur rubrice noue de regimine officii secundum curiam Romanam et primo in mense Ienuario. Ienuarius. Circumcisio Domini. In dominica. Amen ... — *f.* 7′. Forcior esto ... *Praecepta calendaria al. man. addita.*

f. 8. In nomine Domini nostri Iesu Christi. Incipit psalterium secundum consuetudinem Romane curie. Ad matutinum inuitatorium. Venite, exultemus ... Beatus uir ... *Psalterium Gallicanum dispositum cum ordinario officii de tempore. — f.* 13. Lectio IV(—VI). Graecis et barbaris — stulti facti sunt. *Rom. 1, 14—22. — f.* 14. Ioh. Nuptie facte sunt ... Lectio VII(—IX). Homilia s. Augustini. Quod Dominus noster atque salvator — et tunc ieiunabunt. — *f.* 17. *Post laudes dominicales prima, tertia, sexta, nona. — f.* 24. *Post vesperas completorium. — f.* 33′. *Post laudes fer. II prima, tertia, sexta, nona, item ceteris feriis; post laudes feriales vesperae feriarum.*

f. 74′. Incipit ymnarium per totum annum. Conditor alme ... *Hymni de tempore, de sanctis, de communi, in dedicatione.*

18**

f. 85. Incipit ordo breuiarij secundum consuetudinem Romane curie. Primo sabbato de aduentu ad uesperas capitulum. Fratres, scientes, quia hora . . . *Proprium de tempore usque ad dom. XXIV post pentecost.* — *f.* 209'. *Scriptura currens a libris regum.* — *f.* 211. Incipit officium de corpore Christi. In uigilia eius ad uesperas ant. Sacerdos in eternum . . . *cum lectionibus infra octavam.* — *f.* 219'. *Homiliae dominicarum post pentecost.* — *f.* 230. *Scriptura currens mense Augusto incipiens a parabolis Salomonis.* — *f.* 251'. Incipit officium sancte Trinitatis ad uesperas ant. Gloria tibi Trinitas . . . — *f.* 254. In anno illo . . . *Rubricae.*

f. 256'. In sancti Antonii conf. de [ordine] fratrum Minorum. Ad uesperas ant. Gaudet ecclesia . . . *Officium rhythmicum, hymni et lectiones.* — *f.* 259. Christus Iesus, splendor Patris . . . *Antiphonae et oratio de transfiguratione Domini. al. man.*

f. 259. Incipit festiuitates sanctorum per anni circulum. In festo sancti Saturnini. Ad uesperas oratio. Deus, qui nos . . . *Proprium sanctorum usque ad s. Catharinae. In fine al. man.:* In festo s. Margarite lectio. Post passionem Domini . . . *Inest:* — *f.* 384. *Officium in dedicatione ecclesiae.*

f. 388. Incipit commune sanctorum de breuiario. In natalicijs apostolorum ad uesperas ant. Hoc est preceptum . . . — *f.* 395'. *al. man.*

f. 401'. Ad matutinum absolute incipitur. Regem, cui . . . *Officium defunctorum man. rec.; desinit in lectione III:* uestisti me, ossibus.

Nonnulla in marginibus aliis manibus addita.

74. Breviarium Senonense.

Regin. 153. membr. I+521 f. 180×114 mm. saec. XIV.

f. I'. Numero 12. N. Pet. 1656. *Inductum:* 1441. Venerabilis et discretus vir dominus Stephanus Fliuier (?) presbiter canonicus Mariae vallis A(?)riminensis, cappellanus sancti Quiriaci huiusque ecclesiae humilis curatus, qui in honorem beatae Mariae virginis et sancti Michaelis patroni istius ecclesiae hunc breuiarium dono dedit. Datum 22. Maii 1600.

f. 1. Bourdelot. Num. 12. Non Pet. 1656. *Infimo in folio:* Volum. XII. Non Petauianum.

Oratio sacerdotalis ante missam. Summe sacerdos—me indignum sacerdotem.

f. 2. 1441. *Kalendarium Senonense. Ind. astr. et cal. num. Complura manibus rec. addita.*

f. 9. In anno, quo . . . *Rubricae et ordo officii.*

f. 12'. Inuitatorium. Preoccupemus . . . Beatus uir . . . *Psalterium Gallicanum feriatum, partim dispositum cum ordinario officii de tempore.* — *f.* 21. *Post laudes dominicales prima,* psalmus Quicumque. — *f.* 80'. *Post vesperas fer. II tertia, sexta, nona.* — *f.* 91'. *Post vesperas sabbati* psalmus Benedicite, *ps. 148—150,* psalmus Benedictus, Magnificat, Te Deum, Nunc dimittis. — *f.* 93'. Kyrieleison . . . *Litaniae, preces, orationes.*

f. 96. Sabbato in aduentu Domini. Ad uesperas super psalmos et ant. de feria. Capitulum. Qui uenturus est . . . *Proprium de tempore.* — *f.* 229'. De Trinitate ad uesperas super psalmos de feria ant. Gloria tibi Trinitas . . . — *f. 233.* De corpore Christi ad vesperas ant. Sacerdos in eternum . . . ; *lectiones infra octavam.* — *f.* 232'. *Scriptura currens dominicarum post pentecost. usque ad adventum incipiens a libris regum.* — *f. 278'. Homiliae dominicarum post pentecost. incipientes a dom. I post octavam pentecost. In dom. II desinunt numeri; ultimae dom. evangelium Matth. 9, 18.*

f. 288'. In uigilia dedicationis. Ad uesperas super psalmos de feria ant. Sanctificauit Dominus . . ., *lectiones infra octavam.*

f. 294. Si festum sancti Andree . . . *Rubrica.* In vigilia sancti Andree. Ad uesperas super psalmos de feria. Ant. Vidit Dominus . . . *Proprium sanctorum usque ad Saturnini m.* — *f.* 347'. *Commune sanctorum post pascha. Compluribus locis post matutinum ante laudes et ante Magnificat vesperarum:* Prosa.

f. 494. In uigilia apostolorum secundum Iohannem. In illo tempore . . . Ego sum uitis uera . . . *Commune sanctorum.*

f. 511'. Pro fidelibus defunctis. Ad uesperas super psalmos ant. Placebo . . . *Officium defunctorum, novem lectiones.* Lect. IV. Quis mihi . . . lect. V. Spiritus meus . . . lect. VI. Pelli mee . . . lect. VII. Lignum habet spem — sompno suo; lect. VIII. Si peccavi — horror inhabitans; lect. IX. Milicia est — visus hominis.

f. 515 *bis.* Secuntur suffragia, que dicuntur diebus feriis. De Cruce ad Benedictus ant. Nos autem . . . *Commemorationes communes;* de ss. apostolis, de s. Stephano protom., de omnibus sanctis, de pace. — *f.* 516. Secuntur benedictiones. Benedictione perpetua . . . *Benedictiones lectionum.*

f. 516'. De beata Maria oratio. O intemerata . . ., letania beate Marie uirginis, *precationes, rhythmi:* Mater digna Dei — miserere mei; Virgo mater creatoris — laus et gloria; Quinque gaudia beate Marie. Regina clemencie — emendes fata. — *f.* 520. Antiphonae de Xpoforo m. — *f.* 520'. Ad contemnenda prospera: Si tibi pulchra domus — semper letaberis. — Antiphona de s. Iacobo. Adiutor omnium sanctorum . . ., oratio; *man. rec. duae ant. de pascha.* — *f.* 521. *Oratio et lectiones de s. Ambrosio:* Cum Ambrosius infans — anime refectio.

Miniat. color. et inaurat.

75. Breviarii Spirensis pars aestiva.

Palatin. 514. chart. 239 f. 309 × 210 mm. 2 col. saec. XV.

f. 1. 71. Infimo in folio: 125. 2200.

De beata virgine Maria infra pasca et ascensionis Domini. In priori vesp. super psalmos . . . ant. Alleluia. Capitulum. Ego quasi vitis . . .

Officium B. M. V. sabbato. Ioh. Stabat iuxta crucem . . . Omelia: lect. I(—III). Sicut christiane religionis defectus . . . Secuntur lectiones singulis sabbatis diebus. Lect. Stabat autem iuxta crucem . . . *desinit in:* Bersabee matrem Salomonis.

f. 2. Kalendarium. Ind. astr. et cal. num. grad.; man. rec. cum alia addita, tum praeceptum ad inveniendum pascha lingua Latina, ad feriam IV cinerum inveniendam lingua Germanica conscriptum. — *f. 3'.* Non. April. Anno 1495, dominica Misericordia Domini, quae fuit tercius mensis Maij ego Iacobus Mersslingk capellanus altaris sancti Clementis in Horheym primicias in ecclesia sancti Quintini martiris Moguntini celebraui. — *f.* 8. *Tabula ad dominicam septuagesimae inveniendam.* — *f. 8' vacuum.*

f. 9. Hystoria de festo transfigurationis Domini . . . Ad I vesp. super omnia laudate ant. Cristus Ihesus splendor . . . Hymnus sub tono Pange lingua. Gaude mater pietatis . . . *Totum officium, novem lectiones.*

f. 12. In nomine Domini. Amen. Incipit pars estiualis secundum ordinem et ecclesiam Spyrensem. In die sancto pasche. Ad matutinum invitatorium. Alleluia . . . *Proprium de tempore usque ad dom. XXIII post octavam pentecost.* — *f.* 42'. De sancta Trinitate in priori vesp. super omnia laudate ant. Gloria tibi Trinitas . . . — *f.* 45'. Infra octavam Trinitatis feria V festum corporis Christi. In priori vesp. ant. Sacerdos in eternum . . . — *f.* 52'. *Scriptura currens incipiens a libris regum, nonnullis locis non in lectiones divisa.* — *f.* 89'. Ordo evangeliorum a prima dominica post octavam pentecoste . . ., *homiliae, antiphonae, orationes dominicarum post pentecost.*

f. 106'. De sanctis infra pasca et pentecoste. *Rubricae et ordo, al. man.*

f. 107. In commemoracione beate Marie virginis a dominica Deus omnium vsque ad aduentum Domini ad vesp. . . . (Ant.) Ecce tu pulchra . . . *Officium B. M. V. sabbatis usque ad adventum, hymnus:* Aue maris stella . . ., *lectiones:* Adest nobis, dilectissimi, dies venerabilis . . . *al. man.* — *f.* 109. Omelia de generatione gloriose virginis Marie secundum ordinem Spirensem. [In] illo tempore loquente Iesu . . . *(Luc. 11, 27.)* Rem valde presumptuosam humane infirmitatis — diaboli estis.

f. 113. De sanctis infra pasca et penthecoste. In prioribus vesperis super psalmos feriales ant. Alleluia . . . *Commune sanctorum tempore paschali.* — *f.* 114. De sancta Maria a pascha usque ad ascensionem Domini.

f. 114'. In sancti Georgii martyris. In I vesp. ant. Tuis laudibus instantem . . . *Proprium sanctorum usque ad s. Conradi ep. Constantiensis.* — *f.* 236. De compassione beate Marie virginis. In priori vesp. super omnia laudate ant. Omnes fideles compati decet . . . ymnus: Stabat ad lignum . . . *Totum officium; tres lectiones; al. man. addita oratio, secreta, complendum missae in compassione, ceterarum partium initia.*

f. 239. [E]xultet celum laudibus . . . *Hymni de apostolis stropha I, II, et versus primus strophae III. Infra: Pater noster cum interpretatione brevi. — f.* 239′ *vacuum.*

Plurima in marginibus al. man. addita.

Bethmann in Pertz' Archiv Bd. XII, S. 337. — *Stevenson*, Codices Palatini Latini tom. I, p. 170.

76. Breviarium Waradiense.

Vatican. 8247. membr. 314 f. 189×135 mm. 2 col. 1460.

f. 1. sacramentum, ut animalia uiderunt Dominum natum . . . *Responsorium ultimum, ut videtur, noct. I officii in nativitate Domini vel de B. M. V. Ad Luc. 2, 15.* Pastores loquebantur ad inuicem . . . *homilia Bedae:* Nato Domino in Bethlehem . . . *Antiphonae laudum:* O admirabile commercium . . .

f. 2. *Kalendarium. Ind. astr. et cal. dies Aeg. — f.* 2′. Iste liber est sancti Nicolaui de Moor. *man. saec. XVII. — f.* 5′. II Non. Aug. Dedicatio ecclesie Waradiensis. — *f.* 6′. *Ad VI Id. Oct. necrologium anni 1660.*

f. 8. Dominicis diebus invitatorium. Regem magnum Dominum . . . Beatus vir . . . *Psalterium Gallicanum dispositum per hebdomadam cum ordinario de tempore. — f.* 14. *Post laudes dominicales prima. — f.* 46′. *Post vesperas fer. II tertia, sexta, nona. — f.* 54. Te Deum, Benedictus, Magnificat.

f. 55. De aduentu Domini ad vesperas ant. [A] diebus antiquis nos audiuimus . . . *Proprium de tempore usque ad dom. XXV post octavam pentecost. — f.* 86. *Partes proprii sanctorum. — f.* 96′. In capite ieiunii *preces. — f.* 145. De s. Trinitate ant. Gloria tibi Trinitas . . . — *f.* 146′. De corpore Christi. Ego sum panis vivus . . . — *f.* 150′. *Scriptura currens una cum homiliis dominicarum post pentecost. a dom. I usque ad dom. XXV post octavam pentecost.*

f. 177. Incipit commune de sanctis per circulum anni et primo de s. Anthonio. Omnipotens sempiterne Deus, qui beatum Anthonium . . . *Proprium sanctorum usque ad s. Thomae ap., plurimi hymni et complura officia rhythmica.*

f. 291′. Incipit commune sanctorum et primo in vigilia unius apostoli omelia. Ego sum vitis vera . . . *In fine: — f.* 307. De viduis.

f. 308′. De dedicatione templi ant. Pax huic domui . . . *Totum officium.*

f. 310′. Sequitur historia de beata virgine ant. Sancta Maria virgo . . . *Totum officium.* Lect. I(—VI). Loquamur, fratres, aliquid in laudibus — omnium surrexit; lect. VII(—IX). Luc. Loquente Iesu ad turbas . . . *homilia Bedae:* Magne devotionis et fidei — soror et mater mea.

f. 311′. Vigilia mortuorum. Placebo . . . *Officium defunctorum, novem lectiones, lectiones minores:* Ne des alienis . . ., *orationes.*

f. 314′. T. D. B. 1460. liber P. D. G. L. E. W.

Priora et posteriora codicis folia vetustate subnigra.

77. Breviarii Wormatiensis pars hiemalis.

Palatin. 519. chart. A+336+1 f. 216×143 mm. saec. XV.

f. A. Hic liber pertinet ad vicariam trium regum et sancti Georgii martyris siue cantoriam sinistri chori regularis ecclesie sancti Spiritus Heidelberge, quem modo possidet Conradus Presant alias Windenmacher ex Durlach anno Domini 1535. — Ego Nf. uiceprimissare. In die Dorothe virginis, que fuit 6 dies Februarij, et hec acta sunt in ecclesia s. S[piritus] Heidelberge anno incarnationis Domini nostri Iesu Christi 1549. *al. man.* — 2187. — *f.* A′ *vacuum.*

f. 1. Hee sunt benedictiones ad matutinas sacris diebus per circulum anni. Exaudi Domine . . . *Absolutiones et benedictiones lectionum; item ferialibus diebus.* — Ps. *94.* Venite, adoremus . . . — *f. 2, 3 vacua.*

f. 4. *Kalendarium. Ind. astr. et cal. grad.* — *f.* 5. XIII Kal. April. Ego Leonardus installatus sum in profesto Benedicti ad cantoriam. Anno 15IIII iar. *al. man.* — *f.* 7. Non. Iul. Obiit dominus Iacobus Cendonis (?) cantor lxxxus. — *f.* 10. Thaurus. Geminus . . . *Tabula calendaris. Item* — *f.* 10′. *ad inveniendum tempus quadragesimae,* — *f.* 11. *pascha.* — *f.* 12. Prima dies Uene gaudet moderamine cene . . . *Praecepta de valetudine.* — *f.* 12′ *vacuum.* — *f.* 13. Cogitaui . . . *Probatio pennae.* — *f.* 13′ *vacuum.*

f. 14. Quia ab aduentu . . . *De causa et tempore* inceptionis adventus. — Ad primas vesperas sabbato aduentus Domini antyphana super psalmos feriales. Missus est Gabriel . . . *Proprium de tempore usque ad:* magna quinta, hoc est coena Domini; *scriptura currens et sermones a legentibus deligendi, non ubique in lectiones divisi.*

f. 137. Ordo beate Marie virginis sabbato ante septuagesimam. *In margine:* et primo quando septuagesima euenit ante festum purificationis. In primis uesperis super psalmos antiphana. O admirabile . . . — et quando euenit post purificationem — *f.* 167 a *insertum.*

f. 217. Incipit de sanctis pars hyemalis. In uigilia s. Andree . . . Ewangelium secundum Iohannem. In illo tempore stabat Iohannes . . . *Proprium sanctorum usque ad:* In annunciacione beate Marie virginis. — *f. 266 insertum.*

f. 298′. Incipit commune sanctorum secundum chorum Wormaciensem et primo de apostolis ewangelium secundum Matheum. In illo tempore: Misit Ihesus duodecim discipulos . . . — *f.* 330′. Historia de viduis ad vesperas super psalmos ant. Dies adest leticie . . . *Officium rhythmicum.* A — *f.* 329′ *al. man.* — *f. 333—336 vacua.*

f. 336'. Obseruaciones chori per annum ad matutinas per me Mathiam Friterico Vrto cantori. In anno 154 sexti die primi nativ. Christi. Item die Lone (?) . . . *Ordo feriarum hebdomadis.*

Complura eadem man. in marginibus addita.

Bethmann in Pertz' Archiv Bd. XII, S. 337. — *Stevenson,* Codices Palatini Latini tom. I, p. 171.

78. Breviarium (nocturnale) Wormatiense.

Palatin. 520. chart. 370 f. 204 × 135 mm. saec. XV.

f. 1. C 73. 1068. — Hij sunt effectus granorum iuniperi. Iuniperi grana omni tempore sunt sana — corruptum solum. *Rhythmi.* — Documenta Aristotilis regi Alexandro missa. Cela secreta — serua praedicta. — Missum. *Probatio pennae.*

f. 1'. Cecidit infelix Franciscus fragmine ligni anno Christi 1523. Quasimodo geniti zog man zu feld. Sein ihm abgewunnen worden — tempore Luteri. *De clade a Francisco Sickingensi accepta; al. man.*

f. 2. *Kalendarium. Ind. astr. et cal. num. rubricae.* — *f.* 4. IV Non. Mai. Dedicatio ecclesie Wormacie. *Res gestae Palatinae, aliis manibus.*

f. 8. Septuagesimam atque . . . *Tabula ad inveniendam dom. septuagesimae.* — *f.* 8' *vacuum.*

f. 9. Incipit nocturnale per circulum anni secundum ordinem ecclesie Wormaciens. In dominica prima aduentus. Ad matutinum inuitatorium. Ecce venit rex . . . *Proprium de tempore usque ad:* dominica in praeparatione adventus, *dom. XXV post pentecost. Scriptura currens et sermones a legentibus deligendi, complures non in lectiones divisi.* — *f.* 72. Feria quinta ante septuagesimam in ecclesia Wormaciensi agitur de patrono. Ad matutinum inuitatorium. Ant. ps. ℣. et ℞. ut in cathedre Petri . . . ; *lectiones homiliae* beati Augustini. Petrus in apostolorum . . . — *f.* 73'. In commemoracione beate Marie virginis. Sabbato ante septuagesimam. Ad matutinum inuitatorium. In honore beatissime Marie . . . *Officium B. M. V.;* et si septuagesima venerit post festum purificationis. — *f.* 122. In quinta magna feria *lamentationes;* in parasceve, in sabbato vigilia pasche *lamentationes, desunt inscriptiones.* — *f.* 157'. In ecclesia Wormatiensi in octava penthecost. Ad matutinum inuitatorium. Deum verum . . . *Officium ss. Trinitatis.* — *f.* 160. In festo corporis Christi ad matutinum inuitatorium. Christum regem adoremus . . . — *f.* 165. *Responsoria et scriptura currens dominicarum post pentecost. a libris regum incipiens.* — *f.* 185'. *Homiliae earum.* — *f.* 200. Euangelia (homiliae) angarie autumnalis.

f. 202. Incipit de sanctis. In vigilia s. Andree . . . Secundum Iohannem. In illo tempore: Stabat Iohannes . . . *Proprium sanctorum usque ad:* De sancto Conrado Constantiensi episcopo. — *f.* 349. De s. Elizabetha vidua.

Ad matutinum invitatorium. Regi Deo iubilantes . . . *Officium rhythmicum.* — *f.* 351. In festo presentationis b. Marie v. Votis et vocibus . . . *Item.* — *f.* 355. De s. Katherina v. et m. Adoretur virginum . . . *Item.* — *f.* 359 *vacuum.*

f. 360. Inuitatorium. Regem apostolorum Dominum . . . *Commune sanctorum, invitatoria, antiphonae, responsoria, initia psalmorum. In fine:* Lectiones de communi sanctorum cum suis omeliis habentur in diurnali.

f. 365. Exorcismus salis. Exorciso te . . . *Benedictio aquae,* Asperges. — *f.* 366'. Benedictio agni paschalis, carnium, casei, ovorum, panis, ad omnia, *al. man.:* lardi. — *f.* 367. Benedictio amoris Iohannis, *quae* — *f.* 366 *terminatur.*

f. 368'. De Gloria in excelsis et Ite missa est. Notandum, quod omnibus dominicis diebus . . . *Rubricae missalis, item de Credo, de praefationibus, quando Communicantes dicatur.*

f. 370'. Hec festa celebrantur et sub precepto mandantur. Natiuitas Domini . . . — Hec ex processibus synodalibus datis annis 79 et 80 . . .

Nonnulla in marginibus al. man. addita.

Bethmann in Pertz' Archiv Bd. XII, S. 337. — *Stevenson,* Codices Palatini Latini tom. I, p. 171. — *Ebner* in Histor. Jahrbuch, München 1892, S. 766 ff.

79. Breviarii Wormatiensis pars hiemalis.

Palatin. 518. mixt. 224 f. 198 × 142 mm. 1401. tom I.
Palatin. 516 tom. II.

f. 1. 96. 275. 518. 347.

In primo nocturno. Exaudi Domine . . . *Absolutiones et benedictiones lectionum. al. man.* — *f.* 2. Psalmi beate virginis. Domine Dominus noster . . . *Index psalmorum matutini et vesperarum secundarum, eadem man. qua* — *f. 1.* — *f.* 2, 3 *vacua.* — *f.* 3'. Domus mea — dicit Dominus. *Probatio pennae.*

f. 5. *Kalendarium. Ind. astr. et cal. grad. num. Praecepta de singulorum mensium tonitribus. Complura aliis manibus addita.* — *f.* 7. VI Non. Mai. Dedicatio ecclesiae Wormatiae. — *f.* 10'. Anno Domini 1443 tertia die ante Lucie ego Albertus inuestitus sum ad vicariam sancte Crucis ecclesie sancti Spiritus *(Heidelberg.); al. man.*

f. 11. Dominica prima in aduentu Domini. Ad vesperas. Anthiphania. Missus est Gabriel . . . *Proprium de tempore usque ad:* in die pasche. *Scriptura currens, homiliae, legendae infra octavas litteris miniatis in lectiones divisae.* — *f.* 35'. *In margine ad nativitatem Domini:* Iubilus. Quem ethera et terra — nobiscum Deus. — *f.* 63 *scida membr., antiphonae.*

f. 131' *rescriptum.* Notandum est, si vigilia sancti Andree . . . *Responsorium et hymnus de s. Andrea:* Eya fraterculi . . . — *f.* 132. In vigilia

Andree. Secundum Iohannem. In illo tempore: Stabat Iohannes . . . *Proprium sanctorum usque ad s. Ambrosii ep.* — *f.* 136—139 *inserta.* Lectiones de sancto Andrea infra octauas. Sanctus Andreas pendens . . . — *f.* 139 *vacuum.* — *f.* 175. Incipit pars estiualis. De sanctis Tyburcii et Valeriani. Oratio. Presta, quesumus . . . *Desinit* — *f.* 175′ *in:* in atriis eius . . . . .

f. 176. Ordo de beata virgine ante septuagesimam 6ta feria in vesperis (?). Notandum, quod . . . Ad primas vesperas . . . capitulum. Dominus possedit me . . . *Officium cum novem lectionibus, I—VI sermonis:* Fratres, nobis itaque natus est . . ., *VII—IX homiliae. Aliae lectiones:* Celebrantes memoriam beatissime Dei genitricis . . . — *f.* 176, 177 *rescripta.* — *f.* 178′. *Antiphonae, orationes, lectiones, homiliae de sanctis partis hiemalis:* de s. Iodoco, — *f.* 179. de s. Odilia, de s. Nicasio, de s. Lazaro, de s. Ignacio, — *f.* 180. de s. Mauro, — *f.* 180′. de ss. Mario et Martha, — *f.* 181′. de s. Timotheo, — *f.* 182′. de conversione s. Pauli, — *f.* 183. de s. Aldegunde, — *f.* 183′. de s. Apollonia, — *f.* 184. de ss. Faustino et Iovita, — *f.* 185. de s. Symone m. — *f.* 186 *abrasum. In fine:* Hic liber est completus per Conradum Risperger (?) custodem ecclesie sancte Marie virginis anno 1401 in die beati Calixti.

f. 186′. In aduentu Domini ymnus ad vesperas. Conditor alme . . . *Hymni de tempore et de sanctis.*

f. 190. Incipit commune sanctorum et primo de apostolis . . . Ewangelium secundum Iohannem. In illo tempore . . . Ego sum uitis . . . *cum hymnis. In fine:* Hystoria de uiduis. super psalmos feriales ant. Dies adest leticie . . . *Officium rhythmicum.* — *f.* 222. *Homiliae de communi sanctorum. Multa in marginibus addita.*

Stevenson, Codices Palatini Latini tom. I, p. 171.

80. **Breviarii Wormatiensis pars aestiva.**

Palatin. 516. mixt. 302 f. 198 × 142 mm. saec. XV. tom. II.
Palatin. 518 tom. I.

f. 1. C. 139. 2186. 380.

Suffragia ad matutinum. Accipite Spiritum sanctum . . . *Commemorationes communes de s. Spiritu, de Cruce, de B. M. V., de apostolis Petro et Paulo, de omnibus sanctis, de pace. Item* — *f.* 1′. Ad vesperum, *man. rec. Infra:* Adonay . . . *Vocabula Hebraica.*

f. 2. In die pasche. Ad agnum. Adiutorium nostrum . . . Benedictio agni, panis, ovorum, lardi, casii, ad omnia. *Eadem man. Supra:* tippol all' rosch (?), *al. man.*

f. 3. *Kalendarium. Ind. astr. et cal. grad.* — *f.* 6. *Mense Iunio incipit al. man. kalendarium Romanum.*

f. 9. Incipit pars estiualis. In die sancto pasche. Ad matutinum. Domine, labia mea . . . *Proprium de tempore usque ad dom. XXV post octavam pentecost. — f.* 46. Hystoria de Trinitate. Ad vesp. ant. Gloria tibi Trinitas . . . — *f.* 48. De corpore. Christi. Ad vesp. ant. Sacerdos in eternum . . . *Lectiones infra octavam. — f.* 52'. Dom. I post octavam penthecoste. Incipiunt hystorie dominicales usque ad aduentum Domini . . . *et scriptura currens. — f.* 92 *scidola membr. inserta. — f.* 93. *Homiliae dominicarum post octavam pentecost.*

f. 108'. Tabula de inpositionibus historiarum . . . secundum ordinem Wormaciensem.

f. 109. Historia de compassione beate Virginis. Ant. ad. vesp. super omnia laudate. Omnis etas defleat . . . *Officium rhythmicum. — f.* 112'. Hystoria de clauis et lancea . . . In splendore fulgurantis . . . *Officium rhythmicum. — f.* 114'. De sancto Tiburcio et Valeriano lectio tercia Beati martyres . . . *Lectiones et homiliae de sanctis. Tota officia: — f.* 120'. De s. Petro, in commemoratione s. Pauli. — *f.* 126. Hystoria de visitatione beate Marie virginis . . . Exurgens autem Maria . . . — *f.* 134. Hec bulla legitur in octava visitationis secundum chorum nostrum. Bonifatius episcopus seruus seruorum Dei . . . Superni benignitas conditoris . . . — *f.* 135 a *scida chart. imposita.* Nota contra calculum (?). Rec. merretich . . . *al. man.* — *f.* 136'. Officium in divisione apostolorum. — *f.* 147. S. Cornelii et Cypriani. — *f.* 159'. In festo presentationis Marie virginis. Ad vesp. super omnia laudate. Fons ortorum redundans gratia . . . *Officium rhythmicum.* — *f.* 165 *vacuum.* — *f.* 165'. De sancto Ambrosio, si venerit post pascha, ad psalmos vesp. ant. Vox leticie . . .

f. 166'. Incipit pars estiualis de sanctis et primo de sancto Tyburtio et Ualeriano. Oratio. Presta, quesumus . . . *Proprium sanctorum usque ad:* Sancte Katerine ad vesp. super omnia laudate. Aue virgo speciosa . . . *Officium rhythmicum.*

f. 170'. *Post* ss. Philippi et Iacobi: In dedicatione Wormatiensi. Ad suffragia capitulum. Symon bar Iona . . . *Ordo officii breviarii et missae:* Introitus. Nunc scio vere . . ., collecta in vincula Petri, sequentia: Victime paschali . . .

f. 267'. Feria quarta quattuor temporum. Secundum Marcum. In illo tempore respondens . . . *Homilia, item fer. VI. — f.* 268'. In dedicacione templi. Ad vesp. super omnia laudate ant. Tu Domine uniuersorum . . .

f. 270'. Incipit de sanctis commune. Et primo de vigilia apostolorum. Ewangelium secundum Iohannem. In illo tempore . . . Ego sum vitis . . . *In fine:* De viduis. — *f.* 271 *scida membr. inserta.*

f. 290. Sequuntur nunc ympni tempore paschali. Uita sanctorum . . . *Hymni de tempore, de sanctis, in dedicatione, de communi, ordinarii. Inter — f. 290 et 291 folium excisum, ut — f. 291 initio careat.*

f. 297. Lectiones de sancto Andrea infra octavas. Sanctus Andreas pendens in cruce . . . — *f.* 299'. Aliae lectiones de s. Andrea. Beatus Andreas dixit fratribus suis: Audite . . . — *f. 297—299 al. man. rescripta.*

f. 300. Item minores psalmi poenitentiales. Miserere mei Deus. *Initium psalmi, item ps. 53, 56, 66, 69, 85, 116, preces, orationes.*

f. 300'. Aureus numerus . . . *Tabula calendaris, in parte sinistra:* Aries bonus, thaurus malus . . . — *f.* 301 *vacuum.*

f. 302. Ymnus. Verbum supernum — donet in patria. Amen. *al. man.* — *f.* 302' *vacuum.*

Multa eadem et aliis manibus addita.

Bethmann in Pertz' Archiv Bd. XII, S. 337. — *Stevenson,* Codices Palatini Latini tom. I, p. 170.

81. Breviarii Wormatiensis pars hiemalis.

Palatin. 524. mixt. 184 f. 142 × 98 mm. 2 col. 1452. tom. I.

f. 1. C. 75. C 88. 349.

f. 1'. Incipiunt benedictiones ad matutinas dominicis diebus et aliis festis nouem lectionum. In primo nocturno. Exaudi Domine Iesu Christe . . . *Absolutiones et benedictiones lectionum diebus dominicis, festivis, ferialibus,* rubrica de diebus dominicis cum sola homilia ut in pascha.

f. 2. *Kalendarium. Ind. astr. et cal. grad. num.* — *f.* 2'. O Valentine, destructor magne ruine, Per te fugatur epylensis — atque damnatur.

f. 8. Incipiunt preces maiores in quadragesima in matutinis et in vesperis. Oremus pro omni gradu ecclesie . . . *et litaniae, orationes.* — *f.* 11. Secuntur preces ad VII psalmos in quadragesima post primam et letaniam. Saluos fac seruos . . . *et oratio;* secuntur preces minores. Kyrieleison . . . Ego dixi Domine . . . — *f.* 11'. Secuntur preces ad quindecim gradus, qui dicuntur post terciam regulariter. Saluos fac seruos . . . *et orationes, rubricae. In fine:* Nota septem psalmi minores: Miserere . . . *Ps. 50, 53, 56, 66, 69, 85, 116.*

f. 13. Incipit ordo hyemalis. De tempore secundum ordinem Wormaciensem. Et primo in aduentu Domini ad primas vesperas super psalmos feriales. Antiphona. Missus est Gabriel . . . *Proprium de tempore usque ad fer. VI post dom. IV in medio ieiunii. Desinit lect. III homiliae s. Augustini ad evang. Ioa. 11, 1:* Erat quidam languens . . . Inter omnia miracula . . . *in:* essemus amatores.

tom. II. f. 185—375. f. 320—375 lineis continuis. cetera ut supra.

f. 185. uite permanentis . . . *Lectio III homiliae s. Augustini:* Inter omnia miracula . . . *Proprium de tempore a fer. VI post dom. IV quadra-*

gesimae usque ad vesperas sabbati sancti in vigilia paschae. — f. 217'.
Io. Ka. — *f. 218 vacuum.*

f. 219. Incipit pars hyemalis de sanctis. In vigilia Andree ewangelium secundum Iohannem. In illo tempore. Stabat Iohannes . . . *Proprium sanctorum usque ad s. Euphemiae v. — f. 282 veteris numeri.* Hic incipit ordo beate Marie virginis sabbato ante septuagesimam. Et primo quando septuagesima venit ante festum purificationis. In primis vesperis . . . Ant. O admirabile commercium . . . *Tres nocturni.* Lect. I(—VI). Fratres, nobis itaque natus est — captivitate revocavit. — *f. 284 veteris numeri.* Sequitur ordo, quando festum purificationis euenit post (*al. man.*: ante) septuagesimam . . . antiphona. Ecce tu pulchra . . . Legenda: lect. I(—VI). Celebrantes commemorationem — divinitatis sue. Homelia Bedae presbyteri: O magne deuotionis . . . *In fine ordo missae. — f. 287' veteris numeri.* i. h. s. Maria.

f. 320. Incipit commune sanctorum. In vigilia unius apostoli uel plurium . . . Ewangelium secundum Ioh. In illo tempore . . . Ego sum uitis uera . . . — *f. 364.* Io. Ka.

f. 364'. Incipit historia de praesentacione beate Marie virginis, que semper tenenda est ipsa die s. Columbani. Ad primas vesperas super psalmos omnia laudate ant. Flos ortorum redundans . . . *Officium rhythmicum et officium missae:* Gaudeamus omnes in Domino . . ., sequencia: Altissima prouidente — fruamur in patria. — *f. 371'.* Hic notantur tres lectiones. In concepcione beate Marie virginis . . . Vox ecclesie ad synagogam. Descendi in ortum meum — montem aromatum.

f. 374. Finitum ac completum per me Io. Kamberger plebanum in Senberg. Anno Domini 1452 in vigilia sancti Andree apostoli . . . Io. Ka. — *f. 374' vacuum.*

f. 375. Mauri abbatis . . . capitulum. Rigabo ortum . . . *et oratio et tres lectiones.* Beatus Maurus — proficere studens. — *f. 376 vacuum.*

Bethmann in Pertz' Archiv Bd. XII, S. 337. — *Stevenson,* Codices Palatini Latini tom. I, p. 172.

IX. BREVIARII OFFICIA.

1. **Hymni, missalis et breviarii officia de dedicatione ecclesiae monasterii Cellensis (dioeces. Moguntinae) vel Hornbacensis (dioeces. Mettensis).**

Palatin. 489. membr. 34 f. 145×123 mm. saec. X.

f. 1. Quondam diuinus ordo. *man. saec. XVI.*

In letania maiore. Uotis supplicibus uocis super astra feremus — pie audi nos uotis. *Litaniae versibus conscriptae. Inter sanctos:* pater Phylippe Perminique. — *f. 2′.* Item supra. Ardua spes mundi soli dator et inclyte caeli. — O kyrie ymon eleyson. *Item litaniae. Inter sanctos:* Permini, Phylippe, Uualdburga.

f. 5. Sanctus v (?) Deus pater ingenitus. Miserere nobis . . . *Interpretatio hymnorum Sanctus et Agnus Dei.*

f. 6. Letania. In penitentia Hierusalem. Humili pace et sincera deuotione — Christe eleyson vmas. *Item litaniae.*

f. 7′. Versus de s. Paulo. Sancte Paule, pastor bone — saxeos cecinisti. *Qui sequuntur rhythmi — f. 17.*

f. 9. Gaudeamus alleluia. Oremus dilectissimi nobis . . . ut cunctis mundum purget erroribus . . . *Item:* altera oratio de quacumque tribulatione; Benedictio . . . benedicat Deus sacerdotium vestrum et introitum vestrum . . . *Altera man. usque ad — f. 16.*

f. 10. III Id. Mai. Dedicatio basilice sancte Marie. Ant. Terribilis est locus . . . *Totum missae officium. Lect. evangelii Luc. 6, 43:* Non est arbor bona . . ., *praefatio, duo ad complendum. Quae canuntur partes neumis sine lineis instructae.* — *f.* 15. De omnibus sanctis *oratio, secreta; postcommunio desinit in:* sanctorum suorum.

f. 17. Cantica Daui[di]ca. Multa sunt, que numerantur — gaudium in secula. Amen. *Finis rhythmorum de s. Paulo, qui a — f. 7′ incipiunt.* — *f.* 18. Versus de sancto Mauritio. Dulce carmen ac melodum — presentari conspectibus.

f. 20. Salvator mundi salva nos — extende. *Antiphona.* — Antyphane. In processione canente. Surgite sancti de mansionibus uestris . . . *Quindecim antiphonae, ultima desinit in:* misericordiam tuam nobis adesse.

f. 25. Uitatorium. Sanctificauit Dominus tabernaculum . . . *Breviarii officium in dedicatione ecclesiae. Post invitatorium vesperae, evovae, hymnus:* Christe cunctorum dominator — omne per aevum. — *f. 26'.* Tollite portas . . . *Matutinum, lect. I—VI. Apoc. s. Ioannis 21, 9 — 22, 5:* Et uenit unus de septem angelis . . ., *responsoria; tertii nocturni antiphonae et responsoria. Sexta ant. laudum:* Mane surgens Iacob . . . *desinit in:* oleum de. *Ad omnia praeter hymnos neumae sine lineis.*

Nonnulla folia refecta.

Neumae.

Stevenson, Codices Palatini Latini tom. I, pag. 159. — *Eubel* in »Katholik« 1896 (Mainz) S. 550.

2. Breviarii partes et hymni.

Ottobon. 697. membr. 166 f. 205 × 142 mm. f. 96—166 binis col. saec. XIV. XV.

f. 1. grassiores et viscosiores . . . *Deest initium. Sexta particula tractatus de re medica. Particula XXXIV desinit in:* sed surdi difficultatem. *f. 96.* Incipiunt sermones fratris Guiberti de Tornacho ordinis (predicatorum *abrasum*). Exequtis inspirante Deo . . . *Capitula.* — *f. 96'.* De electione prelatorum. Elegi Dauid . . . *Folia postrema lacerata; al. man.*

f. 157. una fides praesens — fontis lauacrum. *Hymnus laudum; officium de ss. Trinitate, antiphonae, responsoria, versus, hymni de dominicis post pentecost. usque ad dom. XXIV; al. man.*

f. 163'. Primo dierum omnium . . . *Hymni ordinarii, de tempore, de sanctis:* Aurea luce . . ., Felix per omnes . . ., O Roma felix . . ., Votiva cunctis orbita . . ., Plaudat polorum celitus . . ., O quam glorifica luce . . ., Christe, redemptor omnium . . ., Iesu, salvator saeculi . . ., Rex Christe, Martini decus . . .

f 166'. Officium s. Crucis. Adoramus te, Domine . . . Hymnus. Patris sapientia . . . *Officium per omnes horas; al. man.:* Beata es uirgo Maria . . . *Ant. et versus.*

Nonnulla eadem man. in margine addita.

3. Breviarii officia.

Ottobon. 254. chart. a + 210 f. 200 × 135 mm. saec. XV.

f. a. V 8. 58. Q VI. 25. Ex codicibus Ioannis Angeli ducis ab Altaemps. *f. 1.* Iste Deus noster, praeter quem . . . *Versus.* Deus, qui populo tuo . . . Ecclesiam tuam, Domine . . . *Duae collectae de s. Hieronymo.*

f. 1′. Incipit uita sancti Ieronimi presbiteri et cardinalis collecta ex tractatibus eius ac sanctorum Augustini, Damasi, Gelasii et aliorum patrum sanctorum. Beati Ieronimi . . . *In lectiones septem vel octo dierum divisa. Dies quinta, lect. IX, desinit — f.* 26′ *in:* Reliqua. — *f.* 27. solo uenerandi. *In fine:* Homilia Ieronimi: Sal appellatur — in regno celorum, *tres lectiones ad Matth. 5, 13:* Vos estis sal terrae . . .

f. 18′. Incipit officium sancti Ieronimi presbiteri cardinalis. In primis uesperis super psalmos ant. En adest dies celebris . . . *Officium rhythmicum, hymni, lectiones.*

f. 22. In conceptione beate Marie virginis. In omnibus requiem . . ., *inductum; al. man.* Dominus possedit me. Ad matutinum. Invitatorium. Eia pervigiles . . . *Officium rhythmicum.*

f. 24. In sancti Ieronimi ymnus. Ecce, qui Christi decorauit — temporis secli. — *f.* 24′. In festi sancti Ieronimi in primis uesperis ant. Sancti Ieronimi clara preconia — subuertit hostium. *Rhythmice; al. man.* Gaude itaque doctor beate — benedictus in secula seculorum. Amen.

f. 24′. Care viator aue . . . *Prooemium. — f.* 25. Inclite fert animus meritas, Ieronime, laudes — honoris apex. Hos versus suprascripti composuit Claudianus paganus perfidissimus ad instantiam cristianissimi imperatoris Theodetii. — *f.* 27. Versus eiusdem de Christo et duabus naturis eius. Christe potens rerum — ieiunia sacris.

f. 28. Incipit officium sancte Crucis publicatum et mandatum celebrari per sanctissimum Gregorium papam IX et Martinum V. In inventione eiusdem ad vesperas antiphona. Helena Constantini mater . . . — *f.* 31′. In exaltatione s. ✝ ad vesperas antiphona. O magna pietatis opus . . .

f. 33. In festo sancti Augustini. Capitulum. Ecce sacerdos . . . *Officium sine lectionibus.*

f. 34′. In festo sancte Katerine v. et m. lectio prima. Regnante Massentio Cesare — ad laudem Domini nostri Iesu Christi . . . *Novem lectiones.*

f. 36′. Mellifluus Iesus sit nobis potus et esus . . . *Benedictiones mensae rhythmicae. — f.* 37 *vacuum.*

f. 37′. Agnetis festum martiris — celi terreque Domino. Amen. — *f.* 38. Incipit legenda sancte Agnetis virginis et martiris. lect. I. Seruus Christi Ambrosius episcopus . . . *Lectiones die festo, infra hebdomadam, in s. Agnetis secundo et collectae. — f.* 42′. Agnes sponsa Dei — regna beati poli. *Versus, quos vocant Leoninos.*

f. 45′. Dat purum vinum septem tibi commoda. primum — per undas. — Plures credatis species sunt ebrietatis — facit hinc duodenus. *Versus.*

f. 46. Venerando meritoque colendo Bonifatio Augustinus Ypponensis (?) episcopus salutem. Arduam rem . . . — misereatur Dominus Deus noster. Amen. *De timore mortis. — f.* 46′, 47 *vacua.*

f. 47'. Incipit epistola beati Eusebii Cremonensis ad Damasum Portuensem episcopum et Theodorinum Romanorum senatorem de obitu siue transitu sancti Ieronimi . . . *Inscriptio*.

f. 48. Incipit prologus in subsequens opus. Uni et eterno . . . Prologus *alter*, opus Petri Alfonsi de Iudaeis — tibi prestet. Amen.

f. 209'. 1461 mense Maij die 11 (?) Nicolaus sci scipxit. — *f.* 210 *vacuum.* — *f.* 210'. Nicolae memor esto de Scarapigo Do'mtij.

4. Breviarii officia feriae V, VI, sabbati hebdomadis maioris.

Palatin. 512. chart. II + 45 f. 316 × 205 mm. saec. XVI.

f. I. 393. — *f.* I', II *vacua.*

f. 1. Quinta magna feria. Saluum me fac . . . *Officium matutini et laudum, psalmi, lectiones, antiphonae, responsoria; deest oratio.*

f. 14'. In die parasceues. Primus nocturnus. Quare fremuerunt gentes . . . *Item.*

f. 27'. Sabato in primo nocturno. Cum inuocarem . . . *Item.* — *f.* 38'—45 *vacua.*

Folia imposita: Hymnus. Vexilla regis — rege per secula. — Salue festa dies — creata precem. *De die resurrectionis.*

Stevenson, Codices Palatini Latini tom. I, p. 169.

5. Lamentationes.

Vatican. 5466. membr. 20 f. 363 × 255 mm. 1586.

f. 1. Cantus Ecclesiasticus | lamentationum | Hieremiae | prophetae. *Inscriptio.*

f. 1'. Sixto V Pont. Opt. Max. Canticum ecclesiasticum — seruet incolumem. Romae Nonis Maij 1586. *Dedicatio Ioannis Guidelli librarii.*

f. 2. Feria V in caena Domini. Lectio prima lamentationum. Incipit lamentatio Hieremiae . . . Aleph. Quomodo sedet sola . . . — *f. 4' vacuum.* — *f.* 5. Lect. II. — *f.* 7. Lect. III.

f. 9. Feria VI. Lectio prima. De lamentatione Hieremiae . . . Heth. Cogitauit Dominus dissipare . . . — *f.* 10' *vacuum.* — *f.* 11. Lect. II. — *f.* 12' *vacuum.* — *f.* 13. Lect. III. — *f.* 14' *vacuum.*

f. 15. Sabbatho sancto. Lectio prima. De lamentatione Hieremiae . . . Heth. Misericordiae Domini . . . — *f.* 16' *vacuum.* — *f.* 17. Lect. II. — *f.* 18' *vacuum.* — *f.* 19. Lect. III. — *f.* 20' *vacuum.*

Miniat. color. et inaurat. — f. 1, 2. Margines ornamentis inaurat. distincti. — f. 1. Insigne Sixti V.

Notae musicae quadratae.

X. BREVIARII PROPRIA.

---

1. Breviarii officia propria dioecesis Abulensis.

Vatican. 6305. chart. 73 f. 198 × 140 mm. saec. XVII.

f. 1. Officia | propria sanctorum Secundi confessoris pontificis, Vincentii | Sabinae et Christetae, eius sororum | martyrum, huius diocoesis Abulensis | patronorum. | Lectiones etiam officii et octa | uae transfigurationis Domini no | stri, eo quod titulare festum sit | huius cathedralis ecclesiae. *Inscriptio.* — *f.* 1' *vacuum.*

f. 2. Die secunda Maij celebratur festum sancti Secundi confessoris proto- proesulis ac patroni huius diocoesis Abulensis. Duplex. In primis vesperis antiphonae laudum. En celebris . . . Hymnus. Urbis Romuleae iam toga candida . . . *Totum officium, hymni, lect. I—IX, lectiones infra octavam.* — *f.* 23'. *Ordo officii missae.*

f. 24'. Die XXXI Augusti celebratur festum sanctorum Vincentij, Sabinae et Christetae insignium patronorum urbis nostrae Abulensis ac totius dio- coesis. Duplex. Ad vesperas antiphonae laudum. Inhumata milites . . . Hymnus. O lux et decus Abulae . . . *Totum officium, hymni, lect. I—IX, lectiones infra octavam. — f.* 58. Ad missam, *totum officium praeter lectiones.*

f. 59. In festo transfigurationis Domini sunt approbandae a summo pontifice lectiones, quae sequuntur . . . — *f.* 60. In festo transfigurationis Domini, quod est titulare huius almae ecclesiae cathedralis . . . De homilia sancti Ioannis Chrysostomi . . . lect. IX. Tu uero Matthaei philosophiam . . . *et lectiones infra octavam. — f.* 73' *vacuum.*

Nonnulla in marginibus eadem man. addita.

2. Breviarii et missalis officia s. Antonini m.

Vatican. 3670. membr. 14 f. 221 × 153 mm. 2 col. 1577.

f. 1. In festo s. Antonini martiris. Omnia de communi . . . Ad vesperas. Antiphona. Inclitus genere . . . *Officium breviarii die festo et infra octavam.*

19**

f. 13. In festo s. Antonini ad missam. Introitus. Gaudeamus in Domino... *Officium missae.*

f. 14. Commemoratio quotidiana sancti Antonini . . . Antiphona. Hic est martir . . . *Versus, responsorium, oratio.*

f. 14. Festum sancti Antonini celebratur secunda die Septembris... *Rubrica.*

f. 14'. Gulielmus card. Sirletus iussu sanctissimi domini nostri Gregorii XIII vidit et approbauit anno Domini M.D.Lxxvij die XXIII mensis Nouembris.

3. Breviarii officium s. Antonini m.

Vatican. 8575. chart. 19 f. 203×140 mm. + 26 f. 212×154 mm. saec. XVII.

f. 1', 2 *vacua.* — *f.* 2'. *Index picturarum.*

f. 4. In festo sancti Antonini martiris. In primis vesperis. Caput Antonini . . . Hymnus. Nunc Antonini martiris . . . *Totum officium, hymni, novem lectiones et lectiones infra octavam.* — *f.* 19' *vacuum.*

Picturae lineares: — *f. 3', 11, 13', 15', 17, 19.* — *f. 1. Imago tabularis s. Antonini.*

f. I, II *vacua.* — *f.* I'. *Probationes pennae.*

f. II'. Interlocutori. Religione. Prologo. Ariel angelo . . . *Index personarum.* — *f.* 1. *Mysterium lingua Italica conscriptum.*

4. Breviarii et missalis officia s. Antonini m. Palentina.

Vatican. 3692. chart. 18 f. 197×136 mm. saec. XVII.

f. 1 *vacuum.* — *f.* 1'. In hoc officio, quod in honorem beati martyris Antonini ecclesia cathedralis Palentina, eius alumna, componi iussit — ecclesia Palentina. *Prooemium.*

f. 2. In festo beati Antonini martyris . . . Ad vesperas antiphona. Inclytus genere . . . *Officium festi et infra octavam, lect. IV—IX et lectiones infra octavam.*

f. 16. In festo s. Antonini. Ad missam. Introitus. Gaudeamus omnes in Domino . . . *Totum officium.*

f. 18. Festum sancti Antonini celebratur secunda die Septembris. Eius vero translatio 18. Maij. *Rubrica.* — *f.* 18' *vacuum.*

Plurima folia atramento corrosa.

5. Breviarii officia ss. Antonii abb., Helenae, Mauri, Pantaleemonis, Sergii.

Vatic. 6286. chart. 71 f. 206×142 mm. saec. XVI. XVII.

f. 1. Incipit officium proprium sancti Antonii abbatis, quod cantatur in ecclesia sui tituli . . . In primis vesperis. Antiphona. Bonum Aegypto medicum . . . Hymnus . . . Urbs beata Viennensis . . . *Totum officium, hymni, lect. I—IX. Post — f.* 12 *quattuor folia vacua.*

f. 13. Exeptto 1572. Le cause della morte: Li segni della morte . . . La materia della morte. *al. man. — f.* 13′ *et 5 folia vacua.*

f. 14. In vigilia sancte Helene. Ad vesperas. Ant. Gratias tibi ago Domine . . . Himnus. Laudemus regem Dominum . . . *Totum officium monasticum, lect. I—XII, lectiones infra octavam; al. man. — f.* 14. *Infimo in folio al. man.:* D. Dorotea Francesca Bercia. *Post — f.* 47 *duo folia vacua.*

f. 48. *al. man.* Officium san | ctorum martyrum | Mauri, pontificis | Pantaleonis et | Sergii. *Inscriptio. —* Ad vesperas. Antiphona. O insignes martyres . . . Die XXVII Iulii. *lect. IV et V, responsoria, antiphonae. — — f.* 53. In inventione et prima translatione die XXX Iul., item, *lect. IV—VI. — f.* 61. In secunda translatione die XX Octob., item, *lect. IV—VI. — f.* 66′ *et 3 folia vacua.*

f. 67. *al. man.* In breuiario nouo, nam de biblia postea, mense Decembri. In uita beati Andree . . . *De rebus in breviario et in sacra scriptura emendandis. Desinit in:* in festo.

f. 69. *al. man.* Iuonis excerpta. Leo VIIII. Hi duo solummodo hymni . . . *De Alleluia et de Gloria in excelsis, de pontificibus, qui monachi facti sunt, de annuntiandis diebus feriandi.*

Nonnulla in marginibus eadem man. addita.

Pict. miniat. color.: — f. 14. littera G.

6. Breviarii et missalis officia s. Aureae v.

Regin. 1949. membr. 21 f. 342×240 mm. saec. XV.

f. 1. Incipit officium beate Auree virginis et martyris. Ad vesperas ant. A Roma missam . . . hymnus. Diuinis donis Aurea . . . *Officium per omnes horas, hymni, lect. I—IX. — f.* 17. Per ebdomadam antiphonae. *Omnes, quae canuntur, partes notis musicis quadratis instructae.*

f. 17′. Ad missam introitus. Gaudeamus omnes in Domino . . . *Totum officium praeter lectiones epistolae et evangelii. — f.* 20′. Prosa: Ad Auree solemnia — uirginis huius merito. *Notae musicae quadratae.*

Miniat. color. et inaurat. — f. 1. Littera D cum insigni cardinalis de Robore et pict.

Notae musicae.

7. Breviarii proprium Conimbricense et Lausannense.

Vatican. 6283. chart. 241+4 f. 190×150 mm. f. 12—40 binis col. saec. XVI.

f. 1. In festo transfixionis beate virginis Marie. In primis vesperis. Antiphonae de laudibus. (Doleo super te, fili mi . . .) Capitulum. Threnorum 1.

Ego plorans et oculus meus... *Totum officium praeter hymnos, lect. I—IX.* — *f.* 7. Missa. Introitus. Egredimini filie... *Totum officium al. man.* — *f.* 8', 9 *vacua.*

f. 9'. Para el sennor mossen Iuan Garie capellan mayor del Pilai (?). *al. man. — f.* 10. *Approbationes anno 1579 datae lingua Latina et Hispanica conscriptae.*

f. 12. Festa, que ex iam obtenta diu consuetudine in cathedrali ecclesia Conimbricensi annuatim specialiter celebrantur. Ianuarius. Iulianus martyr... *Index. — f.* 13' *vacuum.*

f. 14. Incipit proprium festorum cathedralis Conimbricensis eclesiae. Ianuarius die VII. Festum Iuliani mart. non pont. ... *Oratio et ordo.*

f. 14'. Die XVI. Festum ss. martyrum ordinis Minorum Petri, Accurtij, Ottonis, Berardi et Adiuti. Ad uesperas. Antiphona. Omnes sancti ..., *oratio, lect. IV—VI.*

f. 16'. Die XXII. Festum ss. martyrum Vincentii et Anastasii. Ad uesperas antiphona. Omnes sancti ..., *oratio et ordo.*

f. 16'. Die XXIV. Festum descensionis beatissimae virginis Mariae, quae dicitur de pace. Ad uesperas. Antiphona. Post partum ..., *antiphonae, oratio, responsoria, lect. IV—VI.*

f. 19'. Februarius. Die III. Festum s. Blasii ... Ad vesperas. Antiphona. Qui me confessus fuerit ..., *oratio et ordo.*

f. 20. Martius uel Aprilis. Festum compassionis beatae Mariae v. Ad uesperas antiphona. Doloris gladio ... Hymnus. O quis uideret animam... *Totum officium, hymni, lect. I VIII. — f.* 24'. Missa. Introitus. Cum vidisset Iesus ... *Totum officium.*

f. 26. Aprilis. Festum s. Georgii m. non pont. ... Ad uesperas antiphona. Sancti tui, Domine ..., *oratio, ordo.*

f. 26. Iun. die XIII. Festum s. Antonij conf. non pont. Ad uesperas. Antiphona. Domine, quinque talenta ..., ant. ad Magnificat, *oratio, ordo.*

f. 26'. Iulius. die III. Festum s. Elisabet Portugalie ... Ad vesperas antiphona. Dum esset rex ..., *duae orationes, lect. IV—VI.*

f. 29'. Festum angeli custodis ... ad uesperas. Antiphona. Angelum uirtutis suae... Hymnus. Pange lingua gloriosi proelium ... *Totum officium, hymni, lect. I—VIII. — f.* 35. Missa. Introitus. Angelis suis... *Totum officium.*

f. 36. Festum Annae matris beatae Mariae virginis ... Antiphona. Veni sponsa ..., *duae orationes, lect. IV—VI.*

f. 37. Aug. die XII. Festum s. Clarae virginis ... ad vesperas. Antiphona. Haec est virgo sapiens ..., *oratio et ordo.*

f. 37'. Sept. Festvm s. Antoninij martyris ... Ad vesperas. Antiphona, Qui me confessus fuerit ..., *oratio, ordo.*

f. 38. Die XXVII. Translatio s. Vincentij m. ... Ad vesperas antiphona. Qui me confessus fuerit ..., *oratio, ordo.*

f. 38'. Festum ss. martyrum Cosmae et Damiani. Ad vesperas. Antiphona. Omnes sancti . . ., *oratio, ordo.*

f. 39. Oct. Festum s. Giraldi conf. non pont. . . . Ad vesperas. Antiphona. Domine, quinque talenta . . ., *oratio, ordo.*

f. 39'. Festvm s. Vrsvlae et sociarum eius. Ad vesperas antiphona. Haec est uirgo . . ., *oratio, ordo.*

f. 40'. Festum victoriae christianorum . . . Ad vesperas. Ant. Effunde iram tuam . . . Hymnus. Christe coelestis soboles parentis . . . *Totum officium, lect. I—IX. — f.* 45. Missa. Introitus. Gratulemur omnes . . . *Totum officium.*

f. 46. Nouember. die XXI. Festum praesentationis b. Mariae . . . *Oratio et ordo.*

f. 46'. December. Festum s. Nicolai ep. conf. Ad vesperas ant. Ecce sacerdos magnus . . ., ant. ad Magnificat, *oratio, ordo.* — Rubrica de antiphonis maioribus.

f. 47. Festum expectationis b. Mariae v. Ad vesperas antiphona. Missus est . . . *Totum officium praeter hymnos , lect. I—IX. — f.* 50 *et 2 folia non numerata vacua.*

f. 51—180 *typis confecta et 2 col.* Incipit proprium sanctorum per anni circulum. In vigilia s. Andree apostoli antiphona. Salue crux pretiosa . . ., *usque ad s. Saturnini. Multa inducta, alia addita. — Post — f.* 180 *duo folia vacua.*

f. 181. *al. man.* Officia | ecclesiae Lausa | nnensis, quae partim illi | us dioeceseos sunt peculiaria, partim cum | Romano breviario in nonnullis differunt, | quae | canonici Friburgen | ses ecclesiae collegiatae b. Nicolai, san | ctitatis pontificiae autoritate apo | stolica in choro permitti et comprobari humilime petunt. *Inscriptio.*

f. 181. Dominica I adventus. Antiphona primi nocturni. Hora est iam nos . . . *Proprium de tempore usque ad dom. Kal. Octobr. Insunt: — f.* 182'. In nativitate Christi. Ant. Ascendit de coelis, missus ab arce . . . — *f.* 183. In s. Stephani. Prosa. Dulcis laudis tympano . . . — *f.* 186'. In circumcisione. Hymnus ad completorium. Corde natus ex parentis . . . — *f.* 187. In epiphania hymnus ad completorium. Nuncium vobis fero . . . — *f.* 189'. Dominica in quadragesima. hymnus ad completorium. Christe, qui lux es et dies . . . — *f.* 197. In ascensione hymnus ad completorium. Festum nunc celebre . . . — *f.* 198. In festo corporis Christi hymnus ad completorium. Ad cenam paschalis agni . . . — *f.* 199. In psalterio hymnus ad completorium. Iesu redemptor seculi . . .

f. 199'. Proprium sanctorum mensis December. In die b. Andreae. Ad Magnificat antiphona. Mox ut vocem Domini . . . *Proprium sanctorum usque ad s. Catharinae. — f.* 199'. In festo Nicolai patroni. Beatus Nicolaus adhuc puerulus . . . *Officium rhythmicum, hymni, antiphonae, responsoria.*

— *f.* 201'. In conceptione B. M. Gaude mater ecclesia . . . *Officium rhythmicum.* — *f.* 205. De s. Vincentio Bernensis ecclesiae quondam patrono. Ad vesperas hymnus. Beate martyr prospera . . ., prosa. Vernabas roseo Vincentii sanguine . . ., hymnus. Christe miles pretiosus . . . — *f.* 207'. De purificatione hymni. Quos chorus vatum . . ., Virgo Dei genitrix . . ., Fit porta Christi pervia . . . — *f.* 210. De s. Gregorio. Gloriosa sanctissimi solennia . . . *Officium rhythmicum.* — *f.* 213. De translatione s. Nicolai patroni hymni. Exultet aula coelica . . ., Adest eius translatio . . . — *f.* 215'. In visitatione B. M. hymni. Pange lingua gloriosae diei praeconium . . ., Sacris solemniis dat uirgo . . . — *f.* 218. De b. Maria Magdalena hymnus. Repleta gaudio fidelis concio . . . — *f.* 220. De s. Anna. Matrem foecundae virginis . . . *Officium rhythmicum.* — *f.* 222. De inventione s. Stephani hymnus. Sancte Dei pretiose . . . — *f.* 224'. In assumptione B. M. V. hymnus. O quam glorifica . . . — *f.* 228. De nativitate s. Mariae hymni. O sancta mundi domina . . ., Gaude visceribus intimis . . . — *f.* 229'. De s. Mauritio hymnus. Alma Christi quando fides . . . — *f.* 235'. De s. Martino hymnus. Rex Christe Martini decus . . . — *f.* 236'. De praesentatione B. M. Flos hortorum redundans gratia . . . *Officium rhythmicum.* — *f.* 239. De sancta Catherina patrona secunda. Virginis eximiae . . . *Officium rhythmicum.*

8. Breviarii et missalis propria Cordubensia.

Vatican. 3693. membr. 61 f. 168×113 mm. saec. XVI.

f. 1. Propria sanctorum et festiuitatum almae ecclesiae Cordubensis ad normam breuiarii Romani accommodata et a sacrosancta sede apostolica approbata. Edita iussu S. D. N. D. Gregorii XIII Pont. Max. — X. Martij angelus custos. Duplex. Ad vesperas. Antiphonae. (Induit Dominus angelum . . .) *Officium, hymni, novem lectiones.*

f. 9. XI Martij. Eulogius martyr. Duplex. Oratio. Deus, qui in summo . . . *et lect. IV—VI.*

f. 10'. XIII Martij. Rudericus et Salomon martyres. Semiduplex. Oratio. Deus, qui nos . . . *et lect. IV—VI.*

f. 11'. XVII Aprilis. Helias, Paulus et Isidorus martyres. Semiduplex. Oratio. Deus, qui nos . . . *et lect. IV—VI.*

f. 12'. XVIII Aprilis. Perfectus martyr. Semiduplex. Oratio. Maiestatem tuam . . . *et lect. IV—VI.*

f. 14. XVIII die Maij. Dedicatio ecclesiae Cordubensis. Duplex . . . Lect. quarta. Alfonsus rex . . ., *lect. IV—VI.*

f. 15'. III die Iunii. Isaac martyr. Oratio. Preces populi tui . . . *et lect. IV—VI.*

f. 17. VII Iunii. In festo ss. martyrum Petri, Vualabonsi, Sabiniani, Vuistremundi, Habentij et Heremiae. Oratio. Da, quaesumus . . . *et lect. IV—VI.*

f. 18. XIII die Iunii. Fandila presbyter martyr. Semiduplex. Oratio. Deus, qui populum . . . *et lect. IV—VI.*

f. 19′. (21. Iunij.) Pelagius martyr. Semiduplex . . . Ad Magnificat. Antiphona. Ministri potestate . . . *Antiphonae et lect. IV—VI.*

f. 22. XXVII Iunij. Zoylus martyr. Duplex. Oratio. Deus, qui nos . . . *et lect. IV—VI.*

f. 23. XI Iulij. Abundius martyr. Semiduplex. Oratio. Exaudi, quaesumus . . . *et lectio.*

f. 24. XX Iulij. Paulus martyr. Semiduplex. Oratio. Deus, qui conspicis . . . *et lectio.*

f. 24′. XXVII Iulij. Aurelius, Felix, Georgius, Sebigotho et Liliosa martyres. Semiduplex. Oratio. Semper nos, Domine . . . *et lect. IV—VI.*

f. 26. XXIII Augusti. Christophorus et Leouigildus martyres. Semiduplex. Oratio. Fac nos, quaesumus . . . *et lect. IV—VI.*

f. 27′. XXVII Septembris. Emilianus et Hieremias martyres. Semiduplex. Oratio. Sanctorum martyrum tuorum . . . *et lect. IV—VI.*

f. 28′. XXVIII Septembris. Adulphus et Ioannes martyres. Semiduplex. Oratio. Quaesumus, omnipotens Deus . . . *et lectio.*

f. 29. XIII Octobris. Faustus, Ianuarius et Martialis. Duplex. Oratio. Praesta, quaesumus . . . *et lect. IV—VI.*

f. 30′. XVII Septembris. Acisclus et Victoria martyres, patroni Cordubenses . . . Ad vesperas. Antiphona. (Cum Dion praeses . . .) *Officium, antiphonae, oratio, lect. IV—IX, lectiones infra octavam.*

f. 38′. XXI Nouembris. In praesentatione sanctae Mariae virginis. Ad vesperas. Antiphona. Presentatio gloriosae . . . *Officium, antiphonae, oratio, novem lectiones.*

f. 48. XXVII Nouembris. Flora et Maria virgines et martyres. Semiduplex. Oratio. Sanctarum virginum ac martyrum . . . *et lect. IV—VI.*

f. 50. Propria missarum sanctorum et festiuitatum almae ecclesiae Cordubensis ad normam breuiarij Romani accommodata et a sacrosancta sede apostolica approbata. Edita iussu S. D. N. D. Gregorii XIII Pont. Max. In festo angeli custodis ad missam officium. Salue sancte custos . . . *Totum officium. Item — f.* 54′ *de s. Pelagio. De ceteris sanctis tantum orationes, secretae, postcommuniones vel ordines missarum.*

f. 60′. Sanctorum martyrum Cordubensium, quorum Usuardus meminit, quo quisque mense et die supplicio affectus fuerit et quo tempore officium fiat, index. — *f.* 61′ *vacuum.*

Nonnulla al. man. emendata et addita.

9. Breviarii officium proprium Urbinas s. Crescentini m.

Urbin. 1750. membr. II + 17 f. 144 × 105 mm. saec. XV.

f. I. In sancti Crescentini martyris: ad vesperas. Capitulum. *Capitulum deest. — f. I', II vacua.*

f. 1. In sancti Crescentini martyris ad vesperas. ant. Inter xpisticolas... Hymnus. Criscentini milicia . . . *Officium per omnes horas, hymni, novem lectiones. — f. 11—17 vacua.*

Miniat. color. et inaurat.: — f. 1 litterae B et C.

10. Breviarii monastici officia s. Fortunatae et s. Gaudiosi.

Regin. 1794. chart. 82 f. 198 × 133 mm. saec. XVI.

f. 1 vacuum.

f. 1'. Passio sancte Fortunate virginis et martyris. Incipit prologus lectio I. Igitur sacratissime virginis Fortunate . . . *lect. I—XII. — f. 17'. Officium s. Fortunatae per omnes horas, hymni. Post — f. 28 duo folia vacua.*

f. 29. Legenda sancti Gaudiosi episcopi et conf. Lectio prima. Gloriosus Deus in sanctis suis . . ., *lect. I—XII. — f. 48'. Officium s. Gaudiosi per omnes horas, hymni, — f. 58'. infra octavam.*

f. 61. Vita di santo Gaudioso... *Interpretatio Italica duodecim lectionum legendae. — f. 82' vacuum.*

11. Breviarii officium s. Hieronymi et missalis officia.

Vatican. 1205. membr. 64 f. 226 × 160 mm. 2 col. saec. XIV.

f. 1. In nomine beatissime Trinitatis . . . Incipit epistola beati Eusebij ad beatum Damasum Portuensem episcopum et ad christianissimum Theodonium Romanorum senatorem de morte gloriosissimi Ieronimi, doctoris eximii. Rubrica. Salutatio. Patri reuerentissimo — possides adipisci. — *f*. 28. Incipit epistola uenerabilis doctoris Augustini episcopi ad beatum Cirillum secundum Ierosolomitanum pontificem de magnificencijs eximii doctoris Ieronimi. Leccio prima. Gloriosissime christiane fidei — laudatur desiderio. — *f*. 33'. Incipit epistola sancti Cirilli secundi Ierosolomitani episcopi ad beatum Augustinum doctorem eximium de miraculis beati Ieronimi doctoris magnifici. Venerabili uiro — memor esto.

f. 57. In sanctissimi Ieronimi doctoris ecclesie festo. In primis vesperis super psalmos antiphone. Sancti Ieronimi clara praeconia . . . *Officium rhythmicum per omnes horas, hymni, initia psalmorum et lectionum.*

f. 59. Incipit officium misse sancti Ieronimi confessoris doctorisque eximij. Introitus. In medio ecclesiae . . . *Omnes officii partes praeter evangelium.*

f. 60. In sollempnitate duodecim milia martirum. Ad missam introitus. Congaudentes laudent . . . *Duae orationes, epistolae et evangelii initia.*

f. 60'. Missa xj milia virginum. Deus, virginalis uteri . . . *Oratio, secreta, postcommunio.*

f. 60'. Missa beate Marthe hospite Christi. Gaudeamus omnes in Domino . . . *Introitus, oratio, secreta, postcommunio.*

f. 61. Missa beati Petri, patris nostri. Presta, misericors Deus . . . exemplariter fecisti humilem . . . *Oratio, secreta, postcommunio. — f.* 61', 62, 64 *vacua. — f.* 63. Beatus vir, qui non abiit . . . *et aliae probationes pennae. Pict. miniat. color. et inaurat. flor.*

Pauca in marginibus eadem aliisque manibus addita.

12. Breviarii et missalis propria Legionensia.

Regin. 1791. chart. 77 + 3 f. 208 × 145 mm. saec. XVII.

f. 1. Index festorum, quae in sequenti additione continentur.

f. 2. Proprium sanctorum ecclesiae Legionensis. In festo s. Ildefonsi . . . Oratio. Exaudi, quaesumus . . . *et ordo officii.*

f. 2'. Martius. In festo ss. Emetherii et Celedonii . . . Oratio. Quaesumus, omnipotens Deus . . . *et lect. IV—IX.*

f. 3'. In festo s. Vincentii . . . Oratio. Praesta, quaesumus . . . *et lect. IV.*

f. 4a. Aprilis. In festo s. Isidori . . . Oratio. Deus, qui populo tuo . . ., *lect. VII—IX et lectiones infra octavam.*

f. 18. In festo s. Toribii . . . Oratio. Exaudi . . . *et lect. IV.*

f. 18'. Iulius. XVI Iulii. In festo triumphi sancte Crucis . . . *Rubrica.*

f. 19. XXV Iulij. In festo s. Iacobi . . *Rubrica.*

f. 19. Augustus. XI Aug. In translatione s. Froilani . . . Oratio. Exaudi, quaesumus . . . *et lect. IV.*

f. 20. October. In festo s. Froilani, episcopi Legionensis . . . Oratio. Da, quaesumus . . ., *lect. IV—IX et lectiones infra octavam.*

f. 36'. Die 13 Oct. In festo ss. martyrum Fausti, Ianuarii et Martialis . . . Oratio. Deus, qui nos concedis . . . *et lect. IV—VI.*

f. 39. In festo ss. martyrum Seruandi et Germani fratrum . . . Oratio. Deus, qui nos annua . . . *et lect. IV—IX.*

f. 41'. In festo ss. martyrum Vincentij, Sabinae et Christetae . . . Oratio. Sanctorum tuorum . . . *et lect. IV—IX.*

f. 44'. In festo s. Marcelli . . . Oratio. Presta, quaesumus . . . *et lect. IV—VI.*

f. 46'. In festo ss. martyrum Claudii, Lupercij et Victorij . . . Oratio. Fraterna nos . . . *et lect. IV—IX.*

f. 50. November. X Nouember. In dedicatione ecclesiae Legionensis . . . *Rubrica.*

f. 50. XXI Nouemb. In festo praesentationis B. M. . . . *Rubrica.*

f. 50. XXVII Nouemb. In festo ss. martyrum Facundi et Primitiui . . . Oratio. Praesta, quaesumus . . . *et lect. IV—IX.*

f. 55. XIIII Decembris. In festo expectationis B. M. Virginis. Si hodie acciderit . . . *Rubrica.*

f. 56. XVIII Decembris. Expectationis B. M. V. de communibus Hispaniae . . . In II nocturno lect. IIII. Ex decimo concilio Toletano. Quoniam die, qua . . ., *lect. IV—IX.*

f. 59'. XXII Decembris. In translatione s. Isidori ep. . . . Lect. IIII. Post Hispaniae deuastationem . . ., *lect. IV—VI.*

f. 61. XXX Decemb. In translatione sancti Iacobi apostoli . . . *Rubrica.* — *f.* 61 a, 62 b *vacua.*

f. 62. Proprium missarum Legionensis ecclesiae. Ianuarius. XXIII Ianuarii. In festo s. Ildefonsi episcopi . . . Oratio. Exaudi, quaesumus, Domine . . ., *secreta, postcommunio. Item ceteris festis aut ordines officiorum. Tota missarum officia:* — *f.* 62'. Ss. Emetherij et Celedonij. — *f.* 65. In festo triumphi s. Crucis. — *f.* 69. In festo ss. martyrum fratrum Vincentii, Sabinae et Christetae. — *f.* 72. Ss. martyrum fratrum Facundi et Primitiui. — *f.* 74. In festo expectationis B. M. V.

13. Breviarii officium s. Mauri.

Regin. 635. membr. 17 f. 205 × 150 mm. saec. XV.

f. 1. De sancto Mauro legenda lect. I. Postquam diuinitas Domini . . ., *lect. I—IX; antiphonae ad Magnificat et ad Benedictus notis musicis quadratis instructae, oratio.*

Miniat. color. et inaurat. fig. flor. — *f.* 1 *pict.*
Notae musicae.

14. Breviarii et missalis officia ss. Mauri, Pantaleemonis, Sergii dioecesis Vigiliarum.

Vatican. 7204. chart. 40 + 1 f. 217 × 146 mm. f. 1—11 binis col. saec. XVII.

f. 1. Officium sanctorum martyrum Mauri pontificis, Pantaleonis et Sergii. In festo die 27 Iulii. Ad vesperas antiphona. O insignes martires . . . *Officium breviarii, lect. IV et V.* — *f.* 3'. In festo inventionis et primae translationis die 30. Iulii. *Officium et ordo, lect. IV—VI.* — *f.* 8'. In festo secundae translationis die 20. Octob. *Item et lect. IV—VI.*

f. 10'. In festo sanctorum martyrum Mauri pontificis, Pantaleonis et Sergii. Ad missam. Introitus. Sapientiam sanctorum . . . *Ordo.* — *f.* 11', 11 *bis vacua.*

f. 12. Pro vesperis omnium sanctorum. Mandatum, quod datur cursoribus. Hodie erit mutatio capparum — in aduentu et quadragesima. *Mandata cursoribus summi pontificis danda, al. man.*

15. Breviarii fratrum Minorum et Praedicatorum propria (specialia).

Ottobon. 555. chart. 58 f. 168 × 105 mm. 2 col. saec. XVI.

f. 1. Aliqua de omissis circa finem officii noui addenda et corrigenda. Item speciale ordinis Minorum per cardinalem ordinis protectorem fratribus suo tempore tradendum . . . *Inscriptio.*

f. 1′. R. XI. 4. Ex codicibus Ill^mi et Excell^mi Dñi Angeli ducis ab Altaemps.

f. 2. In III nocturno matutini pro defunctis. ℣. Ne tradas bestiis . . . De sermone s. Augustini episcopi in die animarum lect. I(—III). Licet venialibus peccatis — ignem eternum. — Antiphonae laudum. — Suppletio lectionum in diebus cottidianis. Gregorii pp. expositio in psalmos penitentiales. Domine, ne in furore — expurgantis vindictae. — *f.* 4′, 5 *vacua.*

f. 6. Incipit speciale sanctorum ordinis Minorum ad formam noui officii redactum . . . In festo sanctorum quinque martyrum. Duplex . . . Oratio. Largire nobis, quesumus . . ., *lect. V—VIII, ordo officii missae.* — *f.* 7′. In festo s. Bernardini *lect. V et VI, ordo officii missae.* — *f.* 8. In festo s. Antonii de Padua. Gaudeat ecclesia . . . *Officium rhythmicum, hymni, lect. V—IX.* — *f.* 11. In festo s. Bonaventurae, *ordo officii missae.* — *f.* 11′. In festo dedicationis s. Marie de angelis *lect. V et VI.* — *f.* 12. In festo s. Clarae. Iam sancte Clare claritas . . . *Officium rhythmicum, hymni, lectio, ordo officii missae, officium votivum s. Clarae et lect. I—III.*

f. 18. In festo s. Ludovici ep. *lect. V—IX et ordo officii missae.* — *f.* 20. In festo impressionis sanctorum stigmatum s. Francisci. Franciscus vir katholicus . . . *Officium rhythmicum, hymni, lect. I—VI, ordo officii missae.* — *f.* 23′. In festo s. Elzearii conf. *oratio, hymni, antiphonae, lect. V et VI, ordo officii missae.* — *f.* 24′. In natali beatissimi Francisci. Franciscus vir catholicus . . . *Officium rhythmicum; lect. I—IX, lectiones infra octavam; officium votivum siue parvum de s. Francisco.* — *f.* 33′. In festo s. Elisabethae *oratio, lect. V et VI.* — *Rubricae de additis, de omissis, de erratis.*

f. 37. Incipit speciale sanctorum (ordinis) Predicatorum ad formam noui officii Romane ecclesie redactum . . . In festo s. Thomae de Aquino . . . In primis vesperis ant. Foelix Thomas, doctor ecclesie . . . *Officium rhythmicum, hymni, lect. IV—VIII, ordo officii missae.* — *f.* 40. In festo s. Vincentii conf. et doct. Vincentii sublimitas . . . *Officium rhythmicum, hymni, lect. V—IX.* — *f.* 44. In festo s. Petri m. De fumo lumen oritur . . . *Officium rhythmicum, lect. VI—IX, ordo officii missae.* — *f.* 45′. In festo s. Antonini archiepiscopi Florentini. *Antiphonae, lect. V—IX. — f. 47'.* In festo s. Catherinae v. Senensis. *Totum officium, hymni, lect. IV—IX, ordo officii missae. — f.* 51. In festo beatissimi patris Dominici. Gaude felix parens Hispania . . . *Officium rhythmicum, lect. I—VI, lectiones infra octavam. Desunt hymni, quia* novi imponentur. *— f.* 58 *vacuum.*

f. 58'. Ad manus cardinalis protectoris ordinis fratrum Predicatorum hoc speciale suo tempore tradatur separatim.

16. Breviarii et missalis officia propria Palentina, Gnesnensia, ecclesiae ss. Audomari, Reatina, sanctorum Hispanorum, alia.

Vatican. 6278. chart. 138 f. numerata (folia vacua non numerata sunt). 220 × 170 mm. (maximae codicis partes, aliae sunt minores). saec. XVII.

f. 1. In festo s. Venantii mart. Ad missam introitus. Misit de summo Dominus . . . *Totum officium. Item — f.* 1' *in festis:* s. Vincentii Ferrarii, — *f.* 2'. sanguinis Christi, — *f.* 3'. angeli custodis, — *f.* 4. s. latronis socii crucis.

f. 6. Addenda *(antiphonae, lectiones, hymni)* ad officia breviarii s. Vincentii m., *— f.* 7'. Vincentii Ferrarii, *— f.* 8. Ildefonsi conf. pont., *— f.* 9'. Isidori ep., *— f.* 19'. s. Annae matris beatissime Marie, *— f.* 11. Ludovici ep. conf. *— f.* 13 *vacuum. — f.* 13'. In hymno in festo s. Ambrosii corrigenda. *— f.* 15 *vacuum.*

f. 15'. In hoc officio, quod in honore beati martyris Antonini ecclesia cathedralis Palentina . . . *Addenda vel corrigenda, antiphonae et lectiones officii festi et infra octavam. — f.* 43'—54. *Eadem, sed deficit miniator.*

f. 26. Lectiones per octauam omnium sanctorum. Ex decretis de consecratione distinctio prima. lect. I. Tabernaculum Moysen . . . *Ex variis libris desumptae.*

f. 55. Extemporaneum cuiusdam consilium. De officio divino ad ritum Romanum in prouintia Gnesnensi conformando . . . Primum punctum. Vtile atque omnino — in ecclesiis decantetur. *Quattuor puncta.*

f. 63. Dominica I Octobris. In sancti rosarii exaltatione ad missam. Introitus. Quasi rosa . . . *Totum officium et officium breviarii. — f.* 68' *vacuum. — f.* 69. Gregorius pp. XIII de sancti rosarii festo.

f. 70. In festo s. Hieronymi presbyteri doctoris ecclesiae officium secundum curiam. In primis vesperis super psalmos ant. Admirabile vas sapientiae . . . *Totum officium, antiphonae, hymni, lectiones. — f.* 78. Decreta paparum de celebrandis festis s. Dominici, ordinis Predicatorum, Petri mart.

f. 86. Calendarium pro breviario ecclesie cathedralis s. Audomari . . . Kal. Ian. Circumcisio Domini . . . *—f.* 92. Proprium (breviarii) eiusdem ecclesiae.

f. 133. Ian. die XXII. Sancti Vincentii mart. duplex. Ad uesperas ant. Inuictus martyr . . . *Totum officium, hymnus, lectiones et lectiones infra octavam. Item:* — *f.* 138′. s. Valerii ep., — *f.* 139′. s. Vincentii Ferrarii conf., — *f.* 141. angeli custodis, — *f.* 144. sanguinis Christi. — *f.* 147. Consideranda in festo Vincentii conf. *ead. man., qua* — *f.* 1—5.

f. 147. Officium beate Columbe Reatine ordinis Predicatorum. Ad primas vesperas super psalmos ant. Surge amica mea . . . *Totum officium, antiphonae, hymni, lectiones.*

f. 154. Proprium sanctorum Hispanorum . . . qui generaliter in Hispania celebrantur simul cum festis sanctorum, qui secundum antiquam consuetudinem in ecclesia Legionensi celebrari consuerunt . . . Die XVIII Dec. Festum expectationis b. Marie v. . . . Capitulum Isai. XI. Egredietur uirga . . . *Breviarii proprium.* — *f.* 188. Iussu Gregorii pp. XIII 1577. Oct. 18 approbatum. — *f.* 188′ *vacuum.*

Complures librarii.

17. **Breviarii proprium ecclesiae Toletanae.**

Ottobon. 702. chart. 61 + 3 f. 211 × 154 mm. saec. XVII.

f. 1. Sixtus episcopus seruus seruorum Dei . . . Preclara meritorum insignia — duximus concedendas. *De festo visitationis B. M. V.*

f. 2. In festo uisitationis beate virginis. Ad uesperas . . . Capitulum. [E]go quasi terebyntus . . . Ad Magnificat. Ant. [H]odie Iohannes Spiritu sancto repletus . . . *Totum officium praeter hymnos; novem lectiones, lectiones infra octavam.* — *f.* 18. Missa. Introitus. [T]ransite ad me omnes . . . — *f.* 19. Oratio sanctissimi domini nostri Sixti pape IV, quam fecit in ecclesia s. Marie de populo in die uisitationis b. v. M. a. D. 1475.

f. 20. Beati Eugenii hystoria. *Inscriptio.* — *f.* 21′ *vacuum.* — *f.* 22. Vesper. super psalmos ant. Beatissimi martyris et presulis Eugenii . . . Hymnus. [M]artyr Eugeni celebris honorem . . . *Totum officium, novem lectiones.*

f. 32. Historia beate Leocadie. *Inscriptio.* — *f.* 32′ *vacuum.* — *f.* 33. Hymnus. [V]irginis sancte colimus triumphum . . . *Totum officium, novem lectiones.* — *f.* 42′ *vacuum.*

f. 43. Iulianus discipulus Eugenii secundi Cartaginis prouincie metropolitani — est tumulatus (?). *Vita, non in lectiones divisa.* — *f.* 44a, 44b *vacua.*

f. 45. Ad vesperas super psalmos ant. Sancti tui, Domine, Ildefonsi personemus laudes . . . *Totum officium, novem lectiones et lectiones infra octavam.* — *f.* 57a *vacuum.*

f. 58. In natale beate Marie Egiptiace. Ad vesperas. Antiphona. Stupebat Zozimus audientem Mariam . . . *Hymnus.* Canimus laudum pia uota Christe . . . *Antiphonae, responsoria, hymni.*

Nonnulla al. man. et emendata et addita.

18. Breviarii proprium Toletanum.

Vatican. 3671. chart. a + 118 f. 230 × 167 mm. saec. XVII.

f. a. Officia propria sanctorum, qui in dioecesi Toletana celebrantur, ad formam breuiarij Romani ex decreto sacrosancti concilij Tridentini iussu Pii V editi redacta. *Inscriptio. — f.* a' *vacuum. — f.* 1. Index festorvm, quae in sequenti additione continentur. In Ianuario . . . — *f.* 4 *vacuum.*

f. 5. Officia propria dioecesis Toletanae. Ianuarius. Die 23. S. Ildefonsi archiepiscopi Toletani conf. et patroni . . . Ad vesperas antiphona. Ecce sacerdos magnus . . . *Officium festi et infra octavam, lect. IV—IX.*

f. 9. (Die 24. Ianuarii.) De descensione B. M. Capitulum. Ab initio . . . ; *officium, sex lectiones.*

f. 24'. Februarius. Die XII. Translatio prima s. Eugenii archiepiscopi Toletani et martyris . . . Ad vesperas antiphona. Qui me confessus fuerit . . . *Officium, lect. IV—VI.*

f. 27. Martius. Die prima festum s. angeli custodis . . . Ad vesperas antiphona. Angelis suis . . . *Officium, hymni, novem lectiones.*

f. 35'. Die VIII Martij. Sancti Iuliani archiepiscopi Toletani et confessoris patroni . . . Ad vesperas antiphona. Ecce sacerdos magnus . . . *Officium, sex lectiones.*

f. 39'. Die XVIII Martij. Sancti Gabrielis archangeli . . . Ad vesperas antiphona. Ingresso Zacharia . . . *Officium, hymni, novem lectiones.*

f. 50. Aprilis. Die 4. Aprilis. Sancti Isidori archiepiscopi Hispalensis conf. et doctoris . . . Ad vesperas antiphona. Ecce sacerdos magnus . . . *Officium, sex lectiones.*

f. 54. Iulius. Die XVI Iulij. Triumphus sanctae Crucis . . . Ad vesperas antiphona. O magnum pietatis . . . *Officium, hymni, lectiones.*

f. 64'. Die XXVI Iulij. S. Annae viduae, matris beatae Mariae virginis . . . In primo nocturno lectiones . . . Mulierem fortem . . . , *lect. I—III, lect. IIII—VI.*

f. 66'. Die XXVII Iulii et in sequentibus diebus fit de octaua sancti Iacobi . . . In secundo nocturno. Sermo s. Ambrosii ep. . . . lect. IIII. Potestis bibere . . . *Lectiones infra octavam.*

f. 76. Die VII Augusti. Sanctorum Iusti et Pastoris martyrum fratrum . . . In secundo nocturno. Lect. IIII. Iustus et Pastor germani fratres . . . *Lect. IV—IX.*

f. 80. Die XXV Octobris. Dedicatio ecclesiae Toletanae . . . Lect. IIII. Inter loca sancta . . . *Lect. IV—VI.*

f. 83. Die XXX Octobris. In ecclesia matrice intra chorum tantum fit de victoria de Benamarin apud flumen Salsum . . . In secundo nocturno . . . Lect IIII. Albohazes Mauritaniae rex . . . *Lect. IV—VI.*

f. 85. Nouember. Die XV Nouembris. Sancti Eugenij archiepiscopi Toletani martyris et patroni . . . Ad vesperas antiphona. Qui me confessus fuerit . . . *Officium festi et infra octavam, lect. IV—IX.*

f. 94. Die XVIII Nouembris. De secunda translatione s. Eugenii . . .
Sex lectiones.

f. 99′. Die XXI Nouembris. Praesentatio beatae Mariae . . . In secundo
nocturno. Lectio IIII. Ex sancto Gregorio Niseno . . . Auscultemus, quid
de hac . . . *Lect. IV—IX.*

f. 106. Die IX Decembris. Leocadiae virginis martyris et patronae . . .
In secundo nocturno. Lect. IIII. Leocadia virgo Toletana . . . *Lect. IV—IX.*

f. 109′. Die XVIII Decembris. Festum expectationis b. Mariae virginis . . .
In secundo nocturno. Ex decimo concilio Toletano. cap. I. lect. IIII.
Quoniam die, qua inuenitur . . . *Lect. IV—IX.*

f. 113. Die XXX Decembris. Translatio s. Iacobi apostoli Hispaniarum
patroni . . . Ad vesperas antiphona. Tecum principium . . . *Officium, lect.*
IV—IX.

f. 117. Commemorationes patronorum huius dioecesis Toletanae . . . Pro
ss. Eugenio et Ildefonso ad laudes antiphona. Iusti autem in perpetuum
vivent . . . *et de s. Leocadia.*

Complura aliis manibus et emendata et addita.

19. Breviarii Tolosani proprium sanctorum.

Borghes. 5. A 1. membr., 10 f. chart. 10 + 307 f. 252 × 170 mm.
saec. XII.

f. 1. []endit. Sed quia nunc ad loquendum . . . *Lect. IX dom. III post*
pentecost. Proprium de tempore usque ad dom. XII post pentecost. Scrip-
tura currens (lect. I—VI) et homiliae (lect. VII—IX) sine nominibus scrip-
tae, responsoria et orationes; man. saec. XV. — f. 10′ vacuum.

f. 1 *(bis).* In festiuitate sancti Andree apostoli. Capitulum. Corde creditur ad iustitiam . . . *Proprium sanctorum usque ad s. Clementis. Quae*
canuntur partes neumis instructae, homiliae sine nominibus scriptae. —
f. 30′. In s. Preiecti. — *f.* 102. In s. Antonini ep. — *f.* 147. In s. Egidi. —
f. 148. In s. Antonini m. *Officium plenissimum. — f. 170′. In s. Mauricii*
et soc. — f. 180. In s. Dionysii et soc. — f. 203′. In Briccii conf.

f. 213′. Ant. Beati pacifici . . . Capitulum. Fratres, iam non estis . . .
Commune sanctorum.

f. 244′. In dedicatione ecclesie. ant. Fundata est domus . . .

f. 253. Ianuer. Sancte Leochadie m. Indulgentiam nobis . . . *Orationes et*
lectiones de sanctis usque ad: s. Saturnini m. *Insunt: — f. 253′.* s. Eulalie, —
f. 259′. s. Fructuosi ep., — *f.* 268. s. Torpetis m., — *f.* 268′. s. Dunstani
ep., — *f.* 271′. ss. Medardi et Gildardi, — *f.* 276. s. Leufredi, — *f.* 276′.
s. Albani, — *f.* 282′. s. Samsonis, — *f.* 284′. s. Germani, — *f.* 290′.
s. Genesii, — *f.* 297′. s. Fidis v., — *f.* 299. s. Gyraldi conf., — *f.* 301.

s. Caprasii, — *f.* 304. s. Amantii ep. — *f.* 307. S. Saturnini *deficit in:* lectio I.

Complura folia humore laesa.
Neumae.

20. Breviarii officia s. Vincentii m., s. angeli custodis, ss. sanguinis D. N. I. Chr.

Vatican. 3669. chart. 32 f. 320 × 170 mm. 2 col. saec. XVII.

f. 1. Ianuarius. S. Vincentii martyris. duplex. Ad vesperas antiphona. Inuictus martyr ... *Officium s. Vincentii die festo et infra octavam, hymni, novem lectiones.*

f. 18′. Festum angeli custodis. Duplex. Ad vesperas antiphona. Immittet ... *Officium, hymni, novem lectiones.*

f. 25. Festvm sanguinis Christi. Duplex. Ad vesperas antiphona. Christum proposuit Deus ... *Officium, hymni, novem lectiones.*

Nonnulla al. man. emendata et addita.

XI. DIURNALIA.

1. Diurnale.

Vatican. 4340. membr. 123 f. 356 × 235 mm. saec. XIV.

f. 1. BEatus uir ... — *f.* 1, 2 *man. rec. Ps. 1—5 psalterii Romani.*
— *f.* 2. [D]enique iam exponis, qua id fiat — erumpere non est. *S. Augustini tract. 26 in s. Ioannem.*

f. 3. Cum exarserit ... *Ps. 2, 13. Psalterium Romanum litteris initialibus feriatum, antiphonae neumis instructae, initia psalmorum laudum. — f.* 12. *Post laudes dominicales psalmi primae et Quicumque. — f.* 17. *Matutina et laudes feriarum. — f.* 75. Dixit Dominus ... *Vesperae, cantica ferialia suis locis.*

f. 92'. Benedicite, ps. David: Benedictus; Magnificat, Gloria in excelsis, Nunc dimittis, Credo in Deum, Credo in unum Deum. — *f.* 94'. Te Deum, Te decet laus — in secula seculorum, Pater noster.

f. 95'. Kyrie eleyson ... *Litaniae, desinunt in:* et cum spiritu tuo. *Inter sanctos:* Eleutheri *(abrasum),* Blasi, Georgi, Prime et Feliciane, septem fratres, quadraginta martyres, Iuvenalis, Seuere, Isidore, Remigi, Maure, Sabba, Victoria, Anatholia *(abrasum),* Barbara, Concordia *(abrasum),* Amia *(abrasum).*

f. 97. ad liberandum nos Domine Deus uirtutum. *Responsorium tertiae dom. I adventus. Diurnale usque ad fer. IV post pascha; etiam hymni matutinales; in marginibus hymni et aliae officii partes al. man. additae. Proprium de tempore et sanctorum Stephani, Ioannis ev., Innocentium, Thomae m. Desinit in:* Viso Domino alleluia.

f. 121. Credo, quia Filius Dei ... Crux uera — a morte maligna. *Precationes, probationes pennae; al. man.*

f. 121'. Incipit officium noue sollempnitatis corporis Christi. Anthiphona. Sacerdos in eternum ... *Totum officium. Desinit antiphona I laudum in:* posuit mensam.

Multa folia refecta.
Neumae.

20**

2. Diurnale Benedictinum Casinense.

Urbin. 585. membr. II + 260 + 1 f. 210 × 146 mm. saec. XI. litteris Beneventanis.

f. I, II *vacua.*

f. 1. Incipit chronica Ysidori de seculi etatibus. Prima est huius mundi etas . . . — *f. 3'.* Ab hinc ex aliis ystoriis. Constantinus filius eius . . . *usque ad:* Alexius Ysaky.

f. 4'. Petrus apostolus . . . *Series pontificum Romanorum usque ad:* Paschalis.

f. 6'. Incipit catalogus abbatum monasterii Casinensis. Sanctus Benedictus primus abbas . . . *usque ad:* Odorisius abbas et cardinalis.

f. 7'. M. xiij 1. xij. II Kal. Apr. Otto imperator puer Beneuentum uenit . . . *Tabula temporum usque ad annum 1244, duae manus, altera incipit ab anno 1097. Ultima res gesta de anno 1167.* — *f.* 11 *vacuum.*

f. 12. *Kalendarium. Ind. astr. et cal. dies Aeg.* — *f.* 18. Ian. Aug. Dec. . . . *De kalendario Romano, de cyclis, de anno eiusque partibus, de festis; tabulae.* — *f.* 22', 22 a, 23, 24 *vacua.*

f. 24'. Comitetur nos, quesumus — filium tuum. *Precatio.* — *f.* 25', 26 *vacua.*

f. 27'. Beatvs uir . . . *Psalterium Romanum litteris initialibus feriatum, inscriptiones, ad multos psalmos numeri appositi.* — *f.* 90. *Cantica Vet. et Nov. Testamenti cum nominibus scriptorum et* hymnus trium puerorum. — *f.* 94'. Hymnus Sisebuti regis: Te Deum, oratio dominica, hymnus angelicus: Gloria in excelsis. — *f.* 95'. Symbolum ab apostolis editum, symbolum, quod sancta Nicena synodus edidit. — *f.* 96. Fides catholica sancti Athanasii episcopi Alexandrini *et oratio.* — *f.* 97. *Litaniae, preces, orationes, precationes.* — *f.* 104 *vacuum.*

f. 104'. Primo dierum omnium . . . *Hymni ordinarii, de tempore, de communi, in dedicatione.*

f. 134'. In dominica de aduentu Domini. Canticum. Ecce Dominus in fortitudine . . . *Cantica dominicalia et festiva.*

f. 138'. Dominica de aduentu Domini. Lectio ad uesperos et laudes et horas. Et erit in nouissimis diebus . . . *Lectiones breves vel capitula de tempore, de sanctis, de communi, in dedicatione.* — *f.* 149. Dominica de Trinitate.

f. 150'. Dominica de aduentu Domini. Excita, Domine, quaesumus potentiam tuam . . . *Collectae de tempore, de sanctis, de communi, in dedicatione,* — *f.* 161'. ad benedictionem noui ignis, capitula, collectae ad mandatum post cenam, ad mandatum per totius anni circulum, in die sabbatorum, — *f.* 177'. in cotidianis diebus.

f. 180. In purificatione sancte Marie. Responsorium ad processione[m]. Uidete miraculum . . . *Benedictiones cereorum, cinerum in capite ieiunii, florum, frondium, olivarum, palmarum dom. in palmis et ordo processionum.*

f. 182'. Incipit breuiarium siue ordo officiorum per totum anni decursionem. In primis sabbato ante aduentum Domini cantantur . . . *Ordo breviarii de tempore et de sanctis usque ad s. Andreae.*

f. 232. In nataliciis apostolorum. Lectio ad uesperum. Fratres, iam non estis . . . *Commune sanctorum, tota officia a matutinis usque ad completoria, lectiones.*

f. 251. In die parasceue ad adorandum crucem. In prima genuflexione. Dum crucem, dilectissimi filii . . . *Tres precationes, aliae de s. Cruce et ad B. M. V. — f.* 254 *vacuum.*

f. 254'. In sancti Dominici conf. Ad Dominici praeconium . . . *Hymnus, item — f.* 255'. de sancto Nycolao ep., de s. Sabina, de sanctis martyribus Rufino et Cesidio. — *f.* 259', 260 *vacua.*

Miniat. color. et inaurat. fig. Picturae tabulares: — f. 23'. Maria cum puero Iesu in throno residens et diaconus orans. — f. 253'. Pictura canonis. Bethmann in Pertz' Archiv Bd. XII, S. 264.

3. Diurnale Benedictinum monasterii de Ponte ferri.

Vatican. 85. membr. VIII + 283 f. 302 × 190 mm. f. 1—225 binis col. saec. XII. XIII.

f. I. Iani prima . . . *dies Aeg. Kalendarium man. saec. XII. Litteris capitalibus:* Georii, Urbani pp., Alexander ep. et Syluanus (?) m., Vitus et Modestus, Gervasii et Protasii, Quirici et Iulitte, Apollinaris, Donatus et Laurianus, Mauritii et soc., Reparata, Miniatis et soc. *Man. saec. XIV quorum sanctorum reliquiae in ecclesia habentur:* Fabiani et Sebastiani in altari exteriori, Maglorii ep. et conf. . . . in presenti ecclesia; Leonardi in altari exteriori. *Item* Nicholai, Silvestri. S. Barnabae consecratio istius ecclesie facta fuit. — *f.* VIII. Ian. Aug. Dec. . . . *Indicationes et praecepta calendaria.*

f. 1. Beatus vir . . . *Psalterium Gallicanum glossatum.*

f. 226—283. *saec. XII. lineis plenis. — f.* 226. Talis enim decebat, ut nobis . . . *Capitula et orationes de communi unius pontificis, plurimorum pontificum, virginis; de dominicis et ferialibus diebus.*

f. 231. In dominicis diebus. Ad nocturnum hymnus. Primo dierum . . . *Hymni ordinarii officii, de tempore, de sanctis, in dedicatione, de communi, — f.* 241'. In sancti Benedicti abb. Christe sanctorum decus . . .

f. 257. Canticum de aduentu Domini. Ecce Dominus in fortitudine . . . *Cantica dominicalia et festiva.*

f. 264. Ad honorem s. ✝. Perpetua, quaesumus, Domine . . . *Orationes de s. Cruce et de sanctis, quo in numero de s. Michaele archangelo, de s. Petro, de s. Stephano, de s. Martino, de s. Benedicto, de s. Nicolao.*

f. 268. In laudibus capitulum. Benedictio et claritas . . . *Capitula, preces, antiphonae de dominicis et de feriis, de sanctis, in vigilia mortuorum.*

f. 276. Kyrieleyson . . . *Litaniae. Litteris capitalibus scripta sunt nomina ss. Marcelli, Gregorii, Nicolai, Benedicti. Inter sanctos:* Hylariane (?), Viviane, Blasi, Nicomedes et Procule, Dionysi cum soc., Minias cum soc., Frigdiane, Leonarde, Reparata, Flora, Lucilla, Christina.

f. 279'. Mars diuastat bona . . . *Rhythmi de diebus hebdomadis, unus abrasus.* — Propitiare Domine . . . *Oratio de ss. Cosma et Damiano et:* de quibus in ista continentur ecclesia merita gloriosa. — *f.* 280. In sancte Marie Magdalene. Ad vesp. Capitulum. Mulierem fortem . . . *Officium per omnes horas, hymni, desunt lectiones.* — *f.* 282. Memoria sanctorum, quorum reliquie hic sunt. Ad vesperum ant. Sancti, quorum adest . . . *In oratione nominantur ss. Cosmas et Damianus.*

f. 282'. Ortus ab Antiochia . . . *Hymnus de s. Apollinari notis musicis quadratis et evovis instructus. Infra:* Iste liber est monasterii sancti Damiani de Ponte ferri. — *Item* ant. ad laudes omnibus diebus, de sanctis, quorum reliquiae sunt in hoc templo; ant. ad vesp. in ferialibus diebus.

Miniat. color. et inaurat.: — f. 1. littera B.

Notae musicae.

4. Diurnale Benedictinum.

Palatin. 30. membr. 200 f. 215 × 142 mm. saec. XIII.

f. 1. C 174. uel ira non damnabitur, quod enim uiuit . . . Ecce ad te confugio, uirgo, nostra saluatio — laudamus Deum per omnia seculorum secula. Amen. *Rhythmi de B. M. V.*

f. 2. Domine sancte pater omnipotens . . . *Orationes ante et post missam dicendae.*

f. 3'. Beatus uir . . . *Psalterium Romanum litteris initialibus feriatum, numeri et inscriptiones psalmorum, in marginibus invitatoria et antiphonae man. rec.* — *f.* 101'. *Cantica ferialia cum nominibus scriptorum.* — *f.* 107'. Hymnus trium puerorum. — *f.* 108. Canticum Zacharie patris sancti Iohannis. — *f.* 108'. Canticum sancte Marie matris Domini. — *f.* 109. Canticum s. Symonis prophete. — Ymnus sanctorum patrum: Te Deum. — *f.* 109'. Ymnus angelicus: Gloria in excelsis. — *f.* 110. Oratio dominica, symbolum apostolorum, *man. rec.:* institutum a Damaso papa. Aliud symbolum, *loco rescripto:* Nycenum, quod Amasius (?) papa ex condicto illius (?) synodi apud Constantinopolim instituit celebratum (?). — *f.* 111. Fides catholica Athanasii episcopi, *man. rec.:* patriarcha Allexandriae (?) in . . . compositum. *al. man.:* non. — *f.* 112'. *Litaniae, orationes. Inter sanctos:* Ruxorii, Dimitri, Torpes, Celsi, Vite, Sauine, Pancrati, Minias, Eustasii, Benedicte *r.*, Iohannes heremita, Catalde, Restitute, Iacinte, Eadmunde, Christofore, Vitalis,

Quirice, Concordi, Theodole, Maurici cum sociis, Dionysi cum sociis, Brici, Prosper, Isidor, Remigi, Zenon, Frigiane, Cassi, Theodore, Iuvenalis, Cerboni, Germane, Geminiane, Columbane, Leonarde, Saba, Alexi, Agnelle, Daria, Iulitta, Iulia, Iuliana, Eugenia, Fausta, Lucina, Brigida, Reparata.

f. 123. Primo dierum omnium . . . *Hymni ordinarii, — f.* 129'. *de tempore et de sanctis, — f.* 146'. de sancta Magdalena. Iocundum satis dulce festum . . . *desinit in:* Accipe tales ie.

f. 147. []ti sunt in nomine . . . *Canticum de aduentu. Cantica dominicalia et festiva.*

f. 155. In nomine Christi incipit officium sancte Dei genitricis et uirginis Marie . . . Inuitatorium. Sancta Dei genitrix . . . *Officium a purificatione usque in adventum,* lect. I(—III). Sancta Maria virgo virginum — sine tempore, *rhythmice. — f.* 157'. Alme uirginis Marie Iesu Christi matris pie ab adventu eiusdem inclitum ad natale usque officium. lect. I(—III). Locutus est Dominus ad Achaz — timoris Domini. — *f.* 159. *Officium B. M. V. a nativitate Domini usque ad purificationem, lect. I—III sicut a purificatione usque ad adventum.*

f. 160. Ad honorem Domini incipit officium ab hora prima usque ad completorium. Dominica in prima. ad primam dicatur . . . Iam lucis orto . . . *Initia hymnorum et psalmorum, ordinarium officii, suffragia sanctorum. — f.* 165'. *Prima, tertia, sexta, nona, vesperae, completorium communis sanctorum, — f.* 167. *proprii de tempore ab adventu usque ad pentecost. — f.* 172. *Orationes de sanctis, — f.* 172'. In sancti Iohannis abbatis. — *f.* 173'. *Ant., versus, responsoria, duae orationes de s. Ioanne abbate, suffragia de s. Trinitate, de s. Cruce, de B. M. V. tempore paschali.*

f. 173'. Dominica septuagesima. Lectiones *(breves)* et orationes. Ad vesperas . . . Nescitis, quod . . . *et antiphonae ad Benedictus, ad horas, ad vesperas usque ad dom. quinquagesimae. — f.* 175'. *Invitatoria, antiphonae, versus, responsoria, orationes, initia psalmorum et hymnorum officii dominicalis et ferialis, suffragia sanctorum. — f.* 180. *Lectiones breves, versus, responsoria feriarum, — f.* 182 *festorum.*

f. 185. In agenda mortuorum. Uitatorium. Regem, cui omnia . . . *Officium defunctorum, novem lectiones, vesperae in fine, multae orationes.*

f. 190. Svscipere digneris, Domine Deus omnipotens, [h]os psalmos . . . *Tres precationes. — f.* 190'. Uerba mea auribus percipe — seruus tuus ego sum. *Psalterium a s. Hieronymo abbreviatum. — f.* 196. *Litaniae, inter sanctos litteris uncialibus:* Sancte Benedicte et sancte Iohannes heremita. — Oratio. Dona mihi, queso, omnipotens Deus, ut per hanc sacrosanctam psalmodiam — misericorditer pervenire. — *Precationes. — f.* 197'. *Versiculi s. Gregorii.*

Multa aliis manibus et emendata et addita.

Miniat. color. et inaurat.; — f. 17'. pict.

Stevenson, Codices Palatini Latini tom. I, p. 5.

5. Diurnale (diurnum) Benedictinum Sublacense.

Ottobon. 668. membr., f. 1—15. mixt. 232 f. 103 × 68 mm. saec. XIV.

f. 1. *Kalendarium; man. rec. usque ad* — *f.* 15. *Ind. cal. et astr. grad. rubricae, sancti fratrum Minorum.*

f. 9. De specialibus antiphonis laudum . . . In anno illo . . . — *f.* 13'. Nota de historiis imponendis in mense Septembri. — *f.* 15. Tabula de historiis imponendis.

f. 16. Nota . . . capiti (?) nostro Christo, de quo dicitur . . . Feria secunda ad primam. ant. Seruite. Beatus vir . . . *Psalterium Romanum feriatum cum ordinario officii; inscriptiones et orationes; numeris, quotus psalmus et quot versuum singuli psalmi sint, indicatur.* — *f.* 101. *Post vesperas fer. II prima dominicalis, tertia, sexta, nona.* — *Ad ps. 118 nomina litterarum Hebraicarum.* — *f.* 118'. *Cantica ferialia, nomina scriptorum et orationes.* — *f.* 123. Ymnus trium puerorum; canticum Zachariae, *desinit in:* umbra mortis sedent. — *f.* 125. crucifixus, mortuus . . . *Symbolum apostolorum.* — *Cantica festiva; cantica dominicalia suis locis.*

f. 26—35 *inter psalterium interposita, eadem man. qua kalendarium. f.* 26. Aduentus Domini celebratur . . . *Rubricae.* — *f.* 28'. Tabulae de specialibus antiphonis laudum. — *f.* 30'. Rubricae speciales. — *f.* 31'. Rubricae de historiis, *aliae.* — *f.* 32. Officium beate Marie secundum consuetudinem ecclesie Romane. Ad vesperas ant. Dum esset rex . . . *Officium per diversa anni tempora, lectiones; desunt hymni.*

f. 130'. In aduentu Domini ad uesperas ympnus. Conditor alme siderum . . . *Hymni de tempore,* — *f.* 137'. *de sanctis,* — *f.* 145'. *de communi et in dedicatione.*

f. 150. Incipit diurnum secundum consuetudinem Sublacensem. Sabbato ad vesp. de aduentu. Fratres, scientes, quia hora . . . *Proprium de tempore usque ad dom. XXIV post pentecost.* — *f.* 188'. De s. Trinitate. — *f.* 189'. In sollempnitate corporis Christi. — *f.* 190. *Antiphonae scripturae currentis.* — *f.* 191'. *Antiphonae et orationes homiliarum dominicarum post pentecost.* — *f.* 194'. *Antiphonae scripturae currentis a mense Augusto incipientes.*

f. 197'. Incipit proprium sanctorum. In sancti Saturnini m. Oratio. Deus, qui nos . . ., *usque ad s. Catharinae.* — *f.* 224'. *al. man. de visitatione B. M. V.*

f. 225 *insertum.* Wil du . . . *Praeceptum medicum (?) lingua Germanica conscriptum.*

f. 226. Incipit commune sanctorum. primo de apostolis. Capitulum. Fratres, iam non estis . . . *Commune virginum ad nonam desinit in:* Elegit eam Deus . . .

f. 229. eum diluculo ... *lect. I officii defunctorum. Desinit in*: ℞. Libera me.

f. 231. Uisita, quesumus, Domine habitationem istam ... *Oratio completorii; capitula et benedictiones primae per annum.*

f. 231'. Instrumenta bonorum operum ... abnegare se ipsum ...; gradus humilitatis.

f. 232. *Psalmorum dominicalium initia al. man.*

Complura folia vermibus corrosa, alia refecta. — f. 124 ante — f. 116 ponendum.

6. **Diurnale Benedictinum.**

Palatin. 553. membr. 57 f. 113 × 84 mm. saec. XV.

f. 1. BEatus vir ... *Psalterium Gallicanum primae a fer. II usque ad sabbatum.*

f. 9'. Feria secunda ad primam. antiphona ad primam. Seruite Domino in timore ... *Antiphonae, capitula, preces, orationes.*

f. 13. Dominicis diebus ad primam ymnus. Iam lucis orto ... *Prima, tertia, sexta, nona dominicalis. — f.* 16'. *Tertia, sexta, nona ferialis.*

f. 20'. Dominicis diebus ad vesperas ps. Dixit Dominus ... *Antiphonae, psalmi, versus vesperarum dominicalium et ferialium. — f. 30. Completorium, in fine — f. 32. duae lineae abrasae.*

f. 32'. Incipiunt VII psalmi poenitentiales. Domine, ne in furore ... — *f.* 34'. *Litaniae et orationes. Inter sanctos:* Mauriti cum sociis, Dyonisi cum sociis, Hilari, Remigi, Hylarion, Eufemia, Petronilla.

f. 36. Incipit agenda defunctorum ant. Placebo ... Psalmus. Dilexi ... *Officium defunctorum, psalmi, novem lectiones, orationes.*

f. 43. Incipiunt cantica in matutina feria secunda. Confitebor tibi ... *In cantico Audite divisiones. — f. 46. al. man. — f.* 46', 47 *vacua.*

f. 48. Eterne rerum conditor ... Splendor paterne glorie ... *Hymni.*

f. 48'. Dominica die ad laudes antiphona Alleluia. IIII ps. Miserere mei ... *Laudes dominicales et feriales, versus, initia canticorum et hymnorum. — f.* 55—57 *vacua.*

Nonnullorum psalmorum vel litterae vocabulorum initiales vel sola initia. Stevenson, Codices Palatini Latini tom. I, p. 173.

7. **Diurnale Benedictinum Venetianum.**

Vatican. 7826. membr. 397 f. 95 × 68 mm. saec. XV.

f. 1 *vacuum. — f.* 1'. Ad sextam ant. Adiutorium nostrum ..., oratio. Da nobis, quesumus, Domine perseuerantes — seruiens augeatur. *al. man.*

f. 2. *Kalendarium. Ind. cal. — f.* 2'. II Kal. Febr. Translatio corporis s. Marci. — *f.* 10. Id. Sept. Dedicatio ecclesie. — VIII Id. Oct. Dedicatio ecclesie s. Marci.

f. 14. Incipit psalterium per totum annum. ps. Dauit ad nocturnum. Beatvs vir . . . *Psalterium Gallicanum litteris initialibus secundum usum Romanum feriatum. — Post — f.* 210 *deest unum folium et initium ps.* 109. *— f.* 211. [splendo]ribus sanctorum . . . *Ps.* 109, 3.

f. 263. Confitebor tibi . . . *Cantica ferialia. — f.* 277. Benedicite, Benedictus, Magnificat, Te Deum, canticum Quicumque.

f. 285'. Ymnum. Primo dierum omnium . . . *Hymni ordinarii. — f.* 289'. *Antiphonae, initia psalmorum, orationes laudum dominicalium. — Ordinarium (hymni, antiphonae, lectiones breves, capitula, versus) matutini, laudum, ceterarum horarum ferialium breviarii monastici.*

f. 322'. *Responsoria, antiphonae, orationes scripturae currentis et evangeliorum post pentecost. — f.* 342. *Capitula et orationes proprii de tempore.*

f. 349'. *Orationes de communi sanctorum.*

f. 353. *Lectiones matutinales nonnullorum festorum. — f.* 381. *Hymni paschales.*

f. 386. *Suffragia sanctorum, — f.* 387. de sancto Marco. *— f.* 390'. *Hymni de communi sanctorum. — f.* 394'. *Lectiones de s. Pancratio. — f.* 396. Responsorium de Trinitate.

f. 396'. Cantica. Domine, miserere nostri . . .; Miserere, Domine, plebi tuae . . .

Miniat. color. et inaurat. flor., — f. 14. *pict.*

8. **Diurnale Cartusianum.**

Vatican. 9422. membr. II+186 f. 282 × 203 mm. saec. XIV.

f. I *vacuum. — f.* I'. laborioso certamine . . . *Finis orationis pro defuncto episcopo dicendae; aliae sex orationes pro defunctis dicendae; sexta desinit in:* confessione discesse.

f. II *minus, man. rec.* In hoc tristis vite psalo (?) me defendas hoste malo . . . *Breves precationes et:* Infrascripte sunt quedam deuotissime cum magna indulgentie ordinationes. Si quis cum reverentia et devotione . . . Isti sunt duodecim dies Veneris, de quibus ego Clemens Romanus pontifex inueni in sacris canonibus . . . Incipit exortatio beati Anselmi Cant. archiepiscopi, qualiter sit moriendus interrogandus — in mente tua. *Ultima legi non possunt.*

f. 1. *Kalendarium. Ind. cal. et astr. num. rubricae, nonnulla man. rec. addita. Necrologia, quorum in numero: — f.* 1'. XVI Kal. Febr. Obiit dominus Talarandus episcopus. *man. rec. — f.* 2. IIII Non. Mart. Tricenarium domine Iohanne regine Francie perpetuum. *— f.* 2'. VI Kal. Maias. Circa festum beati Marci fit tricenarium pro domino Amblardo et suis *r. — f.* 3. XVI Kal. Iun. Obiit dominus Bindus, fundator istius domus. — *f.* 4.

V Id. Iul. dominus Iohannes de Luca. — *f.* 4. XVI Kal. Aug. dominus Iacobus episcopus Grinsetanianus — *f.* 6. II Kal. Dec. dominus Iohannes de Senis prior.

f. 7. Feria secunda ad primam . . . ant. Seruite Domino . . . Beatus uir . . . *Psalterium Gallicanum feriatum, antiphonae notis musicis quadratis instructae.*

f. 121. Feria secunda ad laudes canticum. Confitebor tibi Domine . . . *Cantica eorumque antiphonae notis musicis quadratis instructae; praeter canticum Annae desunt nomina scriptorum.* — *f.* 128. Canticum Zacharie, hymnus trium puerorum, hymnus beatorum Ambrosii et Augustini, canticum b. Marie, canticum Simeonis, oratio dominica, Gloria in excelsis, simbolum apostolorum: Credo in Deum, *item:* simbolum apostolorum: Credo in unum Deum, simbolum Athanasianum.

f. 134. *Litaniae, preces, orationes; man. rec. addita:* Oratio. Omnipotens sempiterne Deus, qui vivorum dominaris — misereris.

f. 137. Canticum dicendum diebus dominicis Ysaie. Domine, miserere nostri . . . *Cantica dominicalia et festiva,* — *f.* 143. *de communi.*

f. 145. In aduentu Domini ad uesperas. ymnus. Conditor alme syderum . . . *Hymni de tempore et de sanctis,* — *f.* 153′ *ordinarii. Initia hymnorum notis musicis quadratis instructa.*

f. 157. *altera man.* Incipiunt capitula per anni circulum. Sabbato in aduentu Domini ad uesperas . . . Ecce dies veniunt . . . *Capitula de tempore et de sanctis,* — *f.* 164′. *de communi sanctorum,* — *f.* 165′. *ordinarii.*

f. 166. Incipiunt orationes per anni circulum. Sabbato in aduentu Domini. ad uesperas . . . Excita, quesumus, Domine . . . *Orationes de tempore,* — *f.* 177. *de sanctis a vigilia s. Andreae usque ad s. Saturnini.* — *f.* 186. *Orationes communes sanctorum;* oratio in nativitate unius confessoris episcopi. Da, quesumus, omnipotens Deus . . . *desinit in:* deuotionem nobis.

Nonnulla in marginibus eadem et aliis manibus addita. Multa folia et vermibus corrosa et lacerata, complura refecta.

Notae musicae.

9. Diurnale Herbipolense.

Vatican. 10102. f. I, 1, 2 membr. + f. 3—14 chart. + a—t octona f. chart. typis confecta + 171 f. chart. + f. 172 et 173 membr. 109 × 80 mm. saec. XV.

f. I *ad tegumentum agglutinatum.* Iacens thurificatur. Odore celesti . . . *Ad ordinem sepeliendi.* — *Oratio de B. M. V.* — *f.* 1. *Benedictiones lectionum, index psalmorum; al. man.:* Dyterich Hän von Wertheim.

f. 1′. Alma virgo virginum — sine tempore. *lect. I—III rhythmicae de B. M. V.* — *f.* 2 *vacuum.* — *f.* 3. Gregorius de gratia divina; *rubricae de precibus quattuor temporibus dicendis.* — *f. 3'.* Die animarum oratio. — *f. 4.* Ad matutinum officii defunctorum, *psalmi, orationes.* — *Partes tertiae, nonae, vesperarum, completorii.* — *f. 4'.* Accessus altaris. — *f. 6.* Benedictio ad anulum ex agenda nova. — *f. 6'. Suffragia communia singulis feriis dicenda, orationes.* — *f. 9'.* Media in vita, quibus diebus sit dicendum. — *f. 10.* Benedictio puerperae, pro nubentibus (ordo). — *f. 11'.* Preces horarum. — *f. 12.* Suffragia feriarum. — *f. 12'.* Ex agenda Herbipolensi. Ordo ad sepeliendum. — *f. 13'.* Ordo ad intronisandum mulierem post partum, — *f. 14.* ad introducendum sponsum et sponsam. — *f. 14'. Invitatorium et ps. 94.*

f. a 1. Ant. Seruite Domino. Ps. Dauid. Beatus uir . . . *Psalterium Gallicanum dispositum per hebdomadam cum ordinario de tempore, litaniae,* officium mortuorum, cursus beate Marie, cursus de passione Domini, *hymnarium, omnia typis scripta.*

f. 1 bis. Incipit pars estiualis de tempore. In sancta nocte penth. ad vesperas super psalmos ant. Si diligitis me . . . *Diurnale proprii de tempore usque ad dom. XXIV post octavam Trinitatis.* — *f. 6.* In vigilia Trinitatis ad vesperas. Gloria tibi Trinitas . . . — *f. 9'.* In vigilia corporis Christi ad vesperas ant. Sacerdos in eternum. — *f. 14. Completorium, hymnus et preces.* — *f. 16. Antiphonae, capitula, orationes dominicarum post octavam Trinitatis.* — *f. 39—42 vacua.*

f. 43. De sanctis per estatem. Urbani pape et martyris. Collecta. Da, quesumus, Deus, ut qui . . . *Proprium sanctorum usque ad vigiliam s. Andreae, hymni, complura officia rhythmica.*

f. 142'. Incipit commune sanctorum. De apostolis ad vesperas . . . ant. Estote fortes . . .

f. 161. Dedicatio ad s. Martinum dominica post Kiliani. Ad vesperas super psalmos feriales ant. Sanctificauit Dominus . . .

f. 164'. Ex agenda Herbipolensi. Incipiunt exequie defunctorum; *solum initium.* — *f. 165—171 vacua.* — *f. 171'.* In omni tribulatione, *versus, orationes, initia psalmorum. Item* — *f. 172.* — *f. 173 agglutinatum.* Forma absolutionis, Pater noster, Ave Maria, Credo in Deum, Salve regina misericordie.

Complures librarii. — *Nonnulla in marginibus al. man. addita.*

10. Diurnale fratrum Minorum.

Vatican. 9362. membr. 148 f. 272 × 200 mm. 2 col. saec. XV.

f. 141. Kalendarium. Ind. astr. et cal., dies Aeg. grad. rubricae, nonnulla man. rec. addita. Inter sanctos: April. Sigismundi conf. *man. rec.* Iun. Laurentini et Pergentini. Aug. Alberti. *man. rec.* Oct. Galli abb. *man. rec.* Darii m.

f. 147. De specialibus antiphonis laudum. *Rubricae; desinunt in tabula quarta.*

f. 131. In nomine Domini. Incipit ordo breuiarij fratrum Minorum secundum consuetudinem Romane curie. In primo sabbato de aduentu ad uesperas capitulum. Fratres, scientes, quia hora . . . *Proprium de tempore usque ad dom. XXIV post pentecost. Invitatoria, antiphonae, benedictiones lectionum, initia psalmorum, homiliarum, responsoriorum, versus matutinorum, rubricae; reliquarum horarum initia psalmorum et hymnorum ut Vatican. 9389. — f. 107. Preces, suffragia consueta, ordo horae primae. Rubricae. — f. 99'.* Fer. IV cinerum *litaniae. — f.* 38. *Antiphonae librorum regum. — f.* 39. *Antiphonae et orationes evangeliorum dominicalium post pentecost. — f. 33'. al. man. Rubricae et:* Iohannes episcopus seruus seruorum Dei . . . Bene gestis et congrue — natus es de uirgine. Dat. Auinione pontificatus nostri *(deest numerus).* Amen. — *f.* 23. *Antiphonae scripturae currentis a parabolis Salomonis incipientes. — Multae antiphonae et evovae notis musicis quadratis instructae.*

f. 11. Incipiunt festiuitates sanctorum per totum anni circulum. In sancti Saturnini m. Oratio. Deus, qui nos beati . . . *Proprium sanctorum usque ad s. Antonii Patavini;* ant. ad Benedictus: Gaude felix Padua . . . *desinit in:* mortis inclinauit (?). *Officium rhythmicum.*

f. 148. Queste sono le feste ordinate per pp. Leone X . . . Gennaio a di 20. sanctorum Fabiani et Sebastiani duplex minus . . . *Tabula festorum totius anni lingua Italica et Latina scripta, al. man.*

f. 148'. Officium conceptionis ad primam antiphona. Domum tuam decet . . . *Antiphonae, versus, responsoria, capitula usque ad nonam, oratio.*

Multa aliis manibus addita. Foliorum fasciculi ita disponendi sunt: f. 121, 111, 101, 91, 81, 61, 53, 43, 34, 21, 11, 1. — Post — f. 69 sequitur — f. 80, saltus in numerando. — Multa folia scidis membr. manu scriptis vel scidis chart. typis scriptis refecta.

Notae musicae.

11. **Diurnale fratrum Minorum.**

Vatican. 9389. membr. 131 f. 267 × 189 mm. 2 col. saec. XV.

f. 1. In nomine Domini. Amen. Incipit ordo breuiarij fratrum Minorum secundum consuetudinem Romane curie. In primo sabbato de aduentu ad uesperas. Capitulum. Fratres, scientes, quia hora . . . *Proprium de tempore usque ad dom. XXIV post pentecost. Invitatoria, antiphonae, benedictiones lectionum, initia psalmorum, homiliarum, responsoriorum, versus matutinorum, rubricae; reliquarum horarum initia psalmorum et hymnorum ut Vatican. 9362. — f. 23'. Suffragia consueta. — f. 38'.* Fer. IV cinerum *litaniae. — f. 73'.* In uigilia sanctissime Trinitatis ad uesperas ant. Sedenti super solium . . . *Officium rhythmicum. — f. 76.* In sollempnitate corporis Domini nostri Iesu Christi ad uesperas ant. Sacerdos in eternum . . . — *f. 78.* Iohannes episcopus seruus seruorum Dei . . . Bene gestis et congrue — robore duraturum. Dat. Auinione. — *f. 79. Antiphonae et orationes evangeliorum dominicalium post pentecost. a dom. III usque ad dom. XXIV. — f. 83. Antiphonae scripturae currentis.*

f. 87. Incipiunt festiuitates sanctorum per totum anni circulum. In sancti Saturnini martyris oratio. Deus, qui nos beati Saturnini . . . *Proprium sanctorum usque ad s. Petri ad vincula. — f.* 113 *tantum dimidium.* In s. Mariae ad nives, *desinit in:* ad Benedictus ant. — *Exstant quinque foliorum fragmenta.*

Nonnulla in marginibus aliis manibus addita. Complura folia laesa. Miniat. color.: — f. 1. littera F.

12. Diurnale (manuale) fratrum Minorum loci Arae coeli.

Vatican. 7608. membr. XIII+113 f. 247×188 mm. 1571.

f. I *vacuum.*

f. II. Manuale secundum sancte Romane ec | clesie ordinem ex decreto sacrosancti | Tridentini concilii restitutum feliciter | incipit anno Domini M.Dlxxi. | Pertinet ad locum nostrum Are coeli. *Inscriptio; loci abrasi, probationes pennarum.*

f. III. *Kalendarium. Ind. cal. grad., nonnulla man. rec. addita.*

f. 1. In nomine Domini. Amen. Primo sabbato aduentus. Ad vesperas capitulum et ad matutinum. Fratres, hora est iam nos . . . *Proprium de tempore usque ad dom. XXIV post pentecost. Partes officii a laudibus usque ad completorium; desunt hymni. — f.* 46'. Dom. I post pent. de s. Trini- tate. — *f.* 47'. In festo corporis Christi. — *f.* 49. *Antiphonae et orationes evangeliorum post pentecost. a dom. III incipientes. — f.* 54. *Antiphonae scripturae currentis post pentecost. — f.* 56. Antiphonae ferialibus diebus, quando proprie non habentur.

f. 57. Proprivm sanctorvm. In festo sancti Saturnini martyris. Oratio. Deus, qui nos beati . . . ; *usque ad s. Catharinae et ad s. Petri Alexan- drini ep. et m. — f.* 86'. *Orationes de s. Anna et de s. Didaco, additae.*

f. 87. Commvne sanctorvm. In vigiliis apostolorum. Officium fit de feria . . . In vigilia unius apostoli . . . Oratio. Da, quesumus, omnipotens Deus . . . — *f.* 93'. Commune dedicationis.

f. 94'. Officium B. M. in Sabbotho. — *f.* 95. Officium parvum B. M. V. per annum. — *f.* 97'. *Antiphonae de B. M. V. — f.* 98'. Suffragia communia.

f. 99'. Capitula in diebus dominicis et ferialibus per annum. — *f.* 101. *Preces quattuor temporum et vigiliarum. — f.* 101'. *Psalmorum gradualium initia, preces, orationes.* — *f.* 102′. *Officium defunctorum.* — *f.* 103′. *Litaniae, preces, orationes.* — *f.* 108. *Preces ad primam, ad tertiam, ad sextam, ad nonam, ad completorium.*

f. 109′. *Orationes de s. Francisco, de s. Paulo, de s. Petro m., de s. Nicolao Tolentino.* — *f.* 110. Officium s. Didaci. — *f.* 111′. In festo immaculate conceptionis sanctissime Dei genitricis Marie ad vesperas. Capitulum. Ego diligentes... — *f.* 113. Oratio de s. Stanislao m. — *f.* 113′ *vacuum.*

Miniat. color. et inaurat. flor. — *f.* 87. *Insignia Pii pp. V et aliorum.*

13. Diurnale Senonense.

Regin. 182. membr. 303 f. 132 × 98 mm. saec. XIV.

f. 1. *Summo in folio:* Bourdelot Nr. 13. N. Pet. 1656; *infimo in folio:* Vol. XIII. Non Pet.

f. 1. extat conditus (?) uel quo resurgens conditor... *Hymnus matutini.* — Beatus uir... *Psalterium Gallicanum feriatum, partim dispositum, cum ordinario officii de tempore, initia psalmorum laudum.* — *f.* 13. *Post matutinum dominicae prima.* — *f.* 84′. *Post vesperas fer. II tertia, sexta, nona.* — *f.* 101. Benedictus, psalmus Magnificat, Te Deum, psalmus Nunc dimittis. — *f.* 102. Kyrieleison... *Litaniae, preces, orationes.* — *f.* 105. In anno, quo natale Domini die dominica... *Ordo officii, rubricae.*

f. 108. Dominica I in aduentu capitulum. Qui uenturus est... *Proprium de tempore usque ad dom. XXIV post pentecost.* — *f.* 160′. De sancta Trinitate ad uesperas super psalmos ant. Gloria tibi... — *f.* 162. De festo corporis Christi. ant. Sacerdos in eternum... — *f.* 165. *Antiphonae scripturae currentis diebus sabbatis post pentecost.* — *f.* 167. *Antiphonae et orationes evangeliorum a dom. I usque ad dom. XXIII post pentecost.*

f. 171. In uigilia dedicationis. Ad uesperas super psalmos de feria ant. Sanctificauit Dominus...

f. 173. In uigilia sancti Andree super psalmos de feria. Ant. Uidit Dominus Petrum... *Proprium sanctorum usque ad s. Saturnini martyris:* Deus, qui nos... *Compluribus locis ante Magnificat vesperarum secundarum:* Prosa[e]. *De nonnullis sanctis tota officia ut:* — *f.* 189′. s. Gregorii. Gregorius ortus Rome... *Officium rhythmicum,* — *f.* 195′. s. Quiriaci. A proposito salutis..., — *f.* 209. s. Germani. Preclarus ortus parentibus... *Officium rhythmicum,* — *f.* 226. s. Lupi.

f. 246. Conuocatis Iesus duodecim... *Commune sanctorum, tota officia.*

f. 268′. Pro defunctis fidelibus. Ad uesperas ant. Placebo... *Officium defunctorum, totum.* Lect. IV. Quis mihi... lect. V. Spiritus meus... lect. VI. Pelli meae... lect. VII. Signum habet spem — somno suo. lect. VIII. Si peccaui — horror inhabitans. lect. IX. Militia est — uisus hominis. — *f.* 270—295. *altera manus.* — *f.* 272′. Commendacio animarum. Subuenite sancti...

f. 274'. Hore sancte Crucis ad matutinum . . . hymnus. Patris sapientie . . . *Officium per omnes horas.* Hore sancti Spiritus . . . hymnus. Nobis sancti Spiritus . . . *Officium per omnes horas, suffragia de angelis, de s. Ioanne bapt., de s. Quiriaco, de s. Laurentio.*

f. 278. De sancto Sebastiano. Sebastian tres glorieux martir — soyons approuez. Amen. *Rhythmi lingua Francogallica conscripti; ant., versus, responsoria, oratio lingua Latina conscripta. Item commemorationes vel* antiphona[e] de ss. Blasio, Quintino, Nicolao, Lupo, Claudio, Godone, Germano, Mathurino, Meuenno, Cosma et Damiano, Ludovico, Theobaldo, Magdalena, Katherina, Barbara, Columba, Apollonia, Genovefa, Veronica *cum hymno:* Salue sancta facies . . . *Complures antiphonae rhythmicae.* — *f. 284'.* Sanctus Augustinus composuit hanc orationem . . . Deus tu propitius . . . *Precationes, in quibus:* Oratio, quando sacerdos vult celebrare missam, post missam. — *f. 289'.* Sequuntur capitula et collecte beate Marie virginis. ad matutinum. capitulum. Felix namque es . . . *Ad horas B. M. V.* — *f. 290.* Ad completorium. Miserere michi Domine . . . *Completorium sine psalmis.* — *f. 292'.* De sainct Nicolas antenne. O bon pasteur . . . *Rhythmi, item:* — *f. 294.* De sainct Thibault antenne. O sainct Thibault tres glorieux . . . — *f. 295.* Oroyson de sainct Iacques apostre. Tres excellent apostre glorieux . . . *Rhythmi.*

f. 296. Omnipotens sempiterne Deus . . . *Oratio de B. M. V. et* hore conceptionis beate Marie. Ad matutinum hymnus. Erubescant insensati . . . *Officium per omnes horas.* — *f. 298.* Hore beate Katherine. Inuitatorium. Deprecare regem celi . . . *Officium per omnes horas.* — *f. 299.* Oratio de beata uirgine Maria ualde deuota. O intemerata . . .

f. 300'. Secuntur suffragia sanctorum, que dicuntur diebus feriis. De Cruce. Ad Benedictus. ant. Nos autem gloriari . . .; de apostolis, de s. Stephano, de omnibus sanctis, de pace. — *f. 301'.* De sancto Albino. Collecta. Deus, qui ad deprecandum . . . Antiphona de s. Quiriaco, de s. Maria Magdalena *antiphona rhythmica et oratio de s. Rocho.* — *f. 303'.* Collecta de beato Francisco, de beata Fide, oratio de s. Fiacrio.

f. 302'. Nota, quia anno CCC° nonag° III° festum sancti Mathie in capite ieiunii euenit . . . *De festo s. Matthiae non transferendo.*

A — *f. 296 complures manus. In marginibus multa addita sunt.*

14. Diurnalis Wormatiensis pars hiemalis.

Palatin. 530. chart. 133 f. 141 × 97 mm. 1514. 1515.

f. 1. Laudes feriales ferie secunde. psalmus. Miserere mei Deus . . . *Psalterium Gallicanum dispositum cum ordinario officii de tempore hiemali laudum.* — *f. 14. Laudes dominicales, prima, tertia, sexta, nona, vesperae, completorium.*

f. 55. Sequuntur septem psalmi penitentiales. Domine, ne in furore . . .

f. 58. *Litaniae.* — *f.* 60. *Preces minores, antiphonae de B. M. V., suffragia sanctorum consueta, quo in numero de s. Nicolao.*

f. 63. Incipit commune sanctorum secundum ecclesiam Wormatiensem. In vigilia vnius apostoli vel plurimorum. Ad laudes omnia ferialiter . . . Capitulum. Benedictus Dominus . . .

f. 76. In dedicatione ad vesperas. Capitulum super psalmos omnia laudate. Antiphona. Tu Domine universorum . . . hymnus: Urbs beata . . .

f. 78. Compleui sabbati 23 Decembris 1514 a fratre V. S.: Laadenburgi.

f. 78′. Diurnale secundum ordinem ecclesie Wormatiensis. In dominica prima aduentus ad primas vesperas. . . Antiphona. Missus est . . . *Proprium de tempore usque ad:* Dom. IV post octavas epiphanie. — *f.* 111. De patrono ecclesie Wormatiensis fer. V ante septuagesimam. s. Petri. Ant. Solve iubente Deo terrarum, Petre, cathenas . . . — *f.* 112. Notandum, quod omni anno ante septuagesimam agitur sabbato de commemoratione beate virginis . . . in primis vesperis ant. O admirabile commercium . . . *Officium B. M. V.*

f. 113. Diurnale de sanctis pars hiemalis. sabbati 30. Decembris 1514 a nativitate Domini a fratre V. S. In vigilia sancti Andree. Ad laudes . . . capitulum. Benedictus Dominus . . . *Proprium sanctorum usque ad:* de sancto Symeone m. et pontifice. — *f.* 132. De cathedra Petri apostoli et Mathie in diurnali quadragesimali . . . a fratre V. S. 1515. Mercurii 24. Ianuarii. — *f.* 132′, 133 *vacua.*

f. 133′. Clare sanctorum senatus apostolorum — honorem debitum supellex ruperit (?). *Laus apostolorum; al. man.*

15. **Diurnalis Wormatiensis pars aestivalis.**

Palatin. 531. chart. 179 f. 147 × 101 mm. 1515.

f. 1. C. 10. 1953. 585.

f. 1′. *Kalendarium novum.* — *f.* 2′. Mai. 2. Dedicatio ecclesie Wormatiensis. — *f.* 4′. Os iusti meditabitur . . . *Duae antiphonae al. man.*

f. 5. In die sancte pasce. Ante laudes versiculus. Surrexit Dominus vere . . . *Proprium de tempore usque ad:* Dominica in praeparatione adventus, *dom. XXV post octavam pentecost.* — *f.* 26. De sancta Trinitate. Ant. Te Deum Patrem ingenitum . . . — *f.* 27′. In festo corporis Christi ad primas vesperas. Ant. Sacerdos in eternum . . . — *f.* 31. *Antiphonae scripturae currentis.* — *f.* 34. *Antiphonae et collectae evangeliorum dominicalium post octavam pentecost.* — *f.* 43. Feria IV quattuor temporum. Capitulum. Ecce dies veniunt . . . *Ordo quattuor temporum mensis Septembris.*

f. 44. Martis 10. Ianuarii 1515 per Iacobum Ruess de Sultzbach.

21*

f. 44′. Diurnale estivale sanctorum et primo historia tenenda infra pasca et penthecosten . . . Super omnia laudate. Antiphona. Vox leticie . . . *Commune sanctorum tempore paschali et proprium sanctorum a de s. Ambrosio usque ad:* de sancto Cunrado Constantiensi episcopo. — *f*. 48. De dedicatione ecclesie Wormatiensis. In primis vesperis super omnia laudate. Ant. Tu Domine universorum . . .

f. 116. Completum per Iacobum Ruess Martis 16. Ianuarii 1515.

f. 116. In festo presentationis Marie virginis. In primis vesperis. Ant. Flos ortorum redundans . . . *Officium rhythmicum.*

f. 118′. Explicit diurnale diuinum hyemale quam estiuale per Iacobum Ruess de Sulczbach. Diligenter et summo studio collectum ac scriptum Martis 16. Ianuarii anni 1515. — *f*. 119, 120 *vacua.*

f. 121. Diurnale diuinum incipit feliciter et primo commune sanctorum . . . In vigilia vnius apostoli vel plurimorum. Ad laudes . . . capitulum. Benedictus Dominus . . . *Commune sanctorum cum hymnis.*

f. 131. In dedicatione ad vesperas super omnia laudate. Antiphona. Tu Domine uniuersorum . . .

f. 132′. Laudes secunde ferie. ps. Miserere mei Deus . . . *Psalterium Gallicanum dispositum cum ordinario officii laudum, primae, tertiae, sextae, nonae, vesperarum, completorii per totam hebdomadam.* — *f*. 175′. *Antiphonae de B. M. V. et suffragia sanctorum consueta.*

f. 178. De sancta Trinitate . . . Sabbato ad vesperas hymnus. O lux beata . . ., ad laudes: Ecce iam noctis . . ., ad secundas vesperas: Lucis creator . . .; de assumptione hymnus ad completorium: Fit porta Christi . . .

f. 178. Finitum Mercurii 25. Ianuarii . . . hoc commune sanctorum . . . Inchoatum Martis 17. Ianuarii . . . 1515. — *f*. 179 *vacuum.*

f. 179′. Et in terra pax — in gloria Dei Patris. *Gloria in excelsis Deo;* al. man.

Stevenson, Codices Palatini Latini tom. I, p. 173.

XII. COLLECTARIUM.

Collectarium Benedictinum.

Vatican. 4762. membr. 171 f. 320 × 220 mm. saec. XI.

f. 1. In Xpi nomine incipit collectarium per totum circulum anni. capitulum. Erit in nouissimis diebus ... *Proprium de tempore ab adventu usque ad dom. XXV post pentecost. festorum, dominicarum, feriarum.* — *f.* 18′. *Preces.* — *f.* 20′. *Ad aquam benedicendam et ad aspersionem.* — *f.* 31′. Matutinum de s. Maria ... Super Uenite. Aue Maria ... *Ordo officii B. M. V. et tres lectiones.* — *f.* 32′. Psalmi pro defunctis fratribus. — *f.* 97. De Trinitate capitulum. Gratia Domini nostri ... — *f.* 98. In festo corporis Christi. Deus, qui nobis ... *Oratio, man. rec.*

f. 99. In scti Hylarii ep. versus. Ecce sacerdos ... *Proprium sanctorum usque ad s. Thomae apostoli.*

f. 150′. In natale apostolorum. lectio. In uigilia ad uesperas. Iam non estis ... *Commune sanctorum.*

f. 161′. Pro defunctis episcopis. Deus, qui ... *Orationes pro defunctis.* — *f.* 162′. Omnipotens, sempiterne Deus ... *Oratio de B. M. V.* — *f.* 163. Eterne ..., *et alia manibus rec. addita; notis musicis quadratis instructum:* Salue regina misericordie ... *et* — *f.* 171′. Aue regina coelorum ... — *f.* 163′, 164. *Binae litaniae, orationes, preces.*

f. 171. Ecclesia scti Martini de Apaxa (?) 12 martij 1433.

In marginibus nonnulla addita.

XIII. DOMINICALE ET VESPERALE.

Dominicale et vesperale Coloniense.

Palatin. 37. membr. 198 f. 91 × 65 mm. saec. XV.

f. 1. C. 121. 1847. 233. Vesperbuch. *man. saec. XVI.*
Kalendarium Coloniense.

f. 13. In dominicis diebus ad matutinum. Domine, labia mea . . . Inuitatorium. Adoremus Dominum . . . ant. Seruite Domino. Beatus uir . . .
Psalmi, ordinarium officii de tempore, novem lectiones: — f. 37'. *lect.*
I—VI s. Pauli ad Romanos: I 1, 1—3; II 1, 4—7; III 1, 8—10; IV
1, 18 et 19 — in illis; *V 1, 23; VI 1, 26 et 27* — in desideriis suis. —
f. 60. Lectio ewangelii secundum Iohannem. Nuptie facte sunt . . . Lectio
omelie eiusdem. lect. VII. Adsit Dominus Deus — ipso adiuuante aperi-
rentur. lect. VIII Non quia maiora — pcraguntur. lect. IX Ecce enim
omnium — ipse fecit. Responsorium, versus, Te Deum.

f. 62'. ℣. Post partum virgo inuiolata permansisti. Ad laudes. Deus, in
adiutorium . . . Dominus regnauit . . . *Psalmi, ordinarium officii, oratio.*

f. 77. Ad primam. Deus, in adiutorium . . . ymnus. Iam lucis orto . . .
Psalmi dominicales et feriales, Quicumque, ordinarium usque ad Pretiosa,
oratio: Sancta Maria, mater Domini . . . — *f.* 104. *Tertia, sexta, nona;*
hymni, psalmus, ordinarium.

f. 128. Ad vesperas. Deus, in adiutorium . . . ant. Dixit Dominus . . .
ymnus. O lux beata Trinitas . . . *Vesperae dominicales et feriales, psalmi,*
hymni, ordinarium.

f. 190'. Ad completorium. Conuerte nos Deus . . . *Psalmi, hymni,*
preces, ordinarium, collecta: Illumina, quesumus Domine, tenebras nostras
— sempiternus adiutor. — *f.* 198 *vacuum.*

Nonnulla al. man. addita.

Bethmann in Pertz' Archiv Bd. XII, S. 329. — *Stevenson,* Codices Palatini Latini tom. I, p. 6.

XIV. HORAE CANONICAE.

——

1. **Officium s. Crucis.**

Palatin. 536. membr. 108 f. 129 × 95 mm. f. 32—108 binis col. saec. XV.

f. 1. C 77. 176. 409. 763.

Gratias tibi ago, Domine . . . Inuitatorium. In nomine Domini omne genu . . . ymnus. Scrutator alme cordium . . . *Officium s. Crucis per omnes horas, hymni, orationes.*

f. 23. Das sint fvonf pater noster von unsers herren wnden, de gar gvot sint. Sanctissimo uulneri — me a te separari. *Precationes.*

f. 28. C 77.

Quatuor facias uni . . . *Ezech. 1, 6.* Quia spiritualia et inuisibilia — ad celestia tendamus. *Sermo.* — *f.* 29. Qui manducat carnem meam . . . *Ioa. 6,55.* Si digne uis communicare — usque in eternum. *Sermo.* — *f.* 31. Cor mundum crea in me Deus . . . *Ps. 50, 12.* Hic nota duo — sicut humilitas. *Sermo.*

f. 32. Incipit prologus in speculum conscientie. Multe sunt scientie — ad edificacionem simplicium. Amen. Incipit liber, qui dicitur speculum conscientie. Triplex igitur speculum — bone vite. — *f.* 102′. Tabella huius libri.

f. 103′. Amisimus per peccatum propriam excellentiam . . . Fructus divine incarnationis. — *f.* 104. De nativitate Domini. — *f.* 106. De nomine conscientie. — *f.* 107′. S. Bernardus de conscientia. — *f.* 108′.: 772.

Post — *f.* 66′. *scida chart. inserta.* Hec hic littere — alias. *Incantatio?* — *f. verso:* der künk zu Krychen, hiefs Emanuel, Theodore gemahel. — *Fragmentum carminis lingua Germanica conscripti.*

Complures librarii. Nonnulla in marginibus addita.

Stevenson, Codices Palatini Latini tom. I, p. 174.

2. **Officium s. Crucis.**

Regin. 1741. membr. 83 f. 121 × 86 mm. saec. XV.

f. 1. Bibliotheca S. Silvestri.

Kalendarium. Ind. cal. In numero sanctorum: Ian. Edhibardi, Ciri et Iohannis. Febr. Gilberti. April. Ricardi ep. et conf. Mai. Augustini ep.

Iun. Albani m. Iul. 7. Translatio s. Iohannis m., *litteris miniatis.* Settemb. Eustachii, s. Mauritii et sociorum. Oct. Translatio s. Ugonis, Dionisi et Rustici. Nov. Leonardi conf., Brici ep. et conf. Nov. 17. Ugonis ep.

f. 7. Incipit offitium sancte Crucis ad matutinum . . . inuitatorium. Regem Christum crucifixum . . . Ymnus. In passione Domini . . . *Officium per omnes horas, psalmi, hymni, lectio.* — *f. 49′ vacuum.*

f. 50. Incipiunt XV psalmi graduales . . . ps. primus. Ad Dominum, cum tribularer . . . *Post quinos psalmos preces et orationes.* — *f. 83 vacuum.*

Pict. miniat. color. et inaurat. flor.: — f. 7. littera D, — f. 50 littera A.

3. Officium defunctorum.

Vatican. 3768. membr. 169 f. 215 × 156 mm. saec. XVI.

f. 1, 2 *vacua.*

f. 4. Incipit officium mortuorum secundum curiam Romanam ad vesperas. ant. Placebo . . . Dilexi . . . *Vesperae; psalmi, orationes.* — *f. 7 vacuum.*

f. 8. Ad matutinum. Inuitatorium. Regem, cui omnia . . . *Psalmi, novem lectiones, responsoria.* *In margine* — *f.* 8: Venite exultemus — salutari nostro. — *f.* 18 *vacuum.*

f. 19. In laudibus antifona. Exultabunt . . . *Psalmi, orationes.*

f. 25′. Letania defunctorum. Kyrie eleyson . . . *Litaniae, orationes, precationes. Inter sanctos:* Mauritius, Dionysius, Achacius, Christophorus, Briccius, Remigius.

f. 35′. Incipit psalterium a beato Augustino causa pie matris Monice terra marique eius vestigia insequentis abbreuiatum. Domine Deus, Pater omnipotens — et regnat . . . per infinita semper seculorum secula. — Letania post predictum psalterium dicendum pro bono fine. — *f. 42′.* Uerba mea auribus percipe . . . *Psalterium abbreviatum s. Hieronymi.* — *f. 49′.* Memoria beati Karoli Magni. antifona. O decus ecclesie . . . *et oratio. Precationes.* — *f. 161′.* Hore de omnibus sanctis. — *f. 167′,* 168, 169 *vacua.*

Pict. miniat. color. et inaurat. fig. flor. ut Vatican. 3770. Picturae tabulares: — f. 3′. Homo mortuus in lecto recubans, — f. 7′. ad ecclesiam perfertur. — f. 18′. Exsequiae in ecclesia habitae. — f. 51. Sacerdos confessionem poenitentis audiens. — f. 162′. Chorus sanctorum in coelo exsultans.

Beissel, Vaticanische Miniaturen S. 50.

4. Officium defunctorum monialium ordinis fratrum Praedicatorum Germanicarum.

Palatin 543. membr. 48 f. 130 × 95 mm. saec. XV.

In folio praeligato: 505. 363.

f. 1. Incipiunt vespere mortuorum. Placebo . . . *Officium defunctorum, psalmi, novem lectiones, orationes, quarum in duabus:* famuli tui Iohannis.

f. 33. Dy syben spalm mit der leteney. Domine, ne in furore . . .
Septem psalmi poenitentiales, litaniae, in quibus: Blasi, Vite, Georgi,
Dyonisi cum sociis, Maurici cum sociis, Achaci cum sociis, Wilibalde, Wuni-
balde, Germane, Egidi, Margareta, Ursula, Elisabeth; *orationes, rubricae
lingua Germanica conscriptae:* Item zu einer iarzeit vil mann und vil frawen
spricht man . . .

f. 47. *Quattuor lineae abrasae.* — *f.* 47', 48 *vacua.*

f. 32, 34, 37, 39 *al. man.*

*Tegumenta lignea corio fusco induta impressis ornamentis aureis; in
priore imago hominis appositis litteris* E. H. P. C. *et numero anni* 1558;
in posteriore tegumento duo insignia. Duae copulae avulsae.

Stevenson, Codices Palatini Latini tom. I, p. 176.

5. Officium defunctorum monialium ordinis fratrum Praedicatorum Germanicarum.

Palatin. 544. membr. 92 f. 163 × 97 mm. saec. XV.

f. 1. C 77, *infimo in folio:* 352. 59 d (?).

Placebo Domino in regione uiuorum. Dilexi, quoniam . . . *Officii defunctorum vesperae; psalmi, orationes.*

f. 12. Vigilia mortuorum. Dirige. Verba mea . . . *Matutinum; psalmi,
novem lectiones.*

f. 44. Ant. Exultabunt. Ps. Miserere mei . . . *Officii defunctorum laudes.*

f. 60'. Die siben psalm. Domine, ne in furore . . . *Septem psalmi poenitentiales, oratio.* — *f.* 78. *Litaniae, preces, orationes. Inter sanctos:* Dionysi
cum sociis, Maurici cum sociis, Achacij cum sociis, Viti et Modesti, Geori,
Hilari, Erharde, Vdalrice, Leonarde, Iustina, Margareth, Aurelia, Barbara,
Ursula, Afra cum sociis, Dorothea, Ottilia, Appolonia, Brigitta. *Complura
nomina in folio rescripto.* — *f.* 88. *Precationes, initia psalmorum, versus
pro defunctis.*

f. 92'. Retribuere dignare, Domine . . . *Preces, initia psalmorum, oratio
pro papa, rubricae lingua Germanica conscriptae, al. man. Infimo in
folio:* 10. N. E. (?).

Miniat. color. et inaurat. flor.

Stevenson, Codices Palatini Latini tom. I, p. 176.

6. Officium Beatae Mariae Virginis.

Vatican. 4363. membr. 140 f. 257 × 170 mm. 2 col. saec. XIV.

f. 1. Quomodo et qualiter quis sapiens reputetur. Discipulus interro-
gauit — supra uitam meam places. »*Tractatus de recte vivendi norma in
modum dialogi inter magistrum et discipulum anonymi.*« *Catalogus.*

f. 92'. Miserere mei, Deus — ut meam tollat errorem. *Rhythmi.*

f. 93. De passione et resurrectione Christi. Audistis fratres — sic incoatur. *Prooemium.* Anna et Caiphas summi sacerdotes — per uniuersa secula seculorum. Amen. »*Nicodemi evangelium de passione et de resurrectione Christi Aenea Hebraeo interprete.*« *Catalogus.*

f. 96'. De uindicta Domini nostri Iesu Christi facta a Tito et Uespasiano. In diebus Tiberij — in secula seculorum. Amen.

f. 98'. De transitu beate Marie uirginis. In tempore illo — per infinita secula seculorum. Amen.

f. 99. Iuste iudex Iesu Christe — laus honor perpetuus. Amen. *Rhythmi.*

f. 100. Incipit officium sancte Marie per totum aduentum ad uesperum et ad matutinum... Ant. super [psalmum]. Ne timeas Maria... *Officium, psalmi, hymni,* lect. I(—III). Veneramur et obsecramur — protulisti panem. Lect. IV(—VI). Est igitur sancta et uenerabilis virgo — mente compassa. Lect. VII(—IX). Sancta virgo virginum — sine tempore. *Rhythmice.*

f. 103'. Officium sancte Marie a natiuitate Domini usque ad octauam. Ad uesperas. Ant. Nesciens mater uirgo... *Proprium huius temporis.*

f. 104. Incipit officium sancte Marie in uesperis et ad matutinum ab octaua usque ad aduentum Domini... Ant. super psalmum. Beata mater et innupta uirgo... *Psalmi.*

f. 104'. Aue, de cuius gremio — est angelorum gracia. *Rhythmi de B. M. V.*

f. 105'. Domine, ne in furore tuo... *Septem psalmi poenitentiales.*

f. 106'. Mater Domini Maria — meis manibus repelle. *Rhythmi, Ave Maria interpretatum, preces. — f.* 109 *vacuum.*

f. 109'. Iani prima dies... *Kalendarium. Ind. astr. et cal. dies Aeg. Picturae calendares. Augustus, September, October desunt, Novembris et Decembris tantum initia exstant. — f.* 111, 112 *vacua. — f.* 112'. [I]ennarius... *Tabula calendaris. — f.* 113. De compoto lune et primo de diebus. Tractaturi de compoto — prima tollet feria. *— f.* 117. *Tabulae. — f.* 117' *vacuum.*

f. 118. Incipit liber de miseria humane condicionis. Domino patri karissimo P., Dei gracia Portuensi episcopo, Lotharius indignus diaconus — humiliter exaltetur. *Prooemium.* Quare de uulua me...; *desinit in:* accusabit enim. — *f.* 125, 126 *vacua.*

f. 127. Incipit secunda pars huius libelli de renouatione amoris. Si hec, que ad — neque horam. *In fine:* Vitia mulierum, *versus.*

f. 132. Incipit liber Senece de quatuor speciebus uirtutum. Quatuor uirtutum species — puniat ignorantiam.

f. 134. Incipit epistola Iohannis Yspaniensis de custodienda sanitate. Domine T. Yspaniarum regine — uentremque soluit. — *f.* 138. Anno Domini 1366... die XX mense Decembri in Saũillo (?) in domo Matthei Capelli. *al. man. — f.* 139, 140. *Probationes pennae.*

7. Officium Beatae Mariae Virginis.

Palatin. 541. membr. 40 f. 183 × 132 mm. 2 col. saec. XIV.

f. 1. Domine, labia mea . . . Invitatorium. In laude Christi Domini iubilemus sue matri uirgini. Ps. Venite, exultemus, uirgini iubilemus . . . *Psalmi,* lect. I(—III). O triclinium felicissimum — dyaboli ieiunium.

f. 10. In laudibus. Deus, in adiutorium . . . Ps. Domina regnauit . . . *Psalmi, capitulum, hymnus:* Celi porta nobis orta . . .

f. 16. Prima . . . ymnus. O aurora rutila . . . Ps. Ad uirginem, cum tribularer . . . *Tertia, sexta, nona.*

f. 22′. Vesperas. Deus, in adiutorium . . . Dixit Dominus uirgini mee . . . ymnus. Aue clarum miraculum . . . *Psalmi, capitulum, collecta.*

f. 24′. Ad completorium . . . Ps. Memento uirgo Dauid . . . ymnus. Te lucis sinceritas . . . *Capitulum, collecta. — f. 27 vacuum.*

f. 28. De distinctione huius opusculi. Opusculum hoc duabus particulis distinguitur . . . prima puncta circa scientias animarum separatarum oriencia, secunda puncta de earum orationibus et suffragiis tractancia. Prima particula — rationali creature. Obiectiones et solutiones.

f. 40. Iste liber est Ruperti iunioris et dedit ei pater eius dilectissimus et uult seruare . . .; *al. man.*

Nonnulla in margine addita.

Stevenson, Codices Palatini Latini tom. I, p. 175.

8. Officia Beatae Mariae Virginis.

Regin. 212. chart., f. I et 186 membr. VI + 186 f. 220 × 150 mm. 1436.

f. I, 186 *membr., antiphonarii saec. XI folia; dominica resurrectionis et fer. II hebdomadis paschalis. Neumae sine lineis. — f.* II—VI *vacua.*

f. VI′. Ex bibliotheca illustrissimi principis Dñi Dñi Petri Vok, Ursini, Dñi domus a Rosenberg ultimi et senioris et e primatibus Bohemorum et antiquissimi. Anno Christi M.DCLX. *Tabula aeri incisa et insigne.*

f. 1. Numero 101. N. P. 1656. *Infimo in folio:* Volumen CI. Non Petauianum. *Item: — f. 7.*

Kalendarium Salisburgense. Ind. cal. rubricae.

f. 7. Domine Dominus noster, quam admirabile est nomen . . . *Psalmi officii B. M. V.*

f. 17′. Hystoria de visitatione b. v. Marie. Accedunt laudes virginis . . . *Officium rhythmicum, hymni, lectiones, officium infra octavam. — f. 23′.* Historia de assumptione. ad vesperas. [ant.] Uidi speciosam sicut columbam . . . *Officium, desunt lectiones. — f. 26′.* Historia de nativitate. Sancta

Maria virgo, intercede pro toto mundo ... *Officium, homilia,* commemoratio de s. Chunigund.

f. 30'. Incipit secunda pars libri matutinalis beate virginis, scilicet laus virginum. Nota: ab octaua corporis Christi usque ad festum sancti Iohannis bapt. leguntur terminaciones ante quadragesimam praetermisse. Vicesima quarta die mensis Iunii. Beda super Luca. In festo sancti Iohannis bapt. lectio prima. Ante post visionem angeli beata Dei genitrix ... *Lectiones omnium dierum, mense Novembri triginta duorum dierum, plerumque tres, diebus festivis et infra eorum octavas novem, ex scriptoribus ecclesiasticis desumptae.*

f. 179. Hoc opus (laus sive laudes Marie) scriptum per manus Thome capelani ad sanctum Nicolaum in Strudin anno Domini 1436 finitum in die Ciriaci martiris. — *f.* 180—185 *vacua.*

f. 185'. Item Nicolaus miseratione diuina et sancti Petri ad vincula sacrosancte Romane ecclesie presbyter cardinalis apostolice sedis per Almaniam legatus mandat ... *ad collectas ut adderetur:* Et famulos tuos N. papam ac N. antistitem nostrum unacum universali ecclesia katholica ab omni adversitate custodi ... et ... in Saltzpurgensi diocesi ... Nicolaus pp. quintus et Fridericus nunc antistes ... nominandi sunt ...

Neumae.

Dudik, Iter Romanum (Wien 1855) I. Theil, S. 206.

9. Officium Beatae Mariae Virginis.

Vatican. 7329. membr. 96 f. 130 × 98 mm. saec. XV.

f. 1. Incipit officium beate uirginis Marie secundum consuetudinem Romane curie. Ad matutinum. Domine, labia mea ... inuitatorium. Aue Maria gratia plena ... *Officium per omnes horas, psalmi, hymni, lectiones.* — *f.* 37. *al. man.* — *f.* 54'. Psalmi pro die Martis et die Veneris. — *f.* 59'. Psalmi pro die Mercurii et sabbato. — *f.* 2. *Probationes pennae.*

f. 64. Sabbato prime dominice de aduentu. Ad uesperas ant. Missus est ... *Proprium adventus.*

f. 70'. A vigilia (nativitatis) usque ad purificationem beate Marie. Ad laudes. O admirabile commercium ... *Proprium, in fine:* Regina celi ... *temporis paschalis.*

f. 73. a furore oculus meus ... *Ps. 6, 8. Psalmi poenitentiales, litaniae, preces, orationes. Inter sanctos:* Dionysi cum sociis.

Complura folia refecta.

Miniat. color. et inaurat. flor.: — f. 1. littera D pict., margines flor. et insigni distincti.

10. **Officium Beatae Mariae Virginis.**

Urbin. 477. membr. IX + 90 f. 270 × 200 mm. 2 col. saec. XVI.

f. I' vacuum.

f. II. Officium | Beatae Mariae | Virginis. *Inscriptio. — f.* II' *vacuum.*

f. III. *Kalendarium. Ind. cal. kalendarium novum, grad. Litteris maximis:* S. Augustini ep. et doctor. *— f.* VIII *vacuum.*

f. 1. Officium Beatae Mariae dicendum a die post purificationem usque ad vesperas sabbathi ante primam dominicam aduentus… Ad matutinum… Invitatorium. Ave Maria… *Officium per omnes horas, psalmi, hymni, tres lectiones. — f.* 17. Regina coeli… *temporis paschalis.*

f. 31. Officium Beatae Mariae dicendum a vesperis sabbathi ante primam dominicam aduentus usque ad vesperas vigiliae natiuitatis Domini… Ad matutinum… Inuitatorium. Ave Maria… *Officium per omnes horas, psalmi, hymni, tres lectiones.*

f. 58. Officium Beatae Mariae dicendum a vesperis vigiliae natiuitatis Domini usque ad totam diem purificationis… Ad matutinum… Inuitatorium… Ave Maria… *Officium per omnes horas, psalmi, hymni, tres lectiones. — f.* 87—90 *vacua.*

In folio chart. praeligato duae tabulae typis scriptae sunt agglutinatae. Altera: Il modo per veder quando fà la Luna 1583—1590. *Altera:* Tabula festorum mobilium 1583—1601.

11. **Officium Beatae Mariae Virginis.**

Ottobon. 3283. membr. II + 78 f. 346 × 236 mm. saec. XVII.

f. I, II *vacua.*

f. 1. Officium paruum Beatae Mariae. Ante aduentum ad matutinum. Aue Maria. Domine, labia mea… Inuitatorium. Aue Maria… *Officium per omnes horas, psalmi, hymni, lectiones. — f.* 8'. Psalmi fer. III et VI, *— f.* 12. fer. IV et sabbati. — *Proprium temporis paschalis. — f.* 32'. Regina caeli.

f. 36. Officium Beatae Mariae dicendum a uesperis ante primam dominicam aduentus ad vesperas vigiliarum nativitatis Domini… Absolutio ad lectiones. Precibus et meritis… Lect. prima. Missus est… *Proprium.*

f. 48. Officium Beatae Mariae dicendum a uesperis vigiliae natiuitatis Domini usque ad totam diem purificationis… Ad laudes et per horas. O admirabile commercium… *Proprium.*

f. 65. *Antiphonae:* Alma redemptoris…, Aue regina…, Regina caeli…, Salve regina…

f. 72. Tonus Confiteor. Confiteor Deo omnipotenti… *Notis musicis quadratis instructum. Item: — f.* 73. Litaniae de B. M. V. — *f.* 76,

77, 78 *vacua.* — *Omnes fere officii partes notis musicis quadratis instructae.*

Miniat color. et inaurat.

Notae musicae.

12. Officia passionis Domini nostri Iesu Christi.

Ottobon. 519. membr. 86 f. 120 × 90 mm. saec. XV.

In folio praeligato: R. × 102. Q. VIII. 4.

f. 1. Dalla purificatione di nostra domina . . . Dalla pasqua in sino all octaua della pentecosta . . . Regina celi . . . *Pars ultima officii B. M. V.*

f. 2. Incipit officium sacratissime passionis Domini nostri Iesu Christi. Ad matutinum ℣. Per signum crucis . . . ymnus. In passione Domini . . . *Officium per omnes horas, psalmi, hymni,* lect. I(—III). In illo tempore orante Iesu in orto — tradidit spiritum.

f. 44. Incipit aliud officium passionis editum a papa Iohanne 22 . . . Ad matutinum versus. Adoramus te, Criste . . . Patris sapientia . . . *Officium per omnes horas.*

f. 50. Incipiunt septem psalmi penitentiales. Ant. Ne reminiscaris. Ps. Domine, ne in furore . . . *Litaniae, preces, orationes. Inter sanctos:* Christofore, Fridiane (?), Zenobi, Ylarion, Machari, Columbane, Leonarde, Reparata, Margherita, Clara, Domitilla.

13. Horae canonicae.

Borghes. 183. membr. I f. + 125 p. + 2 f. 223 × 153 mm. saec. XV.

f. I, *p.* 1 a *vacua.*

p. 1. Januier . . . *Kalendarium lingua Francogallica scriptum. Picturae calendares.*

p. 8. Inicium sancti euangelii secundum Iohannem. In principio erat . . . — *p.* 9. *Luc. 1, 26—38.* — *p.* 10. *Matth. 2, 1—12.* — *p.* 11. *Marc. 16, 14—20.* — *p.* 12. Oratio ad beatam Mariam virginem. Obsecro te — mater Dei et misericordie. — *p.* 14. Alia oratio. Intemerata et in eternum benedicta — paraclitus. Qui . . .

p. 18. Domine, labia mea aperies . . . Inuitatorium. Aue Maria . . . *Officium B. M. V. per omnes horas, psalmi, hymni,* lect. I(—III). In omnibus requiem — suauitatem odoris. — *p.* 22. Psalmi die Lune et Iovis, — *p.* 25. die Mercurii et sabbati; *suffragia consueta.*

p. 62. In aduentu Domini officium beate Marie dicitur . . . Missus est angelus . . . *Proprium officii tempore adventus.*

p. 65. Notandum est, quod a vigilia nativitatis Domini vsque ad purificationem . . . O admirabile commercium . . . *Officii B. M. V. proprium tempore nativitatis. — p. 66. Rubrica de tempore paschali et* Regina celi. *— p. 67 vacua.*

p. 69. Domine, labia mea aperies . . . ymnus. Patris sapientia . . . *Officium s. Crucis per omnes horas.*

p. 71. De sancto Spiritu. — *p.* 73. Domine, labia mea aperies . . . ymnus. Nobis sancte Spiritus . . . *Officium de s. Spiritu per omnes horas.*

p. 77. Domine, ne in furore . . . *Septem psalmi poenitentiales. — p.* 86. *Litaniae et orationes. Inter sanctos:* Vincenti, Christophore, Georgi, Maurici cum soc., Dionisi cum soc., Eustachi cum soc., Maure, Sulpici, Eligi, Anthone, Lupe, Maria Egyptiaca, Genovefa, Elisabeth, Godoleva, Fides, Spes, Caritas.

p. 91. Dilexi, quoniam . . . *Totum officium defunctorum, psalmi, novem lectiones, orationes.*

p. 120. De Trinitate ant. Te inuocamus, te adoramus . . . Oratio. Omnipotens sempiterne Deus, qui dedisti famulis tuis . . . *Antiphonae vel commemorationes:* de s. Michaele, — *p.* 121. de s. Iohanne bapt., de Iohanne ev., de apostolis Petro et Paulo, — *p.* 122. de s. Iacobo ap., de s. Christophoro, — *p.* 123. de s. Anna, — *p.* 124. de s. Magdalena, de s. Katherina, *rhythmice,* — *p.* 125. de s. Barbara, *rhythmice. — Post — p.* 125 *duo folia vacua.*

Pict. margines inaurat. fig. flor. Picturae tabulares: — p. 7. Creatio Evae. — p. 17. Peccatum Adae et Evae. — p. 68. Christus crucem baiulat. — p. 72. Divisio apostolorum. — p. 76. David rex Uriae epistolam tradit. — p. 90. Iob eiusque amici.

14. **Horae canonicae.**

Cappon. 199. membr. III + 169 f. 112 × 72 mm. saec. XV.

f. I, II *vacua. — f.* III. *Index man. saec. XIX.*

f. 1. *Kalendarium Inter sanctos:* Febr. Amandi ep., Apollonie, Iuliane, Augustini ep. m., Adriani m., Gertrudis. Apr. Petri diaconi, Georgii *r.* Mai. Translatio s. Nicolai, Bernardini, Germani. Iun. Erasmi, Eligii ep. Iul. Translatio s. Thome *r.,* translatio Martini, Benedicti abb. Aug. Ludovici ep. Sept. Egidii abb. *r.,* Bertini abb., Lamberti. Oct. Undecim milium virginum, Huberti, Leonardi. Dec. Eligii ep. *r.,* Nichasii *r.,* Thome archiep. *r.*

f. 1'. *Infimo in folio:* Alessandro Gregorio Capponi. Decembre 1725.

f. 12. Salue sancta facies nostri redemptoris . . . *Ant. rhythmica, versus, responsorium, oratio. — f.* 13' *vacuum.*

f. 14. Incipit officium sancte Crucis. Domine, labia mea . . . ymnus. Patris sapientia . . . *Officium per omnes horas.*

f. 20. [Inten]de, Domine, ad adiuuandum me . . . ymnus. De uirgine Maria Christus fuit natus . . . *Officium de s. Spiritu per omnes horas. Deest initium.*

f. 24. Incipit missa beate uirginis. Et introibo ad altare Dei . . Introitus. Salue sancta parens . . . *Totum officium. In fine lectiones evangeliorum Ioa. 1, 1—13; Luc. 1, 26—38; Matth. 2, 1—12; Marc. 16, 14—20.*

f. 35. Incipiunt hore beate Marie uirginis secundum usum Romanum. Ad matutinum. Domine, labia mea . . . Inuitatorium. Aue Maria . . . *Officium B. M. V. per omnes horas, psalmi, hymni. — f.* 41'. Psalmi diebus Martis et Ueneris, — *f.* 45'. diebus Mercurii et sabbati. Lect. I(—III). In omnibus requiem — suauitatem odoris. — *f.* 69' *vacuum.*

f. 93. Incipit officium gloriosissime Marie uirginis, quod dicitur per totum aduentum ad uesperas . . . Ant. Missus est . . . *Officii proprium tempore adventus, tres lectiones:* Missus est . . . — *f.* 99. Ab octaua natiuitatis Domini usque ad purificationem *officii proprium. — f.* 101. Regina celi . . . *temporis paschalis. — f.* 101' *vacuum.*

f. 102. Incipiunt septem psalmi penitentiales ant. Ne reminiscaris. Domine, ne in furore . . . — *f.* 111. *Litaniae, preces, orationes. — f.* 120' *vacuum.*

f. 121. Incipiunt uigilie mortuorum. ant. Placebo . . . psalmus. Dilexi . . . *Officium defunctorum; psalmi, novem lectiones, orationes.*

f. 159. humanam carnem . . . *Duae precationes de B. M. V., quarum priori deest initium. — f.* 164—169 *vacua.*

Miniat. color. et inaurat. fig. flor.

15. **Horae canonicae.**

Cappon. 218. membr. XVI + 268 f. 190 × 132 mm. saec. XV.

f. I. Alexander Gregorius Capponius 1725. Ex bibliotheca A. G. Capponii Romae.

f. I'. Tabula huius officij . . . *Index cum numeris foliorum.*

f. V. *Kalendarium. Picturae calendares. Inter sanctos:* Ian. Vincentii m. *r.* Febr. Augustini ep. Mart. Albini ep., Adriani m. Apr. Marie Egyptiace. Mai. Translatio Bernardi. Iun. Gildardi et Medardi, Eligii *r.* Iul. Benedicti abb. *r.*, Germani ep. Sept. Egidii abb. *r.*, Lamberti ep. Oct. Remigii ep. *r.*, Dyonisii. Nov. Leonardi, Brictii. Dec. Eligii ep. *r.*, Lazari ep., Thome Cant. *r.*

f. 1 *vacuum.*

f. 2. Passio Domini nostri Iesu Christi secundum Matheum. In illo tempore dixit Iesus discipulis suis: Scitis, quia . . . *et passiones ceterorum evangeliorum. Cum picturae sint excisae, desunt initia — f.* 27 *passionis secundum Lucam, — f.* 38 *passionis secundum Ioannem.*

f. 47. Incipit missa beate Marie virginis. Salue sancta parens . . . *et lectiones evangeliorum: Ioa. 1, 1—13, cuius initium deest; Luc. 1, 26—38; Matth. 2, 1—12; Marc. 16, 14—20. — f.* 54', 55 *vacua.*

f. 56. Incipiunt hore beate Marie virginis secundum vsum Romanum . . . Inuitatorium. Aue Maria . . . *Officium per omnes horas, psalmi, hymni, tres lectiones. Pictura excisa deest initium primae.*

f. 106'. Incipit officium beate Marie, quod dicitur per totum aduentum . . . ant. Missus est . . . *Officii proprium tempore adventus.*

f. 111. Nota, quod a vigilia natiuitatis Domini usque ad purificationem . . . Antiphona. O admirabile commercium . . . *Officii proprium. In fine:* Regina celi . . . *temporis paschalis.*

f. 112'. A quarta feria cinerum usque in cenam Domini . . . incipitur canticum graduum . . . Ad Dominum, cum tribularer . . . *Initia ceterorum psalmorum, ps. 149 et ps. 150 integri; post quinos psalmos preces et orationes.*

f. 116. Incipiunt preparationes misse. Ant. Ne reminiscaris. Quam dilecta . . . *Psalmi, preces, oratio; item post missam gratiarum actio. —* *f.* 121' *vacuum.*

f. 123. Incipiunt septem psalmi penitentiales. Ant. Ne reminiscaris. Ps. Domine, ne in furore . . ., *litaniae, preces, orationes.*

f. 142. Incipiunt uigilie mortuorum. Ad vesperas ant. Placebo. Ps. Dilexi . . . *Officium defunctorum; psalmi, novem lectiones, orationes.*

f. 177. Incipiunt hore de sancta Cruce . . . Ant. Salue Crux preciosa . . . ymnus. Patris sapientia . . . *Officium per omnes horas.*

f. 182'. Incipiunt hore conceptionis beate Marie virginis . . . ymnus. Fletus longeui rex . . . *Officium per omnes horas.*

f. 187'. Incipiunt hore beate Barbare virginis . . . Ant. Miserere mei Deus nunc . . . ymnus. Matutino tempore . . . *Officium per omnes horas.*

f. 190'. De sanctissima Trinitate. Sancta Trinitas . . . *Antiphona, item de facie Domini, suffragia sanctorum, quo in numero complura rhythmica.*

f. 209'. Sequuntur versiculi beati Gregorij. Domine Iesu Christe, adoro te . . . — Sequuntur XV deuote orationes. — *f.* 220' Dictes dix fois, — *f.* 221. Et puis une fois. — *f.* 232. Para gracias a Dios . . . — *f.* 233'. O tesoro de la diuinal maiestad . . ., *precationes lingua Hispanica conscriptae.* — *f.* 249'. Suffragia sanctarum. — *f.* 250. De s. Catherina: Gaude, uirgo Catherina . . . *rhythmice.* — *f.* 265'. Simbolum Athanasij. Quicumque.

Desunt folia 26, 37, 46, 49, 80, 122, 141.

Pict. miniat. color. et inaurat. flor. fig. Picturae tabulares: — f. 1'. Christus in monte oliveti orans. — f. 55'. Annuntiatio B. M. V.

16. **Horae canonicae.**

Ottobon. 251. membr. I + 64 f. 145 × 110 mm. saec. XV.

f. I. Ex codicibus Iohannis Angeli ducis ab Altaemps R × 4. — *f.* I' *vacuum.*

f. 2. Sabato ante primam dominicam de aduentu ad uesperas sancte Marie ant. Missus est Gabriel . . . *Officium B. M. V.,* lectio I(—III). Missus est angelus Gabriel — secundum uerbum tuum.

f. 3. Omnipotens sempiterne Deus . . . *Orationes ante et post missam dicendae.* — Receta. Questo e vno ciroto . . . *Praecepta medica (?) lingua Italica conscripta.* — *f.* 4. . . . meis adimplemini . . . , *Responsorium lect. V.; partes officii B. M. V. extra adventum, Magnificat; praecepta medica lingua Italica scripta.*

f. 5. In agenda mortuorum ad matutinum. Inuitatorium. Regem, cui omnia . . . *Totum officium defunctorum, psalmi, novem lectiones, orationes.*

f. 16. Incipiunt septem psalmi penitentiales. ant. Ne reminiscaris . . . , *litaniae, preces, orationes; precationes, memoriae (commemorationes) sanctorum, praecepta medica lingua Italica conscripta, res calendares.* — *f.* 34. de l 1452 . . . ; *cetera deleta.* — *f.* 36. *Initia psalmorum graduum et orationes.*

f. 41. B. Bibliotheca significat . . . *Interpretationes vocabulorum Graecorum, Hebraicorum, Latinorum lingua Latina vel Italica scriptae. Complures librarii.*

17. **Horae canonicae.**

Ottobon. 2917. membr. II + 239 f. 131 × 90 mm. saec. XV.

f. I *vacuum.* — *f.* I'. *In scida chart. agglutinata tabula aeri incisa, in qua insigne, et infra:* Philip. de Stosch L. B. — *f.* II *vacuum.*

f. 1. *Kalendarium. Ind. astr. et cal. Inter sanctos:* Ian. Geminiani ep. Febr. Constantie v. Mart. Herculani ep. Apr. Anselmi ep. Mai. Theodore v. Iul. Christine v. Aug. Ludovici reg. Oct. Reparate v. et m., Dionysii, Cerboni ep. et conf., Germani ep. Nov. Leonardi.

f. 13. Incipit officium beate Marie virginis secundum consuetudinem Romane curie. Ad matutinum . . . Inuitatorium. Aue Maria . . . *Officium B. M. V. per omnes horas, psalmi, hymni,* lectio I(—III). In omnibus requiem quesiui — dedi suauitatem odoris. — *f.* 78. Iste psalmus et alii duo sequentes dicuntur die Martis et Veneris. — *f.* 83. *Item* die Mercurii et sabbathi.

f. 88. Ad uesperas primi sabbati de aduentu usque ad uigiliam natiuitatis Domini . . . Missus est angelus . . . *Officii B. M. V. proprium tempore adventus,* lect. I(—III): Missus est — verbum tuum.

f. 95'. Notandum, quod . . . ant. O admirabile commercium . . . *Officii B. M. V. proprium a nativitate Domini usque ad purificationem.* — *f.* 97'. Regina celi . . . *temporis paschalis.* — *f.* 98' *vacuum.*

f. 99. Incipit officium mortuorum. Ad uesperas ant. Placebo . . . *Totum officium defunctorum, psalmi, novem lectiones, orationes.*

f. 157. Incipit officium sacratissime passionis Domini nostri Yhu Xpi. Ad matutinum. Versus. Per signum crucis... Inuitatorium. Regem Xpum crucifixum ... Hymnus. In passione Domini ... *Officium per omnes horas, psalmi, hymni,* lect. I(—III). In illo tempore orante Yhu in orto — emisit spiritum.

f. 191. Incipiunt septem psalmi penitentiales. ant. Ne reminiscaris ... ps. Domine, ne in furore ..., *litaniae, preces, orationes. In litaniis post* S. Nicholae: S. Zenobi.

f. 219. Incipit officium sancte Crucis. ad matutinum ... hymnus. Patris sapientia ... *Officium per omnes horas. — f. 224' vacuum.*

f. 225. [mi]chi. Auxilium meum ... *Ps. 120, 1. 2. Psalmi graduales, post quinos preces et orationes. — f. 239 vacuum.*

Pict. miniat. color. et inaurat. flor.

18. **Horae canonicae.**

Ottobon. 2918. membr. I+219 f. 148×110 mm. saec. XV.

f. I *vacuum. — f.* I'*. In scida chart. agglutinata tabula aeri incisa, in qua insigne et infra:* Philip: De Stosch L. B.

f. 1. *Kalendarium. Ind. cal. Inter sanctos:* Mart. Luci ep., Palatini et sociorum mm. Oct. Cerboni ep. Nov. Leonardi.

f. 19. Incipit officium beate Marie uirginis secundum consuetudinem Romane curie. Ad matutinum ... Inuitatorium. Aue Maria ... *Officium per omnes horas, psalmi, hymni, tres lectiones. — f.* 91'*.* Infrascripti tres psalmi dicuntur ... die Martis et die Ueneris. — *f.* 97'*. Item* die Mercurii et die sabbati.

f. 103. Notandum est, quod ... Ad vesperas ant. Missus est Gabriel ... *Officii B. M. V. proprium tempore aduentus.* Lect. I(—III). Missus est — uerbum tuum.

f. 114. Est autem notandum, quod ... O admirabile commercium ... *Officii B. M. V. proprium a nativitate Domini usque ad purificationem. — f.* 117. Regina celi ... *temporis paschalis. — f.* 118 *vacuum.*

f. 119. Incipiunt septem psalmi penitenciales sub antiphona Ne reminiscaris ... ps. Domine, ne in furore ... *Litaniae, preces, orationes. In litaniis:* S. Catharina, S. Restituta. — *f.* 150 *vacuum.*

f. 151. Incipit officium Crucis. Ad matutinum ... hymnus. Patris sapientia ... Ant. Adoramus te, Christe ... *Officium per omnes horas.*

f. 159. Incipit officium mortuorum. Ad vesperas antiphona. Placebo Domino ... *Psalmi, novem lectiones, orationes, quarum ultima:* Fidelium Deus ... — *f.* 215. *al. man.*

f. 215. Domine Iesu Christe, adoro te in cruce pendentem . . . *Versiculi s. Gregorii.* — Angele Dei — guberna. — O Domine Iesu Christe, Pater dulcissime — uite mee, *de gaudiis B. M. V.* — *f.* 216′—219 *vacua.*

Pict. miniat. color. fig.

19. **Horae canonicae.**

Ottobon. 2919. membr. III + 304 f. 189 × 135 mm. saec. XV.

f. I. Questo libro fù miniato da D. Bartolomeo della Gatta Camaldolese abate di s. Clemente d' Arezzo. Morì in età d' anni 83 l' anno 1461. Vedi Vasari, Sandrart etc. — *f.* I′, II, III *vacua.*

f. 1. *Kalendarium, grad. paucorum festorum. Litteris aureis praeter festa Domini:* ss. Martini, Katherine, Nicholai, Nichasii, Thome archiep. *Accedunt praeter alios litteris nigris:* Ian. Iudoci conf., Valerii ep., Aldegundis v. Febr. Eulalie v. dupl., Vedasti et Amandi episcoporum, Anguli m., Autberti ep., Iuliani m., Fustini et Silvini m., Polocronii ep., Sabini ep., Nestoris m., Romani m. Mart. Albini m. dupl. Dyonisii ep., Quiriciani m., Capitulii ep., Machedoni presb., Leobini m., Eufemie v., Gertrudis v., Curentii m., Albani m. April. Quintiani m., Maximi m., Walcetrudis, Olimpiadis, Visinarii conf., Deodacii abb. Mai. Germani ep., Laudentii m., Gendulfi m. Iun. Lifrardi conf., Euduali conf., translatio s. Servatii ep., Medardi ep., Aviti ep., Albini m. Iul. Nichostrati, Kyliani et soc., Iudacis m.. Amelberghe v., Arnulphi ep., Xristine v., Germani ep. Aug. Walburgis v., Landowaldi m., Gaugerici, Arnulphi m., Philiberti abb., Genesii m. Sept. Remacli ep. et conf., Vimintii archiep., Regine v., Gindonis conf., Amati abb., Lamberti ep., Metholdi m. Oct. Remigii, Bauonis, Leodegarii ep., duorum Ewaldorum dupl., Piacide v., Fidis v., translatio s. Augustini, Florenti ep. et conf., Caprasii m., vndecim milium virginum, Seueri ep. dupl., Seuerini ep., Amandi ep., Feliani m. Nov. Huberti conf., Eusebii monachi dupl., Leonardi conf., Willibrordi ep., Iuvini, Brictii ep. et conf., Rufi m., Othmari conf., eleuatio s. Elyzabeth, Columbani abb., Grisogoni m. dupl., Theodoli m. Dec. Eligii conf., Xristine v., Autberti ep. et conf., Gregorii conf., Victoris et Honorarii m., Victorine v. dupl. — *f.* 13 *vacuum.*

f. 14. Hore de sancta Cruce. Domine, labia mea . . . Patris sapientia, ueritas diuina . . . *Officium per omnes horas.* — *f.* 33′, 34 *vacua.*

f. 35. Incipit missa beate Marie. Introibo ad altare Dei . . . Intr. Salue sancta parens . . . — *f.* 43. Initium s. euangelii secundum Iohannem. In principio erat . . .; *initium s. evangelii secundum Lucam; Matth. 2, 1—12; Marc. 16, 14—20.* — *f.* 50 *vacuum.*

f. 51. Domine, labia mea . . . Invitatorium. Aue Maria, gratia . . . *Officium B. M. V.; novem psalmi, lect. I—III.* In omnibus requiem — suauitatem odoris. — *f.* 141′. Missus est angelus . . . *Proprium temporis adventus.*

— *f.* 151'. Ant. O ammirabile commercium . . . *Proprium temporis nativitatis.* — *f.* 155'. *Proprium temporis paschalis et:* Regina celi laetare . . . — *f.* 158, 159 *vacua.*

f. 160. Domine, ne in furore . . . *Septem psalmi poenitentiales.* — *f.* 174'. Kyrieleyson . . . *Litaniae. Inter sanctos:* Dyonisi, Calixte, Urbane, Marcelle, Sixte, Maurici, Gereon, Livine, Antoni, Christophore, Nichasi, Quintine, Iuliane, Firmine, Lamberte, Remigi, Germane, Donatiane, Leonarde, Vedaste, Amande, Gildarde, Gaugerice, Bavo, Bertine, Winoce, Huberte, Maria Egyptia., Genovefa, Iuliana, Christiana, Petronilla, Elyzabeth, Brigida, Amelberga, Eusebia, Regina, Gertrudis, Aldegundis, Waldetrudis, Walburgis. *f.* 174'. *Preces et orationes.* — *f.* 192 *vacuum.*

f. 193. Incipiunt vigilie mortuorum. Placebo . . . *Totum officium, psalmi, lectiones, orationes.*

f. 256. Quicumque uult . . . *Symbolum.* — *f.* 261', 262, 263 *vacua.*

f. 264. De s. Anthonio. Beate Anthoni . . . *Suffragia sanctorum.* — *f.* 266 *vacuum.* — *f.* 267. De s. Christoforo. — *f.* 269, 270 *vacua.* — *f.* 271. Gaude uirgo Katherina . . ., *antiphona rhythmica.* — *f.* 273 *vacuum.* — *f.* 274. De sancta Barbara. Uirgo Deo cara . . ., *antiphona rhythmica.* — *f.* 275', 276, 277 *vacua.*

f. 278. Adesto Deus vnus . . . *Precatio de transitu B. M. V., narratio eius et assumptionis B. M. V.* — *f.* 298. Ave, cuius conceptio . . . *Antiphona rhythmica et oratio de B. M. V.* — *f.* 300—304 *vacua.*

Pict. miniat. color. et inaurat., margines auro, flor. pict. distincti. — *f.* 13', 14. *Insignia.* — *Picturae tabulares:* — *f.* 13'. *Christus capitur.* — *f.* 16'. *Christus mortis damnatur.* — *f.* 19'. *Christus flagellatur.* — *f.* 22'. *Christus crucem baiulat.* — *f.* 25'. *Christi crucifixi latus lancea aperitur.* — *f.* 28'. *Corpus Christi de cruce deponitur.* — *f.* 31'. *Corpus Christi sepelitur.* — *f.* 34'. *Homines ad altare, quod vocant Goticum, orantes.* — *f.* 50'. *Annuntiatio B. M. V.* — *f.* 76'. *Visitatio B. M. V.* — *f.* 94'. *Nativitas D. N. I. Chr.* — *f.* 102'. *Angeli et pastores.* — *f.* 109'. *Adoratio trium magorum.* — *f.* 116'. *Praesentatio D. N. I. Chr.* — *f.* 123'. *Fuga in Aegyptum facta.* — *f.* 135'. *Caedes infantium Bethlehemitica.* — *f.* 159'. *Extremum iudicium.* — *f.* 192'. *Sacerdotes ad corpus hominis defuncti orantes.* — *f.* 263'. *S. Antonius abbas.* — *f.* 266'. *S. Christophorus.* — *f.* 270'. *S. Catharina.* — *f.* 273'. *S. Barbara.* — *f.* 277'. *Dormitio B. M. V.*

Beissel, Vaticanische Miniaturen S. 49.

20. **Horae canonicae.**

Ottobon. 2920. membr. I+282 f. 124×80 mm. saec. XV.

In folio praeligato scida chart. agglutinata: tabula aeri incisa, in qua insigne et infra: Philip: De Stosch L. B.

22**

f. 1. *Kalendarium al. man. Ind. astr. et cal. Inter sanctos:* Febr. Giliberti conf. Mai. Zenobii ep. *r.* Octub. Reparatae v. et m. *r.,* Cerboni ep., Galli ab., Miniatis. Nov. Inventio Miniatis *r.*

f. 13. Incipit officium beate Marie uirginis secundum consuetudinem Romane curie ad matutinum ... Inuitatorium. Aue Maria ... *Officium per omnes horas, psalmi, hymni, tres lectiones. — f.* 89' *vacuum. — f.* 116'. Feria tercia et sexta dicuntur infrascripte antiphone cum infrascriptis psalmis ... — *f.* 124'. *Item* in die Mercurij et in die sabbati.

f. 132'. Sabbato ante aduentum Domini ... Missus est Gabriel ... *Officii B. M. V. proprium tempore adventus.* lect. I(—III). Missus est — uerbum tuum.

f. 143'. Ab octaua natiuitatis ... O admirabile commercium .. *Officii B. M. V. proprium a nativitate Domini usque ad purificationem. — f.* 148' *vacuum.*

f. 149. Incipit offitium mortuorum. In uesperis antiphona. Placebo ... Ps. Dilexi ... *Psalmi, novem lectiones, oratio.*

f. 229. Adoramus te Christe et benedicimus ... Patris sapientia ... *Officium s. Crucis per omnes horas. — f.* 231. Questo si debba dire. — *f.* 235', 236 *vacua.*

f. 237. Incipiunt septem psalmi penitentiales. antiphona. Ne reminiscaris ... Ps. Domine, ne in furore tuo ... *Litaniae, preces, orationes. — f.* 279'—282 *vacua.*

Pict. miniat. color. et inaurat. flor.

21. **Horae canonicae et missalis officia.**

Ottobon. 2922. membr. 175 + 1 f. 71 × 50 mm. saec. XV.

In tegumento anteriore scida chart. agglutinata: tabula aeri incisa, in qua insigne et infra: Philip: De Stosch L. B.

f. 1. *Kalendarium. Ind. cal., nonnulla man. rec. addita. Inter sanctos:* Ian. Vincentii m. *r.* Febr. Amandi et Uedasti. Iun. Basilii ep., Eligii ep. Iul. Thome apostoli, Benedicti abb. Sept. Egidii abb. Oct. Remigii et Bauonis, Dyonisii, Donaciani. Dec. Eligii ep., Nichasii ep.

f. 13. Incipiunt hore de sancta Cruce. ad matutinas ... Patris sapientia ... *Officium per omnes horas. — f.* 18 *vacuum.*

f. 19. Incipiunt hore de sancto Spiritu. ad matutinas ... Nobis sancti Spiritus ... *Officium per omnes horas. — f.* 24 *vacuum.*

f. 25. Incipit missa de domina nostra. Et introibo ad altare Dei ... Introitus. Salue sancta parens ... *Officium missae,* Gloria in excelsis, Credo. — *f.* 33'. In principio ..., *lectiones evangeliorum Ioa. 1, 1—13; Luc. 1, 26—38; Matth. 2, 1—12; Marc. 16, 14—20. Precationes ad B. M. V. dicendae.*

f. 52. Incipiunt hore de beate Marie uirginis secundum usum Romanum ...
Inuitatorium. Ave Maria ... *Officium per omnes horas, psalmi, hymni,*
tres lectiones. — f. 92', 120', 121 vacua.

f. 122. Incipiunt septem psalmi penitentiales. Domine, ne in furore ...
Litaniae, preces, orationes. In litaniis inter sanctos: Christophore, Adriane,
Nichasi, Bernardine, Ludovice, Amande, Vedaste, Donatiane, Damiane.

f. 145 a. Incipiunt vigilie mortuorum. psalmus. Dilexi, quoniam ... *Totum*
officium defunctorum, psalmi, novem lectiones, orationes.

f. 167. Missa in honore sancti Raphaellis archangeli. Introitus. Iubilvs
summe laudis ... *Officium missae, sequentia:* Festa dies ortatur promere —
deserat mereatur. *Postcommunio desinit in:* in adiutorium nostrum. *man. rec.*

Miniat. color. et inaurat. flor. Picturae tabulares: — f. 18'. Effusio
s. Spiritus. — f. 24'. Maria puerum Iesum tenens. — f. 69'. Christus capi-
tur. — f. 86'. Christus capitis damnatur. — f. 101'. Christus crucifixus.

22. Horae canonicae.

Palatin. 535. chart. 153 f. 140 × 95 mm. saec. XV.

f. 1. Cursus de passione Christi. Domine, labia mea ... Inuitatorium.
Christum captum et derisum ... ymnus. In passione Domini ... *Officium*
per omnes horas, psalmi, lect. I(—III). Apprehendit Pilatus Iesum — tradidit spiritum.

f. 18. Legitur in vita sancti Bernhardi, quod dyabolus ... Illumina oculos
meos ... *Septem versus a diabolo s. Bernardo revelati. — f.* 20. Omnibus consideratis paradysus voluptatis ... *Hymnus, versus, responso-*
rium, oratio.

f. 22'. Carina vulgare est Ytalicorum ... *Interpretatio vocabuli et pro-*
bationes pennae.

f. 23. Cursus de compassione. Sancta Dei genitrix, dulcis et decora ...
Inuitatorium. Cum Maria uirgine feruide ploremus ... Ymnus. Imperatrix
clemencie ... *Officium per omnes horas, tres lectiones:* Prolem in cruce
pendentem ... *rhythmice; in fine:* Has horas composuit et confirmauit
pp. Ioannes 22us cum indulgentiis ...

f. 35. Item preces sequentes dicuntur per quadragesimam ad matutinum ... Ego dixi, Domine ... *Preces quadragesimae et adventus singulis*
horis dicendae. — f. 40'. Te Deum laudamus — in eternum.

f. 41. Laudes. Dominus regnauit ... *Laudes dominicales. — f.* 46.
Paterna sapientia ... *Horae s. Crucis. — f.* 47. *Prima, tertia, sexta,*
nona dominicae et horae s. Crucis. — f. 69' vacuum. — f. 70. Sequitur
ad uesperas. Vespertina oratio ascendat ... Dixit Dominus ... *Vesperae*
dominicales et hora s. Crucis. — f. 73. *Laudes et vesperae feriales et*
horae.s. Crucis. — f. 101—104 *vacua.*

f. 105. Incipiunt uigilie defunctorum. ant. Placebo. ps. Dilexi... *Totum officium, psalmi, novem lectiones;* lect. IX. Fratres, ecce misterium — stimulus tuus; *orationes. In oratione II:* famule tue.

f. 126'. Newenstatt *man. rec., eadem, qua Palatin. 490 et 515 f. 1. — f. 127—140 vacua.*

f. 141. O virgo virginum, mestorum consolacio — planctu valido. *Precationes de septem doloribus B. M. V. — f. 142—153 vacua.*

A — f. 98' usque ad — f. 100' deficit miniator.

Stevenson, Codices Palatini Latini tom. I, p. 174.

23. Horae canonicae.

Palatin. 537. membr. 223 f. 213 × 130 mm. saec. XV.

f. 1. Dieweil vnsere voreltern... *Acatholicus quidam lingua Germanica praefatur, vera evangelii religione exstincta suffragia sanctorum et cursus beatae Mariae virginis esse usurpata; cuius perversitatis in memoriam hunc librum et conglutinatum et asservandum esse; man. saec. XVI. f. 2' vacuum. — f. 3 non adest; saltus in numerando.*

f. 4. In principio erat verbum... *Ioa. 1, 1—13. — f.* 5. Missus est angelus... *Luc. 1, 26—38. — f.* 6. Cum natus esset Iesus... *Matth. 2, 1—12. — f.* 7. Recumbentibus undecim... *Marc. 16, 14—20. — f.* 8. Passio Domini Iesu Christi secundum Iohannem. Apprehendit Pilatus Iesum — est testimonium; *oratio.*

f. 9'. De sancto Leonhardo antiphona. Benedictus Dominus... *Suffragium, item:* de s. Wilhelmo, de s. Elizabeth: Gaude celum, terra plaude... *rhythmice,* de s. Georgio.

f. 12. *Kalendarium. Ind. astr. et cal. dies Aeg. Miniatis litteris:* Uulstani ep., Eduard. rex m., Cuthbert. ep., Ricard. ep., Aelphegi (?) archiep., Aldelmi, Erkennuald. ep., Dunstani archiep., Edmundi, translatio Eduardi regis, Grimbald. conf., Edmundi Cantuarie. *Caeruleis litteris:* Passio, translatio beati Thome Cant., translatio Ricardi.

f. 24. Antyphone de quinque sanctis... Dyonisi radius Gretie (?)... *Item antiphonae* de ss. Georgio, Christophoro, Blasio, Egidio, — *f.* 24'. quinque virginibus: ss. Katherina, Margaretha, Martha, Christina, Barbara.

f. 25. Oratio deuotissima ad proprium angelum in Francigeno. Tres glorieux... In Latino oratio ad virginem Mariam, *precationes.*

f. 32. Patris sapientia, ueritas diuina... Officium de septem horis passionis Domini Iesu Christi.

f. 36. Et os meum annunciabit laudem... Aue Maria... [Invitatorium.] *Initium et pictura excisa. Officium B. M. V. per omnes horas, psalmi, hymni,* lectio I(—III). Sancta Maria virgo virginum — sine tempore, *rhythmice, suffragia de s. Spiritu, de Trinitate, de Cruce, de multis sanctis,*

— f. 77'. de s. Thoma archiepiscopo Cantuariensi, — f. 78'. de s. Eadmundo rege et m. — f. 133' *vacuum.*

f. 134. Domine, ne in furore tuo . . . *Septem psalmi poenitentiales, litaniae, preces, orationes. Inter litaniarum sanctos multi Anglici.*

f. 168. Antiphona. Placebo Domino . . . *Totum officium defunctorum, psalmi, novem lectiones, orationes.*

f. 217'. De beata Barbara uirgine et martire antiphona. O virgo Dei Barbara . . ., *rhythmice; item antiphonae vel suffragia de s. Maria Magdalena, de s. Ludovico, de s. Dorothea, man. al. additum:* de s. Sebastiano.

f. 222. Oratio s. Augustini. Deus propicius — in opprobrium. — O anima Christi, sanctifica me — cum angelis tuis in secula seculorum, *indulgentia a Iohanne XXI(I), Auinione a. MCCC tricesimo concessa.*

Multae pict. miniat. color. et inaurat.

Bethmann in Pertz' Archiv Bd. XII, S. 337. — *Stevenson,* Codices Palatini Latini tom. I, p. 174. — *Beissel,* Vaticanische Miniaturen S. 41.

24. Horae canonicae.

Palatin. 542. f. A et 117 membr., f. 1—116 chart. 110×75 mm. saec. XV.

f. A. C. 72. 52. Petrus . . . still. *saec. XV.*

uirtutis tue . . . *Fragmenta ps. 109 et 110 saec. X. Item —* f. 117. exaltauit me . . ., *ps. 117, 16. 17. 18.*

f. 1. Ave Maria . . . Invitatorium. Ave Maria, gratia plena . . . *Officium B. M. V., psalmi, hymni, tres lectiones:* In omnibus requiem . . . — f. 16'. Dominicis diebus ad primam . . . Ad Dominum, cum tribularer . . . — *Tertia, sexta, nona.* — f. 25'. Ad primam exceptis dominicis diebus. Beati immaculati . . . — f. 28. Secunda, quarta, sexta feria cursus ad terciam, sextam, nonam. Legem pone michi . . . — f. 34. Tertia, quinta feria, sabbato cursus ad primam, tertiam, sextam, nonam. Lucerna pedibus meis . . . — f. 40'. Cursus ad vesperas. Dixit Dominus . . . — f. 44. Ad completorium. Cum invocarem . . .

f. 47'. Dilexi, quoniam . . . *Officium defunctorum, psalmi, lectiones,* lect. IX. Uir fortissimus Iudas . . .; *orationes, quarum in numero:* oratio pro abbate. — *f. 77'. Tabula sanctorum et votorum altera man. — Post — f. 77 nonnulla folia evulsa.*

f. 78. Sancti Spiritus assit nobis gratia. Domine, labia mea . . ., oratio de Spiritu sancto. *Altera man. rec. — f. 78' vacuum. —* f. 79. Deus, qui dedisti nobis famulis tuis in confessione vere fidei . . . *Oratio. —* f. 79'. *Ordo angelorum et Dionysii novem chori angelorum. —* f. 80. Benedictio. Nos cum prole pia . . . *Precationes. —* f. 89. *Suffragia sanctorum, nonnullae antiphonae rhythmicae.*

f. 93. Septem psalmi penitentiales ... Domine, ne in furore ...; *litaniae.*
Inter sanctos: Maurici, Dionisi, Achaci, Magne, Galle, Othmare, Vlrice,
Conrade, Gebharde, Narcisse, Afra, Ursula, Brigitta, Martha, Elisabetha.
— *f.* 103'. *Suffragia de communi sanctorum.* — *f.* 115' *et quattuor folia
vacua.* — *f.* 116'. *Probationes pennae et:* 1490. Item sabbato ante Re-
miniscere ante Adriani incepi degere et vesci apud dominum Andream
Kalkhofer ... Item in via Viti 91.

Stevenson, Codices Palatini Latini tom. I, p. 175.

25. **Horae canonicae.**

Palatin. 548. membr. 75 f. 187 × 140 mm. saec. XV.

f. 1. Schone Gebeth. *man. rec.* — Stabat mater dolorosa — paradisi
gloria. Amen. *man. rec.*

f. 2. Domine Deus Abraham ... *Precationes, quo in numero* — *f.* 25.
Summe sacerdos ... — *f.* 26'. *Initia psalmorum et orationes praepara-
tionis ad missam.* — *f.* 59'. *Precationes al. man.*

f. 60. Sequitur cursus de passione Domini Iesu Christi. Christus factus
est ... Inuitatorium. Christum captum et irrisum ... ymnus. In passione
Domini, qua datur salus homini ... *Officium per omnes horas, psalmi, hymni,*
lect. I(—III). Apprehendit Pylatus — emisit spiritum. *A prima usque ad
completorium al. man. alii hymni in marginibus appositi.*

f. 74. Ad matutinas. Patris sapientia ... *Hymni officii de s. Spiritu et
de passione Christi per omnes horas, initia versiculorum et responsoriorum.*

f. 75. Da, quaesumus, Domine ... *Probationes pennarum.*

Nonnulla in marginibus al. man. addita.

Stevenson, Codices Palatini Latini tom. I, p. 176.

26. **Horae canonicae.**

Regin. 165. membr. 161 f. 165 × 112 mm. saec. XV.

f. 1 *vacuum.*

f. 1'. O mio Yhu X°. Io te adoro ... *Precationes ad indulgentias
impetrandas lingua Italica conscriptae.* — *f.* 2. Septem praeparationes re-
quiruntur in comunione corporis Christi. 1ª Expurgationis per contritionem ...
— Oratio post communionem. Summe sacerdos — a peccatis nostris. —
f. 1, 2. *al. man.* — *f.* 2' *vacuum.*

f. 3. 165. *Kalendarium. Ind. astr. et cal. dies Aeg. Inter sanctos:*
Febr. Giliberti conf., translatio s. Petri *litteris caeruleis,* Fortunati ep.
et conf. Mart. Herculani ep. et m. Apr. Mariae Aegypt., Ysaac conf.
Iun. Massimi m. *litteris caeruleis.* Octuber. Cerboni ep. et conf., Germani, Sauini. Nov. Amici conf., Leopardi ep. et conf., Britij. Dec. Ranerij
ep. et conf. *litteris caeruleis.* — *f.* 9 *vacuum.*

f. 10. Incipit officium sancte Marie uirginis secundum consuetudinem sancte Romane eccḷesie. Ad matutinum . . . Inuitatorium. Aue Maria . . . *Officium per omnes horas, psalmi, hymni, lectiones.* — *f.* 41'. Die Martis et die Veneris ad nocturnum psalmi, lect. I(—III). Sancta Maria uirgo uirginum . . ., *rhythmice.* — *f.* 45. Die Mercurij et sabbato ad nocturnum psalmi.

f. 49'. Sabbato ante primam dominicam de aduentu. ad uesperas sce Marie antyphona. Missus est Gabriel . . . *Officii B. M. V. proprium tempore adventus.*

f. 52'. Notandum, quod a prima die post octauam . . . O admirabile commercium . . . *Officii B. M. V. proprium a nativitate Domini usque ad purificationem.* — *f.* 53'. Nota, quod ab octaua pasce . . . Regina celi . . ., *tempore paschali.* — *f.* 54'. Pro sancto Ieronimo ad Magnificat ant. Aue gemma monachorum . . . *Rhythmice, suffragium de s. Hieronymo.*

f. 56. Incipiunt septem psalmi penitentiales . . . Ne reminiscaris . . . Domine, ne in ira tua . . . *Litaniae, preces, orationes.*

f. 69'. Incipit officium passionis Christi ad matutinum . . . Christum captum et irrisum . . . Ymnus. In passione Domini . . . *Officium per omnes horas, psalmi, hymni, lectiones.*

f. 90'. Incipit officium in agenda mortuorum. ad uesperas. ant. Placebo . . . *Officium defunctorum, psalmi, novem lectiones, orationes.*

f. 117. Incipit officium beatissimi Michaelis archangeli, principis militie angelorum. Ad matutinum . . . Inuitatorium. Christum regem, qui fidelem . . . *Officium per omnes horas, psalmus, hymni, lectiones.* — *f.* 125. Sequentia eius. Christiane uir fidelis — sempiterna gaudia.

f. 125'. Incipit officium beati Iohannis euangelistae. Ad matutinum . . . ymnus. Iohannes amabilis . . . *Officium per omnes horas, psalmi, hymni, lectiones.* — *f.* 133. Sequentia eius. Extollamus uirum sanctum — sempiternam gloriam.

f. 134'. Incipit officium beati Francisci. ad matutinum . . . Inuitatorium. Regem Christum, qui Franciscum . . . *Officium per omnes horas, psalmi, hymni, lectiones.* — *f.* 143'. Sequentia ipsius. Francisce, concupisce — paradisi gaudia.

f. 144'. Incipit officium beate Katerine uirginis et martyris. Ad matutinum . . . Inuitatorium. Iesum sponsum Caterine . . . *Officium per omnes horas, hymni, lectiones.* — *f.* 149'. Incipit sequentia beate Caterine uirginis. Pleps fidelis et deuota — ad aeterna gaudia.

f. 150. Incipit officium uie. In uiam pacis . . . *Itinerarium, preces, orationes.*

f. 155'. Incipit officium sancte Crucis compositum a papa Iohanne uicesimo secundo . . . Adoramus te, Christe, et benediximus tibi . . . capitulum. Patris sapientia . . . *Officium per omnes horas, al. man.*

f. 157'. Pange lingua gloriosi corporis . . . Sacris sollemnium . . . Verbum supernum . . . *Hymni festo corporis Christi dicendi.*

f. 159. Reperitur in libro beati Bernardi . . . [I]llumina occulos . . .
Septem versus s. Bernardi et oratio.

f. 160'. yhs. Oratio deuotissima contra omnes aduersitates. Festina,
ne tardaueris . . . *Precationes et:* Diffinitio anime rationalis seu intellectiue.
eadem man., qua — f. 1 et 2.

f. 161. In die mortuorum . . . *Tabula dierum, quibus dicendum sit
officium defunctorum novem psalmorum et novem lectionum.*

Nonnulla man. rec. addita.

*Pict. miniat. color. et inaurat. flor. Picturae tabulares: — f. 9'. An-
nuntiatio B. M. V. — f. 55'. S. Ioannes evangelista et s. Michael. —
f. 70. Christus capitur. — f. 77. Christus capitis damnatur. — f. 79.
Christus et Symon Cyrenaeus. — f. 81. Christus clavis cruci affigitur.
— f. 82'. Christus crucifixus. — f. 85. Christi corpus de cruce deponitur.
— f. 88. Christi corpus in monumento ponitur.*

27. **Horae canonicae.**

Regin. 1737. membr. 164 f. 180×128 mm. saec. XV.

f. 1. *Kalendarium.* Ianuier . . . *Francogallice, litterae dominicales,
partes Kalendarii Romani.*

f. 13. [inveni]sti gratiam apud Dominum . . . *Lectio evangelii Luc. 1,
26—38; item Matth. 2, 1—12; Ioa. 1, 1—13. — f. 16'.* Missus est Gabriel . . . *Initium lectionis Luc. 1, 26. — f.* 17. [vide]rant in oriente . . .
Finis lectionis Matth. 2, 1. — f. 17'. In illo tempore recumbentibus undecim . . . *Marc. 16, 14—20. — f. 18' vacuum.*

f. 19. Domine, labia mea . . . [Inuitatorium.] Aue Maria . . . [hymnus.]
O quam glorifica . . . *Officium B. M. V. per omnes horas, psalmi, hymni,*
lect. I(—III). Surge, beatissima uirgo — aduenisse uirgo.

f. 77. Domine, ne in furore . . . *Septem psalmi poenitentiales, litaniae,
orationes.*

f. 96. [tra]ditus, afflictus. *Finis hymni:* Patris sapientia . . . *Officium
s. Crucis a prima usque ad completorium, deest initium.*

f. 102. Domine, labia mea . . . ymnus. Nobis sancti Spiritus . . . *Officium
s. Spiritus per omnes horas.*

f. 107'. Doulce dame de misericorde . . . *Precationes lingua Francogallica conscriptae.*

f. 118. Quia inclinauit aurem . . . *Ps. 114, 2, primus psalmus vesperarum
officii defunctorum, psalmi, novem lectiones, orationes. — f. 146'.* Argent
my fault.

f. 146'. Oratio beate Marie uirginis. Obsecro te domina . . . *Precationes*

ad B. M. V. dicendae. — *f.* 162. Oratio deuota: Aue, cuius concepcio . . .
Rhythmi. — *f.* 163. Salue regina . . . *Antiphona, oratio.*
  Pict. miniat. color. et inaurat. flor.
  Folia sunt ita disponenda: 16, 13, 14, 17, 15, 18.

28. **Horae canonicae.**

  Urbin. 1762. membr. 183 f. 113 × 80 mm. saec. XV.

  f. 1. *Infimo in folio:* Lauinia Veterani Antaldi. *man. saec. XVI.*
  benedictionem a Domino . . . *Ps. (23, 5) tertius nocturni I. Officium
  B. M. V. per omnes horas, psalmi, hymni,* lect. I(—III). In omnibus
  requiem — suauitatem odoris. — *f.* 39′. Psalmi die Martis et Veneris, —
  f. 43. die Mercurii et sabbati.
  f. 47. Sabbato ante primam dominicam de aduentu Domini usque ad
  uigiliam natiuitatis Domini . . . ant. Missus est . . . *Proprium officii B. M. V.
  tempore aduentus.*
  f. 53. Notandum est, quod a primo die post octauas natiuitatis Domini
  usque ad purificationem . . . Ant. O admirabile commercium . . . *Proprium
  officii B. M. V. tempore nativitatis.*
  f. 55′. Precationes ad Iesum, ad s. Sebastianum, ad s. Nicolaum, ad
  B. M. V. dicendae.
  f. 64. Incipiunt septem psalmi penitentiales. Ant. Ne reminiscaris. ps. Domine, ne in furore . . . *Litaniae, preces, orationes. Inter sanctos:* Christofore.
  f. 85. Incipiunt psalmi graduales . . . Ad Dominum, cum tribularer . . .
  Post quinos psalmos preces et orationes.
  f. 95′. Incipit offitium in agenda mortuorum. Ad uesperas ant. Placebo . . .
  ps. Dilexi . . . *Totum officium defunctorum, psalmi, novem lectiones, orationes.*
  f. 139. Incipit offitium sanctissime Crucis et passionis Iesu Christi. Ad
  matutinum . . . ℣. Domine, labia mea . . . Inuitatorium. Regem Christum
  crucifixum . . . ymnus. In paxione Domini . . . *Officium per omnes horas,
  psalmi, hymni,* lect. I. Non est enim spes — dolor meus. lect. II(—III).
  Apprehendit Pilatus — tradidit spiritum.
  f. 172′. Incipit offitium sacratissimi Domini nostri Iesu Christi editum
  per dominum nostrum papam Iohannem . . . ant. Adoramus te Christe . . .
  ymnus. Patris sapientia . . . *Officium per omnes horas.* — *f.* 177′. *Precationes.*
  Miniat. color.

29. **Horae canonicae.**

  Vatican. 3767. membr. 242 f. 252 × 180 mm. saec. XV.

  f. 1. Die V Nouembris MDlxxviij S.ᵐᵘˢ Dñs Nŕ Gregorius xiij dedit
  librum hunc bibliothecae Vaticanae. — *f.* 1 *vacuum.*

f. 2. *Kalendarium. Ind. cal. Kalendarium Romanum imperfectum. Picturae calendares. Inter sanctos: Litteris aureis:* Vincentii, Erasmi, Naboris, Margarete, Marie Magdalene, Dyonisii, Romani, Martini, Nicolai, Thome m. *(Cant. cum octava.) Litteris miniatis vel caeruleis:* Ian. Archadij, Wulstani, Iuliani ep., Valerij ep., Batildis. Febr. Vedasti, Anguli, Eufrasie v., Vvlfranni, Iuliane v., Policronij ep., Mildrede v., sanctorum lxix, Fortunati, Augustini, Cosvvaldi. Mart. Cedde ep., Marini, Fote, Eusebii, Agape v., Quirion et Can., Hylarij et Ta., Eduwardi, Cuthberti, Affrodosij, Castoris m., Aldelmi ep. Apr. Ricardi ep., Guthlati, Ovvaldi, Alphegi ep., Vvilfridi, EderkenWalde. Mai. Gothardi, translatio s. Nicholai, Brandani ep., translatio s. Bernardi, Dunstani, Adellmi. Iun. Petroci, Melonis, translatio Vulsta., translatio s. Edmundi, translatio s. Yuonis, translatio Ricardi, Botulphi, translatio s. War., Waburge, translatio s. Eligii. Iul. Grinbaldi, Cerili ep., translatio s. VVi., Kenelmi, Arnulfi, Germani. Aug. Osvvaldi, Rochi, Magni m., Ludouici ep., Ludouici reg., Cuthberge. Sept. Translatio s. Cuth., Bertini, Eugenij, Euurcij ep., Saluij ep., Maurili, Edithe v., Lamberti, Exuperij ep. Oct. Leodegarij, Fidis v., Pelagie, Gereonis, Nichasii, Wvilfridi, translatio s. Edwar., Vulfranni, Etheldrede, Fredelwvide, Austreberte, Maglorij, Germani ep., Quintini. Nov. Vvenefrede, Amantij, Leti presb., Leonardi, Willebror., Bricij ep., translatio Erken., Macuti, depositio Edmundi, Hugonis, Edmundi. Dec. Libiani, Osmundi, Eulalie ep., Othile v., Venesie v., Victorie v., translatio s. Ia.

f. 15. Inicium s. euuangelij secundum Iohannem . . . In principio . . ., *versus, responsorium, oratio. — Luc. 1, 26—38; Matth. 2, 1—12; Marc. 16, 14—20. — f.* 19. Obsecro te domina... *Duae precationes ad B. M. V.*

f. 23. Domine, labia mea... Inuitatorium. Aue Maria... *Officium B. M.V. per omnes horas, hymni, psalmi,* lect. I(—III). Sancta Maria virgo virginum — sine tempore, *rhythmice. — Post laudes suffragia sanctorum: — f.* 38. de s. Michaele, — *f.* 38′. des angres, — de Iehan baptiste; *item inscriptionibus Francogallicis additis sanctorum: — f.* 39′. Petri, — *f.* 40′. Pauli, Andreae, — *f.* 42. Iacobi, — *f.* 42′. Iohannis ev., — *f.* 43′. Thomae ap., Stephani, *f.* 44′. Laurentii, — *f.* 46. Vincentii, — *f.* 46′. Sebastiani, — *f.* 47′. Iuliani, — *f.* 48′. Dionysii, — *f.* 49′. Eustachii — *f.* 50′. Georgii, — *f.* 51′. Christophori, — *f.* 52′. Thomae Cant., — *f.* 53. Blasii, — *f.* 53′. Nicolai, — *f.* 54. Martini, — *f.* 55. Egidii, — *f.* 56. Antonii erem., — *f.* 57. Germani, — *f.* 58. Eligii, — *f.* 59. Eutropii, — *f.* 60. Mauri, — *f.* 61. Fiacrii, — *f.* 62. Gregorii, — *f.* 63. Maturini, — *f.* 64. Magdalenae, *f.* 65. Katharinae, — *f.* 66. Margaritae, — *f.* 67. Agathae, — *f.* 68. Susannae, Genovefae, — *f.* 69. Barbarae, Apolloniae, — *f.* 70. Christinae, omnium sanctorum.

f. 71′. Ad matutinas de Cruce... Patris sapientia... *et laudes officii s. Crucis.*

f. 73. Deus in adiutorium . . . [Hymnus.] Veni creator Spiritus . . . *man. rec.* Memento salutis auctor . . . *Officii B. M. V. et officii s. Crucis prima, tertia, sexta, nona, vesperae, completorium.*

f. 93'. Domine, labia mea . . . [Hymnus.] Nobis sancti Spiritus . . . *Officium s. Spiritus per omnes horas.*

f. 96. Ant. Ne reminiscaris. ps. Domine, ne in furore . . . *Septem psalmi poenitentiales.* — *f.* 104'. Sequuntur quindecim psalmi. Ad Dominum, cum tribularer . . . *Psalmi graduales, praeter ps. 131, 132, 133 sola initia.* — *f.* 106. *Litaniae, orationes. Inter sanctos:* Rauenne, Rasiphe, Vigor, Lupe, Panthaleon, Samson, Leobine, Brigida.

f. 112. Ad matutin. antiph. Dirige Domine Deus . . . *Officium defunctorum, complurium psalmorum sola initia, novem lectiones; vesperae in fine.*

f. 133. Omnibus consideratis paradisus voluptatis . . . *Rhythmi de Iesu crucifixo, ad honorem tristitiae Mariae, ad honorem Ioannis ev.; aliae precationes.* — *f.* 138. Aue uirgo dulcissima . . . *Hymnus de B. M. V.; precationes.*

f. 142. Dionisi, radius Grecie . . . *Suffragium.* — Memore des saintes preuilegies: *ss. Catharinae, Margaritae, Marthae, Barbarae, Christinae. Folia ita sunt disponenda: 112, 116, 113, 114.*

Miniat. color. et inaurat. fig. flor., plurimae pict. Margines inaurat. flor. pict. distincti. Pictura tabularis: — *f.* 18'. *B. M. V. puerum Iesum tenens.*

Beissel, Vaticanische Miniaturen S. 54.

30. **Horae canonicae.**

Vatican. 3769. membr. 185 + 2 f. 205 × 147 mm. saec. XV.

f. 1, 2, 3 *vacua.*

f. 4. Incipiunt hore de sancta Trinitate . . . ymnus. Quicumque uult animam . . . *Officium per omnes horas.* — *f.* 5'. Orationes de sancta Trinitate. — *f.* 14'. Orationes s. Augustini de Trinitate per hebdomadam. — *f.* 26', 27 *vacua.*

f. 28. Incipit cursus de proprio angelo . . . dominica die . . . Ad matutinum. Inuitatorium. Angelorum regi Deo . . . [Hymnus.] Christe sanctorum decus . . . *Officium per omnes horas, psalmi, hymni, lectiones.* — *f.* 33. Orationes de angelis. — *f.* 37 *vacuum.*

f. 38. Cursus de eterna sapientia fer. II . . . Ad matutinum. Inuitatorium. Eterne sapientie fontem . . . Hympnus. Iesu dulcis memoria . . . *Officium per omnes horas, psalmi, hymni, lectiones.* — *f.* 45 *vacuum.*

f. 46. Cursus de sancto Spiritu. fer. [III] . . . Inuitatorium. Spiritus Domini replevit . . . ymnus. Veni sancte Spiritus . . . *Officium per omnes horas, psalmi, hymni.* — *f.* 51'. Orationes de s. Spiritu. — *f.* 56 *vacuum.*

f. 57. Cursus de misericordia Domini. quarta feria . . . Inuitatorium. Fontem misericordie . . . [Hymnus.] O lux misericordie . . . *Psalmi, hymni, lectiones.* — *f.* 64. Orationes ad Dominum. — *f.* 67', 68 *vacua.*

f. 69. Cursus de corpore Christi. quinta feria . . . Inuitatorium. Christum regem adoremus . . . ymnus. Verbum supernum prodiens . . . *Officium per omnes horas, hymni, lectiones. — f. 76'.* Orationes ad ss. Sacramentum, ante et post communionem. — *f.* 105'. Iubilus s. Bernardi: Iesus dulcis memoria . . . — *f.* 111a *vacuum.*

f. 112. Passio Domini nostri Ihesu Christi. Secundum Iohannem. Egressus est Dominus — posuerunt Iesum. Deo gracias.

f. 118'. Cursus de passione Domini sexta feria . . . Inuitatorium. Christum captum et irrisum . . . ymnus. Qui in pressura mortis dura . . . *Officium per omnes horas, psalmi, hymni, lectiones. — f.* 131'. Oratio beati Ambrosii de passione Domini, *aliae precationes. — f.* 139'. Quindecim orationes s. Brigittae. — *f.* 143', 145 *vacua.*

f. 146. Cursus de compassione Marie virginis sabbato . . . Inuitatorium. Cum Maria virgine . . . *Officium per omnes horas, psalmi, hymni, lectiones.* — *f.* 156'. Planctus beate Marie. Stabat mater . . ., *precationes. — f.* 163', 164 *vacua.*

f. 165. Sequitur oratio seu commendatio ad sanctam Crucem. Signum sancte Crucis . . .; *precationes diebus festivis per annum dicendae. — f.* 179. Oratio de facie Christi. — *f.* 179a, 182—185 *vacua.*

Pict. miniat. color. et inaurat. flor. fig. Picturae tabulares: — f. 3'. Abraham et tres angeli. — f. 6'. Sanctissima Trinitas. — f. 27'. Chorus angelorum. — f. 37'. Transfiguratio Domini. — f. 45'. Effusio s. Spiritus. — f. 56'. Ecce homo. — f. 66'. Homo orans. — f. 68'. Processio theophorica. — f. 111a'. Ioannes evangelista. — f. 119'. Christus capitur. — f. 137'. Missa s. Gregorii. — f. 145'. Maria gladio transfixa et septem B. M. V. dolores. — f. 164'. Inventio s. Crucis. — f. 166'. Christus inter latrones crucifixus. — f. 178'. Resurrectio D. N. I. Chr. — f. 179a'. Christus salvator mundi.

31. **Horae canonicae.**

Vatican. 3779. membr. 104 f. 123 × 82 mm. saec. XV.

f. 1 *vacuum.* — *f.* 1'. *Insigne.*

f. 2. Officivm | Beatae | Mariae | Virginis | Ad Vsvm | Romanvm. — *Inscriptio.* — *f.* 2' *vacuum.*

f. 3. Kal. Ianuier . . . *Kalendarium lingua Francogallica man. rec. conscriptum; nonnulla al. man. addita.*

f. 9. [pro]pria uenit . . . *Initium s. evangelii Ioa.; Luc. 1, 26—38; Matth. 2, 1—12; Marc. 16, 14—20.* — *f.* 12. Oratio beate Marie. Obsecro te domina — et misericordie. Amen. — *f.* 15. Alia oratio. O intemerata — secula seculorum. Amen. — *f.* 17. *al. man.* Salue regina misericordie . . .,

Aue regina celorum . . ., Regina celi . . ., *initia versuum, responsoriorum, orationum.*

f. 18. Quoniam ipsius est mare . . . *Ps. 94;* hymnus: Quem terra, ponthus . . . ant. Benedicta tu . . . *Officium B. M. V. per omnes horas, psalmi, hymni, tres lectiones:* In omnibus requiem . . . — *f.* 30'. Ant. Assumpta est . . ., *laudes.* — *f.* 52'. Ant. Missus est . . ., *tres lectiones:* Missus est . . . *Officii B. M. V. proprium tempore adventus.* — *f.* 56. A vigilia nativitatis Domini usque ad purificationem. ant. O admirabile commercium . . . *Officii B. M. V. proprium tempore nativitatis.* — *f.* 57. Regina celi . . . *temporis paschalis.* — *f. 57' vacuum.*

f. 58. Domine, ne in furore . . . *Septem psalmi poenitentiales.* — *f.* 67. *Litaniae et oratio:* Deus, qui culpa offenderis . . . *al. man. Inter sanctos:* Stephane, Victor, Dionysi cum soc., Hipolyte cum soc., Christofore, Quintine, Hylari, Germane, Ludouice, Genouefa, Barbara, Fides, Spes, Charitas.

f. 70. Domine, labia mea . . . Patris sapientia . . . *Officium s. Crucis per omnes horas.* — *f. 73' vacuum.*

f. 74. Domine, labia mea . . . Nobis sancti Spiritus . . . *Officium de s. Spiritu per omnes horas.* — *f. 76' vacuum.*

f. 77. Ant. Placebo . . . Ps. David. Dilexi, quoniam . . . *Officium defunctorum, psalmi et initia psalmorum, novem lectiones, initium orationis.*

f. 99. De sancto Michaele ant. Michael archangele . . . *Antiphonae de sanctis,* — *f.* 99'. de s. Sebastiano, — *f.* 100. de sancto Anthonio eremita, *f.* 100'. de s. Katherina. — *f.* 101. de s. Barbara, — *f.* 101'. de s. Nicolao. — *f.* 102', 103 *vacua.*

f. 104. A la sacree hostie. O salutaris hostia — in patria, *versus, responsorium, oratio:* Deus, qui nobis sub sacramento . . . *al. man.* — *f.* 104' *vacuum.*

Pict. miniat. color. et inaurat. fig. flor. Pictura tabularis: -- f. 103'. Sanctissima hostia in ostensorio adoranda.

32. **Horae canonicae.**

Vatican. 3781. membr. II + 117 f. 161 × 97 mm. saec. XV.

f. I, II *vacua.*

f. 1. *Kalendarium. Inter sanctos:* Ian. Iuliani m., Ylari ep., Boniti ep., Desiderii ep. Mart. Albini ep. Apr. Marcii conf., Roberti abb. *r.* Mai. Corone Domini, Quitirice (?) virg., Germani ep. Iun. Clarii ep., Genesi ep., Illidii (?) ep., Marchii ep., Eligii ep. *r.,* Marcialis ep. *r.* Iul. Galli ep., Germani ep. Aug. Ludovici conf. *r.* Sept. Eugenii ep., Ferreoli m. Oct. Leodegarii ep., Fidis virg., Geraldi conf. Nov. Elizabeth dulcisse (?). Dec. Valerie virg.

f. 13. Secundum Iohannem. In principio . . .; *versus, responsorium, oratio.* — *f.* 14'. *Luc. 1, 26—38.* — *f.* 16. *Matth. 2, 1—12.* — *f.* 17'. *Marc. 16, 14—20.* — *f.* 19. Oratio ad b. Mariam. Obsecro te, domina . . . — *f.* 22. Intemerata . . . *Item.* — *f.* 24 *vacuum.*

f. 25. Domine, labia mea . . . Inuitatorium. Aue Maria . . . ymnus. Quem terra . . . *Officium B. M. V. per omnes horas; psalmi, hymni,* lect. I(—III). In omnibus requiem — suauitatem odoris. — *f.* 57. Psalmi die Martis et Veneris, — *f.* 60. die Mercurii et sabbati. — *f.* 62'. *Officii proprium tempore adventus,* — *f.* 68 *a nativitate usque ad purificationem.* — *f.* 70. Regina celi . . . *temporis paschalis.*

f. 70'. De s. Cruce. Domine, labia mea . . . ymnus. Patris sapientia . . . *Officium s. Crucis per omnes horas.*

f. 73. De s. Spiritu. Domine, labia mea . . . ymnus. Nobis sancti Spiritus . . . *Officium s. Spiritus per omnes horas.* — *f.* 75', 76 *vacua.*

f. 77. Ant. Ne reminiscaris. ps. Dauid. Domine, ne in furore . . . *Septem psalmi poenitentiales, litaniae, preces, orationes. Inter sanctos:* Roberte, Ludovice, Fides, Spes, Barbara.

f. 91'. Ant. Placebo Domino. psalmus. Dilexi . . . *Officium defunctorum, psalmi, novem lectiones, orationes.* — *f.* 113. *Antiphonae sanctorum:* Sebastiani, — *f.* 113'. Christophori, — *f.* 114. Michaelis archangeli, — *f.* 114'. Martini, Iacobi ap., — *f.* 115. Iohannis bapt., — *f.* 115'. Antonii, Catherinae. — *f.* 116', 117 *vacuum.*

Miniat. color. et inaurat. Multae picturae et margines fig. flor. distincti.

33. **Horae canonicae et missae.**

Vatican. 4758. membr. 176 f. 125 × 95 mm. saec. XV.

f. 1. Cursus sancti Francisci. Ad matutinum. Inuitatorium. Regi, que fecit . . . *Officium per omnes horas, psalmi, hymni, lectiones, commemorationes ss. Antonii, Ludovici, Clarae.*

f. 14. Patris sapiencia, ueritas diuina . . . *Officium de Spiritu sancto per omnes horas.*

f. 16'. Incipiunt hore de dilectissimo nomine Iesu . . . Versus. Iocundum sit . . . — *f.* 17'. Horas de passione Domini . . . Oratio. Gratias tibi ago . . . *Officium per omnes horas, psalmi.*

f. 38'. Oratio. Anima Christi hodie et hac nocte . . . *et aliae precationes.*

f. 56. VII psalmi penitenciales. Domine, ne in furore . . . *Litaniae, orationes.* — *f.* 67. Ad Dominum, cum tribularer . . . *Psalmi graduales, preces, orationes.*

f. 73. Ad preparacionem misse . . . Veni creator Spiritus . . .; *psalmi, preces, orationes. Post* — *f.* 76 *desunt nonnulla.* — *f.* 77. filius tuus Dominus . . . — Ad mensam dulcissimi conuiuii . . . — *f.* 79. Oratio beati

Ambrosii. Summe sacerdos . . ., *aliae precationes.* — *f.* 92'. Initium s. evangelii secundum Iohannem. In principio . . . — *f.* 93'. Post missam. Psalmus. Te Deum. — *f.* 94'. Ant. Trium puerorum . . . Benedicite, *ps. 150, preces, orationes.* — *f.* 99. *Hymni et precationes.*

f. 125. Officium de corpore Christi. Introitus. Cibauit eos . . . *Officium missae; item:* — *f.* 128'. De tribus regibus. Officium. Ecce aduenit . . . *f.* 132. Officium de omnibus sanctis. Gaudeamus omnes . . . — *f.* 135'. Officium de s. Agnete. Me exspectauerunt . . ., *omnia cum sequentiis.* — — 139. De s. Trinitate. Sedenti super solium . . . *Officium rhythmicum et missa cum sequentia, oratio man. rec. addita.* — *f.* 151. De s. Francisco officium (missae). Os iusti . . .; *sequentia et commemorationes ss. Thomae Cant., Antonii, Ludovici, Clarae. Item:* — *f.* 154'. De s. Cruce officium. Nos autem gloriari . . . — *f.* 156. De beata Maria officium. Gaudeamus omnes . . .; *sequentia et commemorationes ss. Agnetis, Magdalenae, Catharinae, Dorotheae.*

f. 160. Incipiunt vespere mortuorum. Placebo . . . *Officium defunctorum, psalmi, novem lectiones, orationes.*

f. 176'. Oratio bona de beata virgine. Obsecro te . . . *al. man., desinit in:* gaudio exulta.

34. **Horae canonicae.**

Vatican. 5493. membr. 278 + 1 f. 139 × 94 mm. saec. XV.

f. 1. *Kalendarium. Kalendarium Romanum a Kal. Ian. usque ad XIX Kal. Febr. Ind. cal.*

f. 13. Incipit officium beate uirginis Marie secundum consuetudinem Romane curie. Ad matutinum . . . Inuitatorium. Ave Maria . . . *Officium a purificatione B. M. V. usque ad adventum, psalmi, hymni, lectiones, commemorationes sanctorum.* — *f.* 82. Psalmi die Martis et Ueneris, — *f.* 87. die Mercurii et sabbati.

f. 93. Sabbato ante primam dominicam de aduentu . . . antiphona. Missus est angelus . . . *Officii proprium tempore adventus.*

f. 105. Nota, quod a uigilia natiuitatis Domini usque ad purificationem . . . O admirabile commercium . . . *Officii proprium,* Regina celi *temporis paschalis.*

f. 107'. Ad missam sancte Marie uirginis. Introitus. Salue sancta parens . . . *Missa B. M. V.*

f. 111'. Incipiunt septem psalmi penitentiales et antiphona. Ne reminiscaris. Contra iram. Ps. Domine, ne in furore . . . *et litaniae, preces, orationes.* — *f.* 140', 141 *vacua.*

f. 142. Incipit offitium sanctissime passionis Domini nostri Iesu Christi. Ad matutinum. Ant. Per signum Crucis . . . Invitatorium. Regem Christum

23*

crucifixum . . . Hymnus. In passione Domini — in aspero patibulo. *Officium per omnes horas, psalmi, hymni.* — *f. 177 vacuum.*

f. 178. Incipit officium defunctorum. Ad uesperas. Ant. Placebo . . . *Psalmi, novem lectiones, orationes.* — *f. 236' vacuum.*

f. 237. Incipiunt psalmi graduales. Absolute incipit. ps. Domine, cum tribularer . . . *Post quinos psalmos preces et orationes.*

f. 253'. Symbolum Athanasii. Quicumque . . . — *f. 259'.* Oratio s. Gregorii. Domine Iesu Christe . . . *cum indulgentia.* — Ave sanctissima Maria . . . *Precatio.* — *f. 262' vacuum.*

f. 263. Incipit officium sancti Spiritus. Ad matutinum . . . Hymnus. Nobis sancti Spiritus . . . *Officium per omnes horas.*

f. 271. Oratio s. Anselmi. Domine Deus meus, si feci . . . — *f. 272'.* Versus s. Bernardi. Illumina oculos meos . . . — *f. 277', 278 vacua.*

Pict. miniat. color. et inaurat. fig. flor. — *f. 1. Insigne Urbani papae VII, man. rec. additum.*

35. **Horae canonicae.**

Vatican. 6259. membr. 256 f. 123 × 90 mm. saec. XV.

f. 1. Kalendarium. Ind. cal. Inter sanctos: Febr. Giliberti. Iul. Quirici et Iulitte, Christine, Pastoris. Aug. Iustini, Lodovici ep. Sept. Eufemie, Lucie et Geminiani. Oct. Reparate, Dionysii et soc., Cerboni. Nov. Leonardi conf. Dec. Secunde, Candide.

f. 7. Incipit offitium beate Marie uirginis secundum consuetudinem Romane curie. Ad matutinum . . . Inuitatorium. Aue Maria . . . *Officium per omnes horas.* lect. I(—III). In omnibus requiem — suauitatem odoris. — *f. 70'.* Psalmi die Martis et Veneris. — *f. 76.* Psalmi die Mercurii et die sabbati. — *f. 36, 42, 48, 63 vacua.*

f. 80'. Sabbato ante aduentum mutatur officium sancte Marie . . . ad uesperas . . . ant. Missus est . . . *Proprium adventus.* — *f. 81 vacuum.*

f. 90'. Nota, quod a prima die post octauam natiuitatis Domini usque ad purificationem . . . ant. O admirabile commercium . . . *Proprium, rubricae de tempore paschali et* — *f. 93.* Regina celi. — *f. 93', 94 vacua.*

f. 95. Incipit offitium in agenda mortuorum. Ad uesperas . . . ant. Placebo . . . Ps. Dilexi . . . *Officium defunctorum, psalmi, novem lectiones.* — *f. 137 vacuum.*

f. 153. Incipit offitium Crucis paruum, compilatum a domino *(deest nomen)* pp. uigesimo secundo . . . ant. Adoramus te, Domine Iesu Christe . . . Ad matutinum ymnus. Patris sapientia . . . *Officium per omnes horas.*

f. 157. Incipit officium Crucis et passionis Domini nostri Iesu Christi . . . Per signum crucis . . . Inuitatorium. Regem Christum crucifixum . . . *Officium per omnes horas, hymni,* lect. I(—III). In illo tempore orante Iesu in orto

— tradidit spiritum. — *f.* 190. Oratio pro parentibus mortuis. — *f.* 158, 171′, 186, 190′, 191 *vacua.*

f. 192. Incipiunt VII psalmi penitentiales. Ant. Ne reminiscaris. Ps. Domine, ne in furore tuo . . . — *f.* 206. *Litaniae, preces, orationes.* — *f. 216 vacuum.*

f. 217. Incipit officium de Spiritu sancto. Domine, labia mea . . . Inuitatorium. Spiritum paraclitum . . . Hymnus. Veni creator Spiritus . . . *Officium per omnes horas, psalmi, hymni,* lect. I(—III). Spiritus sapiencie et discipline — uenio ad uos.

f. 236′. Incipiunt psalmi graduales, qui hoc modo . . . ℣. Requiem eternam . . . *Initia psalmorum, ps. 131, ps. 132, rubricae, preces, orationes.*

f. 240′. Versiculi s. Bernardi . . . Illumina oculos . . . — *f.* 241′. Missa in honore b. M. V. Rorate celi . . . *Totum officium.* — *f.* 246. *Gloria in excelsis de B. M. V., precationes.* — *f.* 251′. Hos versus promisit s. Thomas de Aquino instante suo obitu ante sumptionem corporis Domini nostri Iesu Christi. Adoro te devote — munda tuo sanguine pretioso. Amen.

Pict. miniat. color. et inaurat. flor. — Picturae tabulares: — f. 36′. Pastores et angeli. — f. 42′. Tres magi puerum Iesum adorantes. — f. 48′. Circumcisio D. N. I. Chr. — f. 63′. Iudicium Salomonis. (Caedes Innocentium Bethlehemitica?) — f. 81′. Visitatio B. M. V. — f. 94′. Officium mortuorum in ecclesia celebratur. — f. 137′. Homo mortuus sepelitur. — f. 158′. Pedes Domini a Maria Magdalena lavantur. — f. 171. Christus illuditur. — f. 186′. Christi corpus de cruce desumitur. — f. 191′. Christus Mariae Magdalenae apparens. — f. 216′. Christus iudex mundi.

36. **Horae canonicae.**

Vatican. 7823. membr. 204 f. 95 × 68 mm. saec. XV.

f. 1. [allelu]ya. Inuitatorium. Ave Maria, gratia plena . . . *Officium B. M. V. per omnes horas, psalmi, hymni,* lect. I(—III). In omnibus requiem — suauitatem odoris. — *f.* 11. Psalmi die Martis et Ueneris, — *f.* 18. die Mercurii et sabbati.

f. 82. Notandum, quod sabbato ante aduentum Domini . . . ad vesperas . . . Ant. Missus est . . . *Officii B. M. V. proprium tempore adventus.*

f. 109. Post uigiliam natalis Domini dicitur officium . . . Ad laudes ant. O admirabile commercium . . . *Officii B. M. V. proprium a nativitate Domini usque ad purificationem. — f.* 111. *Rubrica de tempore paschali et* Regina celi.

f. 112. miseretur. Custodiens paruulos . . . *Ps. 114, 5 vesperarum. Officium defunctorum, psalmi, novem lectiones, orationes.*

f. 172'. Incipiunt septem psalmi penitentiales. Ant. Ne reminiscaris. ps. Domine, ne in furore . . . — *f.* 189'. *Litaniae, preces, orationes. Inter sanctos:* Christofore, Iustina, Petronila, Barbara, Helisabeth. *al. man.:* Oratio pro defuncta femina. Responsorium: Libera me.

f. 203. *al. man.* Iste liber est mei Marci de Iacobo (?) Casertiniensi (?) de Garsiaro (?) et suorum amicorum. — *f.* 204 *vacuum.*

Miniat. color. et inaurat. — *f. 28. Littera D.*

37. **Horae canonicae.**

Vatican. 7825. membr. I + 175 f., f. 176—178 chart. 96×70 mm. saec. XV.

f. I. S. Gio. anti tauola. — *f.* I' *vacuum.*

f. 1. *Kalendarium. Ind. cal. Inter sanctos:* Mart. Longini m., Eugenie v. Iul. Nicostrati m., Quirici et Iulitte, Christine v. m. Aug. Iustini presb., Eusebii, Rochi, Lodouici ep., Eufemie *et sancti eremitarum s. Augustini.*

f. 15'. Decem precepta legis. — *f.* 16' *vacua.*

f. 17. Incipit offitium beate Marie uirginis secundum consuetudinem Romanam. Domine, labia mea . . . Inuitatorium. Aue Maria gratia plena . . . *Officium per omnes horas, psalmi, hymni,* lect. I(—III). In omnibus requiem — suauitatem odoris. — *f.* 72. Psalmi die Martis et die Veneris. — *f.* 77. Psalmi die Mercurii et die sabbati.

f. 82. Ad uesperas primi sabbati de aduentu usque ad uigiliam natiuitatis Domini agitur officium . . . ant. Missus est . . . *Proprium.*

f. 89'. Notandum, quod a uigilia natiuitatis Domini usque ad purificationem . . . Ant. O admirabile commercium . . . *Proprium, in fine:* Regina celi. — *f.* 91'. Missa sancte Marie. Salue sancta parens . . . *Totum officium.*

f. 95. Incipiunt septem psalmi penitentiales. ant. Ne reminiscaris. Domine, ne in furore . . . — *f.* 108'. *Litaniae, preces, orationes.*

f. 122. Incipit officium mortuorum. Ad uesperas. ant. Placebo. Dillexi . . . *Officium defunctorum, psalmi prioribus in officiis non scripti, novem lectiones, orationes.*

f. 165'. Incipit officium sancte Crucis. Ad matutinum versus. Domine, labia mea . . . hymnus. Patris sapientia . . . *Officium per omnes horas.*

f. 170'. Incipit officium s. Spiritus. Ad matutinum versus. Domine, labia mea . . . Hymnus. Nobis sancti Spiritus . . . *Officium per omnes horas.*

f. 176'. *Initium litaniarum B. M. V.* — *f.* 177, 178 *vacua.* — *f.* 178'. 1639 Hieronym. Sanseuerini.

Pict. miniat. color. et inaurat. flor.

38. Horae canonicae.

Vatican. 9231. membr. 198 f. 156 × 112 mm. saec. XV.

f. 1. Ianuier. *Kalendarium lingua Francogallica conscriptum.*

f. 13. In principio erat verbum . . . *Ioa. 1, 1—13, versus, responsorium, oratio.* — *f.* 15. *Luc. 1, 26—38, oratio.* — *f.* 17. *Matth. 2, 1—12, oratio.* — *f.* 18'. *Marc. 16, 14—20, oratio.* — Obsecro te . . . *Precationes ad B. M. V.*

f. 28. [con]fessione et in psalmis . . . *Ps. 94, 2. Hymnus:* O quam gloriosa . . . *Officium B. M. V. per omnes horas, psalmi, hymni*, lect. I(—III). Surge beatissima — advenisse salutem; lect. IV(—VI). Sancta Maria virgo virginum — sine tempore; *rhythmice;* lect. VII(—IX). Beata Maria, quis tibi digne — proferre mundi. — *f.* 93. *Deest laudum initium.*

f. 103. meo, lauabo per singulas noctes . . . *Ps. 6, 7. Septem psalmi poenitentiales, litaniae, orationes. Inter sanctos:* Dionysi, Christophore, Marcelle, Leonarde, Guillerme, Columba, Genovefa.

f. 121. Domine, labia mea aperies . . . ymnus. Patris sapientia . . . *Officium s. Crucis per omnes horas.*

f. 129'. Domine, labia mea aperies . . . ymnus. Nobis sancti Spiritus . . . *Officium de s. Spiritu per omnes horas.*

f. 136'. Ant. Placebo. Ps. Dilexi . . . *Officium defunctorum, novem lectiones, orationes.*

f. 188. qui portastes nostre sire . . . *Precationes lingua Francogallica conscriptae.* — *f.* 197'. *man. saec. XVII.* Commemoratio s. Iosephi. O beati viri Ioseph . . . — *f.* 198 *vacuum.* — *f.* 198'. *al. man. saec. XVII. Precationes lingua Francogallica scriptae; desinunt in:* grace inuincible.

Maiores litterae initiales et picturae desectae.

Pict. miniat. color. et inaurat. flor.

39. Horae canonicae.

Vatican. 9488. membr. 181 × 130 mm. saec. XV.

Folia litteris aureis et argenteis conscripta colore, ut videtur, purpureo ita sunt laesa, ut sola fragmenta supersint. Inerant:

Kalendarium. Inter sanctos litteris aureis: Iuli. Benedicti. Oct. Dionysii, Donatiani. Dec. Nichasii et soc. *Litteris argenteis:* Aug. Translatio Donatiani.

Horae s. Crucis. — Horae de Spiritu sancto. — Missa B. M. V. — Ioa. 1, 1—13; Luc. 1, 26—38; Matth. 2, 1—12; Marc. 16, 14—20. Obsecro te . . . *et aliae precationes de B. M. V. — Officium B. M. V. secundum consuetudinem Romanae ecclesiae. — Septem psalmi poenitentiales, litaniae. Inter sanctos:* Quirtine, Liuine, Christophore, Dionysi cum soc.,

Mauriti cum soc., Amande, Vedaste, Remigi, Eligi, Egidi, Audomare, Bertine, Winnoce, Ludovice, Bavo, Leonarde, Helena, Christina, Amelberga, Walburga, Dorothea, Dimpna, Citta, Appollonia, Gertrudis, Aldegundis, Fides, Spes, Caritas. — *Officium defunctorum.*

Margines pict. flor. distincti.

40. Horae canonicae.

Vatican. 9497. membr. 120 f. 127×86 mm. saec. XV.

f. 1. Incipiunt septem psalmi penitentiales. ant. Ne reminiscaris, Domine. ps. Domine, ne in furore tuo ... — *f.* 18. *Litaniae, preces, orationes. Inter sanctos:* Nicolae, Zenobi. — *f.* 32' *vacuum.*

f. 33. Incipit officium in agenda mortuorum. Ad uesperas. ant. Placebo Domino. ps. Dilexi ... *Totum officium defunctorum, novem lectiones, orationes.*

f. 97. Incipiunt psalmi graduales. ps. David. Domine, cum tribularer ... *Post quinos psalmos preces et orationes.* — *f.* 108. Ps. De profundis ... et ps. Domine, non est exaltatum ... require in completorio B. M. V., *quod in codice non inest.* — *f.* 112 *vacuum.*

f. 113. Incipit officium paruum sancte Crucis. Ad matutinum. ant. Adoramus te, Christe, et benedicimus ... hympnus. Patris sapientia ... *Officium per omnes horas.* — *f.* 119', 120 *vacua.*

Pict. miniat. color. et inaurat. fig. flor.

41. Horae canonicae.

Vatican. 10208. membr. 183 f. 127×93 mm. saec. XV.

In folio praeligato chart.: Pio nono alla biblioteca Vaticana 16. Giugno 1877.

f. 1. *Kalendarium. Ind. cal., mensis Iulius ante mensem Iunium positus. Inter sanctos:* Ian. Christofori. Mart. Albini, Martiani, Secundi. Mai. Maurelii, Siri ep. Iul. Oldoricii, Quintini, Iusti et Rufine. Iun. Arthemii et Candide, Iuliani m. Aug. Helene. Sept. Eufemie. Oct. Geraldi. Nov. Leonardi.

f. 14. Incipiunt psalmi graduales, qui dicuntur ante matutinum beate uirginis. Ps. Ad Dominum, cum tribularer ... *Post quinos psalmos preces et orationes.* — *f.* 24' *vacuum.*

f. 25. Incipit offitium beatissime uirginis secundum usum Romane curie. Ad matutinum. Versus. Domine, labia mea ... Inuitatorium. Aue Maria ... *Officium per omnes horas, psalmi, hymni,* lect. I(—III). In omnibus requiem — suauitatem odoris. — *f.* 74. Psalmi die Martis et Ueneris, — *f.* 77'. die Mercurii et sabbati.

f. 81'. Ad uesperas primi sabbati de aduentu usque ad natiuitatis . . . ad uesperas ant. Missus est . . . *Proprium temporis adventus.*

f. 89. A natiuitate Domini usque ad purificationem fit offitium . . . Oratio. Deus, qui salutis . . . *Proprium temporis nativitatis, rubrica de tempore paschali et* Regina celi. — *f.* 91'. Alma redemptoris mater . . . *Antiphona de B. M. V. et oratio.*

f. 93. *Versiculi s. Gregorii et orationes ad honorem quinque vulnerum D. N. I. Chr.*

f. 95'. Incipiunt septem psalmi penitentiales. ant. Ne reminiscaris. Ps. Domine, ne in furore tuo . . . — *f.* 106. *Litaniae, preces, orationes. Inter sanctos:* Maurili. — *f.* 115' *vacuum.*

f. 116. Incipit offitium sanctissime Crucis. Ad matutinum. Versus. Domine, labia mea . . . Ant. Adoramus te, Christe . . . ymnus. Patris sapientia . . . *Officium per omnes horas.*

f. 121. Incipit offitium s. Spiritus. Ad matutinum . . . Versus. Domine, labia mea . . . ymnus. Nobis sancti Spiritus . . . *Officium per omnes horas.*

f. 125'. Incipit missa uirginis Marie. Introitus. Salue parens . . . *Totum officium, Gloria in excelsis, Credo in unum Deum.* — *f.* 129'. Quicumque . . ., *symbolum.* — *f.* 133, 134 *vacua.*

f. 135. Incipit offitium mortuorum secundum usum Romane curie. Ad uesperas ant. Placebo . . . Ps. Dilexi . . . *Totum officium defunctorum, psalmi, novem lectiones, orationes.* — *f.* 179. *Precationes.* — *f.* 181'. Ave regina celorum . . . *Antiphona de B. M. V. et oratio.* — *f.* 182', 183 *vacua.*

Pict. miniat. color. et inaurat., margines flor. distincti. — *f. 25. Insigne.*

42. **Horae canonicae.**

Vatican. 10210. membr. 236 f. 109 × 80 mm. saec. XV.

f. 1. *Kalendarium. Ind. cal. Signa orbis picta.* — *f.* 1'. II Kal. Febr. Translatio s. Marci. — *f.* 13 *vacuum.*

f. 14. Salutatio beate Veronice. Salue sancta facies . . ., *rhythmice, antiphona, versus, responsorium, oratio.* — *f.* 16 *vacuum.*

f. 17. Incipit offitium de s. Cruce. Ad matutinas. Domine, labia mea . . . hympnus. Patris sapientia . . . *Officium per omnes horas.* — *f.* 25 *vacuum.*

f. 26. Offitium de s. Spiritu. Domine, labia mea . . . hympnus. Nobis sancti Spiritus . . . *Officium per omnes horas.* — *f.* 32', 33, 34 *vacua.*

f. 35. Missa beate Marie uirginis. Salue sancta parens . . . *Totum officium, Gloria in excelsis, Credo in unum Deum.* — *f.* 41. *Ioa. 1, 1—13.* — *f.* 43. *Luc. 1, 26—38.* — *f.* 45. *Matth. 2, 1—12.* — *f.* 47. *Marc. 16, 14—20.* — *f.* 48', 49 *vacua.*

f. 50. Offitium beate Marie uirginis secundum consuetudinem Romane curie. Ad matutinas. Domine, labia mea . . . Inuitatorium. Aue Maria . . .

Officium per omnes horas, psalmi, hymni, lect. I(—III). In omnibus requiem — suauitatem odoris. — *f.* 58. Psalmi die Martis et Veneris, — *f.* 63. die Mercurii et sabbati. — *f.* 72', 73, 87, 88, 94', 95, 101', 102, 108, 109, 115', 116, 125, 126, 132', 133 *vacua*.

f. 134. Ad uesperas primi sabbati de aduentu usque ad uigiliam natiuitatis . . . Ant. Missus est . . . *Proprium temporis adventus.*

f. 141'. Notandum, quod a uigilia natiuitatis Domini usque ad purificationem . . . O admirabile commercium . . . *Proprium temporis nativitatis, rubrica de tempore paschali et* Regina celi. — *f.* 144, 145 *vacua*.

f. 166. Incipiunt septem psalmi penitentiales. ant. Ne reminiscaris. Ps. David. Domine, ne in furore . . . *Litaniae, preces, orationes. Inter sanctos:* Ludovice, Iuliane, Genofeva. — *f.* 170 *vacua*.

f. 171. Incipiunt uigilie mortuorum. Ant. Placebo. Dilexi . . . *Totum officium defunctorum, novem lectiones, orationes.*

f. 223. Oratio deuota de domina nostra. Obsecro te . . . — O intemerata . . . *Precationes, memoriae angeli et sanctorum; complures antiphonae rhythmicae.* — *f.* 230', 236 *vacua*.

Pict. miniat. color. et inaurat., margines picti. Picturae tabulares: — *f. 13'. Christus salvator mundi.* — *f. 16'. Christus inter latrones crucifixus.* — *f. 25'. Effusio s. Spiritus.* — *f. 34'. Maria puerum Iesum tenens.* — *f. 49'. Annuntiatio B. M. V.* — *f. 73'. Visitatio B. M. V.* — *f. 88'. Nativitas D. N. I. Chr.* — *f. 95'. Pastores ad Bethlehem vigilantes.* — *f. 102'. Tres magi puerum Iesum adorantes.* — *f. 109'. Purificatio B. M. V.* — *f. 115'. Caedes Innocentium.* — *f. 126'. Fuga in Aegyptum facta.* — *f. 133'. B. M. V. in coelis coronatur.* — *f. 145. David rex orans.* — *f. 170'. Homo iustus moriens.*

In tegumento anteriore scida typis scripta: Donum Pii IX.

43. **Horae canonicae.**

Vatican. 10211. membr. 223 + 1 f. 108 × 75 mm. saec. XV.

f. 1. *Kalendarium. Ind. cal. Inter sanctos:* Febr. Waldetrudis, Amandi, Vedasti. Apr. Benedicti abb. Mai. Germani. Iun. Eligii ep. conf. *r.* Iul. Benedicti abb., septem dormientium, Germani. Sept. Bertini abb., Eufemie. Oct. Dionysii *r.*, Donatiani, Quintini. Dec. Eligii ep. conf. *r.*, Nichasii ep. *r.*

f. 13. Incipiunt hore sancte Crucis. Domine, labia mea . . . ymnus. Patris sapientia . . . *Officium per omnes horas.*

f. 20. Incipiunt hore de s. Spiritu. Domine, labia mea . . . ymnus. Nobis sancti Spiritus . . . *Officium per omnes horas.*

f. 26. Incipit missa beate Marie virginis. Et introibo ad altare . . . Introitus. Salue sancta parens . . . *Totum officium, Gloria in excelsis, Credo in unum Deum.* — *f. 31'. Ioa. 1, 1—13.* — *f.* 33. *Luc. 1, 26—38.* — *f. 34'. Matth. 2, 1—12.* — *f.* 36. *Marc. 16, 14—20.*

f. 37. Incipiunt hore beate Marie virginis secundum vsum Romanum. Ad matutinas. Domine, labia mea... Inuitatorium. Aue Maria... *Officium B. M. V. per omnes horas, psalmi, hymni, tres lectiones.* — *f.* 43. Psalmi diebus Martis et Veneris, — *f.* 46'. diebus Mercurii et sabbati; *commemorationes sanctorum.*

f. 93. Incipiunt hore beate Marie virginis, quod dicitur per totum aduentum. ad vesperas. Deus, in adiutorium... Ant. Missus est... *Proprium temporis adventus.*

f. 99. Nota ab octauis natiuitatis Domini usque ad festum purificationis... ant. O admirabile commercium... *Proprium temporis nativitatis.* — *f.* 101. *Rubrica de tempore paschali et* Regina celi. — *f.* 101' *vacuum.*

f. 102. Ad honorem beate Marie virginis. Obsecro te domina... *Precationes.* — *f.* 106' *vacuum.* — *f.* 107. O intemerata...

f. 110. Incipiunt septem psalmi penitentiales. Domine, ne in furore... — *f.* 121. *Litaniae, preces, orationes. Inter sanctos:* Lupe, Christofore, Nichasi cum soc., Dionysi cum soc., Leonarde, Ludovice, Eligi, Egidi, Bertine, Amande.

f. 131. Incipiunt vigilie mortuorum. ant. Placebo. Ps. Dilexi... *Totum officium defunctorum, psalmi, novem lectiones, orationes.*

f. 172. Incipiunt commendaciones animarum. Subuenite sancti Dei... *f.* 183' *vacuum.*

f. 183a. *Psalterium s. Hieronymi abbreviatum, precationes s. Augustini, s. Thomae Aquinatis, aliae.* — *f.* 209' *vacuum.* — *f.* 212'. Adoro te devote... — *f.* 214'. Octo versus s. Bernardi. — *f.* 215'. Canticum s. Anastasii. Quicumque. — *f.* 219', 220—223 *vacua.*

Miniat. color. et inaurat., margines flor. distincti.

44. **Horae canonicae.**

Vatican. 3780. membr. II+224+1 f. 109×75 mm. 1479.

f. I. orationem meam suscepit. Erubescant et conturbentur... *Partes ps. 6 et 5 al. man.* — *f.* I', II *vacua.*

f. 1. *Kalendarium. Ind. cal. Inter sanctos:* Febr. Brigide, Amandi et Nestadi (?) *r.*, Augustini ep. Mart. Adriani m., Romani ep. Apr. Riccardi ep., Alphegi. Iul. Translatio s. Thome *r.* Sept. Bertini abb., Lamberti. Oct. Remigii et Bauonis *r.*, Fidis v., Dionysii cum soc. *r.*, Donaciani ep. *r.* Nov. Leonardi, Livini ep. Dec. Eligii *r.*, Nichasii *r.*, Thome archiep. *r.*

f. 13. Per sapeire semper, quando la luna debe fare..., *praeceptum de paschate inveniendo, tabula ab anno 1479 usque ad annum 1490.*

f. 15'. Domine, labia mea... Inuitatorium. Aue Maria... ymnus. Quem terra... *Officium B. M. V. per omnes horas, psalmi, hymni,* lect. I(—III). In omnibus requiem — suauitatis odorem. — *f.* 21'. Psalmi fer. Iouis et

Veneris, — *f.* 26. fer. Mercurii et sabbati. — *f.* 78. *Officii proprium ab aduentu usque ad dom. in septuagesima,* — *f.* 84. *ab octava nativitatis usque ad festum purificationis.* — *f.* 85'. Regina celi *temporis paschalis.* — *f.* 56 *al. man.* — *f.* 45', 86' *vacua.*

f. 87'. VII psalmi. ant. Ne reminiscaris. Domine, ne in furore . . . *et litaniae, preces, orationes. Inter sanctos:* Amante, Donate, Blasii, Remigi, Nestade, Eligi, Amelberga.

f. 108'. Veni creator Spiritus . . . , oratio de s. angelo custode, oratio surgendo de lecto.

f. 111. Ant. Placebo. ps. Dilexi, quoniam . . . *Officium defunctorum, psalmi, novem lectiones, orationes.*

f. 157. [De s.] Cruce. Domine, labia mea . . . Patris sapientia . . . *Officium s. Crucis per omnes horas.* — *f.* 161' *vacuum.*

f. 162'. [De] sancto Spiritu. Domine, labia mea . . . Nobis sancti Spiritus . . . *Officium de s. Spiritu per omnes horas.* — *f.* 165' *vacuum.*

f. 167. archangelum annunciatus . . . *Precatio ad B. M. V., deest initium.* — *f.* 170'. Missa beate Marie. Introitus. Salue sancta parens . . . *et partes ordinis missae.* — *f.* 176'. Initium evangelii Iohannis 1, 1—13; *Luc. 1, 26—38; Matth. 2, 1—12; Marc. 16, 14—20. — Antiphonae sanctorum:* — *f.* 188'. Christofori, *deleta,* — *f.* 191'. Raphaelis, — *f.* 192'. Catharinae, *psalmi.* — *f.* 221'. Versus s. Bernardi. — *f.* 185, *post* — *f.* 187 *unum folium,* — *f.* 193' *et duo folia,* — *f.* 216, 223', 224 *vacua.*

Picturae tabulares: — *f.* 15. *Annuntiatio B. M. V.* — *f.* 34. *Visitatio B. M. V.* — *f.* 46. *Nativitas D. N. I. Chr.* — *f.* 51. *Pastores apud Bethlehem vigilantes.* — *f.* 60. *Circumcisio D. N. I. Chr.* — *f.* 64. *Pueri Iesu et parentum in Aegyptum fuga.* — *f.* 72. *Assumptio B. M. V.* — *f.* 78. *B. M. V. orans.* — *f.* 87. *David rex orans.* — *f.* 111. *Homo mortuus sepelitur.* — *f.* 158. *Christus crucifixus.* — *f.* 162. *Effusio s. Spiritus. f.* 166. *B. M. V. puerum Iesum tenens.* — *f.* 186. *S. Ioannes baptista.* — *f.* 188. *S. Christophorus.* — *f.* 191. *S. Raphael archangelus et Tobias.* — *f.* 198. *S. Augustinus.* — *f.* 15. *Insigne.*

45. **Horae canonicae.**

Regin. 162. membr. 121 f. 118 × 87 mm. saec. XV. XVI.

f. 1. Volumen XVI. Non Pet. Bourdelot. Nro. 16. N. Pet.
Kalendarium. Ind. astr. et cal. man. rec. Nonnulla man. rec. addita. Inter sanctos: Ian. Genovefae, Mauri abb., Emerentiane, Iuliani ep., Batildis. Febr. Gilbert, Fulcramni. Mart. Albini, Adriani, Longini, Quintini, Apr. Eufemie, Isidori, Sigismundi. Mai. Floriani, Gothard, Isidorii, translatio s. Bern., Helene, Iuliane v., translatio s. Francisci (?). Iun. Ragneberte, *man. rec.,* Albani, *man. rec.* Iul. Rufine, Victoris, Germani. Aug. Rochonis,

Ludovici ep., Ludovici regis. Sept. Eugenii, Eufemiae, Mauricii. Oct. Fidis, Dionysii. Nov. Amati, Leonardi. Dec. Barbare, Eulalie, Lazari ep.

f. 13. Domine, labia mea . . . Vitatorium. Aue Maria . . . *Officium B. M. V. per omnes horas, psalmi, hymni,* lect. I(—III). In omnibus requiem — suauitatem odoris, *commemorationes sanctorum.*

f. 50. Ad vesperas ant. Missus est angelus . . . *Officii B. M. V. proprium tempore adventus.*

f. 54. Ad laudes et ad omnes horas ant. O admirabile commercium . . . *Officii B. M. V. proprium ab octava nativitatis Domini usque ad puri-ficationem.* — *f.* 55. Regina coeli . . . *temporis paschalis.*

f. 55. Sequitur officium mortuorum. Vitatorium. Regem, cui . . . *Totum officium defunctorum, psalmi, novem lectiones, oratio, vesperae in fine.*

f. 77'. Psalmus. Domine, ne in furore . . . *Septem psalmi poenitentiales litaniae, orationes. In litaniis plurimi sancti Francogallici.*

f. 92'. Obsecro te . . . *Precationes.*

f. 99. Incipit officium sancte Crucis . . . hymnus. Patris sapientia . . . *Officium per omnes horas.*

f. 100'. Officium sancti Spiritus . . . Versus. Sancti Spiritus absit nobis gratia. Amen. Nobis sancti Spiritus . . . *Officium per omnes horas.*

f. 102'. Incipit officium beate Catherine virginis et martiris ant. Deprecare regem coeli . . . hymnus. Castitatis lilium . . . *Officium rhythmicum.*

f. 106. Si sen suyuent beaucoulpes de belles salutations a la benoyte virge Marie et au pretieulx saint suayre. *man. rec.* — *f.* 106'. Aue sydus . . . *Probatio pennae.* — *f.* 107'. Aue sydus, lux dierum — sempiterna secula. *Rhythmi.* — *f.* 110. Oratio sancti sudarii. — *Eadem man., qua kalendarium:* Alma redemptoris mater . . ., Aue regina celorum . . . *Antiphonae B. M. V., precationes,* Stabat mater . . . *cum oratione.*

46. Horae canonicae.

Vatican. 9221. membr. 221 f. 101 × 76 mm. saec. XV. XVI.

f. 1. *Kalendarium. Ind. cal. Inter sanctos:* Ian. Antonii abb. *r.* Febr. Blasii *r.,* Gaudentii ep. Verone. Apr. Euphemie v. *r.,* Helene v., Apollonii m. Mai. Gotardi ep., Bernardi conf. *r.* Iun. Herasmi. Aug. Ludovici ep., Augustini ep. *r.* Sept. Rose v., Euphemie v. Nov. Leonardi, Galli. Dec. Zenonis ep. *r.*

f. 12. Incipit officium beate uirginis Marie secundum curiam Romanam. Ad matutinum. Versus. Domine, labia mea . . . Inuitatorium. Aue Maria . . . *Officium per omnes horas, psalmi, hymni,* lect. I(—III). In omnibus requiem — suauitatem odoris.

f. 44'. *Post laudes:* Incipit officium sanctissime Crucis editum per papam Iohannem XXII. ant. Adoramus te, Iesu Christe . . . ymnus. Patris sapientia . . . *Item post singulas officii B. M. V. horas.*

f. 96. Tres psalmi die Martis et Veneris, — *f.* 102. die Mercurii et sabbati *in matutino officii B. M. V. dicendi.*

f. 107'. Sabbato ante primam dominicam de aduentu mutatur officium . . . Ant. Missus est . . . *Proprium officii B. M. V. tempore adventus.*

f. 116. Istud officium mutatur ab octaua natiuitatis Domini usque ad purificationem . . . O admirabile commercium. *Proprium.* — *f.* 118'. *Rubricae de tempore paschali et* Regina celi. — *f.* 119' *vacuum.*

f. 120. Incipiunt septem psalmi penitentiales. ant. Ne reminiscaris. ps. Dauid. Domine, ne in furore . . . — *f.* 136'. *Litaniae, preces, orationes.*

f. 151. Incipit officium de Spiritu sancto. Ad matutinum. ℣. Domine, labia mea . . . Ant. Ueni sancte Spiritus . . . ymnus. Nobis sancti Spiritus gratia . . . *Officium per omnes horas.* — *f.* 157', 158 *vacua.*

f. 160. Incipit officium in agenda mortuorum. Ad uesperas. Ant. Placebo. ps. Dauid. Dilexi, quoniam . . . *Totum officium defunctorum, psalmi, novem lectiones, orationes.*

f. 219'. *man. saec. XVII.* Memento Domine Dauid — tabernaculum Deo Iacob. *Ps. 131.* — *f.* 220. *al. man. usque ad finem psalmi.* — *f.* 221. Oratio ante confessionem. — *f.* 221' *vacuum.* — *Rubricae lingua Italica conscriptae.*

Multae pict. miniat. color. et inaurat. flor. — *f. 12. Insigne.*

47. **Horae canonicae.**

Ottobon. 507. chart. I + 76 f. 162 × 97 mm. saec. XVI.

f. I *scida inserta.* Ex bibliotheca ducum ab Altaemps. N. 6. 69. H B. B.

f. 1. R. 100. 19.

Kalendarium a mense Aprili usque ad Septembrem. Ind. cal., man. rec. nonnulla addita; falso litteris miniatis: Ianuarius, Februarius, Martius *(bis),* Aprilis.

f. 7. in requiem meam . . . *Ps. 94, 11. Officium B. M. V. extra adventum, psalmi, hymni, lectiones.* — *f.* 30. Psalmi die Martis et Ueneris. *f.* 32'. Psalmi die Mercurii et sabbati.

f. 34'. Sabbato ante primam dominicam de aduentu . . . antifana. Missus est . . . *Officii B. M. V. proprium tempore adventus.*

f. 37'. Nota, quod a prima die post octauam natiuitatis . . . antifane. O admirabile commercium . . . *Officii B. M. V. proprium a nativitate Domini usque ad purificationem.*

f. 39. Ne reminiscaris. [D]omine, ne in furore . . . *Septem psalmi poenitentiales, litaniae, preces, orationes. In litaniis inter sanctos:* Mauricii cum sociis suis, Dionisii cum sociis suis, Victor, Iuliane, Iuste, Pastor, Christofore,

Adriane, Pelagi, Marcialis, Ilifonse, Germane, Emiliane, Maure, Eugenia, Eulalia, Marina, Christina, Fides.

f. 52. [D]omine, labia mea . . . [P]atris sapientia . . . *Officium s. Crucis per omnes horas. In fine:* [H]as horas canonicas — in agone.

f. 55. Placebo. [D]ilexi . . . *Totum officium defunctorum, psalmi, novem lectiones, orationes.* — *f.* 70'. *Pictura linearis manu puerili confecta et vocabulum:* Vcello.

f. 71. [A]ue uerum corpus . . . *Precationes ad Iesum dicendae, quo in numero:* Anima Christi . . ., — *f.* 72. *ad B. M. V.* — *f.* 76. [O]bsecro te, beate Sebastiane . . . — *f.* 76. *Scida membr. agglutinata:* Domine, labia mea.

Deficit miniator.

48. **Horae canonicae.**

Ottobon. 577. membr. II+207 f, f. 3—164 typis scripta. 278×185 mm. saec. XVI.

f. I. T I. 23. — *f.* I', II *vacua.*

f. 1. Imp. Caes. Maximilianus Aug. Opt. Maximus librum hunc mihi Chuonrado Peutingero manu sua dono dedit. — *f.* 2 *vacuum.*

f. 3. Oratio ad suum proprium angelum. Deus propitius esto . . . *Precationes.*

f. 42'. Hore intemerate virginis Marie secundum vsum Romane curie. Ad matutinas. Domine, labia mea . . . Invitatorium. Ave Maria, gratia plena . . . *Officium B. M. V. per omnes horas, psalmi, hymni, lectiones.* — *f.* 113. *Officii B. M. V. tempore adventus proprium.* — *f.* 123. *Officii B. M. V. a nativitate Domini usque ad purificationem proprium.*

f. 125'. A quarta feria cinerum usque in cenam Domini . . . canticum graduum. Ad Dominum, cum . . . *Initia psalmorum, post quinos psalmos preces, orationes.*

f. 131'. Incipit officium sanctissime Crucis aut passionis Domini nostri Iesu Christi . . . Inuitatorium. Regem Christum crucifixum . . . Hymnus. In passione Domini . . . *Officium per omnes horas.*

f. 164. Ioannes Schönsperger. Ciuis Augustanus imprimebat. Anno salutis 1514. III Kalendas Ianuarii. — *f.* 164', 165 *vacua.*

f. 166. Hore diui Hieronimi contra inimicos et omnes aduersitates . . . ex psalterio collecte . . . Domine, labia mea . . . Antiphona. Signatum est super nos . . . *Officium per omnes horas et precationes.*

f. 194'. Psalmus Dauid ad salutem veram . . . dicendus. Exaltabo te . . . *et precationes ad tres magos, de s. Nicolao, de s. Claudio.* — *f.* 202'—207 *vacua.*

Pict. magnificae, miniat. color. et inaurat.

49. **Horae canonicae.**

Vatican. 9212. membr. 234 f. 156 × 102 mm. saec. XVI.

f. 1. Ianuier a XXXI iour . . . *Kalendarium lingua Francogallica conscriptum.*

f. 13. Secundum Iohannem. In principio erat verbum . . ., *antiphona et oratio.* — *f.* 15. *Luc. 1, 26—38.* — *f.* 16'. *Matth. 2, 1—12.* — *f.* 18. *Marc. 16, 14—20.* — *f.* 19'. *Precationes ad B. M. V.* — *f.* 29. Passio Domini nostri Iesu Christi secundum Iohannem.

f. 41. Domine, labia mea . . . [Invitatorium.] Aue Maria . . . ymnus. O quam glorifica luce coruscas . . . *Officium B. M. V. per omnes horas, psalmi, hymni,* lect. I(—III). Surge beatissima uirgo — advenisse salutem; lect. IV(—VI). Sancta Maria virgo virginum — sine tempore; *rhythmice;* lect. VII(—IX). O beata Maria, quis tibi — pretium mundi. — *Officium s. Crucis:* Patris sapientia . . . *et s. Spiritus:* Nobis sancti Spiritus . . . *cum singulis officii B. M. V. horis coniuncta.* — *f.* 120' *vacuum.*

f. 121. Domine, ne in furore . . . *Septem psalmi poenitentiales, litaniae, orationes. Inter sanctos litaniarum:* Dionysi cum soc., Mauriti cum soc., Eutropi, Quintine, Nicasi, Marcelle, Eligi, Leobine, Sulpici, Leonarde, Genovefa, Fides, Spes, Karitas; *inter apostolos:* Martialis.

f. 140. Le vigilles des mors. ant. Placebo. Ps. Dilexi . . . *Totum officium defunctorum, novem lectiones, orationes.*

f. 187. De la Trinite. antienne. Te inuocamus . . . *Precationes de ss. Trinitate, de facie Christi,* Stabat mater dolorosa . . ., *antiphonae et precationes de sanctis lingua Francogallica inscriptae.* — *f.* 228' *vacuum.*

f. 234. Ianor, chirurgien major du cardinal de Mazarin *al. man.* — *f.* 234'. Memento verbi tui, seruo tuo donum.

Miniat. color. et inaurat. fig. flor., multae picturae.

50. **Horae canonicae.**

Vatican. 9219. membr. 107 f. 100 × 72 mm. saec. XVI.

f. 1' *vacuum.*

f. 2. *Kalendarium novum. Ind. cal.* 8. Oct. Dedicatio ecclesie s. Marci.

f. 13. Incipit offitium sanctissime Crucis. Ad matutinum . . . hymnus. Patris sapientia . . . *Officium per omnes horas.* Recommendatio *desinit in:* Has horas canonicas cum deuocione.

f. 16. Incipiunt quindecim gradus. ps. Ad Dominum, cum tribularer . . . *Post quinos psalmos preces et orationes.* Oratio. Pretende, Domine, fidelibus . . . *desinit in:* ut te to[to]. — *f.* 19 *vacuum.*

f. 27. Incipit offitium beate Marie uirginis . . . [Invitatorium.] Aue Maria, gratia plena . . . Hymnus. Quem terra . . . *Totum officium, tres psalmi,* lect. I(—III). Sancta Maria virgo virginum — sine tempore; *rhythmice.*

f. 50. Kyrieleyson . . . *Litaniae, preces, orationes.* — *f.* 55. *Orationes ante et post communionem dicendae.*

f. 41. [aggre]gentur consortio. Oratio. Deus uenie largitor . . . *Orationes vesperarum defunctorum.* — *f.* 41'. *Officii defunctorum matutinum; noct. I, ps. 5 desinit in:* Deus uolens. — *f.* 98. *Noct. II et III, ps. 40 desinit* — *f.* 105'. *in:* uerbum iniquum constitue[runt].

f. 106. animam meam humiliavit in terram — servus tuus sum. *Ps. 142, 3—12.* Ant. Ne reminiscaris . . . *Psalmorum poenitentialium septimus.*

Folia ita disponenda sunt: — *f. 40, 71—97, 42.*

Pict. miniat. color. et inaurat. flor. — *f. 13. Insigne. Picturae tabulares:* — *f. 1. Imago s. Ludovici ep., rec. et agglutinata.* — *f. 49. Missa s. Gregorii, agglutinata.* — *f. 49'. Imagines duorum monachorum, agglutinatae.* — *f. 79'. Visitatio B. M. V.*

51. Horae canonicae.

Vatican. 9495. membr. IX f. + 2—259 p. + 3 f. 171×100 mm. saec. XVI.

f. I. Cal. Martii MDCCCLXIII. Donum Pii IX. Pont. Max. — *f.* I'. *Insigne et:* Ad altiora semper.

f. II. M. Clewaut abt van St. Andries 1790. — Antonio Luiz Gonzaga Moreira. *al. man.* — Ioai Pereira Botelho de Amaral et Pimel. *man. saec. XIX.* — Exercitia quotidiana | pia et Mariana. *Inscriptio man. saec. XIX.* — *f.* II' *vacuum.*

f. III. Aureus numerus . . . *Tabula festorum.*

f. III'. *Kalendarium. Ind. cal. et kalendarium novum. Inter sanctos:* Ian. Gudile virg. *r.,* Aldegundis. Febr. Waldetrudis electe, Polocronii ep., Iuliani m., Romani abb. Mart. Albini ep., Asterii m., Foci et Eusebii mm., Victoris et Victorini, Ludgeri. Apr. Vrsmari. Mai. Walteri abb., Augustini ep. Anglorum, Germani, Huberti ep. Iun. Medardi et Gildardi epp., Iudoci abb., Felicule v., translatio Eligii ep. Iul. Rumoldi m., translatio Gudile, Gordulphi et Monulphi epp., Vulmari conf. Aug. Gaugerici. Sept. Remacli ep., Euorcii ep., Theodardi ep., Lanberti ep. m. Oct. Gerionis et aliorum mm., Gummari mm., Gengulphi ep., Rumoldi ep. Nov. Huberti ep., Willibrordi ep., Liuini. Dec. Autberti ep., Nicasii ep. m. *r.* — *f.* VII. *Nonnulla de diebus post assumptionis B. M. V. lingua Vlamica addita.*

p. 1. Initium evangelii secundum Iohannem . . . In principio . . ., *versus, responsorium, collecta.* — *p. 2. Luc. 1, 26—38.* — *p. 3. Matth. 2, 1—12.* — *p. 5. Marc. 16, 14—20.* — *p.* 6. Passio Domini nostri Iesu Christi secundum Iohannem. — *p.* 16. Orationes Gregoriane dicende ante ymaginem pietatis, quae eidem apparuit . . . *Versiculi s. Gregorii.* — *p.* 18.

man. saec. XVI. Oratio de septem verbis, quae Christus in cruce pendens dixit.

p. 19. Incipiunt hore de sancta Cruce. Ad matutinas. Domine, labia mea... Hymnus. Patris sapientia... *Officium per omnes horas; in fine:* Ant. de s. Cruce. — *p. 24 vacuum.*

p. 25. Domine, labia mea... Inuitatorium. Aue Maria... *Officium B. M. V. per omnes horas, psalmi, hymni,* lect. I(—III). In omnibus requiem — suauitatem odoris. — *p.* 30. Psalmi diebus Martis et Veneris, — *p.* 34. diebus Mercurii et sabbati.

p. 77. Ad uesperas primi sabbati de aduentu usque ad vigiliam nativitatis Domini agitur... ant. Missus est... *Proprium temporis adventus.*

p. 81. Notandum est, quod a vigilia natiuitatis Domini usque ad purificationem beate Marie virginis... ant. O admirabile commercium... *Proprium tempore nativitatis.* — *p.* 83′. *Rubrica de tempore paschali et* Regina celi. — *p.* 84 *vacua.*

p. 85. Incipiunt septem psalmi penitentiales. Antiphona. Ne reminiscaris. ps. Domine, ne in furore... — *p.* 95. *Litaniae, preces, collectae.*

p. 105. Ad vesperas defunctorum. ant. Placebo. ps. Dilexi... *Totum officium, novem lectiones, collectae.* — *p.* 144. Sequentia: Dies irc — requiem.

p. 146. Sequitur oratio sancti Bernardini de dulci nomine Iesu. O bone Iesu... *Precationes.* — *p.* 174. *Commemorationes sanctorum.* — *p.* 192. De s. Guilhelmo conf. — *p.* 200. De s. Gudila v. — *p.* 237. Pro serenissimo et inuictissimo Cesare diuo imperatore Carolo quinto precatio. — *p.* 258 *vacua.* — *p.* 259. Index generalis. *man. rec.*

Miniat. color. et inaurat. fig. flor.. Plurimae picturae.

52. **Horae canonicae.**

Regin. 156. membr. II + 107 f. 178 × 120 mm. 1530.

f. I. Ex libris Silvestri (?) Magatij et amicorum. — *f.* I′ *vacuum.* — *f.* II. 1443. Amo Deum... *Probatio pennae.* — *f.* II′. Nomen, quid est... *Probatio pennae.*

f. 1. Volumen XV. Non Peta. Bourdelot. Num. 15. N. Peta. 1556.

[P]Ater noster..., Aue Maria..., Credo in Deum... — *f.* 1′. Initium s. euangelii secundum Iohannem... In principio... *Antiphona, versus, responsorium, oratio. Item: Luc. 1, 26—38; Matth. 2, 1—12; Marc. 16, 14—20.* — *f.* 5′. Passio Domini nostri Iesu Christi secundum Iohannem. [E]Gressus est — posuerunt Iesum. — *Precationes s. Augustini, Bernardini, Bernardi, aliae.*

f. 14′. Hore beatissime virginis Marie ad vnguem vsus Romani redacte. Ad matutinas ant. Aue Maria... Inuitatorium. Aue Maria... *Officium per omnes horas, psalmi, hymni, lectiones.* — *f.* 27′. Sequuntur hore sancte

Crucis. ant. Salue Crux preciosa ... hymnus. [P]atris sapientia ... *Officium per omnes horas.* — *f.* 28. Sequuntur hore de sancto Spiritu. Antiphona. Veni sancte Spiritus. hymnus. Nobis sancti Spiritus ... *Officium per omnes horas.* — *f.* 50. *Psalmi officii B. M. V. matutinales diebus Martis et Veneris,* — *f.* 52. *diebus Mercurii et sabbati.*

f. 54. Sabbato ante primam dominicam de aduentu ad vesperas. Capitulum. Egredietur virga ... *Proprium officii B. M. V. tempore adventus.*

f. 57. Ad laudes et per horas ant. O admirabile commercium ... *Proprium officii B. M. V. a vigilia nativitatis Domini usque ad purificationem.*

f. 57'. Sequuntur septem psalmi penitentiales secundum vsum Romanum. Antiphona. Ne reminiscaris. [D]omine, ne in furore ..., *litaniae, preces, orationes. In litaniis nominantur inter sanctos:* Bonaventura, Ludovice (ep.), Bernardine, Leonarde.

f. 69'. Incipit officium mortuorum secundum vsum Romanum. Ad vesperas. Ant. Placebo Domino ... *Officium defunctorum, psalmi, novem lectiones, orationes.*

f. 91'. Oratio valde deuota ad beatam virginem Mariam. [O]bsecro te ... *Precationes.* — *f.* 96. Les sept oraysons sainct Gregoire. Domine Iesu Christe, adoro te in cruce pendentem ... *Versiculi s. Gregorii.* — *f.* 97'. *Antiphonae vel suffragia de* ss. Trinitate, de s. Michaele, — *f.* 98. de s. Iohanne baptista, — *f.* 98'. de ss. Petro et Paulo, — *f.* 99. de s. Iacobo apostolo, de s. Stephano, — *f.* 99'. de s. Laurentio, de s. Christoforo, — *f.* 100. de s. Sebastiano, — *f.* 100'. de s. Rocho, — *f.* 101. de s. Nicholao, de s. Claudio, — *f.* 102. de tribus regibus, — *f.* 102'. de s. Anthonio, — *f.* 103. de s. Anna, — 1530. — *f.* 103'. de s. Maria Magdalena, de s. Katherina, — *f.* 104. de s. Margareta, de s. Barbara, — *f.* 104'. de s. Apollonia. — *f.* 105', 106, 107 *vacua.*

Desunt multae litterae fortasse colore caeruleo pingendae.

53. Horae canonicae, hymni, orationes.

Urbin. 476. chart. XV + 325 f. 264 × 211 mm. 1587.

f. I. Offic. | beatae Mariae | virginis. | Reformatum et Pii V. Pont. | Max. iussu editum. Cum indvlgentiis | et Calendario Gregoriano. *Inscriptio.* — *f.* I' *vacuum.* — *f.* II. Ex bulla SS. D. N. papae Pii V. De recitatione officij Beatae Mariae Virginis. Ac ut fidelium omnium — recitantibus conceduntur. *De indulgentiis.*

f. II'. Tabula literarum dominicalium ... Tabella epactarum. De indictione. De anno et eius partibus. De diebus mensium. De numero Nonarum et Iduum. De adventu Domini. De quatuor temporibus. De nuptiis. — *f.* IIII' *vacuum.*

f. V. *Kalendarium. Ind. astr. et cal., kalendarium novum, grad.* — *f.* X. 1583 ... *Ratio calendaris.* — *f.* X'. Tabula inveniendi novilunia horis Italicis 1587—1620. — *f.* XI'. Tabula festorum mobilium 1587—1620.

f. XII. Institutio christiana. Symbolum apostolicum. Oratio dominicalis. Salutatio angelica. Decem Dei praecepta. Septem sacramenta. Virtutes. Dona et fructus s. Spiritus. Praecepta charitatis. Praecepta ecclesiae. Opera misericordiae. Beatitudines. Sensus corporis. Septem peccata capitalia. Quattuor novissima memoranda. — *f.* XV *vacuum*.

f. 1. Officium beatae Mariae dicendum a die post purificationem usque ad vesperas sabbathi ante primam dominicam aduentus. Ad matutinum . . . Inuitatorium. Aue Maria . . . *Officium per omnes horas, psalmi, tres lectiones.* — *f.* 33' *vacuum*.

f. 34. Officium beatae Mariae dicendum a vesperis sabathi ante primam dominicam aduentus usque ad vesperas vigiliae natiuitatis Domini. Ad matutinum . . . Inuitatorium. Aue Maria . . . *Officium per omnes horas, psalmi, hymni, tres lectiones.* — *f.* 63' *vacuum*.

f. 64. Officium beatae Mariae dicendum a vesperis vigiliae natiuitatis Domini usque ad totam diem purificationis . . . Ad matutinum . . . Inuitatorium. Aue Maria . . . *Officium per omnes horas, psalmi, hymni, tres lectiones.*

f. 96. Officium defunctorum. Dicitur integrum . . . Ad vesperas. Antiphona. Placebo . . . *Psalmi, novem lectiones, orationes.*

f. 123. Psalmi graduales. Primi quinque . . . Ad Dominum, cum tribularer . . . *Post quinos psalmos preces et orationes.*

f. 130. Septem psalmi poenitentiales . . . Antiphona. Ne reminiscaris . . . *Litaniae, preces, orationes.* Preces pro diuersitate temporum. Suffragia sanctorum. Orationes diversae.

f. 151. Preces dicendae in principio (et in fine) congregationis. Veni, sancte Spiritus . . .; ad invocandam gratiam Spiritus s., *aliae.*

f. 156. Hymni per totum annum. In dominicis et feriis aduentus Domini . . . Conditor alme . . . *Hymni de tempore, de sanctis, de communi sanctorum, in dedicatione.*

f. 170. Orationes dominicales et feriales cum suis antiphonis et versiculis per annum. Dominica prima aduentus. Antiphona. Ne timeas, Maria . . . *usque ad dom. XXIV post pentecost.* — *f.* 208' *vacuum*.

f. 209. Orationes propriae de sanctis cum suis antiphonis et versiculis. 30. Nouembris. In festo s. Andreae. Antiph. Cvm peruenisset beatus Andreas . . . *usque ad s. Catharinae.* — *f.* 253. Orationes communes de sanctis; in anniversario dedicationis.

f. 261. Officium sanctae Crucis. Ad matutinum. ℣. Per signum Crucis . . . Hymnus. Patris sapientia . . . *Officium per omnes horas.*

f. 268. Officium s. Spiritus. Ad matutinum. ℣. Spiritus sancti gratia . . . Hymnus. Nobis sancti Spiritus . . . *Officium per omnes horas.* — *f.* 272' *vacuum*.

f. 273. Exercitium quotidianum. Cum mane surgis . . . *Precationes; preces cotidianae.* — *f. 301. Passiones Domini quattuor evangelistarum.* — *f. 324′ vacuum.*

f. 325. Index eorum, que in hoc volumine continentur. *Complura atramento corrosa.*

54. Horae canonicae.

Vatican. 9490. membr. I+199 f. 144×97 mm. saec. XVI. XVII.

f. I, 1, 2 vacua.

f. 3. Kalendarium. Ind. cal. Sancti fratrum Minorum.

f. 15. Beate virginis Marie officivm ad matvtinvm. Versus. Domine, labia mea . . . Inuitatorium. Aue Maria . . . *Officium B. M. V. per omnes horas, psalmi, hymni,* lect. I(—III). In omnibus requiem — suauitatem odoris. — *f. 83. Post completorium:* Psalmi pro die Martis et Veneris. — *f. 89.* Psalmi pro die Mercurii et sabbati.

f. 94′. Sabbato ante primam dominicam de aduentu. Ad vesperas antiphona. Missus cst angelus . . . *Officii B. M. V. proprium tempore adventus.*

f. 194′. Nota, quod a prima die post octauam natiuitatis Domini usque ad purificationem . . . Antiphona. O admirabile commercium . . . *Officii B. M. V. proprium, rubrica de tempore paschali et* Regina celi. — *f.* 108, 109 *vacua.*

f. 110. Incipivnt septem psalmi penitentiales. Antiphona. Ne reminiscaris. Ps. Domine, ne in furore tuo . . ., *litaniae, preces, orationes. Inter sanctos:* Christophore, Georgi, Leonarde, Bernardine, Ursula, Apollonia.

f. 140. Incipit officivm mortvorvm. Ad vesperas. Antiphona. Placebo Domino. Ps. Dilexi, quoniam . . . *Totum officium defunctorum, psalmi, novem lectiones, orationes.* — *f. 192′ vacuum.*

f. 193. Incipit officivm Crucis. Ad matvtinvm. Versus. Domine, labia mea . . . Hymnus. Patris sapientia . . . *Officium per omnes horas.* — *f.* 199 *vacuum.*

A — f. 3 usque ad finem codicis praeter — f. 109 foliis purpureis litterae aureae et argenteae.

Pict. miniat. color. et inaurat., margines arcubus figurisque distincti. — *f. 1′ et 15. Insignia gentis Carafae. Picturae tabulares: — f. 2′. Nativitas D. N. I. Chr. — f. 109′. David rex a duobus angelis servatur.*

55. Horae canonicae Carnotenses.

Regin. 180. membr. II+268 f. 148×110 mm. saec. XV.

f. I. Nr. 14. Non Pet. 1656. 1447. — *f. I′, II vacua.*

f. 1. Oratio de sancto Iohanne. Ecclesiam tuam . . . *Initium orationis, secreta, postcommunio; item pro defunctis orationis et secretae initia, post-*

24**

communio, missarum diversarum et orationum initia et totae orationes, man. saec. XVI. — *f.* 3. De sancta Christi lachrima officium. In lachrima prex omnium . . . *Antiphona rhythmica , versus , responsorium , oratio ; oratio, secreta, postcommunio de s. Benedicto et de s. Lupo, aliis manibus.* — *f.* 4' *vacuum.*

f. 5. Volumen XIIII. N. Peta. Bourdelot. Nro. 14. N. Pet. 1656.

Kalendarium. Ind. astr. et cal. dies Aeg. rubricae. — *f.* 14'. XVI Kal. Nov. Dedicatio ecclesie Carnotensis. — *f.* 15. XVIII Kal. Dec. Comes Drocŭ mortuus fuit.

f. 17. Hore beate Marie secundum usum ecclesie Carnotensis. ad matutinas . . . Inuitatorium. Aue Maria . . . ymnus. Quem terra . . . *Officium B. M. V. per annum, psalmi, hymni, lectiones; proprium officii a nativitate Domini usque ad purificationem.*

f. 52. Dominicis diebus pro viuis et mortuis. Oratio. Omnipotens sempiterne Deus . . .; *secreta , postcommunio. Eadem man., qua —* f. 1 *et* 2. — *f.* 53, 54 *vacua.*

f. 55. Domine, ne in furore . . . *Septem psalmi poenitentiales, litaniae, orationes.*

f. 70. De mortuis ad vesperas antiphona. Placebo Domino . . . *Officium defunctorum, psalmi, novem lectiones, orationes.*

f. 88'. Sequuntur commendationes fidelium defunctorum. Subuenite sancti . . . *Psalmi et orationes.*

f. 104. Quinque gaudia beate Marie uirginis. Gaude uirgo, mater Christi . . . *Rhythmi, versus, responsorium, oratio.*

f. 104'. De sancto Georgio antiphona. Georgi martir inclite . . . *Memoriae vel suffragia sanctorum et commemorationes festorum Domini; complures antiphonae rhythmicae.* — Oratio ad beatum Paulum : O magne sancte Paule . . .

f. 135. Prefacio de natiuitate Domini. Eterne Deus . . . *Praefationes festivae et communis litteris maioribus scriptae.* — *f.* 142' *vacuum.*

f. 143. Te igitur . . . *Canon missae,* Gloria in excelsis, Credo, *litteris maioribus scripta.*

f. 155. Sequuntur hore sancte Katherine . . . Domine, labia mea . . . (hymnus.) Artes docta, regis nata . . . *Officium per omnes horas. In fine :* Oratio continens totam uitam eius sub breuibus, *aliae precationes.*

f. 169. Psalterium a beato Ieronimo angelo dictante conscriptum. Verba mea auribus percipe . . . *et oratio; lectiones evangeliorum Ioa. 19, 1 et q. s.; Ioa. 1, 1—12; Luc. 1, 26—38; Luc. 1, 39—46; Luc. 2, 21; Luc. 11, 27. 28; Matth. 2, 1—12; Marc. 16, 14—20 et orationes.*

f. 191. Sequuntur hore beati Iohannis baptiste . . . Vitatorium. Tibi, Christe, plebs det preconia . . . *Officium rhythmicum per omnes horas, psalmi, hymni, lectiones.*

f. 205. Antequam sacerdos accedat ad altare . . . Ante conspectum . . . *Precationes, orationes ad induenda vestimenta, partes ordinis missae.*

f. 209'. Missa de sancta Trinitate. introitus. Benedicta sit sancta Trinitas . . . *Missae votivae, de mortuis, in fine:* Post missam . . . Trium puerorum . . . *Gratiarum actio, canticum trium puerorum, ps. 150, preces, orationes. — f.* 224 *vacuum.*

f. 225. Ad primam ymnus. Iam lucis orto . . . *Officium primae, tertiae, sextae, nonae, ordinarium, proprium de tempore, proprium sanctorum per annum, commune sanctorum. — f.* 261'. Testamentum peregrini. Pater, ecce positus — spiritum meum. — *f.* 263', 264, 265, 266', 267, 268' *vacua.* — *f.* 266. Longis les vifs sont vifs — de saint Esprit. *Eadem man., qua — f.* 3.

Complura aliis manibus addita.

Miniat. color. et inaurat. flor.

56. Horae canonicae monacharum ordinis s. Benedicti Augustanarum.

Palatin. 546. membr. f. 197—213; chart. I + 214. f. 112 × 76 mm. saec. XV.

f. I. C. 77. 642. 353. — *f.* I' *vacuum.*

f. 1. In ferialibus diebus . . . ad vesperas suffragia. De sancta Cruce ant. Adoremus Crucis signaculum . . ., de s. Nicolao et Vdalrico, de s. Benedicto, de pace; *item ad laudes. al. man.*

f. 2'. Ad primas ymnus. Iam lucis orto . . . *et hymni ad tertiam, sextam, nonam.*

f. 4. Pretiosa in conspectu Domini . . . *et reliquae primae partes; al. man. — f.* 5' *vacuum.*

f. 6. Incipit cursus beate Marie virginis ad uesperas versus. Deus, in adiutorium . . . ant. Dum esset rex. ps. Dixit Dominus . . . *Officii B. M. V. vesperae et commemorationes sanctorum in vesperis et in laudibus.*

f. 23'. Ad matutinum inuitatorium. Aue Maria . . . *Psalmi, hymni,* lect. I(—III). In omnibus requiem — suauitatem odoris. — *f.* 35'. Ann dem suntag vnd ann dem mantag vnd an dem phintztag. — Item die hernach verschriben drei psalm mit iren antiphen werdent gesprochen zů der metten an dem eritag vnnd ann dem freitag. — *f.* 41. Item dij hernach drei verschriben psalm . . . an dem mittichen vnnd an dem samstag. — *f.* 59'. *Prima, tertia, sexta, nona dominicales et feriales.*

f. 98'. In dem aduent zů der vesper ant. Missus est Gabriel . . . *Officii B. M. V. proprium tempore adventus.*

f. 107'. Item nach dem weyhennechtigen tag pifs auf den liechtmefstag . . . ant. O admirabile commercium . . . *Officii B. M. V. proprium a nativitate usque ad purificationem*, Regina celi ... *et ceterae antiphonae B. M. V.* — *f.* 113. Ant. Tota pulchra es — coronaberis.

f. 114. Dilexi, quoniam ... *Totum officium defunctorum, psalmi, novem lectiones, orationes.* — *f.* 165'. Oratio de miseris animabus. — *f.* 166'. Ave Iesu Christe, verbum Patris — vita perennis. Amen. — *f.* 167. Oratio pro uno sacerdote. *al. man.*

f. 167'. Domine, ne in furore ... *Septem psalmi poenitentiales.* — *f.* 129. *Litaniae, preces, orationes. Inter sanctos:* Narcisse, Vdalrice, Cunrade, Sinperte, Virgili, Romane, Galle, Othmare, Barbara, Dorothea, Anatholia, Afra, Hylaria, Digna, Eunomia, Eutropia, Elizabeth. — *f.* 184 *scida membr., in qua nonnulla ad litanias adduntur, al. man.* — *f.* 184' *vacuum.*

f. 188'. Merk hie, wie die complet vber iar sol begangen werden ... Iube domine benedicere ... *Completorium totius anni, preces, oratio; in fine hymnus:* Christe, qui lux es et dies — nunc et in perpetuum; das driualtig pet *(trium ultimorum dierum hebdomadis sanctae):* Domine Deus Pater omnipotens — amoris tui (?). — *f.* 196' *vacuum.*

f. 197. ℣. Saluas fac ancillas tuas ... Mandatum nouum ... *Mandatum fer. V in coena Domini.*

f. 198. Benedictio, so ettwar will z̊v ader lässen. — *f.* 199. Letania deuota de beata Maria virgine. Christe audi nos. Saluator mundi adiuua nos ..., *precationes de B. M. V., de Maria Aegyptiaca, Pater noster, Ave Maria, Credo, interpretatio antiphonae Salve regina; precationes indulgentiarum Ioannis XXII, Pii II anni 1459, Innocentii II, Eugenii IV, aliae precationes.* — *f.* 203. Herr Iesu Christe, wan du dein allerhayligstes flaysch — nun und ewiklichen. Amen. — *f.* 212'. In te Domine speraui. *Probatio pennae.* — *f.* 213 *chart., ad folium membr. agglutinatum, et* — *f.* 214 *vacua.*

f. 214'. volfure, daz vorgeschriben stat ... *Fragmenta instrumenti publici, quod* ritter Hainrich Velchircher *aliique equites obsignaverunt. In fine:* gepurd drivzehn hundert.

f. 177—214 *complures librarii. Nonnulla in marginibus al. man. addita. Miniat. caerul. et inaurat.:* — *f.* 6. *littera D.*

Stevenson, Codices Palatini Latini tom. I, p. 176.

57. Horae canonicae monialium Germanicarum.

Vatican. 4763. membr. II + 155 f. 290 × 200 mm. saec. XIV.

f. I *vacuum.* — *f.* I' *agglutinatum.* Multiplicati sunt, qui tribulant me — benedictio tua. — Aquarius ... *Signa orbis man. saec. XV.* — *f.* II. Cauendum est de omnibus ... *Praecepta coquinaria, in quibus lingua Germanica:* ein eygerkuech; *praecepta medica al. man.* — *f.* II'. *Loci abrasi et antea pictura agglutinata.*

f. 1. Kalendarium Moguntinum. Iani prima dies . . . *Dies Aeg., signa orbis picturis indicata. Desunt September et October. Necrologia gentium de Randeken et de Bolanden.*

f. 7. Domine, labia mea . . . Inuitatorium. [I]n honore beatissime Marie uirginis iubilemus Domino . . . *Officium B. M. V. per omnes horas, psalmi. In matutino tres psalmi,* lect. I(—III). In omnibus requiem — odorem suauitatis. — *f. 21. In laudibus collectae de s. Cruce, de ss. angelis, de s. Nicolao, de s. Catharina, de omnibus sanctis.*

f. 44. Domine, ne in furore . . . *Septem psalmi poenitentiales, litaniae, orationes.*

f. 60. Incipivnt xv gradvs. Ad Dominum, cum tribularer . . . *Post ps. 132—ps. 142; preces, orationes.*

f. 70. Dilexi, quoniam exaudiet . . . *Totum officium defunctorum, psalmi, novem lectiones minores:* Ne des alienis . . . lect. VII. Sicvt in Adam . . ., *orationes.*

f. 102'. Oratio de s. Maria. Sanctissima et gloriosissima . . . *Precationes; inscriptiones et intentiones orantium lingua Germanica conscriptae.* — *f.* 149. Incipit breue psalterium. Uerba mea auribus percipe . . . — *f.* 153. Oratio de sancto Oswaldo. O misericordissime martir Oswalde — tanto deuocius.

f. 154'. Iste liber . . . *Nomen cuiusdam monasterii man. saec. XV, sed evanuit.* — *f.* 155. Gaudet epar spodio . . . *Versus et aliae pennarum probationes.* — *Exemplar litterarum ad episcopum quendam de ecclesia metropolitana aetate Adolfi archiepiscopi Moguntini collabente et restituenda datarum et exemplar litterarum de eadem re ad Eberhardum episcopum Wormatiensem Moguntiae anno Domini . . . (deest numerus) datarum.*

Pict. miniat. color. et inaurat. Pictura tabularis: — *f. 6'. Maria cum puero Iesu in throno residens,* s. Katherina, s. Margareta; *infra:* Sancta Elisabeth, sanctus Petrus, sanctus Nicolaus.

Greith, Spicilegium Vaticanum (Frauenfeld 1838) S. 68. — *Bethmann* in Pertz' Archiv Bd. XII, S. 244.

58. Horae canonicae monialium Germanicarum.

Palatin. 539. membr. 132 f. 143 × 92 mm. saec. XIV. XV.

In foliis praeligatis: 197.
f. 1. C. 2. Infimo in folio: 404.

Incipit cursus sancte Marie. Domine, labia mea . . . Invitatorium. Aue Maria gratia plena . . . Ymnus. Fit porta Christi peruia . . . *Officii B. M. V. matutinum, psalmi, tres nocturni,* lect. I(—VI). Sancta et benedicta — quod timemus. lect. VII(—IX). Omelia Bede. Exordium huius lectionis — munus offerret, *ad Luc. 1, 26.*

f. 19. In matut. laudibus . . . ant. Assumpta est . . . Ymnus. Quem terra, pontus . . . — *f.* 27'. *Commemorationes de s. Spiritu, de s. Cruce, de angelis, de sanctis, quorum in numero de Blasio, de Nicolao, de Maria Magdalena.*

f. 31'. Ad primam ymnus. Beata Dei genitrix, nitor humani generis . . . *Officium B. M. V. per ceteras horas, hymni, psalmi.*

f. 58'. Incipiunt septem psalmi. Domine, ne in furore tuo . . . *Psalmi poenitentiales.* — *f.* 68. Cantica gradualia. — *f.* 75. *Litaniae. Inter sanctos:* Vite, Pancrati, Hermes, Mauriti cum sociis, Gereon cum sociis, Floriane, Ruotperte, Amande, Corbiniane, Odalrice, Servati, Severine, Remigi, Germane, Columbane, Magne, Galle, Othmare, Petronella, Agna, Scolastica, Othilia, Afra, Hilaria, Digna, Eunomia, Eutropia, Tecla, Sabina, Daria, Christina, Gertrudis, Walpurgis, Iuliana, Fides, Ursula. *Preces, orationes.*

f. 81. Ad uesperas mortuorum. ant. Placebo. Dilexi . . . *Totum officium defunctorum, psalmi, novem lectiones minores:* Ne des alienis . . . lect. VII. Sicut in Adam . . ., *orationes.*

f. 103. Incipit minus psalterium. Verba mea — in equitate tua. *Psalterium abbreviatum.* Diuisio, Domine exaudi orationem meam. — *f.* 117 *vacuum.*

f. 118. *al. man. saec. XV.* Vnnser lieben frawen Mettin. Domine, labia mea . . . ant. Aue Maria . . . *Officium B. M. V. secundum usum Romanum, hymni, psalmi,* lect. I(—III). In omnibus requiem — suavitatem odoris.

f. 121'. Dij laudes . . ., *imperfectum.*

f. 122. Das ist dij Complet . . . Cum inuocarem . . . *Completorium commune breviarii Romani.* — Ps. Sepe expugnauerunt me . . . *Completorium officii B. M. V. Romani.*

f. 126. Das ist dij vesper vnnser lieben frawen . . . Anthiffen. Cum esset rex . . .

f. 129. Dij Prem . . . Ympnus. Memento salutis auctor . . ., *et tertia, sexta, nona.* — *f.* 132 *vacuum.*

f. 132'. 674.

Nonnulla folia lacerata.

Miniat. inaurat.

Stevenson, Codices Palatini Latini tom. I, p. 175.

59. **Horae canonicae Florentinae.**

Ottobon. 517. membr. 256 f. 135 × 96 mm. saec. XV.

f. 1. *Kalendarium. Ind. cal. Inter sanctos:* Cyri et Iohannis m. Apr. Maximi m. Mai. Zenobii. Iul. S. Romoli ep. m., Pastoris, Victoris m. Aug. Lodovici. Oct. Cerboni ep.

f. 13. [eter]ne glorie. Inuitatorium. Aue Maria, gratia plena . . . Qvem terra pontus . . . *Officium B. M. V., psalmi, hymni,* lect. I(—III). In omnibus requiem — suauitatem odoris. — *f. 44'*. Psalmi fer. III et VI, — *f.* 50. fer. IV et sabbato. — *f. 96. Officii proprium ab adventu usque ad nativitatem Domini,* — *f.* 107'. *ab octava nativitatis usque ad purificationem et tempore paschali* Regina celi. — *f.* 111 *vacuum.*

f. 112. Conuertere, Domine, animam . . . *Ps. 114, 7. Vesperae defunctorum, quarum deest initium, officium defunctorum, psalmi, lectiones.*

f. 177. [preoccupe]mus faciem eius . . . *Ps. 94, 2. Invitatorium et officium de passione Christi per omnes horas.* Ps. In passione Domini, qua datur salus homini . . ., *psalmi,* lect. I(—III). In illo tempore orante Iesu — Ave rex Iudeorum. — *f. 209' vacuum.*

f. 210. et gratiam defunctis. *Oratio laudum officii de s. Cruce.* — Ad primam. Hora prima ductus est . . . *et per ceteras horas.* — *f.* 214' *vacuum.*

f. 215. aurem tuam. In quacumque die . . . *Ps. 101, 3. Psalmi poenitentiales, litaniae, preces, orationes. Inter sanctos:* Ludovice, Bernardine.

f. 235. multum inchola fuit . . . *Ps. 119, 6. Psalmi graduales, post quinos psalmos preces et orationes.* — *f.* 250. Commemoratio sancti Sebastiani, . . . eius meritis patria Lombardie fuit liberata . . . — *f.* 251. Commemoratio s. Raphaelis archangeli.

f. 252. Index festorum ab ecclesia obseruatorum . . . *Inest:* Florentie festum sancti Cenobi. — *f.* 254. Ieiunia precepta. — *f.* 255', 256 *vacua. Miniat. color. et inaurat. Maiores litterae initiales exsectae.*

60. **Horae canonicae Gebennenses.**

Palatin. 538. membr. A + 204 f. 158 × 103 mm. saec. XV.

f. A. Patris sapientia, veritas diuina . . . *Officii s. Crucis hymni per omnes horas, in fine oratio et:* Has horas canonicas . . . *man. rec.*

f. A'. Domine Ihesu Christe, fili Dei . . . *Probationes pennae al. man.* — Wan du dich niderlegen wilt, so salt tu sprechen: In frieden . . . *Precatio vespertina lingua Germanica conscripta, cuius finis abrasus.*

f. 1. Tota pulchra es — de Lybano veni, coronaberis. *Ant. de B. M. V. et oratio de paschate.*

f. 1'. *al. man. Kalendarium. Ind. astr. et cal. dies Aeg.* — *f.* 2'. IIII Kal. Apr. Anno Domini M.CCCxj fuit natus Amedeus primogenitus G. comitis Gebennensis. — *f.* 3'. XI Kal. Iun. Obijt Amedeus comes Gebennensis anno Domini M.CCC° viij°. — *f.* 6. VIII Id. Oct. Dedicatio ecclesie sancti Petri Gebennensis.

f. 7'. Aue Petre . . . *Commemoratio s. Petri de Lucemburgo; antiphona rhythmica.* — *f.* 7'. Gaude flore uirginali — per eterna saecula. Amen. *Hymnus, versus, responsorium, oratio de B. M. V.* — *f.* 8'. Aue regina celorum — Christum exora. Nigra sum, sed formosa — me sol. Descendi in ortum —

intueamur te. Anima mea liquefacta est — amore langueo. *Antiphona de B. M. V. al. man.*

f. 9. Incipit officium sancte Crucis, ad matutinum. Domine, labia mea... Patris sapientia... *Officium per omnes horas, hymni, versus, responsoria, orationes.* — *f.* 10'. O passio magna, o profunda uulnera — eternam securitatem. Amen. Proprio filio suo non pepercit... *et oratio; versus, loci biblici; compluribus manibus.*

f. 11. Domine, labia mea... Vitatorium. Ave Maria... *Officium B. M. V. per omnes horas, psalmi, hymni,* lect. I(—III). Sancta Maria uirgo uirginum — sine tempore; *rhythmice.* lect. IV(—VI). O beata Maria — ferre mundi. lect. VII(—IX). O mater uirgo uirginum — redemisti gaudijs; *rhythmice. Post laudes suffragia* de la Trinite, *multorum sanctorum inscriptionibus Francogallicis appositis, de pace, de peccatis, item suffragia vesperarum et completorii.*

f. 66. Sequitur officium defunctorum... ant. Placebo Domino. ps. vesperarum. Dilexi... *Psalmi, novem lectiones, orationes.*

f. 101. Quicunque dira ceste oraison... Domine Deus Pater omnipotens... *Quattuor precationes man. rec.*

f. 103. Incipit officium sancti Spiritus... antiphona. Ueni sancte Spiritus... Vitatorium. Spiritus Domini repleuit... *Officium per omnes horas, psalmi, hymni,* lectio: Cum complerentur — erant sedentes.

f. 123'. Sequitur officium s. Crucis... Inuitatorium. Regem Christum crucifixum... hymnus. In (?) passione Domini... *Officium per omnes horas, psalmi, hymni,* lectio Isaie prophete. Non est spiritus neque decor — sanati sumus.

f. 146. Sequuntur septem psalmi penitentiales. antiphona. Ne reminiscaris. Domine, ne in furore... — *f.* 155'. Letania maior, *orationes.*

f. 164. Oratio beate Marie virginis. O intemerata et in eternum benedicta... *Precationes.* — *f.* 184'. *Commemoratio B. M. V. et s. Crucis, inscriptiones Francogallicae.* — *f.* 201'. Aue Maria... Glorieuse vierge Marie... *Rhythmi; desinunt — f.* 203' *in:* sermon.

f. 204. Nim erden vnd wis — so sich dii etwas... *Praeceptum medicum (?) lingua Germanica conscriptum.*

Pict. miniat. color. et inaurat. fig. flor.

Bethmann in Pertz' Archiv Bd. XII, S. 337. — *Stevenson,* Codices Palatini Latini tom. I, p. 175.

61. **Horae canonicae Gebennenses.**

Palatin. 540. membr. I+271 f. 150×112 mm. 1416.

f. I, 1 *vacua.*

f. 1'. *Kalendarium. Ind. cal. Inter sanctos:* Ian. Iuliani et Basilicae, Valerii ep. et conf. Febr. Birgide, Eulalie, Iuliane. Mai. Victoris et Corone,

Quintine (?), Guillermi, Petronille. Iun. Medardi. Iul. Christophori, Margarite. Aug. Ludovici ep. Sept. Antonini m., Eufemie, Tecle. Oct. Remigii, Dionisi, Gerardi, undecim milium virginum. Nov. Leonardi, passio ymagiē dion *(imaginis Domini?)*, Brici ep., Helizabet, Columbani. Dec. Eularie. — *f. 2'.* XII Kal. April. Tali die currenti anno 1416to obiit illustris domina Blanchia Gebensis comitissa.

f. 8. Incipit officium beate Marie secundum ordinem curie Romane. Domine, labia mea . . . [Invitatorium]. Aue Maria, gracia . . . *Officium B. M. V. per omnes horas, psalmi, hymni, tres lectiones:* In omnibus requiem . . . — *f. 51'.* Psalmi fer. III et VI, — *f. 55.* fer. IV et sabbat.

f. 58'. Incipit ordo per aduentum ad primas vesperas ant. Missus est Gabriel . . . *Officii B. M. V. proprium tempore adventus.*

f. 63. Notandum est, quod ab octaba natiuitatis Domini . . . ad primam ant. O admirabile commercium . . . *Officii B. M. V. proprium a nativitate Domini usque ad purificationem.* — *f. 64.* Regina coeli . . . *temporis paschalis.*

f. 64'. Incipiunt septem psalmi poenitentiales. ant. Ne reminiscaris . . . Domine, ne in furore . . . *Litaniae, preces, orationes.*

f. 84. Placebo. Dilexi, quoniam . . . *Totum officium defunctorum, novem lectiones, orationes.*

f. 112'. Oratio beate Marie uirginis et sancti Iohannis apostoli et ev. O intemerata . . . *Precationes.*

f. 120. Incipit officium beate Marie de compassione filii sui, quam habuit de eo in hora mortis sue. Sancta Dei genitrix, dulcis et decora . . . Inuitatorium. Cum Maria virgine . . . *Officium per omnes horas, psalmi, hymni,* lect. I(—III). Prolem in cruce pendentem — propter mortem Christi; *rhythmice.* — *f. 141'.* Salue. Stabat mater — paradisi gloria.

f. 143'. Incipiunt hore sancte Crucis. Domine, labia mea . . . Inuitatorium. Regem Christum crucifixum . . . ymnus. In passione Domini . . . *Officium per omnes horas, psalmi, hymni,* lect. Non enim est species — sanati sumus.

f. 175'. Incipiunt matutine omnium sanctorum. Domine, labia mea . . . Inuitatorium. Laudemus Deum nostrum in confessione sanctorum omnium . . . ymnus. Christe, redemptor omnium, conserua tuos famulos . . . *Officium per omnes horas, psalmi, hymni.* — *f.* 194, 195 *vacua.*

f. 196. Sequitur antiphona de sancta Margareta. ant. Venerantes et dignam . . . *Item:* de s. Anthonio, — *f. 197.* de s. Anna *et oratio.* — *f. 202.* Septem gaudia virginis Marie celestia a beato Thoma martyre super uerbis praedictis composita. Gaude flore virginali — per eterna secula. — *f. 204.* Antiphona de s. Georgio, — *f. 204'.* de sancto Petro (cardinali) de Luzembourc. — *f.* 205' *vacuum.*

f. 206. Incipit psalterium abreuiatum sancti Ieronimi. ps. Verba mea auribus — ne in eternum irascaris nobis. *In tredecim psalmos divisum.* —

Precationes, quo in numero: — *f.* 223'. Iuste iudex Iesu Christe, rex regum et Domine — honor perpetuus. *Rhythmi.* — *f.* 225'. Cest oroison doit on dire deuant la crois. Adoro, te fili . . . — *f.* 231. Ad Ihm saluatorem nostrum in cruce crucifixum dicitur ista oratio. Omnibus consideratis . . . *Rhythmi; item:* Rubrica ad caput Christi. Aue caput inclinatum et despectiue coronatum . . . , *decem* rubricae *ad coronam, ad quinque vulnera, ad Mariam virginem, ad Ioannem ev., rhythmice; aliae* rubricae *et precationes.* — *f.* 269. Prosa de Spiritu s. Veni sancte Spiritus — da perenne gaudium. — *f.* 270', 271 *vacua.*

Pict. miniat. color. et inaurat. flor.

Bethmann in Pertz' Archiv Bd. XII, S. 337. — *Stevenson,* Codices Palatini Latini tom. I, p. 175.

62. Psalterium, horae canonicae Pragenses, hymnarium.

Palatin. 33. membr. 226 f. 158 × 130 mm. saec. XIV. XV.

f. 1. 5. 90. 361. — [P]rimo dierum omnium — per omne seculum. *Hymnus matutinalis, al. man.*

f. 1'. Beatus uir . . . *Psalterium Gallicanum feriatum cum ordinario officii de tempore, initia psalmorum laudum.* — *f.* 18'. *Ordinarium primae dominicalis.* — *Tertia, sexta, nona sine ordinario.* — *f.* 136'. *Ps. 131, 15 desinit in:* benedicam: pau[peres]. — *f.* 137. *Ps. 134, 7 incipit a:* [Edu]-cens nubes.

f. 149'. Canticum Ysaie. ant. Conuersus est. Confitebor tibi . . . *Cantica cum nominibus scriptorum, cantico:* Audite celi . . . *deest inscriptio; initia canticorum* Magnificat *et* Nunc dimittis. — *f.* 160'. Te Deum, Quicumque, *initia orationis dominicae et symboli apostolorum.*

f. 164. Kyrieleyson . . . *Litaniae, preces, orationes, inter quas:* Defende, quesumus, Domine, intercedentibus bcatis martyribus Vito, Wenceslao, Sigismundo, Adalberto nostram ab omni aduersitate congregationem. Oratio pro rege.

f. 175'. Preces minores. Ego dixi Domine . . . ; *desinunt in:* Domine, exaudi orationem meam.

f. 176. [D]omine, labia mea . . . Inuitatorium. Aue Maria . . . Sabbato inuitatorium. In honore beatissime uirginis . . . *Officium B. M. V. per omnes horas, hymni, initia psalmorum,* lect. I. Sancta Maria uirgo uirginum — in perpetuum. lect. II. Sancta Maria piarum piissima — nostra peccamina. lect. III. Sancta Dei genitrix — filio tuo sine tempore; *rhythmice.* — *f.* 179. Iste lectiones dicuntur sabbatis diebus cum suis responsoriis. O beata Dei genitrix — populi christiani. *Tres lectiones, commemorationes de Spiritu sancto, de Trinitate, de sanctis.* — *f.* 184. Commemoratio patronorum Wenceslai, Georgii, Adalberti, Procopii, Ludmillae, quinque fratrum; de

s. Wencęslao, — *f.* 184'. de s. Sigismundo, — *f.* 185. de s. Procopio, — *f.* 187. de s. Ludmilla, *per omnes horas.*

f. 194. Incipiunt vigilie. Oremus pro omnibus fidelibus ... ant. Placebo. Dilexi ... *Officium defunctorum, novem lectiones,* lect. IX. Si peccaui, ad horam pepercisti — in Domino moriuntur. — *f.* 202. *Lectiones minores:* I. Ne des alienis honorem tuum — corpus meum. II. Melius est nomen bonum — futurum sit. III. Memento creatoris tui — qui dedit illum. IV. Uiuent mortui tui — in ruinam. V. Hec dicit Dominus, de manu mortis — eius fontem. VI. Multi de his — in perpetuas eternitates. VII. Sicut in Adam omnes — in adventu eius. VIII. Ecce misterium — nos immutabimur. IX. Ipsi fratres diligenter scitis — et filii diei. *Orationes.*

f. 205'. Achacium cum suis ... *Oratio, invitatorium, antiphonae, versus, responsoria de s. Achatio eiusque sociis, man. rec.*

f. 206'. [Ac]cedunt laudes virginis ... *Officium rhythmicum de visitatione B. M. V. al. man.*

f. 208. In pascha. Uita sanctorum decus angelorum ... *Hymni de tempore et de sanctis,* — *f.* 214'. *de Wenceslao:* Dies uenit uictorie ..., — *f.* 221. *ordinarii, de communi sanctorum, in dedicatione; al. man.* — *f.* 223', 224 *vacua.*

f. 224'. Oremus pro omni gradu ecclesie ... *Preces, man. rec.* — *f.* 225. Ad primam preces, preces quadragesimales. — *f.* 226 *vacuum.* — *f.* 226'. ... ensis diocesis publicus imperialis ... notarius ... *Fragmentum instrumenti publici saec. XIV et probationes pennae.*

Multa al. man. addita, alia abrasa.

Miniat. color. flor.

Stevenson, Codices Palatini Latini tom. I, p. 5.

63. **Horae canonicae Saresberienses.**

Ottobon. 548. membr. 237 f. 147 × 100 mm. saec. XV.

f. 1 *vacuum.* — *f.* 1'. S. 2. 27. R. 13. 12. 1444. 1443. — *f.* 2. Dame Anne Danuers ... possessor ... of bok.

Sequens oratio scripta est Rome in ecclesia sancti Iohannis Lateranensis ... Domine Ihu Xpe ... *Precationes lingua Latina et Anglica conscriptae al. man.*

f. 4. *Kalendarium. Dies Aeg. Picturae calendares. Inter sanctos litteris miniatis:* Iun. Elegii ep. Oct. Translatio Hugonis, Dionysii ep. Nov. Hugonis ep., Emundi regis. Dec. Nichasii ep., Thomae Cantuariensis.

f. 16. Incipiunt quindecim orationes composite supra passionem Christi. Domine Iesu Christe, eterna dulcedo ... — *f.* 25' *vacuum.* — *f.* 26. Commemoratio de sancta Trinitate. Domine Deus omnipotens ..., *commemorationes sanctorum cum antiphonis rhythmicis:* — *f.* 28. Iohannis bapt., —

f. 30. Iohannis ev., — *f.* 32. Thome Cantuariensis, — *f.* 35. Georgii, — *f.* 36. Christophori. — *f.* 37. Quinque gaudia de sancta Anna, *rhythmice.* *Item:* — *f.* 39. De s. Maria Magdalena. — *f.* 41. Quinque gaudia Katherine. — *f.* 42. De s. Barbara. — *f.* 43. De s. Margareta. — *f.* 29, 31, 34, 38, 40' *vacua.*

f. 44. Incipiunt hore beate Marie virginis secundum vsum Sarum . . . Inuitatorium. Aue Maria . . . *Officium B. M. V. per omnes horas, psalmi, hymni; hymnus matutini:* Quem terra . . ., lect. I(—III). Sancta Maria virgo — sine tempore, *rhythmice; antiphonae de s. Spiritu,* memoria *de s. Trinitate, de s. Cruce, de sanctis per omnes horas.* — *f.* 53', 54, 76 *vacua.* — *f.* 78. *Deest initium tertiae. Post completorium precationes de B. M. V.* — *f.* 84. Pray ye for the good prosperyte of dame Anne Danuers. — *f.* 101. Dame Anne Danuers. Ihon Danyell' capellanus eius. *al. man.* — *f.* 101' *vacuum.*

f. 102. Has uideas laudes . . . Salue, salue uirgo uirginum . . . *Interpretatio antiphonae Salve regina rhythmica, precationes.* — *f.* 114. De septem gaudiis Mariae, — *f.* 118. de passione Christi, de quinque vulneribus; *rhythmice.* — De septem verbis Christi in cruce; *ad quod* — *f.* 130' *al. man. nonnulla addita.* — *f.* 131 *vacuum.*

f. 132. Incipiunt septem psalmi. Antiphona. Ne reminiscaris. ps. Domine, ne in furore . . ., *litaniae, orationes.*

f. 154. Incipiunt vigilie mortuorum. ant. Placebo . . . *Officium defunctorum, psalmi, novem lectiones, orationes.* — *f.* 192. Commendaciones animarum. Beati immaculati . . . *ps. 118.* Requiem eternam . . ., *preces, ps. 138, oratio.* — *f.* 208. Iohannes Danyell'.

f. 209. Psalmi de passione Domini. Deus, Deus meus respice . . . *Ps. 21, 25, 27, 28; initia ps. 23, 24, 26, 30, 1—6.*

f. 216. Prologus s. Ieronimi. Beatus vero Iheronimus . . . *De psalterio ab angelo dictato, oratio.* — *f.* 217'. Aue sanctissima Maria — peccatis meis. *al. man.* — *f.* 218. Psalterium s. Ieronimi. Verba mea auribus percipe — seruus tuus sum. Ant. Ne reminiscaris . . . *et oratio.*

f. 235. Anne Danuers. *man. muliebri.*

f. 235'. Incipit rosarium beate Marie gloriose virginis. Aue Maria . . . *Quinquies dena mysteria, post singulas decades Pater noster.*

Pict. miniat. color. vt inaurat. fig. flor. Picturae tabulares: — *f. 29'. S. Ioannes ev.* — *f. 31'. S. Thomas Cantuariensis.* — *f. 34'. S. Georgius.* — *f. 38'. Maria Magdalena.* — *f. 54. Christus capitur.*

———————

XV. SACRAMENTARIA.

1. Sacramentarium.

Palatin. 493. membr. 106 f. 252×180 mm. saec. VIII. litteris uncialibus f. 1—99.

f. 1. Uenerabilem diem adque sublimem, fratres karissimi... *Praefatio, missa s. Germani, duae collectiones*, collectio ad pacem, contestatio, collectio post Sanctus, collectio ante orationem, post orationem (dominicam), *duae collectiones* post eucharistiam.

f. 8. Prefatio ad uirginem benedicendum. Fauentes, dilectissimi fratres... collectio eiusdem.... — *f.* 10. Prefatio uidualis, benedictio uidualis, *quae desinit in:* filiam Fanuelis.

f. 11. Pater ex alto clareficat... *Contestatio missae, cuius deest initium, benedictio populi. In collectionibus ante et post orationem (Pater noster) nominantur Maria, Lazarus, Martha.*

f. 14. Incipit expositio sym[boli]. Fratres dilectissimi, uirtus est sacramenti... *Praefatio, Credo, interpretatio, quae desinit in:* et qui cum Patre.

f. 36. Deus, qui creaturae tuae... *Collectio ultima missae. — A — f. 36 incipit altera manus.*

Incipit missa de aduentu Domini nostri Iħu Christi. Excita potentiam tuam, Domine, et ueni... *Collectio;* sequitur collectio, post nomina, collectio ad pacem, contestatio, collectio post communionem, collectio sequitur. — *f.* 38. Item missa de aduentu... Excita, quaesomus... *Post* Ad pacem: immolatio, collectio post Sanctus, collectio post secreta, ante (*et* post) orationem (dominicam). — *Post — f.* 41 *positum est — f.* 34, *in quo missa a — f.* 38 *incipiens terminatur, et:* Prefatio ad uesperum natalis Domini. Deus, qui omnium mirabilium... *Item — f.* 35, 42.

f. 42'. Incipiunt orationes ad initium noctis natalis Domini, ista ad duodecima... *Desinunt — f.* 43' *in:* lucem a tenebris.

f. 19. Da illi misericordiam tuam... *Deest initium; praefatio in traditione symboli et:* Incipit exorcismus. Adgredior te, immundissime dampnator... — *f.* 19'. Incipit expositio uel traditio symboli. — *f.* 27. Expositio euangeliorum in aurium apertiones ad electos. — *f.* 30'. Incipit praefatio orationis dominicae... *et eius interpretatio. — f.* 33'. Missa in symboli traditione. In geminas partes diem hunc... *Desinit in:* cicatricum morbi data corrup.

25 *

f. 44. gratiam utilitatis indulsit ... *Deest initium. Officium fer. V in coena Domini.* Communicantes et diem ... quo traditus est Dominus noster ...

f. 46′. Incipit oratio in VI feria. Eadem uero die non salutat., non [p]sallet ... *Rubrica.* — *f.* 51. Item orationes in caena Domini siue in biduana. Da nobis, Domine ...

f. 55. Orationes post lectiones. Deum omnipotentem Patrem ... — *f.* 56′. Item oratio in sabbato requei dominici corporis. Succumbente magno ... *f.* 58′. Incipit oratio in uespera paschae. Domini gratiam ... — *f.* 59′. Oratio ad duodecema. — *f.* 60. Incipit praefacio caerae. Omnipotentem Deum ... — *f.* 61. Incipit benedictio caerae beati Agustini episcopi, quam adhuc diaconus cum esset edidit et cecinnit feliciter. Exultet ... — *f.* 66. Incipiunt orationes in uigilia pascae. Pro sollemnitate sancta ... *Orationes sollemnes pro omni gradu ecclesiae.*

f. 70. Opus ad baptizando. Praefacio, antequam exorcidietur. Auctorem ac reparatorem ... *Ordo baptizandi.*

f. 75′. Missa in uigilia paschae. Praefacio. Omnipotens sempiterne Deus, qui hanc sacratissimam noctem ... — *f.* 78. Incipit missa in die sanctum paschae. — *f.* 80. Missa paschalis. — *f.* 81′. Item missa in feria paschales. III feria paschales. — *f.* 83. Item IIII feria. — *f.* 85. Item V feria. — *f.* 87. Item VI feria. — *f.* 89. Missa matutinalis per totam pascham pro paruolos, qui renati sunt, maturae dicenda. — *f.* 90. Missa in pascha die sabbati. — *f.* 92. Incipit missa clause pas[chae].

f. 95. Incipit missa dominicalis post pascha. Praefacio. Deus, qui in filii tui ... — *f.* 96. Item missa post pascha ante ascensa Domini. Deus, qui hoc nobis ...

f. 97. Incipiunt collectiones in rogationibus per diuersa loca sanctorum. nunc in sancto Petro. Omnipotens sempiternae Deus, qui beato Petro ..., in sancto Stefano, — *f.* 97′. in sancto Martino, — *f.* 98. in sancto Gregorio, in quo loco uolueris. — *f.* 98′. Incipit missa in rogationibus. Memores caelestium praeceptorum ... *Desinit contestatio in:* in hoc ieiunio miseration.

f. 100. *Nomina; prior columna:* ... II | ... ot II | ... r III | Erem ... III | Adalhelm .III. | Maresint .III. | Adalhelm .III. | Adalhart .III. | Heribolt .III. | Gozbrat .III. | Uualtheri .III. | Heberhart .III. | Sigimar .III. | Hiemi-rud. Gerlint .III. | Haldirud .III. | Uicbrat .III. | ☩ Spubolf .III. | Folrat .III. | ... at .III. | Irmina. Albger .III. | Engilram .III. | Uolfolt .III. |

Altera columna: Lantfrit .III. | Betdo .III. | Uerdolf .III. | Albirud ☩ Raatger .III. | Uilibolt .III. | Biltger .III. Egina .II. | Hieilman .III. | Abbo .III. | Uilliheri .III. | Uuinimunt. | Libolf .III. Rudgunt .II. |

f. 101 *vacuum.* — *f.* 101′. Incipit decretalem sancti Gelasii papae urbis Romae. Post propheticas et euangelicas atque apostolicas scripturas ... — *f.* 102′. Incipiunt opuscula recipienda. Item opuscula beati Cicilii Ci-priani — confitemur esse damnata *man. saec. IX.*

f. 106. Audite uersus parabule, quod quonnon puero — ad inuicem. *De rebus in venatione gestis, al. man.*

In folio ultimo: C 70. 14. 29. Vsum caem. doiñ, dum adhuc purior erat ecclesia et adhuc oblationes populi in usu erant, siquidem (?) nomina offerentium recitabantur, hic invenies. *man. saec. XVI.*

Nonnulla litteris Anglosaxonicis addita.

Miniat. color.

Thomasius, Opera omnia (ed. Vezzosi, Romae 1751) tom. VI, p. 369—415. — *Mabillon,* De liturgia Gallicana (Parisiis 1729) p. 329—378. — *Muratori,* Liturgia Romana vetus (Venetiis 1748) tom. II, p. 679. — *Migne,* Patrologia Latina (Parisiis) vol. LXXII, col. 339. — *Neale* and *Forbes,* The Ancient Liturgies of the Gallican Church (Burntisland 1855) p. 151—204. — *Bethmann* in Pertz' Archiv Bd. XII, S. 336. — *Delisle,* Mémoires de l'Institut National de France, Académie des Inscriptions et Belles-Lettres (Paris 1886), tom. XXXII, p. 73—79. — *Stevenson,* Codices Palatini Latini tom. I, p. 163. — *Ebner,* Quellen und Forschungen S. 246.

2. Sacramentarium.

Regin. 257. membr. 150 f. 232 × 141 mm. saec. VIII. litteris uncialibus.

In folio praeligato: Missale Francorum. Extat in Cod. Sacram. Thomasii tertium in ordine 257.

f. 1. *Infimo in folio:* R. N. + xliij. xv^c. xxiij.

recluduntur. *Deest initium, sed man. saec. XVII additum:* De sacris ordinibus. Ostiarius cum ordinatur — istis clauibus (recluduntur). — Acolitus cum ordinatur. Ab archidiacono quidem doceatur . . .

f. 3′. Benedictio ystearii. Dominum Patrem omnipotentem . . . *Ordo consecrandi ostiarium, — f.* 4′. *acolythum, — f.* 8. *subdiaconum, — f.* 12. *diaconum, — f.* 24. *presbyterum, — f.* 38. *episcopum.*

f. 57′. Benedictio super uirgines. Omnipotens sempiternae Deus . . . *Ordo benedicendi virgines, — f.* 69. *viduas.*

f. 76′. Consecratio altaris. Creator et conseruator humani generis . . ., — *f.* 80. *linteaminum, — f.* 82. *patenae, — f.* 82′. *calicis, — f.* 84′. *omnium vasorum altaris.*

f. 88′. Orationes et preces pro regibus. Deus, qui fideles tuos . . . *Missae; orationes, super oblata, praefationes vel contestata, Hanc igitur, postcommuniones. — f.* 96′. In natale s. Hilarii, — *f.* 102. unius martyris. *Item — f.* 105, 109. — *f.* 112′. In natale sanctorum.

f. 116′. Incipiunt orationes et preces communes cotidianae cum canone. Post prophetia. [Deus, qui diligentibus] . . . — cordibus nostris . . . — *f.* 123. Item alia missa. — *f.* 127. Item alia missa; *in fine:* Orationes ad plebem. — *f.* 133. Item alia missa, *orationes:* Post precem, ante nomina.

f. 139. Incipit canon actionis. Sursum corda . . . , *praefatio communis et Sanctus. — f.* 140′. Te igitur . . . *Canon. In Communicantes — inter sanctos:* Helarii, Martini. — Nobis quoque peccatoribus . . . *desinit in :* donare digneris.

f. 117 refectum et, quae desunt, man saec. XVII addita.

Miniat. color. fig.

Thomasius, Opera omnia, ed. Vezzosi tom. VI, p. 341. — *Mabillon,* De liturgia Gallicana p. 301—328. — *Muratori,* Opere (Arezzo 1772) tom. XIII, part. 3, col. 439—496. — *Migne,* Patrologia Latina vol. LXXII, col. 317—340. — *Bethmann* in Pertz' Archiv Bd. XII, S. 271. — *Delisle,* Mémoires de l'Institut National de France tom. XXXII, p. 71—73. — *Duchesne,* Origines du culte chrétien (Paris 1889) p. 119. — *Ebner,* Quellen und Forschungen S. 238.

3. Sacramentarium.

Regin. 316. membr. 245 f. 267 × 165 mm. saec. VIII. litteris uncialibus.

In folio praeligato : Libri tres sacramentorum Romanae ecclesiae. Editi a cardinali Thomasio primo loco inter codices sacramentorum. 316.

f. 1. Missa ad poscendam serenitatem . . . Capitula, *index missarum diversarum a :* XLVI. Missa ad poscendam serenitatem *usque ad :* CIII. Item alia pro salute vivorum.

f. 2′. Pater ymon . . . *Pater noster lingua Graeca et litteris uncialibus, item lingua Latina et litteris cursivis. — f.* 3 *vacuum.*

f. 4. In nomine Domini Iħu Xp̄i saluatoris incipit liber sacramentorum Romanae aeclesiae ordinis anni circuli. Orationes et praeces. In uigiliis natalis Domini ad nona[m]. Da nobis, omnipotens Deus, ut sicut adoranda . . . *Proprium de tempore usque ad dom. octavae pentecost., orationes, secretae, praefationes, Communicantes, Hanc igitur, postcommuniones, orationes ad populum, orationes ad vesperum. — f.* 11. *Post* Octauae Domini : Prohibendum ab idolis. — *f.* 14′. *Post sexagesimam* orationes super penitentes. — *f.* 15′. Fer. IV in capite quadragesimae ordo agentibus publicam paenitentiam; *missae omnium feriarum quadragesimalium. — f.* 20′. Orationes et praeces in XII lectionibus mense prima. — *f.* 21. Ordo, qualiter in Romana sedis apostolicae ecclesia presbiteri, diaconi uel subdiaconi eligendi sunt. — *f.* 29′. Tertia dominica, que pro scrutiniis electorum celebratur. — *f.* 35′. Quinta dominica, que pro scrutiniis celebratur. — *f.* 38′. *Post* I feria septima ebdomada V : denuntiatio pro scrutinio. — *f.* 39. Ordo ad catechuminum faciendum. — *f.* 45′. *Symbolum Nicaenum lingua Graeca et litteris uncialibus et lingua Latina, ut Pater noster — f.* 2′. — *f.* 53. In quinta feria *(in coena Domini)* ordo agentibus publicam paenitentiam, — *f.* 55′. ad reconciliandum paenitentem. — *f.* 56. Reconciliatio paenitentis ad mortem. — *f.* 59. *Benedictio olei infirmorum. — f.* 66′. *Sabbato sancto* oratio super catechumenos, benedictio fontis, ordo baptismi. — *f.* 91. Sabbato pentecosten ordo baptismi; impositio manuum aegrotanti catechumeno, energumeno catechumeno, paruulo energumeno; oratio super catechum. infirmum. — *f.* 93. Oratio ad caticumenum ex pagano faciendum. — *f.* 102. Denuntiatio ieiuniorum quarti, septimi et decimi mensis, orationes quattuor temporum.

f. 105. Benedictio super eos, qui de Arriana ad catholicam unitatem redeunt. Domine Deus omnipotens . . . — *f.* 106′. Benedictio super eos, qui de diuersis heresibus ueniunt. — *f.* 107. Reconciliatio rebaptizati ab heredicis. — *f.* 108′. In dedicatione basilicae, consecratio basilicae, altaris; missa. — *f.* 117. Ordo de sacris ordinibus benedicendis, *ordinatio minorum graduum, subdiaconi, diaconi, presbyteri,* missae presbiterorum, episcoporum. — *f.* 126. Consecratio sacre virginis, missa. — *f.* 131 *vacuum.*

f. 132. Incipit liber secundus. Oraciones et praeces de nataliciis sanctorum. Denunciacio natalicii unius martyris. Nouerit uestra deuocio, sanctissimi fratres . . . *Proprium sanctorum a:* XVIII Kal. Februarias. Natale sancti Felicis confessoris *usque ad:* Natale sancti Thomae apostoli. — *f.* 138′. S. Eufimiae. — *f.* 147. De uigilia omnium apostolorum. — *f.* 153′. S. Magni, — *f.* 154. S. Rufi. — *f.* 157′. *Post* S. Michaelis archangeli: quattuor tempora mensis septimi. — *f.* 162′. In nat. plurimorum sanctorum.

f. 165′. Orationes de aduentu Domini. Excita, Domine, potentiam tuam . . . *Quattuor missae.* — *f.* '169′. Quattuor tempora mensis decimi. — *f.* 172 *vacuum.*

f. 173. Incipit liber tercius. Oraciones et praeces cum canone per dominicis diebus. Deus, qui diligentibus te . . . *Sedecim missae.* — *f.* 179′. Incipit canon actionis. Sursum corda . . . *Praefatio communis et Sanctus.* Te igitur . . . *In Communicantes abrasa nomina:* Dionisii, Rustici et Eleutherii, Hilarii, Martini, Agustini, Gregorii, Hieronimi. — *f.* 184. Benedictiones super populum post communionem.

f 186. Oraciones cotidianis diebus ad missam. Perpetua, quaesumus, Domine, pace . . . *Sex missae.* — *f.* 187′. *Missae diversae.* — *f.* 194, 195. *al. man. ut compluribus locis. — f.* 195′ *litteris cursivis et scida membr. agglutinata, item litteris cursivis conscripta.* — *f.* 204′. Incipit accio nupcialis et benedictio. — *f.* 220. Benedictio aquae spargendae in domo. — *f.* 226. Orationes ad matutinas, — *f.* 227. ad uesperum, — *f.* 228 ante (*et* post) cibum, benedictio frugum, pomorum. — *f.* 229′. Oratio post obitum hominis, ante sepulturam, ad sepulchrum, post sepulturam. — *f.* 234′. Commendatio animae. — *f.* 235. *Missae pro defunctis.* — *f.* 245′ *vacuum.*

Miniat. color. fig. Picturae tabulares: — *f. 3′. Crux cum agno Dei arcu inclusa. — f. 131′. Crux arcu inclusa. — f. 172′. Crux arcu inclusa et litterae A Ω appositae.*

Georgius, De liturgia Roman. pontif. (Romae 1743) tom. II, p. CLVI. — *Thomasius,* Opera omnia, ed. Vezzosi tom. VI, p. 1 — *Assemani,* Codex liturgicus (Romae 1749—1766) tom. IVa, p. 1. — *Muratori,* Opere tom. XIII, part. 2, col. 1—462. — *Migne,* Patrologia Latina vol. LXXIV, col. 1055. — *Bethmann* in Pertz' Archiv Bd. XII, S. 274. — *Delisle,* Mémoires de l'Institut National de France tom. XXXII, p. 66. — *Wilson,* The Gelasian Sacramentary (Oxford 1894). — *Ebner,* Quellen und Forschungen S. 238.

4. Sacramentarium.

Regin. 317. membr. 261 + 1 f. 265 × 174 mm. saec. VIII. litteris uncialibus.

f. 1. Missale Gothicum. *man. saec. XVII.*

Collectio post nomina. Grata tibi sit, Domine . . . in uigilia natalis Domini, — *f.* 1'. Collectio ad pacem, — *f.* 2. Immolatio missae, — *f.* 3. Collectio post Sanctus, — *f.* 3'. post mysterium, ante orationem dominicam, benedictio populi, — *f.* 5. post communionem. — *f.* 5'. Collectio sequitur.

f. 6. Ordo missae in die natiuitatis Domini nostri Iesu Christi. Collectio post prophetia. Ortus es nobis . . . — *f.* 6'. Collectio post praecem. — *f.* 7'. Praefatio missae. — *f.* 8'. Collectio sequitur. — *f.* 9'. Collectio post nomina, *ceterae missae partes.* — *f.* 15'. Ordo missae in natale sancti Stephani protomartyris. — *f.* 24'. Missa in natale apostulorum Iacobi et Iohannis. — *f.* 31. Missa in natale sanctorum infantium. — *f.* 38. Ordo missae in circumcisione Domini nostri Iesu Christi.

f. 48'. Incipiunt praefatias cum collectiones in uigiliis ephiphaniae. Praefatio. Miraculorum primordia . . . *Sex praefationes et totidem collectiones.* Missa in uigiliis ephiphaniae. — *f.* 63. Missa in diem sanctum ephyphaniae.

f. 73. Missa in adsumptione sanctae Mariae matris Domini nostri. Generosae diei . . . *Praefatio, deest inscriptio.* — *f.* 85. Missa in natale Agnes uirginis et martyris. — *f.* 88. *al. man.* — *f.* 89. Missa in natale sanctae Caeciliae, — *f.* 93'. in natale sancti Clementis, — *f.* 99'. in natale s. Saturnini, — *f.* 104'. in natale s. Andreae apostoli, — *f.* 113. in natale s. Eulaliae v. — *f.* 118'. Missa in conuersione s. Pauli, — *f.* 122. in cathedra s. Petri apostoli.

f. 126. Ordo missae in inicium quadragesimae. Omnipotens sempiterne Deus . . . *Praefatio, deest inscriptio.* — *f.* 131. Item missa ieiunii. — *f.* 132'. Item. — *f.* 134'. Item. — *f.* 136 *vacuum.* — *f.* 136'. Horatio post Sanctus in quadragesima. Deus rerum omnium conditor — conlaudare sal (?); *litteris Anglosaxonicis.* — *f.* 137. Item. — *f.* 138'. Item missa in quadragesima. — *f.* 140. Missa in symbuli traditione. — *f.* 145. Missa in caena Domini. — *f.* 148'. Incipiunt orationes in biduana. — *f.* 150'. Praefationes in uespera pasche. — *f.* 151'. Praefatio ad inicio noctis sanctae paschae. — *f.* 152'. Benedictio caerae beati Augustini, quam adhuc diaconus cum esset edidet et caecinit. Exultet . . . *f.* 155'. Orationes paschalis duodecim cum totidem collectionibus. — *f.* 161'. Ad christianum faciendum. — *f.* 162'. Ad fontes benedicendos *et ordo baptizandi.*

f. 165'. Missa uigiliis sanctae paschae. Sacrosanctae noctis illius . . . *Praefatio, deest inscriptio.* — *f.* 169. Missa prima die sanctum paschae. collectio post prophetia. Summe omnipotens Deus . . . — *f.* 175'. Missa matutinalis per totam pascha pro paruolis, qui renati sunt. Secunda feria, feria III, IV, V, VI, sabbato. — *f.* 184'. Missa clausum paschae.

f. 187. Missa in ueneracione sanctae Crucis. Gloriemur in Cruce . . . — *f.* 190. Missa sancti Iohannis apostuli et evangelistae. — *f.* 191. Missae tres in rogationibus, collectiones in rogationibus per diuersa loca sanctorum, in s. Petro, in s. Paulo, in s. Stephano, in s. Martino, in s. Gregorio. — *f.* 201. Missa in ascensione Domini.

f. 202'. Missa in die sancto Pentecosten. Deus inluminatio et uita . . . — *f.* 204. Missa sanctorum Ferreoli et Ferrucii. — *f.* 208. Missa in natiuitate s. Iohannis bapt., *ad quam:* — *f.* 208 a'. *man. recentiore additum:* Benedictio populi. Deus, qui per Zacharie . . .; *desinit in:* illi uos. — *f.* 209'. Missa sanctorum Petri et Pauli.

f. 212. Missa in natale unius apostuli et martyris. Domine Deus omnium sanctorum . . . — *f.* 214. Missa in diem passionis s. Iohannis bapt. et martyris. — *f.* 216. In natale s. Sixti papae urbis Romae. — *f.* 218. Missa in natale s. Laurentii m. — *f.* 220. Missa sancti Ypoliti m. — *f.* 221'. Missa in natale sanctorum Cornelii et Cypriani. — *f.* 222'. Missa in natale sanctorum germanorum Iohannis et Pauli. — *f.* 224. Missa in natale beatissimi Sinfuriani m. — *f.* 228. Missa sancti ac beatissimi Mauricii cum sociis suis. — *f.* 231'. Missa sancti Leodegarii m.

f. 235'. Missa unius martyris. Sancti martyris tui . . . *Commune martyrum et confessorum.* — *f.* 245'. Missa sancti Martini ep.

f. 247'. Missa dominicalis. Deus, qui nobis . . . *Sex missae dominicales; septimae* collectio: Deus, qui culpa offenderis . . .; *desinit in:* misericorditer auerte.

Nonnulla litteris Anglosaxonicis addita.

Miniat. color. fig.

Thomasius, Codices sacramentorum (Romae 1680) p. 263—397. — *Mabillon,* De liturgia Gallicana p. 174—300. — *Muratori,* Opere tom. XIII, part. 3, col. 203—496. — *Migne,* Patrologia Latina tom. LXXII, col. 217—318. — *Neale* and *Forbes,* The Ancient Liturgies of the Gallican Church p. 32. — *Bethmann* in Pertz' Archiv Bd. XII, S. 274. — *Delisle,* Mémoires de l'Institut National de France tom. XXXII, p. 69—71. — *Duchesne,* Origines du culte chrétien p. 143. — *Ebner,* Quellen und Forschungen S. 240.

5. **Martyrologium et sacramentarium Parisiense.**

Ottobon. 313. membr. I+217 f. 279×192 mm. saec. IX.

f. I. Codex iste scriptus esse videtur . . . *De vetustate codicis duo librarii saec. XVI.* — *f.* 1'. Ce livre et a Jehan Gautier, qui le trouvara, si le porte en son otel a la rue de Quacot (*vel:* Quacet), et il aura bon vin etc.

f. 1. susceptus est in hospitium sancti Siluestri . . . *XI Kal. Sept.; martyrologium usque ad:* II Kal. Ian. depositio sancti Siluestri; *ind. cal., martyrologia nonnullorum sanctorum longiora, complures dies vacui. Multa aliis manibus addita, necrologia.* — *f.* 6. Explicit martyrologium Bedae presbiteri.

f. 6'. Gloria in excelsis, oratio, secreta, praefatio, postcommunio *de s. Genovefa, Credo Nicaenum aliis manibus.*

f. 7. In nomine Domini incipit liber sacramentorum de circulo anni a sancto Gregorio papa Romano editus. Qualiter missa Romana celebratur. Hoc est inprimis introitus . . . *Ordo missae.* — *f.* 8'. Per omnia secula seculorum . . . *f.* 9. Uere dignum et iustum . . . *Praefatio communis et Sanctus.* — *f.* 9'. Te igitur . . . *Canon usque ad:* Pax Domini sit semper vobiscum. Et cum spiritu tuo. *In margine ad Memento vivorum et ad Memento mortuorum multa nomina apposita, item alterum Hanc igitur et alterum Memento mortuorum.*

f. 11'. Benedictio episcoporum. Adesto supplicationibus nostris . . .; *consecratio, missa; ordinatio presbyterorum et diaconorum.*

f. 15. VIIII Kal. Ian. id est XXIIII die mensis Decembris. Oratio in uigiliis Domini. Deus, qui nos redemptionis nostrae . . . *Proprium de tempore usque ad dom. III de adventu et ad quattuor tempora mensis Dec.; proprium sanctorum usque ad:* Id. Dec. id est XXIII dies mens. Dec. Natale sanctae Luciae virg. *Orationes, super oblata, praefationes, Communicantes, Hanc igitur, ad complendum; aliae orationes, orationes super populum, orationes ad vesperum.* — *f.* 36'. Die dominico in palmis benedictio in palmis. — *f.* 38. In cena Domini benedictio olei ad infirmum, chrismatis principalis, olei catechumenorum. — *f.* 43. *Post* fer. VI parasceue: benedictio salis, oratio ad catechumenum faciendum. — *f.* 43'. Sabbato paschae oratio. ad credentes dicit dominus papa pisteugis. Item ad catechizandum infantes, benedictio fontis, oratio ad consignandos infantes. — *f.* 52. Orationes paschales; *per totam hebdomadem paschalem orationes ad fontes et ad sanctum Andream.* — *f.* 58'. Orationes de pentecosten, die sabbato ante descensum fontis. — *f.* 69. In sancti Xyxti episcopi benedictio uvae. — *f.* 85. Aliae orationes de aduentu.

f. 85'. Oratio, quando leuantur reliquiae. Aufer a nobis, quesumus Domine . . ., oratio in dedicatione ecclesie, missa. — *f.* 86'. Missa in natali papae, *aliae missae diversae.* — *f.* 92. Orationes cotidianae, — *f.* 96. matutinales seu vespertinales.

f. 98. Orationes ad baptizandum infirmum. Medellam tuam deprecor . . . — *f.* 102'. Oratio ad pontificem ordinandum.

f. 103. Hucusque precedens sacramentorum libellus a beato Gregorio constat esse editus . . . *De huius libri origine et partibus.* — *f.* 104'. Deus, qui Moysi apparuit . . . *Benedictio vini vel potus, al. man.* — *f.* 105. *Capitula I—CXXXXIIII partis alterius.* — *f.* 108. Reconciliatio altaris

siue basilicae, ubi homicidium perpetratur. Deum indultorem criminum —
obtinuisse suffragia.

f. 109. Incipit letania Romana. Kyrieleison . . . *al. man.* — *Insunt
nomina multorum sanctorum Gallicorum, al. man.*

f. 110. [H]ec sunt nomina fratrum de societate duodecim apostolorum.
Odo levita . . .; *multa in marginibus.* — *f.* 110′. Nomina canonicorum
Parisiensium. — *f.* 111. Nomina defunctorum. *al. man.*

f. 112. Benedictio cerei. Exultet iam angelica . . . *Orationes post lectiones dicendae, ordo baptizandi sabbato sancto.*

f. 123. Dom. I post natale Domini. Deus, qui salutis aeterne . . . *Missae
dominicales usque ad dom. XXIV post octavam pentecost.* — *f.* 131′. Missae
cotidianis diebus. — *f.* 132′. *Commune sanctorum.* — *f.* 134. *Missae diversae.* — *f.* 134′. Benedictio vestium uirginis uel uiduae, consecratio *earum.*
— *f.* 135′. *Benedictio altaris et vasorum ecclesiae.* — *f.* 136′. Missa in
anniversario dedicationis ecclesie. — *f.* 147. *al. man.*

f. 150′. Orationes et preces super penitentem confitentem peccata sua
more solito fer. IIII quadragesimae, — *f.* 151. ad reconciliandum penitentem fer. V in cena Domini. — *f.* 153. Reconciliatio penitentis ad mortem. — Orationes in agenda mortuorum, quando anima egreditur de corpore. — *f.* 154′. Orationes ante (*et* post) sepulturam. — *f.* 156. *Missae
defunctorum.* — *f.* 157. *Nomina in margine apposita.*

f. 158. Exorcismus salis. Exorcizo te . . . *Benedictio aquae, domus,
aliae benedictiones.* — *f.* 162′. Orationes matutinales et vespertinales. —
— *f.* 164. Impositio manuum super energumenos.

f. 167. Haec studiose perscripta secuntur praefationes in dominicis et in
diebus festis feriisque . . . In uigilia natalis Domini ad nonam. Vere dignum
et iustum est . . . *Praefationes de tempore usque ad dom. I ante nativitatem Domini et de sanctis usque ad s. Andreae ap.* — *f.* 197′. *Praefationes
communis sanctorum,* — *f.* 199′. *missarum diversarum,* — *f.* 202. *missarum defunctorum.*

f. 203. Benedictiones in uigil. natalis Domini. Omnipotens Deus, qui incarnatione . . . *Benedictiones episcopales proprii de tempore usque ad:* in aduentu
Domini; *proprii sanctorum usque ad:* in festiuitate Iohannis bapt. de martyrio.
— *f.* 210. *Benedictiones communis sanctorum,* — *f.* 211 cotidianis diebus.

f. 213. Die dominica. Missa de sancta Trinitate. Omnipotens sempiterne
Deus, qui dedisti . . . *Missae votivae et diversae.* — *f.* 214. Confessio
peccatorum. — *f.* 214′. In commemoratione sanctae Mariae. — Oratio ante
communionem. — *f.* 217′. Missa sacerdotis, *postcommunio desinit in:* carnis
immunditia seu.

*Complures librarii. Multa in marginibus man. rec. tum alia, cum initia
introituum, gradualium, offertoriorum, communionum addita. Complura
folia refecta.*

Miniat. color.: — *f. 9.* (⊕).

Muratori, Opere tom. XIII, part. 2, col. 491—1118. — *Bethmann* in Pertz' Archiv Bd. XII, S. 360. — *Delisle,* Mémoires de l'Institut National de France tom. XXXII, p. 149. 372—388. — *Ebner,* Quellen und Forschungen S. 231, 383, 455.

6. Sacramentarii Laureshamensis partes.

Palatin. 485. membr. 113 f. 276×193 mm. saec. IX.

f. I. *Infimo in folio:* + 398.

ut qui prior dedit. Quoniam et [cum] ipso et per ipsum et in ipso sunt omnia. Ipsi gloria in secula seculorum. Amen. Secundum Matheum. In illo tempore dixit Iesus discipulis suis. Cum uenerit paraclytus, quem ego mittam — dixi uobis. — Missa pro semetipso. Omnipotens sempiterne Deus... *Oratio, super oblata, ad complendum. Alia missa.* — *f.* I′. Lectio Pauli ad Romanos. Fratres. Condelector legi — gratia Dei... per Dominum nostrum... — Lectio beati Pauli ad Galatas. Fratres. Si praeoccupatus fuerit — legem Christi. — Evangelium secundum Lucam. In illo tempore... Petite et dabitur — petentibus se. — Secundum Marcum. In illo tempore... Habete fidem Dei — peccata vestra.

f. 2. Incipit confessio cuiuslibet sapientis. Quando uolueris confessionem facere... Domino Deo omnipotenti confessus sum... *Modus confessionis et absolutionis lingua Latina et modus confessionis lingua Germanica:* Ih gihu alamahtigen fater — allo mino sunda. In ther priast[er] quede thanne: Dominus custodit... *et oratio abrasa.*

f. 4. Cursus lunae per duodecim signa. Aprelis... *Tabula usque ad mensem Martium et interpretatio; nonnulla al. man. addita.* — *f.* 5. Ciclus lunaris undeviginti annorum per KL.... *Tabula et interpretatio.* — *f.* 5′. Ciclus solaris uiginti octo annorum per KL.... *Tabula et interpretatio.*

f. 6. *Kalendarium. Ind. astr. et cal. dies Aeg., nonnulla man. rec.* — *f.* 9. V Id. Iul. Aduentus sancti Nazarii in Laresham et natale sancti Benedicti abbatis. — *f.* 10. Kal. Sept. Translatio corporis et dedicatio ecclesie sancti Nazarii. *Necrologia et res historicae.*

f. 12. Expliciunt quattuor tempora anni... *Tabula ad invenienda tempora festiva.* — *f.* 12′. Ian. Aug. et Dec. IIII Nonas habent... *De kalendario Romano, praecepta ad feriam et lunam per kalendarium inveniendam secundum Romanos et Aegyptios,* horalogium. — *f.* 13. *Tabula epactarum.* — *f.* 13′. Incipiunt dies Aegyptiaci. Incipiunt dies, in quibus aegrotus an periclitare an euadere non potest... Incipiunt tempora pro sanitate corporis... — *Litterae numerique Graeci et interpretatio.*

f. 14′. Si amicum inter insidiatores positum, ut caute se agat, ammonere desideras... *Notae secretiores et notae Caesaris Augusti.*

Missa in galli cantu. Deus, qui hanc sacratissimam noctem... *In nativitate Domini, oratio, secreta, praefatio, ad complendum. — Ordo missae plurimorum martyrum.* — Missa in natale Sigismundi. Omnipotentem Deum, qui... *Missa pro febricitante, oratio super oblata, praefatio, ad complendum; al. man.*

f. 15'. Ad sanguinem minuendum. Luna I bona est... *Maior pars evanuit.*

f. 16. Beatissimus Hieronimus Hebreorum nominum interpretationem... In principio autem nomina — Abraham pater gentium. — *f.* 16'. Profetie primum genus extasis — Parodigma. *Interpretatio vocabulorum Graecorum.*

f. 17'. Deus omnipotens — pensetur ignoro. *Precatio.*

Primum in ordine misse antiphona — commendauit apostolos. *Expositio s. missae.* — *f.* 27'. Item incipit (alia) expositio. Dominus uobiscum salutat — omnes respondeant: Deo gratias. Amen. — *f.* 36'. Iterum incipit expositio de competenti. Sacris sacerdotibus et in Christo omnibus per diocesim nostram — opto ualere. De caticumino primum dicendum est, quia ipse primus efficitur — ut uiuificetur. *De catechumenis, de baptismo eiusque ordine interrogationes et responsa.* — *f.* 44'. De ecclesia Isidorus. Interrogatio. Ecclesia, cuius lingua — primum orationem facis. *De ecclesiae eiusque ministerio interrogationes et responsa.* — *f.* 45'. De baptismi officio ac misticis sensibus eorumque auctoribus designatis et de ordine uenientium ad fidem... Primus gradus est caticuminorum — uitae donatus aeternae. *Quindecim capita.* — *f.* 46'. In Dei nomine. Pauca ex eruditionum uoluminibus excerpta. Incipiunt de catholica ecclesia et eius ministris et de baptismatis officio. Ecclesiam Grecum est — ferebatur Spiritus sanctus. *Quattuor capita.*

f. 48. Sabbato sancto, postquam reddunt symbolum et catezizantur infantes, implentur caerei benedictio his orationibus. Exultet iam angelica turba — conseruare digneris. Per Dominum nostrum...

f. 49. Ex authentico libro sacramentorum s. Gregorii pape urbis Rome. Oratio ad catecuminum faciendum. Omnipotens sempiterne Deus... *et de catechizando infirmo infante.*

f. 50. Oratio. Ad uisitandum infirmum. Deus, qui famulo tuo...; benedictio salis, crucis, aquae, oratio in aream, de mortalitate hominum, *aliae orationes et benedictiones, orationes ad faciendum clericum, diaconum, abbatem, abbatissam, ad ancillas Dei velandas.*

f. 58'. In agenda mortuorum. Mox ut eum uiderit ad exitum... Subuenite sancti Dei... *Commendatio et ordo sepeliendi.*

f. 61. Benedictio aquae cum ligno crucis. Domine Iesu Christe..., *benedictio salis et aquae, aquae per ignem ferventem, palmarum et frondium aliis manibus.*

f. 64. Incipit praefatio sancti concilii. Concilium sacrum uenerandi culminis iuris — dulcia mella fluit. *Versus de concilio Nicaeno.* — Incipit constitutio et fides Niceni concilii subditis capitulis suis numero uiginti. Facta est autem haec synodus — superius scriptum est. — *f.* 68. Incipiunt canones apostolorum. I. Episcopus a duobus uel a tribus episcopis ordinetur — in nomine Patris et Filii et Spiritus sancti. *Quinquaginta capita. In margine al. man.:* Ecclesiasticae regulae sanctorum apostolorum prolate per Clementem ecclesiae Romanae pontificem, quae ex Grecis exemplaribus in ordine primo ponuntur — ex ipsis canonibus adsumpta esse uidentur. — *f.* 73. Incipiunt capitula de canonibus patrum. I. De praefatione...I(—XIII).

f. 73. Incipit liber penitentialis sumptus de canonibus patrum catholicorum ad remedium animarum domini Egberti archiepiscopi. Institutio illa sancta — benedictus in saecula saeculorum. Amen. — *f.* 79'. Edidit s. Bonifacius. Quomodo possumus paenitentiam septem annorum in uno anno paenitere — cum pane et aqua paeniteat.

f. 80'. Oratio contra fulgora... Omnipotens sempiterne Deus...; oratio super uasa in loco antiquo reperta, *ut* — *f.* 50, 52'. — *Infra man. saec. XVII:* Bonifatius siue Eckhardus archiepiscopus author est.

f. 80'. Obsecro uos, fratres dilecti — claustris monasterii contineri. *In margine man. saec. XVII:* Theodulfi Aurelianensis episcopi capitulare ad presbyteros parochiae suae. — *f.* 91. Predicatio. Audite fratres et adtentius cogitetis — in Trinitate perfecta uiuit et regnat in secula seculorum. Amen. *De rebus in baptismo renuntiatis et promissis.*

f. 92. Incipiunt capitula. Sicut sancta sinodus Nicena — ante me proferuntur. I(—XXXVII). — *f.* 95'. Item alia capitula. De ordine baptisterii, qualiter unusquisque presbyter scit — plebs obseruatur. I(—XVIII). — *f.* 96'. In nomine triplo simplo. De remediis peccatorum paucissima — Deus benedictus in saecula saeculorum. Amen. — *f.* 101. Admonitio Bedae. Si quis uoluerit diuino amore — incessabiliter emendare. — *f.* 101'. Incipit prologus de medicinae salutaris animarum. De remediis uulnerum secundum priorum patrum diffinitiones dicturi — salus tua gloria. — *f.* 107'. Finitus est hic liber scriptus a Comminiano. — Incipit praefatio libelli, quae pater Theodorus diuersis interrogationibus ad remedium temperauit poenitentiae. Discipulus Umbrensium uniuersis Anglorum — omnia diligentia conseruari (?).

f. 101'. *In margine:* Alleluia. Laus tibi Christe — super terram. *Antiphona neumis sine lineis instructa. Item:* — *f.* 102. Crucifixum Dominum laudate — adorate. — *f.* 106'. Deus angelorum... Gloria Patri et Filio... — *f.* 110'. Cum esset desponsata — de Spiritu sancto.

f. 106', 109, 110', 113'. *Probationes pennarum;* — *f.* 113'. Razo, Rather. *Complura folia refecta. Neumae.*

Bethmann in Pertz' Archiv Bd. XII, S. 335. — *Stevenson,* Codices Palatini Latini tom. I, p. 155.

7. Sacramentarium.

Regin. 337. membr. 253 f. 214 × 173 mm. saec. IX.

In folio chart. praeligato: Ioannes Tarinus eloquentiae professor Is. Heraldi curae credidit.

f. 1. Numero 45 n. P. 1656. — Volumen XLV non Petavianum.

In nomine Domini. Incipit liber sacramentorum de circulo anni expositum a sancto Gregorio papa Romano editum ex authentico libro bibliothecae cubiculi scriptum, qualiter missa Romana celebratur.

f. 2. Hoc est inprimis introitus . . . — *f.* 2′. *Praefatio communis cum initio, Sanctus.* — *f.* 3′. Te igitur . . . *Canon.* — *f.* 6. *man. saec. XII. Memento mortuorum additum.*

f. 7. Benedictio episcoporum. Adesto supplicationibus nostris . . . — *f.* 9. Oratio ad ordinandum presbyterum, — *f.* 10′. diaconum.

f. 12′. VIIII Kal. Ian. id est die XXIIII mensis Decembris oratio in uigilia Domini. Deus, qui nos redemptionis nostrae . . . *Orationes, super oblata, praefationes, Communicantes, Hanc igitur, ad complendum, aliae orationes* ad uesperos, ad fontes, ad sanctum Andream; *nonnullis festis primum:* Oratio, *deinde:* Ad missam. — *Proprium de tempore et sanctorum a* s. *Stephani usque ad annuntiationis Mariae.* — *f.* 27′. *Proprium de tempore a dom. in septuagesima incipiens.* — *f.* 28. *A fer. IV post dom. in quinquagesima missae omnium feriarum quadragesimalium.* — *f.* 46′. In cena Domini benedictio olei infirmorum, chrismatis principalis. — *f.* 49′. *Fer. VI in parasceve orationes sollemnes, benedictio salis,* oratio ad catecuminum faciendum, super infantes. — *f.* 53′. In sabbato sancto oratio ad catechizandos infantes, benedictio fontis, oratio ad infantes consignandos. — *f.* 61. *Post pascha orationes* ad sanctum Iohannem, ad sanctam Mariam, ad Cosmam et Damianum, ad uesperos, ad fontes, ad sanctum Andream. — *f.* 67′. Orationes paschales. — *f.* 70. Ad complendum diebus festis. — *f.* 70′. *Proprium sanctorum a* s. *Tiburtii et Valeriani usque ad* s. *Luciae.* — *f.* 76. Orationes de pentecosten. — *f.* 82. Mense Iun. Kal. Iun. dedicatio natal. sancti Nicomedis. — *f.* 91′. In natal. s. Xysti benedictio uvae. — *f.* 110. Mense Decembrio orationes de adventu Domini. — *f.* 113′. Aliae orationes de adventu.

f. 114. Oratio, quando levantur reliquie. Aufer a nobis, quesumus, Domine . . ., in dedicatione ecclesie, post velatum altare. — *f.* 116. In natale pape, *missae diversae.* — *f.* 117′. Ad sponsas benedicendas. — *f.* 123′. Orationes cotidianae, — *f.* 129′. Orationes matutinales. — *f.* 130′. Orationes vespertinales seu matutinales.

f. 133. Oratio ad baptizandum infirmum. Medellam tuam deprecor . . . — *f.* 134′. Oratio ad visitandum infirmum, — *f.* 135′. ad clericum faciendum, ad diaconam faciendam, ad ancillas Dei velandas, — *f.* 136′. ad abbatem

faciendum vel abbatissam. — *f.* 139. *Orationes diversae, quarum in numero:*
In agenda mortuorum. — *f.* 139'. Ad pontificem ordinandum, *nonnulla*
man. rec. addita.

f. 140. I Benedictio caerei . . . *Index libri secundi a I usque ad CXLIII.*

f. 144'. I Benedictio caerei. Exultet iam angelica turba . . . — *f.* 147.
Oratio . . . ut nos famulis tuos omnem clerum . . . cum patre nostro papa
illo . . .; *al. man.* Adriano. — *f.* 147'. Alia benedictio caerei. — *f.* 149'.
Orationes in sabbato sancto et in uigilia pentecost., *ordo baptizandi.* —
f. 156'. *Ad* Oratio super masculos vel super feminas: Require in Gregoriano.

f. 159. VI Dom. I post natale Domini. Deus, qui salutis aeterne . . .
Missae dominicales: — *f.* 159'. *dom. I—VI post theophaniam,* — *f.* 161.
dom. I—IV post pascha et dom. post ascensionem, — *f.* 163'. *dom. I—XXIV*
post pentecost. — *f.* 171. Missae cottidianae. — *f.* 173. *Commune sanc-*
torum.

f. 175'. LV Orationes ad clericum faciendum. Oremus, dilectissimi fratres,
Dominum nostrum Iesum Christum . . . — *f.* 176'. Benedictio vestium virginis velandae, benedictio virginis. — *f.* 177'. Benedictio altaris, calicis.
— *f.* 179'. Oratio in dedicatione fontis. — Missa in anniversario dedicationis
basilicae. — *f.* 180. Missa pro regibus. — *Missae diversae.* — *f.* 188'.
Pro abbate vel congregatione.

f. 198'. XCVI Orationes et preces super penitentem confitentem peccata
sua more solito fer. IIII infra quinquagesimam. Exaudi, Domine, preces
nostras . . .; ad reconciliandum penitentem fer. V in cena Domini, — *f.* 200'.
ad visitandum infirmum, — *f.* 203. in agenda mortuorum. — *f.* 208. *Missae*
defunctorum.

f. 214. CXII Exorcismus salis. Exorcizo te . . . *Benedictio aquae, domus,*
aliae benedictiones, locorum variorum, monasterii. — *f.* 222'. Orationes
matutinales, — *f.* 224. vespertinales. — *f.* 225. Impositio manuum super
energumenos.

f. 229'. In natale sancti Stephani martyris. Vere dignum et iustum . . .
Praefationes proprii de tempore et sanctorum, — *f.* 236'. *communis san-*
ctorum. — *f.* 240. *Praefationes dominicales,* — *f.* 242. *in adventu Domini,*
de quattuor temporibus. — *f.* 243. *Praefationes diversae.*

f. 245. Incipiunt benedictiones episcopales. Locutus est Dominus ad
Moysen . . . Benedicat tibi Dominus . . . *Benedictiones proprii de tempore*
et de sanctis, — *f.* 252'. *communis sanctorum,* — *f.* 253. cottidianis diebus;
quarta desinit in: amen. quod ipse.

Complura manibus rec. et emendata et addita.

Miniat. color. et inaurat.: — *f.* 3. *littera V,* — *f.* 3'. *littera T.*

Muratori, Opere tom. XIII, part. 2, col. 491—1118. — *Ebner,* Quellen
und Forschungen S. 241, 383, 455.

8. Sacramentarium Benedictinum Laureshamense.

Palatin. 495. membr.; A—P chart. II + A—P + 289 f.
255 × 178 mm. saec. X.

f. I, II *vacua.* — *f.* A. Index capitulorum huius codicis. Ordo missae . . .
man. saec. XVII. — *f.* P' *vacuum.*

f. 1. Dei, orate pro me peccatore — sorores. — Oratio, qvando oblata
svperponvntvr altare. Domine rex omnipotens . . . *Memento sacerdotis,
vivorum et mortuorum man. rec.*

f. 1'. In nomine Domini. Liber sacramentorum de circulo anni a sancto
Gregorio papa Romano editus. qualiter missa Romana celebratur. Hoc est
in primis introitus, qualis fuerit statutis temporibus — super oblata. Qua
completa dicit sacerdos excelsa uoce. — *f.* 2'. Per omnia saecula saeculorum . . . Vere dignum et iustum est . . . *Praefatio communis et Sanctus.*

f. 3'. Te igitur . . , Canon. *In Communicantes inter sanctos:* Laurentii,
Nazarii . . . , Hilarii, Martini, Augustini, Gregorii, Hieronimi, Bendicti,
Uuodalrici, Adalberti . . . *Item:* — *f.* 9. *in Libera nos:* Petro et Paulo atque
Andrea et sancto Nazario martyre tuo. — *f.* 7. *Summo in folio aliis
manibus nomina:* Diederat. Irmensint. Cecilia. Veronica. Voda. Gerebirk.
Addellint.

f. 8'. Mense Dec. orationes de aduentu Domini. Dominica prima. Excita,
Domine, quaesumus . . . *Proprium de tempore usque ad dom. XXVI post
octavam pentecost.; orationes, secretae vel (super) oblata, praefationes, infra
actionem, ad complendum dominicarum et feriarum.* — *f.* 38. In cena Domini
benedictio chrysme principalis. — *f.* 46. Fer. VI in parasceve benedictio
salis ad catecuminum faciendum, oratio ad catecuminum faciendum. —
f. 47. *Sabbato sancto benedictio cerei, fontis, ordo baptizandi.* — *f.* 95'.
Orationes cottidianae sancti Gregorii pp.

f. 97'. In uigilia Domini ad nonam. Statio ad sanctam Mariam. Deus,
qui nos redemptionis nostrae . . . *Proprium nativitatis Domini, epiphaniae,
ss. Stephani, Iohannis ap., Innocentium.*

f. 108. XVIII Kal. Febr. Sancti Felicis in P[incis]. Concede, quaesumus . . .
Proprium sanctorum usque ad: XI Kal. Ian. Natale sancti Thomae apostoli. — *f.* 112. Sanctae Brigidae, *al. man., ut videtur.* — *f.* 112'. Orationes
super candelas in purificatione s. Mariae. — Missa Ypapanti ad sanctam
Mariam. — *f.* 143. Pausatio s. Mariae.

f. 167. In uigilia plurimorum apostolorum. Concede, quaesumus, omnipotens
Deus . . . *Commune sanctorum.* — *f.* 174'. In celebratione omnium sanctorum.
— *f.* 175'. In ecclesia cuiuslibet martyris uel confessoris. — *f.* 176'. Missa
cottidiana in commemoratione sanctorum. — *f.* 177. Ad poscenda suffragia
sanctorum.

f. 178. In dedicatione ecclesie. Domum tuam, quaesumus, Domine . . . ; ad consecrandum altare, benedictio patenae, calicis. — *f.* 179'. In dedicatione basilice.

f. 180'. In natalae papae. Oratio. Deus, qui licet . . . *Missae diversae.* — *f.* 194. *Missae votivae.* — *f.* 252'. Orationes super infirmum *et ordo ungendi.* — *f.* 254'. Agenda mortuorum. — *f.* 255'. *In commemoratione vivorum man. rec. nomina superscripta:* Echenoldi, Gebehardi, Reginhardi, Iutta, Hiltigart, Alewich. — *f.* 270. Missa pro defuncto, antequam sepeliatur. *Totum officium. Item:* — *f.* 273. Missa propria sacerdotis. — *f.* 279. *Duae orationes vigiliae pentecost. al. man.*

f. 279'. Uicesimus secundus circulus Dion. Annus Domini . . . *usque ad circulum vicesimum quintum vel ab anno 931 usque ad annum 1005. In marginibus necrologia et res ab anno 936 usque ad annum 978 gestae.*

f. 281'. Oratio sacerdotis ante celebrationem misse. Ante oculos tuos Domine — et predicare. Per Christum . . . *al. man.*

f. 282. Postquam scripsi libellum, qui a mea paruitate uocatur de ecclesiastico officio, veni Romam interrogauique ministros ecclesiae sancti Petri, quot orationes — ternarium numerum.

f. 287. Missa pro defuncta femina. Quaesumus, Domine, pro tua pietate . . . *Orationes, lectiones evangeliorum, praefationes, quo in numero:* — *f.* 287'. Oratio pro monasterio s. Nazarii, — *f.* 288. in honorem s. Udalrici, — *f.* 289'. In vigilia s. Laurentii; *aliis manibus.*

f. 288'. Egelat. Aba. Otacar. Gerbodo. Betzelo. Otburh. Alpacart. Reginuuib. — *f.* 289'. Nordiloh. Herifrit. Gerbolt *(bis).* Bereht . . . Waltolf. Cunegunt. Isenherus. Hesso. Cumbret. Guntram. Berenger. Huc. Ruodholfus. Walt . . . Adalbret. Cuonrat *(bis).* Vdalbret *(bis).* Guncilin. Vzo. Hesso. *Nonnulla in marginibus al. man. rec. addita.*

Bethmann in Pertz' Archiv Bd. XII, S. 337. — *Stevenson,* Codices Palatini Latini tom. I, p. 166. — *Delisle,* Mémoires de l'Institut National de France tom. XXXII, p. 238—240. — *Ebner,* Quellen und Forschungen S. 247.

9. **Sacramentarium Benedictinum Fuldense.**

Vatican. 3548. membr. 183 f. 289 × 205 mm. saec. X.

f. 1. *Infra:* Antonii card. Carafae bibliothecarii munus ex testamento. *Insigne eius.*

Per omnia secvla secvlorvm. Amen . . . *Praefatio communis et Sanctus.* — *f.* 2'. Te igitur . . . *Canon. Ad Memento vivorum in margine man. rec.:* Constantini Monomachi imperatoris, Theodore imperatricis, Cogna . . . eius, Nikefori protospatarii. *In Communicantes post* Damiani: Dyonisii, Bonifatii, Martini, Augustini, Gregorii, Ieronimi, Benedicti. *Ad Memento mor-*

tuorum in margine eadem man. rec.: Zoj imperatricis, *al. man.:* Petrus bone memorie. — *f.* 5 *desinit in:* audemus dicere. Dominica oratio.

f. 6. In uigilia natale Domini. Deus, qui nos redemptionis... *Proprium de tempore et sanctorum usque ad:* annuntiationis s. Mariae. *Orationes, super oblata, praefationes, Communicantes, Hanc igitur, ad complendum, multis festis complures orationes. — f.* 21′. In s. Proiecti, *desinit in:* ad complendum. — *f.* 22. supplices exoramus, ut sicut unigenitus... *In purificatione. Ad festa sanctorum kalendarium Romanum.*

f. 29. Dom. II post theophaniam. *Proprium de tempore usque ad dom. XXVI post pentecost., dom. V ante natale Domini usque ad:* dom. ante natale Domini. — *f.* 33′. Dom. in quinquagesima ordo ad dandam penitentiam; *confessio lingua Germanica conscripta:* huuirdu gote almahtigen bigihtig — thin uuillo si. Amen. *Deficit miniator. — Initia septem psalmorum poenitentialium:* Domine, ne in ira tua... *Singulis feriis quadragesimae missae, orationes super populum et ad vesperum. — f.* 63′. *Fer. VI in parasceve orationes sollemnes. — f.* 66. Benedictio caerei; orationes, que dicuntur pro singulis lectionibus in sabbato sancto secundum Gregorium. — *f.* 73′. *Post sabbatum post pentecost.:* dom. (V) post pascha et dom. I post pent.

f. 91′. Presta, quesvmus, omnipotens Deus, ut beatus Leo... *Proprium sanctorum a s. Leonis pont. usque ad s. Thomae ap. — f.* 106. In s. Syxti ep. benedictio uve sive fabe. — *f.* 126′. Kal. Dec. Ordinatio s. Bonifatii ep.

f. 128′. Uigilia unius apostoli. Concede, quesumus, omnipotens, uenturam... *Commune sanctorum.*

f. 133′. Kal. Nou. Dedicatio ecclesiae Fuldensis s. Bonifatii ep. Deus, qui nobis per singulos... *et praefatio.*

f. 134′. Missa de sancta Trinitate. Omnipotens sempiterne Deus, qui dedisti... *Missae votivae et diversae. — f.* 136′. Missa monachorum in ueneratione s. Mariae. — *f.* 138′. Item. — *f.* 142′. Missa pro rege, — *f.* 143. pro regibus christianis, — *f.* 143′. pro abbate et congregatione. — *f.* 144. Missa s. Ambrosii, s. Augustini. — *f.* 159. Missa in veneratione s. Bonifacii. — *f.* 151′. Missa s. Augustini. — *f.* 152′. Missa pro universali papa canenda, — *f.* 167′. ad velandas virgines, — *f.* 179. pro defunctis. — *f.* 183′. Missa de ss. Cosma et Damiano. *al. man.*

Duo librarii: alter a — f. 144 usque ad finem. Nonnulla al. man. addita.

Miniat. color. et inaurat. — f. 1, 1′, 2, 2′, 3 purpurea, litterae aureae; in priore parte codicis inscriptiones litteris argenteis, in altera parte litteris miniatis. Orationum festivarum initia foliis coloratis. Pict.: — f. 8, 14.

Ebner, Quellen und Forschungen S. 208.

26*

10. Sacramentarium Benedictinum Fuldense.

Vatican. 3806. membr. 307 f. 346 × 283 mm. saec. X.

f. 1. Canon IX (?), in quo Marcus et Lucas . . ., *agglutinatum, ut multa legi non possint.* — *f.* 1′. Canon X, in quo Ioannes. — *f.* 2, 2′. Canon I, in quo IIII. *Desunt ceteri canones.*

f. 3. *Kalendarium. Ind. astr. et cal. dies Aeg., dies litteris Graecis numerati, primus Ianuarii* = Θ, *nomina mensium Hebraica, Graeca, Latina, Germanica; Germanica et antiqua et nova a Karolo Magno indita. Pro nominibus sanctorum martyrologia (martyrologium abbreviatum) ut:* Kal. Ian. Circumcisio Domini. Rome sancti Concordii mr. et sancte Martine, uxoris Adriani. *Ad martyrologia pontificum Romanorum constitutiones eorum, ut:* s. Lucii: Hic iussit, duo presbyteri et VI diaconi episcopum non deserent. — *f.* 8. Kal. Nov. Rome s. Cesarii diaconi et expantheon dedicatum est in templum in honore omnium sanctorum et passio sancti Eustachii cum filiis suis. Fuldensi in cenobio dedicatio basilice sancti Bonifatii pontificis. — *f.* 8′. Kal. Dec. Ordinatio sancti Bonifatii ad pontif. XVI Kal. Ian. Obitus Sturmii abbatis. — *f.* 9, 10, 11 *vacua.*

f. 11′. In nomine Domini incipit liber sacramentorum de circulo anni. Expositus a sancto Gregorio papa Romano. Editus ex autentico bibliothecae cubiculi scriptus, qualiter missa Romana celebratur. Hoc est in primis introitus — excelsa uoce. — *f.* 12. Per omnia secula seculorum. Amen . . . *Praefatio communis et initium cantici Sanctus.*

f. 13. Oratio, antequam sacramenta incipiunt. Facturus memoriam salutis — secula seculorum. Amen.

f. 13′. Te igitur . . . *Canon. In Memento vivorum:* rege nostro illo. — *Memento vivorum inscribitur:* Super dyptitia. — *f.* 16′. VII Kal. Ian. Uigilia natalis Domini ad Nonam. Deus, qui nos[t]re redemptionis . . . *Proprium de tempore et sanctorum. Orationes, secretae, praefationes, Communicantes, Hanc igitur, ad complendum, multis festis complures orationes et duae praefationes.* — *f.* 43. *A dom. septuagesimae usque ad octavam paschae proprium de tempore. Missae omnium feriarum quadragesimae.* — *f.* 71. Fer. IV post palmas orationes solemnes. — *f.* 74. *Fer. V in coena Domini benedictio olei infirmorum et chrismatis,* orationes ad reconciliandum penitentem. — *f.* 80′. *Fer. VI. Orationes sollemnes ut fer. IV.* — *f.* 81′. *Sabbato consecratio fontis, ordo baptizandi.* — *f.* 92′. Orationes paschales. — *f.* 124′. *In s. Xysti benedictio uvae.*

f. 152′. *Post s. Thomae apostoli commune sanctorum.* — *f.* 164. *Post commune virginum:* benedictio vestium virginis, missa in consecratione virginis, benedictio virginis ad abbatissam faciendam.

f. 166. Ebdom. II *usque ad:* Ebdom. XXVII post pentecost. — *f.* 179′. Ebdom. V *usque ad:* Ebdom. prima ante natale Domini. *Proprium de tempore. — f.* 185. Orationes de adventu cottidianis diebus. *— f.* 187. Benedictiones ad vestimenta sacerdotalia. *— f.* 188′. Missa in anniversario basilice.

f. 189′. Incipit ordo ad sacros ordines benedicendos . . . Prefatio ostiarii. Deum Patrem omnipotentem . . . *Ordinis ratio minorum ordinum et subdiaconi, — f.* 192′. *diaconi, presbyteri, episcopi. In marg. man. rec.:* Examinacio in ordinatione episcopi. *Item: — f.* 196′. Ad amictum dandum. *Missae a sacerdotibus et ab episcopis dicendae.*

f. 209′. Missa omnium sanctorum cottidianis diebus. Deus, qui nos beatae Mariae . . . *Missae diversae, — f.* 211. sanctae Mariae, *— f.* 216. *votivae.*

f. 249. Orationes et preces super penitentem confitentem peccata sua, *— f.* 250. Orationes ad visitandum infirmum sive unguendum oleo sancto. *— f.* 253. Missa communis beati Augustini. *— f.* 254′. *Ordo curandi et sepeliendi mortuos, missae pro defunctis.*

f. 272. Oratio ad capillaturam. Omnipotens sempiterne Deus, respice . . . *Benedictiones variae, — f.* 272′ aquae et salis. *— f.* 283′. Oratio ad hominem signandum. *— f.* 284. Orationes super doemoniacum.

f. 287′. Incipit ordo baptisterii. Infans paruulus . . . Omnipotens sempiterne Deus Pater . . . Ordo ad catechumenum ex pagano faciendum. — *— f.* 292′. Orationes cottidianae, *— f.* 295. vespertinales, *— f.* 295′. ad crucem, *— f.* 296. ad completorium, *— f.* 296′. matutinales. *— f.* 298. Apollogiae sacerdotis propriae, missa pro febricitante. *— f.* 300′ *vacuum.*

f. 301. Non. Mart. Natale sancte Perpetue et Felicitatis. Da nobis, Domine Deus noster . . . *Complura eadem man. ad proprium sanctorum addita, inter quae: — f.* 301′. s. Bonifatii, *— f.* 302′. translatio s. Martini, *— f.* 304. s. Arnulfi, *— f.* 304′. s. Magni, *— f.* 305. s. Rufi, vigilia, natale s. Galli. *— f.* 306. Missa ad comprimendas feritates gentium. — *f.* 307. *man. rec.* Missa pro papa (Silvestro). *— f.* 307′ *vacuum.*

f. 307 refectum.

Miniat. color. auro, argento distinctae. — f. 11′, 12, 12′, 13, 13′ purpurea, litterae aureae ut Vatican. lat. 3548. — f. 1, 2 columnae et fig.

Georgius, De liturgia pontific. Roman. tom. II, p. CXLIX. — *Ebner,* Quellen und Forschungen S. 212, 342.

11. Sacramentarium Benedictinum monasterii Cellensis archidioec. Moguntinae.

Palatin. 494. membr. 76 f. 228 × 115 mm. saec. X. XI.

Folium primum vacuum.

f. 3. Inicivm sancti evangelii secvndvm Mathevm. Liber generationis — qui vocatur Christus. *— f.* 4′. Inicivm sancti evangelii secvndvm Iohannem. In principio erat verbum — gratia et veritate. *— f.* 6. Videns Iesus turbas ascendit in montem et cum sedisset . . . *Deest inscriptio; Matth. 5, 1—12.* *— f.* 7′, 8 *vacua.*

26**

f. 9. Uere dignvm et ivstvm est . . . *Praefatio communis neumis sine lineis instructa et Sanctus.* — *f.* 10 *vacuum.*

f. 11. Te igitvr . . . *Canon usque ad:* Libera nos — da propitius pacem — per omnia saecula. *Deinde semel:* Agnus Dei — miserere nobis.

f. 16′. Concede, quaesumus, omnipotens Deus, ut nos unigeniti tui noua per carnem . . . *In nativitate Domini missa tertia. Proprium de tempore et sanctorum, collectae, secretae vel super oblata, praefationes, Communicantes, ad complendum vel postcommuniones. Item:* — *f.* 17′. In natale s. Stephani. — *f.* 18′. De sancto Iohanne. — *f.* 20. In natale Innocentium. — *f.* 21′. Dominica *(infra octavam).* — *f.* 22′. In octava Domini. — *f.* 23. In epiphania, *duae missae.* — *f.* 25. Sanctorum Fabiani [et] Sebastiani. — *f.* 26. IIII Non. Febr. Yppapanti. oratio ad coll., benedictio cerei, *missa.* — *f.* 28′. Benedictio palmarum, die dominica in palmis: *missa.* — *f.* 31. Benedictio caerei in [sabbato] sancto. Exultet *et praefatio neumis sine lineis instructa; initia lectionum prophetarum, orationes; oratio, secreta, praefatio, Communicantes, Hanc igitur, postcommunio missae.* — *f.* 39′. In die pasche *missa et oratio ad vesp., fer. II usque ad sabbatum;* dominica in albis.

f. 44. Kal. Mai. Natale apostolorum Philippi et Iacobi. — *f.* 45. Natale sanctorum Alexandri, Euentii, Theoduli. Inventio s. Crucis. — *f.* 47. De sancto confessore Christi Phylippo. — *f.* 48. In ascensione. — *f.* 50. In die pentecosten, *praefatio, Communicantes, Hanc igitur, fer. II usque ad fer. IV,* dominica in octava. — *f.* 54′. Natale s. Iohannis bapt., *missa et oratio ad vesp.* — *f.* 56. In natale apostolorum Petri [et] Pauli, *missa et oratio ad vesp.* — *f.* 57′. Eodem die s. Pauli, *missa et oratio ad vesp.* — *f.* 58. S. Laurentii, *missa et oratio ad vesp.* — *f.* 59′. Assumptio sancte Marie. — *f.* 61. Nativitas s. Marie. — *f.* 62′. In dedicatione ecclesie sancti Michaelis archangeli. — *f.* 63′. Natale sancti Remigii. — *f.* 64. In festivitate omnium sanctorum, *missa et oratio ad vesp.* — *f.* 65′. In natale s. Permini. — *f.* 66′. Natale s. Martini. — *f.* 68. Sancti Andree apostoli. — *f.* 69′. In anniversario dedicationis ecclesie.

f. 71′. Oratio in cena Domini ad reconciliationem faciendvm. Ant. Cor mundum. Ps. Domine, ne in furore tuo. *Initia septem psalmorum poenitentialium, preces, orationes.*

f. 74′. V Non. Mai. Natale sancti Phylippi conf. Eodem die inuentio sancte Crucis. Deus, qui beatum Phylippum confessorem tuum . . . *Orationes, secretae, praefationes, ad complendum de s. Philippo et de s. Cruce, al. man.*

f. 75′. Liubburc, Rihsuint, . . . bbern, Liutgart, Odigeba, Regingart, Gozzo, Wicnant, Emhilt, Hildibolt, Otsuint, Uodelart, Gunda, Uodelart, Gunbolt, Bernhelm, Hildibolt, Adaluuib, Herinfrid, Sigibolt, Gunbolt, Engilburc, Berchderat, Uuecburc, Herriho (?), Kunigunt, . . . Walahamus, Dioderat . . .

f. 76. Ruobbraht, Gerbraht, Guntharius aduocatus; *man. rec.:* Mildarun de Mogt. et H. in fraternitate sci. Ph. *Complures librarii.*

In nomine sancte et indiuidue Tri ‖ nitatis. Notum sit omnibus fidelibus ‖ christianis presentibus et futuris, qualiter ego Gerhartdus ob salutiferam anime mee memoriam emi a Gezone libero homine uineam unam in marca Gozenesheim sitam cognomine Kelewere ea uidelicet conuentione, ut ipse scilicet Gezo libera manu sua traderet eam super altare sancti Philippi et mihi et posteris meis in stabilem hereditatem manciparet ea conditione, ut, quam diu uiuerem, ego omni anno et posteri mei in anniuersario die meo fratribus Deo et sancto Philippo seruientibus lx panes et unam uictimam porcinam V solidos ualentes et unam hamam uini persoluerent — gratiam saluatoris acquirat. Amen. *al. man.*

Complura aliis manibus addita.

Miniat. color., fol. purpureis: — f. 9, 11, 16', 39', 47.

Neumae.

Bethmann in Pertz' Archiv Bd. XII, S. 337. — *Stevenson,* Codices Palatini Latini tom. I, p. 165. — *Ebner,* Quellen und Forschungen S. 246. — *Eubel* in »Katholik« 1896, S. 551.

12. Sacramentarium Benedictinum Laureshamense.

Palatin. 499. membr. 137 f. 280 × 212 mm. saec. XI.

f. 1. In venerationem s. Marie et omnium sanctorum. Deus, qui nos beate Marie . . . *Oratio, secreta, duae communiones; alia missa de B. M. V. et de omnibus sanctis. — f. 1'.* In natale sancti Egidii ep. et conf.

f. 2. *Kalendarium. Ind. cal. dies Aeg. — f. 4'.* XIIII Kal. Iul. Dedicatio maioris ecclesie. — *f.* 5. V Id. Iul. Translatio Benedicti et aduentus s. Nazarii in Lauresham. *Necrologia et legata monasterii Laureshamensis. Complura man. rec. addita.*

f. 8. [D]omine Deus omnipotens, qui saluos . . *Oratio, secreta, postcommunio pro omnibus necessitatibus, al. man.*

f. 8'. [R]orate celi desuper . . . *Missa de B. M. V., lectio evangelii:* Luc. Missus est . . ., *introitus et graduale neumis sine lineis instructa; man. saec. XII.*

f. 9. Per omnia secula seculorum . . . *Praefatio communis. — f.* 10. Te igitur . . . *Canon usque ad:* Pax Domini . . . et cum spiritu tuo. *In Communicantes aliquot nomina sanctorum et alii loci abrasi. — f.* 13'. *In Libera nos* . . . : et sancto Nazario martyre tuo.

f. 13'. Secundum Iohannem. In illo tempore. Stabant iuxta crucem — discipulus in suam; praefatio in veneratione b. Marie v. — *f.* 14. Salue sancta parens . . . *Missa de B. M. V., lectio evangelii:* Luc. Loquente Iesu ad turbas extollens vocem quaedam mulier . . . ; *introitus, graduale, communio neumis sine lineis instructa. Eadem man., qua — f. 8'.*

f. 14'. In vigilia natalis Domini. Deus, qui nos redemptionis . . . *Proprium de tempore usque ad dom. VI post natale Domini et proprium ss. Stephani, Iohannis ev., Innocentium, collectae, secretae, praefationes, infra actionem, ad complendum.*

f. 24. In natale sancti Silvestri. Da, quaesumus, omnipotens Deus . . . *Proprium sanctorum usque ad s. Ambrosii. — f.* 30. *In purificatione B. M. V. benedictio candelarum.*

f. 37. In septuagesima. Preces populi tui . . . *Proprium de tempore usque ad dom. IV adventus et proprium sanctorum tempore paschali. — f.* 49'. In capite ieiunii *benedictio cinerum. — f.* 50. Dom. in ramis palmarum *benedictio palmarum. — f.* 56. *Sabbato sancto benedictio cerei. — Ante dom. I post pentecost. missa* de s. Trinitate.

f. 81. Sancti Nicomedis. Deus, qui nos beati Nicomedis . . . *Proprium sanctorum usque ad s. Thomae apostoli.*

f. 106'. In vigilia unius apostoli. Concede, quaesumus... *Commune sanctorum.*

f. 108'. In dedicatione aecclesiae. Deus, qui nobis per singulos . . . *et alia missa.*

f. 110. De sancta Trinitate. Omnipotens sempiterne Deus . . . *Missae votivae a dominica usque ad sabbatum, missae diversae.*

f. 125. Pro defuncto, qui non penituit. Domine Deus omnipotens . . . *Missae defunctorum. — f.* 136'. Missa communis. Fidelium omnium conditor . . ., lectio apocalypsis: In diebus illis audivi vocem . . ., lectio evangelii secundum Iohannem. In illo tempore: Dixit Martha ad Iesum . . .

Nonnulla in marginibus al. man. addita.

Miniat. auro et argento distinctae. — f. 9 purpureum, litterae aureae. Neumae.

(Georgius.) Martyrologium Adonis (Romae 1745) p. 704. — *Böhmer,* Fontes rerum Germanicarum (Stuttgart 1851) tom. III, p. 144. — *Bethmann* in Pertz' Archiv Bd. XII, S. 337. — *Stevenson,* Codices Palatini Latini tom. I, p. 167. — *Delisle,* Mémoires de l'Institut National de France tom. XXXII, p. 240. — *Ebner,* Quellen und Forschungen S. 250.

13. **Sacramentarium Arretinum.**

Vatican. 4772. membr. f. 2—233. 218×146 mm. saec. XI. XII.

f. 2. Dominica I de aduentu. Ad te leuaui animam meam . . . *Officia missarum. Initia introituum, gradualium, offertoriorum, communionum, prophetiarum, tractuum; orationes, secretae, postcommuniones; propria praefationum et Communicantes. Proprium de tempore ab adventu usque ad dom. VI post epiphaniam et sanctorum Stephani, Iohannis ev., Innocentium, Silvestri. — f.* 10'. Orationes ad uesperam in epiphania.

f. 12'. III Non. (Ian.) Sancte Ienofeue. Beate Ienofeue . . . *Proprium sanctorum usque ad:* Idibus Aprilis sancte Eufemie uirginis. — *f.* 16 a *scida membr. inserta:* secreta, postcommunio s. Seueri. — *f.* 17. IIII Non. Febr.

Ypopanti. Benedictio super candelas. — *f.* 20′. Iuliane uirginis. — *f.* 22′. Albini ep. et conf.

f. 23′. Dom. in septuagesima. Ad sanctum Laurentium. Ant. Circumdederunt me... *Proprium de tempore usque ad sabbatum sanctum.* — *f.* 24′. Fer. IIII post quinquagesimam benedictio cineris. — *f.* 38. *et aliis locis antiphonae neumis sine lineis instructae.* — *f.* 38′. Dom. in palma. Benedictio super ramos palmarum et oliuarum. — Ordo in cena domini. — *f.* 41′. Benedictio ignis noue. — *f.* 42. Receptio penitentium a pontifice facienda. — *f.* 45. Fer. VI. Ordo in urbe Roma seruandus. — Orationes sollempnes. — *f.* 48. Ordo benedicendi nouum ignem, benedictio cerei. — *f.* 52. Septena letania; *inter sanctos nominantur:* Genesi, Flora, Lucilla. — Benedictio fontium, *ordo baptizandi.* — *f.* 52′. Quina letania; *inter sanctos:* Donate, Hylariane, Laurentine, Pergentine, Marcelline, Eusebie *(haec nomina abrasa)*, Tecla, Mustiola, Reparata, Antilia. — *f.* 56′. Terna letania; *inter sanctos:* Bricie, Seuere, Christina.

f. 58. Incipit ordo, qualiter presbyter ad missam canendam se debeat praeparare. In primis cantet hos III psalmos. Quam dilecta. Benedixisti. Inclina... *Initia psalmorum, orationes ad induenda vestimenta, ordo missae, ad gratiarum actionem initia psalmorum et duae orationes.*

f. 61. Per omnia saecula saeculorum... *Initium praefationis, praefatio communis, Sanctus.*

f. 62. Te igitur... *Canon.* — *In Communicantes:* Donati et Hylariani, Laurentini et Pergentini. — *f.* 64. *Ante Memento mortuorum in folio rescripto haec nomina:*

Ingizo praepositus.	Viuentius archidiaconus.	Arnulfus clericus.
Petrus presbyter.	Viuentius diaconus.	Algozo.
Venerandus presbyter.	Boso diaconus.	Tenzo Gozo.
Wido presbyter.	Iohannes diaconus.	Semorellus.
Bonizo presbyter.	Gerardus diaconus.	Sigizo.
Maxaro clericus.	Petrus subdiaconus.	Bernardus.

Ad Nobis quoque peccatoribus in margine litteris miniatis: et Augustino.

f. 64′. In die sanctum pasche. Resurrexi et adhuc tecum sum... *Proprium de tempore usque ad:* dom. IIII post octavam pasche. — *f.* 68′. Orationes paschales.

f. 71′. Id. Aprilis Sancte Eufemie. Concede nobis... *Proprium sanctorum usque ad:* VIII Kal. Iunii. Sancti Urbani martyris. — *f.* 72. Georgii m. — *f.* 72′. VI Kal. Mai. Letanie maiores. — *f.* 74. Sigismundi regis. — *f.* 75. Victoris, Felicis et Fortunati. — *f.* 77. Gangolfi m.

f. 77′. In letaniis (fer. II). Ant. Clementissime exaudi... *Proprium de tempore usque ad dom. XXV post octavam pentecost.* — *f.* 95. Dominica de sancta Trinitate. Ant. Benedicta sit sancta Trinitas... *et duae dominicae non nominatae.*

f. 96. IIII Kal. Iun. Sancti Maximini ep. et conf. Deus, qui nos hodie . . . *Proprium sanctorum usque ad:* VIII Id. Decemb. Octaua sancti Andree. *Insunt: — f.* 96. Petronille. — *f.* 96'. Seueriani. — *f.* 97. Marcellini et Petri. — *f.* 97'. Bonifacii archiepiscopi. — *f.* 98. Prime et Feliciani et s. Ietuli m. — *f.* 100. Albani m. — *f.* 100. Albini m. cum aliis multis. — *f.* 104'. Ordinatio s. Martini. — *f.* 105. Wodalrici ep. et conf. — *f.* 105. Willibaldi, Kiliani et sociorum. — *f.* 107. Quiricus et Iulita. — *f.* 107. Ermagoris et Fortunati. — *f.* 108. Christine. — *f.* 109. Nazarii et Celsi, *duae missae.* — *f.* 112'. Donati ep., *complures orationes et octava* — *f.* 115. — *f.* 123. Leodegarii.

f. 129'. Missa in uigilia unius apostoli. Concede nobis, quaesumus . . . *Commune sanctorum; orationes, secretae, postcommuniones.*

f. 133. Missa in honore sancte Marie et omnium sanctorum. Concede, quesumus, omnipotens . . . *Oratio, secreta, postcommunio. Item: — f.* 134. Missa *(duae)* contra inimicos, missa propria sacerdotis, missa in anniuersario dedicationis.

f. 135'. Oratio per totam hebdomadam. Da michi, Domine — dedisti michi. — *f.* 136. Oratio ualde necessaria. O grandis misericordia — et nunc et semper. — *f.* 138'. Medicina spiritualis contra temptationem concupiscentiae carnalis. *Initia decem psalmorum.*

f. 139. Incipit ordo ad benedicendum ferrum iudiciale appensum libra una . . . Domine, ne in furore . . . *Litaniae, in quibus nominantur:* Donate, Hilariane, Antime, Laurentine, Pergentine, Marcelline. — *f.* 142'. Benedictio aquae ferventis ad iudicium, — *f.* 144. aquae frigidae.

f. 146. Oratio super electos ad catecuminum faciendum, quando scrutinium non agatur . . . Exi ab eo . . . *Ordo baptizandi.* — *f.* 152. Missa pro baptizandis; *oratio, secreta, postcommunio man. rec.*

f. 153'. Missa pro penitente. De necessitatibus meis . . . *Totum missae officium.* — Alia missa, *oratio, secreta, postcommunio. Item al. man. duae missae.* — *f.* 154' *vacuum.*

f. 155. Incipit ordo ad uisitandum infirmum. Tunc decantandi sunt VII psalmi. Domine, ne in furore . . . *Ordo confitendi,* — *f.* 160. *communicandi,* — *f.* 161'. *ungendi.* — *f.* 163. *Commendatio animae, ordo iuvandi morientes et curandi mortuos.* — *f.* 167'. Vigiliae mortuorum. Regem, cui omnia . . . *Initia psalmorum, novem lectiones minores:* Ne des alienis . . . — *f.* 169'. *Missae pro defuncto.* — *f.* 171. *Ordo sepeliendi.* — *f.* 174. Missa in die depositionis secundo et tertio, in anniuersario, *orationes.*

f. 179. Missa in honore sancte Marie et omnium sanctorum. Ant. Vultum tuum. Ps. Eructauit . . . *Missae diversae, et tota officia et orationes, secretae, postcommuniones.* — *f.* 182'. Missa pro quolibet sanctum, qui in presenti requiescit ecclesia, *cuius in oratione s. Donati fit mentio.* — *f.* 185. Missa sancti Sigismundi pro infirmis.

f. 190'. Incipit ordo ad penitentiam dandam. Presbyteri, quando fidelium recipiunt confessiones — Fili, uade in pace.

f. 194'. Incipit liber n̅n̅x *(nonus decimus)*, qui corrector uocatur et medicus ... Capita. Ebdomada priori ante initium quadragesime — semper in omnibus caueant. — *f.* 214'. quod Teutonice werewulf uocatur. — *f.* 219. herba ... que Teutonice bilisa uocatur.

f. 220'. Excerptum aliud Bonifacii archiepiscopi. Quomodo possimus penitentiam VII annorum — omnimodis segregetur.

f. 222'. Deus omnipotens pater ... *Precationes.*

f. 230'. In nomine Domini. Nos Rainerius et presbyter Iohannes recepimus ab archipresbytero Petro Saxonis et capitulo duos calices ... *Tabula pignorum et emptionum ecclesiae Arretinae (?), item —f.* 233 *et —f.* 233'. *Nominantur:* dominus Innocentius, Hostiensis episcopus, archiepiscopus Pisanus. *man.s.XIII.*

f. 231. Vere dignum et iustum ... *Duae praefationes de apostolis,* oratio in depositionis die. — Praefatio pro missa defunctorum, *aliis manibus.* — *f.* 232. Missa in dedicatione ecclesie. Deus, qui inuisibiliter ... *Oratio, secreta, postcommunio; item:* Missa pro episcopo. — Missa pro omni gradu ecclesie, *cuius deest postcommunio.*

Complures librarii. Multa abrasa, emendata, addita.

Miniat. color.

Neumae.

Georgius, De liturgia pontific. Roman. tom. III ,p. 531. — *Ebner,* Quellen und Forschungen S. 224.

14. **Sacramentarium Herbipolense.**

Palatin. 496. membr. 1+62 f. 262×173 mm. saec. XII. XIII.

f. 1. C 426. 339. 2193. *Probationes pennae.*

f. 1'. ... Otto, Herman, Sigeboto, Cuonradus, Volrich, Marcuart, Voldilrich, Geberthe (?), Berthtolt. *Probationes pennae.* — De sancta Katherina. Deus, qui famulo tuo Moysi ... *Oratio, secreta, complenda man. saec. XIII.*

f. 1 a. In primo gallicantu. Grates nunc omnes ... *Sequentiae a nativitate Domini incipientes de tempore et de sanctis:* Stephano, Iohanne ev., Innocentibus, Iohanne bapt., Petro, Laurentio, de assumptione, de nativitate Marie, Michaele, omnibus sanctis, Martino, Andrea, cathedra Petri (Antiochena), Maria Magdalena; *in fine:* de s. Trinitate, *al. man. In sequentiis* — *f.* 3 *et* — *f.* 3' *litterae pro neumis man. rec. additae.*

f. 5'. Benedictio salis ... Exorcizo te ... *Benedictio aquae,* — *f.* 6. *cinerum in capite ieiunii.*

f. 6'. Sanctus genitor omnium ingenitus — osanna in excelsis. *Sanctus de ss. Trinitate additamentis auctum.* — Natale sancte Praxedis virg. Sancte Praxedis, Domine ... *Oratio, secreta, postcommunio.*

f. 7. Lectio libri Machabeorum. In diebus illis. Vir fortissimus Iudas ... *Lectiones epistolarum et evangeliorum quattuor missarum pro defunctis,*

missae pro peccatis, — *f.* 8. fer. VI de cryce, sabbato de sancta Maria
cum praefatione. — *f.* 8′. Missa communis, *oratio, secreta ad complendum.*

f. 9. [P]er omnia secula seculorum. Amen . . . *Praefationes communes,
prior tota, altera ab* Et ideo *incipiens, neumis sine lineis instructae, praefationis quadragesimalis proprium, appositum:* διὰ τεσσερον. — *f.* 10. Te
igitvr . . . Canon. *In Communicantes post nomina Cosmae et Damiani locus
abrasus. Ad Memento mortuorum in margine:* Liugardis *et aliud nomen
fere totum deletum, item ad Memento mortuorum nomina abrasa.*

f. 11. Deus, qui nos annva redemptionis . . . *Orationes, secretae, postcommuniones, praefationes, infra actionem, nonnulla offertoria proprii de
tempore a vigilia nativitatis Domini usque ad sabbatum post pentecost.*
— *f.* 13′. In capite ieiunii benedictio super cineres. — *f.* 18. Dom. in
palmis benedictio frondium, oliue, palmarum *et processionale.* — *f.* 22′. *In
coena Domini ordo vesperarum, antiphonae, ut aliis locis, neumis sine
lineis instructae.* — *f.* 23. Ordo in parasceue *et orationes sollemnes, quae
desinunt in:* nauigantibus portum. — *f.* 24. . . . crucis in fronte . . . *Sabbato
sancto ordo faciendi catechumenum, benedictio cerei, fontis, litaniae, ordo
baptizandi. In litaniis inter sanctos:* Cyriace, Maurici cum sociis tuis, Dionysi
cum sociis t., Gereon cum sociis t., Kyliane cum sociis t., Geor[g]i, Celse, Germane, Remigi, Seuerine, Christina, Praxedis, Reginsu[i]ndis, Margareta,
Afra. — *f.* 32. Sabbato sancto pentecostes *prophetiae cum signis lectorum.*

f. 34. Siluestri pp. Da, quesumus, omnipotens Deus . . . *Proprium sanctorum usque ad s. Thomae ap.* — *f.* 35′. *In purificatione benedictio candelarum.* — *f.* 39. Ss. Alexandri, Eventii, Theodoli, Iuvenalis, *tres orationes,
secretae, postcommuniones, tertia postcommunio de solo Iuvenale.* — *f.* 43.
In s. Sixti benedictio uvae.

f. 51. In nataliciis apostolorum. Deus, qui nos annua . . . *Commune
sanctorum.*

f. 52. In dedicatione ecclesie. Deus, qui nos per singulos . . .

f. 52. Dominica prima post octavam pentec. Deus, in te sperantium . . .
*Proprium de tempore usque ad dom. XXIII post pentecost., dom. I—IV
adventus, quattuor temporum mensis Septembris et Decembris.*

f. 56. De sancta Trinitate. Omnipotens sempiterne Deus, qui dedisti . . .
et praefatio. Missae votivae et diversae. — *f.* 57′. Missa pro imperatore.
— *f.* 59′. *Missae pro defunctis.*

f. 61. Aue preclara maris stella — ad te transire. *Sequentia.* — De
dedicatione unius altaris oratio, secreta, postcommunio. — *f.* 61. *Item pro
defuncto sacerdote, aliae orationes.* — *Probationes pennae, in quibus:* C. Dei
gratia Erbipolensis episcopus. — *f.* 62. *Probationes pennae neumis sine
lineis instructae.* — *f.* 62′ *vacuum.*

Complures librarii. — *Multa aliis manibus in marginibus addita.
Nonnulla folia refecta.*

Pictura tabularis: — *f. 9. Pictura canonis,* Sol, Luna *man. rec.*
Neumae.

Stevenson, Codices Palatini Latini tom. I, p. 167. — *Ebner,* Quellen
und Forschungen S. 249.

15. **Sacramentarium.**

Ottobon. 154. membr. 115 f. 260 × 176 mm. saec XII.

In folio praeligato: Ex codicibus Ioannis Angeli ducis ab Altaemps.
M. 1. 8.

f. 1. Dominica de aduentu Domini statio ad sanctam Mariam ad presepe.
Excita, Domine, potentiam tuam . . . *Proprium de tempore et sanctorum;
orationes, secretae, postcommuniones, praefationes, infra actionem, orationes
ad vesp.* — *f.* 3'. Orationes cotidianae de aduentu. — *f.* 6. In nativitate
Domini orationes assidue. — *f.* 8'. In festo Basilii conf. — *f.* 9. S. Martine.
— *f.* 11'. Dom. I(—VI) post epiphaniam. — *f.* 13. Pauli heremite. — *f.* 13'.
Ss. Iuliani, Celsi, Basilisse. — *f.* 17. Ss. mm. Papiae et Mauri. — *f.* 17'.
In Ypopanti benedictio cereorum. — *f.* 22. In vigilia, in die depositionis
s. Benedicti. — *f.* 23'. *Proprium de tempore a dom. in septuagesima usque
ad dom. XXIV post pentecost.* — *f.* 24. Fer. IV caput ieiunii benedictio
cineris spargendi. — *f.* 37. Dom. in palmis benedictio palme. — *f.* 41.
Fer. VI (in parasceve) orationes sollemnes. — *f.* 44. (Sabbato sancto) benedictio ignis, cerei, fontis. — (Dom. paschae) benedictio agni. — *f.* 56. In
letania maiore oratio ad s. Ualentinum, ad pontem, ad crucem, in atrio, in
gradibus. — *f.* 74. Dom. XXIV post pent. In honore sancte Trinitatis.

f. 75. In honore sancte Trinitatis prephatio. (✠) usque eterne Deus.
Qui cum unigenito . . .; *praefationes de apostolis, de B. M. V., de s. Cruce,
in quadragesima, praefatio communis cum initio et cum cantico Sanctus.*
— *f.* 77. Te igitur . . . *Canon.* — *f.* 81, 82. *man. rec., 2 col., partes canonis
a:* Domine Iesu Christe, qui dixisti . . . *usque ad finem.* — *f.* 81'. Missa
pro peccatis. *Totum officium; oratio, secreta, postcommunio in fine.* — *f.* 82.
Oratio, secreta, postcommunio de B. M. V.

f. 83. Tiburtij et Ualeriani. Oratio. Presta, quesumus, omnipotens . . .
Proprium sanctorum usque ad s. Iacobi apostoli. — *f.* 83. In festo sanctorum
Georgii et Adelberti; sub una oratione. — *f.* 90. In ss. mille quadringen-
torum septuaginta mm. et Paulini conf. — *f.* 92. S. Leonis pontificis. —
f. 95. Ss. Quirici et Iulitte. — *f.* 96'. In S. Iacobi ap. com. (= *postcommunio) desinit in:* celebramus corpore.

f. 97. sanctorumque omnium apostolorum . . . *Missa de omnibus sanctis.
Missae diversae.* — *f.* 103'. Missa pro rege. — *f.* 105. *Missae pro defunctis.*
— *f.* 111. Missa sponsalicia. — *f.* 112. *al. man.* Oratio, secreta, postcommunio de s. Stephano et de s. Laurentio sub una oratione. — *f.* 112'.
Evangelium sancti Iohannis. Ego sum panis vivus — novissimo die.

f. 113. *aliis manibus.* In dedicatione templi. Introitus. Terribilis est locus . . .
Missa; introitus et graduale neumis instructa. — *f.* 114. *man. saec. XIII.*
Missa pro peccatis, pro penitentia lacrimarum, pro iter agentibus. — *f.* 114'.
Infimo in folio probationes pennae: Anno Domini 1351 receuetti da quello
da compagnia pero per sco Fustino (?) di 21 del mese de Nouembre da
la Montalta en qua.

f. 115. *aliis manibus.* meus Dominus et disperge. Dixit Iudas Simoni
fratri suo. Elige tibi uiros . . . *Responsorium libri I Machabaeorum.*
Item — *f.* 115', *cuius finis legi non potest., neumis instructum.* — *f.* 115.
infimo in folio: Anno Domini 1384 die 24 . . . *cetera abrasa.* — *f.* 115'.
Probationes pennarum et: Anno Domini 1158 (?) monto la seno sullo con-
ducto de peroscia. Tempore domini Iohannis pape die 6to April. actum in
Perusino ante portam sante Suxane die 28 mens. Aug.

Nonnulla ead. et aliis manibus addita.

Miniat. color.: — *f.* 1, 76, 77.
Neumae.

Ebner, Quellen und Forschungen S. 230.

16. Sacramentarium fratrum Minorum Barcinonensium.

Vatican. 3547. membr. II + 195 f. 302 × 195 mm. saec. XIII.

f. I *vacuum.* — *f.* I'. Anno Domini M.CC quadragesimo V *(loci nomen
abrasum).* Sit notum omnibus, quod frater P. — q *(locus vacuus)* com-
mendator domus palacii de Uales emit ipsas domus, quae sunt infra murum
ciuitatis Barchinonensis et ibidem ad honorem Dei et beate uirginis ecclesiam
et altare exstruxit et ibidem multa ornamenta praeparauit. *man. rec.*

f. II. Exaudi nos, Domine sancte Pater . . . *Oratio ad Asperges me
dicenda man. rec.*

f. II'. Inicium sancti euangelij secundum Iohannem. In principio — et
veritatis. *man. rec.*

f. 1. In nomine Dominj. Incipit liber sacramentorum editus primum a
beato Gelasio pp. Romane sedis. Emendatus et breuiatus a beato Gregorio pp. Primum in vigilia natalis Dominj. Missa ad sanctam Mariam.
Deus, qui nos . . . *Orationes, sacrae (secretae), postcommuniones, praefationum
propria, infra actionem. Proprium de tempore usque ad dom. ante natale
Domini.* — *f.* 9. Fer. IV capitis ieiunii *benedictio cinerum et ordo processionis.* — *f.* 25. Dominica in ramis *benedictio ramorum.* — *f.* 33. In fer. VI
parasceue ammonitiones *(orationes sollemnes), ordo officii.* — *f.* 38. Sabbato
sancto benedictio ignis, laus cerei a Zosimo papa constituta (Exultet), *benedictio cerei, ordo benedicendi fontem.* — *f.* 47'. In paschate benedictio agni.
— *f.* 48'. Missae dominicales.

f. 71. Gregorius de corpore et sanguine Christi. Cum sacerdos preparat se ad celebrandam missam . . . Quam dilecta . . . *Initia psalmorum,* confessio, responsorium, absolutio, oratio beati Gregorii. Deus, qui de indignis . . . Oratio s. Ambrosii ad introitum. Ante conspectum tuum . . ., *aliae. — f.* 72. Oratio s. Augustini ad introitum. Summe sacerdos — siciam in eternum; *duae divisiones.*

f. 77'. Aufer a nobis . . . — *f.* 78. Gloria in excelsis Deo . . . *Partes ordinis missae. In margine man. rec. octo Gloria in excelsis notis musicis quadratis instructa. — f.* 80. *Praefatio communis, Communicantes, Sanctus.* — *f.* 81. Aperi, Domine, os meum ad benedicendum nomen tuum; oratio sacerdotis pro populo deprecante. *man. rec.*

f. 82'. Te igitur . . . *Canon.*

f. 88. Missa pro benefactoribus. Si iniquitates obseruaberis . . . *Totum officium man. rec.*

f. 89. Incipiunt misse de sollempnitatibus sanctorum. VII Kal. Ian. Natale s. Stephani protomartiris. Da nobis, quesumus, Domine . . . *Proprium sanctorum usque ad s. Thomae apostoli. Festis insignioribus:* prima missa, missa maior. — *f.* 95'. In purificatione beate Marie *benedictio candelarum, ordo processionis. — f.* 132'. Sancte Eulalie Barchinone. — Translatio s. Eulalie Barchinone.

f. 141'. Missa in natali vnius martyris. Praesta, quaesumus, omnipotens Deus . . . *Commune sanctorum. — f.* 142'. In uni confessoris layci. — *f.* 144. Missa de continentibus.

f. 144'. In dedicatione ecclesie. Deus, qui nobis per singulos annos . . .; in anniuersario unius altaris.

f. 145'. Missa de sancta Trinitate. Omnipotens sempiterne Deus . . . *Missae votivae et diversae. — f.* 159. Missa pro defunctis. — *f.* 166. Missa super nubentes. — *f.* 166'. Sancti Antonii confessoris. — *f.* 168'. Sequentia evangeliorum pro missis defunctorum.

f. 171. Exorcismus salis. Exorcizo te . . . *Ordo ad benedicendam aquam et Asperges me.*

f. 173'. Officium Trinitatis. Benedicta sit sancta . . . *Totum missae officium. Item: — f.* 174'. s. Spiritus, — *f.* 176. s. Crucis, — *f.* 177. s. Marie, — *f.* 178. angelorum, — *f.* 179. pro infirmis, — *f.* 181'. pro se ipso, — *f.* 183. pro peccatis. — *f.* 184'. Oratio pro patre et matre. Deus, qui nos patrem . . . *Oratio, sacra, postcommunio.*

f. 185. Sanctorum Cosme et Damiani ad missam officium. Clamauerunt iusti . . . *Totum officium, al. man. additum. Item: — f.* 186'. Corporis Christi. — *f.* 189. Vigilia natalis. Lectio Ysaye prophete. Hec dicit . . . *Lectiones (epistolae) missarum nativitatis Domini. — f.* 191'. *Item epiphaniae.*

f. 192. Missa in honore sancti Francisci. officium. Os iusti meditabitur . . . *Totum officium. — f.* 192'. Evangelium s. Iohannis. In commemoratione

s. Mariae. In illo tempore: Stabant autem iuxta crucem . . . *aliis manibus addita. Item: — f. 192'.* Evangelium in die Francisci et in octaba eius, in translatione. Math. Confiteor tibi . . . — *f.* 193. Missa pro rege. Quaesumus, omnipotens Deus . . . *Oratio, sacra, postcommuniones. — f.* 193'. In vigilia s. Francisci et commemorationibus per annum. Luc. Sint lumbi . . . — *f.* 194. Kyrie eleyson . . . *Notis musicis quadratis instructum. — f.* 194'. Katerine v. oratio. Deus, qui dedisti . . . *Oratio, sacra, postcommunio.* — *f.* 194'. Evangelium in honore sancti Spiritus. Luc. Convocans Iesus . . . *et initium Luc. 1, 26.* — *f.* 195. Lectio apocalipsis (?) Iohannis apostoli. In diebus illis audiui uocem — secuntur illos. *Epistola missae defunctorum. Eadem man.: — f.* 195. Secundum Lucham. In illo tempore. Missus est angelus . . . — Secundum Lucham. Pastores loquebantur . . . *Probationes pennae. f.* 195. In isto libro sunt 193 cartule. *man. saec. XV.* — *f.* 195' *vacuum.*

In marginibus a compluribus librariis cum alia addita, tum, quando Gloria in excelsis, Credo in unum Deum et quaenam praefatio dicenda sint.

Picturae tabulares: — f. 81'. Maria cum puero Iesu in throno residens. f. 82. Pictura canonis.

Notae musicae.

Ebner, Quellen und Forschungen S. 206, 341.

17. Sacramentarium.

Borghes. 244 C 1. membr. 199 f. 368 × 260 mm. saec. XIV.

f. 1. Incipit sanctorale. In natale sancti Stephani protomartiris. oratio. Da nobis, quesumus, Domine, imitari . . . *Orationes, sacrae loco secretarum usque ad — f.* 177, *postcommuniones, ad vesperas orationes sanctorum cum aliorum, tum:* — *f.* 7. Mauri abb., — *f.* 8. Supplicii, — *f.* 16. Preiecti m., — *f.* 18'. In purificatione sancte Marie benedictio cereorum. — *f.* 28. Sotheris virg., — *f.* 33. VI Kal. Martii. Inventio capitis b. Iohannis bapt., festum s. Mathie, — *f.* 34. In natale s. Albini, s. Gregorii pp., — *f.* 37. Eufemie v. — *f.* 44. In translatione s. Nicholai, — *f.* 47. Quitherie v. et m., — *f.* 48'. Germani ep. m., — *f.* 50. Romani conf., — *f.* 51'. Medardi ep., — *f.* 54'. Exuperii ep., — *f.* 57. Aviti conf., — *f.* 57'. Amandi, — *f.* 59. In translatione s. Geraldi, abbatis Silue Maioris, — *f.* 66. Martialis m., — *f.* 67. Eparchii, — *f.* 68'. In translatione s. Martini, — *f.* 70. In translatione s. Benedicti, — *f.* 73'. Apollinaris m., — *f.* 76'. Christophori m., — *f.* 78'. Germani. — *f.* 83'. In s. Sixti pp. benedictio uve. — *f.* 95'. Magni m., — *f.* 96'. Simphoriani m., — *f.* 99. Genesii atque Genesii, — *f.* 101'. Bibiani m., — *f.* 111. Eufemie v., Mauricii, — *f.* 116'. Exuperii ep., — *f.* 119. Germani et soc., — *f.* 119'. Leodegarii, — *f.* 122. Fidis v., Dionysii et soc., — *f.* 124. Geraldi conf., — *f.* 126'. Caprasii m., — *f.* 127'. Severini conf., — *f.* 128'. Frontonis ep., — *f.* 130. Basilie v., — *f.* 132. Quintini m., — *f.* 142. Romani ep., — *f.* 148'. Eulalie v.

f. 152. In uigilia unius apostoli. Oratio. Quesumus, omnipotens Deus, ut . . . *Commune sanctorum.* — *f.* 160. ℣. Hostias et preces tibi offerimus. Tu suscipe; *notis musicis quadratis instructus.* — *f.* 162′. In commemoratione omnium fidelium defunctorum, *rubricae, missa pro defunctis cum introitu, graduali, offertorio, communione.* — *Missae diversae.* — *f.* 181′. Missa pro iter agentibus, benedictio sporte et baculi. — *f.* 185′. Missa pro infirmis, *totum officium; nonnullarum missarum initia introituum, gradualium, offertoriorum, communionum, lectiones epistolarum et evangeliorum.* — *f.* 199′ *vacuum.*

> *Nonnulla eadem man. addita.*
> *Miniat. color. rubro et caeruleo.*
> *Notae musicae.*

18. **Sacramentarium pontificis.**

Ottobon. 356. membr. 281 + 1 f. 328 × 215 mm. saec. XIV.

f. 1. *Infimo in folio:* G. IV. 6.

Kalendarium. Ind. cal. et astr. dies Aeg. Inter sanctos: Ian. Iohannis Calouite. Mai. Cantii, Cantiani, Cantianille. Iul. Procopii, Brunonis, Euti-ciani, Pastoris, Germani. Aug. Auree. Sept. Iusti ep. Lugdun. Oct. Remigii, Fidis v., Leodegarii, Cerbonii, Asterii presbyteri, Germani Capuani. Nov. Leonardi, Herculani ep., Maguti archiep., Edmundi archiep. Cantuar.; *al. man.:* Iacobi intercisi. — *f.* 5′. IIII Non. Oct. Natale beati patris nostri sancti Francisci, ordinis fratrum Minorum. *Necrologia al. man.:* — *f.* 3. II Id. Mad. Obitus domini Riccardi de Monte Nigro. Anno Domini millesimo CCCXXI mense Madii XIII. — *f.* 5′. XVII Kal. Nov. fiat anniuersar. pro anima Iannuccelle fornarie, que (?) reliquit domos suas ecclesie sancte Marie in aqro (Aquiro?).

f. 7. Dominica prima de aduentu. Statio ad sanctam Mariam Maiorem. Nota, quod a prima dominica . . . utimur nigris casulis . . . — *f.* 7′. Ad missam oratio. Excita, Domine, quesumus, potentiam tuam . . . *Oratio, secreta, initia praefationum, infra actionem, complenda vel ad complendum, rubricae de missa a papa celebranda. Proprium de tempore usque ad dom. XXV post pentecost. et proprium sanctorum Stephani protom., Ioannis ev., Innocentium, Thomae archiep.* — *f.* 24′. *Fer. IV in capite ieiunii benedictio cinerum et ordo processionis.* — *f.* 49. *Dom. palmarum benedictio ramorum et ordo processionis.* — *f.* 59. *Fer. V in coena Domini ordo, benedictio olei infirmorum, chrismatis, olei catechumenorum, ordo vesperarum.* — *f.* 72. *Fer. VI in parasceve ordo et orationes sollemnes.* — *f.* 82. *Sabbato sancto ordo, benedictio ignis, fontis, ordo baptizandi.*

f. 101. *Ordo missae papalis.* — *f.* 103. *Ordinarium missae.* — *f.* 108. *Praefationes, praefatio communis cum initio et cum cantico Sanctus.* —

f. 112. Te igitur . . . *Canon. — f.* 119a. *Gratiarum actio post missam; initia psalmorum, preces, duae orationes.*

f. 128. Benedictio agni in pascha. — *f.* 130′. *Stationes litaniarum maiorum:* ad s. Laurentium in Lucina, ad s. Valentinum, ad cruces, ad pontem Molli, super gradus, in atrio. — *f.* 141′. Orationes ab aduentu usque ad natiuitatem, *orationes, secretae, complendae. — f.* 163. *Oratio, secreta, complenda B. M. V. a nativitate Domini usque ad octavam.*

f. 164. Incipiunt missarum sollempnitates in festiuitatibus sanctorum per circulum anni. In sancti Siluestri oratio. Da, quesumus, omnipotens Deus . . . *usque ad s. Thomae ap. — f.* 168′. *In purificatione s. Marie benedictio cereorum. — f.* 178. Ordo letaniarum in sancti Marci. — *f.* 203′. *In s. Xysti benedictio uvae. — f.* 227′. In sancti Edmundi conf. — *f.* 233′. *Rubricae de vigiliis, de oratione A cunctis, de quattuor temporibus.*

f. 234′. In uigilia unius apostoli. oratio. Da nobis, quesumus, omnipotens Deus, ut beati . . . *Commune sanctorum. — f.* 242′. In sanctarum illarum et illarum. — *f.* 243. In dedicatione ecclesie, in dedicatione altaris, sanctorum, quorum corpora habentur.

f. 245′. Missa in honore sancte Trinitatis. Omnipotens sempiterne Deus, qui dedisti . . . *Missae votivae et diversae. Ad missam de s. Cruce lectiones epistolae et evangelii, item: — f.* 248. in honore s. Marie v. — *f.* 260′. Missa ad sponsam benedicendam. — *f.* 265. *Missae pro defunctis et earum lectiones — f.* 272′. — *f.* 277′. Benedictio aque, Asperges, Vidi aquam. — *f.* 279. *Oratio, secreta, complenda a pascha usque ad ascensionem de B. M. V.*

f. 279′. *al. man. 2 col.* Missa de corpore Christi. Cibauit eos adipe . . . *Totum officium, sequentia:* Lauda Sion — sanctorum ciuium. — *f.* 280′. *Tabula ad inveniendum pascha. — f.* 281 *vacuum.*

f. 281′. Exsecrabilis quorundam ambitio — impleatur. *Bulla vel breve, neque vero legi potest.*

Multa eadem et aliis manibus addita.

Miniat. color. et inaurat.: — f. 111, 112. Pictura tabularis: — f. 111′. Pictura canonis.

Ebner, Quellen und Forschungen S. 234, 347.

XVI. GRADUALIA.

1. Graduale.

Vatican. 5319. membr. 157 f. 303 × 200 mm. saec. XI.

f. 1. [Do]mine, notas fac mihi . . . *Graduale missae dom. I adventus; deest unum folium. Graduale; proprium de tempore et sanctorum ab aduentu incipiens.* — *f.* 34′. *Proprium de tempore a dom. in septuagesima usque ad dom. IV post octavam paschae.*

f. 37′. Dominica in quinquagesima. ad s. Petrum. Esto mihi . . . *Graduale dominicarum et feriarum quadragesimalium.* — *f.* 79′. *Fer. VI in parasceve desinit in primo tractu; ceterae officii partes* — *f.* 80. *post* — *f.* 81 *positum:* Ecce lignum crucis, *adoratio crucis, improperia.* — *f.* 81. Tractus de sabbato sancto. — *f.* 82′. Item laus: Gloria in excelsis, Confitemini Domino, Sanctus.

f. 84′. In Christi nomine incipit uespera. Conuenient cum episcopis et diaconibus . . . dicit primicerius. Antiphon. Alleluia . . . *Vesperae paschales, quarum nonnullas partes canunt* scolares. — *f.* 85′. *Post* ps. Laudate pueri . . . ant. O Kirios . . . ; *collectae hebdomadis paschalis.*

f. 100. Mensis Aprilis. Dies XIII. Sanctorum Tyburcii et Valeriani. Sancti tui, Domine . . . *Proprium sanctorum usque ad s. Andreae ap.; proprium de tempore:* — *f.* 113. dom. I(—IV) post pent., — *f.* 117′. dom. I(—V) post octauam apostolorum, — *f.* 124. dom. I(—V) post s. Laurentii, — *f.* 129′. dom. I(—VII) post s. angeli.

f. 135. In dedicatione ecclesiae. Ecce populus custodiens . . . *In vigilia et die festo.* — *f.* 137. In ordinatione pontificis, episcopi. — *f.* 139. Missa sponsalicia. — *f.* 139′. *Missa pro defunctis.*

f. 140′. Antiphanas. Qui nouit potestatem . . ., — *f.* 143. de nimia pluuia. — *f.* 145′. Antiphona in sanctorum.

f. 145′. Kyrie eleyson, agie atque benigne . . . *Kyrie eleison additamentis auctum.* — *f.* 150′. Gloria in excelsis.

f. 151′. Inuitator. de aduentu. Aeva. ℣. Virtutes celi mouebuntur — magna et maiestate. Sequentia. Ecce iam Cristus — Deus rex Israhel. *Item aeva, versus, sequentiae de tempore et de sanctis.* — Sequentia de pent. Sancti spiritus adsit . . . ; *desinit in:* Tu super aquas.

27*

Complura in marginibus al. man. addita. Multa folia humore laesa, nonnulla refecta. — Complures lineae neumarum vacuae. — Folia ita numerata sunt, ut folium versum antecedens et folium rectum subsequens eodem numero utantur.

Miniat. color. rubro et caeruleo.

Neumae.

Paléographie musicale (Solesmes 1892) tom. II, p. 4, pl. 28.

2. Graduale fratrum Minorum.

Regin. 2052. membr. 306 + 1(— 11) f. 305 × 220 mm. saec. XIV.

f. 1. *Infimo in folio:* Bibliotheca s. Silvestri.

In omnibus diebus dominicis per annum finita tertia ... Asperges me ...; Uidi aquam.

f. 2. Dominica prima de aduentu. Introitus. Ad te leuaui ... *Proprium de tempore usque ad. dom. XXIII post pentecost.* — *f.* 42'. Fer IV cinerum ad benedictionem cinerum. — *f.* 100. In die palmarum ad benedictionem ramorum; *processionale.* — *f.* 117'. Fer. V in cena Domini ad mandatum; *desinit* — *f.* 120'. *in:* pedes abluerent. — *f.* 121. natus ad hoc passioni deditus ... *Adoratio crucis fer. VI in parasceve.* — *f.* 137. *Sabbato sancto litaniae.* — *f.* 156'. Dom. IV post pascha communio; *desinit in:* Cum uenerit para[clitus]. — *f.* 168. Benedic anima ... *Sabbato post pentecost. introitus; desunt undecim folia.* — *f.* 197', 198, 199 *vacua.*

f. 200. In uigilia sancte Andree apostoli. Introitus. Dominus secus mare ... *Proprium sanctorum usque ad s. Clementis.* — *f.* 202'. *Benedictio candelarum et processionale in purificatione B. M. V.* — *f.* 229'. *Ordo missarum votivarum et missarum B. M. V.*

f. 236. Incipit commune sanctorum de missali. In uigilia unius apostoli. Introitus. Ego autem sicut oliua ...

f. 288. In dedicatione ecclesie. Introitus. Terribilis est locus ... — *f.* 289'. In agenda mortuorum.

f. 291 *(bis).* In maioribus duplicibus. Kyrie leyson ... *Ordinarium missae compluribus tonis.* — *f.* 305. Gloria Patri et Filio ... *compluribus tonis.*

f. 306'. Letabundus exultet fidelis chorus ... *Sequentia in nativitate Domini, desinit in:* Filium pari forma.

Nonnulla in marginibus man saec. XVI addita.

Pict. miniat. color. et inaurat.

Notae musicae quadratae.

XVII. TROPARIA.

1. Troparium Benedictinum.

Urbin. 602. membr. 108 f. 160 × 90 mm. saec. XI. litteris Beneventanis.

f. 1. Dominica de aduentu Domini trophi. Sanctissimus papa Gregorius... *(locus abrasus)* funderet ad Dominum, ut musicum donum ei in carminibus daret. Tunc descendit Spiritus sanctus super eum — exorsus est canere ita dicendo. Ad te . . . *Priore man.*

f. 1′. Ecce dies ueniunt, dicit Dominus . . . *Folia rescripta usque ad* — f. 23. *altera man. Gradualia et prosae de adventu,* — f. 4. *de nativitate Domini.* Festina, ne tardaueris . . . — f. 9′. Aue mari[s] stella, aue stella maris . . ., *de B. M. V.* — f. 11′. Conuertimini omnes . . ., *de quadragesima.* — f. 18′. Mistica sunt hec omnia . . ., *de dominica palmarum.* — f. 20. Triumphalis glorie . . ., *de s. Cruce.*

f. 23′. Cunctipotens genitor, omnicreator eleyson . . . *Kyrie eleison de ss. Trinitate additamentis auctum. Item:* — f. 25. In sanctum pascha; in sanctum Petrum. — f. 27′. In ascensione Domini. — f. 29′. In dedicatione ecclesie. — f. 31. In annuntiatione s. Marie. — f. 32. Kyrie eleyson . . . *Deest inscriptio.*

f. 34. In natiuitate Domini in noct. Gloria in excelsis Deo, quem ciues celestes sanctum clamantes . . . *Gloria additamentis auctum. Item:* — f. 36′. In natiuitate Domini. — f. 39′. In sancti Stephani, in purificatione, in sancti Iohannis baptiste, in assumptione sancte Marie. — f. 42. Festiuit. pentecost. Natiuit. sancti Iohannis euangeliste. — f. 44′. Fer. III in albis pasc. Natiuitate sancti Marci. Dedicatione ecclesie. — f. 47. Festiuit. sancti Benedicti, sancti Petri. — f. 50′. In resurrectione Domini. — f. 53′. Feria secunda in albis pasche. — f. 57. In ascensione Domini.

f. 61. In natiuitate. In epiphania. Natiuitas sancti Iohannis bapt. Sanctus Deus Pater ingenitus . . . *Sanctus additamentis auctum. Item:* — f. 61′. S. Stephani, fer. II in albis. Assumptio. s. Marie. Omnium sanctorum. — f. 63. Natiuit. s. Iohannis ev. Purificatio. S. Benedicti. — f. 64. In sancti

27**

Mauri abbatis. — *f. 64'.* Dominica in palmis. — *f. 65'.* In resurrectione Domini. In sancti Petri. — *f. 67.* Fer. III in albis et in dedicatione ecclesie. — *f. 68'.* In sancti angeli. — *f. 69.* In ascensione Domini. — *f. 70.* In sanctum pentecost. — *f. 71'.* In dominicis diebus.

f. 74. In natiuitate Domini. In sancti Benedicti. Feria III in albis. Sollemnitate omnium sanctorum. Agnus Dei, qui tollis ... *Agnus Dei additamentis auctum. Item:* — *f. 74'.* Natiuitat. s. Stephani. Resurrectio. Pentecoste. Assumptio. s. Marie. — *f. 75.* Sancti Ioh. ev. Ascensio. Domini. S. Petri apostoli. — *f. 75'.* In epiphania. — *f. 76'.* Fer. II in albis et in dedicatione. — *f. 77.* In purificatione s. Marie. Nativitat. s. Marie. — *f. 77'.* In resurrectione. — *f. 78.* In sancti Iohannis. — *f. 78'.* In dominicis diebus.

f. 79'. In natiuitate Domini, quando communicat. Letabundus exultet chorus ... *Item:* — *f. 81'.* In sanctum pascha. — *f. 84'.* In sanctae Marie Magdalene et in pascha. — *f. 87.* In nativitate Iohannis bapt.

f. 89. Introytus. In letania maiore. Exaudiuit de templo sancto suo ... *Graduale. Item:* — *f. 92'.* Missa pro pluuia. — *f. 94'.* Missa pro serenitate.

f. 96'. Versi in natiuitate Domini in secunda vigilia. Iudicii signum, tellus sudore madescet ... *Vaticinium Sibyllae.*

f. 99'. In natiuitate Domini in prima vigilia. Si quis catechumenus est, procedat ... *Desinit in:* stolis albis et pal. — *f.* 99, 100 *rescripta altera man.*

f. 101. et tu me potasti — patibulo crucis. *Improperia fer. VI in parasceve.*

f. 101'. Dominica in sanctum pascha. Ant. ad processionem. Sedit angelus ... *Item:* — *f. 105'.* in sancti angeli. — *f. 107.* In sancti Petri apostoli, *aliorum festorum sola initia.* — *f. 108'.* De s. Petro, *desinit in:* de gratia tua in.

Neumae sine lineis; — f. 10. desunt neumae.

Bethmann in Pertz' Archiv Bd. XII, S. 265.

2. Troparium.

Regin. 222. membr. II + 109 f. 215 × 135 mm. saec. XI. XII.

f. I, II vacua.

f. 1. Liber sancti Augustini contra Felicianum. Exorsus es michi ... *Desinit in:* diuidit. Dum origine sue.

f. 24. Albario. Opus quoque albarium ... *In margine man. saec. XVII:* Palladii de re rustica tit. 14. lib. 2. *Desinit mensis November in:* Pinus creditur prodesse omnibus, que sub ea. *al. man.*

f. 95. Item alios. Ad domino impletum sacro quoque dogmate plenum ... *Tropi ad introitum, ad graduale, ad offertorium, ad communionem canendi*

Primo deest inscriptio, alter de s. Laurentio. — f. 95'. In assumptione
s. Marie. — *f.* 97. De sancto Victorino. — *f.* 97'. In natiuitate s. Marie.
— *f.* 98. De s. Mauricio. — *f.* 98'. Festiuitas sancti Michaelis. — *f.* 99'.
Omnium sanctorum. — *f.* 101. In festiuitate beati Martini. — *Nonnullis
festis complures tropi:* Item alios tropos, *vel:* ad repetendum. *Plerique
neumis sine lineis instructi. — f. 97, 97', 98. desunt neumae.* — Item
alios de s. Martino ad offertorium; *desinit in:* retonanti choro.

f. 103. Quoniam simplicis medicine disputationem — fumum in auribus.
Explicit. *Tractatus medicus al. man. saec. XII. — f.* 109 *vacuum.*

Neumae.

XVIII. ROTULI PASCHALES.

1. Rotuli paschales.

Vatican. 3784. volumina membr. I. ad 2,490×0,287 m. saec. XI. litteris Beneventanis.

[E]xultet iam angelica turba — Uere dignum.
Miniat. color. Pict.
Neumae sine lineis.

II. ad 3,780 × 0,271 m. saec. XV.

Exultet iam angelica turba — regnantem in unitate Spiritus sancti Deus. Per omnia saecula saeculorum. Amen. — *In commemoratione:* papa nostro B (?), *man. rec.:* Paulo; antistite nostro Ioanne, *man. rec.:* Al . . . (?); regem nostrum R (?), *man. rec.:* Carolum.
Notae musicae quadratae.

2. Rotulus paschalis.

Vatican. 9820. volumen membr. ad 7,60×0,307 m. saec. XI. XII.

Exultet iam angelica turba . . . *Canticum et orationes; oratio ultima:* Oratio pro abbatissa. Nec non et famulam tuam abbatissam — perfrui sempiternis, qui vivis . . . *In folio addito (182 × 285 mm.) benedictio incensi et ignis.*
Nonnulla aliis manibus addita.
Miniat. color. littera E. Multae picturae.
Neumae sine lineis.

Ebner, Handschriftliche Studien über das Praeconium paschale, in *Haberl*, Kirchenmusikalisches Jahrbuch 1893, S. 78.

XIX. EPISTOLARIA.

1. Epistolarium.

Palatin. 510. membr. 246 f. + 1 chart. 221 × 165 mm. saec. XI.

f. 1. chart. C. 85. 1130. 1005. — *f. 1' vacuum.*

f. 2. Lectio epistolae beati Pauli ad Romanos. Paulus seruus Iesu Christi vocatus . . . *Epistolarii proprium de tempore incipiens a vigilia nativitatis Domini. — f. 9. Post theophaniam lectiones feriarum quartarum. Proprium sanctorum: — f. 5'.* Stephani, Iohannis ev., Innocentium. — *f. 17'.* In purificatione Mariae.

f. 24. Fer. IIII (post dom. quinquagesimae) lect. Iohel prophetae. Hec dicit Dominus Deus . . . *Proprium dominicarum et feriarum. — f. 31.* Fer. V post cineres *desinit lectio in:* ait Dominus Deus; *cum folium sit refectum, desunt cetera. — f. 31'. Initia evangeliorum, compluribus man.* — *f. 32.* . . . famuli tui et seruorum tuorum, qui volunt timere nomen tuum . . . da misericordiam populo tuo, Domine Deus noster. — Math. Audistis, quia dictum est . . . — Fer. VI. Anima, quae . . . *Ezech. 18, 20.* — *f. 32—34. man. rec. — f. 77'.* Dom. indulgentiae (palmarum), fer. III, IV, VI passio Domini nostri Iesu Christi. — *f. 115'. Sabbati sancti lect. (XII) Danielis 3, 1:* Nabuchodonosor rex . . . *desinit in:* Et confestim.

f. 117. Lectio epistolae Pauli apostoli. Ad Colossenses. Fratres, si consurrexistis cum Christo . . . *Lectiones epistolarum proprii de tempore usque ad dom. XXIV post octavam pentecost. et lectiones feriarum quartarum et sextarum. — f. 125, 126.* Aevia. Surrexit pastor bonus, qui posuit animam suam ouibus suis et pro suo grege mori dignatus est, *neumis instructum, al. man. — f. 138'. Vigilia pentecost. initia lectionum Vet. Test. Item proprii sanctorum: — f. 129' (novi numeri).* Philippi et Iacobi. — *f. 132.* De inventione crucis. — *f. 157'.* Iohannis bapt. — *f. 161'.* Petri et Pauli. — *f. 163. Commemorationis s. Pauli, deest inscriptio. — f. 166'.* In octava apostolorum. — *f. 174.* Iacobi apostoli. — *f. 174.* Laurentii. — *f. 177.* Assumptionis s. Mariae. — *f. 180.* In decollatione s. Iohannis bapt. — *f. 188'.* Natale s. Cornelii et Cipriani, — *f. 190.* Mathei apostoli.

— *f.* 198. In dedicatione basilicae s. Michahelis. — *f.* 207′. Omnium sanctorum. — *f.* 211. Natale s. Clementis pp. — *f.* 211′. Andreae.

f. 213. Incipiunt lectiones de aduentu Domini. Dom. V lect. Hieremie prophetae. Ecce dies ueniunt . . . *usque ad:* Dom. proxima natale Domini *et lectiones feriarum quartarum et sextarum.*

f. 223′. De sancta Trinitate. Ad Corinthios. Fratres, gaudete . . . *Lectiones missarum votivarum per hebdomadam.*

f. 225′. In vigilia apostolorum. Lect. libri sapientiae. Beatus uir . . . *Commune sanctorum*, — *f.* 228′. sacerdotum, — *f.* 231. confessorum, — *f.* 232. martyrum, — *f.* 238. virginum.

f. 241′. In dedicatione ecclesiae. lect. libri Iohannis apostoli. Uidi ciuitatem . . . *et lectiones evangelii:* Luc. Non est arbor bona . . .; Luc. Ingressus Iesus perambulabat Iericho . . .

f. 243′. In uigil. defunctorum. lect. libri Machabaeorum. In diebus illis. Vir fortissimus Iudas . . ., *altera lectio, duo evangelia.*

f. 244. In uigilia sancti Laurentii. lect. libri sapientiae. Confitebor tibi . . .; *lectio evangelii:* Math. Si quis vult venire . . .; Luc. Homo quidam nobilis abiit — auferetur ab eo. — *f.* 245′. In nativitate s. Mariae. lect. libri sapientiae. Dominus possedit . . . *et initium evangelii Matth.*

f. 246. Benedictus es Domine Deus patrum nostrorum . . . *Preces, quarum singulae terminantur:* et laudabilis. Gloria Patri . . . *neumis sine lineis instructum, man. rec.*

f. 246′. Item in die sancte Cecilie virginis scilicet sexta feria in crepusculo hora sexta natus est filius sororis mee anno Domini M° CCC° lxxxxviii regnante Ioue . . . Item in die sanctorum martirum Iohannis et Pauli anno Domini 1399 frater meus Iodocus conduxit secundam uxorem scilicet Elsam luna exeunte in arietem . . . Et in eodem anno fiebant signa magna in mundo. Primo pestilencie maxime fuerunt . . . Et anno succedenti christiani maxime litigauerunt cum paganis . . . *al. man.*

Multa addita manibus rec.: numeri capitum librorum sacrorum, interpretationes vocabulorum Latinorum Germanicae, ut — f. 47′: decem mutatoria vestimentorum: secundum Papiam in mancherley parkleit, — *f.* 201. nuptiarum: hochzyt oder warischaft.

Neumae.

Stevenson, Codices Palatini Latini tom. I, p. 169.

2. Epistolarium.

Vatican. 8701. membr. f. 9—221. 285 × 195 mm. saec. XIII.

f. 9. Confortate manus dissolutas . . . *Isai. 35, 3. lect. II sabbati quattuor temporum adventus. Lectiones epistolarum proprii de tempore usque ad dom. XXIV post pentecost. atque lectiones feriarum quartarum sextarum-*

que et omnium feriarum quadragesimalium. — *f.* 181'. In dominica de s. Trinitate.

f. 183'. In vigilia s. Andree apostoli. Benedictio Domini super caput iusti ... *Lectiones epistolarum proprii sanctorum usque ad s. Catharinae et ad s. Iacobi intercisi; multae lectiones in communi sanctorum requirendae. Insunt:* — *f.* 184. S. Zenonis conf., s. Siri ep. — *f.* 185. S. Severi archiep. — *f.* 196. S. Iohannis Uualberti. — *Post s. Iacobi:* In dedicatione ecclesie. — *f.* 199'. S. Salvii ep., ss. Mauricii et soc. — *f.* 200. S. Iohannis Uualberti. — *f.* 200'. S. Galli abb.; s. Germani ep. — *f.* 202'. S. Leonardi conf.

f. 203. In vigilia unius apostoli. Lectio libri sapientie. Benedictio Domini super caput iusti ... *Commune sanctorum. Lectio communis confessorum libri sapientiae.* Beatus uir, qui inuentus est ... *desinit in:* sine macula et.

Nonnulla aliis manibus addita. Nonnulla folia refecta.

Miniat. color. et inaurat.

3. **Epistolarium.**

Urbin. 542. membr. I + 79 f. 280 × 217 mm. saec. XV.

f. I, 1 *vacua.* — *f.* 1'. *Insigne et:* Serenissimo Francisco | Mariae de Rvvere | Vrbini duci | F. Simon Ferrus Vrbinas Augustinianus | dicavit.

f. 2. Epistolarivm. Dominica prima de aduentu. Lectio epistolae beati Pauli apostoli ad Romanos. Fratres, scientes, quia ... *Lectiones i. e. epistolae missarum. Proprium de tempore ab adventu usque ad dom. XXIV post pentecost.* — *f.* 57'. Explicit dominicale.

f. 58. Proprivm sanctorvm. In vigilia sancti Andreae ... In festo s. Andreae apostoli. Lectio epistolae beati Pauli apostoli ad Romanos. Fratres, corde enim creditur ... *Proprium sanctorum usque ad:* In festo omnium sanctorum. — *f.* 66. Explicit proprium sanctorum.

f. 66'. Sanctorvm commvne. In vigilia vnius apostoli. Lectio libri sapientiae. Benedictio Domini super caput ... *In fine:* — *f.* 76'. Unius viduae vel matronae.

f. 77'. Missa dedicationis ecclesiae. Lectio libri apocalypsis beati Iohannis apostoli. In diebus illis. Uidi ciuitatem ... *Lectiones missarum votivarum.* — *f.* 78. Commune b. Mariae v. — *f.* 78'. In agenda mortuorum.

Miniat. color. et inaurat. fig. flor.: — *f.* 2. *littera F pict., insignia et:* Ivl. F. Card. V.

4. **Epistolarium Benedictinum Luxense.**

Palatin. 497. membr. A + 111 f. 258 × 189 mm. saec. XII.

f. A *vacuum.*

f. 1. Lectio Esaye prophete. In uigilia natalis Domini. Hec dicit Dominus: Propter Syon non tacebo ... *Lectiones epistolarum missae. Proprium de tempore a nativitate Domini, ss. Stephani, Ioannis ev., Innocentium usque ad fer. VI post octavam pentecost.* — *f.* 5'. *A dom. I post epiphaniam usque ad fer. IV in capite ieiunii lectiones feriarum quartarum et sextarum.* — *f.* 11. *Lectiones feriarum quadragesimalium.*

f. 52. Incipit breuiarium de sanctis per totum annum. In natale sancti Siluestri pape. Lectio. Ecce sacerdos magnus . . . *Proprium sanctorum usque ad:* In natale s. Thome apostoli. *Insunt* breuiaria, *i. e. initia earum lectionum, quae in communi sanctorum totae exhibentur.*

f. 69. In vigilia unius apostoli. Lectio libri sapientie. Beatus uir, qui inuentus est . . . *Commune sanctorum.*

f. 77. Dominica prima post octauam pentecost. Lectio Iohannis apostoli. Karissimi. Deus caritas est . . . *Lectiones dominicales usque ad dom. XXIV post octavam pentecost.,* — *f.* 96'. dom. V ante natale Domini *usque ad:* dom. proxima ante natale Domini, *lectiones feriarum quartarum et sextarum et quattuor temporum.*

f. 101. Die dominica. De sancta Trinitate. Ad Romanos. O altitudo diuitiarum . . . *Lectiones missarum votivarum,* sabbato de s. Maria, — *f.* 102. *in dedicationibus ecclesiae et altaris,* — *f.* 104. *missarum diversarum,* pro rege, pro exercitu siue pro principibus, — *f.* 109. pro defunctis. — *f.* 110 *refectum.*

f. 111 *membr. insertum.* Anno ab incarnacione Domini millesimo centesimo vndecimo etc. quinto autem anno post fundacionem loci istius septima kalendas Iulij obiit Folcmarus verus catholicus ex comite monachus, fundator monasterii huius. *De monasterio Luxensi (Luxheim) in dioecesi Mettensi sito. Item de monasterio anno 1440 exusto et restituto; deinde:* Sunt et hij presentes duo epistolarum et evangeliorum libri cura prioris Wernheri de Luxheym sumptu non modico, puta octoginta pene florenorum, in imperiali ciuitate Hagennou manu cuiusdam Gabrielis opere argenteo (.veluti cernis.) perpoliti et fabrifacti et reformati salutis anno millesimo quingentesimo; *de casulis emptis, de lapidea tectura anno 1502 inchoata; de campanis anno 1498 nove factis, de vivario* in dem geryth *anno 1501 inchoato: omnia, ut videtur, a* W. Erff. scolari *scripta.*

Nonnulla in marginibus eadem man. addita.

Pict. miniat. color. Picturae tabulares: — *f. A'. Annuntiatio B. M. V.* — *f. 2'. Nativitas D. N. I. Chr.* — *f. 37'. Christus ad inferos descendens et tres mulieres ad sepulchrum Christi venientes.* — *f. 45. Ascensio D. N. I. Chr. et Christus in throno residens.* — *f. 58. Gabriel Zachariae apparens et nativitas s. Ioannis bapt.*

Stevenson, Codices Palatini Latini tom. I, p. 167.

———————

XX. EVANGELIARIA.

1. Evangeliarium.

Regin. 15. membr. I+136 f. 285×225 mm. 2 col. saec. X.

f. I. Volumen IX Non Petavii. Nr. 9. N. Pet. 1656.

f. I′. In vigilia natalis Domini. Sequentia sancti evangelii secundum Matheum. In illo tempore. Cum esset desponsata mater Ihu Maria . . . *Lectiones evangeliorum proprii de tempore usque ad dom. in sexagesima et proprii sanctorum usque ad annuntiationis B. M. V. — f.* 17′. *Proprium de tempore a dom. in quinquagesima usque ad:* Pascha annotina. — *f.* 70′. *Proprium de tempore usque ad dom. XXV post octavam pentecost. et dom. V—I ante natale Domini; proprium sanctorum usque ad natale s. Thomae apostoli; ab epiphania usque ad adventum evangelia quartarum, sextarum, septimarum feriarum, omnium feriarum quadragesimalium. — f.* 67′. *Initia trium lectionum, sed desunt inscriptiones. — Inter sanctos:* — *f.* 70′. Natale Uitalis. — *f.* 82′. Natale s. Medardi ep. — *f.* 92′. In transitu s. Martini. — *f.* 94′. Natale septem fratrum, s. Christinae. — *f.* 102. Solemnia de pausacione sanctae Mariae. — *f.* 103. Natale sancti Magni martiris. — *f.* 118. Natale sancti Caesaris.

f. 126. In commotione gentium secundum Lucam. In illo tempore. Dixit Iesus discipulis suis: Nolite solliciti esse . . . *Lectiones evangeliorum missarum diversarum.*

f. 129′. In natale apostolorum. Secundum Iohannem. In illo tempore. Subleuatis oculis . . . *Commune sanctorum.*

f. 135. In dedicatione ecclesiae. Secundum Lucam. In illo tempore. Dixit Iesus discipulis suis: Non est enim arbor . . . — *f.* 135′. In agenda mortuorum. Secundum Iohannem. In illo tempore: Omne, quod dat mihi pater . . . — *f.* 136′. Est anime victus. *al. man.* Probatio pennae.

In marginibus man. rec. signis numerorum Arabicis folia requirenda indicantur.

Miniat. color. et inaurat. — f. 1, 2′, 62, 62′ *purpureis litterae inauratae; inscriptiones litteris inauratis.*

Bethmann in Pertz' Archiv Bd. XII, S. 266.

2. Evangeliarium.

Vatican. 5100. membr. 24 f. 360 × 245 mm. 2 col. saec XI. litteris Beneventanis.

f. 1. Dominica prima aduentus. *al. man.* In illo tempore. Dixit Dominus Ihs discipulis suis. Erunt signa . . . *Lectiones evangeliorum dominicarum adventus, festorum de tempore et sanctorum per annum.* — *f.* 4'. In vigilia epiphanie. Luc. Factum est autem, cum baptizaretur — regressus est a Iordane, *et* — *f.* 13'. In natiuitate sancte Marie. Euangelium. Initium s. euangelii secundum Matheum. Liber generationis — uocatur Christus. Te Deum laudamus, *utraque lectio neumis sine lineis instructa.* — *f.* 10'. In festo s. Guihelmi conf. Luc. . . . Nemo accendit lucernam . . .

f. 16'. In uigiliis vnius apostoli euangelium secundum Iohannem. In illo tempore. Dixit Ihs discipulis suis. Si manseritis in me . . . *Lectiones evangeliorum communis sanctorum.*

f. 22'. In dedicatione ecclesie euangelium secundum Matheum. In illo tempore. Egressus Ihs — quod perierat. — *f.* 23. Aliud euangelium secundum Lucam . . . Non est arbor bona — super petram.

f. 23. Euangelium de rogatione: secundum Lucam . . . Quis uestrum — petentibus se. — *f.* 24 *vacuum.*

Miniat. color. et inaurat.
Neumae.

3. Evangeliarium.

Vatican. 8892. membr. I + 216 f. 314 × 168 mm. saec. XI.

f. I. *agglutinatum.*

f. 1. In nomine Domini. Incipit liber evangelistarum per circulum anni. Secundum Marcum. Initium sancti evangelii Iesu Christi . . . — *f.* 1'. Liber generationis secundum Matheum. — *f.* 2'. In vigilia natalis Domini. *Proprium de tempore usque ad dom. XXVI post pentecost.* — *f.* 159'. Dominica de adventu Domini *usque ad* dom. ante natale Domini. *Lectiones evangeliorum dominicarum, festorum, feriarum quintarum et sextarum, omnium feriarum quadragesimalium. In passionibus signa cantorum* C. S. T.

f. 168. Pro devoto. Secundum Marcum. In illo tempore. Sedens Ihs contra gazophilacium . . . *Lectiones evangeliorum missarum diversarum,* — *f.* 172. *missarum* in agenda mortuorum.

f. 174. Incipit recapitulatio evangeliorum in natale singulorum sanctorum. Die XIIII mensis Ian. Natale s. Felicis in Pincis. Evangelium secundum Lucam. In illo tempore. Dixit Iesus discipulis suis. Qui uos audit . . . *al. man. Index lectionum usque ad:* Die XIII mensis Decembris. Natale s. Lucie v.

f. 176'. Initivm sancti evangelii secvndvm Mathevm. Liber generationis...
— *f. 178'*. In epiphania ad matutinum.

f. 180. In natale sancti Silvestri pp. secundum Matheum. In illo tempore. Dixit Iesus discipulis suis parabolam hanc. Homo quidam peregre ... *Lectiones evangeliorum proprii sanctorum usque ad s. Andreae. — f. 195. In transfiguratione Domini.*

f. 205. In vigilia apostolorum. In illo tempore. Dixit Iesus discipulis suis ... Ego sum uitis ... *Lectiones evangeliorum communis sanctorum.* — *f. 211*. In dedicatione ecclesie, in honore s. Marie, s. Crucis.

f. 212. In natale ss. Gervasii et Protasii, — *f. 213*. s. Proiecti. — *f. 213'*. In natale apostolorum Symonis et Iude, — *f. 214*. s. Mathie apostoli, *aliis manibus. — f. 215 vacuum.*

f. 216. Anniuersarii, fratres karissimi, ieiunii puritatem — seruitutis obtineat. *Sermo de ieiuniis primi mensis al. man.*

Nonnulla in marginibus aliis manibus addita. Multa folia humore maculis aspersa.

Pict. tabularis: — f. I'. Imagines s. Ioannis ev., duorum monachorum, Christi, feminae cuiusdam sanctae.

4. Evangeliarium.

Borghes. 1. A 1. membr. 173 f. 259 × 180 mm. saec. XII.

f. 1. In uigilia natalis Domini. Sequentia sancti evangelii secvndvm Mathevm. In illo tempore. Cum esset desponsata... *Lectiones evangeliorum proprii de tempore usque ad dom. XXV post pentecost., a dom. V usque ad dom. I ante natale Domini, omnium feriarum quadragesimalium, feriarum quartarum et sextarum. In passionibus signa cantorum:* P *(Christus),* C *(chronista)* l *(synagoga). — f. 133*. Dominica in ramis palmarum secundum Matheum. Cum appropinquasset ...

f. 138'. In natale sancti Siluestri. Sequentia sancti evangelii secundum Matheum. In illo tempore. Dixit Iesus discipulis suis parabolam hanc. Homo quidam peregre proficiscens ... *Lectiones evangeliorum proprii sanctorum usque ad natale s. Andreae, — f. 157'*. s. Euphemie, — *f. 159*. ss. Germani et Remigii.

f. 161. In uigilia apostolorum. Ego sum uitis ... *Evangelium alio loco requirendum. Lectiones evangeliorum communis sanctorum, sed multae aliis locis requirendae. — f. 163'*. In commemoratione s. Marie, in dedicatione ecclesie. — *f. 164'*. *Lectiones missarum diversarum, — f. 165*. in agenda mortuorum. — *f. 165'*. Lectio evangelii s. Iohannis. Amen, amen dico uobis, quia qui uerbum meum audit ... *desinit in:* sunt, audient.

f. 166. al. man.: Ante diem festum pasche — et ego in ipsis. *Ioa. c. 13—17. Man. rec. numeri capitum in marginibus additi. Complura folia laesa.*

5. Evangeliarium.

Ottobon. 296. membr. 144 f. 284 × 182 mm. saec. XII. litteris Beneventanis.

f. 1. Sequentia sancti euangelii secundum Lucam. In illo tempore. Dixit Iesus discipulis suis. Erunt signa . . . *Dom. I adventus. Proprium de tempore et sanctorum a natali s. Thomae ap. usque ad s. Andreae ap.* — *f.* 18. *Proprium de tempore a dom. in septuagesima usque ad dom. IV post octavam paschae.* — *f.* 98′. *A s. Marci incipiens proprium sanctorum et de tempore.* — *f.* 59′. *Ad passionem secundum Matthaeum nonnullae neumae.* — *Fer. III hebdomadis maioris deest passio.* — *f.* 77′. *Fer. VI in parasceve passio secundum Marcum et ad nonam passio secundum Ioannem.* — *f.* 107′. *Dom. I—IV post octavam pentecost.* — *f.* 112′. Dom. I(—V) post natale apostolorum. — *f.* 118′. Dom. I(—V) post s. Laurentii. — *f.* 125. Dom. I(—VI) post s. angeli. — *f.* 130. Dom. I(—IV) post s. Martini. — Officium sancte Trinitatis.

f. 133′. In dedicatione ecclesie *tres lectiones: Luc. 19, 1—10; Matth. 7, 21—25; Luc. 6, 43—48.*

f. 135. In natale unius apostoli. Sequentia s. euangelii secundum Iohannem. Ego sum uitis . . . *Commune sanctorum.*

f. 143. *al. man.* In illo tempore. Accedentes discipuli ad Iesum dixerunt illis. Dimitte turbas — saturati sunt. — *f.* 143′. In illo tempore. Cum appropinquasset Iesus ad Bethfage — Gloria in excelsis. — *f.* 144′ *vacuum.*

f. 24, 29. litterae initiales exsectae.

Miniat. color. et inaurat. fig.

Neumae.

6. Evangeliarium.

Ottobon. 578. membr. 154 f. 270 × 184 mm. saec. XII.

f. 1. Sequentia sancti euangelii secundum Marcum. In illo tempore. Fuit Iohannes in deserto — uos Spiritu sancto. *In margine man. rec.:* die II post epiphaniam. *Item:* — Secundum Marcum. Venit Iesus a Nazareth — credite euangelio. die III post epiphaniam. — *f.* 1′. Luc. Dicebat ergo Iohannes ad turbas, qui exiebant — stipendiis uestris. die IIII post epiphaniam. — *f.* 2. Secundum Lucam. Existimante autem populo — euangelizabat populo. die V post epiphaniam. — *f.* 3. Secundum Matheum. Uenit Iesus in Galileam in Iordanem — mihi complacui. die VI post epiphaniam. — Secundum Matheum. Cum audisset Iesus, quod Iohannes traditus esset — regnum celorum. die VII post epiphaniam.

f. 3′. In octaua epyphanie. Sequentia sancti euangelii secundum Iohannem. In illo tempore. Uidit Iohannes Iesum uenientem ad se — filius Dei . . . —

Dom. I post theophaniam secundum Lucam. Cum factus esset Iesus annorum duodecim . . . *Proprium de tempore usque ad dom. XXIII post pentecost. et usque ad dom. V ante natale Domini; a dom. in septuagesima incipientes stationes.* — *f.* 40'. Sabbato post passionem datur fermentum in consistorio Lateranensi. — *In passionibus man. rec. signa cantorum:* ✠ C. S. *et alia.* — *Fer. III hebdomadis maioris deest passio.*

f. 93'. *man. saec. XV in margine:* Nicolaus de Blenodio clericus Tullensis diocesis venit ad domum domini Thome die Veneris post pentecosten. *Item: — f.* 48' *lingua Francogallica.*

f. 109. Septima Kal. Ianuaria. natale s. Stephani protomartyris. Secundum Matheum. In illo tempore. Dixit Iesus turbis Iudeorum et principibus sacerdotum. Ecce ego mitto . . . *Proprium sanctorum usque ad s. Thomae ap.* — *f.* 130'. S. Rufine et Secunde, — *f.* 131'. Quirici et Iulitte, — *f.* 132'. Emiliani et sancte Symphorose, — *f.* 145. Dionysii cum sociis suis.

f. 152. In natale unius apostoli euangelium. Hec mando uobis . . . *Commune sanctorum; plerumque lectiones in proprio requirendae.* — *f.* 152'. In dedicatione basilice, altaris. — *f.* 153'. Pro mortuis. — Secundum Iohannem. Amen, amen dico vobis . . . *desinit in:* audierunt, uiuent.

f. 154'. arma virumque cano . . . *Probationes pennarum.*

Nonnulla eadem et aliis manibus addita. — f. 6, 7, 8 laesa.

Miniat. color. fig.

7. **Evangeliarium monasticum.**

Vatican. 7815. membr. 128 f. 305 × 207 mm. saec. XIII.

f. 1 (14 *veteris numeri*). [ado]rabat eum dicens: Domine, si uis potes me mundare . . . *Matth. 8. 2. Dom. IV post epiphaniam. Desunt 13 folia. Proprium de tempore usque ad dom. XXV post octavam pentecost. Post evangelia dominicarum et festorum orationes. Ad nonnullas lectiones:* vacat. — *f.* 44'. Fer. III hebdomadis maioris *in passione secundum Marcum signa lectoris miniata.* — *f.* 56. In cena Domini lectio ad mandatum. — *f.* 83. Octaua pentecost. *rubrica de missa de Trinitate.* — *f.* 101'. Sabbato ante quadragesimam. Marc. Cum sero esset factum — salui fiebant.

f. 103. Incipiunt de sanctis euangelia. In natali s. Andree apostoli. Secundum Matheum. In illo tempore. Ambulans Ihs secus mare . . . *Proprium sanctorum usque ad s. Martini, evangelia et orationes.* — *f.* 116. In Mauricii sociorumque eius. *Multa posterius addita, inter quae:* — *f.* 117. In sanctorum Dionysii et sociorum. — *f.* 119. (Mense Novembri.) De sancto Hugone conf. pont.

f. 119′. Incipiunt de sanctis euangelia communia. Commune in natali vnius apostoli. Secundum Iohannem. In illo tempore. Dixit Ihs apostolis suis. Hoc est preceptum meum . . .

f. 123. In dedicatione. — *f*. 124. *Evangelia pro defunctis.*

Complura aliis manibus addita, ut: — *f*. 123′. De b. Maria v. Luc. Loquente Iesu ad turbas, extollens uocem quedam mulier . . . — *f*. 126. In festo corporis Christi. Ioh. Dixit Iesus turbis . . . Caro mea uere est cibus . . . — *f*. 127. Oratio de s. Brunone, oratio de s. Iosepho. — *f*. 127′, 128 *vacua.*

Complura manibus rec. addita. Nonnulla folia refecta.

XXI. LECTIONARIUM MISSAE.

Lectionarium missae.

Palatin. 502. membr. II + 174 f. 283×195 mm. 2 col. saec. XIV.

f. I. 203. 170. — *f.* II. C 120. 1394.

f. 1. Dom. prima in aduentu Domini. Ad te leuaui animam. Ad Romanos. Fratres. Scientes, quia hora . . . *Proprium de tempore usque ad dom. XXIII post octavas pentecost. et ss. Stephani, Ioannis ev., Innocentium. Lectiones epistolarum et evangeliorum dominicalium, tempore adventus feriarum quartarum et sextarum, tempore quadragesimae omnium feriarum; gradualia festorum notis musicis quadratis instructa sicut aliae missae partes. In passionibus signa cantorum:* M. a. c. — *f. 6′.* Sabbato quattuor temporum adventus: Ymnus. Benedictus es — patrum nostrorum. — *f. 75′.* Letaniae. *Inter sanctos:* Christofore, Dionisi cum sociis, Mauriti cum sociis, Remigi, Willibrorde, Benedicte. — *f.* 102′. In vigilia pent. Rex sanctorum angelorum — diligamus tempore, *sequentia.* — *f.* 110. De sancta Trinitate, de venerabili sacramento, *lectiones aliarum missarum votivarum et diversarum.* — *f.* 111′. De beata virgine. — *f.* 112. In commemoracione beati Augustini. — In commemoracione beati Christofori martyris; *in margine al. man.* — *f.* 113. In anniuersario et exequiis defunctorum.

f. 131′. In vigilia sancti Andree apostoli. Benedictio Domini super caput. CIVI. Secundum Iohannem. In illo tempore. Stabat Iohannes . . . *Proprii sanctorum lectiones vel initia lectionum; in fine:* s. Lini pape et martyris. — *Post* — *f.* 137. *fol. membr. insertum:* lectio ad Corinthios. Fratres, unusquisque — consilium *et initium evangelii die s. Monicae viduae al. man. Item post* — *f.* 145. *fol. insertum:* lectio[nes] de s. Christophoro, de s. Anna vidua. — *f.* 150′. S. Lamberti ep. et martyris. — *f.* 152′. *in margine:* Maynulphi conf. *al. man.* — *f.* 153′. Vndecim milium virginum; s. Seuerini ep. — *f.* 154′. S. Willibrordi.

f. 155′. In vigilia vnius apostoli. lectio libri sapientie. Beatus homo . . . *Commune sanctorum.*

f. 171. Alleluia in festo corporis Xpi. CXI. Alleluia. Caro mea vere...
— *f.* 171′. In die parasceues post passionem. Egressus Ihs ..., *initia*
orationum sollemnium et neumis instructa: Leuate. Flectamus genua. —
f. 172, 173, 174 *vacua.*

f. 173′. Euangelicus liber pertinens ad Rauersburg.

Epistolae et evangelia neumis sine lineis instructa. Notae musicae
quadratae.

Tegumenta lignea corio fusco induta ornamentis impressis, duae copulae
aurichalcae. In tegumento priore decem alta et quadrata fulcra aurichalca
vitro musivo distincta; in his quattuor signa et nomina evangelistarum,
praeterea duae laminae in lignum immissae, in quibus spectantur duo ho-
mines vestimentis volitantibus induti adscriptis nominibus Geon *et* Fison.
In medio tegumento imago Christi in throno residentis ex ebore alte ex-
sculpta. Intrinsecus imago Christi crucifixi xylographa coloribus distincta,
addita precatione. In tegumento posteriore intrinsecus imagines B. M. V.
puerum Iesum lactantis et duorum angelorum ligno incisae et coloribus de-
pictae addita precatione.

Stevenson, Codices Palatini Latini tom. I, p. 169.

XXII. MISSALIA.

1. Missale et epistolarium.

Vatican. 6080. membr. 242 f. 423 × 288 mm. saec. XI.

f. 1. campestri et turba . . . Lectio evangelii Luc. 6, 17 in natale ss. Fabiani et Sebastiani. Proprium sanctorum et de tempore incipiens a dom. II post epiphaniam; orationes, lectiones epistolarum et evangeliorum, secretae, Communicantes, Hanc igitur, ad complendum; man. rec. in marginibus introitus, gradualia, offertoria, postcommuniones (communiones) additae. — f. 8'. Proprium de tempore a dom. in septuagesima usque ad dom. IV post octavam paschae, — f. 80'. a vigilia ascensionis Domini usque ad dom. XXIII post pentecost. Tempore quadragesimali missae singularum feriarum, aliis anni temporibus missae feriarum quartarum et sextarum. In passionibus signa cantorum: T (Christus), C (chronista), M. l. — f. 13. man. saec. XVI. Lingua Italica quidam scripsit se libros ex Apulia (?) Venetiam mittere voluisse. — f. 61. Praefationes a praefatione paschali incipientes. — f. 63. Te igitur . . . Canon.

f. 118'. Natale sancte Petronille uirginis. Concede, quesumus, Domine fidelibus . . . *Proprium sanctorum usque ad:* VI Id. Decemb. Damasi pape. — *f.* 119'. Natale Laurentini et Pergentini. — *f.* 121'. Albini cum soc. s. — *f.* 126. In natale s. Mustiole m. — *f.* 127. Translatio s. Benedicti. — *f.* 130'. Ss. vv. Flore et Lucille, — *f.* 132'. s. Ionii (?) m., — *f.* 135. Magni m., — *f.* 140. Eufemie v., — *f.* 141. Mauricii cum soc., — *f.* 142'. Germani et Remigii, — *f.* 143. Dionisii, Rustici, Eleutherii.

f. 148'. In dedicatione ecclesie. — *f.* 149'. In uigilia unius apostolorum. Concede nobis, quaesumus . . . *Commune sanctorum.*

f. 155. Missa ad honorem sancte Crucis. officium. Nos autem gloriari oportet . . . *Missae votivae et diversae,* — *f.* 156. ad honorem B. M. V. — *f.* 164. *Missae pro defunctis. Tota officia. — f.* 169. *Benedictio candelarum (in purificatione), ramorum.* — Oratio, secreta, ad complendum pro imperatore. — *f.* 170'. Benedictio super lectorem.

Complura aliis manibus rec. addita cum alia, tum: — f. 170. Sancti Thome Cant. — *f.* 171. Missa s. Mustiole, — *f.* 171'. s. Benedicti, — *f.* 173. s. Mustiole.

f. 173′. In ista ecclesia sunt reliquie . . . s. Marie, s. Barnabe apostoli, s. Martini, s. Benedicti, ss. Marci et Marcelliani, sancte Mustiole, s. Lucie, s. Cecilie, sancti Sauini, s. Mathie apostoli . . . — Hec ecclesia est dedicata in honore predictorum sanctorum die octaue pasche resurrectionis anno Domini MCCXXVII tempore Honorii pape tertii et regnante domino Fredericho Romanorum imperatore. — *Alter index lingua Italica anno 1312 conscriptus.*

f. 173′. Iste sunt misse ordinate a beato papa Gregorio . . . *Tabula missarum votivarum per hebdomadam legendarum.*

f. 175—242: *373 × 288 mm.* — *f.* 175—178 *complures librarii saec. XIII:* — *f.* 175. Missa in festo s. Katherine. *Totum officium.* — *f.* 176′. Missa pro sponso et sponsa. *Totum officium.* — *f.* 177′. *man. saec. XV.* Benedictio ovorum, panis, herbarum, carnium. — *f.* 178. *Lectiones epistolarum communis sanctorum.*

f. 179. Dominica prima de aduentu Domini. Lectio epistole beati Pauli ad Romanos. Fratres, scientes, quia hora . . .; *al. man. saec. XI. Epistolarium; proprium de tempore usque ad dom. XXV post pentecost. et proprium sanctorum usque ad:* II Kal. Dec. S. Andree. — *f.* 240′. *In dedicatione ecclesiae et commune sanctorum.* — *f.* 242′. In honore sancte Crucis. Pauli ad Philippens. Fratres. Christus factus est obediens Patri . . . *desinit in:* usque ad.

Multa in marginibus aliis manibus addita.

Complura folia refecta. — f. 125 laesum.

Imago canonis: — f. 63.

2. Missalis fragmenta.

Vatican. 6078. membr. f. 131—187 + 2 f. 440 × 279 mm.
2 col. saec. XIII.

f. 131. ergo eorum cuius erit uxor . . . *Lectio evangelii fer. II post octavam pentecost. Proprium de tempore usque ad dom. XXV post octavam pentecost. Epistolarum et evangeliorum lectiones feriarum secundarum, quartarum, sextarum et quattuor temporum; introitus, gradualia, offertoria, communiones neumis sine lineis instructa.* — *f.* 178′. Missa de s. Trinitate *cum praefatione; desinit in:* Oratio ad vesperas.

f. 179. Incipiunt missarum sollemnia de festiuitatibus sanctorum per circulum anni. II Kal. Ian. Natale sancti Siluestri pape. Sacerdotes tui . . . *Proprium sanctorum usque ad:* XVIII Kal. Mai. Sanctorum Tiburtii et Valeriani mm. Ad complendum *desinit in:* saluationis tue capiamus . . . — *f.* 183. *In purificatione benedictio candelarum. Duo ultima folia alius missalis fragmenta, quibus missae dominicarum in septuagesima et in sexagesima exhibentur.*

Nonnulla in marginibus al. man. addita. — f. 159 ante — f. 158, — f. 182 ante — f. 175 disponenda. Complura alia folia, quamquam recte numerata, tamen falso posita sunt.
Neumae.

3. Missale.

Vatican. 6070. membr. 135 f. 225 × 160 mm. 2 col. saec. XIV.

f. 1. custodiat corda uestra . . . *Lectio epistolae dom. III adventus. — f.* 1'. Vigilia nativitatis Domini. *Proprium de tempore usque ad dom. IV post epiphan., quae desinit — f. 4' in evangelio. — f.* 13. Fer. IV in capite ieiunii, *dominicae quadragesimales,* fer. V in cena Domini, *cuius canon desinit in:* Qui pridie, quam pro. — *f.* 24. [celeb]rantes resurrectionis . . . *Communicantes dom. resurrectionis, fer. II, dominicae et festa de tempore usque ad dom. XXV post pentecost. Inter — f.* 30 *et* 31 *deest folium. — f.* 35'. Dominica post pent. Benedicta sit sancta Trinitas . . . *Missa de ss. Trinitate. — f.* 36. Sollempnitas corporis Christi. Cibavit eos . . . — *f.* 62. Passio Domini nostri Iesu Christi secundum Matheum dom. in palmis. *Signa cantorum:* f. C. ✝

f. 72. Gloria in excelsis, Credo, *partes ordinis missae. — f.* 72'. *Praefationes. — f.* 74. . . . Domini nostri Iesu Christi . . *Communicantes, Canon, cuius primum folium evulsum. — f.* 76, 77, 78 *vacua. — f.* 78'. Secundum Matheum. In illo tempore. Dixit . . . thesauro abscondito . . . *Matth. 13, 44—52.*

f. 78'. In natali sancti prothomartyris Stephani. introitus. Etenim sederunt principes . . . *Proprium sanctorum usque ad s. Thomae ap. — f.* 82. *Post s. Silvestri:* s. Guillelmi ep. et conf. — *f.* 85'. S. Iuliani ep. — *f.* 92. *Post s. Ioannis ante portam Latinam:* s. Roberti abb. — *f.* 95'. S. Petri ep. — *f.* 105. *Post s. Laurentii:* translatio s. Martini. — *f.* 109'. Corone spinee. — *f.* 113'. S. Ludovici conf. — *f.* 115. S. Galgani conf. — *f.* 119'. S. Mauritii et soc. — *f.* 121. S. Remigii. — *f.* 126'. S. Malachie ep. — *f.* 127'. S. Edmundi ep.

f. 132'. Missa in honore sancti Spiritus. *Missae votivae. — f.* 134. *Missae de B. M. V. — f.* 135. *Missae defunctorum. — f.* 135'. Collecta pro presenti defuncto *desinit in:* Inclina, Domine, aurem tuam.

Folia sunt ita disponenda: 2, 5, 6—12, 3, 4, 13.

4. Missalis partes et hymnarium Ambrosianum.

Vatican. 4754. membr. 118 f. 180 × 128 mm. f. 59—77, 87—118 binis col. saec. XIV. XV.

f. 1. Prefatio in uigilia s. Martini episcopi . . . Eterne Deus, qui ut infidelitas . . . *Praefationes proprii sanctorum et de tempore, communis sanctorum, missarum diversarum et defunctorum.*

f. 39'. Ad s. Petrum hymnus. Celorum qui aperis . . ., ad s. Paulum: O decus rerum . . ., *man. rec.* — *f.* 41. Hymnus s. Ambrosii ad nocturnum. Eterne rerum conditor . . . *Hymni ordinarii proprii et communis sanctorum,* s. Ambrosii ad serenitatem poscendam: Obduxere polum . . .; ad pluuiam postulandam: Squallent arua soli . . .; in tempore belli: Tristes nunc populos . . .; alter hymnus tempore belli: Seuus bella serit . . .

f. 56'. Subscripte preces . . . Diuine pacis . . . *Dominicis quadragesimae dicendae.* — *f.* 57', 58 *vacua.*

f. 59. Incipit commune sanctorum. Primo missa de apostolis. [M]ichi autem nimis honorati . . . *Commune sanctorum missalis.*

f. 70. Benedictio salis . . . Exorcizo te . . . *Ordo benedicendi aquam,* Asperges me . . . Vidi aquam . . .

f. 72. Quando dyaconus uadit ad dicendum euangelium . . . Dominus sit in corde tuo . . . *Partes ordinis missae, praefationes et Communicantes proprii et communis sanctorum.* — *f.* 78 *vacuum.* — *f.* 79. [T]e igitur . . . *Canon.*

f. 87. In honore sancte Trinitatis. [B]enedicta sit sancta Trinitas . . . *Missae votivae, diversae, pro defunctis; in fine orationes, secretae, postcommuniones de s. Nicolao et de s. Catharina.*

f. 1. *pict.*

5. **Missale Ambrosianum.**

Palatin. 506. membr. a + b + 250 f. 355 × 253 mm. saec. XIV.

f. a *vacuum.* — *f.* a' *agglutinatum.* Maillandt. *man. rec.* — lacrimantes et lacrimamur — de [in]iunctis sibi penitentiis relasamus. *Bulla Urbani IV Transiturus de hoc mundo . . . Data anno 1262 de instituenda sollemnitate corporis Christi, deest initium.* — Ad uesperum oratio prima. [D]eus, qui nobis sub sacramento — et regnas. *al. man.*

f. 1. Incipit missale yemale et estiuum Ambrosianum ad honorem beati Maurilij. in uigilia sancti Martini. Oratio super populum. Omnipotens sempiterne Deus, sollempnitatem . . . *Missalis proprium sanctorum usque ad s. Thomae apostoli; orationes super populum, epistolae, evangelia, orationes super sindonem, orationes super oblata, praefationes, postcommuniones.* — *f.* 14. *Proprium de tempore a dom. I de adventu usque ad dom. V post epiphaniam et proprium ss. Stephani, Ioannis ev., Innocentium, translationis s. Iacobi ap., s. Silvestri.* — *f.* 37. *Proprium sanctorum a s. Sebastiani usque ad:* in depositione s. Gregorii pape. — *f.* 41. In purificatione *benedictio candelarum.* — *f.* 44'. *Proprium de tempore a dom. septuagesimae usque ad:* dom. III post dedicationem. — *f.* 52'. Letanie dominice prime de quadragesima. Diuine pacis — kyrieleyson. — *f.* 59. Dom. de Abraam *(dom. III quadragesimae).* Preces. Domine Deus — nomen tuum kyrileyson. — *f.* 75. Dom. in ramis oliuarum benedictio super oliuas. — *f.* 78. In cena Domini secreta propria *(Canon.)* — *f.* 109. In festiuitate corporis Christi.

f. 111. Incipit confessio, qualiter debeat facere sacerdos in introitu misse ... *Ordo missae;* missa canonica. — *f.* 114a, 114b, 114c *vacua.* — *f.* 115. *Canon. In fine:* — *f.* 119. Gloria in excelsis.

f. 120. Missae canonicae, *votivae et diversae.* — *f.* 125'. Sabato in honore sancte Marie. — *f.* 127. Euangelia dicenda in diebus dominicis a dom. II (—XVI) post pent., dom. I(—VII) post decollationem s. Iohannis, dom. ante dedicationem ecclesie, I(—III) post dedicationem ecclesie.

f. 138. In sancti Georgii martiris oratio super populum. Fac nos, quaesumus, Domine ... *Proprium sanctorum usque ad natale ss. Cosmae et Damiani. A* — *f.* 199 *etiam* ingressa[e], offertori[a], confractori[a]. — *f.* 199—221 *binis col.*

f. 203. In natiuitate unius apostoli ad missam. Ingressa. Iustus non conturbabitur ... *Commune sanctorum,* missa in cotidianis diebus omnium sanctorum, missa omnimoda, missa in ecclesia cuiuslibet sancti confessoris uel martiris.

f. 224'. *Missae diversae.* — *f.* 227'. *Missae pro defunctis.* — *f.* 238'. Missa in s. Lucia, *praefatio desinit in:* et martirii.

f. 239. *Kalendarium. 2 col. Ind. astr. et cal. dies Aeg. Necrologia, de legatis gentis Bruzanorum.* — *f.* 241. MCCCxlvij, XIII Sept. Ego presbiter Geruasius de Bruzano capellanus ecclesie sancti Maurilij et maziconius sancte Marie maioris deuouo hoc meum missale ecclesie sancti Maurili. — *f.* 239', 240'. *De annualibus presbyterorum* sancti Viti porte Ticinensis.

f. 242. Festiuitas omnium sanctorum ad missam oratio. Deus, qui nobis ... — *f.* 242'. In sancto Castriciano. — *f.* 243. In sancto Nicolao. — *f.* 243'. Sancte Lutie. — *f.* 244. De sancto Blasio. — *f.* 244'. Benedictio sponse; *missa.* — *f.* 246 *vacuum.* — *f.* 246'. De s. Gregorio *al. man.* — *f.* 247. Secundum Marcum. In illo tempore. Uenit Dominus Iesus trans fretum maris — omnes mirabantur; *praefatio de s. Marco.* — *f.* 248. *al. man. Tabula missarum usque ad* — *f.* 26.

f. 248'. Ist. missale est ecclesie sancti Maurili. *al. man.:* Concessa est licentia presbiteri Andree de Casate eundi ad sanctum Christoforum 1457 die 15 mens. Oct. *Res historicae de pestilentia Mediolani anno 1451 coorta a Paulo de Casate presbytero et rectore ecclesiae s. Maurilii con- scriptae.* — *f.* 250 *agglutinatum: De campanili anno 1352 collapso et anno 1353 iterum aedificato, de festis Mediolani celebrandis, de optione a Paulo de Casate de canonicatu ecclesiae s. Materni facta.*

Complura aliis manibus addita.

Miniat. color. — *f. 187. Littera M pict. Picturae tabulares:* — *f. 114b'. Christus in throno residens et signa evangelistarum.* — *f 114c'. Pictura canonis.*

Notae musicae quadratae.

Stevenson, Codices Palatini Latini tom. I, p. 169. — *Ebner* in Histor. Jahrbuch 1892, S. 764. — *Ebner,* Quellen und Forschungen S. 251.

6. Missale ecclesiae maioris Augustanae, proprium de tempore hiemali.

Palatin. 503. membr. 88 f. 372 × 264 mm. 2 col. saec. XIV. *f.* 1. C. 110. 1917. 134.

persecutor appropinquat — coruscas coronatus. *Sequentia missae s. Stephani. Proprium de tempore usque ad octavam pentecost. Ab epiphania usque ad fer. IV cinerum lectiones epistolarum et evangeliorum feriarum quartarum et sextarum; tempore quadragesimae tota officia feriarum. Initia praefationum, multae sequentiae.*

f. 22. Nota consuetudinem ecclesie maioris Augustanae in xl duas missas habendo tam in dominicis diebus quam in feriis . . . — *f.* 57. In cena Domini *ordo vesperarum.* — *f.* 64. In sabbato sancto. In processione ad fontem hymnus. Rex sanctorum angelorum — diligamus tempore. — *f.* 64'. Vidi aquam . . .; cantus ad processionem in die pasche, in ascensione, in pentecost. — *f.* 80'. Sabbato ante pent. oratio: Presta, quesumus, omnipotens Deus . . . *desinit in:* lucis corda eorum. — *f.* 81. Mundi cordis, quem soli — gloriosum fecisti. *Sequentia de pentecost.; deest unum folium.*

f. 86'. De sancta Trinitate. Benedicta sit sancta Trinitas . . . — *f.* 88. De corpore Christi. Cibauit eos ex adipe . . . — *f.* 88'. Sequentia per octavam: O panis dulcissime . . .: *desinit in:* muneris clementer purifi.

Multa eadem et al. man. addita.

Miniat. color.

Stevenson, Codices Palatini Latini tom. I, p. 168. — *Ebner,* Quellen und Forschungen S. 251.

7. Missale Romanum eremitarum s. Augustini.

Palatin. 500. membr. 185 f. 310 × 223 mm. 2 col. 1314.

f. 1. Incipit ordo missalis fratrum ordinis sancti Augustini secundum consuetudinem Romane curie. Dominica prima de aduentu Domini. Stacio... Introitus. Ad te leuaui . . . *Proprium de tempore usque ad dom. XXIV post pentecost.* — *f.* 7. In nativitate Domini sequentia. Grates nunc omnes — in excelsis. — *f.* 18. Fer. IV cinerum *benedictio cinerum.* — *f.* 51. Die palmarum *benedictio ramorum.* — *f.* 62. *In passione secundum Lucam assignatur lectio:* In festo sancti Apollinaris. Factum est autem contentio inter discipulos — tribus Israhel. — *f.* 64. Fer. V in cena Domini *mandatum.* — *f.* 67. Fer. V parasc. *adoratio crucis et improperia. In passionibus signa cantorum:* ✚ C. S. *et neumae.* — *f.* 71'. *Sabbato sancto benedictio ignis et cerei.*

f. 81. Aduentus Domini celebratur . . . *Rubricae.*

f. 81'. Ordo missalis, *cuius ceterae partes:* — *f.* 92. — *f.* 92'. *Praefationes, Communicantes, Hanc igitur, praefatio cotidiana cum initio et cum cantico Sanctus.* — *f.* 95′. Credo, Kyrie, Gloria in excelsis, Ite missa est, Benedicamus Domino *compluribus tonis.* — *f.* 96′. Te igitur . . . *Canon.*

f. 109′. In die pentecost. sequentia. Sancti Spiritus assit nobis — gloriosum fecisti. — *f.* 113′. De s. Trinitate. Introitus. Benedicta sit sancta Trinitas . . . — De corpore Xpi. Cibauit eos . . .

f. 130. Incipit de sanctis per totum annum. In vigilia s. Andree apostoli. Dominus secus mare . . . *Proprium sanctorum usque ad s. Catharinae.* — *f.* 134. In purificatione beate uirginis *benedictio candelarum et processionale.* — *f.* 136. In sancti Wilhelmi conf. — *f.* 149. In sancti Augustini; sequentia. De profundis tenebrarum — beatorum anime.

f. 157′. Incipit commune de sanctis. In vigilia unius apostoli. Ego autem sicut . . . — *f.* 172′. In dedicatione ecclesie: Terribilis est locus . . ., in dedicatione altaris.

f. 173. De s. Spiritu. Dum sanctificatus fuero . . . *Missae votivae.* — *f.* 173′. In honore sancte Crucis. Nos autem gloriari oportet . . .; *desinit in:* Evangelium secundum Matheum. In illo tempore. Ascendens. *Ceterae partes:* — *f.* 174.

Alterius missalis saec. XV fragmenta inserta.

Folia ita disponenda: 83—90, 92, 82, 91. — *f.* 82. martirii palmam . . . *Oratio de undecim milibus virginum martyrum.* — *f.* 82. In festo visitationis beate virginis Marie. Introitus. Gaudeamus omnes . . . Sequentia. Veni precelsa domina — det auxilium. — *f.* 82′. Fer. VI (post dom. III adventus). Officium. Filie regum . . . *De B. M. V.; desinit post initium praefationis. Ceterae huius missae partes usque ad complendam:* — *f.* 91.

f. 83. Suscipe sancte Pater omnipotens eterne Deus hanc immaculatam hostiam . . . *Ordo missae, praefationes, Communicantes, Hanc igitur. Hanc igitur de ascensione Domini desinit in:* quesumus Domine. — *f.* 85. Te igitur . . . *Canon.*

f. 88′. Gaudeamus omnes in Domino . . . *Missa de vulneribus Christi; sequentia:* Laus sit tibi regi — nec redemptos despice. — *f.* 92. Missa de decem milibus martyrum. Gaudeamus omnes . . . — *f.* 92. De s. Anna. Gaudeamus omnes . . . — *f.* 92′. De XI milibus virginum. Gaudeamus omnes . . . *Ceterae missae partes:* — *f.* 82. — *f.* 91. Sequentiae. Aue preclara maris stella — ad te transire. Victime paschali laudes — miserere. Amen. Veni sancte Spiritus — perenne gaudium. — *f.* 91′. *Duae orationes de s. Barbara.*

f. 174. Iesus Ierosolymam assumpsit duodecim discipulos . . . *Evangelium missae de s. Cruce. Missae votivae, de B. M. V., missae diversae,* — — *f.* 179. pro imperatore nostro. — *f.* 180′. In agenda mortuorum.

f. 183′. Anno Domini 1314 completus est iste liber. In die Vdalrici . . . a fratre H. de Bonnkirch fratrum heremitarum ordinis s. Augustini.

444

f. 184. *aliis manibus.* Sequitur missa de XVcim adiutoribus pro quacumque tribulacione dicenda. 1466. Multe tribulationes ... — *f.* 184'. In
anniuersario defunctorum, oratio, secreta, complenda. — Nicolai officium.
Dedit Dominus confessionem ... — *f.* 185' *vacuum.*

Nonnulla aliis manibus in marginibus addita.

Neumae, notae musicae Goticae et quadratae.

Stevenson, Codices Palatini Latini tom. I, p. 168. — *Ebner,* Quellen
und Forschungen S. 251.

8. Missale Romanum eremitarum s. Augustini Neapolitanorum.

Ottobon. 221. membr. XX + 284 f. 327 × 228 mm. 2 col. 1506.

In folio praeligato: Bibliotheca ducum ab Altaemps. G II. 13.

f. I. *Kalendarium. Ind. astr. et cal. grad. rubricae.* — *f.* VII. Tabula
annorum communium ... *(de littera dominicali),* clauis festorum. — *f.* 7'.
Tabula totius operis ad inveniendas missas conscripta. — *f.* XI. *Index
festorum secundum gradum, rubricae.*

f. XI'. Benedictio domorum fer. V in cena Domini, portae civitatis. —
f. XII' *vacuum.*

f. XIII. Preparatio sacerdotis. Sacerdos celebraturus prius apud se ...
et precationes ante et post missam dicendae.

f. 1. In nomine sancte Trinitatis. Amen. Incipit ordo missalis secundum
consuetudinem curie Romane. Dominica I de aduentu ... Introitus. Ad
te leuaui ... *Proprium de tempore usque ad dom. XXIV post pentecost.
Sequentiae.* — *f.* 18. Fer. IV cinerum *benedictio cinerum.* — *f.* 49'. Dominica palmarum *benedictio ramorum et processionale.* — *f.* 65'. Fer. V
in cena Domini *mandatum.* — *f.* 70. *Fer. VI in parasceve adoratio crucis
et improperia.* — *In passionibus signa cantorum:* ✠ C. S. — *f.* 77'. *Sabbato sancto benedictio ignis, cerei, fontis, litaniae.*

f. 93'. Aduentus Domini celebratur ... *Rubricae.*

f. 94. *Ordo missae.* — *f.* 97. *Praefationes, Communicantes, Hanc igitur,
praefatio communis cum initio et cum cantico Sanctus.* — *f.* 106. Gloria
in excelsis, Ite missa est, Benedicamus Domino — *compluribus tonis;* Credo,
Requiescant in pace, Humiliate capita vestra, Flectamus genua — *singulis
tonis.* — *f.* 108. Te igitur ... *Canon.*

f. 127'. In festo sanctissime Trinitatis. Introitus. Benedicta sit ... —
f. 128'. In corpore Christi. Introitus. Cibavit eos ...

f. 145. [I]ncipit proprium officium sanctorum de missali. in vigilia sancti
Andree apostoli. Introitus. Dominus secus mare ... *Proprium sanctorum
usque ad s. Catharinae. Multae sequentiae. In fine:* — *f.* 203'. S. corone
(Domini), — *f.* 204. s. Rochi.

f. 205. Incipit commune sanctorum de missali. In vigilia vnius apostoli.
Ad missam. Introitus. Ego autem sicut oliua ...

f. 221′. In die dedicationis, in anniversario dedicationis, sanctorum, quorum corpora habentur.

f. 222′. Missa in honore sancte Trinitatis. officium. Benedicta sit sancta Trinitas… *Missae votivae, — f. 224. B. M.V. per totum annum. — f. 226′. Missae diversae. — f. 236.* Missa pro vitanda mortalitate *additamentis Casparis archiepiscopi Neapolitani aucta. — f. 238.* Missa patronorum Neapolitanorum ab Alexandro Carafa archiepiscopo Neapolitano anno 1497 ordinata. — *f. 238.* Missa in agenda mortuorum. — *f. 242′.* In festo presentationis b. Marie, — *f. 243.* ss. Festi et Desiderii mm., — *f. 243′.* dulcissimi nominis Iesu, — *f. 244.* iconie Domini, — *f. 245.* quinque plagarum, — *f. 246.* passionis Domini, — *f. 247.* gaudiorum b. Marie, — *f. 247′.* s. Raphaelis archangeli.

f. 249. Ordo ad benedicendum sponsum et sponsam. Die, quo iungendi sunt … N. vis dare hanc filiam … *et missa. — f. 253′.* Ordo ad faciendum aquam benedictam, Asperges, Uidi aquam. — *f. 254′.* Ordo ad catechumenum faciendum *et ordo baptizandi. — f. 257.* Ordo ad mulierem purificandam. — *f. 257′.* Benedictio tobale altaris, vestimentorum sacerdotalium, *aliarum rerum. — f. 260.* Ordo ad induendum puerum vel puellam habitum in honore alicuius sancti. — *f. 261′.* De modo recipiendi pizocheras seu clamidatas cuiuscumque ordinis. — *f. 262′.* Benedictio ciborum.

f. 263′. Ad laudem et gloriam sanctissime Trinitatis … finit hoc opus missale factum secundum consuetudinem sancte Romane ecclesie de venerabili Ludouico Manduca de Roccha Angitule vigilanti studio revisum … iussu et impensis a mei Lodouicii supradicti Milicensis dioecesis … *(locus abrasus)* in Neapolim vrbe inclita … 1506 …

f. 264. De uestimentis, que in ecclesia vtuntur … A dominica resurrectionis … *Rubricae lingua Latina et Italica conscriptae, orationes ad induenda vestimenta. — f. 265.* Missa pro angele custode. — *f. 265′.* Missa s. Gregorii de martyribus. — *f. 266.* In sancti Iob conf. — *f. 266′.* Missa dominae pietatis vel Marie de doloris. — *f. 268 vacuum. — f. 269.* Missa centum orationum. — *f. 276. Missae diversae, — f. 279′.* de tribus regibus, — *f. 280.* s. Gabrielis archangeli, — *f. 281.* s. Amatoris, — *f. 281′.* de aeterna sapientia. — *f. 282.* Oratio ad initium boni operis. — *f. 284.* Missa s. Eustasii.

Nonnulla al. man. addita. — f. 107 deest.

Miniat. color. et inaurat., margines flor. distincti: — f. XX′, 1, 104′, 105, 108, 145′, 146. Insignia deleta: — f. 1, 108; inscriptio: Regnare est servire Deo.

Notae musicae quadratae.

Ebner, Quellen und Forschungen S. 230.

9. Missale Benedictinum.

Vatican. 4770. membr. 254 f. 352×274 mm. 2 col. saec. XI.

f. 1. [ ]tudinis portionem . . . *Infra actionem, Hanc igitur missae pro fratribus defunctis. — f.* 1 *post — f.* 254 *ponendum est.*

f. 2. fecimus nos . . . *Lectio epistolae b. Pauli ad Titum secundae missae in nativitate Domini. Missale a nativitate Domini incipiens, missae proprii de tempore et sanctorum, kalendarium novum, versus cal. — f.* 24. *Proprium de tempore a dom. sexagesimae usque ad:* dom. I post octaba pasche. — *f.* 126. *Proprium de tempore et sanctorum usque ad dom. XXIV post pentecost., dom. V et IIII ante natale Domini et s. Andreae ap. In missis praeter partes consuetas praefationes, infra actionem,* orationes aliae, orationes ad vesperas; *diebus festivis introitus, gradualia, offertoria, communiones tropis aucta, Kyrie eleison additamentis aucta. Quae cantur partes, usque ad — f.* 92 *neumis sine lineis instructae; compluribus locis desunt neumae.*

f. 18 *rescriptum.* In Ypopani *benedictio candelarum. — f.* 66. Benedictio palmarum *et processionale. — f.* 85'. *In coena Domini mandatum;* benedictio chrisme principalis. — *f.* 91'. In parasceve *adoratio crucis,* Pange lingua gloriosi praelium . . ., *improperia. — f.* 92'. *Sabbato sancto litaniae, in quibus:* s. Damiane, s. Antime, s. Protasi, s. Nazari. — *Aurium apertio vel traditio symboli, initia quattuor evangeliorum, symbolum Nicaenum Graece et Latine, symbolum apostolicum, Pater noster, interpretatio, Exultet, benedictio fontis,* letania septenas, quia utroque choros VII uicibus reppetitur iuxta VII formes gratia Spiritus sancti. *Inter sanctos:* S. Nazari, ss. Gervasi et Prothasi; *ordo baptismi,* tertia letania, *benedictio casei vel ovi, lactis et mellis. In passionibus signa cantorum:* I *(Christus)* C; *man. rec.:* ✠ al. eũ.

f. 114. *Orationes ad induenda vestimenta sacerdotalia,* confessio ante missam, *praefatio communis. — f.* 115. Te igitur . . . *Canon. Ad Memento vivorum:* Adelbertii presbyteri; *man. rec.:* Cunisi, Remegarda. *In Communicantes igitur:* Damiani, Ylarii, Martini, Augustini, Gregorii, Ieronimi, Ambrosi, Benedicti, Ysidori. — *f.* 116. *Ad Memento mortuorum man. rec.:* Remongarta, Gunisi. — *In Nobis quoque peccatoribus:* Euphemia, Uictoria, Anatholia. — *In Libera nos:* Michaele, Bartholomaeo.

f. 118. In dominica resurrectionis: Benedictio agni, orationes ad vesperum, *per totam hebdomadam:* antiphona pervia ad fontem, oratio ad fontes, ad s. Andream, ad crucem. — *f.* 124'. Orationes vespertinales et matutinales usque in pentecost. — *f.* 180'. In s. Xisti benedictio uvae. — *f.* 209. In s. Martini *pro lectione epistolae:* lect. Sermo uenerabilis Severini de uita s. Martini. In diebus illis: Cum beatus Martynus — ad baptismum conuolauit per Christum Dominum nostrum.

f. 215. Missa in uigilia unius apostoli. Introitum ad missa. Ego autem sicut oliua . . . *Commune sanctorum.*

f. 220. Missa de sancta Trinitate. Introitum. Benedicta sit sancta . . . *Missae votivae et diversae.* — *f.* 223'. In dedicatione ecclesiae. (Introitus.) Suscepimus, Deus, misericordiam . . ., in dedicatione altaris, in dedicatio basilice anniuersarii. (Introitus.) Terribilis est locus . . .

f. 225'. In Christi nomine incipit ordo, qualiter in sancta Romana sede ecclesie altaria consecrantur uel ecclesie condiuntur. In primis uadit episcopus... Ant. Surgite sancti ... *et benedictiones monasterii, plurimarum rerum.* — *f.* 229. Oratio ad agapen pauperem, id est quando pensatur infans. — *f.* 229'. Oratio super aqua et ferrum ferventem. — *f.* 231. Benedictio viduae, quae fuerit castitati professa. — *Benedictio aquae.*

f. 234'. Oratio pro peccatis cotidianis diebus. Exaudi, quaesumus, Domine . . . *Orationes.* — *f.* 236'. Ad primas cottidianis diebus *orationes; benedictiones.* — *f.* 238. *Missae diversae.* — *f.* 253'. *Missae pro defunctis. Desinunt* — *f. 1' in lectione libri Iob:* In diebus illis dixit Iob: quis mihi tribuat — manum tuam porrige.

Nonnulla aliis manibus addita, etiam in foliis rescriptis, — f. 216 litteris Beneventanis. Multa folia refecta. — Librarius linguae Latinae ignarus.

Miniat.: — f. 114', 115. — Picturae lineares: — f. 66', 67, 70', 87'. Neumae.

Ebner, Quellen und Forschungen S. 218, 402.

10. **Missale Benedictinum.**

Ottobon. 576. membr. 377 f. 278 × 175 mm. saec. XII. litteris Beneventanis.

f. 1. Ad te leuaui . . . *Proprium de tempore et sanctorum. Introitus, gradualia, offertoria, communiones plerumque neumis sine lineis instructa.* — *f.* 32. S. Seuerini. — *f.* 37'. In s. Mauri. — *f.* 42'. *In purificatione B. M. V. benedictio cereorum et processionale.* — *f.* 51'. *Proprium de tempore a dom. in septuagesima usque ad dom. IV post pascha.* — *f.* 56. Fer. IV in capite cinerum benedictio cinerum. — *f.* 126. *Dominica palmarum benedictio palmarum et processionale.* — *f.* 152'. Fer. VI passio secundum Marcum, passio secundum Iohannem; *adoratio crucis. In passionibus signa cantorum:* Su. a. h *(Christus).* — *f.* 166'. *Sabbato sancto benedictio ignis, cerei, fontis, ordo baptizandi.* — *f.* 200'. Ordo ad catecuminum faciendum, ad apertionem aurium. — *f.* 210. *Litaniae. Inter sanctos:* Leuci, Germane, Seuerine, Antoni, Phebronia. — *f.* 215'. Benedictio agni, auium, ouorum, lactis, mellis in pascha.

f. 217'. Ordo ad celebrandum missam, Gloria in excelsis *compluribus tonis.* — *f.* 222'. *Praefationes,* Intra canonem. — *f.* 225. *Praefatio de-*

functorum, praefatio communis cum initio. — *f.* 226'. Te igitur . . . *Canon.*
Inest: Memento pro sacerdote. — *In Libera:* Michahele, Martino, Gregorio,
Benedicto, Mauro, Scholastica. — *f.* 230'. *Gratiarum actio post missam,*
initia psalmorum, preces, duae orationes.

f. 248. In natali s. Marci. Missa de afflictione. — *f.* 253'. Fer. II ante
ascensionem; *proprium de tempore usque ad dom. XXV post pentecost.*
— *f.* 299' *vacuum.*

f. 300. Sancte Petronille. Cognoui, Domine . . . *Proprium sanctorum*
usque ad sancti Andreae. — In s. Iohannis bapt. Trophi: Clausus adhuc
aluo spiramine repleor almo . . . *neumis sine lineis instructi.* — *f.* 309'.
Procopii, VII fratrum, — *f.* 310'. Cyrei et Iulitte, Seueri, — *f.* 319. Eusebii, — *f.* 321. Rufi et Carponi. — *f.* 328. Mauricii et soc.

f. 337'. Incipit ordo sponsalium. Cum uenerit sponsus . . . Benedictio
anuli. Creator et conseruator . . . *man. rec. Item* — *f.* 338.

f. 341. Ego autem sicut oliua . . . *Commune sanctorum.* — *f.* 368. In
dedicatione ecclesie. Terribilis est locus . . .

f. 369'. In commemoratione s. Trinitatis, oratio, secreta, complenda. —
Item missa sancte Trinitatis. Benedicta sit sancta Trinitas . . . *Missae vo-*
tivae et diversae, quarum aliae — *f.* 349. — *f.* 371. In honore s. Mariae.
— *f.* 373'. Missa pro devoto, *offertorium desinit in:* Iustitiae Domini.

f. 374. scio, quia quaecumque poposceris a Deo . . . *Evangelium missae*
defunctorum, al. man. et folia maiora. Missae defunctorum et generales.
Complenda oratio (*ita multa locis ut* secreta oratio) *desinit in:* et infirmitatem.

Nonnulla in marginibus man. rec. addita. Multa folia refecta.
Miniat.
Neumae.
Ebner, Quellen und Forschungen S. 236, 248.

11. **Missale Benedictinum Casinense.**

Vatican. 6062. membr. 321 f. 300 × 203 mm. saec. XII.
litteris Beneventanis.

f. 1. *Kalendarium. Ind. astr. cal. dies Aeg. Complura aliis manibus*
addita. — *f.* 5'. Kal. Oct. Dedicatio ecclesie s. Benedicti.

f. 7. Ad te leuaui . . . *Dom. I adventus. Proprium de tempore et sanc-*
torum a s. Balbinae usque ad annuntiationis B. M. V. Introitus, gra-
dualia, offertoria, communiones neumis instructae. — *f.* 36. In purificatione
sancte Dei genitricis et uirginis Marie benedictio cereorum. — *f.* 40'. *Pro-*
prium de tempore a dom. in septuagesima usque ad dom. octavae pentecost.
— *f.* 45. Fer. IV. in capite ieiunii benedictio cinerum. — *f.* 92'. Dom.
in palmis exorcismus florum et frondium, benedictio palmarum. — *In pas-*

sionibus signa cantorum: ♄ *(Christus),* a. Sił., Su. G *(Pilatus).* Fer. III hebdomadis maioris non legitur passio. — *f.* 106′. (Post fer. IV) benedictio ad ignem novum. — *f.* 107. Fer. V. in cena Domini *ordo vesperarum.* — *f.* 108. Fer. VI in parasceve. hora sexta legitur passio secundum Marcum. — *f.* 111′. Officium. hora nona. Passio secundum Iohannem. Orationes pro tribus genuflexionibus in adoratione crucis, *improperia.* — *f.* 120. *Sabbato sancto benedictio ignis novi, cerei, fontis, litaniae.*

f. 136′. Incipit ordo, qualiter ... *Ordo missae, orationes ad induenda vestimenta, Gloria in excelsis compluribus tonis.* — *f.* 141′. *Praefationes (desunt neumae), infra actionem; praefatio cotidianis diebus tribus tonis cum initio.* — *f.* 145′. Te igitur ... *Canon. Pater noster tribus tonis.* — *f.* 149′. *Ordo gratiarum actionis, preces et duae orationes.*

f. 176′. Sancti Tyburtii et Ualeriani et Maximi m. Introitus. Sancti tui, Domine ... *Proprium sanctorum usque ad s. Andreae ap.* — *f.* 204′. Dedicatio ecclesie s. Benedicti.

f. 212′. Dom. I. post octavam pentec. Introitus. Domine, in tua misericordia ... *Proprium de tempore usque ad dom. XXVI.* — *f.* 238′. Missa in honore sancte Trinitatis. Benedicta sit sancta Trinitas ...

f. 239′. In uigilia unius apostoli. Ego autem sicut oliua ... *Commune sanctorum.* — *f.* 265. In dedicatione ecclesie. Terribilis est ..., *duae epistolae, altera:* Ad Corinthios. Unusquisque propriam mercedem ..., *et duo evangelia: Luc. 19, 1—10 et Luc. 6, 43—49.*

f. 267. Benedicite Dominum omnes angeli ... *Missa de ss. angelis, missae votivae.* — *f.* 267′. Missae in honore s. Marie. — *f.* 268. In commemoratione s. Trinitatis oratio, secreta, complenda, ad commemorationem; *item s. Crucis, sanctorum, missarum diversarum, pro defunctis.* — *f.* 282. *Tota officia missarum diversarum.* — *f.* 284. *Missae pro defunctis.*

f. 289. Incipit ordo ad catechizandum siue baptizandum infantes. In primis sacerdos ante clausas ecclesias ... Abrenuntias satanae — confirmet eum.

f. 294. *aliis manibus rec.* Salus populi ego sum ... *Introitus, graduale, offertorium, communio dom. III (?). Item:* dom. IIII. Omnia, que fecisti ... *f.* 294′. *Orationes, secretae, complendae de s. Thoma Cant., de Maria Magdalena, de s. Stephano, de s. Primo, de s. Felicitate, missarum diversarum.* — *f.* 295′. Ordo ad clericum faciendum. — *f.* 296. Missa in festo sanctissime eucharistie. Cibauit eos ... — *f.* 296′. Missa s. Gregorii pp., *missae diversae.* — *f.* 297 *vacuum.*

f. 298. *man. saec. XIV.* Ecce lignum crucis ... *Fer. VI. in parasceve.* — *f.* 300. Missa s. Bertarii abb., s. Antonii conf., s. Francisci. — *f.* 301. Missa. Cibauit eos ..., sequentia. Lauda Sion — sanctorum ciuium. — *f.* 303. Missa s. Catharine, — *f.* 303′. ss. Fabiani et Sebastiani. *Deficit miniator.*

f. 305. [ ]sa sunt hic omnia — uident in lumine. *Sequentia.* — *Item:* [S]anctos Christi pugiles — ciuibus celicis. *De martyribus.* — [H]ic sanctus ciuis hodie — perducat gratia. — [D]ies irae — eis requiem.

f. 305′. Ordo ad celebrandum officium in VI feria maioris hebdomadis. *Rubricae, adoratio crucis, hymnus:* Pange lingua gloriosi lauream . . .

f. 307′. Oratio s. Ambrosii. Summe sacerdos — te miserante et donante. — Concede mihi misericors — per gloriam. — Adoro te devote — beate glorie.

f. 310′. In commemoratione s. Benedicti abb. *Officium missae.* — *f.* 311. *Missae votivae B. M. V. per annum et missae diversae.*

f. 315. Ordo in fer. VI (in parasceve). [H]ec dicit Dominus. In tribulatione . . ., *passio, orationes sollemnes, quae partes* — *f.* 305′ *desunt.* — *f.* 320, 321 *vacua.*

Complura aliis manibus in marginibus addita.

Multae et magnificae miniat. color. et inaurat. fig.; maxima — *f. 144′:* (✝) — *f. 145′* T *cum pict.*

Neumae.

12. Missalis Benedictini partes.

Vatican. 7231. membr. 96 f. 262 × 182 mm. saec. XII. litteris Beneventanis.

f. 1. [bo]na sua constituet eum. *Communio, oratio post communionem.* Praesta, quaesumus, omnipotens Deus, ut de perceptis muneribus [gratiam] exibentes . . .

In Christi nomine. Incipit ordo infirmorum uel defunctorum. Qualiter agatur circa infirmum. Mox ut uiderint, eum ad exitum appropinquare . . . Ant. Exiuit spiritus eius . . . — *f.* 2′. *Litaniae. Inter sanctos:* Nicolae, Benedicte, Maure. — *f.* 9. *Ordo curandi mortuum.* — *f.* 11. Vigiliae. ant. ad inuitatorium. Regem, cui omnia uiuunt . . ., *novem lectiones;* lect. I(VII) vigiliae III. Spiritus meus . . . *desinit in:* dissipate sunt tor[quentes]. — *f.* 16. Memento mei, Deus . . . *Responsorium; lect. IX.* Militia est uita — absque ulla spe. — *f.* 18′. *Laudes.* — *f.* 19. *Ordo sepeliendi. Post* — *f.* 21′ *desunt nonnulla.* — *f.* 26′. Ad vesperas. Placebo Domino . . . Ant. ad Magnificat *desinit in:* ad me ueniet.

f. 27. Nolite mirari hoc . . . *Lect. evangelii Ioa. 5, 28. Missae pro defunctis.* — *f.* 28. *Orationes, lectiones epistolarum et evangeliorum, praefatio, communiones a fer. II usque ad sabbatum.* — *f.* 39′. Missa pro iter agentibus, *oratio, secreta, postcommunio. Item:* — *f.* 40. pro pace, — *f.* 40′. pro caritate.

f. 41. In Christi nomine. Incipit ordo, quomodo presbyter preparet se ad missam canendum. In primis dicat hos psalmos. Quam amabilia sunt . . .; *litaniae, preces, orationes.* — *f.* 42′. *Orationes ad induenda vestimenta.*

f. 43′. Ant. Introibo ad altare Dei . . . *Ordo missae. —* 45. Gloria in excelsis . . . *compluribus tonis. — f. 47. Praefationes. — f. 51′. Praefatio communis cum initio. — f. 52′.* Te igitur . . . *Canon. In Communicantes inter sanctos:* Laurentii, Vincentii, Blasii, Chrysogoni. — *f. 55′. In Memento mortuorum al. man. addita:* magistri Petri de villa, dompna Stefania de Sclauy, magistri Vgorini. — *f. 56′. Pater noster duobus tonis, Libera nos, quaesumus . . . notis musicis instructum; inter sanctos:* Martino, Gregorio, Benedicto. — *f. 60′. Gratiarum actio post missam, initia cantici trium puerorum et ps. 150, preces, orationes.*

f. 61. Missa, quam sacerdos pro se canere debet. introytus. Intret oratio mea . . . *Totum officium.* Infra actionem = Hanc igitur. *Item: — f. 63.* Missa pro peccatis. — *f. 64′.* In natiuitate et in conceptione sancte Marie. Vultum tuum deprecabuntur . . . — *f. 68′.* In annuntiatione s. Marie. Rorate celi desuper . . . — *f. 71′.* In pentec. Spiritus Domini repleuit . . . *Communicantes et Hanc igitur. — f. 74′.* Missa in afflictione.

f. 76. Vigilia apostolorum. Introytus. Ego autem sicut oliba . . . *Commune sanctorum. Post — f. 89. desunt nonnulla. — f. 90′.* In sancti Silvestri conf. — In natali confessorum, qui non sunt sacerdotes. Introytus. Iustus ut palma . . . *Graduale desinit in:* ℣. uitam.

Nonnulla aliis manibus addita. Probationes pennarum.

Miniat. color. fig.: — f. 52. littera U, — f. 52′. littera T.

Neumae et notae musicae quadratae man. rec.

Ebner, Quellen und Forschungen S. 228, 345.

13. **Missale hospitalis s. Birgittae in urbe.**

Vatican. 5742. membr. III f. + 182 p. + 2 f. 273 × 188 mm.
2 col. saec. XIII—XV.

f. I agglutinatum, legi vix potest. — Evangelium Math. 10, b.: sustinuerit (?), hic saluus erit; *ut videtur, in ss. Gervasii et Protasii. — f. I′.* In vigilia s. Iohannis bapt. Ne timeas, Zacharia . . . *Missa, evangelium desinit in:* vicis sue ante.

f. II. Exorcismus salis et aquae . . . Exorcizo te . . . *al. man.; partes ordinis missae:* Veni, sanctificator . . . In spiritu humilitatis . . ., Gloria in excelsis. — *Exemplar maximam partem abrasum instrumenti 7 Ian. anni 1434 ab Ioanne Stephano Krabbe (?) canonico Nidrosiensi scripti, quo* Iohannes de Louanio, licentiatus in decretis, praepositus Zantensis Coloniensis dioecesis, *capellae hospitalis sanctae Birgittae in urbe quaedam legavit.*

f. III. Statutum et ordinatum est per fundatores et confratres istius hospitalis, quod singuli presbiteri, cuiuscumque nationis fuerint . . . Collecta. Omnium sanctorum . . . *Collectae, secretae, complendae pro benefactoribus hospitalis et pro parentibus dicendae.*

29*

f. III'. *De obitu (1 Iun. 1465) Erici Vastonis clerici Lincopensis regni Sueciae, qui novam domum lapideam aedificaverat, de obitu Voccii Diber militis de Suecia, qui hospitali togam suam viridem dederat. — Tabula rerum ad capellam hospitalis pertinentium. Complures librarii.*

p. 1. Adiutorium meum . . . Exorcizo te . . . *Benedictio aquae. — p.* 2. *Preces sacerdotis ante et post missam dicendae.*

p. 7. In natiuitate Domini. Aeterne Deus . . . *Praefationes, Communicantes, Hanc igitur de tempore et de sanctis, praefatio communis cum initio et Sanctus. — p.* 14. *Secreta pro defunctis, Credo, initium s. evangelii secundum Ioannem. — p.* 15. Te igitur . . . *Canon cum additamentis. — p.* 27. *al. man. Collectae de s. Hedwige. — p.* 28. Sequentia de s. Cruce: Veneremur Crucis lignum — eterna gaudia. — Ueni sancte Spiritus — perenne gaudium.

p. 29. De sancta Trinitate. Benedicta sit sancta . . . *Missae votivae — p.* 23. de domina per annum, — *p.* 38. in festo corporis Christi, sequentia: Ecce panis — sanctorum ciuium; *in scida agglutinata. — p.* 39. Missae in commemoratione defunctorum; — *p.* 42. de s. Birgitta, sequentia: Surgit mundi uergente — brauium nobis detur; — *p.* 44. de s. Anna, sequentia: Felix mundus — perfrui perpetuis. — *p.* 46. *Graduale missae de s. Birgitta notis musicis instructum. — p.* 49. Missa de s. Henrico, — *p.* 50. de s. Erico, — *p.* 51. de spinea corona, — *p.* 52. de assumptione s. Marie, — *p.* 53. de sancta Brigitta, sequentia: Insistentes cantilene — videre celestia; — *p.* 56. de ascensione Domini, sequentia: Omnes gentes plaudite — ad futuram gloriam. — *p.* 59. Sequentia de s. Birgitta. Birgitte matris inclite — salutis hauriens. *Item: — p.* 61. O sponsa Christi redolens — videre celestia, *collectae de B. M. V.,* officium de s. Sebastiano. — *p.* 62. Revelationes s. Birgittae, *de obitu (Aug. 1557) Olavi archiepiscopi Upsalensis, revelationum s. Birgittae et rerum Goticarum scriptoris, domus hospitalis s. Birgittae gubernatoris, in ecclesia s. Mariae de Anima sepulti. — p.* 63. De s. Thoma archiep. officium, *officia de aliis sanctis.* Officium de sancto Kanuto rege et m. *desinit in:* Collecta.

p. 65. In vigilia apostolorum officium. Ego autem sicut oliva . . . *Commune sanctorum. — Collectae, secretae, postcommuniones de s. Helena, de s. Barbara, de tribus regibus, pro iter agentibus.*

p. 105. De angelis oratio. Perpetuum nobis . . . *Orationes, secretae, complendae missarum diversarum. — p.* 140. Officium misse de quinque vulneribus Christi, *Gloria de B. M. V.,* officium de s. Elizabet Marburgensi.

p. 143. Dominica prima aduentus Domini. Excita, quesumus, Domine . . . *Orationes, secretae, complendae dominicales et festivae per annum usque ad dom. ultimam ante adventum. — p.* 169. Missa de sacramento. Introitus. Cibauit eos . . . ; sequentia: Lauda Sion.

f. 1 (*p.* 183). Tabula super superius contentis in hoc libro . . . *Index.*

Complures librarii. Multa al. man. addita.
Notae musicae quadratae.
Ebner, Quellen und Forschungen S. 227.

14. Missale Cartusianum.

Vatican. 7209. membr. I + 291 f. 363 × 260 mm. 2 col. saec. XV.

f. I'. Benedictus PP. XIII bibliothecae Vaticanae D. D.

f. 1. Kalendarium. Ind. astr. et cal. grad. num. rubricae. — VI Id. Dec. Sanctificatio b. Marie v. festum solemne.

f. 7. [con]gruis honoribus precedamus... *Ad complendum missae dom. I adventus. Proprium de tempore usque ad dom. XXV post octavam pentecost., multis in officiis praefationes; diebus festivis:* Infra canonem, *i. e. Communicantes et Hanc igitur indicantur.* — *f. 23'.* S. Thome ep. et m. — *f. 24'.* S. Silvestri pape. — *f. 39.* In fer. IIII in capite ieiunii *benedictio cinerum.* — *f. 98.* In ramis palmarum *benedictio ramorum.* — *f. 132. Sabbato sancto litaniae.*

f. 134. Praefationes, prima paschalis, Communicantes, Hanc igitur, deinde ceterae praefationes a nativitate Domini incipientes, praefatio communis cum initio, Sanctus. — *f. 145.* Te igitur ... *Canon.*

f. 181'. Missa de Trinitate. Benedicta sit ... — *f. 183.* Corporis Christi. Cibauit eos ...

f. 211. Hic incipiunt officia missarum sanctorum totius anni, nisi aliqua sint alibi. Sancti Felicis in Pincis. Incipit oratio. Concede, quesumus, omnipotens ... *Proprium sanctorum usque ad sancti Thomae apostoli.* — *f. 217.* In purificatione b. v. Marie benedictio cereorum. — *f. 251'. Missae quattuor temporum mensis Septembris.*

f. 270'. Incipit officium commune sanctorum. Unius apostoli. Introitus. Mihi autem nimis honorati sunt ... *Commune sanctorum, plerumque orationes.*

f. 273. In dedicatione ecclesie. Terribilis est locus ... — *f. 274. Missae votivae et diversae,* — *f. 275'. de B. M. V.,* — *f. 282. pro defunctis, in fine lectiones epistolarum et evangeliorum pro defunctis.*

f. 287. Sancti Apolinaris m. oratio. Deus, qui annua... *Tres orationes.* — *f. 287'. Orationes ad sextam vel ad nonam de tempore et de sanctis.* — *f. 288'.* Officium pro defunctis, *desunt orationes et lectiones epistolae et evangelii.* — *f. 289. Orationes diversae,* de s. Hugone Cartusiensi. — *f. 289'.* Gloria in excelsis, Credo. — *Ordo et orationes:* — *f. 290'.* de s. Constantia, — *f. 291.* contra paganos, pro ecclesia, de s. Helena. — *f. 291'.* Exorcismus et benedictio salis, exorcismus aque, *desinit in:* omnem pote[statem]. *Complures librarii.*

Nonnulla in marginibus aliis manibus addita. — *f. 290 sectum.*

29**

Miniat. color. et inaurat. — f. 145. T pict. — f. 144'. Pictura canonis tabularis.

Notae musicae quadratae.

Ebner, Quellen und Forschungen S. 227.

15. Missale Cisterciense.

Vatican. 6378. membr. 272 f. 350 × 240 mm. saec. XIII. XIV.

f. 1. sancti Stefani. *Cetera evanuerunt.*

In introitu misse incuruus ante altare dicat sacerdos Pater noster. Post hanc. oratio. Aufer a nobis, Domine . . . *Partes ordinis missae;* Gloria in excelsis — *duobus tonis,* Credo in unum Deum — *uno tono. — f. 1'.* Summe sacerdos — sitiam in eternum. *Oratio s. Ambrosii ante missam dicenda. — f. 4.* Item oratio s. Ambrosii. Ante eterni regis presenciam — recognoscis. — In die sancti Thome de Aquino officium misse.

f. 5. Kalendarium. Ind. cal. dies Aeg. grad. num. alia man. rec. addita, alia abrasa. — f. 5'. XV Kal. April. Obiit Honorius pp. III; *man. librarii.*

f. 8. In toto aduentu non dicitur Gloria. — Dominica prima in aduentu Domini. . . . Ad te leuaui . . . *Proprium de tempore usque ad dom. XXV post pentecost. — In passionibus man. rec. signa cantorum:* ✚, e *(evangelista),* ⁊. *— f. 107'.* In sabbato pasche *benedictio cerei. — f. 142.* In octava pentecost. de sancta Trinitate. Benedicta sit sancta . . . — *f. 170'.* In dedicatione; *duae evangeliorum lectiones: Luc. 6, 43—49 et Luc. 19, 1—10. — f. 51. man. saec. XVII probatio pennae:* Dño Cornelio Selicitanio dico de andare a santo Bartolomeo.

f. 173. Prefatio de natali Domini. ⊕ Aeterne Deus . . . *Praefationes. — f. 175'. Ordinis missae partes. — f. 176. Praefatio communis cum initio et cum cantico Sanctus. — f. 176'.* Te igitur . . . *Canon. — f. 179'.* Benedictiones super ebdomadarium lectorem.

f. 180. In natale s. Stephani prothomartiris. Introitus. Etenim sederunt principes . . . *Proprium sanctorum usque ad s. Eligii ep. et conf. — f. 187.* Ss. Speusippi et Eleusippi, — *f. 191'.* Proiecti, — *f. 192'.* Iuliani ep. conf., — *f. 196.* Vitalis, Felicule et Zenonis, — *f. 198.* Albini ep. et conf., — *f. 209'.* Mamerti ep., — *f. 210'.* — Desiderii ep. et m., — *f. 211.* Donatiani et Rogatiani mm., — *f. 212'.* Medardi ep. conf., — *f. 217.* Albani m., — *f. 222.* Hyrenei cum soc., — *f. 230.* Christofori et Cucufatis, — *f. 242'.* Genesii m., — Rufi m., — *f. 251'.* Eufemie v., — *f. 252.* Lamberti ep. m., — Sequani abb., — *f. 253'.* Mauricii cum soc., — *f. 254'.* Andochii, Tyrsi et Felicis mm., — *f. 258.* Germani et Vedasti epp., — *f. 259.* Dionysii cum soc. — *f. 272'. Oratio de s. Eligio ep.* Da, quesumus . . . *desinit in:* confessoris tui atque.

Multa in marginibus eadem et al. man. addita.
Miniat.: — f. 176, 176'.
Notae musicae quadratae.

16. **Missale Leodiense.**

Vatican. 3808. membr. XII+264+72 f. 400×280 mm. 2 col.
saec. XV.

f. I. Iste liber continet per totum XLVI quaterniones. — *f.* I', II, III *vacua.*
f. IV. *Kalendarium Leodiense. Ind. astr. et cal. grad. num. rubricae.*
f. X. Incipit exorcismus salis et aque . . . Exorcizo te . . . *Benedictio aquae et Asperges me.*
f. XI. Quando sacerdos se preparet ad missam . . . Quam dilecta . . . *Initia psalmorum, preces, orationes, orationes ad induenda vestimenta, benedictiones in missa faciendae.*
f. 1. Ad te leuaui . . . *Proprium de tempore a dom. XXIII post octavam pentecost.* — *f.* 31. Fer. IV in capite ieiunii benedictio cinerum. *f.* 73. Die palmarum exorcismus florum et frondium, benedictio ramorum. — *f.* 87'. In cena Domini *initia septem psalmorum poenitentialium et preces.* — *f.* 89'. In parasceve *improperia, adoratio crucis, hymnus:* Pange lingua gloriosi lauream . . . — *f.* 96. *Sabbato sancto benedictio ignis, cerei,* letania septena.
f. 102'. Incipiunt peculiares misse et primo de sancta Trinitate. Introitus. Benedicta sit sancta . . . *Missae votivae et diversae; —* fer. V. de commemoratione s. Lamberti, — *f.* 105. de domina nostra per annum, — *f.* 112'. pro defunctis.
f. 116'. Kyrie eleyson, Gloria in excelsis, Credo, *compluribus tonis et notis musicis Gotice instructa.*
f. 118. Stando in medio altaris dicitur iunctis manibus. Ueni, queso, invisibilis sanctificator omnipotens . . . *Ordo missae ab offertorio incipiens, praefationes, Communicantes, Hanc igitur, praefatio communis notae ferialis, Sanctus.* — *f.* 137. Te igitur . . . *Canon.* — *f.* 177. *Gratiarum actio post missam, initia psalmorum, preces, orationes.*
f. 103 *(bis).* Resurrexi et adhuc tecum . . . *In resurrectione Domini.* — *f.* 111 *(bis).* Fer. VI post octavam pasche. Festum lancee et clavorum Domini. [Introitus.] Foderunt manus meas . . . — *f.* 130' *(bis).* De sancta Trinitate. Benedicta sit sancta Trinitas . . . — *f.* 131' *(bis).* In die venerabilis sacramenti. Introitus. Cibauit eos . . . — *Lectiones epistolarum et evangeliorum feriarum quartarum et sextarum totius anni et omnium feriarum quadragesimae; sequentiae.*
f. 169' *(bis).* In vigilia sancti Andree apostoli. Dominus secus mare . . . *Proprium sanctorum usque ad s. Catharinae virg.; sequentiae.*

f. 242. Incipit commune sanctorum et primo de vigilia unius apostoli. Introitus. Ego autem sicut oliua ... *Missae pro vigiliis et pro diebus sanctis.*

f. 254. In dedicatione ecclesie. Introitus. Terribilis est locus ...; in dedicatione altaris.

f. 255. De apostolis. Alleluia. ℣. Non vos me elegistis ... *Gradualia communis sanctorum paschalia. — f. 256'. Sequentia paschalis, sequentiae* de domina nostra, *communis sanctorum,* in commemoratione s. Lamberti, s. Iohannis apostoli, de s. Michaele arch., de undecim milibus virginum. — *f. 262', 263, 264 vacua.*

Folia, quibus continentur missae peculiares et ordo missae, a librario non numerata sunt.

Miniat. flor. — f. 136'. Pictura canonis tabularis.

Notae musicae.

Tegumenta lignea rubro samito inducta et argento inaurato ornata. In angulis insculptum: Erardvs de Marka | miseratione divina titvli sancti | Grisogoni pbr. cardinalis archi | episcopvs Valen | tine episcopvs Leodiensis dvx | *(desunt pauca)* comes Losens.

Ebner, Quellen und Forschungen S. 215.

17. **Missale fratrum Minorum.**

Palatin. 508. membr. 270 f. 148 × 106 mm. saec. XIV.

f. 1. Dominica I in aduentu Domini. Introitus. Ad te leuaui animam ... *Proprium dominicarum et festorum de tempore et in coena Domini.*

f. 46. Paratus sacerdos, cum intrat ad altare, dicit. Introibo ad altare etc. Oratio. Aufer a nobis, quesumus ... *Ordo missae. — f. 48. Praefationes, Communicantes, Hanc igitur, Praefatio communis cum initio et cum cantico Sanctus. — f. 51'.* Te igitur ... *Canon. — f. 56' vacuum.*

f. 57. Fer. IIII quattuor temporum. Rorate celi desuper ... *Officia missarum ferialia a quattuor temporum adventus incipientia. — f. 65.* Fer. IIII cinerum *benedictio cinerum,* in die palmarum *benedictio ramorum et processionale. In passionibus signa cantorum* C. a. ✝ *— f. 185'.* In cena Domini mandatum. *— f. 188.* Fer. VI in parasceve *adoratio crucis; desinit — f. 201' in:* subdyacono accipiensque. *Cetera — f. 204. — f. 205 abrasum.*

f. 205'. Propitius esto, Domine, supplicationibus ... *Secreta et postcommunio; deinde:* In vigilia sancti Andree apostoli. Dominus secus mare ... *Proprium sanctorum usque ad: — f. 202, 203.* in cathedra sancti Petri, s. Gregorii, in annuntiatione beate Marie. *— f. 217. Benedictio aquae et Asperges.*

f. 219. In vigilia vnius apostoli. Ego autem sicut oliua ... *Commune sanctorum.*

f. 240'. De sancta Trinitate. Benedicta sit sancta Trinitas ... *Missae votivae et diversae. — f. 242'. Missae B. M. V. — f. 250 scida membr. inserta. — f. 250 vacuum. — f. 250'.* Postcommunio. *— f. 254.* In agenda mortuorum. *— f. 259.* De s. Thoma *(Cantuar.)* ep., in vigilia epiphaniae lectio evangelii. *— f. 259'.* De sancto Francisco; *totum officium. Item: — f. 260'.* de s. Antonio Paduano.

f. 262. [imposu]erunt illi uestimenta ... Ant. Cum appropinquaret Dominus Iherusalem ... *et ceterae antiphonae processionis diei palmarum. — f. 262'.* Sequentia de sanctis. Hic sanctus, cuius hodie — Christi perducas gratia. Amen.

f. 263. Aduentus Domini celebratur ... *Rubricae.* — Credo in unum Deum, Gloria in excelsis, *aliis manibus. — f. 265. In festo purificationis benedictio candelarum et processionale. — f. 268 vacuum. — f. 269.* Collecte missarum pro congregatione, contra paganos, b. Pauli apostoli, s. Andree, pro rege. *— f. 270 vacuum.*

Nonnulla in marginibus aliis manibus addita; compluribus locis folia requirenda numeris allegantur. — f. 202 et 203 post — f. 216 disponenda sunt.

Multa folia refecta.

Stevenson, Codices Palatini Latini tom. I, p. 169. — *Ebner,* Quellen und Forschungen S. 252.

18. **Missale Romanum fratrum Minorum.**

Regin. 2048. membr. 278 f. 278 × 192 mm. 2 col. saec. XIII. XIV.

f. 1. Kalendarium. Ind. astr. et cal. grad. num.; nonnulla man. rec. addita. — f. 2'. Kal. Mai. Obitus fratris Egidii. *— f. 3.* II Id. Mai. Obitus fratris Beuegnatis. — *Inter sanctos:* Ian. Iuliani ep. et conf., Sauini ep. et conf. Febr. Gilberti. Mai. Ubaldi ep. Iun. Laurentini et Pergentini. Iul. Mustiole v. m., Pastoris pbr. card. conf. Oct. Germani ep. conf. Nov. Decollatio s. Erculani ep. m., Frigdiani ep. conf. Dec. Galgani conf. abb.

f. 7. Incipit ordo missalis fratrum Minorum secundum consuetudinem Romane curie. Dominica prima de aduentu. Statio ... Introitus. Ad te leuaui ... *Proprium de tempore usque ad dom. XXIV post pentecost. — f. 30'. Fer. IV cinerum benedictio cinerum. — f. 73. Dom. palmarum benedictio ramorum. — f. 94. In coena Domini ordo* ad faciendum mandatum. *— f. 102'. Fer. VI in parasceve, adoratio crucis,* Crux fidelis ... *— f. 104. Sabbato sancto benedictio ignis, cerei, aquae, Exultet* ... — Aduentus Domini celebratur ... *Rubricae.*

f. 121. Paratus sacerdos, cum intrat ad altare, dicit: Introibo etc. *Ordo missae. — f. 122'. Praefationes, Communicantes, Hanc igitur ... — f. 129'.* Te igitur ... *Canon. — f. 134'. man. rec. bis:* Victime paschali ... *Sequentia, quae dom. resurrectionis deest.*

f. 183. Incipit proprium sanctorum de missali. In uigilia sancti Andree apostoli. Introitus. Dominus secus mare . . . *Proprium sanctorum usque ad s. Catharinae.* — *f.* 189. *In purificatione B. M. V. benedictio candelarum.*

f. 231. Incipit commune sanctorum de missali. In uigilia unius apostoli. Introitus. Ego autem sicut oliua . . .

f. 254′. In ipsa die dedicationis ecclesie. oratio. Deus, qui inuisibiliter . . ., missa in anniuersario, in honore sanctorum, quorum corpora habentur.

f. 256. Missa in honore sancte Trinitatis. Introitus. Benedicta sit sancta Trinitas . . . *Missae votivae et diversae,* — *f.* 258. *de B. M. V.,* — *f.* 272. in agenda mortuorum.

f. 278′. Adiutorium nostrum in nomine Domini . . . Exorcizo te . . . *Ordo ad benedicendam aquam;* Asperges *man. rec.*

In marginibus nonnulla addita.

Pictura canonis tabularis — *f.* 129.

Notae musicae quadratae.

Ebner, Quellen und Forschungen S. 242, 349.

19. **Pontificale et missale Romanum fratrum Minorum.**

Vatican. 4743. membr. 411 f. 420×275 mm. 2 col. saec. XIV. XV.

f. 1. Pontifex missam alicuius sacerdotis audiens quid agere debeat. Pontifex missam auditurus . . . *Pontificale.* — *f.* 4′. Pontifex missam sollempniter celebraturus . . . *Ordo missae, gratiarum actio.* — *f.* 15. Quando pontifex debet celebrare missam coram populo . . . — *f.* 17′. Quando et qualiter sollempnis episcopalis benedictio debet dari. — *f.* 18′. Quibus coloribus in diuinis officiis sit utendum. — *f.* 19′. Laudes siue rogationes sequentes dicuntur in precipuis sollempnitatibus . . . *Rubricae.* — *f.* 23. Officium misse in anniuersario consecrationis pontificis. introitus. Benedixit eum . . . *Rubricae, orationes man. saec. XV.* — *f.* 24′ *vacuum. Multa al. man. emendata et addita.*

f. 25. *Kalendarium. Ind. astr. et cal. grad.* — *Inter sanctos:* Apr. Mariani et Iacobi mm.

f. 31. Benedictiones proprie et communes, quas soli pontifices dicunt, quando dixerint ultimum per omnia secula seculorum. Dominica prima de aduentu. Omnipotens Deus . . ., *de tempore, de sanctis, de communi, tempore belli et ieiunii.*

f. 41. Incipit ordo missalis fratrum Minorum secundum consuetudinem Romane ecclesie. Dominica I de aduentu. Introitus. Ad te leuaui . . . *Proprium de tempore usque ad dom. XXIV post pentecost.* — *f.* 72′. Fer. IIII cinerum *benedictio cinerum.* — *f.* 133′. Dominica palmarum *benedictio pal-*

marum. — f. 160. *Fer. V in coena Domini mandatum. — f.* 169′. *Fer. VI in parasceve adoratio crucis et improperia. — f.* 172. *Sabbato sancto benedictio ignis et cerei, litaniae.*

f. 192′. Aduentus Domini celebratur . . . *Rubricae.*

f. 193′. Paratus sacerdos . . . *Ordo missae, praefationes, infra actionem.*

f. 203′. Quando pontifex celebrat . . . *Rubricae, man. rec. — f.* 205. Hic inclinat se . . . Te igitur . . . *Canon et gratiarum actio post missam.*

f. 230. In die pentecostes sequentia. Sancti Spiritus adsit . . .

f. 270. Incipit proprium sanctorum de missali. In uigilia s. Andree apostoli. Dominus secus mare . . . *Proprium sanctorum usque ad s. Catharinae. — f.* 278′. *In purificatione B. M. V. benedictio candelarum.*

f. 330. Incipit commune sanctorum de missali. In uigilia unius apostoli. Ego autem sicut oliua . . .

f. 363. De dedicatione ecclesie, in anniuersario, missa in honore sanctorum, quorum corpora habentur. — *f.* 365. *Missae votivae B. M. V.,* — *f.* 385. in agenda defunctorum, — *f.* 392. pro sponso et sponsa.

f. 392′. Incipit benedictio salis et aque . . . Exorcizo te . . . ; Asperges, Vidi aquam, *aliae benedictiones. — f.* 395. Episcopalis benedictio in festo conceptionis beate Marie. Omnipotens Dei filius . . . *Aliae benedictiones, aliis manibus rec. additae. — f.* 397′. Summe sacerdos . . . *Orationes ante missam. — f.* 410′. Episcopalis benedictio in festo annuntiationis beate Marie. Vnigenitus Dei filius — eternis. Amen.

f. 405′. regem regum . . . Angelus consilii natus est de uirgine . . . *Prosae, prima initio carens, de tempore et de sanctis, in fine:* Lauda Syon saluatorem . . .

Miniat. color. et inaurat. flor. — f. 31. *Insigne cuiusdam episcopi. — f.* 204′. *Pictura canonis tabularis, imago cuiusdam episcopi, insignia abrasa.*

Notae musicae quadratae.

Ebner, Quellen und Forschungen S. 215.

20. Missale fratrum Minorum.

Vatican. 4771. membr. I + 213 f. 221 × 160 mm. 2 col. saec. XIV. XV.

f. I *vacuum. — f.* I′. [S]ancte Dei genitricis Marie — cum Patre. *Precatio, al. man.* — Locus 20. Missale uotiuum b. (Bessarionis card. Tusculani). *Eadem vocabula litteris Graecis scripta.*

f. 1. *Kalendarium. Dies Aeg. grad. num.; nonnulla man. rec. addita, alia abrasa. — f.* 1′. VIII Id. Febr. Obiit Martinus de villa Varmo anno Domini M. CCC XXIX. *al. man. — f.* 4. XVII Kal. Iul. Obitus domine Randolfine de Ua'mo M. CCC°. *al. man. Inter sanctos:* Ian. Emmerentiane, Iuliani ep., Valerii ep. Febr. Vedasti et Amandi episcoporum, Walpurgis v. Mart. Albini m., Gerdrudis *r.*, Rvodberti ep *r.* Apr. Septem virginum, Helene reg. *r.*, Quirini m. Mai. Translatio Elisabeth, Quiriaci, Petronille. Iuni. Erasmi et Iuliani, Medardi, Viti, Modesti et Crescentie, septem dormientium. Iuli. Vdalrici ep., Quirini m., Christine v., Germani ep. Aug. Affre. Sept. Memoria s. Corbiniani, Lamperti ep. et m., Emmerami. Oct. Remigii, Germani et Vedasti mm., Leodegarii ep. et m., Fidis v., Cholomani m., vndecim milium virginum *r.* novem lectiones, Quintini m. Nov. Leonhardi conf., Othmari abb., beate Elyzabeth lantgrauie *r.* novem lectiones, octava. Dec. Lazari ep. et m.

f. 7. [O]fficium accolitorum est. Primo omnium . . . *De ministrorum officiis in missa celebranda. — f. 8. Rubrica de missis diebus festivis celebrandis, man. rec.*

f. 9. Ad te leuaui . . . *Introitus, gradualia, offertoria, communiones, initia sequentiarum proprii de tempore ab adventu usque ad dom. XXIII post octavam pentecost. et — f. 39'. In dedicatione ecclesie. — f. 16.* In capite ieiunii *benedictio cinerum. — f. 24'.* Dom. palmarum *benedictio ramorum et processionale. — f. 27'.* In cena Domini ad mandatum. — *f. 28'.* In parasceve *improperia, hymnus:* Crux fidelis . . . — *f. 30.* In vigilia pasce *hymnus:* Inuentor rutuli . . .; *litaniae. — f. 31.* In die pascha. Uidi aquam . . ., Cum rex glorie . . . *ad processionem.*

f. 40. Incipiunt misse sanctorum per circulum anni. In vigilia s. Andree ant. Dominus secus mare . . . *Proprium sanctorum usque ad s. Catharinae v. et m. — f. 41'.* In purificatione ad benedictionem candelarum.

f. 48. In natali apostolorum. Michi autem nimis . . . *Commune sanctorum. — f. 54.* In dedicatione altaris, officium de s. Maria, de defunctis. — *f. 55' vacuum.*

f. 56. In natiuitate [Domini] ad missam. Grates nunc omnes . . . *Sequentiae de tempore, de dedicatione, de sanctis, de communi. — f. 65'.* De corpore Christi. Lauda Syon . . .

f. 66. Passio sanctorum X milium martyrum. Ueneratur et colitur — sine dubio percepturi. — *Oratio de s. Leonardo, de B. M. V. tempore paschali al. man.*

f. 67. In natiuitate Domini prefatio. ✠ Eterne Deus . . . *Praefationes, Communicantes, Hanc igitur proprii de tempore et sanctorum, communis sanctorum. — f. 71.* Te igitur . . . *Canon.*

f. 84. De sancta Trinitate. Benedicta sit sancta Trinitas . . . *Missae votivae et diversae, — f. 89. de B. M. V., et tota officia et orationes. — f. 111.* De dedicatione ecclesie. — *f. 111'.* Pro elemosinariis, complenda *desinit in:* ut a contagiis. — *f. 67—110. altera man.*

f. 112'. In vigilia beati Andree apostoli. officium. oratio. Quesumus, omnipotens Deus . . . *Orationes, lectiones epistolarum et evangeliorum proprii sanctorum usque ad s. Saturnini m. — f. 124'.* In die purificationis *benedictio candelarum et processionale.* — *f.* 173'. Decem milium martyrum. — *f.* 174. In diuisione apostolorum. — *f.* 175. De corpore Christi. — *f.* 175'. De s. Achatio et de decem milibus martyrum.

f. 176'. Quesumus, omnipotens Deus . . . *Commune sanctorum.* — *f.* 111—211. *tertia man.*

f. 211'. [Q]ueritur, in quibus casibus, que forme . . . *Quaestiones et casus de sanctissimo sacramento.* — *f.* 212'. *Benedictiones carnium, panis, ovorum, casei, fructuum, aliarum rerum; eadem man., qua* — *f.* 7 *et* 8.

f. 213'. Isti psalmi in cruce sunt cantandi . . .; indulgentia sancti Bonifacii archiepiscopi; *eadem man., qua* — *f.* I'.

Nonnulla in marginibus addita.

Miniat. color.: — f. 71. *littera T.*

Ebner, Quellen und Forschungen S. 224, 344.

21. **Missale fratrum Minorum.**

Vatican. 6079. membr. 254 f. 375 × 270 mm. 2 col. saec. XIV. XV.

f. 1. decorem induit Dominus . . . *Graduale missae secundae in nativitate Domini. Proprium de tempore usque ad dom. XXIV post pentecost. f.* 16. Fer. IIII cinerum *benedictio cinerum.* — *f.* 66. In dominica palmarum benedictio ramorum, *processionale.* — *f.* 81. Fer. V in cena Domini *mandatum.* — *f.* 90. *Fer. VI in parasceve adoratio crucis, improperia.* — *f.* 99. *Sabbato sancto benedictio ignis, cerei, litaniae.* — *In passionibus signa cantorum:* ☩ C. S.

f. 112'. Aduentus Domini celebratur . . . *Rubricae.*

f. 113'. Kyrie eleison, Gloria in excelsis, Credo . . . *Ordinarium missae.* — *f.* 115. *Praefationes.* — *f.* 129'. *Communicantes de nativitate Domini. Inter* — *f.* 129. *et* — *f.* 130. *duo folia exsecta.* — *f.* 130. [catho]lica, quam pacificare . . . *Canon.*

f. 157. In sollempnitate corporis Christi. Cibauit eos ex adipe . . . *Missa.*

f. 180. Incipit proprium sanctorum de missali. In uigilia s. Andree apostoli. Introitus. Dominus secus mare . . . *Proprium sanctorum usque ad s. Catharinae.* — *f.* 186'. In purificatione *benedictio candelarum et processionale.* — *f.* 199. *De s. Silverio rubrica.*

f. 234'. Incipit commune sanctorum de missali. In uigilia unius apostoli. Introitus. Ego autem sicut oliua . . . *Sex folia exsecta.* — *f.* 235. *al. man. alterum commune, inter quod a* — *f.* 242. *incipiens tertium commune insertum est;* — *f.* 244'. *desinit alterum in:* qui cum uigi[nti] . . . *Lectio evangelii Luc. 14, 26.* Si quis uenit ad me . . . — *f.* 245. suam, perdet eam. Et oderit . . . *Primum commune, officium martyrum; communis doctorum epistola desinit in:* In reliquo reposita.

Miniat. color. et inaurat.

Notae musicae quadratae.

22. Missale Romanum fratrum Minorum.

Palatin. 504. membr. 356 + 1 f. 370 × 267 mm. 2 col. saec. XV.

f. 1. [ ]nerandi Dei... *Ad processionem dominicae palmarum. Quae* — *f. 1 continentur, eadem praeter ornatum sunt* — *f. 110. Item quae* — *f. 2, eadem* — *f. 166, sed desunt notae musicae; quae* — *f. 3, eadem* — *f. 174; quae* — *f. 4, eadem* — *f. 117.*

f. 5. Et ante missam diligenter cogita..., *de intentione missam cele-brantis, al. man.* — *f. 5', 6 vacua.*

f. 6 (bis). Kalendarium. Ind. astr. et cal. dies Aeg. grad.; picturae ca-lendares et signa orbis. Inter sanctos: Ian. Iohannis et Genou[e]phe v., Ylarii, Papie et Mauri m. et Constancij m. Febr. Giliberti conf., Iuliane, Romani et Fortunati. Mart. II Kal. Apr. Translatio sancti Amani ep. conf. Mai. Mamerti et Ubaldi, Petronille. Iun. Lafranchi abb. conf., Guidardi et Medardi epp. VIII Id. Iun. Dedicatio ecclesie. Gallicani ep. conf. Iul. Margarite, *bis,* Germani. Aug. Iustini presbyteri, Eusebii presbyteri et conf. Sept. Iusti archiep., Lamberti, Eustachii et soc., Mauricii et soc., Sol-lempni ep. Oct. Remigii, Leodegarii, Fidis. III Id. Oct. Translatio s. Ma-merti ep. et conf., Galli, Caprasii, Ylarionis, Genofefe, Germani. Nov. Leonardi, Herculani, Amani ep. Dec. Nicasii et soc.

f. 12. Incipit ordo missalis secundum consuetudinem Romane curie. Dominica prima de aduentu Domini... Introitus. Ad te leuaui... *Pro-prium de tempore usque ad dom. XXIV post pentecost.* — *f.* 44. Fer. IIII cin. *benedictio cinerum.* — *f.* 105. In die palmarum *benedictio ramorum et processionale. In passionibus signa cantorum:* ✚ C. S. — *f.* 130. In cena Domini *mandatum.* — *f.* 138'. In parasceve *improperia, adoratio crucis.* — *f.* 141'. Sabbato sancto *benedictio ignis, cerei, fontis, litaniae.*

f. 160'. Aduentus Domini celebratur... *Rubricae.*

f. 161'. *Ordo missae.* — *f.* 163'. *Praefationes, Communicantes, Hanc igitur.* — *f.* 171, 172' *vacua.* — *f.* 173. Te igitur... *Canon.*

f. 206'. Officium corporis Christi. Introitus. Cibauit eos... — *f.* 237'. *Rhythmi librarii.*

f. 237'. In nomine Domini nostri Iesu Christi et indiuidue sancte Trini-tatis. Incipiunt festiuitates totius anni secundum usum ecclesie Romane. In vigilia s. Andree apostoli. Introitus. Dominus secus mare... *Proprium sanctorum usque ad s. Catharinae.* — *f.* 246'. In purificatione *benedictio candelarum et processionale.*

f. 300'. Incipit commune sanctorum de missali. In vigilia unius apostoli ad missam. Introitus. Ego autem sicut oliua... *In fine:* de pluribus vir-ginibus.

f. 331'. In anniuersario dedicationis ecclesie. Introitus. Terribilis est locus..., in ipsa dedicatione, in honore sanctorum, quorum corpora habentur.

f. 333. Missa in honore sancte Trinitatis. oratio. Omnipotens sempiterne Deus . . . *Missae diversae. — f. 348. Missae votivae. — f. 349'.* In commemoracione b. Marie v. per annum. *— f. 351'.* In agenda mortuorum. *— f. 356'.* Alia missa pro peccatis, secreta *desinit in:* placationis officia. *Nonnulla al. man. addita.*

Pict. miniat. color. et inaurat. flor., insignia. Picturae tabulares: — f. 171'. Christus in throno residens et signa apostolorum. — f. 172. Pictura canonis et aliae picturae de passione Domini.

Notae musicae quadratae; ad praefationes — f. 166, 167, 168 lineae notarum vacuae.

Stevenson, Codices Palatini Latini tom. I, p. 168. — *Ebner,* Quellen und Forschungen S. 251.

23. Missale Romanum fratrum Minorum in usum fratrum Servorum B. M. V. translatum.

Palatin. 505. membr. 322 f. 317 × 242 mm. 2 col. saec. XV.

f. 1. C. 139.

Incipit ordo missalis fratrum seruorum sancte Marie secundum (*fol. rescripto:* seruorum sancte Marie secundum) consuetudinem Romane curie. Dominica prima de aduentu . . . Introitus. Ad te leuaui . . . *Proprium de tempore usque ad dom. XXIV post pentecost. — f. 31'.* Fer. IIII cinerum *benedictio cinerum. — f. 118. In passione secundum Marcum et — f. 132'. secundum Ioannem man. rec. signa cantorum:* ✚ C. S.

f. 151. Aduentus Domini celebratur . . . *Rubricae.*

f. 151'. *Ordo missae. — f. 155. Praefationes, Communicantes, Hanc igitur. — f. 160'. Praefatio communis cum initio, desinit in:* Nos tibi semper. *— f. 161.* Te igitur . . . *Canon.*

f. 166. fructum in eodem Christo . . . *Oratio post lect. IV vigiliae pentecost. — f. 174'.* De s. Trinitate. Introitus. Benedicta sit sancta Trinitas . . . *— f. 175.* De s. corpore Christi. Introitus. Cibauit eos . . .

f. 202'. In vigilia sancti Andree apostoli. Introitus. Dominus secus mare . . . *Proprium sanctorum usque ad s. Catharinae virg. — f. 241.* In s. Francisci *cum octava. — f. 247.* In natale s. Francisci.

f. 252. Incipit de communi sanctorum. In vigilia unius apostoli. Ego autem sicut oliua . . . *In fine:* plures virgines.

f. 277. In ipsa die dedicationis ecclesie . . ., in anniuersario dedicationis ecclesie. Introitus. Terribilis est locus . . . — *f. 278'.* De sancto Spiritu. Introitus. Dum sanctificatus fuero . . . *Missae votivae et diversae. — f. 279'.* In commemoracione b. Marie v. per annum. *— f. 298'.* In agenda mortuorum.

f. 304'. Gloria in excelsis, *Gloria de B. M. V.,* Credo.

f. 305. In galli cantu noctis Christi. Grates nunc omnes... *Sequentiae de tempore, de sanctis,* — *f.* 315. *in dedicatione, communis sanctorum,* de domina nostra.

f. 316'. De visitacione. Gaudeamus omnes in Domino... *Officium missae, sequentia:* Ueni precelsa domina — nobis det auxilium, *initium lectionis evangelii.*

f. 317'. Amor sancti Iohannis. Inicium s. ewangelii secundum Iohannem. In principio... Ps. Dominus regit me... *Benedictio vini, aquae, ramorum dominicae palmarum.* — *f.* 321. Oratio, secreta, complenda pro principe nostro, *man. rec.* — *f.* 321'. *Addenda ad missas pro defunctis,* missa de quinque uulneribus et passione Xi, quam edidit Bonifatius pp. et m. ex revelatione diuina. Humiliavit semetipsum... *Totum officium et indulgentia.* — *f.* 322'. *Oratio, secreta, complenda de decem milibus militum.*

Multa al man. addita.

Miniat. color.

Notae musicae quadratae ad praefationes: — *f. 155, 155', 156; Goticae:* — *f. 160. Aliis locis lineae notarum vacuae.*

Stevenson, Codices Palatini Latini tom. I, p. 168. — *Ebner,* Quellen und Forschungen S. 251.

24. **Missale Romanum fratrum Minorum.**

Vatican. 7232. chart. VIII + 178 f. 209 × 138 mm. 2 col. saec. XV.

f. I. *Kalendarium. Ind. cal. grad. rubricae.*

f. VII. Incipit ordo ad benedicendum aquam. Exorcizo te — in hoc habitaculo. Per Christum Dominum nostrum. *al. man.* — *f.* VII' *vacuum.*

f. VIII. Uiderunt ingressus tuos... *Missa de transfiguratione Domini. Deest lectio evangelii; al. man.* — *f.* VIII' *vacuum.*

f. 1. Incipit ordo missalis fratrum Minorum secundum ordinem Romane curie. Dom. prima de aduentu. Statio ad sanctam Mariam... Introitus. Ad te, Domine, leuaui... *Proprium de tempore usque ad dom. XXIV post pentecost.* — *f.* 23'. Fer. IIII cinerum *benedictio cinerum.* — *f.* 63. In die palmarum *benedictio ramorum et processionale.* — *f.* 72'. In cena Domini *mandatum. Desinit in:* ps. Deus deorum. ant̃. — *f.* 73. Missa in resurrectione Domini. — *f.* 84'. In pentecost. *initium sequentiae:* Sancti Spiritus assit nobis.

f. 107'. Aduentus Domini celebratur... *Rubricae.*

f. 108. *Ordo missae.* — *f.* 109. *Praefationes, Communicantes, Hanc igitur de epiphania, de quadragesima, de pascha, de ascensione, de Spiritu sancto, de Trinitate, de apostolis, de B. M. V., de s. Cruce.* — *f.* 110. *Gloria de B. M. V., Credo.* — *f.* 110'. Te igitur... *Canon; desinit in:* Quod ore sumpsimus, Domine.

f. 112. Deus, in adiutorium meum intende . . . Missa pro remissione peccatorum, — *f.* 113. pro pace, — *f.* 114. pro salute uiuorum. — *f.* 112',
113', 114' *vacua.*

f. 115. Fer. VI in parasceue hora VI . . . Incipit prophetia . . . Hec
dicit Dominus Deus. In tribulacione . . . *Prophetiae, improperia, adoratio
crucis, hymnus:* Crux fidelis . . .

f. 119. Incipiunt festiuitates sanctorum. In vigilia vnius apostoli. Introitus.
Dominus secus mare . . . *Proprium sanctorum a vigilia s. Andreae ap.
usque ad s. Catharinae.*

f. 146. Incipit commune sanctorum. In vigilia vnius apostoli. Ego autem
sicut oliua . . . *Commune sanctorum.*

f. 162'. In ipsa die dedicationis totum officium agitur . . . Deus, qui inuisibiliter . . ., in anniuersario dedicationis. intr. Terribilis est locus . . ., in
dedicatione altaris.

f. 163'. De sancta Trinitate. Benedicta sit sancta Trinitas . . . *Missae
votivae et diversae.* — *f.* 166. In commemoratione b. Marie v. — *f.* 175'.
In agenda mortuorum. — *Orationes.*

*f. 61—72, 115—118 al. man. A — f. 119 infimis in foliis alter nu-
merus 1—60.*

25. **Missale Romanum fratrum Minorum.**

Vatican. 7598. membr. 368 f. 330×235 mm. 2 col. saec. XV.

f. 1. Incipit ordo missalis fratrum minorum secundum consuetudinem
Romane curie. Dominica prima de aduentu . . . Introitus. Ad te leuaui . . .
Proprium de tempore usque ad dom. XXIV post pentecost. — *f.* 32'.
Fer. IIII cinerum *benedictio cinerum.* — *f.* 93'. In dom. palmarum *benedictio
ramorum et processionale.* — *f.* 117'. Fer. V in cena Domini mandatum.
— *f.* 122'. *Fer. VI in parasceve adoratio crucis, improperia,* Pange lingua
gloriosi . . . certaminis . . . *In passionibus signa cantorum:* ✚ C. S. —
f. 132'. *Sabbato sancto benedictio ignis, cerei; litaniae.*

f. 153. Aduentus Domini celebratur . . . *Rubricae.*

f. 154. *Ordo missae.* — *f.* 156. *Praefationes, infra actionem, praefatio communis cum initio duobus tonis.* — *f.* 164. Te igitur . . . *Canon.*

f. 190'. In die pentecost. sequentia: Sancti Spiritus assit — gloriosum
fecisti.

f. 231'. Incipit proprium sanctorum de missali. In uigilia s. Andree
apostoli. Introitus. Dominus secus mare . . . *usque ad s. Catharinae.* —
f. 240'. In festo purificationis *benedictio candelarum.*

f. 299. Incipit commune sanctorum de missali. In uigilia unius apostoli.
Introitus. Ego autem sicut oliua . . .

f. 331. In ipsa dedicatione ecclesie, in anniuersario dedicationis. Introitus. Terribilis est locus . . .; in honore sanctorum, quorum corpora
habentur.

f. 333. Missa in honore sancte Trinitatis. Introitus. Benedicta sit sancta
Trinitas . . . *Missae votivae.* — *f.* 336. *Missae in honore B. M. V., missae
diversae,* — *f.* 356. in agenda mortuorum, — *f.* 363′. pro sponso et sponsa.
— *f.* 365′. *Benedictio aquae,* Asperges, Vidi aquam. — *f.* 367. *aliis
manibus.* Oratio, secreta, postcommunio de s. Fortunato; in conceptione
b. Marie v., *totum officium.*

f. 368′. Gloria in excelsis, Credo in unum Deum, *initia notis musicis
quadratis instructa.*

Nonnulla in marginibus eadem et al. man. addita.

Pict. miniat. color. et inaurat. — *f. 1, 164. Insignia cuiusdam cardinalis, ut Vatican. 4768, cf. p. 487.* — *f. 164. Pictura canonis.*

Notae musicae quadratae.

26. Missale Romanum fratrum Minorum.

Vatican. 7653. membr. 282 f. 250 × 185 mm. 2 col. saec. XV.

f. 1. [Infra] actionem. Communicantes et noctem . . . Communio. In
splendoribus sanctorum . . . *Missa prima in natali Domini. Proprium de
tempore usque ad dom. XXIV post pentecost. Loco secretae:* secretorium,
secretella. — *f.* 18′. Fer. IIII cinerum *benedictio cinerum.* — *f.* 73. In die
palmarum *benedictio ramorum et processionale.* — *f.* 92. Fer. V in cena
Domini *mandatum.* — *f.* 94′. *Fer. VI in parasceve adoratio crucis, improperia, hymnus:* Pange lingua gloriosi . . . certaminis . . . *In passionibus
signa cantorum:* ✝ C. S. — *f.* 102′. *Sabbato sancto benedictio ignis, cerei,
litaniae. Vesperae desinunt in:* Ps. Magnifi[cat].

f. 120. Te igitur . . . *Canon.*

f. 123′. Dominica resurrectionis sequentia. Victime paschali — miserere.
— *f.* 139. In die s. pentecost. sequentia: Sancti Spiritus adsit — fecisti.
— *f.* 146. Dominica in octaua pentecost. celebratur officium de sancta
Trinitate. *Rubrica.* — *f.* 147. In festo corporis Domini nostri Iesu Christi.
Introitus. Cibauit eos . . . — *f. 172′, 173 vacua.*

f. 174. Incipit ordo proprium sanctorum de misale. In uigilia s. Andree
apostoli. Introitus. Dominus secus mare . . . *Proprium sanctorum usque ad
s. Catharinae.* — *f.* 181. In purificatione uirginis *benedictio candelarum
et processionale.*

f. 227′. Incipit commune sanctorum de missali in uigilia unius apostoli.
Introitus. Ego autem sicut oliua . . .

f. 252. In anniuersario dedicationis, in die dedicationis ecclesie . . . Terribilis est locus . . . — In dedicatione altaris.

f. 253′. In honore sancte Trinitatis. Introitus. Benedicta sit sancta Trinitas . . . *Missae votivae et diversae. — f. 257′. Missae de B. M. V. — f. 274.* Missae in agenda mortuorum. — *f. 278′.* Benedictio sponse.

f. 279′. Benedictio salis. Exorcizo te . . . *Ordo ad faciendam aquam benedictam et processio ad spargendam. — f. 280′. Oratio, secreta, postcommunio de s. Rufino.* — Benedictio panis, uve, pomorum. — *f. 281′.* Missa[e] ad sponsam benedicendam *introitus et oratio.* Missa de Spiritu s., *desinit in:* Postcommunio. — *f. 282 fragmentum superest.*

Nonnulla aliis manibus addita.

Pict. miniat. color. et inaurat. flor.

Notae musicae quadratae.

27. Missale fratrum minorum.

Vatican. 7731. membr. 179 f. 168 × 122 mm. saec. XV. tom. I.

f. 1. Kalendarium. Ind. cal. grad. num.; nonnulla man. rec. addita. Inter sanctos: Ian. Giliberti conf. Apr. Heriberti ep. conf. Iul. Rufine et Secunde. Aug. *man. rec.* Ludowici ep. conf. Sept. Lamberti. Oct. Cerbonii ep., Gereonis et soc., Seuerini ep. conf., *man. rec.:* Yvonis conf., Dec. *man. rec.* Eulalie et Merite vv. mm.

f. 7. praeteribit generatio hec . . . *Lectio evangelii dom. I de adventu. Proprium de tempore usque ad dom. IV post pascha. — f. 37′.* Fer. IIII cinerum *benedictio cinerum. — f. 106′.* In die palmarum *benedictio ramorum et processionale. — f. 131′.* Fer. V in cena Domini *mandatum. — f. 139′. Fer. VI in parasceve prima oratio sollemnis desinit in:* pacificare, adunare. — *f. 140.* tenebras. Et uidit Dominus, quod esset bonum . . . *Prophetia prima sabbati sancti. — f. 152. Litaniae.*

f. 155′. Rubricae, Gloria in excelsis, Credo in unum Deum. — *f. 157. Ordo missae. — f. 159. Praefationes, infra actionem, in fine praefatio de ss. Trinitate. — f. 165.* Te igitur . . . *Canon.*

f. 168. epulemur in azimis . . . *Communio dominicae resurrectionis D. N. I. Chr.; deest unum folium. — f. 179′.* Dom. IIII post pascha, lectio Iocobi apostoli. Karissimi. Omne datum . . . *desinit in:* Voluntarie enim.

Nonnulla in marginibus aliis manibus addita. Multa folia refecta.

Notae musicae quadratae.

tom. II. f. 180—376. cetera ut supra.

f. 180. genuit nos uerbo ueritatis . . . *Lectio Iacobi ap.:* Karissimi. Omne datum . . . *terminatur. Proprium de tempore a dom. IV post pascha usque ad dom. XXIV post pentecost. — f. 188.* confortasti, uti — hunc diem gloriosum fecisti; *sequentia: Sancti Spiritus adsit . . . dom. pentecostes; deest unum folium.*

f. 231. In uigilia sancti Andree apostoli. Introitus. Dominus secus mare . . . *Proprium sanctorum usque ad s. Catharinae v.* — *f.* 241. In festo purificationis *benedictio candelarum*.

f. 203. Incipit commune sanctorum de missali. in uigilia unius apostoli. Ego autem sicut oliua . . . — *f.* 313 *scida membr. inserta; lectio evangelii secundum Ioa.:* Nisi granum frumenti . . . ipsum solum manet — in celis.

f. 339'. In ipsa dedicatione, in anniuersario dedicationis ecclesie (et altaris). Terribilis est locus . . . — Missa in honore sanctorum, quorum corpora habentur.

f. 341'. *Orationes, secretae, postcommuniones missarum votivarum et diversarum.* — *f.* 357. Missae in agenda defunctorum. — *f.* 365. *Missae votivae,* — *f.* 368. in commemoratione b. Marie v.

f. 371'. Ordo ad faciendum aquam benedictam. Exorcizo te . . .; Asperges me, Vidi aquam.

f. 373'. In festo sacrosancti corporis Domini nostri. Introitus. — *f.* 374. passionis tue memorie reliquisti . . . *Oratio, deest unum folium.* Sequentia. Lauda Sion — sanctorum ciuium. — *f.* 375'. Prophetia secunda libri Leuitici. Quum ingressi fueritis . . .; prophetia libri Deuteronomii. Audi Israel . . . *Sabbato quattuor temporum pentecost.* — *f.* 376'. Collecta, secreta, complenda s. Achatii et sociorum mm.

Nonnulla in marginibus aliis manibus addita. Maiores litterae initiales exsectae. Multa folia refecta.

Miniat. color. rubro et caeruleo.

28. **Missale fratrum Praedicatorum.**

Palatin. 509. membr. 249 f. 153 × 102 mm. 2 col. praeter f. 107—109. saec. XIV.

f. 1. C. 120. 2. 189.

Omnipotens misericors Deus . . . *Oratio, secreta, complenda de s. Kunegunde, item de s. Gorgonio; man. rec.* — *f.* 1'. Oratio contra hostes. Hostium nostrorum elide . . . *Oratio, secreta, complenda; item:* pro furto et re amissa. *al. man. rec.*

f. 2. *Kalendarium. Ind. cal. grad. num. Necrologia et res gestae Palatinae. Inter sanctos:* Iun. Medardi ep. Iul. Christine v., Germani ep. Aug. Ludowici reg. Sept. Eufemie, Lamperti, Wenceslai. Oct. Remigii, Leodegarii, Edwardi conf., undecim milium uirginum, Quintini m. Nov. Brictii ep.

f. 7. est extra dominicam. Gloria in excelsis . . . *Rubrica de Gloria et de Credo.* — *f.* 7'. Oratio. [D]eus, qui de beate Marie virginis utero . . .; *secreta, complenda de B. M. V. et de omnibus sanctis. al. man.*

f. 8. Dom. prima in aduentu Domini officium. Ad te leuaui . . . *Proprium de tempore usque ad dom. XXV post festum Trinitatis. Tota mis-*

sarum officia et initia sequentiarum, praefationum, infra actionem. — f. 21. In uigilia epiphanie. In matut. post IXum responsorium cantatur hoc evangelium secundum Lucam. Factum est autem, cum baptizaretur . . . — *f.* 30′. Fer. IIII in capite ieiunii *benedictio cinerum. — f.* 76′. Dom. palmarum *benedictio ramorum. — f.* 99. *Sabbato sancto benedictio ignis, cerei, litaniae.*

f. 104′. *Ordo missae. — f.* 105. *Praefationes. — f.* 106′. Suscipe sancta Trinitas . . . In spiritu humilitatis . . . Hostium salutarem offerimus . . . Sanctifica, quesumus, Domine, hanc oblationem . . . Veni sanctificator . . . *al. man.*

f. 107. Te igitur . . . *Canon. — f.* 110. *Addita:* Perceptio corporis et sanguinis . . . Corpus Domini nostri Iesu Christi proficiat . . . Corpus et sanguis Domini nostri Iesu Christi custodiat . . . Domine Iesu Christi, qui dixisti . . . Pax tecum. Habete vinculum pacis.

f. 110′. In die sancto pasche ad missam. Resurrexi et adhuc tecum . . . — *f.* 133. In festo s. Trinitatis. Benedicta sit sancta Trinitas . . .

f. 158′. In dedicatione ecclesie. officium. Terribilis est locus . . . *Proprium per diversa anni tempora, in anniversario dedicationis oratio, secreta, complenda.*

f. 159′. In vigilia s. Andree officium. Dominus secus mare . . . *Proprium sanctorum; in fine:* ss. Vitalis et Agricole. — *f.* 169′. In purificatione *benedictio candelarum. — f.* 193. De s. Affra *man. rec. additum, item* s. Thome Aq. — *f.* 201′. In festo s. Wenceslai. — *f.* 204. S. Edwardi conf.

f. 210. In communi unius vel plurimorum apostolorum officium. Michi autem nimis . . . *Commune sanctorum.*

f. 221. De sancta Trinitate. officium. Benedicta sit sancta Trinitas . . . *Missae votivae. — f.* 223. In commemoratione beate virginis . . ., *missae de B. M. V. per diversa anni tempora. — f.* 225. *Missae diversae. — f.* 228′. *Missae pro defunctis.*

f. 232′. De corpore Domini officium. Cibauit eos ex adipe . . . — *f.* 233′. Clenodium hoc trium collectarum misit papa Iohannes 22. regine Ungarie dono CCC dierum indulgent. . . . Deus, qui pro redemptione mundi nasci . . .

f. 234. In ascensione Domini sequencia. Omnes gentes plaudite . . . *Sequentiae.* De pent.: Sancti Spiritus . . .; de ss. Trinitate: Profitentes unitatem . . . — *f.* 235. de s. Iohanne bapt.: Verbum Dei . . .; de s. Petro: Adest dies celebris . . .; de s. Paulo: Iubar mundi . . .; de Maria Magdalena: Monti Syon . . .; de s. Augustino: De profundis tenebrarum . . .

f. 237. Benedictio agni. Deus uniuerse carnis . . .; benedictio lardi, casei, ouorum, ad omnia, herbarum die assumptionis b. Marie. *man. rec. — f.* 239 *vacuum.*

f. 239′. Secreta. Sanctissima, quesumus, oblata . . ., *de s. Anna, complenda, oratio. Item: — f.* 240. in vigilia vnius apostoli, oratio in die vnius apostoli. *al. man.*

f. 240'. Adiutorium nostrum... Exorcizo te... *Ordo ad benedicendam aquam;* Asperges me ... *al. man.*

f. 241'. Congaudent angelorum chori ... — per evum. Amen. *Sequentia de B. M. V.*

f. 242. Per omnia secula ... *Praefatio communis et Gloria in excelsis, quaternis tonis canenda; al. man. — f.* 246. *Praefationes de B. M. V., de ss. Trinitate, de Cruce, notis musicis Gotice instructae.*

f. 248. Clare sanctorum senatus — supplex impendet. *Sequentia de apostolis; item: — f.* 248'. de sancto Martino. Hic oculis ac manibus — semper infundas. — *f.* 249. O veneranda Trinitas — per infinita secula seculorum. Amen. — *f.* 249'. Victime paschali — rex miserere. alia tertia feria [paschae]: Agni pascalis esu — melius cum eo victuros.

Multa in marginibus eadem et aliis manibus addita, cum alia, tum numeri capitum lectionum.

Miniat. color. flor. — f. 107. Pictura canonis inaurata.

Notae musicae.

Stevenson, Codices Palatini Latini tom. I, p. 169. — *Ebner* in: Histor. Jahrbuch 1892, S. 765. — *Ebner,* Quellen und Forschungen S. 252.

29. Missale fratrum Praedicatorum.

Vatican. 7335. membr. 192 f. 323 × 220 mm. 2 col. saec. XIV.

f. 1. Dominica prima in aduentu Domini. officium. Ad te leuaui ... *Proprium de tempore usque ad dom. XXIV post festum Trinitatis. Loco secretae plerumque:* secretella. — *f.* 18. Fer. IIII in capite ieiunii *benedictio cinerum. — f.* 58. Dominica in ramis palmarum *benedictio ramorum. — f.* 73'. Fer. VI in parasceve *adoratio crucis, hymnus:* Pange lingua gloriosi ... certaminis ... *In passionibus signa cantorum:* ✠ M. S. — *f.* 80. *Sabbato sancto benedictio ignis, litaniae.*

f. 85. De officio sacerdotis ... *Ordo missae, Gloria in excelsis tribus tonis. — f.* 86. *Praefationes, infra canonem, praefatio communis cum initio duobus tonis. — f.* 90'. Te igitur ... *Canon.*

f. 113'. In festo sancte Trinitatis. Benedicta sit sancta Trinitas ... — *f.* 135. In anniuersario consecrationis ecclesie. Terribilis est locus ...

f. 136. In uigilia beati Andree. officium. Dominus secus mare ... — *Proprium sanctorum usque ad ss. Vitalis et Agricolae. — f.* 139. S. Stephani protomart. — *f.* 140. S. Ioannis ap., ss. Innocentium. — *f.* 156. Festum corone Domini. — *f.* 160. S. Germani ep. — *f.* 170. S. Lamberti. — *f.* 173. S. Remigii conf., s. Leodegari ep. m.

f. 180'. In communi unius uel plurimorum apostolorum lectio ad Ephesios. Fratres, iam non estis ... *Communis sanctorum lectiones epistolarum et evangeliorum.*

f. 186′. De Trinitate. officium. Benedicta sit sancta Trinitas... *Missae vo-*
tivae. — *f.* 188. *Missae de B. M.V., missae diversae.* — *f.* 192′. Missa contra
temptationes carnis, secreta: Disrumpe Domine... *desinit in:* hostiam laudis.

f. 191′. *Infimo in folio al. man.:* 1456 die 10 Iulii.

Nonnulla in marginibus eadem et aliis manibus addita. — *f. 182 atra-*
mento corrosum.

Pict. miniat. color. et inaurat.

Notae musicae quadratae.

30. Missalis fratrum Praedicatorum pars aestiva.

Vatican. 3805. membr. III + 291 f. 380 × 260 mm. saec. XVI.

f. I, II, III *vacua.* — *f.* 1. In die sanctissimo pasche resurrectionis Domini nostri Iesu Christi. Ad missam. Officium. Resurrexi et adhuc... *Pro-*
prium de tempore usque ad dom. XXV post festum Trinitatis. — *f.* 2′.
Sequentia. Victime paschali... — *f.* 37. Divisio evangelii Ioh. 20 de
Thoma ap. per hebdomadam. — *f.* 68′. In die ascensionis sequentia.
Omnes gentes plaudite — ad futuram gloriam. — *f.* 132. Post octavam
pentec. In festo sancte Trinitatis. Officium. Benedicta sit sancta... —
f. 138. In festo corporis Christi. Officium. Cibauit eos... — *Sequentiarum*
et praefationum initia; in marginibus capita epistolarum et evangeliorum.

f. 272. In anniuersario dedicationis ecclesie. Officium. Terribilis est...; in die
consecrationis ecclesie *oratio, secreta, postcommunio.* — *f. 279, 280, 281 vacua.*

f. 281′. In die sancto pentecostes. Sequentia. Sancti Spiritus adsit —
gloriosum fecisti. — *f.* 283′. In crastino pentecostes et die. Sequentia.
Ueni sancte Spiritus — perenne gaudium. — *f.* 284′. In festo sanctissime
Trinitatis. Sequentia. Profitentes unitatem — sempiterna gloria. — *f.* 286′.
In festo sacratissimi corporis Christi. Sequentia. Lauda Syon — sanctorum
ciuium. — *f.* 291′ *vacuum.*

Pict. miniat. color. et inaurat. et insignia Fr. Ioannis Alvarez ord. Praed.
(1538—1557) cardinalis, ut Vatican. 3807, cf. p. 492, 5590, 5591. In — f. 1
viridi litterae inauratae. — Margines magnificis ornamentis distincti. —
Magnificae picturae tabulares: — f. III′. Resurrectio Domini nostri Iesu
Christi. — f. 65′. Ascensio Domini. — f. 94′. Effusio s. Spiritus. — f. 138′.
Coena Domini.

Ebner, Quellen und Forschungen S. 212.

31. Missalis fratrum Praedicatorum proprium sanctorum.

Vatican. 5590. membr. XV + 299 f. 387 × 256 mm. saec. XVI.
tom. I.

f. I, II *vacua.*

f. II′. *Kalendarium. Ind. astr., kalendarium novum, dies Aeg. grad.* —
f. XV *vacuum.*

f. 1. In vigilia sancti Andree apostoli. Officium. Dominus secus mare . . .
Proprium de tempore usque ad diem 10 Iul.: Sanctorum septem fratrum.
Ad diem 11 Iul. s. Procopii: volumen II. *Tota officia, initia sequentiarum et praefationum.* — *f.* 17. Missa in sanctificatione beatissime uirginis Marie per reverendissimum patrem magistrum Vincentium Bondellum
de Castro Nouo generalem magistrum ordinis nostris edita. Rorate celi desuper . . . — *f.* 83. In festo purificationis *benedictio candelarum.* — *f.* 143'.
Missa in solemnitate beati Antonini archiepiscopi Florentini per papam
Clementem VI approbata. Statuit ei . . ., sequentia: Antonino magno
laudes — nos intuere, alleluia. — *f.* 182. In translatione beati Dominici.
In medio ecclesie . . ., sequentia: In celesti hierarchia — commenda per
secula. Amen. — *f.* 227'. In s. Iohannis bapt., sequentia. Precursorem
summi regis — regnare per secula. Amen. — *f.* 240. In festo Petri et
Pauli, sequentia. Iubar mundo geminatur — efficax sententia. — *f.* 250'.
In festo uisitationis virginis Marie. Gaudeamus omnes . . ., sequentia: Lauda
sponsa genitricem — tecum conuiventium. Amen.

f. 263. In communi unius uel plurimorum apostolorum. Epistola ad
Romanos. Fratres. Scimus, quoniam . . . *Communis sanctorum lectiones
epistolarum et evangeliorum.* — *f.* 278 *vacuum.*

f. 278'. Incipiunt sequentie de sanctis. In utroque festo beati Ambrosii
episcopi. Sequentia. Delectemur ad festiua — in una substantia. *Sequentiae de sanctis et* — *f.* 289'. de spinea corona. Diadema salutare —
spinas penitentie. Amen.

f. 293. Infra octauam ascensionis pro commemoratione. Oratio. Concede, quesumus . . ., *secreta, postcommunio.*

In marginibus numeri capitum lectionum.

Pict. miniat. color. et inaurat. — *f.* 1. *Margines magnificis ornamentis
distincti. Insigne Fr. Ioannis Alvarez ord. Praed. cardinalis, ut Vatican.
3805, 3807, cf. p. 492, 5591.*

32. Missalis fratrum Praedicatorum proprium sanctorum.

Vatican. 5591. membr. II + 282 f. 371 × 260 mm. saec. XVI.
tom. II.

f. I, II *vacua.*

f. 1. In festo sancti Procopii abbatis. Officium. Os iusti meditabitur . . .
*Proprium sanctorum a die 11 Iul. usque ad diem 27 Nov. sanctorum
Vitalis et Agricolae. Tota officia cum his sequentiis:* — *f.* 12. S. Marie
Magdalene, sequentia. Monti Sion dat virorem — eius patrociniis. — *f.* 57.
In festo s. Dominici, sequentia. In celesti hierarchia — commenda per
secula. — *f.* 85. In assumptione b. Marie, sequentia. Salve mater salva-
toris — configura glorie. — *f.* 104'. Sancti Augustini, sequentia. De pro-

fundis tenebrarum — beatorum anime. — *f.* 117′. In nativitate b. Marie v., sequentia. Nativitas Marie virginis — bravium nobis detur. — *f.* 149. S. Michaelis, sequentia. Laus erumpat ex affectu — cum sanctis spiritibus. — *f. 238 vacuum.*

f. 239. In communi unius vel plurimorum apostolorum. Epistola ad Ephesios. Fratres, iam non estis . . . *Communis sanctorum lectiones epistolarum et evangeliorum.*

f. 273. In translatione sancti Petri martyris. Sequentia. Martyri uictori laudes — Christe rex miserere. *Sequentiae propriae sanctorum.* — *f. 278.* In commemoratione omnium fidelium defunctorum. Dies irae — eis requiem. — *f.* 280′, 281, 282 *vacua.*

In marginibus numeri capitum lectionum.

Pict. miniot. color. et inaurat. — In — f. 86 inaurato litterae caeruleae, margines magnificis ornamentis distincti, insigne Fr. Ioannis Alvarez ord. Praed. cardinalis, ut Vatican. 3805, 3807, 5590. — Magnificae picturae tabulares: — f. 57′. S. Dominicus gloria coelesti triumphans. — f. 85′. Assumptio B. M. V.

33. Missale et graduale Romanum.

Regin. 2049. membr. 454 f. 276×193 mm. 2 col. saec. XIII. XIV.

f. 1. *Kalendarium codicis minoris saec. XIII. XIV. Ind. astr. et cal. dies Aeg. Aliis manibus rec.:* — *f.* 1. IV Non. Ian. Obiit pater Franciscus. — *f.* 2′. Nota. In vigilia sancti Benedicti est indulgentia ad Ierusalem. — *f.* 3. Nota. Indulgentiam sancti Ieronimi semper incipere die ante uigiliam adscensionis in vespere et finire in vespere dicte uigilie. *In margine:* Altare sancti Iohannis inferius fuit consecrata dominica, qua cantatur Ego sum pastor bonus, et debetur ibi celebrari missa duabus uicibus in ebdomada pro animabus Francisci Malpigli et heredum suorum in die Lune et die Ueneris, quia Franciscus donauit hanc capellam. — *f.* 3′. II Non. Iun. Obiit presbyter Burthonius de Malpliis. — *f.* 4. III Idus Iul. Obiit domina Sibilia mater Iudic̄ inpār. — *f.* 5. XII Kal. Oct. Obiit Iudes Anglus ịpatoîs. — II Kal. Oct. dedicatio altaris s. Angeli. — *f.* 6′. XIII Id. Dec. dedicatio huius ecclesie et altaris sancti Nicolai. *al. man.:* S. Clare, Bernardini, Elisabeth.

f. 7. Incipit ordo ad faciendum aquam benedictam . . . Exorcizo te . . . Asperges, Vidi aquam.

f. 8′. Kyrie leison . . . *Ordinarium missae,* Gloria in excelsis, Sanctus, Agnus Dei, Ite missa est, Benedicamus Domino *feriis, dominicis, festis canenda,* Credo.

f. 19. Incipit ordo missalis secundum consuetudinem Romane curie. Dominica prima de aduentu. Statio . . . Introitus. Ad te leuaui . . . *Pro-*

prium de tempore usque ad dom. XXIV post pentecost. — *f.* 37'. Prefatio in missa de nativitate Domini. — *f.* 70'. Fer. IIII cinerum *benedictio cinerum.* — *f.* 150'. *Dominica palmarum benedictio ramorum et ad processionem:* Pueri Hebreorum . . . — *f.* 181. In cena Domini *ordo ad faciendum mandatum.* — *f.* 193'. *Feria VI in parasceve adoratio crucis;* ymnus. Crux fidelis . . . — *f.* 196. *Sabbato sancto benedictio ignis, cerei, fontis, Exultet, litaniae.* — *In passionibus signa cantorum:* S. C. ✠

f. 214'. *Ordo missae.* — *f.* 217. *Praefationes, Communicantes, Hanc igitur.* — *f.* 223. Te igitur . . . *Canon.* — *f.* 257'. Vcni sancte Spiritus . . . *Sequentia notis musicis quadratis instructa.*

f. 309'. In vigilia sancti Andree apostoli. Introitus. Dominus secus mare . . . *Proprium sanctorum usque ad s. Catharinae.* — *f.* 316. *In festo purificationis B. M. V. benedictio candelarum.*

f. 374. Incipit commune sanctorum de missali. In vigilia unius apostoli. Introitus. Ego autem sicut oliua . . . — *f.* 387'. *Commune sanctorum tempore paschali.*

f. 424. In ipsa die dedicationis, in anniuersario. Introitus. Terribilis est locus . . . ; missa in honore sanctorum, quorum corpora habentur, oratio, secreta, postcommunio. — *f.* 424'. Missa ad postulandam gratiam Spiritus sancti. oratio. Deus, cui omne . . . *Missae diversae.* — *f.* 436. In agenda mortuorum. — *f.* 444. Missa in honore sancte Trinitatis. Benedicta sit sancta Trinitas . . . *Missae votivae.* — *f.* 448'. In commemoratione b. Marie v. *f.* 454'. *al. man. saec. XIV.* In sancti Ludouici confessoris regis. *Oratio, secreta, postcommunio. Item:* Ss. conf. Leucii et Nicholai Peregrini, *in secreta:* quorum sacratissime in hac basilica reliquie continentur.

Omnes, quae canuntur, partes notis musicis quadratis instructae sunt.

Ebner, Quellen und Forschungen S. 244.

34. **Missale Romanum.**

Ottobon. 574. membr. 292 f. 296 × 200 mm. 2 col. saec. XIV.

f. 1. 27.

Kalendarium. Ind. astr. et cal. dies Aeg.; complura manibus rec. addita. — *f.* 4. V Non. Iul. Ecclesia sancti Nicholai tenetur quolibet . . . Iulii sollemniter anniversarium pro anima nobilis viri Stephani Piperno incole Alat'nj . . . *man. rec.* — *f.* 4'. XIII Kal. Sept. Dedicatio ecclesie sancti Nicolai ep. et conf.

f. 7. Incipit ordo missalis secundum consuetudinem Romane curie. Dominica I de aduentu . . . Introitus. Ad te leuaui . . . *Proprium de tempore usque ad dom. XXIV post pentecost.* — *f.* 34. Fer. IIII cinerum *benedictio cinerum.* — *f.* 80. *Dominica palmarum benedictio ramorum.* Pueri Hebreorum . . . *ad processionem.* — *f.* 115. *Fer. VI in parasceve*

improperia et adoratio crucis. — *f.* 119. *Sabbato sancto benedictio cerei,
Exultet, litaniae.* — *In passionibus signa cantorum:* S. C. ✠

f. 137′. Aduentus Domini celebratur . . . *Rubrica.*

f. 138′. Incipit ordo agendorum et dicendorum a sacerdote . . . *Rubricae,
ordo missae.* — *f.* 144′. *Praefationes, praefatio communis desinit in:*
iubeas de[precamur].

f. 151. uero non inuenerunt . . . *Luc. 24, 24 evangelium fer. II post
pascha. Proprium de tempore usque ad dom. III post pascha, quae desinit in:* Lectio beati Petri apostoli. Karissimi, obsecro.

f. 159. Pretende, Deus, fidelibus . . . *Oratio missae pro salute vivorum.
Missae diversae,* Agenda mortuorum; *desinit* — *f.* 166′. *in:* finito psalmo
absolu[te].

f. 167. uos tanquam aduenas. *Lectio dom. III post pascha, cuius initium* — *f.* 158′. *Proprium de tempore usque ad dom. XXIV post pentecost.*
— *f.* 176. In die pentecost. sequencia: Sancti Spiritus assit nobis gracia
— gloriosum fecisti.

f. 214′. Oratio ad benedicendum panem . . . Oratio. Creator et gubernator . . . *man. rec., et altera oratio al. man.*

f. 215. In uigilia sancti Andree apostoli. Introitus Dominus secus
mare . . . *Proprium sanctorum usque ad vigiliam s. Matthaei ap., cuius
postcommunio desinit in:* Deus supplica[tione].

f. 265. ille et ornauerunt . . . *Missa de communi virginum, evangelium
Matth. 25, 7; in dedicatione ecclesiae et altaris,* in honorem sanctorum,
quorum corpora habentur, *missae votivae,* — *f.* 270. in commemoratione
beate Marie; missa pro salute uiuorum *desinit in:* Oratio. *Quae est* — *f.* 159.
— *f.* 281. [absolu]te repetitum. Introitus. Requiem . . . *Missa in agenda
mortuorum, cuius initium* — *f.* 166′.

f. 288. Incipit ordo ad faciendum aquam benedictam . . . Exorcizo te . . .
Asperges, Vidi aquam.

f. 289′. Missa ad sponsam benedicendam. Introitus. Uultum tuum . . .;
benedictio nuptialis.

f. 291′. Ad consignandum pueros . . . Omnipotens sempiterne Deus . . .
Ordo confirmandi man. saec. XVI.

f. 292. Fratres. Nescitis, quoniam corpora nostra — templum Spiritus
sancti. *al. man.* Missa ad impetrandam gratiam Spiritus sancti. *Ordo et
orationes al. man.*

*f. 19 laceratum, pauca folia refecta. Folia sunt ita disponenda: 158,
167—280, 159—166, 281.*

Miniat. color.

Notae musicae quadratae.

Ebner, Quellen und Forschungen S. 235.

35. Missale Romanum.

Ottobon. 546. membr. 280 f. 153 × 110 mm. 2 col. saec. XV.

f. 1, 2, 3 *vacua.* — *f.* 4. Ex codicibus Ioĩs Angeli ducis ab Altaemps. — *f.* 4′ *vacuum.*

f. 5. *Kalendarium. Ind. astr. et cal. rubrica:* sub praecepto. *Inter sanctos:* Mauri abb. *r.,* transitus s. Benedicti *r.,* Maioli abb., Pastoris conf., Ludouici reg., Mauritii cum soc. *r.,* Dionisii, Rustici et Eleutherii *r.,* Cerbonis ep., Galli abb. *r.,* Vrsule cum XI milibus *r.,* Germani, Leonardi *r.,* Martini *r. cum octava,* Bricti, Columbani abb. *r.,* Obdonis abb., Thome ep. et m. *r.*

f. 11. Gloria in excelsis non dicitur usque natiuitatis Domini . . . *Rubrica.* Incipit ordo missalis Iohannis presbiteri secundum consuetudinem Romane curie. Dominica prima de aduentu . . . Introitus. Ad te, Domine, leuaui . . . *Proprium de tempore usque ad dom. XXIV post pentecost.* — *f.* 34. Fer. IIII. cinerum *benedictio cinerum.*— *f.* 81. In die palmarum *benedictio ramorum.* — *f.* 109. *Fer. VI in parasceve improperia et adoratio crucis.* — *f.* 112. *Sabbato sancto benedictio ignis, cerei, fontis, litaniae.* — *In passionibus signa cantorum:* S. C. ✚

f. 126′. Aduentus Domini celebratur . . . *Rubricae.*

f. 127. *Ordo missae.* — *f.* 129. *Praefationes, praefationis communis initium duobus tonis, Communicantes, Hanc igitur.* — *f.* 132. Kyrie . . . *Ordinarium missae.* — *f.* 134 *vacuum.* — *f.* 135. Te igitur . . . *Canon.*

f. 155. In die pent. sequentia. Sancti Spiritus adsit nobis . . . — *f.* 162′. In sollemnitate corporis Christi. Introitus. Cibauit eos . . . — *f.* 190 *vacuum.*

f. 191. Incipit proprium sanctorum. In vigilia sancti Andree. Introitus. Dominus secus mare . . . *usque ad s. Catharinae. In fine:* In sancte Clare uirginis. — *f.* 197. *In festo purificationis benedictio candelarum.* — *f.* 240′ *vacuum.*

f. 241. Incipit commune sanctorum de missali. In vigilia unius apostoli. Introitus. Ego sicut oliua . . . *In fine:* de pluribus virginibus.

f. 258. In dedicatione ecclesie. Introitus. Terribilis est locus . . .

f. 259. Missa de sancta Trinitate. Introitus. Benedicta sit sancta Trinitas . . . *Missae votivae et diversae.* — *f.* 261. *Missa de B. M. V.* — *f.* 268. In agenda mortuorum.

f. 271′. Exorcismus salis . . . Exorcizo te . . . *Ordo ad benedicendam aquam,* Asperges, Vidi aquam. — *f.* 273. *Probationes pennae.* — *f.* 273′—280 *vacua.*

In marginibus nonnulla addita. Folia ita disponenda sunt: 192, 195, 194, 193, 198, 197, 196, 199, 200.

Miniat color. et inaurat: — f. 135. littera T, — f. 139. littera R. Notae musicae quadratae.

Ebner, Quellen und Forschungen S. 235.

36. Missale Romanum.

Regin. 1807. chart. 131 f. 227 × 160 mm. 2 col. saec. XV.

f. 1. Ad laudem et gloriam omnipotentis Dei et beate Marie uirginis. Incipit ordo missalis secundum consuetudinem Romane curie. Dominica prima de aduentu ad sanctam Mariam ... Introitus. Ad te leuaui ... *Proprium de tempore usque ad dom. XXIV post pentecost. — f.* 11. Fer. IIII cinerum *benedictio cinerum. — f.* 31. *Dominica palmarum benedictio ramorum. — f.* 39'. In cena Domini *ordo ad faciendum mandatum. — f.* 43'. *Sabbato sancto benedictio ignis, cerei, aquae, Exultet, litaniae. — In passionibus signa cantorum:* ⊹ C. S.

f. 55'. Aduentus Domini celebratur ... *Rubricae. — Ordo missae. — f.* 56'. *Praefationes, Communicantes, Hanc igitur. — f.* 60'. Gloria in excelsis, Credo. *— f.* 61' *vacuum. — f.* 71'. Veni sancte Spiritus ... *Sequentia.*

f. 85. Incipiunt festiuitates sanctorum. In uigilia sancti Andree. Introytus. Dominus secus mare ... *Proprium sanctorum usque ad s. Catharinae. — f.* 88. *In purificatione B. M. V. benedictio candelarum et ad processionem:* Lumen ad reuelationem ... *— f.* 106'. In festo sancti Homoboni de Cremona confessoris. *— Inest festum* translationis s. Francisci.

f. 107. Incipit commune sanctorum de missali. In uigilia unius apostoli. Introitus. Ego autem sicut oliua ...

f. 117'. In ipsa die dedicationis ecclesie, in anniuersario. Introitus. Terribilis est locus iste ... *— f.* 118. Missa in honore sanctorum, quorum corpora habentur. *Oratio, secreta, postcommunio.*

f. 118. Missa in honore sancte Trinitatis. Introitus. Benedicta sit sancta Trinitas ... *Missae votivae et diversae, — f.* 119. in commemoratione beate Marie v., *— f.* 125. in agenda mortuorum.

f. 127. Benedictio ad omnia, que uolueris in usu ecclesie. Oratio. Omnipotens et misericors Deus ... *et aliae benedictiones.*

f. 129. *al. man.* Diuus Augustinus. O uita humana. .. *Sententia. — ...* nel papato da sto Petro — Sisto IV. *Series paparum; aliis manibus usque ad Sixtum V. — f.* 130'. 1478 pasca resurrectionis erit 22 Martij ... *Tabula paschalis usque ad annum 1505. — f.* 131. Questa e la storia de sto Albarto ... *Octo praecepta moralia. — f.* 131'. Questi infrascripti Pater nostri ... *Modus Pater noster feriis et dominicis dicendi.*

Nonnulla in marginibus addita.

Lineae notarum musicarum vacuae.

Pictura tabularis rudis: — f. 1.

Bethmann in Pertz' Archiv Bd. XII, S. 325. — *Ebner,* Quellen und Forschungen S. 242.

37. Missale Romanum Matthiae Corvini regis Hungariae.

Urbin. 110. membr. XI + 234 + 1 f. 355 × 257 mm. 2 col. saec. XV.

f. I—IV *vacua.*

f. V. *Kalendarium. Ind. astr. et cal. dies. Aeg. grad.* — *f.* XI *vacuum.*

f. 1. Ad te leuaui . . . *Proprium de tempore a dom. I adventus usque ad dom. XXIV post pentecost.* — *f.* 20′. Fer. IIII cynerum *benedictio cinerum.* — *f.* 57′. In die palmarum *benedictio ramorum et processionale. In passionibus signa cantorum:* a. c. p. — *f.* 79. *Fer. VI in parasceve adoratio crucis, improperia.* — *f.* 81. *Sabbato sancto benedictio ignis, cerei, fontis, litaniae. Inter sanctos:* Erasme, Christophore, Blasi, Dionisi, Geminiane, Liberata, Elena, Ursolina.

f. 96′. Aduentus Domini celebratur . . . *Rubricae.*

f. 96 a. *Ordo missae.* — *f.* 98′. *Praefationes.* — *f.* 105. Te igitur . . . *Canon.*

f. 108. In dominica in resurrectione sequentia. Victime paschali . . . — *f.* 121′. Dom. pent. sequentia. Sancti Spiritus adsit nobis gratia . . . — *f.* 127. Dominica in honore sancte Trinitatis . . . Benedicta sit sancta Trinitas . . . — *f.* 128′. In festo corporis et sanguinis Domini nostri Iesu Christi . . . Cibauit eos . . . ; sequentia: Ave uerum corpus — cum sancto flamine.

f. 149. Incipiunt festiuitates sanctorum per circulum anni . . . In uigilia sancti Andree. Introitus. Dominus secus mare . . . *Proprium sanctorum usque ad s. Catharinae v.* — *f.* 153. In purificatione *benedictio candelarum et processionale.* — *f.* 168. In festo uisitationis beate Marie . . . Gaudeamus omnes . . . , sequentia: Ueni pretiosa domina — qui nobis det auxilium.

f. 188′. Incipit commune sanctorum. in uigilia unius apostoli. Introitus. Sicut oliua . . .

f. 209′. In ipsa die dedicationis ecclesie . . . Oratio. Deus, qui inuisibiliter . . . ; in anniuersario dedicationis. Introitus. Terribilis est locus . . . , missa in honore sanctorum, quorum corpora habentur.

f. 210′. Missa in honore sancte Trinitatis. Introitus. Benedicta sit sancta Trinitas . . . *Missae votivae et diversae,* — *f.* 212′. in honore b. Marie v. — *f.* 224′. Missae in agenda mortuorum. — *f.* 231. Missa beati Ludouici conf. ac regis Francorum. Introitus. Gaudeamus omnes in Domino . . . ; sequentia: Regem regum ueneremur — piis eius precibus.

f. 231′. Incipit ordo benedicendi aquam . . . Exorcizo te . . . Asperges me, Vidi aquam.

f. 232′. Sequentia. Lauda Sion saluatorem — fac sanctorum ciuium. — *f.* 233′, 234 *vacua.*

Lineae notarum musicarum vacuae. Folia requirenda numeris indicantur.

Magnificae pict. miniat. color. et inaurat. fig. flor. Insignia, ut Urbin. 112, breviarium Matthiae Corvini, cf. p. 276. — f. 104′. Pictura canonis tabularis.

Ebner, Quellen und Forschungen S. 245.

38. **Missale Romanum.**

Vatican. 7635. membr. 315 f. 277 × 202 mm. 2 col. saec. XV.

f. 1. Te igitur clementissime Pater . . . — *f.* 1, 2, 3, 313, 314, 315 *folia alterius missalis. — f.* 313. *Finis rubricae: Adventus Domini celebratur . . ., ordo missae. — f.* 3, 314. *Praefationes. — f.* 1, 315. *Canon, qui — f.* 3. *terminatur. — f.* 2. *al. man.* [V]ictime pascali — Dic nobis Maria.

f. 4. *Kalendarium. Ind. astr. et cal. grad. rubricae. Inter sanctos sancti ordinis Minorum et eremitarum s. Augustini.*

f. 10. Incipit ordo missalis secundum consuetudinem Romane curie. Dominica prima de aduentu . . . Introitus. Ad te leuaui . . . *Proprium de tempore usque ad dom. XXIV post pentecost. — f.* 34′. Fer. IIII cinerum *benedictio cinerum. — f.* 83. In die palmarum benedictio ramorum. — *f.* 103′. Fer. V in cena Domini *mandatum. — f.* 106′. *Fer. VI in parasceve adoratio crucis, improperia, hymnus:* Pange lingua gloriosi . . . certaminis . . . — *In passionibus signa cantorum:* ✚ C. S.; Eli lama . . . *notis musicis quadratis instructum; item in marginibus alia Christi verba. — f.* 115. *Sabbato sancto benedictio ignis, cerei, litaniae.*

f. 133. Aduentus Domini celebratur . . . *Rubricae.*

f. 134. *Ordo missae. — f.* 135. *Praefationes, infra actionem. — f.* 142. *al. man. in margine:* Praefatio de sancto Francisco. — *Praefatio communis cum initio, duobus tonis. — f.* 143′. *Canon, cuius pictura excisa.*

f. 148. In dominica resurrectionis sequentia. Victime paschali — miserere. *f.* 164′. In die pentecostes sequentia. Sancti Spiritus assit — fecisti; Veni sancte Spiritus — perenne gaudium. — *f.* 172. In festo Trinitatis . . . Benedicta sit sancta Trinitas . . . — *f.* 173′. In festo gloriosissimi corporis Christi. Introitus. Cibauit eos . . .; sequentia. Lauda Sion — sanctorum ciuium.

f. 200′. Incipit officium proprium sanctorum. In vigilia s. Andree. introitus. Dominus secus mare . . ., *usque ad s. Catharinae v. — f.* 209. *In purificatione benedictio candelarum et processionale.*

f. 268′. Incipit commune sanctorum. In vigilia vnius apostoli. introitus. Ego autem sicut oliua . . .

f. 284′. In ipsa dedicatione, in anniuersario dedicationis ecclesie, altaris; missa in honore sanctorum, quorum corpora habentur.

f. 286. Missa in honorem sancte Trinitatis. introitus. Benedicta sit sancta Trinitas ... *Missae votivae et diversae.* — *f.* 288'. Missae in commemoratione b. Marie v. — *f.* 302'. Missa in agenda mortuorum. — *f.* 308'. Missa pro sponso et sponsa.

f. 310. Ordo ad faciendum aquam benedictam, Asperges me, Vidi aquam. — *f.* 311'. Sequentia. Dies irae — requiem. Amen. — *f.* 312. In festo uisitationis gloriose uirginis Marie. Introitus. Transite ad me omnes ...

Nonnulla in marginibus eadem et aliis manibus addita.
Miniat. color. et inaurat.
Notae musicae quadratae.

39. **Missale Romanum.**

Vatican. 7792. membr. 405 + 1 f. 428×290 mm. 2 col. saec. XV.

f. 1. *Kalendarium. Ind. astr. et cal. grad. rubricae. Inter sanctos sancti ordinis Minorum et eremitarum s. Augustini.* — II Kal. Ian. Translatio s. Marci. — *f.* 7 *vacuum.*

f. 8. Incipit ordo missalis secundum consuetudinem Romane curie. Dominica prima de aduentu ... Introitus. Ad te leuaui ... *Proprium de tempore usque ad dom. XXIV post pentecost.* — *f.* 42. *Fer. IV cinerum benedictio cinerum* — *f.* 108'. In die palmarum *benedictio ramorum et processionale.* — *f.* 133. Fer. V in cena Domini *mandatum.* — *f.* 137. *Fer. VI in parasceve adoratio crucis, improperia, hymnus:* Pange lingua gloriosi... certaminis ... — *f.* 148. In sabbato sancto *benedictio ignis, cerei, fontis, ordo baptizandi, litaniae.* — *In passionibus signa cantorum:* C. S. ✝

f. 176'. Aduentus Domini celebratur ... *Rubricae.*

f. 177'. *Ordo missae.* — *f.* 180'. *Praefationes, infra actionem, praefatio communis cum initio.* — *f.* 185'. Praefatio in omnibus festiuitatibus s. Francisci. — *f.* 189'. Praefatio in festo s. Augustini. — *f.* 190. Gloria in excelsis, Ite missa est, Benedicamus Domino, *compluribus tonis.* — *f.* 191 *vacuum.* — *f.* 192. Te igitur ... *Canon.*

f. 197. Dominica resurrectionis sequentia. Victime paschali — miserere. — *f.* 217'. In pentecoste sequentia. Sancti Spiritus assit — fecisti. — *f.* 227. In festo Trinitatis. Introitus. Benedicta sit sancta Trinitas ... — *f.* 229. In festo gloriosissimi corporis Christi. Introitus. Cibauit eos ..., sequentia: Lauda Sion ...

f. 258. Incipit officium proprium sanctorum. In uigilia s. Andree. Introitus. Dominus secus mare ..., *usque ad s. Catharinae.* — *f.* 267. In festo purificationis *benedictio candelarum et processionale.*

f. 332'. Incipit commune sanctorum. In uigilia unius apostoli. Introytus. Ego autem sicut oliua ...

f. 365'. In ipsa dedicatione ecclesie, in anniuersario . . . Terribilis est locus . . . — In ipsa dedicatione altaris; missa in honore sanctorum, quorum corpora habentur.

f. 369. Missa in honore sancte Trinitatis. Introitus. Benedicta sit sancta Trinitas . . . *Missae votivae et diversae.* — *f.* 370. Missae in commemoratione b. Marie v., — *f.* 388'. in agenda mortuorum. — *f.* 396'. In festo uisitationis gloriose v. Marie. Introitus. Transite ad me omnes . . . — *f.* 396 a'. Missa pro sponso et sponsa.

f. 398. Ordo ad induendum puerum sive puellam habitum pro voto seu pro devotione; ordo ad exuendum. — *f.* 399'. Benedictio agni, carnium, ovium vel avium, casei et ovorum, panis, loci vel domus, novorum fructuum, uve vel ficuum. — *f.* 400'. Ordo ad faciendum aquam benedictam, Asperges me, Vidi aquam.

f. 402'. Missa pro vitanda mortalitate . . . Recordare Domine . . . — *f.* 404. In solemnitate iconie Domini salvatoris . . . Sanctus Deus, sanctus fortis . . . — *f.* 405' *vacuum.*

Pict. miniat. color. et inaurat. flor., margines picturis distincti. Insignia cardinalis de Robore. — f. 191. Pictura canonis tabularis.

Notae musicae quadratae.

40. **Missale Romanum.**

Vatican. 9243. membr. III + 264 f. 388 × 267 mm. 2 col. saec. XV.

f. I—III vacua.

f. 1. Indutus sacerdos stet . . . *Rubricae de iunctione manuum, de inclinationibus, de aliis rebus.*

f. 3'. Kalendarium. Ind. cal. Inter sanctos: Febr. Gilberti, Guilielmi. Aug. Ludouici ep., Ludouici conf. Sept. Eufemie, Mauritii et soc. *et sancti eremitarum s. Augustini.*

f. 6'. Incipit benedictio aque. ℣. Adiutorium nostrum in nomine . . . Exorcizo te . . . Asperges, Vidi aquam. — *f.* 7. Missa de sponso et sponsa. — *f.* 8. Missa in festo gloriosissimi patris nostri Hieronymi. Introitus. In medio ecclesie . . .

f. 9. Incipit ordo missalis secundum consuetudinem Romane curie . . . Dominica prima de aduentu . . . Introytus. Ad te leuaui . . . *Proprium de tempore usque ad dom. XXIV post pentecost.* — *f.* 32. Fer. IIII cinerum *benedictio cinerum.* — *f.* 79'. In die palmarum *benedictio ramorum.* — *f.* 99'. In cena Domini *mandatum.* — *f.* 102'. *Fer. VI in parasceve adoratio crucis, improperia,* Pange lingua gloriosi . . . certaminis . . . *In passionibus signa cantorum:* ✠ S. C.; Eli lama . . ., Consummatum est *notis musicis quadratis instructa.* — *f.* 110'. *In sabbato sancto benedictio ignis, cerei, fontis; litaniae, vesperae.*

f. 130. Aduentus Domini celebratur . . . *Rubricae.*

f. 130′. *Ordo missae.* — *f.* 132′. *Praefationes, infra actionem, praefatio communis cum initio.* — *f.* 137 *vacuum.* — *f.* 138. Te igitur . . . *Canon.*

f. 141′. In resurrectione Domini, sequentia: Victime paschali — miserere. — *f.* 157. In festo pent., sequentiae: Sancti Spiritus adsit nobis — fecisti, Ueni sancte Spiritus — gaudium. — *f.* 161′. In festo sancte Trinitatis. Benedicta sit sancta Trinitas . . . — *f.* 162. In festo gloriosissimi corporis Christi. Cibauit eos . . ., sequentia: Lauda Syon — sanctorum ciuium.

f. 184. Incipit officium proprium sanctorum missalis per anni circulum. In vigilia sancti Andree apostoli. Introytus. Dominus secus mare . . ., *usque ad s. Catharinae.* — *f.* 190′. In festo purificationis *benedictio candelarum.*

f. 228′. Incipit commune sanctorum. In vigilia unius apostoli. Introitus. Ego autem sicut oliua . . .

f. 248. In ipsa die, in anniuersario dedicationis ecclesie et altaris, missa in honore sanctorum, quorum corpora habentur.

f. 249. Missa in honore sancte Trinitatis. Introitus. Benedicta sit sancta Trinitas . . . *Missae votivae et diversae.* — *f.* 250′. [Missae] in commemoratione beate Marie v., — *f.* 258′. in agenda mortuorum. — *f.* 262—264 *vacua.*

Nonnulla al. man. et emendata et addita.

Pict. miniat. color. et inaurat. flor. — *f.* 137′. *Pictura canonis tabularis. Notae musicae quadratae.*

Ebner, Quellen und Forschungen S. 229.

41. **Missale Romanum.**

Regin. 1962. chart. 200 + 5 f. 340 × 237 mm. 2 col. saec. XVI.

f. 1. *Infimo in folio:* Romae 1603. Bibliotheca sancti Andreae Romae. Argumentum de cyclo solari. Si scire optaueris . . . *Desinit in anno 1583.* — De anno decenouenali, de anno bissextili, de indictione Romanorum, de clauibus festorum, de festis mobilibus, *tres tabulae. Nominatur annus 1556.* — *f.* 2′ *vacuum.*

f. 3. *Kalendarium. Kalendarium novum, ind. astr. et cal. grad. rubricae. Post* — *f.* 8. *quattuor folia vacua.*

f. 9. In nomine Patris et Filii et Spiritvs sancti. Incipit ordo missalis secundum consuetudinem sanctae Romanae ecclesiae. Dominica prima de aduentu. Statio ad sanctam Mariam maiorem. Introitus. Ad te leuaui . . . *Proprium de tempore usque ad dom. XXIV post pentecost.* — *f.* 32. Fer. IIII cinerum *benedictio cinerum.* — *f.* 64. *Dominica palmarum benedictio ramorum et processionale. In passionibus signa cantorum:* A *(evangelista)* S. ✚ — *f.* 76′. Fer. V. in coena Domini mandatum.* — *f.* 80′. *Fer. VI in parasceve adoratio crucis et improperia.* — *f.* 83. *Sabbato sancto benedictio ignis, cerei, fontis, litaniae.*

f. 91'. Aduentus Domini celebratur . . . *Rubricae.*

f. 92. Ordo missae. — f. 95. Praefationes. — f. 98. Te igitur . . . *Canon.*

f. 100'. In die resurrectionis sequentia: Uictime paschali . . . — *f. 115'.* In die pent. sequentia: Sancti Spiritus adsit nobis gratia . . . — *f. 116.* Fer. secunda post pent. sequentia: Veni sancte Spiritus . . . — *f. 120'.* In festo sanctae Trinitatis. Benedicta sit sancta Trinitas . . . — *f. 122.* In solennitate sacratissimi et gloriosissimi corporis Christi. Cibauit eos . . ., sequentia: Lauda Sion . . .

f. 140. Sequuntur officia propria missarum sanctorum totius anni ad laudem Dei. Nouembris 29. In uigilia sancti Andreae apostoli. Introitus. Dominus secus mare . . . *Proprium sanctorum usque ad:* [Nou.] 25. In sancte Catherinae. — *f. 147.* In festo purificationis *benedictio candelarum et processionale.*

f. 186'. Incipit commune sanctorum et primo in uigilia unius apostoli vel euangelistae. Introitus. [E]Go autem scio . . . *Commune sanctorum.* — — *f. 194'. Lectio Pauli ap. ad Hebraeos, 11, 37 desinit in:* secti sunt. *Inter — f. 194. et* 195. *unum folium vacuum. — f. 195 incipit a lectione evangelii Luc. 12, 1:* Attendite a fermento . . . — *f. 200'. Postcommunio de pluribus virginibus desinit:* Praesta nobis, Domine, quaesumus inter.

Nonnulla in marginibus eadem man. emendata et addita.

Ebner, Quellen und Forschungen S. 242.

42. Missale ecclesiae Sarisberiensis.

Palatin. 501. membr. 281 f. 348 × 240 mm. 2 col. saec XV.

f. 1. Kalendarium. Ind. astr. et cal. dies Aeg. grad. rubricae.

f. 7. Omnibus dominicis per annum . . . Exorciso te . . . *Benedictio aquae,* Asperges me . . ., *ordo.*

f. 9. Dominica in aduentu Domini. Ueni creator spiritus . . . *Praeparatio ad missam.*

f. 9'. Ad missam officium. *man. rec.:* Introitus. Ad te leuaui . . . *Proprium de tempore a dom. I adventus usque ad* dom. XXIIII post festum sancte Trinitatis *et* Dominica proxima ante aduentum Domini. *Collectae:* oratio, secretum, postcommunio. *Initia praefationum et sequentiarum vel totae sequentiae, ordines. — f. 21.* Non enim debet seruitium anticipari secundum usum Sarum ecclesie. *Rubrica. — f. 79.* Dom. in ramis palmarum benedictio florum et frondium; *in passionibus signa cantorum:* S. C. ✠ — *f. 92.* In cena Domini reconsiliacio penitentium. — *f. 95. Antiphonae et psalmi vesperarum,* oratio post acceptum caritatis potum. — *f. 101'.* In die parasceues *improperia, adoratio crucis, hymnus:* Pange lingua gloriosi . . . certaminis . . . — *f. 102'. Sabbato sancto benedictio ignis et cerei,* Letania septiformis, Letania de singulis ordinibus. — *f. 111.* Ordo ad cathecuminum faciendum; *benedictio fontis, ordo baptismi, litaniae.*

31*

f. 116'. Kyrie eleyson . . . *additamentis aucta*, Gloria in excelsis . . . *compluribus tonis, praefationes, Communicantes, Hanc igitur, praefatio communis cum initio et Sanctus.*

f. 123. Te igitur . . . *Canon.* — *f.* 126. *al. man.* Agnus Dei; Placeat tibi, Domine . . . *ordinis Romani.* — *f.* 126' *vacuum.* — *f.* 127. *Gratiarum actio post missam dicenda.*

f. 153'. In die sancte Trinitatis. Benedicta sit sancta Trinitas . . . — *f.* 154. In festo corporis Xpi. Cibauit eos ex adipe . . . — *f.* 175'. Fer. IIII, VI, sabbatum quattuor temporum mensis Septembris.

f. 179'. In dedicatione ecclesie. Terribilis est locus . . . in consecratione, in reconsiliacione ecclesie.

f. 182. In uigilia sancti Andree apostoli officium. Dominus secus mare . . . *Proprium sanctorum usque ad:* VI Kal. Dec. Sancti Lini pape et mr.

f. 234. In uigilia unius apostoli officium. Ego autem sicut oliua . . . *Commune sanctorum usque ad:* natale plurimarum virginum.

f. 247. Ordinacio misse quotidiane beate uirginis, que dicitur Salue . . . Rorate celi desuper . . . *Missae de B. M. V. per diversa anni tempora.* — *f.* 250. *Missae votivae et diversae,* — *f.* 262'. pro defunctis cum ordine trigintali pro liberacione anime. — *f.* 269'. Ordo ad facienda sponsalia, — *f.* 270. *consensus sponsorum lingua Anglica.* — *f.* 270. *Missa, benedictio vini, panis, thalami.* — *f.* 273. Ordo ad seruicium peregrinorum faciendum *et missa.*

f. 274'. Benedictio ensis noui militis, carnis, casei, butiri, ouorum siue pastillarum in pascha; nouorum fructuum, omnium rerum, pomorum in die sancti Iacobi, elymosine, — *f.* 276. scuti et baculi ad duellum faciendum; benedictio oculorum, cuius necessitatem magister Will's de Montibus matricis ecclesie Lincolniensis inducit. — *f.* 277. In purificatione beate Marie *benedictio candelarum.* — *f.* 278'. Fer. IIII in capite ieiunii *benedictio cinerum.*

f. 280. Euangelium a domino Iohanne papa XXII apud Auinionem tercio die ante decessum compositum . . . Passio Domini Iesu Christi secundum Iohannem. Apprehendit Pilatus — testimonium eius, oratio. — *f.* 281' *vacuum.*

Miniat. color. et inaurat. fig. pict. — *f.* 122'. *Pictura canonis tabularis. Notae musicae quadratae.*

Stevenson, Codices Palatini Latini tom. I, p. 168. — *Ebner,* Quellen und Forschungen S. 251.

XXIII. MISSALIA VOTIVA.

1. Missale votivum.

Palatin. 507. membr. 36 f. 201 × 153 mm. saec. XV.

f. 1. Oracio ante missam. O fons et origo bonorum — per infinita secula seculorum. Amen.

f. 2. Credo in unum Deum. — *f. 3'. Gloria in excelsis de B. M. V.* — *f. 4' vacuum.*

f. 5. De Spiritu sancto. Spiritus Domini repleuit . . . *Missa votiva, totum officium et sequentia:* Sancti Spiritus assit — Hunc diem gloriosum fecisti. — *Item:* — *f. 8'.* De sancta Trinitate; sequentia: Benedicta semper sancta — tibi laus et gloria. — *f.* 10'. De beata virgine, sequentia[e]: Verbum bonum et suaue — sempiterna gaudia. — *f.* 12. Ave preclara maris stella — ad te transire.

f. 14. Quo dicto, si sint offerentes, dicat ad quemlibet: Acceptabile sit omnipotenti . . . *Ordo missae ab oblatione calicis incipiens.* — *f. 16. Praefationes de s. Spiritu, de ss. Trinitate, de B. M. V., praefatio communis cum initio et cum cantico Sanctus.* — *f.* 18. Te igitur . . . *Canon.*

f. 32. Pro defunctis. Requiem eternam dona eis . . . *Missa pro defunctis, totum officium. Item:* — *f.* 34. pro peccatis.

f. 35'. Oracio sancti Ambrosii post missam. Sit mihi, dulcissime Ihu Xpe — per [im]mortalia secula seculorum. — *f. 36' vacuum.*

Miniat. color. flor. — *f. 18. Littera T miniat. color. et inaurat.*

Stevenson, Codices Palatini Latini tom. I, p. 169.

2. Missale votivum.

Vatican. 4768. membr. IV + 166 + 2 f. 341 × 238 mm. saec. XV.

f. I, II *vacua.* — *f.* II'. Tabulae orationum. *Index.* — *f.* III. Tabula prima . . . *Quinque tabulae, index.*

f. IV'. Gloria in excelsis Deo . . .; Credo in unum Deum *notis musicis quadratis instructa. Item al. man.:* Gloria de sancta Maria.

31**

f. 1. Ne reminiscaris, Domine . . . Quam dilecta . . . *Praeparatio ad missam celebrandam, psalmi, preces, orationes, orationes ad vestimenta induenda.* — *f.* 8. *(bis)* Ps. Lavabo.

f. 8. *(ter)* Missa de Spiritu sancto. Introitus. Cum sanctificatus fuero . . . *a septuagesima usque ad pascha; introitus, graduale, sequentia:* Veni sancte Spiritus . . ., *offertorium, communio. In fine:* Gloria in excelsis *et* Credo in unum Deum *notis musicis quadratis instructa.*

f. 9ʹ. Dominica prima de aduentu. Introitus. Ad te leuaui . . . *Quae canuntur partes: introitus, gradualia, offertoria, communiones; initia orationum temporis adventus, festorum de tempore et sanctorum.* — *f.* 18. Fer. IIII cinerum. — *f.* 19. Dom. IIIj quadragesime siue de rosa. — *f.* 19ʹ. Dom. palmarum, fer. V, fer. VI, sabbatum [hebdomadae sanctae]. — *f.* 23. Dom. resurrectionis, fer. II, fer. III. — *f.* 24ʹ. Ascensionis. — *f.* 25. Pentecost. — *f.* 26. Corporis Christi. — *f.* 26ʹ. In natiuitate s. Iohannis bapt. — *f.* 27ʹ. In festo apostolorum Petri et Pauli. — *f.* 28. In festo visitationis gloriose uirginis Marie. — *f.* 28ʹ In s. Marci euang. officium. — In ss. aplor. Philippi et Iacobi. — *f.* 29 In inuentione s. Crucis. — *f.* 30. In s. Marie Magdalene. — *f.* 30ʹ. In uincula s. Petri. — *f.* 31. In festo b. Marie de niue. — *f.* 32. In s. Stephani pp. — *f.* 32ʹ. In inuentione s. Stephani. — In ss. mart. Xisti. Felici[s]. — In s. Laurentii. — *f.* 33ʹ. In assumptione b. Marie. — *f.* 34. In s. Augustini ep. — *f.* 34ʹ. Decollatio s. Iohannis bapt. — *f.* 35. In natiuitate gloriose Marie. — *f.* 36. In exaltatione s. Crucis. — *f.* 36ʹ. In s. Mathei ap. et eu. — *f.* 37. In ss. mart. Cos. et Da. — *f.* 38ʹ. In s. Ieronimi doctoris eccl. — *f.* 39ʹ. In s. Luce ev. — *f.* 40. In festo aplorum Simonis et Iude. — In festo omnium sanctorum. — *f.* 41. In ss. IIIIᵒʳ coronatorum. — *f.* 42. In s. Martini ep. — *f.* 42ʹ. In s. Cecilie uirg. — *f.* 43. In s. Clementis m. — *f.* 43ʹ. In festo s. Catherine. — In festo s. Andree ap. — *f.* 44. In festo s. Nicolai. — In festo conceptionis gloriose u. Marie. — In festo s. Thome ap. — *f.* 44ʹ. In festo s. Marcelli. — *f.* 45. In conuersione s. Pauli. — *f.* 45ʹ. *Commune Sanctorum.* — *f.* 51ʹ. In anniuersario dedicationis. — *f.* 52. In honore sanctissime Trinitatis. — *f.* 52ʹ. In agenda mortuorum.

f. 54. In honore sancte Trinitatis oratio. Omnipotens sempiterne Deus . . ., *secreta, postcommunio. Item:* pro suffragio sanctorum, pro papa, — *f.* 55ʹ. in sanctorum Philippi et Iacobi, in inuentione crucis, in Marie Magdalene, in s. Marie de niue, in s. Laurentii, in s. Marcelli, in s. Clementis.

f. 59. Indutus sacerdos ad missam . . . ℣. Introybo ad altare Dei . . . *Ordo missae.* — *f.* 66ʹ. *Praefationes notis musicis quadratis instructae. f.* 87ʹ. *Canon.* — *f.* 98ʹ. Benedicite . . . *Canticum trium puerorum, ps. 150, preces, orationes. Gratiarum actio post missam.* — *f.* 101. Gloria in excelsis, Credo *(Nicaenum et apostolicum), Gloria de B. M. V.* — *f.* 104. Prefatio, Pater noster ferialibus diebus.

f. 107. Incipiunt orationes dominicales de aduentu ... Oratio. Excita, Domine ... *Orationes, secretae, postcommuniones proprii de tempore et de sanctis usque ad Thomae apostoli.* — *f.* 138. *Commune sanctorum.* — *f.* 141. In anniuersario dedicationis. — *f.* 142. In natiuitate Domini, in parasceue, sabbato sancto. — *f.* 151. Dom. IIII quadragesime uel de rosa, in visitatione b. Marie v.

f. 152. In festo pasche dicitur presens sequentia: Uictime paschali ... *Sequentiae:* — *f.* 152′. de pentecoste: Sancti Spiritus adsit nobis gratia ... *f.* 153′. Corporis Christi: Lauda Syon ..., Sanctus. Diuinum mysterium semper declaratur — sit in detrimentum; *Agnus Dei additamentis auctum.* — *f.* 156. Pro defunctis: Dies ire ...

f. 157′. In festo sancti Marci euangeliste oratio. Deus, qui beatum Marcum ... *Oratio, secreta, postcommunio. Item in commemoratione sancti Pauli.* — *f.* 158′. Ps. Letatus sum in his ... *Ps. 121, preces, oratio, rubrica:* signet se cum ipsa *(patena).* — *f.* 160. Missa generalis beati Augustini pro uivis et defunctis. Omnipotens sempiterne Deus, qui vivorum dominaris ..., ss. Cornelii et Cypriani, sanctorum Sixti, Felicis et Agapiti, ss. Cosme et Damiani, sancti Stephani pp. et m., ss. quattuor coronatorum.

f. 163′. Lectio 4. nativitatis Domini Leonis pape. Salvator noster — vicerat, vinceretur. *Lectiones breviarii.* — *f.* 164′. Missa de Spiritu sancto. *f.* 165. Lectio de nocte nativitatis Domini. lect. VII. Omelia Gregorii pp. Quia largiente Domino — in alieno nascebatur. lect. VIII. Omelia s. Ambrosii. De Matheo pauca — et confirmare. — *f.* 166′. Oratio de beato Caesario martyre.

Nonnulla in marginibus eadem man. addita.

Pict. miniat. color. et inaurat. Insignia: — *f. 63′, 64, 68′, 152, ut Vatican. 7598 cf. p. 466.* — *f. 87. Pictura canonis tabularis cum imagine cardinalis orantis.*

Notae musicae quadratae.

Ebner, Quellen und Forschungen S. 217.

3. **Missale votivum.**

Vatican. 6264. membr. II + 122 f. 198 × 140 mm. saec. XV.

f. I, II *vacua.*

f. 1. Dominica dicitur missa ad honorem sanctissime Trinitatis. [Introitus.] Benedicta sit sancta Trinitas ... *Missae votivae per hebdomadam ...* — *f.* 3′. Die lune missa in agenda defunctorum. — *f.* 8′. Die Martis missa beati Michaelis archangeli. — *f.* 12. Die Mercurii missa beati Alfonsi archiepiscopi et conf. — *f.* 15. Die Iouis missa in honorem Spiritus s. — *f.* 18. Die Veneris de s. Cruce. — *f.* 20′. Sabbato in honore virginis Marie; *Gloria in excelsis de B. M. V.*

f. 25. Missa in festo apostolorum Petri et Pauli. Introitus. Nunc scio, quia . . . *Missae in festis singulorum apostolorum.* — *f. 55.* Missa in festo s. Marci euangeliste, — *f. 58'.* s. Luce euangeliste. — *f. 62.* In natiuitate beati Iohannis bapt.

f. 65. In natiuitate Domini in prima missa in nocte. Introitus. Dominus dixit ad me . . ., *missa secunda et tertia.* — *f. 75'.* In resurrectione. — *f. 78.* In ascensione. — *f. 82.* In pentecoste. — *f. 85'.* In festo omnium sanctorum. — *f. 89'.* In epiphania.

f. 93'. In festo purificationis virginis Marie. Ad missam. Introitus. Suscepimus, Deus, misericordiam . . . *Missae festorum B. M. V.* — *f.* 101. In visitatione *lectio evangelii Luc. 1, 39—47.*

f. 109'. In sollempnitate corporis Christi. Ad missam. Introitus. Cibauit eos . . . Sequentia: Lauda Sion — sanctorum ciuium.

f. 114'. In festo s. angeli proprii custodis anime. Introitus. In conspectu angelorum . . . — *f.* 118. Laus. Salue splendor paradisi — coram immenso iudice. *Rhythmi, versus, responsorium, oratio de s. angelo.* — *f.* 119, 120, 121, 122 *vacua.* — *f.* 122'. Mandoui (?). *Probatio pennae r. Pict. miniat. color. et inaurat.* — *f. 1. Margines fig. flor. distincti; insigne et inscriptio:* Fides . . .

4. Missale votivum.

Vatican. 8173. membr. 396 f. 440 × 294 mm. saec. XV. XVI. f. 367—396 binis col.

f. 1. Dominica prima de aduentu Domini. Statio . . . Introitus. Ad te leuaui . . . *Proprium de tempore et sanctorum.* — *f.* 6. Dom. tertia de aduentu. — *f.* 10'. In natiuitate Domini. — *f.* 26'. In s. Stephani. — *f.* 31'. In s. Iohannis eu. — *f.* 35'. In circumcisione. — *f.* 39. In epiphania. — *f.* 44'. In purificatione. — *f.* 50. In die cinerum. — *f.* 59'. Dominica rose. — *f.* 65'. In annuntiatione. — *f.* 71'. Dominica palmarum. — *f.* 76'. In cena Domini. — *f.* 85. Fer. VI [in parasceve]. — *f.* 103. Sabbato sancto *orationes post prophetias dicendae, litaniae, missa.*

f. 120. *Ordo missae.* — *f.* 127. *Praefationes, praefatio communis duobus tonis, dominicis et ferialibus diebus, cum initio, Sanctus.* — *f.* 154'. *Infra actionem = Communicantes et Hanc igitur.* — *f.* 159. Te igitur . . . *Canon.*

f. 179. Dominica resurrectionis, sequentia: Victime paschali — miserere. — Fer. II, III. — *f.* 196. In ascensione. — *f.* 201'. In die pentecosten, sequentia: Sancti Spiritus adsit — fecisti; fer. II, sequentia: Veni sancte Spiritus — gaudium; fer. III. — *f.* 218. In festo s. Trinitatis. — *f.* 222. In festo corporis Christi, sequentia: Lauda Sion — sanctorum ciuium.

f. 230. In natiuitate sancti Iohannis bapt. Introitus. De uentre matris . . . *Proprium sanctorum.* — *f.* 235. In festo apostolorum Petri et Pauli. —

f. 240′. In commemoratione Pauli. — *f.* 246. In festo visitationis b. Marie v. — *f.* 252. In s. Laurentii. — *f.* 255′. In festo s. Susanne v. et m. — *f.* 260. In assumptione. — *f.* 264′. In festo beati Augustini, sequentia: De profundis tenebrarum — beatorum anime. — *f.* 271′. In nativitate b. Marie v. — *f.* 278. In festo s. Nicolai de Tholentino. — *f.* 281′. In festo omnium sanctorum.

f. 287′. In commemoratione omnium fidelium, sequentia: Dies irae — eis requiem. — *f.* 296. In dedicatione ecclesie. Introitus. Terribilis est locus . . .

f. 301. Missa uotiua de Spiritu sancto. Introitus. Spiritus Domini repleuit . . . *Missae votivae et diversae,* — *f.* 306′. in commemoratione b. Marie v., — *f.* 327′. pro defunctis.

f. 332′. Gloria in excelsis, *initium compluribus tonis, Gloria de B. M. V.,* Credo in unum Deum, *initium notis musicis quadratis instructum.*

f. 336. Missa[e] dom. II, III de aduentu, dom. I, II, III quadragesime, dom. passionis.

f. 367. In die palmarum completa tertia . . . Antiphona. Osanna filio Dauid . . . *Benedictio ramorum et processionale; missa et passio; item* fer. II, III, IIII, V. — Fer. VI *adoratio crucis, improperia, hymnus:* Pange lingua . . . *In passionibus signa cantorum:* ✠ C. S.; Eli lama . . . *notis musicis quadratis instructum.* — *Sabbato sancto benedictio ignis, cerei, fontis; desinit in:* hoc lauacro salutis.

Complurium foliorum anguli desecti.

Pict. miniat. color. et inaurat. flor. — *f. 1. Insigne deletum.*

Notae musicae quadratae.

5. **Missale votivum canonicorum s. Augustini Triefensteinensium dioecesis Herbipolensis.**

Vatican. 10084. mixt. 1 f. + 357 p. 210 × 145 mm. saec. XV.

f. 1 *ad tegumentum agglutinatum:* Canoniae Trieffenstein. Q. 31. *man. saec. XIX.*

p. 1. Collecta ad postulandam pluuiam. Deus, in quo viuimus . . ., *secreta, postcommunio. Item:* contra fulgura et tempestates. — *p. 2′ vacua.*

p. 3. Oratio deuota beati Ambrosii episcopi ante missam. Summe sacerdos — sitiam in eternum; *aliae precationes ante et post missam dicendae.* — *p.* 18′. Nota diligenter: de negligentiis, que contingere possunt in missa. — *p.* 24, 25 *vacuae.* — *p.* 26. De missis Gregorianis. — *p.* 28. De gratiis agendis ante missam. — *p.* 30. Benedictio aquae.

p. 35. saturauit eos alleluia, alleluia, alleluia. *Graduale missae de sanctissimo sacramento. Missae votivae.* — *p.* 42. *Missae de B. M. V. per annum.* — *f.* 53. In commemoratione beati Augustini. — *p.* 56. *Missae diversae.* — *p.* 95. Missa contra Turcos. — *p.* 100. Missa[e] pro defunctis.

p. 119. Gloria in excelsis, Credo in unum Deum. Suscipe, sancta Trinitas, hanc oblationem — agimus in terris . . . *Oratio post offertorium a sacerdote dicenda. — p.* 121. *Praefationes, praefatio de apostolis desinit in:* ut iisdem. — *p.* 129. [pro]tectionis tue muniamur auxilio ... *Communicantes igitur. Canon; desinit in:* sanguis Domini nostri Iesu Christi. — *p.* 129—136 *membr. et 2 col.*

p. 137. De sancta Anna matre Marie virg. Gaudeamus omnes ... *Totum officium. Item: — p.* 146. Misse de festiuitatibus b. Marie v. *a purificatione usque ad conceptionem; haec desinit in:* communio. — *p.* 161. Officium de passione Domini nostri Iesu Christi, — *p.* 166. in resurrectione, — *p.* 169. in pentecost., — *p.* 173. in natiuitate, — *p.* 179. in circumcisione, - *p.* 181. in epiphania, — *p.* 188. in inuentione Crucis.

p. 192. In Iohannis ante portam Latinam. In medio ecclesie ... *Missae sanctorum: — p.* 193. In natiuitate Iohannis bapt. — *p.* 197. In festo apostolorum Petri et Pauli, — *p.* 201. Marie Magdalene, — *p.* 205. Christofori m., Iacobi ap., in commemoratione Christofori, — *p.* 213. Laurentii m., — *p.* 215. Bartholomei ap., — *p.* 217. Augustini ep. — *p.* 218. In decollatione s. Iohannis bapt. — *p.* 222. In exaltatione s. Crucis, — *p.* 224. Michaelis archangeli, — *p.* 228. Hieronimi. — *p.* 230. In die omnium sanctorum, — *p.* 234. In commemoratione omnium fidelium animarum, — *p.* 238. Nicolai, — *p.* 239. Elisabeth, — *p.* 241. undecim milium virginum, — *p.* 247. Katherine, — *p.* 252. Barbare, — *p.* 254. Appolonie, — *p.* 255. Lucie v., — *p.* 256. Agnetis, — *p.* 259. Dorothee, — *p.* 261. Cecilie, — *p.* 262. Agathe, — *p.* 264. Margarethe. — *p.* 266—268 *vacuae.* — *p.* 269. In beati Andree. — *p.* 273—306 *vacuae. Complures sequentiae.*

p. 307. Ad primam missam in nocte natalis Domini. Grates nunc omnes ... *Sequentiae proprii de tempore, — p.* 325. *sanctorum, — p.* 347. *in dedicatione ecclesiae, — p.* 347. *communis sanctorum. — p.* 351. In commemoratione b. Marie v. diuersis diebus et temporibus *quattuor sequentiae.* — *p.* 355—359 *vacuae.*

6. Missale votivum Benedictinum.

Ottobon. 314. membr. 97 f. 284×197 mm. saec. XV.

f. 1. Ex codicibus Ioannis Angeli ducis ab Altaemps. M. I. 7. — *f.* 1' *vacuum.*

f. 2. Incipit missale uotiuum ad honorem Dei et beate uirginis Marie genitricis eiusdem Dei. de sexteñ. dominica prima aduentus. Ad te leuaui ... *Proprium de tempore usque ad circumcisionis Domini. — f.* 14'. In epiphania. — *f.* 16. In purificatione sancte Marie. — *f.* 17. In s. Gregorii pp. — *f.* 18. In annuntiatione s. Marie. — *f.* 19'. De s. Benedicto. — *f.* 20'. In resurrectione Domini; sequentia: Clara gaudia — decantans alleluia; *ante communionem* benedictio lardi. — Fer. II post pascha sequentia: Uictime pascali — miserere. — Fer. III sequentia: Agni pascalis esu — cum eo uicturus. — *f.* 25'. Missa de sancta Maria a resurrectione usque ad pentecost.

Salue, sancta parens . . . — *f.* 26. In ascensione Domini. — *f.* 27'. In pentecost.; sequentia: Sancti Spiritus assit — gloriosum fecisti. — Fer. II, III. — *f.* 31. In octaua pentecost. de s. Trinitate. Benedicta sit sancta Trinitas . . . — *f.* 32. Missa de corpore Christi. Cibauit eos . . . — *In missis festorum maiorum:* Infra actionem *vel* Infra canonem.

f. 33'. Praephatio in natiuitate Domini. Uere dignum . . . *Praefationes festorum, de s. Cruce, quotidiana.*

f. 35. Te igitur . . . *Canon. In Memento vivorum:* pro rege nostro. *In fine:* Exuens se sacris uestibus . . . *Orationes.*

f. 39. In natiuitate sancti Iohannis baptiste. Introitus. De uentre matris . . . *Proprium sanctorum.* — *f.* 40'. In festo apostolorum Petri et Pauli. — *f.* 41'. S. Laurentii. — *f.* 42'. Assumptionis b. Marie v. — *f.* 44. In natiuitate s. Marie virginis. — *f.* 45'. In dedicatione s. Michaelis. — *f.* 47. In festo omnium sanctorum. — *f.* 48'. S. Andree apostoli. — *f.* 49'. S. Nicolai.

f. 51. In die unius apostoli. oratio. Beatus apostolus . . . *Commune sanctorum.*

f. 61'. Incipiunt misse uotiue . . . In secunda feria de sapientia. Introitus. Lex Domini . . . *Missae votivae et diversae;* — *f.* 79'. pro abbate, pro monachis; *al. man.:* Oratio contra paganos. — *f.* 87'. In agenda mortuorum. — *f.* 94'. De sancto Antonio abbate.

f. 95. In natali sancte Katherine v. et m. oratio. Deus, qui dedisti . . . *man. saec. XVI. Item:* Missa in festo visitationis beatissime virginis Marie. Introitus. Gaudeamus omnes . . . *Lectio evangelii al. man. addita.*

f. 96'. Benedictio vestimentorum. Deus eternorum bonorum . . ., *et benedictio ad induendum; man. saec. XVI.*

Miniat. color. et inaurat. — *f.* 35. *Littera T color.*

Ebner, Quellen und Forschungen S. 234.

7. **Missale votivum fratrum Praedicatorum.**

  Vatican. 3807. membr. II + 215 f. 390 × 260 mm. saec. XVI.

f. I, II *vacua.*

f. 1. Tractatus de defectibus in missa occurrentibus. Defectus misse sunt . . . — *f.* 8. De intentione celebrantis. — *f.* 8'. Orationes preparatorie ante missam, — *f.* 11. orationes post missam. — *f.* 13'. De officio ministrorum altaris; *rubricae.* — *f.* 30 *vacuum.*

f. 31. Sacerdos, quando celebraturus accesserit ad altare, dicat. Confitemini Domino, quoniam bonus . . . *Ordo missae.* — *f.* 35'. *Praefationes, Communicantes, Hanc igitur, praefatio communis cum initio et cum cantico Sanctus.* — *f.* 61. Te igitur . . . *Canon.* — *f.* 78' *vacuum.*

f. 79. Dominica prima aduentus. Oratio. Excita, quesumus, Domine . . . *Proprium temporis adventus, orationes, secretae, postcommuniones.* — *f.* 82', 83 *vacua.*

f. 83′. De sancta Trinitate. Officium. Benedicta sit sancta Trinitas . . . *Missae votivae a tempore adventus usque ad tempus paschale,* — *f.* 95. *de B. M. V.* — *f.* 104. Fer. III de beato Dominico, sequentia: Laudes ergo Dominico — commenda per secula. Amen. — *f.* 114, 115 *vacua.*

f. 115′. Incipiunt orationes dicende in missis post primam collectam . . . Pro domino papa. Oratio. Deus omnium fidelium . . . *Orationes, secretae, postcommuniones missarum diversarum,* — *f.* 148. pro recuperatione terre sancte. — *f.* 158. Orationes pro defunctis. — *f.* 163′. In missis sancti Gregorii pro defunctis, que sunt XXX.

f. 166. Pro defunctis. Officium. Requiem eternam . . .; *desunt lectiones epistolae et evangelii; orationes.* — *f.* 181′. *Lectiones epistolarum et evangeliorum missae pro defunctis.* — *f.* 186′ *vacuum.*

f. 187. In die sancti Andree. Oratio. Maiestatem tuam, Domine . . . *Proprium sanctorum, orationes, secretae, postcommuniones. Insunt:* — *f.* 187′. S. Vincentij m. — *f.* 188′. S. Thome de Aquino. — *f.* 189. In festo b. Vincentii conf. — *f.* 190. In festo b. Petri m. — *f.* 191. S. Antonini archiep. Florentini. — *f.* 191′. In festo s. Catherine de Senis. — *f.* 193. De s. Ioanne bapt. — *f.* 193′. In festo aplorum Petri et Pauli. — *f.* 194′. In festo visitationis Marie. — *f.* 195′. S. Marie Magdalene. — *f.* 196′. S. Iacobi ap. — *f.* 197. In festo b. Dominici patris nostri. — *f.* 197′. In die s. Laurentii. — *f.* 198′. In assumptione b. Marie v. — *f.* 199′. S. Augustini ep. et conf. — *f.* 200. In nativitate b. Marie v. — *f.* 201. S. Michaelis archang. — *f.* 202. In die omnium sanctorum. — *f.* 202′. S. Martini ep. et conf. — *f.* 203′. S. Albini ep. et conf.

f. 204′. In sabbatis aduentus, quando de beata uirgine celebratur. Sequentia. Uerbum bonum et suaue . . . *Sequentiae de B. M. V. per annum dicendae.*

f. 214. Infra canonem in cena Domini. Communicantes . . ., Hanc igitur . . ., Quam oblationem . . ., Qui pridie, quam pateretur — manus suas etc.

Pict. miniat. color. et inaurat. Magnifica pictura tabularis: — *f.* 60. *Pictura canonis.* — *f.* 61 *inauratum, litterae nigrae, margines picturis ornamentisque distincti; insignia Fr. Ioannis Alvarez ord. Praed. cardinalis, ut Vatican. 3805, 5890, 5891; cf. p. 471, 472.*

Notae musicae quadratae.

Ebner, Quellen und Forschungen S. 215.

8. Missale hebdomadis sanctae fratrum Praedicatorum.

Vatican. 5589. membr. II + 181 f. 377 × 250 mm. saec. XVI.

f. I, II *vacua.*

f. II′. Tractus. Domine, non secundum peccata — propter nomen tuum. *Tractus quadragesimalis.*

f. 1'. Dominica in ramis palmarum: finita tertia prior cum cappa serica . . .
Oremus. Omnipotens sempiterne redemptor, qui de celis . . . *Benedictio*
ramorum, processionale, missa. — *f. 30'. Officia missarum fer. II, III, IV.*

f. 82'. Feria quinta in cena Domini. Fratres missas priuatas . . . Ad
missam officium. Nos autem gloriari oportet . . . — *f. 91'. Ordo vesperarum.*

f. 93. In die parasceues, dum sexta et nona cantantur . . . Lectio Osee.
In tribulatione sua . . . — *f. 122'. Improperia.* — *f. 124'. Adoratio crucis,*
hymnus: Crux fidelis inter omnes . . . *In passionibus signa cantorum:*
C. S. ✠

f. 132'. Sabbato sancto pasce dicta nona. Prior cum cappa serica . . .
Domine sancte Pater omnipotens . . . *Benedictio ignis, cerei, prophetiae.*
— *f. 170'. Litaniae.* — *f. 176'. Missae officium.* — *f. 181 vacuum.*

Miniat. color. et inaurat.

Notae musicae quadratae.

9. **Missale votivum Romanum.**

Cappon. 197. membr. 155 + 20 f. 145 × 108 mm. saec. XV.

f. 1. Donato a me Alessandro Gregorio dal Signore Rev. Filippo da
s. Martino di Aple 1715.

Tabula missarum contemptarum in hoc libro primo. Dominica prima de
aduentu . . . *Index.* — *f. 3'. Probationes pennae.*

f. 4. Incipit missale uoctiuum secundum consuetudinem Romane curie.
In dominica prima de aduentu ad missam introitus. Ad te leuaui . . . *Mis-*
sae dominicarum adventus, — *f. 13. dominicae in septuagesima,* — *f. 16'.*
dominicarum quadragesimae, — *f. 32'. dominicarum passionis, palmarum*
cum passione, fer. V in coena Domini, fer. VI in parasceve cum passione.
In passionibus signa cantorum: ✠ C. F.

f. 48'. Per omnia secula seculorum . . . *Praefatio communis notis mu-*
sicis quadratis instructa. — *f. 50.* Te igitur . . . *Canon.*

f. 56. In natali unius apostoli. Introitus. Michi autem nimis honorati
sunt . . . *Commune sanctorum.*

f. 74. Missa de sancta Trinitate. Officium. Benedicta sit sancta Trinitas . . . *Missae votivae et diversae,* — *f. 82. de B. M. V.,* — *f. 103'.*
pro defunctis.

f. 123. In die natiuitatis Domini ad maiorem missam. Officium. Puer
natus . . . *Missae festivae proprii de tempore.* — *f. 126.* In circumcisione
Domini. — *f. 127.* In epyphania Domini. — *f. 129'.* In die sancto pasce.
— *f. 132.* In ascensione Domini. — *f. 134'.* In die sancto pentecostes. —
f. 138. Officium corporis Christi. Cibauit eos . . .

f. 140. In natali sancti Andree ad missam introitus. Michi autem nimis . . .
Proprium sanctorum. Insunt: — *f. 142'.* In festo s. Stephani. — *f. 145'.*

In festo s. Iohannis eu. — *f.* 147'. In purificatione b. Marie. — *f.* 130' *bis.* In annuntiatione b. Marie. — *f.* 133 *bis.* In nat. s. Iohannis bapt. — *f.* 135' *bis.* In nat. aplorum Petri et Pauli. — *f.* 138' *bis.* In festo s. Laurentii. — *f.* 140 *bis.* In assumptione b. Marie. — *f.* 143 *bis.* In nat. b. Marie v. — *f.* 146 *bis.* In exaltatione s. Crucis. — *f.* 148 *bis.* In dedicatione ecclesie. — *f.* 150. In festo omnium sanctorum, *qua in missa commemoratio s. Caesarii.*

f. 152'. [S]Acerdotes Dei ... *Missa de s. Gregorio; desunt lectiones epistolae et evangelii, man. rec.* — *f.* 153'. *Probatio pennae.*

f. 154. Lectio libri sapientie. Stabunt iusti — sors illorum est. *Lectio de martyribus, man. rec. Infimo in folio locus abrasus.* — *f.* 154' *vacuum.*

f. 155. Missale ad usum Vincentij Mazitoste canonici sancti Angeli et sancte Marie [de] Podio rectoris ... — *f.* 155' *vacuum.*

Miniat. color. rubro et caeruleo.

Notae musicae quadratae.

10. **Missale votivum Venetianum.**

Vatican. 6095. membr. I+149 f. 266×194 mm. saec. XIV.

f. I *dimidium desectum. Probationes pennae.* — *f.* I'. Missa contra paganos; *oratio, secreta, postcommunio man. rec.*

f. 1 *laesum.* Deus omnium fidelium ... *Oratio, secreta, postcommunio pro papa.* — In sancte Marie Magdalene oratio; *oratio, secreta, postcommunio pro ecclesia.* — *f.* 1'. Gaude uirgo mater Christi — in celi palacio. amen. *Rhythmi de septem gaudiis B. M. V.*

f. 2. Dominica prima de aduentu Domini. Ad te leuaui ... *Tota officia dominicarum adventus.*

f. 6. Incipit ordo ad catecuminum faciendum, quia neque masculus ... Si quis catecuminus est, secedat ..., *litaniae.* — *f.* 11'. *Ordo baptizandi.* — *f.* 13. Ordo ad succurrendum, cum uenerit ante ianuas ecclesie ...

f. 16. Ordo uisitandi inffirmum. Qua se commença l'ordine ... Adesto, quesumus, Domine ... — *Ordo ungendi et benedictio cinerum et cilicii.* — *f.* 18'. Commendatio anime; *litaniae.* — *f.* 22'. Ordo in depositione defoncti. — *f.* 27. Benedictio aque in nocte epiphanie, Genua longia *(genealogia)* Christi secundum Lucam.

f. 34. In uigilia natiuitatis Domini nostri Iesu Christi. Introitus. Hodie scietis ... *Tres missae; loco secretae ubique:* secretella. — In ss. Stephani, Iohannis ev., Innocentium. — *f.* 44. In epiphania. — *f.* 45. In cena Domini. — *f.* 47'. In resurrectione. — *f.* 48. In ascensione. — *f.* 50. In pentecoste. — *f.* 51. In corporis Christi. — *f.* 52'. In sancte Trinitatis. — *f.* 53'. Missa angelorum, missa Gabrielis, missa Raphaelis. — *f.* 56. Missa in honore s. Crucis. — *f.* 57. In festo corporis Christi *ut* — *f.* 51'. — *f.* 58'. Missa in quinque plagis Christi, sequentia: Cenam cum discipulis — profluat languoris. — *f.* 60'. In transfiguratione Domini.

f. 62. Missa s. Iohannis bapt. De uentre matris..., *totum officium. Item:* — *f. 63'.* Missa sancti Marci euangeliste, — *f. 64.* s. Luce. — *f. 66.* Missa s. Marie per totum annum. Salue, sancta parens..., *missae festorum B. M.V. per diversa anni tempora.* — *f. 74.* Missa s. Marie Magdalene; *complures epistolarum et evangeliorum lectiones ut alibi.* — *f. 77.* Missa pro peccatis. — *f. 78.* Missa de inuentione, de exaltatione Crucis. — *f. 78'.* Missa in apparitione s. Marci, in exaltatione siue in dedicatione corporis s. Marci, in Marci euangeliste mense April. — *f. 79'. Missae diversae.*

f. 85'. Incipit ordo ad introitum altaris. Avfer a nobis... *Ordo missae.* — *f. 88. Praefationes, infra actionem, praefatio communis cum initio.* — *f. 91.* Te igitur... *Canon.* — *f. 95. al. man.* Missa s. Martini, sequentia: Sacerdotem Christi Martinum — semper infundas.

f. 96. In vigilia apostolorum Petri et Pauli. Introitus. Dicit dominus Petro...; *in festo, in commemoratione s. Pauli.* — *f. 100.* In vigilia (et in festo) s. Andree. — *f. 102'.* In festo s. Thome ap., — *f. 103.* s. Mathei ap., — *f. 104'.* ss. Simonis et Iude ap., — *f. 105'.* ss. Philippi et Iacobi, — *f. 107.* s. Iacobi, — *f. 107'.* s. Mathie, — *f. 109.* s. Bartholomei, — *f. 109'.* in commemoratione duodecim apostolorum, — *f. 110'.* in sollempnitate omnium sanctorum. — *f. 112.* Missa in ueneratione s. Crucis, — *f. 114.* in festo s. Laurentii, — *f. 115.* in decollatione s. Iohannis. — *f. 118.* Missa in s. Clementis, — *f. 119.* s. Nicolai. — *f. 120.* Missa in s. Gregorii doctoris et conf., — *f. 121.* s. Augustini conf. et doctoris, — *f. 122'.* s. Ambrosii ep. et doctoris, — *f. 123'.* s. Ieronimi conf. et doctoris.

f. 125. In uigilia unius apostoli ad missam. Introitus. Ego autem sicut oliua... *Commune sanctorum.* — *f. 137'.* In dedicatione ecclesie. Terribilis est locus... — *Orationes, secretae, postcommuniones in:* — *f. 138'.* s. Agnetis, — *f. 139.* s. Blasii, s. Agathe, — *f. 139'.* cathedra s. Petri, s. Benedicti, — *f. 140.* s. Helene, s. Barnabe ap., — *f. 140'.* s. Margarete, ss. Cosme et Damiani, — *f. 141.* s. Ursule et undecim milium uirginum, s. Leonardi conf., — *f. 141'.* s. Cecilie, s. Clementis, — *f. 142.* s. Chaterine, — *f. 142'.* s. Lucie, s. Christofori, — *f. 143.* s. Barbare, s. Francisci, — *f. 143'.* s. Dominici.

f. 143'. In agenda mortuorum. Introitus. Requiem eternam... *Missae pro defunctis, nonnulla pro defunctis et de B. M.V. addita, sed ex parte evanuerunt.*

f. 149'. Probationes pennae lingua Italica scriptae.

Nonnulla in marginibus aliis manibus addita.

Pict. miniat. color.: — *f. 3, picturae:* — *f. 90' 91.*

11. **Missale votivum Veronense.**

Ottobon. 156. membr. 58 f. 268 × 177 mm. 2 col. 1426.

f. 1. M. I. 5. — *f. 1' vacuum.* — *f. 2.* Ex codicibus Ioannis Angeli ducis ab Altaemps. — *f. 2' vacuum.*

f. 3. *Kalendarium.* — *f.* 7. VII Id. Sept. Dedicatio maioris ecclesie Verone.

f. 9. Ad missam maiorem in die natiuitatis Domini. Introitus. Puer natus est nobis . . . *Proprium de tempore.* — *f.* 9'. S. Stephani, — *f.* 10'. Iohannis euangeliste. — *f.* 11'. Innocentium. — *f.* 12. Octaua Domini. — *f.* 12'. Epiphanie. — *f.* 13'. In resurrectione. — *f.* 14. In die ascensionis. — *f.* 15. In die pentecost. — *f.* 16. In sollemnitate corporis Christi; sequentia: Lauda Sion — sanctorum ciuium.

f. 17. Incipit proprium sanctorum. In sancti Andree apostoli. Introitus. Michi autem nimis honorati sunt . . . — *f.* 18. In s. Thome apostoli. — *f.* 18'. In conuersione Pauli. — *f.* 20. In purificatione s. Marie. — *f.* 21. In cathedra s. Petri. — *f.* 21'. In s. Mathie apostoli. — *f.* 22. In annuntiatione b. Marie. — *f.* 23. In s. Marci. — *f.* 24. In ss. Philippi et Iacobi. — *f.* 25. In inuentione s. Crucis. — *f.* 26. In s. Barnabe. — *f.* 27. In natiuitate Iohannis bapt. — *f.* 27'. In apostolorum Petri et Pauli. — *f.* 28'. In commemoratione s. Pauli. — *f.* 29'. In s. Marie Magdalene. — *f.* 30'. In festo s. Iacobi apostoli. — *f.* 31. In s. Petri ad vincula. — *f.* 31'. In festo s. Laurentii. — *f.* 32. In assumptione b. Marie. — *f.* 32'. In sancti Bartholomei, in sancti Augustini. — *f.* 33. In decollatione s. Iohannis bapt. — *f.* 34. In natiuitate s. Marie v. — *f.* 35. In s. Mathei apostoli. — *f.* 36. In dedicatione beati Michaelis archangeli. — *f.* 36'. In s. Luce euangeliste. — *f.* 37. In ss. Simonis et Iude. — *f.* 37. In sollempnitate omnium sanctorum. — *f.* 38. Ipso die de sancto Cesario.

f. 38'. Incipit commune sanctorum. In natali apostolorum. Introitus. Michi autem nimis honorati sunt . . . — *f.* 44'. In anniuersario dedicationis ecclesie. — *f.* 45'. Missa in honorem si Trinitatis. — *f.* 46. In agenda mortuorum.

f. 47. ℣. Adiutorium nostrum . . . Exorcizo te, creatura salis . . . *Benedictio aquae.* — *f.* 48'. Benedictio agni in pasca, ouorum, uvarum, aliorum fructuum, ad capillos tondendos.

f. 49. In natali Domini nostri Iesu Christi. Eterne Deus . . . *Praefatio, Communicantes, Hanc igitur, praefatio communis cum initio et cum cantico Sanctus.* — *f.* 50'. Te igitur . . . *Canon.*

f. 53. Terminus pascalis his uersibus potest sciri. Post Nonas Martis . . . *et interpretatio. In fine:* In anno 1426 currebat littera E. — *f.* 58 *vacuum. Miniat. color. et inaurat.*

Pictura canonis — f. 50. Insignia — f. 9 et alibi.

XXIV. MISSALIS PROPRIUM.

Missalis proprium Toletanum.

Vatican. 3668. chart. II + 30 f. 227 × 169 mm. saec. XVII.

f. I. Missae propriae sanctorum | qui in dioecesi Toletana | specialiter celebrantur. *Inscriptio.*

f. I'. Index festorum, que in sequenti additione continentur. In Ianuario. Die 23. Ildefonsi — 30. Dec. Translatio s. Iacobi. *Index.*

f. 1. In festo s. Ildefonsi. Ianuar. Die 23. . . . Introitus. In medio ecclesie . . . *Totum officium.*

f. 2'. Die 24. Ian. In festo descensionis b. Mariae v. Introitus. Vultum tuum . . . *Totum officium.*

f. 4'. Febr. Die 12. In prima translatione s. Eugenii archiepiscopi Toletani . . . Oratio. Propitiare, quesumus, Domine . . ., *secreta, postcommunio.*

f. 5. Mart. Die 1. In festo s. angeli custodis. Introitus. Benedicite Dominum . . . *Totum officium.*

f. 7. Die 8. Mart. In festo s. Iuliani archiepiscopi Toletani. Oratio. Sapientiae tuae . . ., *secreta, postcommunio.*

f. 7'. Die 18. Mart. In festo s. Gabrielis archangeli. Introitus. Benedicite . . . *Totum officium.*

f. 9'. April. Die 3. In festo s. Isidori archiepiscopi Hispalensis. Missa de communi doctorum.

f. 9'. Iul. Die 16. In festo triumphi s. Crucis. Introitus. Venite benedicti . . . *Totum officium.*

f. 11. Die 24. Iul. Celebranda est festiuitas s. Annae . . . Oratio. Deus, qui beatae . . ., *secreta, postcommunio.*

f. 12'. Aug. Die 7. In festo ss. Iusti et Pastoris mm. fratrum. Introitus. Salus autem iustorum . . . *Totum officium.*

f. 14'. Oct. Die 21. Vbi fuerit notabilis reliquia sanctarum Ursulae et sociarum . . . *Rubrica, item de dedicatione ecclesiae Toletanae die 25. Oct., de festo victoriae de Benamarim die 30. Oct.*

f. 15′. Nou. Die 15. In festo s. Eugenii archiepiscopi Toletani. Introitus. Statuit ei . . . *Totum officium; de secunda translatione eius oratio, secreta, postcommunio; rubricae de dedicatione basilicae apostolorum, de festo prae-sentationis B. M. V.*

f. 19′. Dec. Die 9. In festo s. Leocadiae virg. et m. Introitus. Me ex-pectaverunt . . . *Totum officium.*

f. 21′. Die 18. Dec. In festo expectationis b. Mariae v. Introitus. Rorate caeli . . . *Totum officium.*

f. 23′. Die 30. Dec. In translatione s. Iacobi apostoli . . . Oratio. Deus, qui dispositionc mirabili . . ., *secreta, postcommunio.*

f. 25. Sequuntur precationes seu rogatiuae consuetae. Pro tempore belli. ℞. Protector noster . . . — *f.* 26′. Pro pluvia petenda. — *f.* 27′. Pro pesti-lentia vel fame. — *f.* 28. Pro electione archiepiscopi. — *f.* 29′. Pro per-secutoribus ecclesie, pro infirmis, pro papa, pro rege, pro regina, pro antistite. — *f.* 30′ *vacuum.*

Nonnulla in margine eadem et al. man. addita.

XXV. MISSALIA EPISCOPORUM ET PONTIFICUM.

1. Pontificale et missale.

Vatican. 4746. membr. 135 f. 317 × 216 mm. 2 col. saec. XIII. XIV.

f. 1. Ordo, qualiter episcopus ordinatur in ecclesia Romana. Episcopus, cum ordinatur . . . Qvid est, quod nos fatigastis, fratres . . . — *f.* 6'. De ordinando abbate. — *f.* 9. Ordinatio abbatisse. — *f.* 12'. Consecratio virginis. — *f.* 16'. Consecratio vidue. — *f.* 17'. Ordo ad regem benedicendum. — *f.* 22. Benedictio regine.

f. 22'. Benedictio tabule it[in]erarie. Deum omnipotentem, fratres karissimi . . . — *f.* 26. *Benedictio vestimentorum sacerdotalium, in qua:* Κύριος μερίς — ἐμοί, *et benedictio vasorum.* — *f.* 29. Canon de edificanda nouiter ecclesia. — *f.* 30. Ordo ad ecclesiam dedicandam, *litaniae.* — *f.* 43. *Missa.* — *f.* 47. Reconciliatio violate ecclesie.

f. 50'. Feria IIII. In capite ieiunii post sextam omnes prepare[n]t se . . . Et ne nos inducas . . . *Benedictio cinerum et missa.*

f. 53. Ordo, qualiter in Romana ecclesia sacri ordines fiant. Mensis primi . . . Postulat hec sancta mater ecclesia . . . *Ordines minores.* — *f.* 55. *Ordinatio subdiaconorum,* — *f.* 55'. *diaconorum,* — *f.* 57. *presbyterorum.*

f. 59. Missa in IIII temporum. prima oratio. Deus, qui conspicis . . . — *f.* 59'. Missa in vigilia natiuitatis Domini. *Orationes, secretae, postcommuniones.* — *Tota missarum officia et benedictiones episcopales:* — *f.* 59'. In galli cantu, — *f.* 61. in albis, — *f.* 62. in die (nativitatis Domini), ss. Stephani, Iohannis ev., Innocentium, octaua natalis Domini, — *f.* 66'. epiphania. — *f.* 68'. Dominica in ramis, benedictio palme et floris, *ordo processionis.* — *f.* 70. Fer. V maioris hebdomadis reconciliatio penitentium, *missa, benedictio oleorum et chrismatis, ablutio altarium, mandatum.* — *f.* 78. *In parasceve orationes sollemnes et ordo adorationis crucis.* *f.* 80'. *Sabbato sancto benedictio ignis, fontis, missa.* *f.* 84. Missa *(orationes, secretae, postcommuniones)* in dominica resurrectionis, in ascensione, in vigilia pent., in die pent., sabbato IIII temporum, octaua pent.,

32*

de Trinitate, sabbato IIII temporum mensis Septembris. — *f.* 91'. *Missae (orationes, secretae, postcommuniones, benedictiones super populum) proprii sanctorum a cathedrae s. Petri usque ad s. Thomae ap.*

f. 105. Vigilia unius apostoli officium. Ego autem sicut oliua . . . *Communis sanctorum tota officia.* — *f.* 114. Missa pro sponsis, benedictio nuptialis. — *f.* 116. *Missae votivae et diversae.*

f. 124. Ordo ad uisitandum infirmum. Ne reminiscaris . . . *Litaniae, ordo ungendi.* — *f.* 127'. Commendatio anime. — *f.* 129. Missa pro defunctis. — *f.* 132. *Ordo sepeliendi.*

f. 135. Respondeat diaconus uertendo ad populum. Cum mansuetudine et caritate humiliate uos ad benedictionem . . . — *f.* 135'. *Ad missam pro sponsis al. man. additum.*

Nonnulla al. man. addita.

Notae musicae quadratae, nonnullis locis solae earum lineae.

2. Missale episcopi.

Borghes. 333. D 3. membr. 165 f. 297 × 230 mm. saec. XV.

f. 1. In natale apostolorum. Michi autem nimis honorati sunt . . . *Commune sanctorum, tota officia. Loco secretae:* sacra. *In fine:* commune plurimarum virginum. — *f.* 58' *vacuum.*

f. 59. Sabbato. officium post tertiam dominicam aduentus Domini. R̂. Ueni et ostende nobis faciem tuam . . . *Missae in conferendis ordinibus celebrandae.* — *f.* 82'. Sabbato post cineres. — *f.* 105'. In medio quadragesime. — *f.* 120 *vacuum.* — *f.* 121. Sabbato in uigilia Trinitatis Domini. — *f.* 141'. Sabbato in duodecim lectionibus ordo in Septembri.

Nonnulla in marginibus eadem et al. man. addita. Cumplura folia humore laesa.

Miniat. color.: — f. 44. Littera initialis P pict.

3. Missale pontificis.

Ottobon. 62. membr. I + 73 f. 383 × 273 mm. saec. XV.

f. I. Ex bibliotheca ducum ab Altaemps. S. 1. 30. — *f.* I'. *Insigne Nicolai V; duo insignia cardinalis de Fuxo.*

f. 1. In natiuitate Domini. Ad primam missam. Introitus. Dominus dixit ad me. Filius . . . *Totum officium, ordo missae, sequentia:* Letabundus exultet — genuit puerpera; *praefatio, canon.* — *f.* 15. Secunda missa natiuitatis, *ordo missae, praefatio, canon.* — *f.* 25. Missa maior, *item.*

f. 40. In festo sancti Stephani prothomartiris. Introitus. Etenim sederunt . . . *Totum officium, ordo missae, praefatio, canon.* — *f.* 47', 56' *vacua.*

f. 57. In festo sancti Iohannis euangeliste. Introitus. In medio ecclesiae... *Totum officium, ordo missae, praefatio, canon.*

f. 72. *al. man.* Oratio de Innocentibus. — *f.* 72'. Inicium s. euangelii secundum Iohannem. In principio — Deus erat uerbum. — Homilia s. Augustini. [N]e uile aliquid — creatura aliqua.

Nonnulla al. man. addita.

Pict. miniat. color. et inaurat. flor. Insignia Nicolai papae V, picturae canonis.

Notae musicae quadratae.

4. Missale pontificis.

Vatican. 4764. membr. 118 f. 408 × 285 mm. saec. XV.

f. 1. In epyphania Domini. Statio ad sanctum Petrum. Introitus. Ecce aduenit dominator... *Officium missae, partes ordinis missae, praefatio, Communicantes.* — *f.* 21'. Sequens praephatio est dominicalis et communis. *f.* 25. Canon. — *f.* 48. Benedictio populi.

f. 49. Dominica infra octauam epiphaniae. Introitus. In excelso trono uidi... *Officia missarum usque ad dom. V post epiphaniam.* — *f.* 55'. In octaba epiphaniae. — *f.* 61. *Orationum ab octava epiphaniae usque ad purificationem dicendarum initia, totae orationes* — *f.* 112'. *et ff. q. s.*

f. 84. Dominica in septuagesima. Statio ad sanctum Laurentium extra muros. Introitus. Circumdederunt me... *Officium missae. Item:* — *f.* 92'. in sexagesima, — *f.* 104. in quinquagesima.

f. 112'. Missa beate Marie. Oratio. Deus, qui salutis eterne... *Oratio, secreta, postcommunio. Item:* — *f.* 113'. Missa pro ecclesia, — *f.* 114'. Missa pro domino papa.

f. 116'. [P]recibus et meritis beate Marie... *Formula benedictionis, quae desinit in:* Benedictio Dei omnipotentis. *Deficit miniator.* — *f.* 117', 118 *vacua.*

Pict. miniat. color. et inaurat. flor. — *f.* 1. *Insignia Pauli papae II, cardinalis de Fuxo senioris, Petri de Fuxo iunioris.*

Notae musicae quadratae.

Ebner, Quellen und Forschungen S. 216.

5. Missale pontificis.

Vatican. 4765. membr. 185 f. 420 × 291 mm. saec. XV.

f. 1. Dominica de passione. Statio ad sanctum Petrum. Introitus. Iudica me, Deus... *Officium missae, partes ordinis missae, praefatio.* — *f.* 27. Canon. — *f.* 51'. Benedictio populi.

f. 52'. Fer. II. Statio ad sanctum Crisogonum. Introitus. Miserere mei, Domine... *Officia missarum ferialium.*

f. 105. In die palmarum completa tercia... ant. Osanna filio Dauid... *Benedictio palmarum. — f.* 125'. *Processionale. — f.* 133'. Ad missam... *Officium missae, passio, praefatio.*

f. 181. Missa pro persecutoribus ecclesiae. Ecclesie tuae, quaesumus... *Oratio, secreta, postcommunio. Item: — f.* 182. Missa pro domino papa.

f. 184. [P]Recibus et meritis beate Marie... *Formula benedictionis. Deficit miniator. — f.* 185 *vacuum.*

Pict. miniat. color. et inaurat. flor. — f. 1. Insignia Pauli II papae, cardinalis de Fuxo senioris, Petri de Fuxo iunioris, ut Vatican. 4764.

Notae musicae quadratae.

Ebner, Quellen und Forschungen S. 217.

6. Missale pontificis hebdomadae maioris.

Vatican. 4766. membr. II + 80 f. 382 × 268 mm. saec. XV.

f. I *vacuum. — f.* II. *Insignia Nicolai papae V et cardinalis de Fuxo sen.*

f. 1. Dominica in ramis palmarum. Ad missam. Introitus. Domine, ne longe... *et passio D. N. I. Chr., ordo missae incipiens ab offertorio, praefatio. — f.* 18' *vacuum. — f.* 19. Te igitur... *Canon.*

f. 27. Feria quinta in cena Domini. Ad missam. Introitus. Nos autem gloriari oportet... *Item ut supra ordo missae, praefatio, canon.*

f. 44. Feria VI in parasceue hora VI pontifex cum ministris... Hec dicit Dominus. In tribulatione... *Prophetiae, passio, orationes sollemnes, adoratio crucis, improperia, missa praesanctificata.*

f. 64. Sabbato sancto finita letania... Gloria in excelsis... *Missa, ordo missae incipiens ab offertorio, praefatio, canon,* Vespere autem sabbati.

f. 80. Concede nobis, Domine... *Collecta ad inchoationem ieiunii.* Omnipotens sempiterne Deus... *Collecta de die palmarum; al. man.*

Nonnulla eadem et al. man. in marginibus addita.

Pict. miniat. color. et inaurat. flor., insignia, picturae canonis.

Notae musicae quadratae.

Ebner, Quellen und Forschungen S. 217.

7. Missale pontificis.

Vatican. 4767. membr. I + 60 f. 376 × 264 mm. saec. XV.

f. I *vacuum. — f.* I'. *Insignia Nicolai papae V et cardinalis de Fuxo sen.*

f. 1. In festo sancte Trinitatis. Introitus. Benedicta sit sancta Trinitas... *Missa, ordo missae incipiens ab offertorio, praefatio, canon.*

f. 15. Incipit officium sollempnitatis preciosi corporis Domini nostri Iesu Christi. Ad missam. Introitus. Cibauit eos... *Missa,* sequentia: Lauda Sion..., *ordo missae incipiens ab offertorio, praefatio. — f.* 22' *vacuum. —* f. 23. Te igitur... *Canon.*

f. 31. In natiuitate sancti Iohannis baptiste. Ad missam. Introitus. De uentre matris . . . *Missa, ordo missae, praefatio, canon.* — *f.* 44' *vacuum.*

f. 45. In sanctorum apostolorum Petri et Pauli. Introitus. Nunc scio uere . . . *Missa.*

f. 60'. Deus, in te sperantium — et actione placeamus. *Oratio, al. man.* *Pict. miniat. color. et inaurat. flor., insignia, picturae canonis.* *Notae musicae quadratae.*

Ebner, Quellen und Forschungen S. 217.

8. **Missale pontificis.**

Vatican. 8700. membr. 198 f. 325 × 238 mm. saec. XV.

f. 1. In hoc missali infrascripte misse continentur. Prima missa in nocte natiuitatis Domini . . . *Index.*

f. 2'. Insigne *(Nicolai pp. V?); infra litteris inauratis:* Michael Angelus Mutus dux R. *Ad quod f. agglutinatum antiphonarii membr. folium cum littera initiali* P *pict. miniat., imago cuiusdam papae sancti.*

f. 3. Misse infrascripte papales seu pontificales sunt et solempnes. Et per anni circulum. — *f.* 3'. In natiuitate Domini in prima missa. Introitus. Dominus dixit ad me . . . Missa secunda, tertia. — *f.* 11'. In festo s. Stephani. — *f.* 14'. In festo s. Iohannis ap. et eu. — *f.* 16'. In octaua natiuitatis. — *f.* 17'. In epiphania. — *f.* 21. In purificatione b. virginis. — *f.* 24. In annuntiatione b. virginis. — *f.* 27'. In die palmarum. — *f.* 43. Fer. V in cena Domini mandatum. — *f.* 51'. Fer. VI in parasceue, *passio, adoratio crucis, versiculi s. Gregorii, improperia, hymnus:* Pange lingua gloriosi lauream . . . *In passionibus signa cantorum:* ✚ S. C. — *f.* 73'. *Sabbato sancto benedictio ignis et cerei.*

f. 89. Aduentus Domini celebratur . . . *Rubricae.*

f. 91'. *Praeparatio ad missam; initia psalmorum, preces, orationes.* — *f.* 93. *Ordo missae.* — *f.* 97'. Gloria in excelsis, Credo in unum Deum. — *f.* 99. Sequentia in pascha. Victime paschali — miserere. — Sequentia in pentecost. Sancti Spiritus adsit — fecisti. — *f.* 101. *Praefationes.* — *f.* 119. *Communicantes, Hanc igitur.* — *f.* 121', 122 *vacua.* — *f.* 123. Te igitur . . . *Canon.*

f. 134'. In dominica resurrectionis, fer. II, fer. III. — *f.* 142. In dedicatione s. Michaelis. — *f.* 145. In die ascensionis. — *f.* 147'. In die pentecostes. — *f.* 151. Missa de Trinitate. — *f.* 152'. In festo corporis Christi; sequentia: Lauda Syon — ciuium. — *f.* 156. In natiuitate s. Iohannis bapt. — *f.* 158'. In festo apostolorum Petri et Pauli. — *f.* 161. In assumptione beate virginis. — *f.* 163'. In natiuitate beate virginis. — *f.* 166'. In festo omnium sanctorum. — *f.* 169'. In sancti Marci euangeliste. — *f.* 171'. In s. Antonii de Padua.

f. 174. In anniuersario dedicationis ecclesie, in ipsa die dedicationis. — *f.* 178. Missa generalis pro omnibus fidelibus defunctis. Introitus. Requiem eternam . . . *Missae diversae.* — *f.* 184'. Sequentia. Dies irae — requiem. — *f.* 186. Litaniae. *Inter sanctos:* Prosdocime. — *f.* 188', 189 *vacua.*

f. 190. A vigilia natiuitatis Domini. Ad uesperas. Ant. Rex pacificus . . . *Antiphonarum et hymnorum initia notis musicis quadratis instructa; de tempore et de sanctis,* — *f.* 197. *de dedicatione,* — *f.* 197'. *in festis duplicibus.* — *f.* 198' *vacuum.*

Pict. miniat. color. et inaurat. flor. Insignia cuiusdam episcopi, alia insignia deleta. — *f.* 3. *Leo, ut videtur, Venetianus. Pict. tabularis: f.* 122'. *Pictura canonis, signa evangelistarum, insigne cuiusdam episcopi.*

In inventario cod. Vatican. 8700 Missae papales *inscribitur.*

Notae musicae quadratae.

9. **Missale pontificis.**

Ottobon. 344. membr. 162 f. 351 × 252 mm. saec. XVI.

In folio praeligato: Ex codicibus Ioannis Angeli ducis ab Altaemps. — Missae aliquot a D. Luca Fanensi scriptae.

f. 1. Misse secundum usum sancte Romane ecclesie. Dominica j aduentus.. Introitus. [A]d te leuaui animam . . . *Totum officium, orationes de sancta Maria et pro papa Paulo. Item:* — *f.* 14. Dominica II, — *f.* 23'. Dominica III, — *f.* 31'. Dominica IIII aduentus. — *f.* 39', 40 *vacua.*

f. 41. [C]redo in unum Deum . . . *Ordinarium missae.* — *f.* 52. Praefatio in aduentu, — *f.* 59. in quadragesima, *utraque cum initio et cum cantico* Sanctus. — *f.* 66' *vacuum.* — *f.* 67. Canon.

f. 96'. Dominica prima in XL. Introitus. [I]nuocabit me . . . *Totum officium, orationes ad poscenda suffragia sanctorum, pro vivis et defunctis, contra paganos, pro papa Paulo. Item:* — *f.* 118. Dominica II, — *f.* 126. Dominica III, — *f.* 137. Dominica IIII in quadragesima. — *f.* 146'. Dominica in passione, *orationes contra paganos et pro papa Paulo.* — *f.* 162 *vacuum.*

Notae musicae quadratae.

10. **Missale episcopi.**

Ottobon. 3284. membr., f. I—III. chart. 85 f. 420×287 mm. 1575.

f. I *vacuum.* — *f.* II. S. 1. 45. H. IV. 10. — *f.* II' *vacuum.* — *f.* III. Ex codicibus Ioannis Angeli ducis ab Altaemps. — *f.* III'. *Tabula aeri incisa: effusio s. Spiritus; infra: 1575.*

f. 1. Paratus sacerdos, cum intrat ad altare, dicat. ℣. Introibo ad altare Dei . . . *Ordo missae et proprium dom. III adventus.* Introitus. Gaudete in Domino . . . , *orationes de B. M. V., contra paganos, pro papa.* — *f.* 16′. Prefatio. — *f.* 20′ *vacuum.* — *f.* 21. Te igitur . . . *Canon.* — *f.* 41′. Benedictio episcopalis.

f. 42′. Ad missam in nocte natiuitatis Domini. Introitus. Dominus dixit ad me . . . *Kyrie eleison, Gloria in excelsis notis musicis quadratis in-structum, praefatio, Sanctus, Communicantes.*

f. 54′. In sancti Stephani prothomartyris ad missam. Introitus. Etenim sederunt . . . , *proprium et commemoratio nativitatis.* — *f.* 62′. In s. Iohannis ap. et èl., *proprium et commemorationes nativitatis et s. Stephani.* — *f.* 69′. In die circumcisionis, *proprium.* — *f.* 74′. In purificatione b. Marie v., *proprium.*

f. 81′. Reuersus in sacrarium sacerdos exuens . . . Trium puerorum . . . *Initium cantici et psalmi 150, preces, tres orationes.*

f. 84′. Marius Antonius de sancta Maria presb. Bon. scribebat Rome 1575.

f. 85. Dominica III aduentus . . . *Index.* — *f.* 85′ *vacuum.*

Miniat. color. et inaurat.

Notae musicae quadratae.

11. Missale episcopi Mediolanensis.

Vatican. 9236. membr. 95 f. 294 × 210 mm. saec. XV.

f. 1. Incipiunt misse solempnes celebrande per reverendissimum do-minum d. Guidantonium archiepiscopum ecclesie Mediolanensis. In primis missa in ordinatione sanctissimi doctoris Ambrosij archiepiscopi Mediolani. Oratio super populum. Dominus uobiscum. Deus mundi auctor . . . , super secreta, super oblatam, praefatio, infra canonem, postcommunio. — *f.* 3. In natiuitate Domini. — *f.* 6. In natiuitate s. Stephani. — *f.* 7. In circum-cisione. — *f.* 9′. In epiphania. — *f.* 12′. In annuntiatione beate virginis Marie.

f. 15′. Oratio beati Ambrosii dicenda post confessionem ante introitum misse. Rogo te, altissime Deus . . . *Ordo missae.* — *f.* 25′. *Praefationes, Sanctus, infra canonem.* — *f.* 31 *vacuum.* — *f.* 32. Canon.

f. 52. Missa in resurrectione. — *f.* 55. In ascensione. — *f.* 57′. In pente-coste. — *f.* 60. In corporis Christi. — *f.* 62. In natiuitate Iohannis bapt. — *f.* 64′. In natiuitate apostolorum Petri et Pauli. — *f.* 68. In assumptione virginis Marie. — *f.* 70. In natiuitate virginis Marie. — *f.* 71′. In dedicatione ecclesie. — *f.* 74. In anniuersario. — *f.* 76′. Pro septimo uel trigesimo.

f. 79. Missa in nocte sancta. oratio super populum. Deus, qui hanc sacratissimam noctem . . . , *eadem man. et lectiones epistolae et evangelii.* Item: — *f.* 82. Missa secunda, — *f.* 85′. *Epistola et evangelium in na-*

tivitate Domini. Item: — *f.* 88'. in s. Stephani, — *f.* 91. in octaua Domini, — *f.* 93'. in epiphania. *Lectio evangelii desinit in:* Ite et interrogate. *Multorum foliorum margines laesi.*

Pict. miniat. color. et inaurat. flor. — *f. 1. Insigne cardinalis Guidantonii Arcimboldi archiepiscopi Mediolanensis.* — *f. 31'. Pictura canonis tabularis et imago Arcimboldi cardinalis.*

Notae musicae quadratae.

Ebner, Quellen und Forschungen S. 228.

12. Missale episcopi Suanensis.

Vatican. 10209. membr. I+65 f. 251 × 185 mm. saec. XV.

f. I. Episcopi Suanensis.

Oratio pro uno defuncto. [I]nclina, Domine, aurem . . ., *secreta, postcommunio. al. man.*

f. 1. In natiuitate Domini. Introitus. Puer natus est . . . *Totum officium, item:* — *f.* 3. In octaua Domini. — *f.* 4. In epiphania, — 6. In purificatione. — *f.* 8'. In annuntiatione. — *f.* 10'. In cena Domini. — *f.* 13'. In resurrectione Domini. — *f.* 15. In ascensione. — *f.* 17'. In pentecoste. — *f.* 19'. In natiuitate s. Iohannis bapt. — *f.* 22. In festo apostolorum Petri et Pauli. — *f.* 24. In assumptione b. v. Mariae. — *f.* 26. In natiuitate b. v. Mariae; *desinit in:* Postcommunio. — *f.* 29. [misericor]des, quoniam ipsi misericordiam . . . *Lectio evangelii in festivitate omnium sanctorum.* — *f.* 29'. Missa in honore sancte Trinitatis. Benedicta sit sancta Trinitas . . .

f. 32. Gloria in excelsis Deo *quattuor tonis.* — *f.* 33'. Gloria in excelsis — in gloria Dei Patris. Amen. *al. man.*

f. 33. Incipit commune sanctorum. In natale unius apostoli. Introitus. Michi autem nimis . . .

f. 46'. Paratus sacerdos intrat ad altare . . . Introibo ad altare . . . *Ordo missae.* — *f.* 50. *Praefationes, infra actionem,* praefatio generalis *cum initio, Sanctus.* — *f.* 58. Te igitur . . . *Canon.* Quid retribuam Domino . . . *desinit in:* et ab inimicis. — *f.* 65'. *al. man. additum:* Ostende nobis etc. Oratio. Exaudi nos, Domine . . . *post aspersionem aquae dicenda.*

Miniat. color. et inaurat. flor. — *f.* 57'. *Pictura canonis.*

Notae musicae quadratae.

XXVI. CANON MISSAE EPISCOPORUM ET PONTIFICUM.

1. Canon missae pontificis.

> Vatican. 5464. membr. 26 f. 388 × 267 mm. 1550.

f. 1. Facta a pontifice confessione — orationem. Avfer a nobis . . . *Ordo missae. — f. 1'.* Gloria communis. *— f.* 2. Gloria de beata virgine. *— f.* 6. *Praefationes per annum dicendae, Communicantes, Hanc igitur, praefatio communis.*

f. 15. Inclinatus pontifex ante altare — Canonem. Te igitvr . . . *Canon. f.* 22. Benedictio populi. *— f.* 22'. Initium s. euangelii secundum Iohannem.

f. 23. Exuens se uestibus dicit. Ant. Trium puerorum . . . *Gratiarum actio post missam dicenda: canticum trium puerorum, ps. 150, preces, orationes.*

f. 25. Sedente. Ivlio III Pont. Max. Opt. Federicus Marius Pervsin. scribebat anno Dñi. 1550. *— f. 26 vacuum.*

Pict. — f. 15: Christus a mortuis resurgens.

Ebner, Quellen und Forschungen S. 227.

2. Canon missae episcopi.

> Ottobon. 499. membr. 89 f. 357 × 250 mm. 2 col. saec. XVII.

f. 1. Canon Missae Ad | Vsum Eminentissimi et Re^m | D. D. Petri S. R. E. Tit. | Sancti Marci Pre | sbit. Card. Otto | boni Episc. Brix. | Dvcis March^is | Comitis. *Inscriptio. — f. 1' vacuum.*

f. 2. Praeparatio ad missam pontificalem. Antiphona. Ne reminiscaris . . . *Psalmi, preces, orationes. — f. 8'. Orationes ad induenda vestimenta, incensatio altaris. — f. 14' vacuum.*

f. 15. Facta confessione cum sacerdos vult ascendere . . . Aufer a nobis . . . *Ordo missae. Gloria in excelsis duobus tonis, Credo uno tono. — f. 21. Praefationes, Communicantes, Hanc igitur, Sanctus. — f. 65', 66 vacuum. — f. 67. Te igitur . . . Canon. — f. 84'. Initium evangelii s. Ioannis.*

f. 85. Gratiarum actio post missam. ant. Trium puerorum . . . *Canticum Benedicite, ps. 150, preces, orationes. — f. 89′ vacuum.*

Miniat. color. et inaurat. fig. flor. — f. 1, 67. Insignia Petri Otto-boni cardinalis. Pictura tabularis: — f. 66′. Christus spinis coronatus crucem tenens eiusque ex latere sanguis in calicem influens.

Notae musicae quadratae.

3. Canon missae pontificis.

Ottobon. 3285. chart. 58 f. 417 × 298 mm. saec. XVII.

f. 1. Canon Misse cum Prefati | onibus Orationibusque dicen | dis quando induitur | Pontifex priuate | sacerdotalibus | parameti[s]. *Inscriptio. — f. 1′, 2 vacua.*

f. 2′. Exue me, Domine . . . *Orationes ad induenda vestimenta.*

f. 5. Aufer a nobis, quesumus . . . *Ordo missae. — f. 14′. Praefationes. Communicantes, Hanc igitur. — f. 35′ vacuum.*

f. 36. Te igitur . . . *Canon usque ad* Initium evangelii secundum Iohannem. — *f. 54 vacuum.*

f. 57. Kyrie eleison . . . Deus, qui tribus pueris . . . *Tres orationes ad gratiarum actionem post missam dicendae. — f. 58′ vacuum.*

Multa folia atramento corrosa.

4. Canon missae pontificis.

Ottobon. 3286. chart. 120 f. 472 × 257 mm. 1692.

f. 1. Canon | missae | cum | praefationibus | et aliis nonnullis | quae in ea fere | communiter | dicuntur. | Additae sunt praeparationes ad missam | et orationes quae ab episcopis | cum solemniter | vel priuate celebrant et ab alijs sacerdotibus dici solent | necnon gratiarum | actiones. missae sacrificio | peracto. *Inscriptio. — f. 1′ vacuum.*

f. 2. Praeparatio ad missam pontificalem. Antiphona. Ne reminiscaris . . . *Psalmi, orationes, orationes ad induenda vestimenta. — f.* 11. Quando pontifex celebrat priuate. Orationes. Cum exuitur cappa. Exue me . . . *Orationes ad induenda vestimenta.*

f. 13. Incensatio altaris ante introitum . . . Dirigatur Domine . . . , *et rubricae.*

f. 15. Facta confessione . . . Aufer a nobis . . . *Ordo missae, rubricae. — f. 23. Praefatio communis, praefatio et Communicantes nativitatis D. N. I. Chr. et epiphaniae.*

f. 32. Facta confessione . . . Aufer a nobis . . . *Ordo missae.* — *f.* 42. *Praefatio communis et ceterae per annum praefationes, Communicantes, Hanc igitur et reliquae orationes canonis usque ad consecrationem.* — *f. 91 vacuum.*

f. 92. Finita praefatione . . . Te igitur . . . *Canon usque ad:* Initium s. evangelii secundum Iohannem.

f. 117′. Gratiarum actio post missam. Antiphona. Trium puerorum . . . *Benedicite, ps. 150, orationes.*

f. 120′. Iacobus Tartanus Romanus scribebat 1692.

Pict. miniat. color. et inaurat.

Notae musicae quadratae.

XXVII. ORDO MISSAE.

1. Ordo missae.

Vatican. 4769. membr. 60 f. 372 × 250 mm. saec. XIV. XV.

f. 1. Indutus sacerdos, cum intrat ad altare, dicit versum: Introibo ad altare Dei . . . *Ordo missae.*

f. 9'. Sequens prephatio . . . Eterne Deus . . . *Praefatio de nativitate Domini et ceterae praefationes, Communicantes et Hanc igitur. — f. 34. Praefationes feriales cum initio:* Per omnia saecula saeculorum . . . — *f. 38' vacuum.*

f. 39. Te igitur . . . *Canon usque ad:* Placeat tibi sancta Trinitas . . . *In marginibus al. man. rubricae.*

f. 59. Gratiarum actio. Trium puerorum . . . *Initia cantici et psalmi 150, preces, orationes, al. man.* — *f. 59' vacuum.*

f. 60. *Pictura linearis: Pugna navalis et supra:* lei sono di Marsillia . . . *Miniat. color. et inaurat. flor.*

Notae musicae quadratae.

2. Ordinis missae pontificalis partes.

Vatican. 5588. membr. I + 59 f. 379 × 256 mm. saec. XVI.

f. I *vacuum.*

f. 1. Orationes inter induendum dicende: Ad amictum. Pone, Domine, galeam salutis . . . *In fine:* Ad planetam.

f. 3. In omnibus festiuitatibus beate uirginis et in sabbatis. Gloria in excelsis . . . *Gloria in excelsis et Credo compluribus tonis.* — *f. 5. Praefationes per annum canendae, nonnullae tonis festivis et ferialibus.* — *f. 38.* Pater noster . . . *quattuor tonis.* — *f. 46.* Ite missa est *duobus tonis.*

f. 47. Quando sacerdos offert hostiam — orationem: Suscipe sancte Pater . . . *Orationes offertorii.* — *f. 50'.* Domine Iesu Christe, qui dixisti apostolis tuis: Pacem relinquo . . . *Orationes ante et post communionem usque ad orationem:* Placeat tibi, sancta Trinitas, obsequium . . ., benedictio populi. — *f. 55—59 vacua.*

Miniat. color. et inaurat. — f. 1. Margines inaurati, insigne et: Pivs V. P. M. *Notae musicae quadratae.*

XXVIII. PRAEPARATIO AD MISSAM
ET GRATIARUM ACTIO.

1. Praeparatio ad missam et gratiarum actio pontificis.

Vatican. 3747. membr. 44 f. 310 × 214 mm. saec. XIV. XV.

f. 1 vacuum. — *f. 1'.* Quam dilecta . . . *Praeparatio ad missam, psalmi, preces, orationes.*

f. 13'. Deinde, quando induit se albam, dicat hanc orationem: Dealba me, Domine . . . *Orationes ad induenda vestimenta.*

f. 20. Completa missa . . . Ant. Trium puerorum . . . *Gratiarum actio post missam, canticum trium puerorum, ps. 150, preces, duae orationes.*

f. 24. Summe sacerdos — te miserante et donante, qui cum Patre . . . *Precatio ante missam.* — *f. 34.* Oratio s. Thome de Aquino. Concede mihi — per gloriam, qui cum Deo Patre . . . Amen.

f. 37. Laetatus sum in hijs . . . *Ps. 121, preces, tres orationes,* Benedictio coram populo; *a:* Precibus et meritis beatae Mariae virginis . . . *usque ad finem ter, tertio deficit miniator.* — *f. 43', 44 vacua.*

Pict. miniat. color. et inaurat. flor., insignia. — *Picturae:* — *f. 1', 14, 14', 15', 16', 17', 18, 18', 19'. Pictura tabularis:* — *f. 39': Benedictio coram populo et inscriptio:* Sanctissimus dominus noster summus pontifex. | B[o]nifatius nonus fecit fieri hunc | librum. ad honorem et gloriam sanctissime | trinitatis. et sui pontificatus.

Beissel, Vaticanische Miniaturen S. 45.

2. Praeparatio ad missam et gratiarum actio pontificis, officium s. Crucis.

Vatican. 4729. membr. 32 f. 154 × 105 mm. saec. XIV. XV.

f. 1. Pontifex missam celebraturus hora ingreditur ecclesiam . . . Introibo in domum tuam . . . *Caerimoniale.*

f. 1'. Ant. Ne reminiscaris . . . Ps. Quam dilecta . . . *Praeparatio ad missam, psalmi, preces, orationes.*

f. 5′. Dum autem praemissas dicit oraciones, induit se uestibus . . . *Caerimoniale.*

f. 6′. Pone, Domine, galeam . . . *Orationes ad induenda vestimenta.*

f. 8′. Cum autem pontifex deponit pallium . . . Ant. Trium puerorum . . . *Gratiarum actio post missam, canticum trium puerorum, ps. 150, preces, duae orationes.*

f. 10. Oracio. Summe sacerdos — neque siciam in eternum. Qui cum Patre. *Precatio ante missam. — f.* 16—18 *vacua.*

f. 19. Incipit officium editum a comite Francisco de Corbario in commemorationem Domini nostri Iesu Christi . . . Inuitatorium. Iesum Christum adoremus, crucifixum exaltemus . . . Ad matutinum antiphona. Tua sanctissima passio . . . *Officium per omnes horas, hymni, lectiones; in fine vesperae. — f.* 31, 32 *vacua.*

3. **Praeparatio ad missam et gratiarum actio pontificis.**

Vatican. 4730. membr. 28 f. 269×185 mm. saec. XIV. XV.

f. 1. Pontifex pontificaliter celebraturus . . . Introibo in domum tuam . . . *Caerimoniale.*

f. 1′. Antiphona. Ne reminiscaris. Quam dilecta . . . *Praeparatio ad missam, psalmi, preces, orationes.*

f. 14. Ad caligas. Calcia me . . . *Orationes ad induenda vestimenta.*

f. 20. Finita missa pontifex . . . Ant. Trium puerorum . . . *Gratiarum actio post missam, canticum trium puerorum, ps. 150, preces, duae orationes. — f.* 26, 27, 28 *vacua.*

Miniat. color. et inaurat. flor.: — f. 1. *Littera P.*

4. **Praeparatio pontificis ad missam.**

Ottobon. 451. membr. 57 f. 270×187 mm. saec. XVII.

f. 1. Quando pontifex parat se ad celebrandum, dicit . . . Antiphona. Ne reminiscaris . . . Quam dilecta . . . *Psalmi, preces, orationes. — f.* 16. *Orationes ad induenda vestimenta. — f.* 23′ *vacuum.*

f. 24. Oratio sancti Ambrosii episcopi. Summe sacerdos — nec sitiam in aeternum. Qui cum — seculorum. Amen. — *f.* 44′. Et ut efficax — miserante et donante. Qui cum — seculorum. Amen.

f. 45′. Praeparatio ad communionem diui Thomae. Pater peccaui — ualeam contemplari. Qui uiuis — seculorum. Amen. — *f.* 47′—56 *vacua.*

f. 57. Ex codicibus Ioannis Angeli ducis ab Altaemps. — *f.* 57′ *vacuum. Miniat. color.*

XXIX. PONTIFICALIA.

1. Pontificale.

Borghes. 49. A 2. membr. 132 f. 231×168 mm. saec. XIII. XIV.

f. 1. In nomine Domini incipit ordo de septem ecclesiasticis gradibus. In primis prephatio ad clericum faciendum. Oremus, dilectissimi fratres, Dominum nostrum Iesum Christum . . . — *f.* 2. De psalmista. — *f.* 2'. *Ordinatio minorum graduum,* — *f.* 7. *subdiaconi,* — *f.* 8. *diaconi,* — *f.* 11'. *presbyterorum.* — *f.* 17. Ordo ad uocandum et examinandum seu consecrandum electum episcopum. — *f.* 34. Orationes ad benedicendum abbatem. — *f.* 34'. Ordo sponsaliorum, *missa,* benedictio thalami.

f. 40. Nemo ecclesiam edificet . . . ant. Signum salutis pone . . . *Benedictio lapidum primariorum.* — *f.* 41. Ordo consecrationis ecclesie, *litaniae, missa,* — *f.* 64'. *canon.* — *f.* 71. Benedictio corporalis, patene, calicis, *vestimentorum,* crucis, — *f.* 76. lapidis itinerarii et tabule.

f. 78'. Item oratio ad consignandos infantes ab episcopo. Cum uenerint infantes . . . Spiritus sanctus superueniat . . . — *f.* 80. Ordo V fer. in cena Domini, reconciliatio penitentium, *benedictio oleorum.* — *f.* 89'. In purificatione sancte Marie benedictio cereorum. — *f.* 91. Fer IIII capitis ieiunii benedictio cinerum. — *f.* 92'. Dominica in palmis benedictio palmarum. — *f.* 96'. In fer. VI in parasceue *orationes sollemnes et ordo.* — *f.* 102. In sabbato sancto orationes, letania septena; *inter sanctos:* Apollinaris, Agapite, Hipolite, Iuvenalis, Eustrasi, Valentine, Hilari, Pauline, Germane, Restituta, Scolastica. — *Benedictio fontis et ordo baptizandi.*

f. 115. Consecratio uirginis, que in epiphania Domini uel in albis paschalibus . . . Ipsi sum desponsata . . ., *et missa.* — *f.* 123'. Ordinatio abbatisse canonice regulam profitentis, — *f.* 126'. abbatis. — *f.* 130'. *al. man.* Hymnus. Veni creator spiritus . . . *In missis:* complenda oratio.

f. 131, 132 *ex altero libro pontificali rec. inserta. Fragmenta ordinis fer. VI in parasceve et benedictionis cereorum in purificatione B. M. V. faciendae.* — *f.* 132. *al. man.* Promittis sancte ecclesie Neapolitane et venerabili archiepiscopo Petro . . . fidem et subiectionem exibere.

Nonnulla aliis manibus addita.

Neumae sine lineis.

33*

2. **Pontificale.**

Vatican. 7114. membr. 134 f. 229×153 mm. saec. XIII. XIV.

f. 1. Franciscus Maria Honoratus Polustinus ad Tybur d. d. anno 1693. Benedictio ad amictum. Benedic, Domine Deus . . . *Benedictiones vestimentorum sacerdotalium, linteaminum altaris, vini, perae, sportae, cilicii; man. rec.*

f. 3. et regimen. ne hostis . . . *Benedictio virginis, deest initium.*

f. 4′. Confirma hoc Deus . . . *Ordo confirmationis.*

f. 5′. Incipit ordo dedicationis ecclesie. Primum annuntiat archidiachonus . . . Exorcizo te, creatura salis . . . — *f.* 9. Letania. *Inter sanctos: post* s. Clemens: s.Saturnini, *post* s. Laurenti: s. Maurici cum sociis t., *post* s. Silvester: s.Marcialis, s. Ylari. — *f.* 20′. *Consecratio altaris,* — *f.* 24′. *ornamenti, vasorum ecclesiae, vestimentorum sacerdotalium.* — *f.* 32. *Missa.* — *f.* 34′. Consecratio altaris; — *f.* 38′. cimiterii. — *f.* 41. Ordo ad reconciliandum uiolatam ecclesiam.

f. 43. Incipit ordo de VII ecclesiasticis gradibus. In primis prephatio ad faciendum clericum. Oremus, dilectissimi fratres, Dominum nostrum . . ., *et ordines minores.* — *f.* 51′. Ordinatio subdiachoni. — *f.* 52. Ordo, qualiter in Romana ecclesia presbiteri [et] diachoni eligendi sunt. — *f.* 56′. Ordinatio presbyteri. — *f.* 62. Ordo ad uocandum et examinandum seu consecrandum electum episcopum. — *f.* 70. *Missa.* — *f.* 85. Ordo ad abbatem canonicorum faciendum.

f. 89. Ordo Romanus, qualiter concilium agatur. Conueniente uniuerso cetu sanctorum episcoporum, abbatum . . . Oremus. Flectamus genua. Omnipotens sempiterne Deus — eamus cum pace.

f. 94. Benedictio ad ordinandum imperatorem secundum occidentales. Exaudi, Domine, preces nostras — per infinita seculorum secula. — *f.* 97′. Exercitui Francorum, Romanorum et Teutonicorum uitam et uictoriam. Sancte Theodore. Tu illos adiuua.

f. 98. Incipit ordo crismatis. Mane primo mansionarij ordinent . . . Exorcizo te, immunde spiritus . . . *Benedictio olei infirmorum,* — *f.* 100. *chrismatis, hymnus:* O redemptor sume carmen . . ., — *f.* 105. *olei catechumenorum, ordo in coena Domini.*

f. 108′. Benedictio in natale vnius martiris. Beati martiris . . . *Benedictio episcopalis man. rec.* — *f.* 109′ *vacuum.*

f. 110. Incipiunt benedictiones episcopales. hec dicitur in nocte natalis Domini. Omnipotens Deus, qui . . . *Benedictiones de tempore, de sanctis, de communi apostolorum, ceterae de communi* — *f.* 108′; de sancta Trinitate, in diebus dominicis.

f. 121. Ordinatio abbatis (monachorum *man. rec.*). In ordinatione abbatis . . . Capitulum ex canone Theodori. Ecclesie nostre, fratres karissimi . . . — *f.* 125′. *Missa, duae orationes ad velandas viduas.*

f. 127. Incipit officium, qualiter ordines generaliter celebrantur. Et no-tandum, quod ordines ... *Rubricae, ordo. — f.* 133. *Benedictiones. — f.* 133'. *Orationes. Complures librarii.*

f. 134'. Franciscus Maria Honoratus Polustinus ad Tybur ... *ut — f. 1,* *et nonnulla de codice eiusque partibus.*

Nonnulla aliis manibus et emendata et addita. — f. 1', 2, 2', 108'. 109 *deficit miniator.*

Neumae et notae musicae quadratae.

3. Pontificale.

Borghes. 72. A 1. membr. 228 + 1 f. 245 × 185 mm. saec. XIV.

f. 1. Ordo septem ecclesiasticorum graduum et ordinandi in gradibus, sed ante omnia clericum faciendi. Oremus, dilectissimi fratres, Dominum nostrum Iesum Christum ... *— f.* 2'. De psalmista. *— f.* 3. *Ordinatio* *graduum minorum, — f.* 10. *subdiaconi, — f.* 11'. *diaconi, — f.* 17. *presbyteri. — f.* 26'. Ordo ad uocandum seu examinandum uel consecran-dum electum episcopum. *— f.* 52. Ordo, qualiter Romanus pontifex aput basilicam s. Petri apostoli debeat consecrari. *— f.* 54'. Ordo coronandi imperatorem, *— f.* 67'. reginam. *— f.* 72. Benedictio abbatis uel abba-tisse. *— f.* 75'. Ordo ad monachum faciendum. *— f.* 79. Ordo ad uir-ginem benedicendam, *missa. — f.* 86'. Benedictio vidue, *missa.*

f. 88. Benedictio lapidis pro ecclesia edificanda. Oratio. Benedic, Do-mine, creaturam istam ... *Ordo ad benedicendam ecclesiam. — f.* 130. Benedictio poliandri seu cimiterii, *— f.* 135'. lapidis itinerarii, *— f.* 138'. tabule, patene, calicis, corporalium, crucis, incensi, *— f.* 144'. uestium sacerdotalium ac leuiticarum.

f. 145'. Ordo ad consignandos pueros. Oremus. Omnipotens sempi-terne Deus, regenerare digneris ... *Ordo confirmationis. — f.* 147. Bene-dictio ciborum, nove domus.

f. 149. Incipit ordo Romanus, qualiter agendum sit quinta feria in cena Domini ... Hac die sacrifitium sacri corporis et sanguinis ... Exorcizo te, immundissime spiritus ... *Benedictio olei infirmorum, chrismatis, olei* *catechumenorum. — f.* 149'. Ordo fer. VI in parasceue. *— f.* 161'. *Sab-* *bato sancto benedictio ignis, fontis, ordo baptizandi. — f.* 169'. Ordo Romanus, qualiter consilium agatur.

f. 175. Ordo ad dandam penitentiam, quando peccata sua uult aliquis confiteri ... Domine Deus omnipotens, qui non uis mortem ... *— f.* 179'. Ordo ad reconciliandum penitentem, *— f.* 181'. ad uisitandum infirmum. *— f.* 184a. Ordo compendiosus et consequens ad ungendum, *— f.* 185'. ad communicandum. *— f.* 187. Ordo commendationis anime, *litaniae.* *f.* 197. Ordo sepeliendi clericos Romane fraternitatis. *—* 205'. Ordo ad

33**

catechuminum faciendum. — *f.* 210′. Ordo ad signum ecclesie benedicendum. — *f.* 215. *Litaniae. Inter sanctos:* Maure, Placide, Ruphina. — *f.* 217′. Benedictio pere et baculi peregrinantium, que non est in ordinario. — *f.* 218′. Benedictio super crucem eius, qui est iturus Ierosolimam, oratio, que non est in papali ordinario; benedictio lapidis primarii, que non est in papali, uinei, — *f.* 219′. *aliis manibus:* casei, ouorum, fructuum. — *f.* 220. Ordo in consecratione cimiterii. — *f.* 222′. De consecratione papae. — Ordo in ordinandis septem gradibus. — Benedictio imaginis s. Marie, *desinit in:* cruciari gehennalibus. *Cuius orationis ante vocabula:* confessoris tui et patris nostri *in margine:* et beati Quirini pontificis et martiris.

Nonnulla aliis manibus et emendata et addita.

Miniat. color. rubro et caeruleo.

Notae musicae quadratae.

4. **Pontificale.**

Borghes. 332. D 3. membr. 83 f. 324×240 mm. 2 col. saec. XIV.

f. 1. Incipiunt benedictiones de toto circulo anni. Dominica prima de aduentu . . . Omnipotens Deus, cuius unigeniti . . . *Benedictiones episcopales de tempore usque ad dom. XXVII post octav. pentecost.* — *f.* 31′. *In anniversario dedicationis ecclesiae et altaris, de corona Domini, benedictiones diversae.* — *f.* 35′. *A s. Andreae usque ad s. Martini benedictiones proprii sanctorum.* — *f.* 42. *De communi sanctorum.*

f. 46′. Infrascriptus est ordo dicendus per pontificem, dum se parat ad missam. ant. Ne reminiscaris Domine . . . *Psalmi, preces, orationes.* — *f.* 51′. *Item ordo post missam.*

f. 53′. ℣. Cum mansuetudine et caritate humiliate uos ad benedictionem . . . *Notis musicis quadratis instructum.*

f. 54. Episcopus, qui facit degradationem . . . Modus seu forma degradationis actualis. In oblatione calicis et patene. Aufferimus tibi . . . *Ordo tollendi omnes gradus.*

f. 59. In uigilia natalis Domini. ad vesperas capitulum. Fratres, Paulus seruus Christi . . . *Capitula et antiphonae vesperarum de tempore,* — *f.* 68. *de sanctis. Insunt:* — *f.* 72. In translatione s. Antonini m. — *f.* 73′. Commemoratio s. Antonini m. — *f.* 76. In festo s. Antonini m. — *f.* 81. *Antiphonae in processionibus de tempore et de sanctis.* — *f.* 81′. In translatione s. Antonini. — *f.* 82. In festo s. Antonini. — *Initia antiphonarum notis musicis quadratis instructa.* — *f.* 82′, 83 *vacua.*

Miniat. color. rubro et caeruleo.

Notae musicae quadratae.

5. Pontificale.

Ottobon. 270. membr. 85 f. 257 × 170 mm. saec. XIV.

f. 1. Incipit ordo ad clericvm faciendum. Oremus, dilectissimi fratres, Dominum nostrum Iesum Christum . . . — *f.* 2. Ad ordinandum psalmistam id est cantorem, — *f. 2'. minores gradus,* — *f.* 6. *subdiaconum,* — *f. 7'. diaconum,* — *f.* 10'. *presbyterum.* — *f.* 14. Ordo ad uocandum et examinandum seu consecrandum electum episcopum.

f. 26'. Incipit ordo ad benedicendam ecclesiam. In primis erunt preparata . . . Exorcismus salis. Exorcizo te . . . — *f.* 43'. *Missa.* — *f.* 45'. Reconciliatio uiolate ecclesie. — *f.* 48'. Benedictio vestium sacerdotum ac levitarum, *vasorum ecclesiae,* crucis nove.

f. 53. Ad abbatem benedicendum uel abbatissam. Primum eligitur ab omni congregatione . . . oratio. Actiones nostras . . . — *f.* 55'. Ordo ad monachum faciendum. — *f.* 58'. Ordo ad virginem benedicendam. — *f.* 62. Benedictio vidue. — *f.* 62'. *Missa.* — *f.* 65. Missa ad diaconam faciendam. — *f.* 67'. Missa ad sponsam benedicendam, benedictio; *missarum partes, quae canuntur, neumis sine lineis instructae.*

f. 70. Benedictio lapidis itinerarii. Dominum omnipotentem, fratres dilectissimi, uotis . . . — *f.* 72. Ordo, qualiter agendum sit V fer. in cena Domini, *benedictio olei infirmorum, chrismatis, olei catechumenorum.*

f. 76'. Incipit ordo, qualiter Romanus pontifex aput basilicam beati Petri apostoli debeat ordinari. Primicerius cum scola . . . Adesto supplicationibus nostris . . . — *f.* 78. Ordo ad benedicendum imperatorem. — *f.* 80'. Ordo Romanus, qualiter concilium agatur. — *f.* 84'. Ordo ad consignandos pueros. — *f.* 81—85 *al. man.*

Nonnulla in marginibus al. man. addita.

Miniat.: — f. 1. littera O et pictura linearis.

Neumae.

6. Pontificale.

Vatican. 1152. membr. II + 124 f. 354 × 243 mm. saec. XIV.

f. I. *vacuum.*

f. II. Incipiunt capitula libri pontificalis. De officio prime tonsure . . . *Index.*

f. 1. Ordo septem ecclesiasticorum graduum et in gradibus ordinandi, set ante omnia clericum faciendi. Oremus, fratres dilectissimi, Dominum nostrum Iesum Christum . . . — *f.* 2. Ordinatio cantoris seu psalmiste. — *f.* 2. *Ordinatio minorum graduum,* — *f.* 5'. *subdiaconi,* — *f.* 6. *diaconi,* — *f.* 8'. *presbyteri.* — *f.* 12. Ordo ad uocandum seu examinandum uel consecrandum electum episcopum. — *f.* 24'. Ordo, qualiter Romanus pontifex apud basilicam beati Petri apostoli debeat consecrari. — *f.* 32. Ordo ad benedicendum et coronandum imperatorem, — *f.* 38. reginam. — *f.* 40. Benedictio abbatis et abbatissae. — *f.* 42. Ordo ad monachum faciendum. — *f.* 44. Ordo ad uirginem benedicendam. — *f.* 48′. Benedictio pere et baculi peregrinorum, que non est in ordinario pape, — *f.* 50. super crucem eius, qui iturus est Hierosalem.

f. 50′. Benedictio lapidis primarii, que non est in ordinario pape . . . Benedic, Domine, lapidem istum . . ., benedictio lapidis pro ecclesia edificanda, ordo ad benedicendum ecclesiam. — *f.* 73. Benedictio poliandri, ordo ad signum *(campanam)* ecclesie benedicendum. — *f.* 76. Reconciliatio ecclesie violate. — *f.* 78. Benedictio lapidis itinerarii, — *f* 80′. altaris, — *f.* 81. patene, calicis, noue crucis, — *f.* 83. vestium sacerdotalium ac leuiticarum.

f. 84′. Ordo ad consignandos pueros siue infantes. Infantes in brachiis dextris . . . Oremus. Omnipotens sempiterne Deus, qui regenerare . . . — *f.* 85. Benedictio panis, agni, aliorum ciborum, noue domus.

f. 86′. Incipit ordo Romanus, qualiter agendum sit quinta feria in cena Domini . . . Hac die sacrificium sacri corporis . . . Exorcizo te, immunde spiritus . . . *Benedictio olei infirmorum, chrismatis, olei catechumenorum.* — *f.* 92. *Ordo fer. VI in parasceve.* — *f.* 94′. *Ordo in sabbato sancto, benedictio ignis, ordo baptizandi.* — *f.* 99′. Ordo Romanus, qualiter concilium agatur.

f. 106. Ordo ad uisitandum infirmum. Sacerdos sit indutus . . . Oratio. Introeat, Domine Iesu Christe . . . — *f.* 107′. *Ordo ad ungendum,* — *f.* 109. *ad communicandum.* — *f.* 110. *Ordo commendationis animae.* — *f.* 115. Ordo sepeliendi clericos Romane confraternitatis.

f. 119. Ordo ad catechuminum faciendum. in ecclesie limine sacerdos . . . Iohannes, quid petis? . . . — *f.* 122. *Litaniae. Inter sanctos:* Maure, Placide, Ruphina. *Additamenta:* quando ordinantur diaconi vel presbiteri; quando consecratur vel reconciliatur ecclesia.

f. 124. Ueni creator Spiritus — Qui paraclitus diceris; *notis musicis quadratis instructum.*

Multa eadem et al. man. addita; compluribus locis lineae notarum musicarum vacuae.

Pict. miniat. color. et inaurat.; — f. 1 flor.; insigne abrasum. Notae musicae quadratae.

7. Pontificale.

Vatican. 1153. membr. VIII + 115 f. 299 × 212 mm. 2 col. saec. XIV.

f. I. [O]rdo, qualiter episcopus debet agere in conferendo ordines et in primo in prima tonsura. [P]rimo debet episcopus accedere ad altare . . .

Rubricae. — *f.* I'. *Ordinatio minorum graduum,* — *f.* II'. *subdiaconi,* — *f.* III. *diaconi,* — *f.* IIII'. *presbyteri; al. man. saec. XV et folia minora.* — *f.* VI', VII, VIII *vacua.*

f. 1. Ordo septem ecclesiasticorum graduum et in gradibus ordinandi, sed ante omnia clericum faciendi. Oremus, dilectissimi fratres, Dominum nostrum Iesum Christum . . ., *et ordinatio minorum graduum,* — *f.* 5. *subdiaconi.* — *f.* 6. Ordo, qualiter in Romana ecclesia diaconi et presbiteri eligendi sunt. — *f.* 6'. *Ordinatio diaconi,* — *f.* 8'. *presbyteri.* — *f.* 12. Ordo ad uocandum seu examinandum uel consecrandum electum episcopum. — *f.* 24'. Ordo, qualiter Romanus pontifex apud basilicam beati Petri apostoli debeat ordinari. — *f.* 26. Ordo ad consecrandum et coronandum imperatorem (missa pro imperatore), — *f.* 33'. ad reginam coronandam. — *f.* 35'. Benedictio abbatis vel abbatisse. — *f.* 37. Ordo ad monachum faciendum, — *f.* 39. ad virginem benedicendam, *missa.* — *f.* 42'. Benedictio vidue. — *f.* 43'. Benedictio pere et baculi peregrinorum, que non est in ordinario pape. — *f.* 44'. Benedictio crucis eius, qui iturus est Hierosalem.

f. 44'. Benedictio lapidis primarii, que non est in papali. Benedic, Domine, lapidem istum . . ., *et litaniae.* — *f.* 45'. Benedictio lapidis pro ecclesia hedificanda. — *f.* 46. Ordo ad benedicendam ecclesiam. — *f.* 65'. Benedictio poliandri seu cimiterii. — *f.* 66. Reconciliatio ecclesie. — *f.* 68'. Benedictio lapidis itinerarii, — *f.* 70. lapidis vel tabule, *vasorum ecclesiae,* patene, calicis, corporalium, crucis nove, — *f.* 73'. *vestimentorum sacerdotum ac levitarum.*

f. 74. Ordo ad consignandum pueros siue infantes hic est. Infantes in brachiis dextris . . . Oratio. Omnipotens sempiterne Deus, qui regenerare . . . — *f.* 75. Benedictio panis, agni, aliorum ciborum, fructuum, nove domus.

f. 76'. Incipit ordo Romanus, qualiter agendum sit quinta feria in cena Domini . . . Hac die sacratissimum sacri corporis . . . Exorcizo te, immundissime spiritus . . . *Benedictio olei infirmorum, chrismatis, olei catechumenorum.* — *f.* 82. *Ordo fer. VI parasceve.* — *f.* 83'. *Ordo sabbato sancto; benedictio ignis, ordo baptizandi.* — *f.* 88'. Ordo Romanus, qualiter concilium agatur.

f. 92. Ordo ad dandam penitentiam, quando peccata sua uult aliquis confiteri. Oratio. Domine Deus omnipotens, qui non uis . . . — *f.* 94'. Ordo ad reconciliandum penitentem. — *f.* 95'. Ordo ad uisitandum infirmum. — *f.* 97'. Ordo compendiosus et consequens ad ungendum, — *f.* 98. ad communicandum. — *f.* 99. Ordo commendationis anime, *litaniae.* — *f.* 104'. Ordo sepeliendi clericos Romane fraternitatis.

f. 109. Ordo cathecuminum faciendi. Stans in ecclesie limine sacerdos . . . Iohannes, quid petis? — eleuatur et asportetur.

f. 112. Ordo ad signum *(campanam)* ecclesie benedicendum, antequam eleues . . . Benedic, Domine, hanc aquam . . ., *et litaniae. Inter sanctos:*

Maure, Placide, Ruphina. — *f.* 114'. Benedictio mapparum seu tobalearum *al. man.* — *f.* 115. *Eadem al. man. et:* forma absolutionis in mortis articulo. — *f.* 115' *vacuum.*

Complura folia laesa.

Nonnulla aliis manibus addita. — *f. 20. Duae scidae chart. agglutinatae.*
Miniat. color.

Notae musicae quadratae.

8. Pontificale.

Vatican. 1154. membr. 186 f. 327×228 mm. 2 col. saec. XIV. XV.

f. 1, 2 *desunt.*

f. 3. Ordo septem ecclesiasticorum graduum et in gradibus ordinandi, sed ante omnia clericum faciendi. Oremus, dilectissimi fratres, Dominum nostrum Iesum Christum . . . — *f.* 4'. Institutio psalmistae seu cantoris. — *f.* 4'. *Ordinatio minorum graduum,* — *f.* 8'. *subdiaconi,* — *f.* 10. *diaconi,* — *f.* 13'. *presbyteri.* — *f.* 18. Ordo ad uocandum seu examinandum vel consecrandum electum episcopum. — *f.* 36'. Ordo, qualiter Romanus pontifex apud basilicam s. Petri apostoli debeat ordinari. — *f.* 39. Ordo ad benedicendum imperatorem, — *f.* 51. reginam uel imperatricem. — *f.* 54'. Benedictio abbatis vel abbatissae. — *f.* 56'. Specialis benedictio abbatissae. — *f.* 57'. Ordo ad monachum faciendum, — *f.* 60'. ad virginem benedicendam. — *f.* 67. Benedictio vidue.

f. 68. Benedictio lapidis pro ecclesia hedificanda. oratio. Benedic, Domine, creaturam . . . — *f.* 68'. Ordo ad benedicendam ecclesiam. — *f.* 96. *Missa:* Terribilis est locus . . . *Introitus, graduale, offertorium, communio notis musicis quadratis instructa.* — *f.* 99. Benedictio poliandri seu cimiterii. — *f.* 99'. Reconciliatio ecclesie violate. — *f.* 103. Benedictio lapidis itinerarii et tabule. — *f.* 105'. Consecratio patene, calicis, corporalium, — *f.* 107. crucis nove, — *f.* 109'. planete, indumentorum sacerdotum seu leuitarum.

f. 110'. Ordo ad consignandum pueros . . . Oremus. Omnipotens sempiterne Deus, qui regenerare . . . — *f.* 111'. Benedictio ciborum, domus nove.

f. 113. Incipit ordo Romanus, qualiter agendum sit V. feria in cena Domini . . . Hac die sacrifitium sacri corporis . . . *Benedictio olei infirmorum, chrismatis, olei catechumenorum.* — *f.* 121'. *Ordo fer. VI in parasceve.* — *f.* 123'. *Sabbato sancto benedictio ignis, fontis, ordo baptizandi.* — *f.* 131. Ordo Romanus, qualiter concilium agatur.

f. 137. Ordo ad dandam penitentiam, quando peccata sua uult aliquis confiteri . . . Domine Deus omnipotens, qui non uis . . . — *f.* 142. Ordo ad reconciliandum penitentem. — *f.* 143'. Ordo ad uisitandum infirmum. — *f.* 147. Ordo compendiosus et consequens ad ungendum. — *f.* 148'.

Ordo ad communicandum. — *f.* 150. Ordo commendationis anime, *litaniae.* — *f.* 159'. Ordo sepeliendi clericos Romane fraternitatis.

f. 167. Ordo cathecuminum faciendi. stans in ecclesie limine sacerdos . . . Iohannes, quid petis? . . . *Ordo baptizandi.*

f. 172'. Ordo ad signum ecclesie benedicendum, antequam eleues in altum. lauabis aqua benedicta . . . Benedic, Domine, hanc aquam . . ., *et litaniae. Inter sanctos:* Vincenti, Kyriace, Marcelline, Maure, Placide, Liberi, Ruphina, Palatia. — *f.* 178'. Redemptor, sume carmen — temet concinnentium, *notis musicis quadratis instructum.*

f. 179. Finita missa sacerdos sine casyla . . . Non intres in iudicium . . . *Ordo sepeliendi.*

Nonnulla in marginibus eadem et aliis manibus addita.

Pict. miniat. color. et inaurat.

Notae musicae.

9. Pontificalis ordo dedicationis ecclesiae.

Borghes. 11. A 1. membr. 136 f. 308 × 230 mm. saec. XV.

f. 1. Prima ipsa nocte, antequam ecclesia dedicatur . . . antiphona . . . Adesto Deus unus omnipotens . . . *Ordo dedicationis ecclesiae. — f.* 22'. *Litaniae.*

f. 61'. Finita prefatione uadat episcopus ante altare . . . antiphona. Introibo ad altare Dei . . . *Ordo consecrationis altaris.*

f. 109'. Ad missam. Terribilis est locus . . . *Introitus. Missa in dedicatione, totum officium. Introitus, graduale, offertorium, praefatio, communio notis musicis quadratis instructa.*

f. 130'. Et si reliquie sunt condende, episcopus ueniens ad locum . . . antiphona. Exultabunt sancti in gloria . . . *Ordo ad condendas reliquias.* — *f.* 136' *vacuum.*

Nonnulla eadem et aliis manibus addita.

Miniat. color. — f. 34. Pictura linearis.

Notae musicae quadratae.

10. Pontificale.

Borghes. 99. A 2. membr. 50 f. 235 × 175 mm. saec. XV.

f. 1. Nro. 54.

f. 1'. Ad tertiam oratio. Dominus vobiscum . . . Deus, qui salutis eterne . . . *Suffragia consueta, item ad sextam.*

f. 3. Hii psalmi, qui secuntur, debent dici, quando episcopus induit sandalia. Quam dilecta . . . *Psalmi, preces, oratio.*

f. 5. Incipit officium, qualiter ordines generaliter celebrantur. Et notandum, quod ordines possunt . . . Sic agite, quasi reddituri . . . *Ordinatio minorum graduum.* — *f.* 10'. *subdiaconorum, litaniae. Inter sanctos:* Saturnine, Seuerine, Bertrande, Martialis, Ylari; — *f.* 14'. *diaconi,* — *f.* 19. *presbyterorum.*

f. 29. Sabbato ieiuniorum post festum sancte Lucie officium. Ueni et ostende . . . *Missae ab episcopo in conferendis ordinibus celebrandae.* — *f.* 32'. Sabbato post cineres. — *f.* 36'. Sabbato ante dominicam in passione. — *f.* 43. Sabbato post pentecost. — *f.* 46'. Sabbato ieiuniorum in festo sancte Crucis.

Nonnulla in marginibus eadem et al. man. addita.

11. **Pontificale.**

Ottobon. 27. membr. 50 + 2 f. 186 × 138 mm. saec. XV.

f. 1. in atriis tuis super milia . . . *Ps. 83, 11—13 et ps. 84, 1—8; desinit v. 8 in:* salutare tuum. *al. man.* — *f.* 1'. *vacuum.*

f. 1 a. Ex codicibus Iohannis Angeli ducis ab Altaemps. — *f.* 1 a' *vacuum.*

* *f.* 1 b. Quando pontifex preparat se ad missam . . . Ne reminiscaris, Domine . . . Quam dilecta tabernacula tua . . . *Praeparatio ad missam, psalmi et orationes.* — *f.* 6. *Rubricae.* — *f.* 7'. *Orationes ad induenda vestimenta.* — *f.* 10. Aliae orationes praeparatoriae . . . Ps. 121. — *f.* 12. Post missam. Trium puerorum. Benedicite . . ., *ps. 150, orationes.*

f. 14'. Pontifex facturus officium chrismatis . . . Spiritus sanctus superueniat in uos . . . *Ordo confirmationis.*

f. 16'. Incipit benedictio salis et aque. ℣. Adiutorium nostrum . . . Exorcizo te . . . *Ordo ad benedicendam aquam.*

f. 19. Ad conficiendum agnos Dei paretur aqua . . . Oremus. Domine Deus Pater omnipotens . . . *Ordo benedicendi agnos Dei.*

f. 22. Incipit ordo baptismi. In primis interroget sacerdos . . . Quod est nomen eius? . . . — *f.* 26'. Ordo ad benedicendum mulieres in ecclesia.

f. 27'. Incipit ordo ad communicandum infirmum. In primis pulsetur campana capituli et fratres . . . Pax huic domui . . . Dominus Ihs Xps, qui dixit . . . — *f.* 30. Ordo ad ungendum infirmum. — *f.* 34. *Ordo commendationis animae et litaniae.* — *f.* 41. *Ordo curandi mortuum et sepeliendi.*

Nonnulla in marginibus al. man. addita.

Miniat. color. et inaurat. — *f. 1 b. Margines flor. distincti et insigne cuiusdam episcopi.*

12. **Pontificale.**

Ottobon. 501. membr. 208 f. 361 × 255 mm. saec. XV.

f. 1. [P]ontifex pueros seu infantes in fronte crismare uolens . . . [S]piritus šanctus superueniat uos . . . *Ordo confirmandi.* — *f.* 3'. De psalmista faciendo et de ordinibus conferendis. — *f.* 6'. De prima tonsura. — *f.* 9'. *Ordinatio minorum graduum,* — *f.* 15. *subdiaconi et litaniae,* — *f.* 19'. *diaconi,* — *f.* 27. *presbyteri.* — *f.* 37'. Consecratio electi in episcopum. — *f.* 67'. De pallio. — *f.* 68. Benedictio abbatis cum ordine faciendi monachum ex electo seculari, septem psalmi penitentiales. — *f.* 88'. Benedictio abbatissae. — *f.* 97'. Benedictio et consecratio virginum. — *f.* 114. Benedictio et coronatio regis, — *f.* 123. regine cum rege, — *f.* 128. regine ut dominae regni absque rege. — *f.* 136. Benedictio novi militis.

f. 138'. Antiphona. Ne reminiscaris — Deus noster. Ps. Domine. *Evovae ad psalmos poenitentiales (— f. 75') addendae.*

f. 139. [N]emo ecclesiam edificet, priusquam pontificis . . . Exorcizo te, creatura salis . . . *Benedictio lapidis primarii.* — *f.* 145'. Dedicatio vel consecratio ecclesie. — *f.* 187'. Benedictio tobalearum, *vasorum et ornamentorum ecclesiae et altaris.* — *f.* 191. Consecratio altaris, que fit sine ecclesie dedicatione. — *f.* 206'. Benedictio tobalearum . . . altaris. — *f.* 207. *Missa, desinit in:* Secreta. Omnipotens.

Miniat. color. et inaurat. Picturae et loca ad litteras initiales et imagines pingendas vacua.

Notae musicae quadratae.

In inventario bibliothecae Ottobon. ad cod. 501: Pontificale ornatum picturis Petri Perusini Raphaelis Vrbinatis magistri, *sed cf.:*

Seroux d'Agincourt, Histoire de l'art (Paris 1823) II, p. 81. — *Beissel,* Vaticanische Miniaturen S. 46.

13. **Pontificale.**

Ottobon. 547. membr. 196 f. 140 × 110 mm. saec. XV.

f. 1. Mitra aurificzata vtendum est . . . *De usu mitrae et pallii al. man.*

f. 2'. R. VIII 8. Cod. 5. Ex codicibus Ioannis Angeli ducis ab Altaemps.

f. 3. Ordo ·VII· ecclesiasticorum graduum et in gradibus ordinandum, set ante omnia clericum faciendi. Oremus, dilectissimi fratres, Dominum nostrum Iesum Christum . . . — *f.* 9. *Ordinatio minorum graduum.*

f. 22. Benedictio lapidis pro ecclesia hedificanda. Oratio. Benedic, Domine, creaturam . . . — *f.* 23. Benedictio lapidis itinerarii, — *f.* 32'. patenae et calicis, — *f.* 36'. corporalis, — *f.* 37. indumentorum sacerdotum ac leuitarum.

f. 40. Ordo autem ad consignandum pueros siue infantes ... Infantes in brachiis dextris ... Oratio. Omnipotens sempiterne Deus, qui regenerare ... — *f.* 44. Ordo, qualiter fieri debeant exequie pro defunctis clericis.

f. 53. De officio subdiaconi. Subdiaconum oportet preparare ... *Ordinatio subdiaconi,* — *f.* 57. *diaconi,* — *f.* 69. *presbyteri, ad quam* — *f.* 84'. *nonnulla addita.*

f. 85. Incipit ordo Romanus, qualiter agendum sit quinta feria in cena Domini ... Hac die sacrificium sacri corporis ... Exorcizo te, immundissime spiritus ... *Benedictio olei infirmorum, chrismatis, olei catechumenorum.*

f. 105. Benedictio abbatis uel abbatisse ... oratio. Quesumus, omnipotens Deus, ut hunc famulum tuum ... — *f.* 111. Specialis benedictio abbatisse. — *f.* 112'. Benedictio lapidis primarii, que non est in papali ordinario. — *f.* 113. Oratio ad benedicendam uirginem. — *f.* 130. Benedictio uidue.

f. 133. Ordo, qualiter preparare se debeat episcopus aut sacerdos celebraturus missam. In primis oratio ad sandalia. Calcia, Domine, pedes meos ... *Orationes ad vestimenta induenda.*

f. 137. Psalmus. Quam dilecta ... *Praeparatio ad missam, psalmi, preces, orationes.* — *f.* 149'. *Ordo missae.* — *f.* 164. *Praefatio communis cum initio.* — *f.* 168. *al. man.* O anima Xpi — conforta me. — Salue salus mundi, verbum Patris — ipse cibus. — *f.* 169'. Te igitur ... *Canon. Ante commemorationem vivorum:* Commemoratio pro se ipso.

f. 193. Oratio dicenda per episcopum, antequam procedat ad missam celebrandam. Summe sacerdos ...; *desinit in:* gaudium et refrigerium. *al. man.*
Multa aliis manibus addita.

Pict. miniat. color. et inaurat. flor. Picturae tabulares: — *f. 168'. Pictura canonis.* — *f. 169. Maria cum puero Iesu in throno residens, s. Constantius, s. Thomas, episcopus orans.*

Notae musicae quadratae.

14. Pontificalis ordo consecrandi episcopum.

Regin. 843. chart. III + 82 f. 203 × 146 mm. saec. XV.

f. I, II, III *vacua.*

f. 1. Chy en apres sensieut (?) l ystore de trois roys translatee de latin en franchois. Ov nom de la sainte Trinite — in secula seculorum. Amen. — *f.* 51. Explicit l histore ... translatee et parfaite 1469.

f. 52. Incipit officium in consecratione episcopi. Presbiter, qui consecrandus est episcopus ... Adest electus noster ad consecrationem ...; *examinatio, professio consecrandi, instrumenti consecrationis exemplum; al. man.* — *f.* 79, 80, 81, 82 *vacua.*

Nonnulla al. man. addita.

Pict.: — *f.* 1.

15. **Pontificale.**

Vatican. 1155. membr. 222 f. 315 × 221 mm. saec. XV.

f. 1. Ordo septem ecclesiasticorum graduum et in gradibus ordinandi, sed ante omnia clericum faciendi. Oremus, dilectissimi fratres, Dominum nostrum Iesum Christum . . . — *f.* 3. Institutio psalmistae seu cantoris. — *f.* 3. *Ordinatio graduum minorum,* — *f.* 8'. *subdiaconi,* — *f.* 10'. *diaconi,* — *f.* 15. *presbyteri.* — *f.* 20'. Ordo ad uocandum seu examinandum uel consecrandum electum episcopum. — *f.* 43. Ordo Romanus, qualiter pontifex Romanus apud basilicam s. Petri apostoli debeat ordinari. — *f.* 46'. Ordo ad benedicendum imperatorem, — *f.* 61. reginam. — *f.* 65. Benedictio abbatis uel abbatissae. — *f.* 68'. Ordo ad monachum faciendum, — *f.* 72. ad uirginem benedicendam, — *f.* 79. ad benedicendam viduam. — *f.* 80'. Benedictio pere et baculi peregrinantium, — *f.* 82'. crucis eius, qui iturus est Ierosolem.

f. 83. Benedictio lapidis primarii. Benedic, Domine, lapidem istum . . .; benedictio lapidis pro ecclesia edificanda. — *f.* 83'. *Litaniae.* — *f.* 85. Ordo ad benedicendum ecclesiam, — *f.* 127. poliandrum seu cimiterium. — *f.* 127'. Reconciliatio ecclesie violate. — *f.* 132'. Benedictio lapidis itinerarii, — *f.* 135'. tabule, — *f.* 136'. patene, calicis, crucis noue, — *f.* 142. indumentorum sacerdotum seu leuitarum.

f. 143'. Ordo ad consignandum pueros siue infantes . . . Infantes in dextris brachiis . . . oratio. Omnipotens sempiterne Deus, qui regenerare . . . *Ordo confirmationis.* — *f.* 144. Benedictio ciborum, domus noue.

f. 147. Incipit ordo Romanus, qualiter agendum sit quinta feria in cena Domini . . . Hac die sacrificium sacri corporis . . . *Benedictio olei infirmorum, chrismatis, olei catechumenorum.* — *f.* 149'. *Ordo fer. VI in parasceve.* — *f.* 152. *Sabbato sancto benedictio ignis, fontis, ordo baptizandi.* — *f.* 171'. Ordo Romanus, qualiter concilium agatur.

f. 178'. Ordo ad dandam penitentiam, quando peccata sua uult aliquis confiteri . . . oratio. Domine Deus omnipotens, qui non uis . . . — *f.* 183'. Ordo ad reconciliandum penitentem, — *f.* 185'. ad uisitandum infirmum. — *f.* 189'. Ordo compendiosus et consequens ad ungendum. — *f.* 193'. Ordo commendationis anime, *litaniae.* — *f.* 204'. Ordo sepeliendi clericos Romane fraternitatis.

f. 212'. Ordo ad catechuminum faciendi. stans in ecclesie limine sacerdos . . . Iohannes, quid petis? . . . *Ordo baptizandi.* — *f.* 218'. Litanie. *Inter sanctos:* Vincenti, Maure, Placide.

f. 221. Rubrice principales libri pontificalis siue ordinarii. *Index.*
Nonnulla aliis manibus addita.
Pict. miniat. color. et inaurat. flor.
Notae musicae quadratae.

16. **Pontificale.**

Vatican. 1156. membr. 206 f. 376×258 mm. saec. XV.

f. 1. De officio subdiaconi. Subdiaconum oportet . . . Uidete, cuius misterium . . . *Ordinatio subdiaconi, — f. 4'. diaconi, — f.* 13. *presbyteri. — f.* 22'. Oratio ad vocandum seu examinandum uel consecrandum electum episcopum. — *f.* 65. Ordo ad benedicendum imperatorem. — *f.* 80. Benedictio regine uel imperatricis, — *f.* 86'. abbatis, — *f.* 91. abbatisse. — *f.* 92'. Ordo ad virginem benedicendam.

f. 108. Ordo ad bcnedicendum ecclesiam. In primis erunt preparata . . . Exorcizo te, creatura salis . . . — *f.* 172'. Benedictio poliandri seu cymiterii. — *f.* 174. *Litaniae. Inter sanctos:* Benedicte, Maure, Placide, Rufina. — *f.* 175. Ordo Romanus, qualiter concilium agatur.

f. 187. Cum rex in imperatorem electus peruenerit ad portam Collinam . . . *Ordini ad coronandum imperatorem et reginam addendum et iusiurandum imperatoris.*

f. 206. Albertus de Ferraria. — *f.* 206' *vacuum.*
Pict. miniat. color. flor.
Notae musicae quadratae.

17. **Pontificale.**

Vatican. 4742. membr. 123 f. (f. 25—30, 52, 56, 57, 65, 66 chart.) 380×260 mm. saec. XV.

f. 1. Incipit ordo ad uocandum seu examinandum uel consecrandum electum episcopum, qui si fuerit electus de ecclesia Romana . . . Sabbati die circa vesperas sedente dompno apostolico in atrio — consecrandum nequaquam. — *f.* 14. Antiqua sanctorum patrum institutio — recipiatur ad osculum. *Examinatio.* — *f.* 22. Ita igitur examinatus . . . *Rubricae, ordo consecrationis. — f.* 25—30. *Litaniae recentiore tempore insertae. — f.* 69 *desinit in:* benedictione danda per uiam. — *f.* 69', 70, 71 *vacua.* — *f.* 72. Dilecto nobis fratri . . . *Allocutio et oratio. — f.* 83' *vacuum.*

f. 84. Incipiunt letanie, quas scola imponat, si presens sit . . .; *desinunt — f.* 99'. *in:* Kyrieleyson. — *f.* 100, 101 *vacua.*

f. 102. Missa in consecratione episcoporum. Dominica die . . . Oratio. Adesto supplicationibus . . . *Rubricae, oratio, secreta, Hanc igitur, postcommunio.* — *f.* 106. Missa in anniuersario consecrationis et benedictionis Romani pontificis. Oratio. Deus, qui licet . . . *Oratio, secreta, postcommunio. — f.* 109', 110, 111 *vacua.*

f. 112. De benedictione abbatis uel abbatisse. Oratio. Quesumus, omnipotens . . . *Rubricae et ordo. — f.* 123 *vacuum.*
Miniat. color. et inaurat.
Notae musicae quadratae.

18. Pontificale.

Vatican. 5791. membr. 280 f. 329 × 225 mm. saec. XIII. XIV.

f. 1. [H]ic incipit ordinatio clericorum. Et ideo, quod in ordinationibus ... *Rubricae.* — *f.* 5. Ordo septem ecclesiasticorum graduum et in gradibus ordinandi, sed ante omnia clericum faciendi. oratio. Dilectissimi fratres, Dominum nostrum Ihm Xpm ..., *et ordinatio minorum ordinum, subdiaconi, diaconi, presbyteri.* — *f.* 33′. Ordo ad uocandum seu examinandum uel consecrandum electum episcopum. — *f.* 62′. Ordo, qualiter Romanus pontifex apud basilicam beati Petri apostoli debeat ordinari. — *f.* 66′. Ordo ad benedicendum et coronandum imperatorem, reginam, — *f.* 89. ad benedicendum abbatem, abbatissam, — *f.* 93. ad monachum faciendum, ad benedicendum uirginem, uiduam.

f. 109. Benedictio lapidis pro ecclesia hedi[fi]canda. Oratio. Benedic, Domine, creaturam ..., *et ordo ad benedicendam ecclesiam, benedictio altaris, linteaminum, vasorum ecclesiae, indumentorum sacerdotalium.* — *f.* 155′. Reconciliatio ecclesie uiolate. — *f.* 162. Benedictio lapidis itinerarii.

f. 174′. Ordo ad consignandum pueros siue infantes. hic cum infantes ... oratio. Omnipotens sempiterne Deus, qui regenerare ... *Ordo confirmandi, benedictiones variae.*

f. 180. Incipit ordo Romanus, qualiter agendum sit quinta feria in cena Domini ... Hac die sacrificium ... Exorcizo te, immundissime spiritus ... *Benedictio olei infirmorum, chrismatis, olei catechumenorum.* — *f.* 194. Ordo in feria sexta parasceues. — *f.* 197′. *Sabbato sancto benedictio ignis, cerei, ordo baptizandi,* letania septena, quina, trina. — *f.* 209. Ordo Romanus, qualiter concilium agatur.

f. 217′. Ordo ad dandum penitentiam, quando aliquis uult peccata sua confiteri ... oratio. Domine Deus omnipotens, qui non uis ... — *f.* 223′. Ordo ad reconciliandum penitentem. — *f.* 225′. Ordo ad uisitandum, ad ungendum, ad communicandum infirmum, *commendatio animae, ordo curandi mortuum.* — *f.* 248. Ordo sepelliendi clericos Romane fraternitatis. — *f.* 259′. Ordo ad catechuminum faciendum, — *f.* 266. ad signum vel campanam ecclesie benedicendam. — *f.* 272. Letanie. — *f.* 274′. Benedictio, que non est in ordinario domini pape: pere et baculi, super crucem eius, qui iturus est Yerosolimam, lapidis primarii. — *f.* 278. *Litaniae.*

f. 280′. Qui scripsit ... frater Guido de Burgo.
Multa in marginibus eadem et al. man. addita.
Pict. miniat. color. et inaurat. flor.
Notae musicae quadratae.

19. Pontificale.

Vatican. 4745. membr. I + 232 f. 320 × 214 mm. saec. XIV.

f. I. Benedictio cimiterii ... *Index a* — *f.* 124′ *usque ad finem; deest primum folium.*

f. 1. Ordo septem ecclesiasticorum graduum et in gradibus ordinandi, set ante omnia clericum faciendi. Oremus. Dilectissimi fratres, Dominum nostrum Iesum Christum . . . *Ordinatio graduum minorum,* — *f.* 9. *sub-diaconi.* — *f.* 11. Ordo, qualiter in Romana ecclesia diaconi et presbiteri eligendi sunt. — *f.* 21′. Ordo ad uocandum uel consecrandum electum episcopum. — *f.* 46. Ordo, qualiter Romanus pontifex apud basilicam beati Petri apostoli debeat ordinari. — *f.* 49. Ordo ad consecrandum et coronandum imperatorem, — *f.* 63. reginam. — *f.* 67′. Benedictio abbatis uel abbatissae. — *f.* 71. Ordo ad monachum faciendum, — *f.* 75. ad uirginem benediccndam. — *f.* 83. Benedictio uidue, que fuerit castitatem professa; *missae.*

f. 84′. Benedictio lapidis pro ecclesia hedificanda. Oratio. Benedic, Domine, creaturam istam . . ., *et ordo ad benedicendam ecclesiam.* — *f.* 119. *Benedictio linteaminum, vasorum, vestimentorum sacerdotalium,* — *f.* 124′. poliandri. — *f.* 125′. Reconciliatio ecclesie uiolate. — *f.* 130′. Benedictio lapidis itinerarii, *vasorum, vestimentorum sacerdotalium.*

f. 140′. Ordo ad consignandum pueros . . . Omnipotens sempiterne Deus, qui regenerare dignatus es . . . *Ordo confirmandi.* — *f.* 142. *Benedictio panis, aliorum ciborum, domus novae.*

f. 144. Incipit ordo Romanus, qualiter agendum sit V feria in cena Domini . . . Hac die sacrifitium . . . Exorcizo te, immundissime spiritus . . . *Benedictio olei infirmorum, chrismatis, olei catechumenorum.* — *f.* 156′. *Ordo in feria VI parasceves.* — *f.* 158′. *Ordo in sabbato sancto, benedictio ignis, fontis, ordo baptizandi.* — *f.* 167′. Ordo Romanus, qualiter concilium agatur.

f. 175. Ordo ad dandum penitentiam, quando peccata sua uult aliquis confiteri . . . Domine Deus omnipotens, qui non uis . . . — *f.* 181. Ordo ad reconciliandum penitentem. — *f.* 183′. Ordo ad uisitandum infirmum. — *f.* 188′. Ordo compendiosus et consequens ad ungendum, benedictio cilicii et cineris. — *f.* 191. *Ordo ad communicandum.* — *f.* 193′. Ordo commendationis anime *et curandi mortuum.* — *f.* 206′. Ordo sepeliendi clericos Romane fraternitatis.

f. 217. Ordo cathecuminum faciendi. Stans in ecclesia[e] limine sacerdos . . . Iohannes, quid petit ad ecclesiam Dei? — eleuatur, asportetur.

f. 223′. Ordo ad signum ecclesie benedicendum, antequam eleues . . . Benedic, Domine, hanc aquam . . . *Benedictio campanae et litaniae.*

Nonnulla in marginibus al. man. addita.

Pict. miniat. color. et inaurat.

Notae musicae quadratae.

20. **Pontificale.**

Vatican. 4744. membr. VIII + 89 f. 314 × 235 mm. saec. XV.

f. I. Incipiunt benedictiones episcopales super populum in missa diebus solempnibus . . . Benedictio in missa de luce natalis Domini. Oratio. Aperi,

Domine, os meum . . . *Benedictiones de tempore, de sanctis, de communi, in missis diversis. Complura aliis manibus addita.*

f. VII. Quando pontifex aliquo profecturus est. Egredere cum seruis tuis . . . *Orationes et preces al. man.*

f. VIII. Tabula praesentis libri pontificalis. Pontificalis ordinis liber incipit . . . Primo. De crismandis in fronte pueris . . . *Index.*

f. 1. Liber pontificalis ordinis habens tres partes in se . . . De crismandis in fronte pueris. Rubrica. Pontifex pueros . . . Oratio. Omnipotens sempiterne Deus, qui regenerare dignatus es . . . *Ordo confirmandi.* — *f.* 1′. De psalmista seu cantore, de clerico faciendo, *ordinatio minorum graduum,* — *f.* 5. *subdiaconi cum litaniis,* — *f.* 6′. *diaconi,* — *f.* 8. *presbyteri.* — *f.* 10. De examinatione, ordinatione, consecratione electi in episcopum et de missa in anniuersario die confirmationis. — *f.* 16′. Ordo ad Romanum pontificem ordinandum. — *f.* 17′. De monacho uel monacha uel alio religioso ad ordinem recipiendo. — *f.* 18′. De confirmatione et benedictione abbatis et abbatisse. — *f.* 20′. De ordinatione diaconisse, de benedictione et consecratione virginum, — *f.* 24. vidue. — Ordo Romanus ad benedicendum regem uel reginam in imperatorem uel imperatricem ordinandas. De regina in imperatricem benedicenda. De benedictione aliorum regum. De benedictione regine. — *f.* 28′. De benedictione principis siue comitis Palatini, — *f.* 29. novi militis.

f. 30. Incipit secunda pars huius libri pontificalis . . . De benedictione et impositione primarii lapidis in ecclesie fundatione. Rubrica. Nemo ecclesiam hedificat . . . Oratio. Domine Deus, qui licet celo . . . — *f.* 30′. De ecclesie dedicatione . . . — *f.* 34′. De consecratione altaris. — *f.* 36′. De altaris consecratione, que fit sine ecclesie dedicatione. — *f.* 40′. De consecratione altaris portatilis. — *f.* 42. De benedictione poliandri siue cimiterii. — *f.* 43′. De ecclesie violate et cimiterii violati reconciliatione. — *f.* 45′. De benedictione vasorum, indumentorum sacerdotalium, linteaminum, imaginum, ornamentorum, campanarum, — *f.* 50. ciborum, crucis trans mare proficisci volentium, pere et baculi peregrinorum, noue domus, nauis, armorum.

f. 53. Incipit tertia pars, in qua quedam circa officia ecclesiastica inseruntur . . . Ordo ferie quarte in capite ieiuniorum. Rubrica. In capite ieiuniorum penitentes . . . Omnipotens sempiterne Deus, parce . . . *Benedictio cinerum.* — *f.* 54. Ordo in cena Domini, lauatio pedum pauperum, reconciliatio penitentium, benedictio oleorum et chrismatis, mandatum. — *f.* 59. In fer. VI parasceues *ordo.* — *f.* 60. *Sabbato sancto ordo, benedictio ignis et fontis.* — *f.* 61′. Ordo ad benedicendum mensam, — *f.* 62. ad concilium seu synodum celebrandum. — *f.* 63. Ordo suspensionis et reconciliationis, — *f.* 64′. excommunicandi et absoluendi, — *f.* 65. ad reconciliandum apostatam, schismaticum, hereticum, — *f.* 66′. ad itinerandum, ad visitandum parochias,

34*

— *f. 67'.* ad recipiendum processionaliter prelatum, regem Romanum, principem, reginam, principissam.

f. 68. Qui ministri et que ornamenta pontifici missam celebranti solempniter sint necessaria. Pontifici missam celebranti . . . *De missa pontificis, episcopi, de missa coram pontifice et coram episcopo celebranda.* — *f. 75'. Psalmi et orationes ante missam dicendae.* — *f.* 84'. Ordo agendorum et dicendorum a sacerdote in missa priuata et feriali iusta consuetudinem curie vel ecclesie [Romane] Rubrica. Indutus planeta sacerdos . . . — *Rubricae.* — *f.* 87', 88, 89 *vacua.*

Multa in marginibus eadem et al. man. addita.

21. **Pontificale.**

Vatican. 4748 bis. membr. II + 216 f. 332×232 mm. saec. XV.

f. I. *Scriptum deletum.* — *f.* I' *vacuum.*

f. II. Incipiunt capitula totius libri. De offitio prime tonsure . . . *Index man. rec., man. saec. XVII perfectus et numeri foliorum appositi.*

f. 1. Quando episcopus ordinationem facere — undique circuiri. *Rubricae.* — *f.* 5', 6 *vacua.*

f. 7. Ordo septem ecclesiasticorum graduum et in gradibus ordinandi, sed ante omnia clericum faciendi. prephatio . . . Oremus, dilectissimi fratres, Dominum nostrum . . . *Ordo ad faciendum clericum et ordinatio minorum ordinum.* — *f.* 15. Ordo, qualiter in Romana ecclesia diaconi et presbiteri eligendi et ordinandi sunt. — *f.* 24'. Ordo ad uocandum seu examinandum et consecrandum electum episcopum. — *f.* 44. Ordo, qualiter Romanus pontifex apud basilicam beati Petri apostoli debeat consecrari. — *f.* 55. Ordo ad benedicendum et coronandum imperatorem, ad reginam coronandam. — *f.* 68. Benedictio abbatis uel abbatissae. — *f.* 74'. Ordo ad monachum faciendum, — *f.* 77'. ad uirginem, ad uiduam benedicendam, *aliae benedictiones.*

f. 86. Ordo ad benedicendum ecclesiam et altare. In primis erunt preparata . . . Exorcizo te, creatura salis . . .; ordo ad benedicendum altare, linteamina, poliandrum seu cimiterium, *vasa, vestimenta sacerdotalia.* — *f.* 124'. Ordo reconciliationis ecclesie.

f. 137'. Ordo ad consignandum pueros siue infantes. hic cum infantes brachiis . . . Omnipotens sempiterne Deus, qui regenerare . . . *Ordo con- confirmationis, benedictiones variae.*

f. 142'. Incipit ordo Romanus, qualiter agendum sit quinta feria in cena Domini . . . Hac die sacrifitium . . . Exorcizo te, immundissime spiritus . . . *Benedictio olei infirmorum, chrismatis, olei catechumenorum.* — *f.* 151'. Ordo in feria sexta parasceue. — *f.* 154'. *Sabbato sancto benedictio ignis, cerei, fontis, ordo baptismi.* — *f.* 162'. Ordo Romanus, qualiter concilium agatur.

f. 168'. Ordo ad dandum penitentiam. Quando peccata sua uult aliquis . . . Domine Deus omnipotens, qui non uis . . . — *f.* 173. Ordo ad reconciliandum penitentem, — *f.* 175. ad uisitandum, ad ungendum, ad communicandum infirmum, recunmendationis anime, *ad curandum mortuos.* — *f.* 189. Ordo sepeliendi clericos Romane fraternitatis, — *f.* 196'. ad cathecuminum faciendum. — *f.* 200'. Letanie.

f. 203'. Ordo ad benedicendum altare. Inprimis erunt preparata . . . Exorcizo te, creatura salis . . . *et benedictio linteaminum altaris.* — *f.* 215', 216 *vacua.*

Multa eadem man. in marginibus addita.

Pict. miniat. color. et inaurat. — *f.* 7. *Margines pict. distincti.*

Notae musicae quadratae.

22. **Pontificale.**

Vatican. 6831. membr. 189+1 f. 255×192 mm. saec. XV.

f. 1. Reconciliatio penitentum in cena Domini. feria V egreditur . . . Adest o uenerabilis pater . . . — *f.* 8. *Missa.*

f. 9'. Incipit ordo in cena Domini. [F]Eria quinta in cena Domini mane primo mansionarii . . . De hoc oleo, quo unguntur infirmi . . . *Benedictio olei infirmorum,* — *f.* 14. *chrismatis, hymnus:* O redemptor sume carmen — senescat tempore; — *f.* 28. *olei catechumenorum.* — *f.* 31'. *Ordo vesperarum et mandatum.* — *f.* 32. Ordo ad catecuminum faciendum.

f. 42'. Incipit ordo in sabbato sancto ad cattizandum infantes. Nec te latet, sathana . . . — *f.* 45'. *Benedictio cerei,* — *f.* 50'. *fontis, ordo baptismi et confirmationis; desinit in:* signo crucis confirmauimus.

f. 58. famulum tuum . . . *Ordo ad faciendum clericum,* — *f.* 59. ad barbam tondendam, — *f.* 59'. *ad ordinandum ostiarium, lectorem, exorcistam, acolythum,* — *f.* 65'. *subdiaconum.* — *f.* 68. Ordo, qualiter in Romana ecclesia diaconi et presbiteri eligendi sunt. — *f.* 79'. Ordo ad uocandum et examinandum seu consecrandum electum episcopum. — *f.* 88. *Missa.*

f. 97'. Qualiter ecclesia debet edifficari. primo dicat dominus episcopus . . . Sanctifica, Domine Iesu Christe . . . — *f.* 102. *Ordo ad benedicendam ecclesiam.* — *f.* 114. *Ordo litterarum Latinarum et Graecarum.* — *f.* 139. *Missa.* — *f.* 144. Reconciliatio uiolate ecclesie. — *f.* 150. Benedictio corporalis. Clementissime Domine, cuius . . ., patene, calicis.

f. 152. Ad abbatem benedicendum uel abbatissam. Primum eligitur ab omni congregatione . . . Et ne nos . . . — *f.* 156. Ad uirginem benedicendam. — *f.* 164'. Benedictio uiduae, que fuit castitate[m] professa, *missa.* — *f.* 170. Benedictio papae de episcopo facto.

34**

f. 171. Benedictio linteaminis. Domine Deus omnipotens, qui ab initio . . . , — *f.* 171'. uestimentorum sacerdotalium, — *f.* 172'. incensi, — *f.* 173. crucis nouae, — *f.* 175'. in dedicatione baptisterii, — *f.* 176'. cineris et cilicii, — *f.* 177. omnium rerum, quae in usu basilice.

f. 178'. Ordo, qualiter in ecclesia ab episcopis synodus agatur. Hora diei prima . . . Exaudi nos, Domine . . . — *f.* 187 *bis*. Benedictio cimiterij. — *f.* 188. *Index.* — *f.* 189' *vacuum.*

Permulta aliis manibus addita. Complura folia refecta.

Miniat. color. et inaurat.

Notae musicae quadratae.

23. **Pontificale.**

Ottobon. 1037. membr. III + 91 f. 230 × 190 mm. saec. XV. XVI.

f. I. Forma maioris excommunicationis. Cum ego talis — saluus fiat. — Confessionis forma. Confiteor Deo omnipotenti — bibendo cum eo etc. *man. saec. XVI.* — *f.* I' *vacuum.*

f. II. De confirmatione. Pontifex pueros in fronte . . . Omnipotens sempiterne Deus, qui regenerare . . . *Ordo confirmandi.*

f. 1. Incipit pontificalis ordinatio officii . . . In primis pontifici missam celebranti . . . Ne reminiscaris. ps. Quam dilecta . . . *Praeparatio ad missam, psalmi, preces, orationes.* — *f.* 4. *Orationes ad induenda vestimenta.* — Officium super funera, *absolutio.*

f. 5. De ordinatione clericorum. In primis episcopus siue pontificalibus indutus . . . Oremus, dilectissimi fratres, Dominum nostrum Iesum Christum . . . ; institutio psalmistae vel cantoris. — *f.* 6'. *Ordinatio minorum graduum,* — *f.* 8. *subdiaconi,* — *f.* 9. *diaconi,* — *f.* 11. *presbyteri.* — *f.* 13'. Ordo ad examinandum et consecrandum electum episcopum.

f. 19'. Ordo ad benedicendum seu dedicandum ecclesiam. In primis sint preparata . . . Exorcizo te, creatura salis . . . — *f.* 34'. Missa de dedicatione. Terribilis est locus . . . — *f.* 36. Ordo ad reconciliandum ecclesiam violatam. — *f.* 38. Ordo ad consecrandum cimiterium. — *f.* 42'. Ordo reconciliationis violati cimiterii. — *f.* 44'. Ordo consecrationis altaris immobilis. — *f.* 48. Ordo consecrationis lapidis itinerarii seu uiatici. — *f.* 50. Ordo ad benedicendum primarium lapidem.

f. 50'. Ordo ad consignandum seu confirmandum uel crismandum pueros post baptismum. In primis dicat episcopus. Omnipotens sempiterne Deus, qui regenerare . . . *Ordo confirmationis.* — *f.* 51. Consecratio patene et calicis, — *f.* 52. corporalium, uestium sacerdotalium, pontificalium, leuiticarum, indumentorum altaris, *vasorum, aliarum rerum ad usum ecclesiae,* — *f.* 54. crucis noue, — *f.* 55'. campane. — *f.* 58'. Ordo in cena Domini, *benedictio olei infirmorum, chrismatis, olei catechumenorum.*

f. 65. De monacho uel alio religioso faciendo. Qvando monachus uel alius religiosus ... Oratio. Deus indulgentie pater ... — *f.* 66. De professione nouiciorum. — *f.* 67. Confirmatio electi in abbatem regularem. — *f.* 70'. De benedictione abbatissae. — *f.* 71'. De ordinatione diaconissae et consecratione uirginum, *missa.* — *f.* 78. Letania. *Inter sanctos:* Mauri, Eleuteri, Hermagora et Fortunate, Proiecte et Acolite, Iuliane et Demetri, Ludouice, Eufemia, Martha.

f. 80. Aduentus Domini celebratur ... *Rubricae.* — *f.* 80'. *Ordo missae.* —- *f.* 82. *Praefationes, Communicantes, Hanc igitur.* — *f.* 84. Te igitur ... *Canon.* — *f.* 87. *Index.*

f. 88. Ordo uisitandi parochias. Pontifex uisitans parochias ... ps. De profundis ... Oremus. Deus, cuius misericordia ... — inquirens et de plano. *man. saec. XVI.* — *f.* 89' *vacuum.*

Nonnulla eadem et al. man. addita.

24. **Pontificale.**

Vatican. 4740. mixt. II + 12 f. 354 × 275 mm. saec. XV. XVI.

f. I, II *vacua.*

f. 1. Sanctissimus dominus noster papa indutus pluuiali ... Assumus, Domine sancte Spiritus ... *Ordo Romanus ad agendum concilium man. saec. XV.*

f. 4. Benedictio vexilli bellici deferendi contra inimicos christiani nominis. ℣. Adiutorium nostrum ... Omnipotens sempiterne Deus, qui es — Dominum nostrum. Amen. *al. man. 2 col.* — *f.* 5 *vacuum.*

f. 6. [Ad]iutorium nostrum ... [O]mnipotens sempiterne Deus, qui es ... *Benedictio ensis ad faciendum militem; man. saec. XVI; deficit miniator.* — *f.* I—6 *membr.*

f. 7 *vacuum.* — *f.* 8. Preces pro anno iubilei. *Inscriptio.* — *f.* 8' *vacuum.* — *f.* 9. Preces pro anno iubilei per Ivlivm III Pont. Max. approbate. in capella parua intonatur a pontifice sequens hymnus. Ueni creator Spiritus ...; *versus, responsorium, orationes.* — Te Deum laudamus.

f. 11'. Fridericus Marius Perusinus scriptor capellae Illmi. D. N. P͠p. pro anno iubilei M. D. L. scribebat. — *f.* 12 *vacuum.* — *f.* 7—12 *chart.* *Notae musicae quadratae.*

25. **Pontificale.**

Ottobon. 565. chart. IV + 86 f. 211 × 148 mm. saec. XVI.

f. I. N. 11. Cod. 26.

f. I'. Incipit ordo, qualiter presbiter ad missam se preparare debet ... Antiphona. Ne reminiscaris ... *Initia psalmorum, preces, orationes, orationes ad induenda vestimenta.*

f. II′. [T]abula capitulorum de his, que continentur in hoc libro. [D]e prima tonsura . . . *Index.* — *f.* III′ *vacuum.*

f. IV. Q V. 11. Ex codicibus Ioannis Angeli ducis ab Altaemps. — *f.* IV′ *vacuum.*

f. 1. Ordo ad faciendum clericum . . . Prenotandum est, quod, quando fuerint ordinationes . . . [O]remus, dilectissimi fratres, Dominum nostrum Iesum Christum . . . — *f.* 2. De ordinatione minorum graduum. — *f.* 7. De ordinibus sacris. — *f.* 7′. *Ordinatio subdiaconi, litaniae.* — *f.* 10′. *Ordinatio diaconi,* — *f.* 13′. *presbyteri.* — *f.* 18′. De crismandis pueris.

f. 19′. Ad benedicendum primum lapidem pro ecclesia edificanda. [N]emo ecclesiam edificare presumat . . . [D]omine Deus, qui licet celo . . . — *f.* 22. Ordo ad benedicendum ecclesiam, — *f.* 34. cimiterium. — *f.* 37′. Ordo ad reconciliandum ecclesiam violatam et cimiterium, — *f.* 41′. ad consecrandum altare in ecclesia, — *f.* 45. ad consecrandum altare portatile seu lapidem itinerarium. — *f.* 47. Benedictio patenae, calicis, corporalium, crucis, incensi, perae et baculi peregrinantium, — *f.* 52. campanae, — *f.* 54. candelarum, ramorum, vasculi, ubi stat corpus Christi, *vasorum ecclesiae,* — *f.* 55. dormitorii, *aliorum locorum,* — *f.* 56′. ciborum, — *f.* 57. ingredientium in coquinam, exeuntium ex coquina, iter agentium, redeuntium.

f. 58. Ad benedicendum abbatem perpetuum. [B]enedictio abbatis uel abbatisse. die statuto . . . Oratio. [Q]uesumus, omnipotens Deus, ut famulum tuum . . . — *f.* 60. Specialis benedictio abbatisse. — *f.* 60′. Ordo ad consecrandum episcopum. — *f.* 70′. De papa ordinando. — *f.* 72′. Ordo ad incoronandum imperatorem, — *f.* 78. reginam. — *f.* 79′. Ordo ad benedicendum virginem sanctimonialem. — *f.* 83′. Benedictio vidue.

f. 84′. Incipit ordo agendorum et dicendorum a sacerdote in missa priuata seu feriali iuxta consuetudinem Romanae ecclesiae. Indutus itaque planeta — benedicat uos Pater et Filius. Amen. *al. man.*

f. 81, 82 *lineae notarum musicarum vacuae.*

26. **Pontificale.**

Regin. 1792. membr. 97 + 1 f. 213 × 141 mm. saec. XVI.

f. 1. Pontifex celebraturus existens in loco . . . Fiat mihi, Domine, firma fides . . . *Praeparatio ad missam, psalmi et orationes, orationes ad vestimenta induenda.* — *f.* 11. Gratiarum actio post missam. Benedicite omnia opera . . ., *ps. 150, orationes.*

f. 13. Confirmatio debet fieri . . . Spiritus sanctus superueniat . . . *Ordo confirmandi.*

f. 17. De clerico faciendo praenotandum est . . . Oremus, dilectissimi fratres, Dominum nostrum Iesum Christum . . . *Ordo ad clericum faciendum et ad conferendos minores ordines. — f. 30'. Benedictio patenae, aliorum vasorum sanctorum, vestimentorum sacerdotalium.*

f. 36'. Hippolytus Lunensis regius librarius exemplari deprauatissimo diligenter excripsit. *Al. man.:* Benedictio mapparum seu lintheaminum. — *f. 37', 37 a vacua.*

f. 38. De sacris ordinibus. Sacri ordines et maiores sunt . . . De ordinatione subdiaconi. Acolytis ordinatis . . . Kyrieleison . . . *Litaniae; inter sanctos:* S. Luodouice (ep.). — *f. 46.* De ordinatione diaconi, — *f. 56'.* presbyteri. — *f. 70.* Ordo ad consecrandum episcopum.

f. 95'. In Milano per Mario Faucer et C. *al. man. — f. 96, 97 vacua. Complura aliis manibus addita. Lineae notarum musicarum vacuae. Miniat. color. et inaurat. fig. flor.: — f. 1. littera F; insigne deletum.*

27. **Pontificale.**

Vatican. 7594. membr. I+124 f. 372×266 mm. 1592.

f. I vacuum.

f. 1. Missa episcopalis pro | sacris ordinibus con | ferendis. In sab | batho IIII tem | porum de ad | uentu. *Inscriptio.* — Ad missam. Introitus. — *f. 1'.* Ueni et ostende nobis . . . — *f. 2'.* Ordo pro clericis ordinandis, — *f. 12.* pro ostiariis ceterisque gradibus minoribus, — *f. 36.* pro subdiaconis, — *litaniae, — f. 57'.* pro diaconis, — *f. 71.* pro presbyteris. — *f. 84'.* Hymnus: Veni creator Spiritus . . . — *Ordo missae. — f. 99.* Te igitur . . . *Canon.*

f. 124. 1592. — f. 124' vacuum.

Eadem man., qua Vatican. 7597.

Miniat. color.: — f. 1'. littera U, — f. 49. littera T. — f. 1. Insigne cuiusdam cardinalis, ut Vatican. 7596 et 7597. Pictura aeri incisa et agglutinata: — f. 98'. Pictura canonis. In margine picto insigne, ut — f. 1.

28. **Pontificale.**

Vatican. 7596. membr. 83 f. 368×255 mm. 1593.

f. 1. Missae feriae quintae | in cena Do | mini | cum consecrationibus oleorum. *Inscriptio.*

f. 1'. Preparanda. Summo mane sacrista . . . Nos autem gloriari oportet . . . *Introitus. Missa, partes ordinis missae. — f. 21. Praefatio. — f. 24.* Te igitur . . . *Canon.*

f. 33. Benedictio olei infirmorum, — f. 44'. chrismatis, — f. 65. olei catechumenorum. — f. 76. Ordo mandati. — f. 83. — . . 1593 . . — f. 83' vacuum.

Nonnulla eadem et al. man. in marginibus et in scidis membr. agglutinatis addita. — f. 83 refectum.

Miniat. color.: — f. 5. littera N, — f. 24. littera T. — f. 1. Insigne, ut Vatican. 7594 et 7597.

Notae musicae quadratae.

29. **Pontificale.**

Vatican. 7597. membr. 117 f. 372 × 261 mm. 1593.

f. 1. Missa sabbathi ante Do | minicam de pa | ssione | In quo fiunt ordinatio | nes generales cum sacris | ordinibus preinsertis. *Inscriptio.*

f. 1'. Dominus noster Iesus Christus . . . Ordo pro clericis ordinandis, — *f.* 11'. pro ostiariis ceterisque gradibus, — *f.* 30'. pro subdiaconis cum litaniis, — *f.* 48'. pro diaconis, — *f.* 61'. pro presbyteris, hymnus: Veni creator . . . — *f. 9 scida membr., al. man.:* Oratio, *in qua* Philippum regem nostrum, reginam et principem cum prole regia. — *f. 78. Ordo missae.* — *f.* 90. Te igitur . . . *Canon.*

f. 117. 1593. — *f.* 117' *vacuum.*

Eadem man., qua Vatican. 7594.

Miniat. color.: — f. 3. littera S, — f. 90. littera T. — f. 1. Insigne ut Vatican. 7594 et 7596.

30. **Pontificale.**

Ottobon. 541. chart. 57 + 1 f. 178 × 105 mm. saec. XVII.

f. 1. Orationes | pro variis actionibus | pontificalibus. *Inscriptio.* — *f.* 1'. *Pictura aeri incisa et agglutinata: Christus de cruce deponitur. Infra:* M. de Vos invenit. Hieron. Wierx fecit et excudit.

f. 1 a. Orationes ad diuersa. Initio congregationis. Adsumus, Domine sancte Spiritus . . . *Orationes variae.*

f. 10. De confirmandis. Spiritus sanctus superueniat uos . . . *Ordo confirmandi.*

f. 12. De patenae et calicis consecratione . . . Oremus, fratres carissimi, ut diuinae . . . — *f.* 14. Benedictio sacerdotalium indumentorum, corporalium, mapparum, — *f.* 19. noue crucis, — *f.* 25'. imaginum b. Mariae v. et sanctorum, — *f.* 29. sacrorum vasorum. — *f.* 34. Rubrica. Dum praelatus sacramentum baptismatis pontificialiter confert . . . — *f.* 34', 35 *vacua.*

f. 36. De itineratione praelatorum. Antequam equum conscendat . . . Antiphonam incipit . . . In uiam pacis . . . *Preces et orationes.*

f. 38'. Praeparatio ad missam. Introibo in domum . . . Psalmus. Quam dilecta . . . *Psalmi, preces, orationes. Precatio:* Summe sacerdos . . . , *in ferias divisa; hymnus:* Adoro te . . . — *f.* 52' *vacuum.*

f. 53. Exercitium tempore tribulationis . . . *Psalmi et orationes. — f.* 56' *vacuum. — f.* 57. De priuilegio episcopi circa horam celebrationis.

31. **Pontificale.**

Ottobon. 821. chart. 24+2 f. 203 × 133 mm. saec. XVII.

f. 1. O IV. 1. S. V. 613.

f. 1a. De ecclesiae et cimiterii reconciliatione. Pontifex ornatus amictu...
Exorcizo te, creatura salis . . . *Ordo reconciliationis.* — *f.* 6. *Litaniae.* —
f. 21a *vacuum.*

f. 22. De reconciliatione cimiterii sine ecclesiae reconciliatione. In mane
diei, qua reconciliatio . . . Omnipotens et misericors Deus, qui sacerdotibus
— uadit in pace.

32. **Pontificale et partes proprii sanctorum eremitarum s. Augustini.**

Ottobon. 502. membr. IIII+179 f. 400×273 mm. f. 161—179
binis col. saec. XIV. XV.

f. I. Incipiunt capitula secunde partis libri pontificalis. [D]e primario
lapide . . . *Index.* — *f.* III', IIII *vacua.*

f. 1. Ordo ad benedicendum primarium lapidem. Benedictio. Benedic,
Domine, lapidem istum . . .; benedictio fundamenti ecclesie. — *f.* 6. Ordo
ad consecrandum altare, quando non consecratur ecclesia, benedictio incensi
et thymiamatis. — *f.* 32'. Ordo ad dedicandum ecclesiam. — *f.* 51. Benedictio cimiterii, — *f.* 64'. baptisterii. — *f.* 67'. Ordo ad benedicendum
signum ecclesie.

f. 77. Ordo ad concilium peragendum. modum et ordinem require in
ordinario. Primo die concilii . . . ant. Exaudi nos, Domine — in nomine
Christi. Amen.

f. 85'. Ordo ad coronandum imperatorem. De modo procedendi require
in ordinario. Iuramentum, quod prestat imperator . . . [E]go enim N. rex
Romanorum . . . — *f.* 98. Benedictio imperatricis. — *f.* 105. Benedictio
crucis ultra mare euntium, pere et baculi, noue domus, ensis noui militis, —
f. 111'. ciborum, — *f.* 115. anuli pro sponsa, nuptiarum. — *f.* 127'. Benedictio cimiterii, crucis peregrinantium. — *f.* 129. Iuramentum, quod episcopus
prestat pape.

f. 131. Ordo ad communicandum infirmum. sacerdos sacris indutus . . .
Dominus Iesus Christus, qui dixit discipulis . . . — *f.* 132'. Ordo ad visitandum infirmum. — *f.* 138'. Ordo compendiosus et consequens ad in-
ungendum, benedictio cilicii et cineris. — *f.* 143. Ordo commendatio anime;
litaniae. — *f.* 158', 159 *vacuum.* — *f.* 160. *Oratio, deest initium.* —
f. 160. Ordo sepeliendi clericos Romane fraternitatis; *desinit in:* urbis
ex. — *f.* 160' *vacuum.*

f. 161. In presentatione diaconorum dicit diaconus in tono lectionis:
Postulat mater ecclesia... *al. man. addita tum alia, tum antiphonae notis*

musicis quadratis instructae. — *f.* 161. In consecratione virginis et dia-
conae. — *f.* 162. In reconciliatione ecclesiae, altaris, cimiterii. — *f.* 162'.
In cena Domini, in sabbato sancto. — *f.* 163'. In fundatione, in dedicatione
ecclesie, in consecratione cimiterii. — *f.* 167. In benedictione campanae,
litaniae.

f. 169. In sancti Pauli primi heremite ad uesperas ant. Chorus nostre
militie laudes decantet hodie . . . *Officium rhythmicum. Partes breviarii
eremitarum s. Augustini man. saec. XIV; proprii sanctorum hymni, lectiones, responsoria, antiphonae.* — *f.* 169'. In sancti Eunufrii . . . *Partes
missae, de vita Eunufrii.* — *f.* 170'. De sancto Policarpo, *novem lectiones.*
— *f.* 171'. De s. Ignatio, *octo lectiones.* — *f.* 172. De s. Narcisso, *octo
lectiones.* — *f.* 172. In festo sancte Christine, *hymnus, in margine antiphona notis musicis Gotice instructa.* — *f.* 172'. In s. Augustini, *totum
officium, antiphonae in margine notis musicis Gotice instructae, lect. IX
evangelium, lectiones infra octavam.* — *f.* 174'. De s. Helena, de s. Scolastica, — *f.* 175. de s. Erculano, de s. Paulino *lectiones.* — *f.* 175'.
Officium de Trinitate. Gloria tibi Trinitas . . . *Totum officium, lect. IX
evangelium.* — *f.* 177. Officium de corpore Christi. Sacerdos in eternum . . .
— *f.* 178. De s. Cassio, — *f.* 179. de s. Fulgentio ep., de s. Cerdone ep. *vitae
in lectiones non divisae.*

Nonnulla in marginibus eadem et al. man. addita.

Pict. miniat. color. et inaurat. flor.

Notae musicae.

33. **Pontificale Bituricense.**

Regin. 1930. membr. I + 168 f. 291 × 213 mm. 2 col. saec. XV.

f. I. Virtutes agnus Dei, qui benedicuntur per summos pontifices. Balsamus
et munda cum cera — hoste triumphum. *Versus al. man.* — *f.* I' *vacuum.*

f. 1. *Infimo in folio:* Bibliotheca s. Silvestri.

f. 1. Pontificalis ordinis liber incipit. ad uberiorem tamen doctrinam . . .
et index trium partium.; man. rec. numeri foliorum appositi.

f. 2'. Pars prima incipit. Et primo de crismandis in fronte pueris. Pontifex pueros in fronte . . . Spiritus sanctus superueniat . . . *Ordo confirmandi.*
— *f.* 3'. De psalmista et clerico faciendo. — *f.* 4'. De septem ordinibus.
— *f.* 5. De minoribus ordinibus. — *f.* 8'. De ordinatione subdiaconi,
litaniae. — *f.* 11. De ordinatione diaconi, — *f.* 14'. presbiteri. — *f.* 19'.
De examinatione et ordinatione et consecratione episcopi. — *f.* 29. *In
iureiurando episcopi:* promitto . . . Bituricensi ecclesiae. — *f.* 31. Ordo
Romanus ad Romanum pontificem ordinandum. — *f.* 32. De monacho uel
alio religioso faciendo. — *f.* 34. De confirmatione et benedictione abbatis,

— *f.* 37. abbatisse. — *f.* 37′. De ordinatione diaconisse. — *f.* 38. De consecratione virginis, — *f.* 47′. vidue. — *f.* 48. Ordo Romanus ad benedicendum regem uel reginam, imperatorem uel imperatricem coronandos. — *f.* 53. De benedictione et coronatione aliorum regum et reginarum, — *f.* 56′. principis siue comitis Palatini, — *f.* 57. novi militis.

f. 58′. Secunda pars incipit. Et primo de benedictione et impositione primarii lapidis . . . Nemo ecclesiam edificet . . . Signum salutis pone . . . — *f.* 60. De ecclesie dedicatione, — *f.* 73′. altaris, — *f.* 83. tabulae siue altaris portatilis, — *f.* 86′. cimiterii. — *f.* 89′. De ecclesiae et cimiterii reconciliatione. — *f.* 92′. De reconciliatione cimiterii solius. — *f.* 93. De benedictione calicis, patene, sacerdotalium indumentorum, — *f.* 94′. mapparum, corporalium, crucis, ymaginum, — *f.* 97′. vasorum ecclesiae, — *f.* 100. baptisterii, signi vel campane, — *f.* 102. munerum, quae in ecclesia offeruntur, et ciborum, — *f.* 103′. cilicii *et aliarum rerum,* domuum, navium, armorum, vexillorum.

f. 107′. Tercia pars, in qua quedam ecclesiastica officia inseruntur. Et primo ordo fer. IIII in capite ieiunii. In capite ieiuniorum solempniter penitentes . . . oracio. Deus, qui non mortem . . . *Ordo ad agendam penitentiam et ad imponendos cineres.* — *f.* 110. In fer. V in cena Domini ordo ad lauandos pedes pauperum, ordo reconciliationis penitentium, *benedictio oleorum, mandatum.* — *f.* 122. Ordo fer. VI in parasceve, — *f.* 124. in sabbato sancto. — *f.* 126′. Ordo ad benedicendum mensam, — *f.* 127′. ad synodum seu concilium celebrandum. — *f.* 129′. Ordo suspensionis, reconciliationis, dispensationis, excommunicandi, reconciliandi apostatam, schismaticum, hereticum. — *f.* 135′. Ordo ad iterandum, ad malam auram levandam, — *f.* 136′. ad visitandum parochias, — *f.* 137′. ad recipiendum prelatum, regem, principem, reginam, principissam, legatum. — *f.* 138′. Pro liberatione terre sancte. — *f.* 139. De missa episcopi. — *f.* 144′. De laudibus uel rogationibus, de Gloria in excelsis et aliis missae partibus. — *f.* 147. De coloribus, de usu baculi, mitrae, pallei, de orationibus ante missam celebrandam.

f. 149. Incipiunt benedictiones pontificales . . . Dominica prima de aduentu benedictio. Omnipotens Deus, cuius unigeniti . . . *Benedictiones proprii de tempore usque ad dom. XXIII post pentecost.,* — *f.* 158′. *proprii sanctorum a s. Stephani usque ad s. Andreae,* — *f.* 161. *in dedicatione, in missis diversis, in diebus cotidianis.* — *f.* 163′. Benedictio sponsi et sponsae. — *f.* 165. *Ordo missae.* — *f.* 167. *al. man.* Oratio pro exercitu. — *f.* 167′, 168 *vacua.*

Nonnulla eadem et aliis manibus addita.

Miniat. color. et inaurat.: — *f.* 2′. *littera P;* — *f.* 1. *littera P pict.*

Notae musicae quadratae.

34. Pontificale Calaritanum.

Vatican. 4747. membr. 253 f. 300×210 mm. saec. XIV. XV.

f. 1 summo in folio. Liber . . . *Nomen deletum.*

f. 1. Incipiunt capitula totius libri pontificalis. De clerico faciendo . . . *Index.* — *f. 2' vacuum.*

f. 3. Ordo septem ecclesiasticorum graduum et in gradibus ordinandi, sed ante omnia clericum faciendi. Oremus. Dilectissimi fratres, Dominum nostrum Iesum Christum . . . *Ordo ad ordinandos gradus minores,* — *f.* 11. *et subdiaconum.* — *f.* 13'. Ordo, qualiter diaconi et presbiteri eligendi sunt. — *f.* 24'. Ordo ad uocandum seu examinandum uel consecrandum electum episcopum. — *f.* 50. Ordo Romanus, qualiter pontifex apud basilicam beati Petri apostoli debeat ordinari. — *f.* 53'. Ordo ad coronandum imperatorem, — *f.* 67'. ad reginam coronandam. — *f.* 72. Benedictio abbatis uel abbatissae. — *f.* 76. Ordo ad monachum faciendum, — *f.* 80'. ad uirginem benedicendam, *missae.* — *f.* 89. Benedictio uidue, que fuerit castitatem professa. — *f.* 90'. Benedictio perae et baculi peregrinantium, — *f.* 92'. crucis eius, qui iturus est in Ierosalem.

f. 93. Benedictio lapidis primarii . . . Benedic, Domine, lapidem istum . . . — *f.* 93'. *Litaniae.* — *f.* 95. Ordo ad benedicendam ecclesiam. — *f.* 131. Benedictio linteaminum altaris, — *f.* 137. poliandri. — *f.* 138. Reconciliatio ecclesie uiolate. — *f.* 143'. Benedictio lapidis itinerarii, uasorum ecclesie, *vestimentorum sacerdotalium.*

f. 154. Ordo ad consignandum pueros . . . Oratio. Omnipotens sempiterne Deus, qui regenerare dignatus es . . . *Ordo confirmandi.* — *f.* 155'. *Benedictio panis, agni, aliarum rerum.*

f. 157'. Incipit ordo Romanus, qualiter agendum sit V feria in cena Domini . . . hac die sacrifitium . . . Exorcizo te, immundissime spiritus . . . *Benedictio olei infirmorum, chrismatis, olei catechumenorum.* — *f.* 169. Fer. VI in parasceue *ordo.* — *f.* 172. *Sabbato sancto benedictio ignis, fontis, ordo baptizandi.* — *f.* 185. Ordo Romanus, qualiter concilium agatur.

f. 193. Ordo ad dandum penitentiam, quando peccata sua uult aliquis confiteri . . . Domine Deus omnipotens, qui non uis . . . — *f.* 198'. Ordo ad reconciliandum penitentem, — *f.* 201. ad uisitandum infirmum. — *f.* 205. Ordo compendiosus et consequens ad ungendum. — *f.* 207. Ordo ad communicandum, benedictio cilicii et cineris. — *f.* 209'. *Ordo commendationis animae et curandi mortuum.* — *f.* 220'. Ordo sepeliendi clericos fraternitatis Romane.

f. 230. Ordo cathecuminum faciendi. Stans in ecclesie limine sacerdos . . . Iohannes, quid petis? . . . — *f.* 236. *Litaniae.*

f. 238'. Ordo ad benedicendum campanam, antequam eleuetur . . . Benedic, Domine, hanc aquam . . . — *f.* 244'. Benedictio casei et ouorum, fructuum nouorum. — *f. 245′, 246 vacua.* — *f.* 247. Sacramentum suffraganeorum . . . P. archiep. Calarit. . . . — *f. 248′ vacuum.*

f. 249. Hoc, Domine, copiose — esse deuotus. *Ad ordinem consecrationis episcoporum addendum et notis musicis quadratis instructum.*

Multa in marginibus eadem et rec. man. addita. — f. 242′ et 243. Lineae notarum musicarum vacuae.

Pict. miniat. color. et inaurat. fig. flor.

Notae musicae quadratae.

35. **Pontificale Casinense.**

Vatican. 9340. membr. 82 f. 255 × 165 mm. saec. XIV.

f. 1. *Infimo in folio:* Iste liber est sacri monasterii Casinensis Nro. 634.

f. 1. In Dei nomine. Incipit ordinarium, qualiter debeat se habere dominus prelatus, quando intrat sacrum altare, dum incipiat se calciare sindalia. antiphona. Ne reminiscaris. Quam dilecta . . . *Psalmi, rubricae, oratio s. Ambrosii.* Summe sacerdos — in eternum; antiphona cantorum.

f. 12′. Incipiunt benedictiones pontificales. In natale Domini. Benignitas et humanitas salvatoris . . . *Proprium de tempore et ordinarium. — f.* 30. *Proprium sanctorum. — f.* 34. *In dedicatione et commune sanctorum.*

f. 37. Data benedictione et celebrata missa, dum recedit ab altari . . . ant. Trium puerorum. Ps. Benedicite sacerdotes Domini Domino . . ., *ps. 150, orationes.*

f. 38′. Incipit ordo ad primam tonsuram faciendam. Adiutorium nostrum . . . Oremus, dilectissimi fratres, Dominum nostrum — maneat semper. — *f.* 39′. Benedictio crucis, — *f.* 42. ymaginis beate Marie, — *f.* 44. corporalium, vestimentorum sacerdotalium seu leviticorum, linteaminum altaris, — *f. 46′.* perae et baculi, crucis peregrinantium, — *f.* 47. panis, uvarum, pomorum, — *f. 48′.* aquae.

f. 51. Incipit officium corporis Christi. Cibauit eos . . . *Totum officium missae; quae canuntur partes et sequentia:* Lauda Sion . . . *notis quadratis instructae. — f.* 57′. Gloria in excelsis *compluribus tonis. — f.* 58 *vacuum.*

f. 59. In natiuitate Domini prefatio. ⊕ Eterne Deus . . . *Praefationes, cantus festivus, ferialis (praefatio communis cum initio). — f.* 67′. Pater noster, cantus sollemnis siue festiuus, ferialis. — *f.* 69′. Ite missa est, Benedicamus Domino *compluribus tonis.*

f. 72′. *aliis manibus.* [A]dest celeberrima dies — retributionis et fides. *Sequentia de corpore Christi. Deficit miniator. — f.* 75′. In natali s. Poncij benedictio. — *f.* 76 *vacuum.*

f. 76′. Benedictio ad signandos infantes. Omnipotens sempiterne Deus, qui regenerare dignatus es — quod ipse prestare dignetur. *Ordo confirmationis.*

f. 78. Ad introitum misse, dum lavat manus sacerdos. [L]auabo inter innocentes . . . *et orationes ad induenda vestimenta.* — *f.* 79′, 80, 81 *vacua. Miniat. color. et inaurat. flor. Picturae. Notae musicae quadratae.*

36. **Pontificale Castrense.**

Vatican. 8981. membr. 75 f. 397 × 266 mm. saec. XVI.

f. 1. Feria quinta in cena Domini. Missa cum consecrationibus oleorum. *Inscriptio.*

Summo mane sacrista . . . Introitus. Nos autem gloriari oportet . . . *Missa et ordo missae.* — *f.* 16. *Praefatio.* — *f.* 19′. Te igitur . . . *Canon.* — *f.* 25. *Benedictio olei infirmorum,* — *f.* 34′. *chrismatis,* — *f.* 55. *olei catechumenorum.* — *f.* 66. *Rubricae.* — *f.* 66′. Ordo mandati.

f. 74′. Gratiarum actio post missam . . . Trium puerorum. Benedicite omnia opera . . . *Initia cantici et ps. 150, preces, orationes.*

f. 75. Missa in cena Domini cum consecrationibus oleorum per R^{mum} patrem dñum Hieronymum Machabeum eꝑm Castrensem preinsertis. — *f.* 75′ *vacuum. Miniat. color. et inaurat.* — *f. 1. Pict.;* — *f. 4. margines ornamentis distincti. Notae musicae quadratae.*

37. **Pontificale Coloniense.**

Ottobon. 167. membr. I + 128 f. 253 × 200 mm. saec. XI.

f. I. *man. saec. XVII:* Ceremoniale ecclesie Coloniensis admodum antiquum seu potius pontificale ante annos circiter DCC scriptum. Codex singularis.

f. I′. []ti germa . . . *Fragmentum instrumenti de bonis venditis additis signis testium conscripti man. saec. XIII (?).*

f. 1. Decretum, quod clerus et populus firmare debet de electo episcopo. Dominis patribus illis illis venerabilibus scilicet episcopis dioceseos metropolis . . . — *f.* 3′. Ordo uel examinatio in ordinatione episcopi, ordinatio episcopi. — *f.* 15′. *locus abrasus.* — *f.* 16. *Secreta missae, deest initium.* — *f.* 16′. *Ordinatio minorum graduum,* — *f.* 20′. *subdiaconorum,* — *f.* 22. *diaconorum,* — *f.* 26. *presbyteri.*

f. 30. Ordinatio ecclesie. Primum ueniat episcopus indutus . . . Exorcizo te, creatura salis . . . Ordo consecrationis ecclesie. — *f.* 51′. Prefatio chrismalis, benedictio crucis, tabulae, patenae, calicis. — *f.* 55. Oratio ad aquam igne ferventem vel ad ferrum calidum, — *f.* 57. ad signum ecclesie benedicendum. — *f.* 62. *Antiphona neumis sine lineis instructa.* — *f.* 62′. *al. man. Ordo litterarum Graecarum,* consecratio manuum, praefatio ad ordinandum episcopum, oratio ad capillaturam, ad clericum faciendum. — *f.* 64. Benedictio ad uestimenta sacerdotalia seu leuitica, — *f.* 66′. ad omnia in usu ecclesie. — *f. 68'*. Reconciliatio uiolate ecclesie. — *f. 72. aliis manibus*. Orationes in benedictione abbatissae.

f. 73'. Orationes de aduentu Domini. Concede, quaesumus, omnipotens Deus, ut magne festiuitatis uentura... *Quindecim orationes. — f. 77. al. man. Introitus, graduale, offertorium, communio missae:* Terribilis est locus *neumis sine lineis instructa.* — *f. 77'*. Oratio ad crucem.

f. 78. Missa in dedicatione ecclesie. Deus, qui inuisibiliter... *Oratio, secreta, praefatio, duo ad complendum.* — *Benedictiones in dedicatione ecclesiae; responsoria:* Tradiderunt corpora...; Isti sunt, qui venerunt..., Vos, qui transituri estis..., *neumis sine lineis instructa.*

f. 80'. Benedictio caerei. Domine Deus creator celi... — *f. 82*. Benedictio palmarum. — *f. 84*. Ordo in die cene Domini, *benedictio olei infirmorum, chrismatis, olei catechumenorum.* — *f. 102'. Evangelium in assumptione b. Mariae v.* — *f.* 103. Excommunicatio uiolatorum ecclesiarum. *Complures librarii.* — *f.* 106. Qualiter episcopus excommunicare infideles debeat, — *f.* 113. qualiter reconciliet uel recipiat excommunicatum.

f. 114. Sanctimonialis uirgo cum ad consecrationem... Benedictio uestimentorum uirginum. Deus aeternorum bonorum...; consecratio sacre virginis. — *f.* 121. *Orationes de sanctis,* benedictio martyris Geruici (?).

f. 121'. Orationes pro defunctis. Adesto, Domine, quaesumus propitius... *In fine oratio al. man.* — *f.* 128'. *Instrumentum de villa, quam* Egidius Calls ep̄s *(Aegidius ep. Callensis 1233—1259) donavit, unde fortasse pontificale Coloniense in f. 1.*

Multa aliis manibus addita.

Neumae.

Bethmann in Pertz' Archiv Bd. XII, S. 359.

38. Pontificale Francogallicum.

Vatican. 3748. membr. 172 f. 353 × 243 mm. saec. XV.

f. 1. Incipiunt benedictiones episcopales per anni circulum. In primis in vigilia natalis Domini. Omnipotens Deus, qui incarnatione... *Benedictiones proprii de tempore usque ad sabbatum post dom. quartam de adventu.* — *f.* 37'. Capitula in benedictionibus festiuitatum sanctorum. *Index et benedictiones proprii sanctorum per annum usque:* ad natale s. Andree. *Prima:* in s. Trinitate. — *f.* 50'. *Benedictiones communis sanctorum,* — *f.* 54. *missarum votivarum et diversarum.*

f. 60'. Qualiter concilium agatur prouinciale prima, secunda et tertia die. Sancta synodus bis in anno... Oracio. Deus humilium visitator — tertia die sic soluatur.

f. 64'. Ordo tonsuram faciendi. Oremus, dilectissimi fratres, Dominum nostrum Iesum Christum... — *f.* 65'. *Benedictio vestimentorum sacer-*

dotalium et vasorum ecclesiae. — f. 67'. Ordo ad consignandos pueros. — *f.* 68. Benedictio aque. — *f. 70'.* Ordo ad catechumenum faciendum. — *f. 75.* Benedictio fontium *et ordo baptizandi.* — *f.* 85. Ordo desponsationis.

f. 91. In visitatione infirmi prius aspergatur locus . . . Oracio. Exaudi nos, Domine . . . *et litaniae. — f. 95. Ordo ungendi et communicandi. — f.* 96. Commendatio animarum. — *f. 99. Ordo sepeliendi.*

f. 105'. Incipit ordinacio seu promocio clericorum. In sabbato duodecim lectionum . . . Prohibemus, ut nullus bigamus . . . *Ordinatio minorum graduum,* — *f.* 113'. *subdiaconi,* — *f.* 115'. *diaconi,* — *f.* 122'. *presbyteri,* — *f.* 125'. *episcopi. — f.* 126' *vacuum. — f.* 142'. Ordo ad faciendum abbatem, — *f.* 148. abbatissam. — *f.* 148'. Benedictio virginum, — *f.* 153'. vidue.

f. 155. Incipit consecratio regis. Rex autem, cum ordinandus fuerit . . . Firmetur manus tua . . . — *f.* 155' *vacuum. — f.* 165'. Consecratio regine. — *f.* 168—172 *vacua.*

Nonnulla in marginibus al. man. addita.

Pict. miniat. color. et inaurat., margines flor. distincti. — f. 1. Insigne regum Francorum.

Notae musicae quadratae.

39. Pontificale Magalonense.

Ottobon. 330. membr. II + 309 + 1 f. 296 × 206 mm. saec. XV.

f. I. Hic comprehenduntur tocius huius libri capitula. capitulum I. Exorcismus salis . . . *Index.*

f. II. tractabo et in suis necessitatibus — hec sancta Dei evangelia. *Fragmentum exemplaris iurisiurandi. — f.* II'. Item aliud sacramentum, quod fecit ecclesie sancte Narbonensi. [E]go Andreas Magalonensis uocatus episcopus promitto . . . *Desinit in:* sancte Narbonensis ecclesie.

f. I. Exorcismus salis . . . Non dicitur Dominus uobiscum . . . Exorcizo te . . . *Ordo ad aquam benedicendam et spargendam,* — *f.* 7'. *ad consecrandum cimiterium,* — *f.* 12', 13. *lineae notarum musicarum vacuae. —* *f.* 17. *ad reconciliandum cimiterium. — f.* 29'. Officium in fundatione ecclesie.

f. 34. Sequitur ordinatio ostiariorum. uocatis ab archidiacono et episcopo . . . Ostiarium oportet . . . *Ordo ad conferendos minores ordines.* — *f.* 40'. *Ordinatio subdiaconorum,* — *f.* 44. *diaconorum,* — *f.* 52'. *presbyterorum. — f.* 61. Ordo ad vocandum et examinandum seu consecrandum electum episcopum. — *f.* 76'. *Litaniae. Inter sanctos:* Marcelline et Petre, Nazari et Celse, Iuste et Pastor, Yrene cum sociis t., Firmine, Ferreole, Uedemi, Guillerme, Roberte, Geralde, Petronilla, Fides, Eulalia, Leocadia. — *f.* 105. *Iuramentum episcopi archiepiscopo dandum.*

f. 105′. In dedicatione ecclesie. Nota, quod ecclesia ... Fundata est domus Domini ... *Ordo dedicationis et missa.* Introitus. Terribilis est locus ... *Quae canuntur partes notis musicis quadratis instructae. — f. 168.* Ordo ad reconciliandum violatam ecclesiam *et missa ut antea. — f. 183.* Ordo de consecratione altaris, quando ecclesia non consecratur. *— f. 216′.* Ordo de consecratione tabule seu altaris viatici. — *f. 228′.* In dedicatione baptisterii.

f. 229. Incipit ordo de benedictione abbatis. In benedictione abbatis episcopus ... Adest, reuerende pater, electus ... — *f. 241′.* Professio abbatis monasterii sancti saluatoris de Anania Magalonensis dyocesis. — *f. 242′.* Benedictio abbatissae. — *f. 251.* Professio abbatissae monasterii beate Marie de Vinovolo Magalonensis dyocesis. — *f. 252.* Ordo, quales sacrae virgines benedicantur, — *f. 273.* ad imponendam crucem cruce signandis. — *f. 273.* Ordo de celebrando concilio. — *f. 287.* Ordo Romanus, qualiter concilium agatur.

f. 299′. Ad signum (campanam) benedicendum. In primis benedicitur aqua ... Benedic, Domine, aquam ... — *Post — f. 300 fol. non numeratum. — f. 305′.* Benedictio ad sportam peregrinis dandam, baculi, peregrinorum. — *f. 307′.* Ad induendum canonicum noviter faciendum habitu regulari. — *f. 308′.* Forma concedendi suffragia orationum familiaribus nostris. — *f. 309′.* Ad clericum faciendum. *al. man.*

Nonnulla eadem et al. man. addita.

Pict. miniat. color. et inaurat. flor. — f. 1. Insigne cuiusdam cardinalis. Notae musicae quadratae.

40. **Pontificale Mimatense (Pergamense) Guilielmi Durandi.**

Vatican. 1145. membr. X+242 f. 297×192 mm. saec. XV.

f. I vacuum.

f. II. Iesus.

Amonitio, que fieri debet ordinandis ad omnes ordines. — [I]ohannes Barotius Dei et apostolice sedis gratia episcopus Pergamensis et comes. Universis et singulis tam clericis ... Ad hoc summum super universas ecclesias nobis auctoritate apostolica comissas — in omnibus semper salvis. [P]rimo si sit hereticus. Item simoniacus ... — *f. III′.* Actum et datum in capella sancte Crucis sita in nostro episcopali palatio die XV mensis Decembris anno a nativitate Domini nostri Iesu Christi millessimo quadringentessimo secundo indictione undecima pontificatus sanctissimi ac beatissimi in Xp̄o patris et domini domini nostri Pii secundi anno quinto presentibus. — *f. IV, V, VI vacua.*

f. VII. Rubrice prime partis. De ordine ad baptizandum pueros uel maiores folio 1 ... *Index, item:* secunde, tertie partis *usque ad — f. 226.*

f. 1. Incipit liber pontificalis ordinis, quem reverendus pater dominus Gulielmus Durandi episcopus Mimatensis *(iun., obiit a. 1330.)* reformavit, in quo inseruntur non nulla, que rite valent etiam per simplices sacerdotes expediri. Et dividitur in tres partes. In prima de personarum benedictionibus et consecrationibus agitur. In secunda ponuntur consecrationes et benedictiones rerum tam sacrarum quam profanarum. In tertia ponuntur quedam ecclesiastica officia.

De ordine ad baptizandum pueros vel maiores. — Pontifex vel sacerdos baptizare volens . . . Quod est nomen eius? . . . — *f.* 5. Ordo ad chrismandum pueros. Pontifex in fronte chrismare volens paratus cum amictu . . . Spiritus sanctus superueniat in uos . . . — *f.* 5′. De clerico faciendo prenotandum est, quod . . . Adiutorium nostrum . . . Oremus, dilectissimi fratres, Dominum nostrum Iesum X̄p̄m . . . — *f.* 6′. *Ordinatio minorum graduum.* — *f.* 10. De sacris ordinibus. — *f.* 10′. *Ordinatio subdiaconi,* — *f.* 14′. *diaconi,* — *f.* 16′. *presbyteri.* — *f.* 24. De examinatione, ordinatione et consecratione episcopi. — *f.* 36′. De consecratione Romani pontificis. — *f.* 43′. De monaco aut alio religioso faciendo. — *f.* 45. De confirmatione, de benedictione regularis abbatis. — *f.* 50. De benedictione et consecratione uirginum. — *f.* 59. De benedictione regularis abbatisse, — *f.* 62. uidue castitatem profitentis. — *f.* 65. De benedictione et coronatione regum. Cum rex benedicendus et coronandus est . . . Reverende pater, postulat sancta mater ecclesia . . . — *f.* 69. De benedictione et coronatione regine. Cum regina benedicitur et coronatur . . . Da, omnipotens Deus . . . — *f.* 70. De benedictione et coronatione Romanorum imperatorum. Cum rex in Romanorum imperatorem electus uenit Romam . . . Ego N. rex futurus imperator iuro . . . — *f.* 75. De benedictione et coronatione imperatricis. Si regina in imperatricem una cum imperatore benedicenda sit . . . Omnipotens sempiterne Deus . . . — *f.* 76′. Explicit liber primus.

Incipit secundus de benedictionibus tam sacrarum rerum quam prophanarum. Et primo de benedictione et impositione primarii lapidis in ecclesie fundatione. Nemo ecclesiam edificet . . . Sanctifica, Domine Iesu . . . — *f.* 78′. De consecratione ecclesie et altaris. — *f.* 79. Ecclesiarum consecrationes . . . Reuerendissimus in X̄p̄o pater . . . — *f.* 85. *Ordines litterarum Graecarum et Latinarum.* — *f.* 107′. De altaris consecratione sine ecclesie dedicatione. Quando altare solum . . . Actiones nostras, quesumus . . . — *f.* 136. De benedictione fetus in utero matris. Fetus in utero matris benedicitur hoc modo . . . Salvam fac ancillam . . . — *f.* 137. De benedictione mulieris, cum post partum uenit ad ecclesiam actura gratias Deo. Secundum legem antiquam . . . Adiutorium nostrum . . . — *f.* 137′. De benedictione generali. Adiutorium nostrum . . . — Explicit liber secundus de benedictionibus rerum tam sacrarum quam prophanarum.

Incipit tertius de quibusdam ecclesiasticis officiis et cerimoniis, quibus ecclesia utitur in eisdem. Et primo de ministris necessariis pontifici celebranti sollenniter et de ornamentis et eorum officiis. — Pontifici missarum sollennia celebranti... *Rubricae. Item:* — *f.* 138. De indumentis et aliis necessariis pontifici celebranti sollenniter... Indumenta uero sibi per ordinem necessaria... — *f.* 138′. De coloribus ornamentorum, quibus Romana ecclesia utitur in diuinis officiis. Ornamenta pontificis et ministrorum debent... — *f.* 139′. De baculo et sandaliis, de usu mitre. — *f.* 140. De officio capelani ministrantis pontifici. — *f.* 141′. De officio diaconi, — *f.* 144. subdiaconi, — *f.* 145′. capelani, qui in precipuis festiuitatibus debet seruire de mitra et acoliti eam tenentis, — *f.* 146. seruientis de baculo pastorali, — *f.* 146′. thuribularii seruientis pontifici sollenniter celebranti, — *f.* 147′. clerici capelle siue magistri ceremoniarum, — *f.* 148. acolitorum. — *f.* 148′. De necessariis tam pontifici quam ministris et agendis ab eis, cum pontifex missam sollenniter celebraturus est. — *f.* 149′. Pontifex autem, cum ad ecclesiam celebraturus uenerit, coram altari ... inclinatus dicens illud ps. LXV. Introibo in domum tuam ... *Ordo missae, praefatio communis tono sollemni et feriali.* — *f.* 162 *vacuum.* — *f.* 163. Te igitur ... *Canon et gratiarum actio post missam:* Benedicite, Laudate. — *f.* 169′. De benedictionibus sollennibus, que fiunt in missa pontificali. — *f.* 176. De laudibus, que cantantur in missa pontificali in precipuis sollennitatibus. — *f.* 176′. De missis, que pontifex celebrat sollenniter pro defunctis. — *f.* 177. De obseruandis in missa, que pontifex audit ab alio sacerdote. — *f.* 179. De agendis et dicendis in missa, que celebratur coram papa. — *f.* 180. De ordine agendorum et dicendorum a sacerdote in missa priuata et feriali secundum consuetudinem Romane curie. — *f.* 184′. De ordine pro liberatione terre sancte. — De capite ferie quarte in capite ieiuniorum. — *f.* 187. Dominica in ramis palmarum fiat officium sicut est in missali. — De officio, quod fit, cum lauantur pedes pauperum in cena Domini. — *f.* 187′. De reconciliatione penitentium ... eodem die. — *f.* 192. De consecratione *oleorum.* — *f.* 199′. De officio mandati ... eodem die. — *f.* 200. De officio ferie sexte parasceue. — *f.* 200′. De benedictione ignis incensi, cerei et fo[n]cium sabbato sancto. — *f.* 203′. De ordine concilii seu synodi celebrandi ... fiat sermo secundum ea, que in constitutionibus synodalibus inter instructiones olim reuerendi patris dñi Guilelmi Durandi epĩ Mimat. clarius demonstrantur. — *f.* 210. De officio, quod agitur, ne mala aura eleuetur, cum episcopus uult equitare, uel etiam omni alio tempore, cum eleuatur. — *f.* 211′. De ordine ad itinerandum. — *f.* 212. De ordine ad uisitandum parochias. — *f.* 215. De ordine suspensionis, reconciliationis, dispensationis, depositionis, restitutionis et degradationis sacrorum ordinum. — *f.* 218′. De ordine excommunicandi et absoluendi. — *f.* 221. De ordine ad reconciliandum apostatam, scismaticum uel hereticum. — *f.* 222′. De ordine ad recipiendum processionaliter legatum apostolicum, — *f. 224.* recipiendi episcopum de nouo intrantem in ciuitate, cuius est episcopus. — *f. 225.* De ordine ad recipiendum prelatum, cum uadit ad uisitandum diocesim. Cum prelatus uadit... Oremus. Deus humilium uisitator... — *f. 225'.* De ordine ad recipiendum regem uel principem processionaliter. Rex vel princeps processionaliter recipitur; cantatur responsorium: Posui adiutorium super potentem... — *f. 226.* De ordine ad recipiendum reginam uel principissam processionaliter. Regina vel principissa... cantatur responsorium: Propter ueritatem et mansuetudinem... — *f. 226'.* De ordine ad dandam penitentiam, quando quis sanus aut infirmus sua peccata uult alicui episcopo seu sacerdoti confiteri. Quando episcopus aut sacerdos uult aliquem... Oratio. Oremus. Domine Deus omnipotens... — *f. 228'.* De ordine ad communicandum infirmum. — *f. 229.* Pulsatis campanis pontifex cum canonicis et clericis omnibus... Pax huic domui... — *f. 229'.* De ordine ad ungendum infirmum. Pulsatis campanis... — *f. 232.* De ordine commendationis anime. Facta unctione fiat commendatio... hoc modo: Kyrieleison — X̃peleison, sancta Maria... — *f. 234.* Egressa anima dicitur ℞. Subuenite... — *f. 235.* His orationibus dictis lauetur corpus... Kyrieleison, X̃peleison... Suscipe, Domine, animam serui tui... Qua oratione dicta dicantur uespere mortuorum. — *f. 235'.* Deinde portent processionaliter corpus ad ecclesiam. ℞. Subuenite... et ponant corpus in medio ecclesie. Quo facto cantetur inuitatorium: Regem, cui omnia uiuunt... — *f. 236.* Oratione finita pontifex cum ministris preparent se ad cantandum missam... — *f. 237. Ordo sepeliendi.* — *f. 240.* De ordine ad sepeliendum prelatos seu clericos Romane ecclesie et etiam quoscumque clericos seculares.

Nonnulla eadem man. in marginibus addita.

Pict. miniat. color. et inaurat. flor., margines flor. distincti.

Notae musicae quadratae.

Beissel, Vaticanische Miniaturen S. 43.

41. **Pontificale ecclesiae Montis Regalis.**

Vatican. 6748. membr. 123 f. 330 × 228 mm. 2 col. saec. XIV.

f. 1. Incipiunt benedictiones episcopales per totum annum ad missam. Dominica in aduentu Domini. Omnipotens Deus, cuius unigenitus... *Proprium de tempore;* benedictio famulorum Dei. — *f. 9'. Proprium sanctorum.* — *f. 12'. Commune sanctorum, in dedicatione ecclesiae.* *f. 14.* Incipit canon de hedificanda ecclesia. Nemo ecclesiam audeat edificare... Signum salutis pone... *Ordo ad benedicendum locum ecclesiae aedificandae.* — *f. 14'. Ordo ad dedicandam ecclesiam.* — *f. 15'. Litaniae. Inter sanctos:* Maurici cum soc. t., Dionysi cum soc. t., Christofore, Georgi, Saturnine, Sergi, Bache, Germane, Columbane, Maria Aeg., Iuliana, Sapientia, Fides, Spes, Karitas. — *f. 18. Item litaniae.* — *f. 36'.* Consecratio cimiterii. — *f.* 38. Ordo in reconciliatione uiolate ecclesie. — *f.* 40. Benedictio uestimentorum sacerdotalium siue sequentis ordinis, corporalis, calicis, patene, — *f.* 43′. crucis, *aliorum vasorum ecclesiae,* — *f.* 47′. altaris itinerarii, — *f.* 49′. signi ecclesie. — *f.* 51′. Ordo in dedicatione baptisterii, benedictio crucis peregrinorum.

f. 53′. Ordo ad clericum faciendum. Oremus, dilectissimi fratres, Dominum nostrum Iesum Christum . . . — *f.* 54′. Ordo, qualiter in Romana ecclesia sacri ordines fiunt; *psalmista et minores ordines,* — *f.* 57. *subdiaconi,* — *f.* 58′. *diaconi,* — *f.* 60′. *sacerdotes.* — *f.* 63′. Ordinatio episcopi. — *f.* 74. Ordinatio abbatis. — *f.* 76′. Forma professionis abbatis consecrandi. Ego tibi, domine A. Montis Regalis ecclesiae episcope . . . — *f.* 77. Consecratio virginis. — *f.* 81′. Ordinatio abbatissae. — *f.* 84′. Ordo reconciliandi sacerdotem lapsum sive alios clericos.

f. 85′. In purificatione sancte Marie benedictio cereorum. Domine, sancte Pater omnipotens . . . — *f.* 86′. Fer. IIII in capite ieiunii benedictio cinerum. — *f.* 88′. Dominica in ramis palmarum benedictio ramorum. — *f.* 89′. Fer. V maioris hebdomadis reconciliatio penitentium, *benedictio olei infirmorum, chrismatis, olei catechumenorum.* — *f.* 98′. In sabbato sancto benedictio ignis, ordo ad confirmandum, benedictio ignis, casei, ouorum.

f. 100. Ordo Romanus, qualiter concilium agatur. Conueniente uniuerso cetu sanctorum episcoporum . . . oratio. Omnipotens sempiterne Deus, qui misericordiam . . . — *f.* 103′. Ordo ad benedicendum regem. — *f.* 111′. Ordo Romanus ad benedicendum imperatorem. — *f.* 115′. Notificatio excommunicandorum ad populum ex concilio Rotomagensi. — *f.* 117. Forma excommunicationis ex concilio Turonico. — *f.* 117′. Notificatio post excommunicationem ad parochiam ex concilio Rotomagensi. — *f.* 118. Modus reconciliandi excommunicatorum ex concilio Aurasico. — *f.* 119′. Ordo, qualiter fieri debeat monachus. — *f.* 122′. Rubrica de ordinibus faciendis. — *f.* 123′ *vacuum.*

Multa in marginibus eadem et aliis manibus addita. Complurium foliorum margines desecti.

Neumae sine lineis, notae musicae quadratae.

42. Pontificale ecclesiae Montis Regalis.

Vatican. 6839. membr.; 1 f. chart. 127 f. 240 × 180 mm. 2 col. saec. XIV.

f. 1. Ex bibliotheca ecclesiae Montis Regalis ab Ill. et R^dmo D. Ludouico de Torres archiepiscopo sacrario apostolico commodatus, ut facta collatione cum alijs emendari possint libri pontificales de nouo imprimendi M. D. lxxxxi. — *f.* 1′ *vacuum.*

f. 2. Benedictio dominica prima de aduentu Domini. Et sciendum, quod cetere benedictiones, que secuntur, sicuti hec prima benedictio cantantur.

Omnipotens Deus ... *Benedictiones pontificales proprii de tempore usque ad dom. XXIII post octavam pentecost., — f. 20. in dedicatione ecclesiae, — f. 20'. proprii sanctorum a conversione Pauli usque ad sancti Andreae, — f. 25'.* de sanctis angelis, — *f.* 26. de communi sanctorum, — *f.* 28. in anniversario dedicationis, in ordinatione episcopi, in ordinatione regis.

f. 29. Qualiter sacri ordines agantur. uidendum est cantato misse ... Accedant, qui ordinandi sunt hostiarii ... *Ordinationes ostiarii et ceterorum ordinum minorum, — f. 33. subdiaconi, — f. 34. diaconi, — f. 37. sacerdotis, missa, — f. 41'. canon. — f. 45'.* Ordo ad clericum faciendum, — *f.* 47. Benedictio incensi. — *f. 47'. Duo insignia, picturae lineares man. rec.*

f. 48. Incipit ordo in dedicatione ecclesie. Ponuntur reliquie ... Oremus. Actiones nostras ... — *f.* 70. *Missa.* — *f.* 71'. Ordo in consecratione altaris; *missa.* — *f. 85'.* Ordo in reconciliatione ecclesiae; *missa.* — *f.* 90'. Ordo in benedictione cimiterii.

f. 95. Incipit ordo ad uocandum seu examinandum electum episcopum. Sabbati die circa uesperum ... Iube, domine, benedicere ... *Consecratio episcopi.* — *f.* 100. *Missa.* — *f.* 104'. Benedictio abbatis monachorum, *missa.* — *f.* 109'. Benedictio abbatis canonicorum. — *f.* 111. Benedictio abbatissae, — *f.* 113'. sacrarum virginum. *Lineae notarum musicarum vacuae.*

f. 126. In consecratione altaris ista sunt necessaria: alba candida ... *Rubrica de consecratione ecclesiae,* — *f.* 127. *de ordinatione abbatis, quae desinit in:* proprio monasterio. — *f. 127'. Insigne, pictura linearis.*

Multa in marginibus man. saec. XVI addita.

43. **Pontificale Novariense.**

Vatican. 4748. membr. II + 117 f. 336 × 246 mm. saec. XIV.

f. I. Quando episcopus ordinacionem facere disponit, praecipere debet archidiacono ... — *f.* II. Capitula. *Index.*

f. 1. Ordo septem ecclesiasticorum graduum ... Oremus, dilectissimi fratres, Dominum nostrum Iesum Christum ... *Ordo ad faciendum clericum,* — *f.* 1'. ad conferendos gradus minores, — *f.* 4. ad ordinandum subdiaconum. — *f.* 4'. Ordo, qualiter in Romana ecclesia diaconi et presbiteri eligendi sint. — *f.* 5. Ordinatio diaconi, — *f.* 6'. presbiteri. — *f.* 9'. Ordo ad uocandum seu examinandum et consecrandum electum episcopum. — *f.* 19'. Qualiter Romanus pontifex apud basilicam beati Petri apostoli debeat consecrari. — *f.* 25. Ordo ad benedicendum et coronandum imperatorem. — *f.* 30. Benedictio regine uel imperatricis, — *f.* 31'. abbatis uel abbatissae. — *f.* 33. Ordo ad monachum faciendum, — *f.* 34'. ad virginem benedicendam. — *f.* 38. Benedictio pere et baculi peregrinantium, que non est in ordinario pape.

f. 39. Benedictio lapidis primarii, que non est in ordinario papali. Benedic, Domine, lapidem istum ...; benedictio lapidis pro ecclesia edificanda; *ordo ad benedicendam ecclesiam.* — *f.* 60. Benedictio poliandri seu cimiterii, signi (campanae) ecclesie. — *f.* 62′. Reconciliatio ecclesie uiolate et cimiterii. — *f.* 64′. Benedictio lapidis itinerarii, consecratio vasorum sacrorum, — *f.* 69′. *vestimentorum sacerdotalium.*

f. 69′. Ordo ad consignandum pueros siue infantes... Infantes in brachiis dextris... *Ordo confirmationis.* — *f.* 71′. Ordo, qualiter agendum sit V feria in cena Domini; *benedictio olei infirmorum, chrismatis, olei catechumenorum.* — *f.* 76′. Ordo fer. VI in parasceue. — *f.* 78′. *Sabbato sancto benedictio ignis et fontis, ordo baptismi.* — *f.* 83. Ordo Romanus, qualiter concilium agatur.

f. 86. Ordo ad dandum penitentiam. Quando peccata sua uult aliquis... Domine Deus omnipotens, qui non uis... *Ordo confitendi,* — *f.* 88. ad reconciliandum penitentem, — *f.* 88′. ad uisitandum infirmum, — *f.* 90. ad ungendum, — *f.* 91′. ad communicandum. — *f.* 92. Ordo commendationis animae. — *f.* 96′. Ordo sepeliendi clericos Romane fraternitatis.

f. 100′. Ordo ad catechumenum faciendum. Stans in ecclesiae limine sacerdos... Iohannes, quid petis... — *f.* 103. De rebus ad benedictionem abbatis habentis pontificalia necessariis. — *f.* 105. Forma iuramenti, quod praestat abbas (sancti Silani de Romagnano ordinis sancti Benedicti diocesis Nouariensis)... Ugutioni episcopo Nouariensi. — *f.* 105′. Aliae rubricae de penitentiam publice agentibus fer. IIII caput ieiunii et fer. V in cena Domini. — *f.* 106. *Litaniae, quae ne dicantur, in margine* alio libro *nominato monetur. Inter sanctos:* Gaudenti, Agabi *(bis),* Iuli *(bis),* Iuliane *(bis).*

f. 107′. Incipit apologia sancti Ambrosi. Summe sacerdos et uere pontifex — neque siciam in eternum. Qui cum Patre...

f. 110. Ordo ad benedicendum uirgines. Sanctimonialis uirgo cum ad consecrationem sui... Deus eternorum bonorum — monasterii reuertantur.

f. 115′. Ordo, qualiter in sacrosancta beati Petri apostolorum principis basilica de urbe aliquis militetur. [P]rimo militandus debet in ipsa basilica pernoctare... Oratio. Actiones nostras, quesumus — que supra sunt dicta. *Lineae notarum musicarum vacuae.* — *f.* 117′ *vacuum.*

Multa in marginibus eadem et aliis manibus addita.

Pict. miniat. color.

Notae musicae quadratae; — *f. 16′ et 17 in marginibus.*

44. **Pontificale Rigense.**

Borghes. 14. A 1. membr. 157 f. 281×211 mm. saec. XIV.

f. 1. Incipit ordo Romanus ad faciendum clericum. Qui clericus fieri debet... Oremus, dilectissimi fratres, Dominum nostrum... — *f.* 2′. *Litaniae.* — *f.* 3′. De psalmista vel cantore. — *f.* 4. *Ordinatio minorum graduum,* — *f.* 6′. *subdiaconi,* — *f.* 8. *diaconi,* — *f.* 10. *presbyteri.* —

f. 13. Hymnus. Veni creator . . . — *f.* 14'. Ordo ad incarcerandum aliquem, — *f.* 15. ad benedicendum primarium lapidem. — *f.* 16. Benedictio abbatis et abbatissae. — *f.* 18. Ordo ad virginem benedicendam. — *f.* 19. *Item.*

f. 22. Benedictio altarioli itinerarii siue lapidis. primo benedicatur aqua ab episcopo. Deum Patrem omnipotentem . . . — *f.* 24. Ordo in dedicatione baptisterii. — *f.* 25'. Benedictio noue crucis, aliarum rerum ecclesiasticarum. — *f.* 26. Ordo ad celebrandum concilium. — *f.* 28'. Benedictio ciborum, cimiterii, *aliae benedictiones.* — *f.* 31. Ordo Romanus consecrationis ecclesie. — *f.* 43. Alius ordo consecrationis ecclesie. — *f.* 60'. Reconciliatio ecclesie violate.

f. 62'. Incipit ordo ad uocandum seu examinandum uel consecrandum electum episcopum . . . Sabbati die circa uesperam . . . Iube, domine, benedicere . . . — *f.* 72'. Ordo, qualiter summus pontifex apud basilicam s. Petri ap. debeat ordinari. — *f.* 73'. Ordo ad coronandum imperatorem, — *f.* 79'. reginam, — *f.* 81'. ad eiciendos penitentes de ecclesia. — *f.* 84'. Benedictio palmitum olivarum, *processionale.* — *f.* 86'. Ordo in fer. V in cena Domini, reconciliatio penitentium, *benedictio oleorum.* — *f.* 94'. Ordo fer. VI in parasceve. — *f.* 96'. *Sabbato sancto benedictio ignis et fontis, ordo baptizandi,* — *f.* 100'. *confirmandi.* — *f.* 101. Ordo in sabbato vigilie pentecost. — *f.* 101'. Benedictio uvae.

f. 101'. Ordo ad dandum penitentiam, quando peccata sua uult aliquis confiteri. Sacerdos dicat apud se hanc orationem. Domine Deus omnipotens, qui non uis mortem . . .; ordo ad reconciliandum penitentem. — *f.* 105. Ordo ad visitandum infirmum. — *f.* 107. Ordo compendiosus et consequens ad ungendum. — *f.* 107'. Ordo ad communicandum. — *f.* 108'. Ordo commendationis anime, *litaniae, modus curandi mortuum.* — *f.* 112. Ordo sepelliendi clericos Romane fraternitatis. — *f.* 118'. Ordo ad catecumenum faciendum. — *f.* 121, 122 *vacua.*

f. 123. Incipiunt benedictiones pontificales in missis. In prima dominica de aduentu Domini. Omnipotens Deus, cuius aduentum . . . *Benedictiones proprii de tempore et de sanctis,* — *f.* 129. *de communi, in dedicatione, missarum diversarum.* — *f.* 131'. Benedictio patene et calicis.

f. 133. Incipit missa in agenda mortuorum. Introitus. Requiem eternam dona . . . *Totum officium praeter sequentiam.* — *f.* 134. *Praefatio communis tono feriali et festivo.* — *f.* 136'. Suscipe, sancte Pater . . . hanc immaculatam hostiam . . .; Offerimus tibi calicem salutaris . . . *Orationes ad offertorium dicendae.* — *f.* 137. Te igitur . . . *Canon.* — *f.* 142'. In purificatione b. Marie v. benedictio cereorum. — *f.* 143'. Fer. IIII in capite ieiunii benedictio cinerum. — *f.* 144'. Benedictio crucis euntis ultra mare. — *f.* 145. Ordo in consecratione cimiterii, loculi. — *f.* 147. Benedictio vestimentorum sacerdotis. — *f.* 147'. Iuramentum abbatis et episcopi, *in quo:*

domino B. Dei gratia Rigensis sedis archiepiscopo . . . *Usque adhuc numerus I—LXXII. — f.* 148'. *al. man.* Confiteor . . . *additamentis auctum et notis musicis quadratis instructum*, absolutio. — *f.* 149'. Ordo ad velandas virgines.

f. 154'. Ordinarium siue pontificale fratris Friderici archiepiscopi Rigensis ordinis fratrum Minorum et pertinet ad ecclesiam Rigensem. *al. man.*

Complura in marginibus eadem et aliis manibus addita. Folia ultima vermibus corrosa.

Picturae lineares in marginibus.

Neumae: — *f. 150 et q. s. et notae musicae quadratae.*

45. **Pontificale Romanum.**

Ottobon. 500. membr. II + 48 p. 362 × 250 mm. 2 col. 1662.

p. I. Pontificale Ro | manvm ad vsvm Em. | ac Rm. DD. Petri titu | li scti Marci S. R. E. | cardinalis Othoboni epĩ. Brix. ducis marchionis comitis etc. Anno Dñi M. D. CLXII. *Inscriptio.* — *p.* II, 1 *vacua.*

p. 2. Confirma hoc Deus . . . Ant. Gloria Patri . . ., *rubrica.*

p. 3. De confirmandis. Spiritus sanctus superueniat in uos . . . *Ordo confirmationis.*

p. 4. De ordinibus conferendis. Accedant omnes, qui ordinandi sunt . . . Eminentissimus et reuerendissimus . . . — *p.* 5. Ordo ad clericum faciendum. — *p.* 7. Ordo ad conferendos ordines minores. — *p.* 15. Ordo ad ordinandum subdiaconum, *litaniae,* — *p.* 22. diaconum, — *p.* 29. presbiterum.

p. 40. De patenae et calicis consecratione. In patenae igitur consecratione . . . Oremus, fratres carissimi — in ignem vel sacrarium; *rubricae.*

p. 42'. Ordo ad visitandas parochias . . . Antiphona. Sacerdos et pontifex — super feretrum; *rubricae.*

Nonnulla in marginibus eadem man. apposita.

Miniat. color. et inaurat. flor. — p. I. Margines inaurat. flor. distincti.

Notae musicae quadratae.

46. **Pontificale Valentinum.**

Ottobon. 256. membr. 91 f. 214 × 143 mm. saec. XII. XIII.

f. 1 *vacuum.*

f. 1'. Incipit liber de sacris ordinibus. Ad clericum faciendum. Oremus, dilectissimi fratres, Dominum nostrum Iesum Christum . . . — *f.* 2'. *Ordinatio cantoris et minorum graduum,* — *f.* 5'. *subdiaconi,* — *f.* 7. *diaconi,* — *f.* 9. *presbyteri,* — *f.* 11'. *episcoporum. Ubique decreta conciliorum adiuncta sunt.* — *f.* 19. Professio episcopi Ualentine ecclesie matri ecclesie

Uiennensi sub manu domini Gvidonis (facta). — Missa: Elegit te Dominus sibi in sacerdotem . . . *desinit in:* et totius ecclesie.

f. 25. al. man. Incipit ordo ad regem benedicendum. Cum necessitas exposcat, ut populus eligat sibi regem . . . Profiteor, promitto . . . — *f. 29.* Qualiter per ordinem regularis ordinandus est abbas. — *f. 30'.* Ordo ad abbatissam faciendam. — *f.* 31. Benedictio vestium virginis vel viduae. — *f.* 31'. Benedictio virginis. — *f.* 32. Benedictio vestimentorum sacerdotalium seu leuiticorum. — *f.* 32'. Benedictio patenae. *Eadem* — *f.* 33. *al. man. et:* — *f.* 33'. Benedictio corporalis, pallae. *Hae benedictiones sunt partes ordinis consecrationis ecclesiae, cuius reliquae partes — f. 34. sequuntur; in fine missa.*

f. 41. Adsumus, Domine sancte Spiritus . . . *Ordo ad concilium agendum al. man.*

f. 42. *al. man.* Oratio ad consignandos infantes. Omnipotens sempiterne Deus, qui regenerare . . . *Ordo confirmandi, nonnulla al. man. addita.* — *f.* 42', 43 *vacua.*

f. 43'. Incipiunt benedictiones episcopales per anni circulum. Benedictio in vigilia Domini. Omnipotens Deus, qui incarnatione . . . *Proprium de tempore usque ad adventum et proprium sanctorum usque ad s. Andreae ap.* — *f.* 60. Benedictiones cottidianae. — *f.* 63. Benedictio super regem, in dedicatione ecclesie.

f. 65. Exorcizo te, creatura salis . . . *Ordo ad benedicendam aquam,* oratio in domo, *altera oratio al. man. addita.*

f. 67. *al. man.* Ordo in consecratione ecclesie. Pridie quam noua ecclesia consecretur . . . Oracio. Omnipotens sempiterne Deus, qui per Filium tuum . . . — *f.* 76. Benedictio cimiterii. — *f.* 78. *Missae orationes. Post postcommunionem ordo litterarum Graecarum et oratio ad benedicenda linteamina.*

f. 79. *al. man.* Benedictio crucis noue. Benedic, Domine Iesu Christe — conuersam in salutem. Per eundem.

f. 80'. Incipit ordo ad benedicendum imperatorem, quando coronam accipit. Promissio imperatoris. In nomine Christi promitto . . . — Ordo ad s. Petrum Romae usitatus; *desinit* — *f.* 82. *in:* eripuisti mundum a potestate. *f.* 82' *vacuum.*

f. 83. *al. man.* Epylogus breuiter digestus. Quamquam a sanctis patribus in superioribus huius libelli partibus . . . *De vita clericorum.* — *f.* 86. Exortatio ad presbyteros. Euticiani pape. — *f.* 90. Litania. — *f.* 91. uita breuis. *Probatio pennae.*

XXX. CAERIMONIALIA*.

1. Caerimoniale episcoporum.

Regin. 280. membr. 63 f. 253×182 mm. 2 col. saec. XV.

f. 1. *Infimo in folio:* Alexander Pauli filius Petauius senator Parisiensis anno 1647.

f. 1. De ministerio episcopi uel presbyteri cardinalis seruientis pape missarum sollempnia celebranti in offitio capellani. Sciendum est, quod Romano pontifici ... — *f.* 7. De hiis, quae observanda sunt circa ministerium, quando episcopus cardinalis missarum sollempnia debuerit celebrare. — *f.* 25'. De usu planetarum diaconi et subdiaconi. — *f.* 26. De officio capellani, qui debet servire de mitra. — *f.* 27. De communione eorum, qui ordinantur, episcoporum, qui consecrantur, abbatum, qui benedicuntur. — *f.* 28. De missis defunctorum; de missis, que celebrantur coram papa. — *f.* 29. De missis, que celebrantur coram cardinali in capella eius per capellanum eius. — *f.* 31. De ministerio presbiteri cardinalis assistentis summo pontifici. — *f.* 35, 36 *vacua.*

f. 37. Qualiter et quo tempore episcopi debent conferre ordines secundum ordinem et consuetudinem Romane curie. Et primo sciendum est, quod nullus episcopus ... — *f.* 38. De his, qui debent primam tonsuram accipere. — *f.* 38'. De officiis minorum ordinum, — *f.* 39'. subdiaconi, diaconi, — *f.* 40'. sacerdotis. — *f.* 41'. Ordo ad consecrandum electum episcopum. — 43. De ordinatione Romani pontificis. — *f.* 44. De benedictione abbatum, abbatisse, monialium uirginum, — *f.* 45. vidue; *litaniae. Inter sanctos:* Maure, Placide, Aurea. — Hymnus. Veni creator ...

f. 46'. Ordo ad benedicendum ecclesiam secundum consuetudinem Romane ecclesie. Inprimis erunt parata ... — *f.* 50'. Ordo ad consecrandum altare. — *f.* 52. De benedictione lapidis primarii, — *f.* 52'. cimiterii, vidue, — *f.* 53. crismatis.

f. 58'. De unctione et coronatione regis. Rubrica, que inferius ponitur, fuit ordinata de mandato Clementis pape Vti ... De benedictione regis

---

* Ex permagno numero caerimonialium nonnulla insigniora, quae ad indolem liturgicam propius accedunt, recensenda elegi.

Siciliae, — *f. 60'.* quando factus est apostolicus. — *f. 61'.* De unctione et coronatione regine. — *f. 62'.* De communione heucaristie, quam regina recipit de manu pape. — *f. 63 vacuum.*

Nonnulla in marginibus man. saec. XVII addita.

Gattico, Acta selecta caeremonialia s. Romanae ecclesiae (Romae 1753).

2. Caerimoniale curiae Romanae.

Urbin. 470. membr. 125 f. 333 × 230 mm. 1487.

f. 1. Rubrice libri cerimoniarum Romane curie ... *Index et numeri foliorum, quorum multi non conveniunt; in indice plura capita quam in libro.*

f. 5. De ministerio episcopi vel presbiteri cardinalis seruientis pape missarum solemnia celebranti in officio capellani rubrica. Sciendum est, quod Romano pontifici ... *De officio missae a papa vel a praelato per annum celebrandae, de sermone coram papa faciendo, de canonizatione sanctorum, de aliis rebus.*

f. 39. Cerimonie et solemnitates solite seruari in creatione nouorum cardinalium Romanorum. Sequuntur cerimonie et sollenitates solite obseruari ..., *et de creatione legatorum.*

f. 48'. Hic sequitur stilus seruandus in electione pape secundum Gregorium papam Xᵐ. Rubrica. Qvia omnis potentatus breuis ... *De creatione, de consecratione, de coronatione, de processione, de sollemnitatibus, de indumentis, de coloribus, de aliis rebus.*

f. 88'. Incipit ordo ad benedicendum imperatorem, quando coronatur ... Imperator rex, cum peruenerit ..., *et de coronatione reginae, de sepultura papae, de ministeriis cardinalium, de itineratione papae, de consecrandis Agnus Dei, de adventibus regum, de ordine processionis Romanae curiae, de aliis rebus.*

f. 123. Prouinciale omnium ecclesiarum cardinalium orbis uniuersi. In ciuitate Romana sunt ..., *et ecclesiae diaconorum cardinalium.*

f. 124. Incipit ordo consecrandi Agnus Dei secundum modernos. Rubrica. Paretur aqua ... Oratio. Domine Deus Pater ...

f. 125. Explicit liber cerimoniarum anno incarnationis dominicae MCCCCLXXXVij. die XXVj de mense Ianuarii ... Scriptum per me Sigismundum de Sigismundis Feretran. Pro Rv̄do in choro patre domino Celso de Mellinis ciue Romano ac episcopo Feretranensi. — *f. 125' vacuum.*

Miniat. et inaurat. flor.: — f. littera D. — f. 5. Littera S miniat. et inaurat.; margines fig. flor. distincti, insigne Urbinas et episcopi de Mellinis et: Nota de cardinali sermone facturo.

Gattico, Acta selecta caeremonialia.

3. Caerimoniale pontificum.

Urbin. 469. membr. I+82 f. 270×185 mm. saec. XVI.

f. I. Est caeremoniale Iacobi Gaetani, editum a P. Mabil[l]on. — *f.* I′ *vacuum.*

f. 1. Incipit tabula in subsequentem ordinationem . . . *Index.* — *f.* 2, 3 *vacua.* — *f.* 3′. In hoc codice continetvr opvs caeremoniale svmmorvm pontificvm. *Orbis color. et inaurat. flor.*

f. 4. Qualiter proceditur ad electionem summi pontificis per uiam scrutinii. Si in electionem Romani pontificis uelint cardinales . . . *De electione, de coronatione, de processione, de consecratione pontificis.*

f. 17. Qualiter seruiri solet et debet Romano pontifici missarum sollemnia celebranti. Sciendum est, quod Romano pontifici . . ., *et de coloribus, de paramentis, de consecratione episcoporum et abbatum, de missa coram papa celebranda.* — *f.* 30′. *Ordo missae.* — *f.* 35. *De officiis dierum festorum.* — *f.* 41′. In quibus diebus et festiuitatibus consueuerunt Romani pontifices consistoriis abstinere, *de pronuntiatione praelatorum, de ordinatione cardinalium.*

f. 53. Sequuntur cerimonie et sollemnitates solite seruari in creatione nouorum cardinalium . . . Die Mercurii quatuor temporum . . .; *de cardinalibus papae in missis servientibus.* — *f.* 62. Iudica me . . . *Ps. 42 et septem psalmi poenitentiales.*

f. 68. Incipit ordo ad benedicendum imperatorem, quando coronatur. Cum imperator . . .; *de coronatione reginae.* — *f.* 73. De canonizatione unius sancti.

f. 73′. Ordo Romane ecclesie ad sepeliendum papam, episcopos, presbiteros et diaconos cardinales defunctos. Et est sciendum, quod ante officium defunctorum . . . Pater noster . . . In memoria eterna erit iustus . . . — *f.* 77. Officia misse vacante sede apostolica.

f. 78. Singularia quedam, que in electione Romani pontificis obseruantur. Non solent citari . . . — *f.* 78′. Quando celebratur pro rege uel imperatore mortuo, *alia.* — *f.* 81. Petitio pallii per procuratorem, iuramentum eius. — *f.* 81′, 82 *vacua.*

Multa man. rec. in marginibus addita.

Miniat. color. et inaurat. flor.: — *f. 4. littera S. Infra insigne et* F. E. DVX. *inaurat.*

Gattico, Acta selecta caeremonialia.

XXXI. ORDINES.

1. **Ordo divinorum officiorum canonicorum s. Augustini Franken-thalensium.**

> Palatin. 479. chart.; a + b. membr. 76 f. 228×142 mm. saec. XV.

> *f. a.* C 100, 195, 2216.

> *f. a'.* Quicquid obtuleris, eo neglecto — Augustinus lux doctorum; *et aliae probationes complurium pennarum.*

> Iste liber pertinet ad maius Franckentall ordinis canonicorum regularium beati Augustini ultra Wormaciam circa Renum situatum. *al. man.*

> *f. b'.* [loqueban]tur uobis. Sed non filia Iuda... *Lectio Danielis. Missae sabbati post dom. III quadragesimae; ceterae partes:* — *f. b. et missa dom. in media quadragesima Laetare; graduale desinit in:* que dicta sunt. *Introitus, graduale, offertoria, communiones neumis sine lineis instructa, man. saec. XII.*

> *f. 1.* Rationale diuinorum, *man. saec. XVII.* Cum vniuersa, que in officio diuino cantanda et legenda sunt, in libris ad idem officium pertinentibus — obitus diei vicinius fuerit signatum. Amen. *Ordo officiorum divinorum totius anni canonicorum s. Augustini et de novitiis, de professionibus, de defunctis fratribus. — f. 76 vacuum.*

> *f. 76'.* Iste liber pertinet ad monasterium, *deest nomen; probationes pennae. Nonnulla aliis manibus addita. — f. 41 refectum.*
> *Neumae.*
> *Stevenson,* Codices Palatini Latini tom. I, p. 152.

2. **Ordines ecclesiae collegiatae.**

> Palatin. 484. membr. 57 f. 289×224 mm. saec. XV.

> *f. 1.* 79. 1873.
> Ordo in purificatione beate uirginis post terciam... Sacerdos officiatus... Exaudi, quesumus, Domine... *Ordo benedicendi candelas. Additum:* In capella beate virginis canitur ant. Ecce Maria..., oratio. — *f. 10 vacuum.*

f. 11. Benedictio cinerum in capite ieiunii. Omnipotens sempiterne Deus, parce ... *Ordo benedicendi et imponendi cineres.*

f. 13'. In die palmarum decanus uel presbiter benedicens palmas ... Uisita, quaesumus, Domine ... *Ordo benedicendi ramos et ordo processionis. Ad — f.* 23. *scida chart. inserta.* [Per eun]dem Dominum nostrum — secula seculorum, *notis musicis instructum.*

f. 26'. In cena Domini immediate finita communione ... Calicem salutaris ... *Vesperae. — f.* 30'. *Ordo mandati.*

f. 32. In die parasceues finitis prophetis, passione et orationibus ... Popule meus ... *Improperia, adoratio crucis, ordo missae praesanctificatae.*

f. 42. Sabbato sancto pasche fratres in chorum ... Domine, tu es lumen ... *Ordo benedicendi ignem, ordo consecrationis baptismi. — f.* 53 *vacuum.*

f. 53'. In purificatione post processionem ante ingressum ecclesie. oratio. Da, quaesumus, Domine — gaudiis inserantur.

f. 54. Benedictio herbarum in assumptione virginis. Omnipotens sempiterne Deus, qui celum et terram ... *Quattuor orationes.*

f. 56'. De benedictione campane per pontificem. Notandum, quod campana ... Inprimis debet campana ... Miserere mei, Deus ... *Ordo benedicendae campanae al. man.*

Nonnulla aliis manibus in marginibus addita.

Notae musicae Goticae.

Stevenson, Codices Palatini Latini tom. I, p. 155.

3. **Rubricae fratrum Minorum.**

Cappon. 206. mixt. 187 f. 141 × 102 mm. saec. XII. XV.

f. 1. oculos ... spinis coronatur — peccata non grauant.

f. 1'. Alexander Gregorius (Capponius) Decemb. 1721.

De comestione. quintum capitulum. Cum pulsatur campana ... — *f.* 2. De modo conuersandi cum secularibus. duodecimum capitulum. Toto tempore uite tue studeas — nec sapientior Salomone. — *f.* 2'. De modo non iudicandi alios. tertium decimum capitulum. Cum non sit commissum ... *man. saec. XII.*

f. 3. Postquam pro rudibus fabricaui materiale ... *De re musica, notae musicae quadratae, in fine — f.* 187. *nonnulla lingua Italica conscripta. Interpositum:*

f. 100. Nota, quod aduentus Domini celebratur ... *Rubricae breviarii missalisque de adventu, de singulis anni mensibus; item: — f.* 111'. de festorum octauis — *f.* 113. de festis novis, — *f.* 113. de festis in generali, — *f.* 114. de singulis anni festis et de feriis, — *f.* 117'. de officio mortuorum, — *f.* 119'. de dominicis a pentecoste usque ad aduentum.

f. 120. Incipiunt alique rubrice papales et primo Gregorij XI . . . Mandauit idem papa . . ., *in fine rubricae* Sixti (papae) ordinis Minorum. — *f.* 120'. Index festorum, *nonnulla al. man. addita.*

f. 122'. Rubrica facta Pisis in capitulo generali. In festo s. Iohannis ante portam Latinam . . .; rubrica facta Tholose in capitulo generali.

f. 124. Incipit rubrica eucharistie. Iohannis episcopus seruus seruorum . . . Bene gestis et congrue . . . — *f.* 124'. Tabula de ystoriis mensis Septembris. — *f.* 125. Rubrica optima de officiis, — *f.* 126. de officio domine (b. Mariae v.).

f. 127. Incipit series utendi paramentis secundum curiam Romanam. Albis indumentis . . . *De coloribus paramentorum.*

f. 128. Incipit rubrica maior breuiarij. Adventus Domini celebratur . . ., *et de festis, de historiis, de hymno Te Deum, de Gloria Patri, de antiphonis, de orationibus.*

f. 131. Incipit rubrica missalis maior. Aduentus Domini celebratur . . ., *et de Gloria in excelsis, de Credo.*

f. 132'. Rubrica maior missalis. Indutus planeta — benedicat uos Pater et Filius. ℞. Amen.

f. 99' vacuum et refectum.
Orbes et notae musicae quadratae.

4. Ordo breviarii et missalis fratrum Minorum.

Vatican. 7659. membr. IV+91 f. 250×180 mm. 2 col. saec. XV.

f. I. *Kalendarium. Ind. astr. et cal. dies Aeg. num., nonnulla man. rec. addita. Desunt menses Maius, Iunius, Iulius, Augustus. Inter sanctos:* Febr. Gilberti. Sept. Eustachii, Mauritii cum soc. Oct. Dionysii, Rustici. Eleutherii, Leonardi. *man. rec.:* XI Kal. Apr. 1478 pasca fuit ista die. Apr. Adalberti ep. m., Quirini m. Sept. Wentzeslai regis Bohemie m. Oct. Maximiani ep. m. Colomanni m. Cordule v. et m. Nov. Othmaris abb. Elizabeth vid. Conradi ep. Constanc.

f. 1. In nomine Domini. Incipit ordo breuiarii (sancti Spiritus urbis, *loco rescripto*) secundum consuetudinem Romane curie. In primo sabbato de aduentu ad vesperas. Capitulum. Fratres scientes, quia hora . . . *Ordo breviarii, proprium de tempore usque ad dom. XXIV post pentecost. et* dominica[m] IIII mensis Nouembris.

f. 26'. Aduentus Domini celebratur . . . *Rubricae.*

f. 27'. *man. rec.* O paciencia, *notis musicis quadratis instructum.*

f. 28'. Incipiunt festiuitates sanctorum per anni circulum. In sancti Saturnini martiris oratio. Deus, qui nos . . . *Ordo breviarii, proprium sanctorum usque ad s. Catharinae.*

f. 39'. In nataliciis apostolorum. Ad vesperas capitulum. Fratres, iam non estis... *Ordo breviarii communis sanctorum. Item ordo:* — *f.* 42. officii beate Marie uirginis per annum, — *f.* 44. officii in agenda mortuorum, — *f.* 45. benedictionis mensae.

f. 46'. De specialibus antiphonis laudum septem tabulae.

f. 48. Letania, *preces, orationes.*

f. 49'. Incipiunt constitutiones de officio. Ad omnes horas canonicas primo pulsetur ...; *manibus rec.:* de missa b. Marie v. in sabbato, de missis votivis Sixti pape IIII. — *f.* 54 *vacuum.*

f. 55. Dominica prima in aduentu. Statio ad sanctam Mariam maiorem. Introitus. Ad te leuaui ... *Ordo missalis, proprium de tempore usque ad dom. XXIV post pentecost.*

f. 75'. Incipit proprium sanctorum de missali. In uigilia sancti Andree apostoli. Introitus. Dominus secus mare ... *Ordo missalis usque ad s. Catharinae.*

f. 84. Incipit commune sanctorum de missali. In uigilia unius apostoli. Introitus. Ego autem sicut oliua ... *Item ordo missalis:* — *f.* 88. in dedicatione et in anniversario dedicationis ecclesie et altaris, missae sanctorum, quorum corpora habentur.

f. 88'. Missa in honore sancte Trinitatis. Oratio. Omnipotens sempiterne Deus ... *Ordo missarum votivarum et diversarum,* — *f.* 90'. *missarum pro defunctis.* — *f.* 91' *vacuum.*

Nonnulla in marginibus al. man. addita. Complura folia refecta.

5. **Ordo dominicae palmarum et feriae II, III, IV hebdomadis sanctae monasticus.**

Vatican. 4855. membr. 51 f. 211×150 mm. saec. X. XI.

f. 1. Incipit enarratio Leontii episcopi Napoleos Ciprorum insule de uita et actione sancti patris nostri Iohannis episcopi Alexandrini (eleemosynarii). Intentio qvidem vna est — honor, imperium nunc et semper et in secula seculorum. Amen. — *f.* 48. Que quidem pretermissa fuerant a Iohanne atque Sophronio uiris illustribus, qui eius uitam conscripserunt. Sed postmodum Leontius episcopus Napoleos Cyprorum insule ea studiose suppleuit, cuius [librum?] sanctissimus ac ter beatus Nicolaus papa ad multorum aedificationem Anastasio peccatori interpretari precepit. *man. saec. XI.*

f. 49 *vacuum.*

f. 49'. Dominico die ramorum fratres omnes de ecclesia exierint... — *Ordo benedictionis ramorum, processionis, missae, breviarii, ordo ad mensam observandus, item fer. II, III, IV.* — *f.* 51'. (Fratres) a refectorio exeant sedeantque iuxta mare in claustris. — *man. saec. X.*

36*

6. Ordines Romani.

Palatin. 487. membr. I + 45 f. 213 × 135 mm. saec. IX. X.

f. I vacuum. — f. I'. C 74. 1892. 453.

f. 1. Incipit ordo ecclesiastici ministerii Romanae ecclesiae vel qualiter missa caelebratur. Primum omnium observandum est septem esse regiones — intrant in secretarium.

f. 9'. Incipit ordo scrutinii ad electos, qualiter debeat celebrare denuntiatio scrutinii, quod tertia ebdomada in quadragesima secunda feria initur. Scrutinium, dilectissimi fratres — omnimodis caelebretur.

f. 15'. De officiis in noctibus a caena Domini usque in pascha. Igitur a dominica quadragesima — oratione et finitur.

f. 22. In nomine Domini. Ordo, quo modo in sancta Romana ecclesia acholitus ordinantur. Dum missa caelebrata fuerit . . . — *f.* 22'. *Ordinatio episcopi;* — omnem populum.

f. 24. Fides Albini diaconi abbatis cognomine Alchuini. Credimus sanctam Trinitatem . . . *Desinit in:* illa columba, in cuius.

f. 25. Igitur a dominica, quam sedis apostolica mediana uoluit nuncupare, usum obseruantiae intimandum — nec communicantes. *Ordo hebdomadis sanctae. — f.* 30'. *al. man. additum:* et interrogauimus nihilominus dominum apostolicum Adrianum — fieri oportere.

f 31. Unde crescunt numeri temporales a momento in minutum — unum punctum adcrescit. *al. man.*

f. 31'. Musa senectutis istic cantatur amarae.—Unde amat December te genialis hiemps. *Carmina et sententiae poetarum.—f.* 40. *Res astrologicae et calendares.*

f. 42. Praefatio. Ouidius Naso Publio Uirgilio suo salutem. Uirgilius magno quantum concessit Homero — congressus utrimque. *Argumenta duodecim librorum Aeneidos et capitula versibus conscripta.* Aeneas primo Libyae — occidit armis. — *f.* 45. Epigramma Augusti Caesaris, quod Aeneidos Uergilii cremare uetuit. Ergo ne supremis — relegatur, ametur.

A — f. 30' *complures librarii.*

In marginibus al. man. nonnulla addita.

Mabillon, Musaei Italici tom. II. — *Burmann,* Anthologia lib. XII. — *Bethmann* in Pertz' Archiv Bd. XII, S. 336. — *Stevenson,* Codices Palatini Latini tom. I, p. 158.

7. Ordines Romani, pontificale, hymnarium.

Regin. 338. membr. 123 + 1 f. 183 × 150 mm. saec. IX. X.

f. 1 *vacuum. — f.* 1', 2 *maxima ex parte abrasa.*

f. 3. uel quicquid ei — restituit. XLVIII De quadrupedibus, si hominem occiderint — diceret tulisse. *Fragmenta legis Ribuariae et Salicae. — f.* 23 *dimidium, — f.* 23' *totum abrasum. — f.* 30—32. *al. man.*

Post — f. 63. alter codex, fragmenta kalendarii versibus conscripti et antiphonae, versus, responsoria de sancta non virgine.

f. 64'. Incipiunt aelogae de ordine Romano et de quattuor orationibus episcoporum siue populi in missa. — *f. 65.* Incipiunt capitula sequentis opusculi. Caput I. Illud vero intimandum est . . . — caput XV. *Quae sint missae partes et quae mysteria singulis partibus significentur, ut:* que celebramus in officio missae usque lectum euangelium respicientia sunt a primo aduentu Domini usque ad illud tempus, quando properabat Hierusalem passurus.

f. 66. De Romano ordine et de statione in ecclesia. Masculi stant ad australem plagam . . . — *f. 66'.* De introitu episcopi. — *f. 67.* De diaconibus et ceteris ministris. — *f. 67'.* De portatione cereorum. — *f. 68.* De portatione turibuli (?) — De episcopo iam praesentato altari. — *f. 68'.* De Gloria Patri et Filio et Spiritui sancto. — *f. 69.* De statione diaconorum. — *f. 69'.* De . . . — *f. 71'.* De sessione episcopi. — *f. 72'.* De sede episcopali. — De epistolis. — *f. 74'.* Cur sit diaconus in ambone uersus ad meridiem. — *f. 75.* De extinctione cereorum. — *f. 75'.* De Credo in Deum. — De presentatione corporalis et calicis ad altare. — *f. 76.* Recapitulatio de passione Domini. — *f. 76'.* De oblatione. — *f. 78.* Quomodo stent ministri episcopi, diaconi et subdiaconi hora missae circa altare. — De ministris stantibus hora missae. — *f. 80.* De Te igitur, cur secreto cantetur. — *f. 80'.* De crucibus in Te igitur. — *f. 81'.* De nominibus IIII orationum episcoporum siue populi in missa. — *f. 82'.* De secreta. — De fractione oblatarum. — *f. 83.* De pace adnuntiante, quando (?) commisceatur corpus et sanguis Domini. — *f. 84.* Cur secreto (?) dicitur. — *f. 84'.* De praefatione. — De benedictione post communionem.

f. 85'. De decem praeceptis uel decem plagis. Diligenter considerandum est, cur numerus . . . — *f. 87.* De mensura pedum in unoquoque mense, que pertinet ad distinctionem horarum.

f. 90'. Oratio ad capillaturam. Omnipotens sempiterne Deus, respice propitius . . . *Oratio ad clericum faciendum, aliae.* — *f. 91.* Dum tondes eum. — Item. — Oratio post tonsuram. — Ad barbas tondendas.

f. 91'. Oratio ad infantem consignandum. Omnipotens sempiterne Deus, qui regenerare dignatus es hunc famulum tuum . . . *Ordo confirmandi.*

f. 93'. Ben[edictio] in natale unius apostoli. Deus, qui nos in apostolicis tribuis consistere fundamentis . . . *Benedictiones episcopales, de communi sanctorum.* — *f. 96.* Benedictiones dominicales, — *f. 99'.* cotidianae. — *f. 101'.* Benedictio de resurrectione, in albas, in tempore hostilitatis, mortalitatis, in monasterio monachorum, pro iter agentibus.

f. 102 b'. Benedictio ad infirmum. Omnipotens Deus, hunc infirmum visita . . . *Aliae benedictiones.* — *f. 103'.* Ad consecrandum patenam, ad calicem benedicendum oratio[nes].

36

f. 104'. Incipit breuiarium psalterii. Verba mea auribus — Domine Deus veritatis . . . *et tabula psalmorum.* — *f.* 105 *dimidium avulsum.*

f. 112'. Ymnus die dominica ad nocturnum. Primo dierum omnium . . . *Hymni ordinarii,* — *f.* 119. *communis sanctorum,* — *f.* 122. in aduentu, in uigilia natalis Domini ad nocturnum. Surgentes . . . atrae noctis . . . uigiliis obsequiis . . . ; *desinit in:* cum Patre clarus es cum Christo. *Cetera evanuerunt.*

Insunt: — *f.* 68. This man scal thid gedrif thridan — Cecilius et Cyriacus. *Carmen magicum contra febrim lingua Anglosaxonica scriptum. Item:* — *f.* 180. Thid blood ryne . . . *De sanguinis missione.* — *f.* 88'. *Ordines litterarum Hebraicarum, Graecarum, Aegyptiarum, Runicarum.*

Complures librarii.

Greith, Spicilegium Vaticanum (Frauenfeld 1838) S. 45. — *Bethmann* in Pertz' Archiv Bd. XII, S. 275.

8. Missae. Ordines Romani.

Vatican. 1146. membr. I + 176 f. 372×242 mm. 2 col. saec. XI.

f. I. percipe, Domine, orationem meam . . . *Graduale missae fer. VI quattuor temporum quadragesimalium et missae sabbati lectiones; oratio (V) desinit in:* per te coepta.

f. 1. Incipit liber officiorum, qualiter missa Romana agatur. Primo omnium obseruandum est VII esse regiones — intrant in secretarium. — *f.* 1. *in margine:* Edit. in Ord. Rom. Ferrarii 1591. p. 7.

f. 5. Incipiunt eglogae de ordine Romano et de quattuor orationibus episcoporum siue populi (in missa *litteris nigris al. man.*). Capitula sequentis operis . . . — *f.* 13. Expositio missae. — *f.* 19. Capitula de catholica ecclesia . . . quae a palatio Aquisgrani venerunt. (Excerpta ex Rabano *al. man.*). — *f.* 25. Capitula Theotolfi. — *f.* 34. Capitula Ahytonis Basileensis episcopi et cenobii, quod Augia dicitur, abbatis. — *f.* 36. Libellus Walafridi Strabonis de exordiis et incrementis rerum ecclesiasticarum. — *f.* 55'. *De vestimentis sacerdotalibus, de sacramentis, de missae partibus. f.* 56'. Expositio orationis dominice. — *f.* 62. *De baptismo et de ordine eius.* — *f.* 64. Amelarii liber officiorum.

Multa aliis manibus in marginibus addita.

Bethmann in Pertz' Archiv Bd. XII, S. 223.

9. Ordines Romani.

Vatican. 1147. membr. 196 f. 392 × 265 mm. 2 col. saec. XI.

f. 1 *vacuum.*

f. 1'. Incipit ordo ecclesiasticus Romane ecclesie, qualiter missa celebratur a summo pontifice. Primum omnium obseruandum est septem esse regiones — intrant in secretarium.

f. 5'. Incipiunt aeglogae de ordine Romano et de IIII orationibus episcoporum siue populi in missa. — Capitula sequentis operis prenotamus...
— *f.* 14. Expositio missae. — *f.* 21. De catholica ecclesia et eius ministris et de baptismatis officio. Istud a palatio Aquisgrani uenit. — *f. 27'.* Capitula, que Theotolfus episcopus edidit. — *f.* 37. Haec capitula ... Ahito Basileensis antistes et cenobii, quod Augia dicitur, abbas ... — *f.* 39. Libellus Uualafridi Strabonis de incrementis et exordiis ... — *f. 62'. De vestimentis sacerdotalibus et de sacramentis ecclesiae.* — *f.* 75. Amelarii prologus, liber officiorum.

Miniat. color.

Bethmann in Pertz' Archiv Bd. XII, S. 223.

10. **Ordines Romani.**

Vatican. 1148. membr. 203 f. 470 × 267 mm. 2 col. saec. XI.

f. 1. Sisto V. P. O. M. Gulielmo Sirletto S. R. E. Card. Praeside Bibliothecae Vaticanae Aldus Mannuccius Pauli F. Aldi N. D. D.

f. 1'. Incipit liber officiorum. Qualiter missa Romana agatur. Primo omnium observandum est VII esse regiones — intrant in secretarium.

f. 5'. Incipiunt eglogae de ordine Romano et IIII orationibus episcoporum siue populi (in missa *al. man.*). Capitula sequentis opusculi prenotamus. — *f. 13'.* Expositio missae. — *f. 20'.* Capitula de catholica ecclesia et eius ministris et de baptismatis officio. Ista capitula a palatio Aquisgrani uenerunt. — *f. 26'.* Capitula Theotolphi episcopi. — *f. 35'.* Haec Achito Basileensis ecclesie antistes et abbas cenobii, quod Augia dicitur, ordinavit. — *f.* 37. Libellus Walfredi Trabonis de incrementis et exordiis quarundam in obseruationibus ecclesiasticis rerum. — *f.* 61. Expositio orationis dominicae. — *f.* 67. De baptismo. — *f.* 73. Amelarii prologus, liber officiorum. — *f. 103'. Probationes pennae.*

Multa in marginibus al. man. addita.

Miniat. color.

Bethmann in Pertz' Archiv Bd. XII, S. 223.

11. **Ordo benedictionis et processionis Romanus.**

Ottobon. 710. chart. 26 f. 229 × 152 mm. saec. XVII.

f. 1. S. V. 60. Ex codicibus Ill[mi] et Excell[mi] Dñi Ioannis Angeli ducis ab Altaemps. — *f. 1' vacuum.*

f. 2. Ordo in benedictione alicui populo ex apostolica delegatione elargienda seruandus. Imprimis archiepiscopus, si pro oportunitate loci... Oratio pro remissione peccatorum. Deus, qui nullum...; *secreta, postcommunio. Item:* — *f. 2'.* pro salubritate aeris, — *f. 3'.* pro sterilitate terrae. — *Rubricae.*

f. 4'. Breve Gregorii XIII archiepiscopo Salernitano anno 1584 datum. Nuper emanarunt — non obstantibus quibuscunque.

f. 8'. Ordo seruandus in processione et litaniae. — *f. 24'.* Absolutio eorum, qui scienter censuras incurrerunt.

Antiphonae: — *f.* 19. Clementissime Domine . . ., — *f.* 19'. Parce, Domine . . ., — *f.* 20. Peccauimus, Domine . . ., *notis musicis quadratis instructae. Notae musicae.*

12. **Ordines Romani. Codicum exemplaria.**

Vatican. 7146. chart. 173 f. 285 × 210 mm. saec. XVII.

f. 1. Capitulare ecclesiastici ordinis, qualiter sancta atque apostolica Romana ecclesia celebrat. Primitus enim ab aduentu — ipsis infantibus. Cod. Regin. 242.

f. 4. Breuiarium ecclesiastici ordinis, qualiter in coenobiis . . . iuxta authoritatem catholice atque apostolice Romane ecclesie et iuxta dispositionem regulae sancti Benedicti . . . Primitus enim ad aduentum — consummata sunt omnia. Cod. Palatin. 574. *De missa celebranda. Deest nunc in codice foliis abscissis. Cf. Stevenson,* Codices Palatini Latini I, p. 186. *Balleriniorum* Opera s. Leonis Append. (Venet. 1753—1757) P. II, c. X, § 3.

f. 10. Igitur a dominica — hoc fieri oportere. Cod. Palatin. 487. *al. man.:* Cf. Mabillon (Musaei Italici tom. II, Lutetiae Parisiorum 1724), p. 18, n. 4.

f. 14. Quid significent duodecim candelae — aeternitatis suae. Cod. Regin. 1382.

f. 32. Ordo de discretione penitentiae, quam Gregorius papa constituit. Ponunt canones — possunt sempiternam. Cod. Vatican. 629.

f. 38. Incipit ordo ad uocandum seu examinandum uel consecrandum electum episcopum. Sabbati die — memor eris. Cod. Vatican. 4742.

f. 60'. Ordo Romane ecclesie ad sepeliendum papam, episcopos, presbyteros et diaconos cardinales defunctos. Et est sciendum — osculum pacis. Cod. Vatican. 4741.

f. 80. Qualiter et quo tempore episcopi debent conferre ordines secundum ordinem et consuetudinem Romane curie. Et primo sciendum — respice in me. Cod. Regin. 298.

f. 101. Letania. Kyrieleison — recta consilia. Cod. Vatican. 3806.

f. 114. Hebraeorum X mensis Tebeth. — December. Dies anni CCCLXV. *Kalendarium.* Cod. Vatican. 3806.

13. **Ordines Romani. Codicum exemplaria.**

Vatican. 4973. chart. 184 + 1 f. 350 × 240 mm. 1664.

f. 1. Vetusti. aliquot. rituales. libri. | vulgo. ordines. Romani. de. officio. | missae. vel. caeremoniales. appellati. | Tomus. primus. Ex sanctis patribus antiquis et bibliotheca Romani pontificis Vaticana, quorum seriem sequens pagina indicabit. *Inscriptio. — f. 1′ vacuum.*

f. 2. I Onuphrii Panuinij . . . *Index.*

f. 3. Alexandro Farnesio. S. R. E. eр̄o cardinali Sabino . . . Onuphrius Panuinius Veronensis frater eremita Augustinianus. S. P. D. Ad orthodoxae, catholicae . . . *Prooemium. — f. 8.* De missarum uel missae et liturgiae vocibus. *— f. 13′ vacuum. — f. 14.* De ritibus, quibus Iudaei utebantur. *— f. 15.* Missarum siue sacri convivii mysteria. *— f. 16.* Ritus sacrae communionis descriptus a Iustino philosopho. *— f. 17′ vacuum. — f. 18.* De sacrificio ecclesiae ex Clementis Alexandrini [libris] excerpta. *— f. 19.* Qua ratione sacri conventus Tertulliani aetate haberi solerent. *— f. 21′ vacuum. — f. 22.* Descriptio synaxeos ex Dionysio Areopag. desumpta. *— f. 24.* Codex Gelasianus de ordine processionis ad missam a s. Gregorio reformatus.

f. 30. Romanus ordo missae circa tempora Caroli Magni usurpatus. Primo omnium observandum est, septem esse regiones — cum turibulo ad secretarium. *— f. 35′ vacuum.*

f. 36. Romanus ordo missae per eadem tempora usurpatus. Primum omnium observandum est septem esse regiones — et intrat in secretarium.

f. 43. Ordo Romanus tertius ex duobus supra relatis concinnatus. Primum ante omnia observandum est septem esse regiones — et intrat in secretarium. *— f. 52′ vacuum.*

f. 53. Ordo processionis, quem episcopus missam publicam celebrare constituens servare solebat. Postquam prima hora celebrata fuerit — ad sacrarium reducant. *— f. 57′ vacuum.*

f. 58. Micrologus siue ordo missae. Caput. I. Presbyter, cum se parat ad missam — privatim discedere permittant.

f. 72. Onuphrii etc. Interpretatio vocum ecclesiasticarum . . . Cum in suprascriptis ordinibus . . . *— f. 88′ vacuum. — f. 91.* De stationibus urbis. *— f. 99′, 103′ vacua.*

f. 103 a. Ex libris. | Cencii. S. R. E. camerarii. | liber. ritualis. vetustis-simus. quem. | caeremoniale. vocant. | ante. quadringentos. annos. in Ro-mana. | ecclesia. usurpatus. | Ex bibliotheca pontificia Palatina, quae est prope basilicam sancti Petri in Vaticano. *Inscriptio. — f. 103 a′ vacuum.* *— f. 104.* Onuphrii praefatio. *— f. 105.* Libri vetustissimi. ritualis . . . Quid debeat dominus papa facere tempore aduentus Domini. A dominica prima aduentus — in gradibus sancti Petri similiter. *— f. 161′ vacuum.*

f. 175. Mysteriorum missae brevis explicatio. De missae nomine. Missae nomen sunt, qui ex Hebraeo — per Christum Dominum nostrum. Amen.

14. Ordo breviarii (registrum horarum) Wormatiensis et ecclesiae s. Spiritus Heidelbergensis.

Palatin. 521. membr. a + 115 f. 228 × 160 mm. saec. XV. XVI. tom. I.

f. a. R. (?) 126. 55. 2197. 340. — *f.* a' *vacuum.*

f. 1. Incipit registrum horarum canonicarum partis yemalis ordinationis domini Reinhardi episcopi Wormatiensis. Et primo de tempore sequitur. Pro abbreuiatione registri aduentus aliqua sunt notabilia premittenda. Primo singulis priuatis diebus . . , *De precibus minoribus, de suffragiis consuetis, de commemorationibus festorum, de initio adventus.*

f. 1'. In anno igitur, quo A fuerit littera dominicalis in primis vesperis . . . ant. Missus est . . . *Ordo proprii de tempore adventus.* — *f.* 11'. Quando B, — *f.* 20'. Quando C, — *f.* 25'. Quando D, — *f.* 31. Quando E, — *f.* 35. Quando F, — *f.* 40. Quando G fuerit littera dominicalis.

f. 44. In nocte sancta natiuitatis Cristi ad primas vesperas super omnia laudate. ant. Iudea et Ierusalem . . . *Ordo temporis nativitatis Domini.*

f. 52. In vigilia epiphanie Domini ad matutinas. Inuitatorium. Cristus natus est . . . *Ordo temporis epiphaniae.*

f. 66. In dominica septuagesime ad priores vesperas . . . Alleluia ferialia . . . *Ordo dominicarum septuagesimae, sexagesimae, quinquagesimae et temporis quadragesimae.*

f. 78. In dominica palmarum ad priores vesperas capitulum. Hoc enim sentite . . . *Ordo hebdomadis maioris usque ad sabbati completorium.* — *f.* 84, 85 *vacua.*

f. 86. Incipit registrum de sanctis ab aduentu Domini usque ad festum pasce et primo. In vigilia sancti Andree ad matutinas. Inuitatorium feriale . . . *Proprium sanctorum usque ad:* de sancta Eufemia v. et m.

f. 103. Secuntur stationes seruandae in quadragesima et primo die cinerum ant. Exaudi nos . . .; *tempore post diem cinerum,* sexta feria post dominicam Inuocauit; *tempore post hanc dominicam.* — *f.* 104, 105 *vacua.*

f. 106. Incipit commune sanctorum secundum ordinem ecclesie Wormaciensis. In vigilia unius uel plurimorum apostolorum. Ad matutinas ferialia . . . — *f.* 113—115 *vacua.*

In marginibus nonnulla addita.

Palatin. 522. membr. a + 62 f. 246 × 171 mm. saec. XV. XVI. tom. II.

f. a. C. 126. 394. — *f.* a' *vacuum.*

f. 1. Incipit breuiarium siue registrum horarum canonicarum partis estiualis secundum ecclesiam Wormaciensem. In sacratissima nocte pasche.

Ad matutinas. Domine, labia mea . . . Inuitatorium. Alleluia . . . *Ordo proprii de tempore usque ad:* Dominica preparacionis aduentus Domini. — *f.* 5. Sexta feria (post octauam pasche) seruantur festa clauorum et lancee. — *f.* 5′. Festum compassionis beate virginis Marie solemniter peragitur sabbato post dominicam Quasimodo geniti. — *f.* 11′. Feria secunda post octauam pentecost. solemniter agitur de Trinitate. — *f.* 12. Feria V (post octauam pentecost.). In festo corporis Christi. — *f.* 13′. Dominica prima post octauas corporis Christi *ordo scripturae currentis et historiarum dominicarum post pentecost.* — *f.* 15. Incipiunt ewangelia dominicis diebus... *usque ad dominicas adventus.* — *f.* 18. Sequuntur ewangelia angarie autumnalis . . .

f. 19. Incipit registrum ut prefertur de sanctis partis estiualis. Et primo hystoria tenenda infra pascha et penthecostes. Si fuerit festum alicuius sancti . . . ad vesperas super psalmos feriales Alleluia . . . *Ordo proprii sanctorum a s. Ambrosii usque ad s. Conradi ep. Constantiensis.*

f. 29′. In dedicacione ecclesie sancti Spiritus in die Margarethe ad primas vesperas super p̄s. omnia laudate ant. Dñ. Domine . . . *Ordo.* — *f.* 53, 54 *vacua.*

f. 55. Incipit commune sanctorum secundum ordinem Wormaciensem. Incipit vigilia vnius uel plurium apostolorum. Ad matutinas ferialia . . . — *f.* 62 *vacuum.* — *f.* 62′. 2612.

In marginibus nonnulla aliis manibus addita.

Stevenson, Codices Palatini Latini tom. I, p. 172.

XXXII. RITUALIA.

1. Rituale (agenda) defunctorum.

Palatin. 550. membr. 24 f. 149 × 114 mm. saec. IX.

f. 1. *Probationes pennae.* 419. — *f.* 1′. 494. 550.

f. 2. totum ineffabili pietate ac benignitate . . . *Ordo iuvandi mortuos.*

f. 3′. Post lauetur corpus canentibus antiphonam. Tu iussisti nasci me . . . *Initia psalmorum, preces, antiphonae, orationes.*

f. 4′. Post lauationem uero corporis, cum indutus fuerit . . . Ant. De terra formasti me . . . *Initia psalmorum, preces, antiphonae, orationes.*

f. 6. Cum in ecclesia positus fuerit . . . Oratio in basilica. Omnipotentis Dei misericordiam . . . et dum in ecclesia asseruatur. *Initia psalmorum, preces, antiphonae, orationes.*

f. 12. Finita omnia ut supra, postea celebrantur vigilias . . . Ad matutinum. Ant. Regem, cui omnia . . . *Initia psalmorum, antiphonae, responsoria,* lect. I—IX. lect. VI. Parce mihi — in sinu meo. lect. VII. Audiuimus, fratres karissimi, in lectione — ad eternum migrabit. lect. VIII. Amen, amen dico uobis, quia uenit hora — secundum opera eius. lect. IX. Omne, quod dat mihi — nouissimo die. *Responsoria deligenda addita. Vesperae in fine.* — *f.* 15′. Responsorium: Heu mihi Domine . . . *neumis sine lineis instructum.*

f. 20. In ipso depositionis die uel in altero . . . omnes fratres uel populus . . . Ant. Chorus angelorum te suscipiat . . . *Ordo sepeliendi, desinit in:* turmarum triumphales cat.

Nonnulla folia refecta.

Neumae.

Stevenson, Codices Palatini Latini tom. I, p. 177.

2. Rituale et pontificale.

Borghes. 35. A 2. membr. 156 f. 300 × 217 mm. saec. XIV.

f. 1. Ordo ad confirmandum. Spiritus sanctus in uos superueniat . . . — *f.* 3. Ordo ad conferendum clericatum.

f. 7. Benedictio, quando plura et diversa ornamenta ecclesie uel altaris et uestimenta sacerdotalia uel leuitica sunt pariter benedicenda. Omnipotens et misericors Deus, qui ab inicio ..., *orationes ad singulas res:* ad linteamina, ad corporalia, *ad alia.* — *f.* 17. Benedictio imaginum b. Marie. — *f.* 21'. Benedictio uini, panis, pere, cilicii.

f. 23'. Ordo in dedicatione baptisterii. primitus fiat aqua ... Omnipotens sempiterne Deus, fons omnium ... — *f.* 24. In confirmatione abbatis vel abbatisse. — *f.* 26. Ad signum ecclesie benedicendum. — *f.* 33. Ordo reconciliationis ecclesie vel cimiterii, *litaniae. Inter sanctos:* Eutropi, Nichasi cum soc. t., Dionysi cum soc. t., Viviane, Severine, Macute, Aniane, Troyane, Palladi, Leonci, Maure, Supplici, Iuliane, Radegundis, Columba, Castitas, Caritas, Fides, Spes, Maria Eg. — *f.* 44. Benedictio aque Gregorialis, cinerum, vini. — *f.* 64. Ordo de edificanda ecclesia, — — *f.* 67'. ad benedicendum cimiterium. *Litaniae. Inter sanctos:* Goznouee, Paule Leonensis, Yuo. — *f.* 78 *vacuum.* — *f.* 79. Ordo ad consecrandum altare, quando ecclesia non consecratur. — *f.* 99. *Missa, graduale notis musicis quadratis instructum.* — *f.* 107'. Ordo de consecratione tabularum vel lapidum portatilium. — *f.* 122. Benedictio ignis in die cene Domini.

f. 123'. De Trinitate ℣. Benedicamus Patrem et Filium ... Laudamus. oratio. Omnipotens sempiterne Deus, qui dedisti ... *Commemoratio, item de B. M. V., Crucis, multorum sanctorum, communis sanctorum. Insunt:* — *f.* 137. De s. Eutropio. — *f.* 140'. De s. Savino. — *f.* 141. De s. Symphoriano. — *f.* 141'. De s. Leodegario. — *f.* 142. De s. Iuliano. — *f.* 143'. De s. Martiali. — *f.* 145. De s. Viviano. — *f.* 145'. De s. Macuto. — *f.* 146'. De s. Medardo. — *f.* 148. De s. Maxentio. — *f.* 149'. De s. Albino. — *f.* 150. De s. Germano. — *f.* 153'. De s. Radegundi. — *f.* 156' *vacuum.* *Nonnulla man. rec. addita.*
Miniat. color. rubro et caeruleo.
Notae musicae.

3. Rituale.

Borghes. 334. D 3. membr. 144 f. 296 × 210 mm. saec. XIV.

f. 1. Exorcismus salis ad conspersum faciendum. Adiutorium nostrum ... Oremus. Exorcizo te ... *Ordo ad aquam benedicendam et aspergendam.*

f. 9'. Ordo ad catechuminum faciendum. Interroget sacerdos ter infantem ... Quid uis fieri? ... *Ordo baptizandi.*

f. 35'. Ordo ad communicandum infirmum. primo dicantur septem psalmi ... Oratio. Deus, cui proprium est ... — *f.* 39'. Ordo ad ungendum. — *f.* 48'. Benedictio super infirmum. — *f.* 51, 52 *vacua.*

f. 53. Incipiunt benedictiones per anni circulum. Omnipotens Deus, qui incarnatione ... *In nativitate Domini. Benedictiones episcopales de tempore et de sanctis, benedictio communis,* — *f.* 92. *de communi sanctorum.*

f. 97'. Incipit ordo ad benedicendum sponsum et sponsam. Sequitur benedictio arrarum et anuli. Benedic, Domine, has arras . . ., *et missa.*

f. 108. Finito misterio lectionum . . . sequitur letania. Kyrieleison . . . *Officium sabbati sancti, benedictio ignis, fontis, cerei, Exultet notis musicis quadratis instructum; trinae litaniae. Inter sanctos secundarum:* Martine, Remigi; *tertiarum:* Christofore, Simphoriane, Pr[oi]ecte, Hylari. — *f. 144' vacuum.*

> *Nonnulla in marginibus eadem man. addita.*
> *Notae musicae.*

4. Rituale et processionale.

Palatin. 490. membr. 42 f. 173 × 128 mm. saec. XIV.

f. 1. Newenstatt. *eadem man., qua Palatin. 515 et 535.*
Benedictio salis et aquae minor. Exorcizo te . . .; Asperges.

f. 2'. Benedictio cerei in purifica[tione]. ℣. Postquam. ℟. Videte miraculum . . ., *et processionale. Neumae sine lineis.*

f. 6. Omnipotens sempiterne Deus . . . *Benedictio cinerum et processionale. Neumae sine lineis.*

f. 7. In die palmarum. Osanna filio Dauid . . . *Benedictio ramorum et processionale. Neumae sine lineis.*

f. 9. ut non solum sacrificium . . . Inuentor rutili dux . . . *Deest initium. Benedictio ignis, cerei sabbato sancto, ordo baptismi, benedictio fontis, litaniae, benedictio agni et aliarum rerum. — In litaniis inter sanctos:* Dionysi cum soc. t., Alexander, Maurici cum soc. t., Gereon cum soc. t., Cyriace cum soc. t., Bonifaci cum soc. t., Kyliane cum soc. t., Nazari, Geori, Lamperte, Germane, Udalrice, Remigi, Galle, Severine, Columbane, Petronella, Gertrudis, Afra, Sabina, Tecla, Cristina, Walpurgis, Iuliana, Columba, Praxedis, Scolastica, Margareta.

f. 22. Maior letania unius diei a beato Gregorio pro importunitate bellatorum. Minor uero trium dierum a beato Mamerto ob incursione[m] malarum bestiarum, pro collectione frugum, pro expulsione calamitatum inuente . . . Exurge, Domine, adiuua nos . . . *Processionale.*

f. 22'. In sabbato sancto pentecostes lector . . . Rex sanctorum angelorum . . . *Hymnus post benedictionem fontis canendus.* Benedictio ensis ad faciendum militem in die pentecostes.

f. 23'. Benedictio herbarum in assumptione sancte Marie uirginis. Omnipotens sempiterne Deus . . . — Oratio super primitias. *al. man.*

f. 24'. Benedictio iter agentium. Domine Iesu Christe, qui beatis . . .; pro reuersis.

f. 26. Pax huic domui . . . *Ordo ungendi infirmos, psalmi, litaniae.*

f. 36'. Postquam mortuus fuerit, hic ordo dicatur . . . Pro recordationis, fratres karissimi, commemoratione . . . *Ordo sepeliendi, psalmi, orationes. Nonnulla aliis manibus addita. Neumae.*

Stevenson, Codices Palatini Latini tom. I, p. 160.

5. Missa et rituale.

Vatican. 9296. membr. 34 f. 222×162 mm. f. 5—18, 25'—32 binis col. saec. XV.

f. 1 minus et man. rec. In nomine sancte et indiuidue Trinitatis. Amen. Istud est officium pro morte subitanea et uitam dat. Quod dominus papa Clemens sextus fecit. . . . Incipit ordo misse contra morbum, et oratio hec dicitur in principio et in fine misse vt: Iesu Nazarene, respice . . . Introitus . . . Recordare, Domine, testamenti . . . *Totum officium. In fine:* Antiphona. O beate sancte Sebastiane . . ., *et orationes.*

f. 5. al. man. Ordo ad cathecuminum faciendum. Stans in ecclesie limine cathecizandus . . . Iohannes, quid petis? . . . Si uis habere uitam — aula celesti.

f. 8. Ordo ad communicandum infirmum. Sacerdos, quem sequuntur alii fratres . . . Miserere mei . . . — *f. 8'.* Ordo ad ungendum. — *f.* 10. Ordo commendationis anime, *ordo sepeliendi.*

f. 15. Ordo ad benedicendum nubentes. In primis veniant, qui coniungendi sunt . . . oratio. Benedic, Domine, has arras . . . — *f. 16'.* Missa. Introitus. Dominus Deus Israel . . . — *f.* 18. Ordo ad benedicendum thalamum.

f. 19. al. man. Ivnius, Aprilis Septemque Nouemque tricenos . . . *Kalendarium. Ind. cal. et astr. dies Aeg. praecepta de valetudine. Ad omnes dies nomina sanctorum adscripta. — f. 25. Tabulae calendares ab anno 1292 usque ad annum 1577.*

f. 25'. Incipit summa confessionis domini Berengarii cardinalis Tusculani episcopi . . . Quoniam circa confessiones — et non flere.

Nonnulla in marginibus aliis manibus addita.

6. Rituale Bobiense. Missae.

Vatican. 5768. membr. 125 f. 182×135 mm. saec. X.

f. 1. 30. Liber sancti Columbanj de Bobio.

(Prior codex) [ ]gram baptismi tui percepta medicina . . . *Ordo baptismi.* — *f.* 8. Benedictio fontis. — *f.* 14. Oratio ad infantes consignandos. — *f.* 14'. Oratio[nes] ad catecuminum faciendum, ad succurrendum. — Benedictio aque ad baptizandum infirmum infantem.

f. 17. Incipit ordo ad penitenciam dandam. Item confessio sacerdotalis. Domine Deus omnipotens . . . *Initia psalmorum* special[ium] *(poenitentialium), litaniae, quae nominibus sanctorum carent.* — *f*. 27. Penitentiale, *desinit in*: Absolutio.

f. 42. Exorcizo te, creatura salis . . . *Benedictio aquae, deest initium.*

f. 48'. Incipit ordo infirmorum. In primis enim ingredietur sacerdos . . . Benedic, Domine, domum istam . . . — *f*. 51. *Litaniae.* — *f*. 56. *Ordo ungendi.* — *f*. 61. *Commendatio animae, ant.* Subuenite *neumis sine lineis instructa.* — *f*. 68. Agenda mortuorum.

f. 78. Incipit antiphona vel responsoria uel lectiones in uitatorio. Regem, cui omnia uiuunt . . . *Officium defunctorum, initia psalmorum, novem lectiones;* lect. IX. Induta est caro mea putredine — non subsistam, *Iob 7, 5—8.* — *f*. 89. *Ordo sepeliendi; desinit in*: cuique in iudicium.

f. 97. *(Alter codex. long. 158 mm. al. man.)* Missa ad sancti Michaelis. [Introitus.] Benedicent Dominum omnes angeli . . . *Missae votivae, tota officia.* — *f*. 98'. De sancta Trinitate. — *f*. 99'. S. Crucis. — *f*. 100'. Ad sanctam Mariam. — *f*. 102'. Missae votivae. Missa pro famulo tuo. — *f*. 109. Missa pro sponsa, — *f*. 112. pro infirmis. — *f*. 116. *Missae pro defunctis.*

f. 125'. 30. Liber exorcismorum cum ceteris, que ad curatum pertinent. In fine habentur missae uotiuae. *man. saec. XV.*

Plurima folia refecta.

Neumae.

Exemplar chart. saec. XVII. XVIII. Vatican. 9317.

7. Rituale (agenda) Moguntinum.

Palatin. 488. membr. 69 f. 211 × 155 mm. saec. XV.

f. 1. Incipit exorcismus salis et aque. In dominica die . . . Exorcismus. Exorcizo te . . . Asperges me. — *Ordo ad aspergendam civitatem.*

f. 4. Ad celebrandum matrimonium coram facie ecclesie. Tunc secundum statuta Moguntina sponsus et sponsa . . . Leuaui oculos . . . *Ordo.* — *f*. 5'. Missa super sponsum et sponsam. Benedictio solemnis nubentium.

f. 7'. Incipit ordo sacri baptismatis. Primum vero sacerdos accedat . . . Exi, inmunde spiritus . . . — *f*. 12. Introductio mulierum de puerperio.

f. 12'. Incipit ordo ad visitandum infirmum. Dum ipse presbyter intrat in domum . . . Benedic, Domine, domum istam . . . — *f*. 13. Letania. — *f*. 16'. Dominica oratio. Pater noster. Vadir unsir . . . Angelica oratio. Ave Maria. Gegruzet sist dů, Maria . . . Symbolum apostolorum. Petrus: Ich gleubin in gott vader . . . Confessio. Ich gibe mich schuldich . . . *lingua Germanica.* — *f*. 18'. *Ordo ungendi.* — *f*. 21. *Ordo communicandi.*

f. 22. Incipit ordo sepulturae. In di[e] depositionis. Hic nota, quando sacerdos aufertur . . . In exitu Israel . . .; *orationes,* Libera me.

f. 27'. Benedictio iter agentium. primo fac eos fustes et capsellas prosternere . . . Qui habitat . . .; pro reuersuris hominibus.

f. 29. In amore sancti Iohannis ewangeliste vinum datur . . . Omnipotens sempiterne Deus . . . *Benedictiones:* — *f.* 29'. ad faciendum militem, — *f.* 30. herbarum in assumptione b. Marie v., — *f.* 32. cereorum in purificatione b. Marie v. *et processionale,* — *f.* 35'. cinerum, — *f.* 37'. palmarum siue olivarum *et processionale.* — *f.* 46'. In parasceue *improperia et adoratio crucis.* — *f.* 51'. Ordo in sabbato pasce: *benedictio ignis, cerei, fontis, litaniae.* — *f.* 63'. Benedictio alimentorum in die pasche, casei, ovorum, lardi, panis, agni.

f. 64. Ad aspersionem aque. Uidi aquam . . . Cantus ante fores ecclesiae, — *f.* 65. in ascensione, in pentec., in introitu templi; — *f.* 66. in die sancto pasche ad uesperas et per totam octavam; — *f.* 67'. in rogationibus; — *f.* 68'. in sabbato sancto pentecost., in die pent. *cantus et orationes.*

f. 69. Explicit agenda bona secundum ordinem Moguntinum. Amen.

f. 69'. Procedentem sponsum de thalamo. *Antiphona notis musicis instructa. al. man.* Prophetauit scriba cum calamo — benedicamus Domino. — O Maria virgo virginum, Maria placa tuum filium — dulcora regem glorie. Amen. *Rhythmi.*

Notae musicae Goticae.

Stevenson, Codices Palatini Latini tom. I, p. 159. — Freiburger Kathol. Kirchenblatt 1893, Nr. 15, S. 243.

XXXIII. PROCESSIONALIA.

1. Processionale Benedictinum.

Vatican. 4750. membr. 45 f. 260 × 185 mm. saec. XIII.

f. 1. Incipiunt antiphonae, versus et responsoria processionum de aduentu Domini. In choro. Ant. Asperges me. Spiritus sanctus in te descendet . . . *Proprium de tempore et de sanctis:* — *f.* 3. In natal. Domini. — *f.* 3'. In sancti Iohannis. — *f.* 4'. In epiphania. — *f.* 5. In ypopanti Domini. — *f.* 6. In capite ieiunii. — *f.* 6'. *In dominica septuagesimae usque ad quadragesimam.* — *f.* 7'. *A dominica in quadragesima usque ad dominicam in passione.* — *f.* 8'. In sancti Benedicti. — *f.* 9. Dom. in passione. — *f.* 10. In ramis palmarum. — *f.* 14'. Ad mandatum in cena Domini. — *f.* 18'. In die resurrectionis. — *f.* 20. In die rogationum. — *f.* 22', 23'. Ad pluviam postulandam. — *f.* 23. Ad serenitatem postulandam. — *f.* 23'. In sancte Crucis. — *f.* 24. In ascensione. — *f.* 25. In pentecoste.

f. 25'. In natali sancti Iohannis bapt. ant. in choro. Apertum est . . . *Proprium sanctorum:* — *f.* 27. In s. Laurentii. — *f.* 28. In assumptione sancte Marie. — *f.* 28'. In natiuitate sancte Marie. — *f.* 29'. In sancti Michahelis. — *f.* 30'. In festiuitate omnium sanctorum. — *f.* 31'. In s. Martini. — *f.* 32. In s. Cecilie. — *f.* 32'. In s. Clementis. — *f.* 33'. In s. Andree.

f. 34'. In natal. apostolorum. Ant. In choro. Uos estis lux . . . *Commune sanctorum.* — *f.* 39'. In dedicatione ecclesiae. — *f.* 40'. In sancti Gervasii et Protasii. — *f.* 41'. In sancti Apolenaris.

f. 44. Ad aque aspersionem. In choro in dominicis diebus ab octaua pent. usque ad aduentum. Asperges me — per claustrum. Omnipotens Deus, supplices . . . *Evovae.*

f. 45'. Sanctus . . . *additamentis auctum, man. rec. Deficit miniator.* *Nonnulla in marginibus addita.* *Neumae.*

2. Processionale Hieronymitarum.

Ottobon. 527. chart. 90 f. 153 × 105 mm. saec. XV.

f. 1. R. 13. 6.

In nomine Domini nostri Iesu Christi. Incipit liber processionarius. Dominica in ramis palmarum. Antiphona. Cum appropinquaret Dominus . . . — f. 10. *in margine:* Hi tibi passuro soluebant munia laudis. Nos tibi regnanti canimus ecce melos. — f. 11′. Dominica in resurrectione Domini. R̦. Angelus Domini descendit . . . — f. 17. In die ascensionis Domini processio. Omnis pulcritudo . . . — f. 20′. In die sancto pentecostes processio. Repleti omnes Spiritu sancto . . . — f. 25. In festo corporis et sanguinis Domini nostri Iesu Christi. Comedetis carnes . . . *Hymni:* Pange lingua gloriosi corporis — sit laudacio; Sacris solemniis — quam inhabitas; Verbum supernum — donet in patria.

f. 29′. In purificatione uirginis Marie processio. Aue gratia plena . . . — f. 34′. In festo s. Blasii episcopi et m. R̦. In beati Blasii memoria . . .; antiphona: Ave uirgo sanctissima — velut rosa. — f. 38′. In festo annunciacionis uirginis Marie processio. R̦. Suscipe uerbum . . . — f. 43. In natiuitate s. Iohannis bbe. R̦. Elisabeth Zacharie . . . — f. 46. In festo apostolorum Petri et Pauli. R̦. Si diligis me . . . — f. 50′. In festo sancti Iacobi apostoli processio. Tanquam sydus . . . — f. 54′. In festo assumptionis uirginis Marie processio. Sicut cedrus exaltata . . . — f. 58. In natiuitate beatissime uirginis Marie. R̦. Beatissime uirginis Marie . . . — f. 63. In festo sancti patris nostri Ieronimi presbiteri. Processio. Sanctissime confessor Christi . . . — f. 67′. In festo omnium sanctorum processio. Uidi Dominum . . .

f. 71′. Ad recipiendum prelatum uel legatum processionaliter. R̦. Elegit te Dominus . . . — f. 72′. Ad recipiendum regem uel principem processio. Tva est potentia . . . — f. 73′. Ad recipiendum reginam. R̦. Ista est speciosa . . . — f. 74′. Ad recipiendum reginam vel principissam. Dilexisti iusticiam . . .

f. 75′. Incipit officium defunctorum. Cum defuncti corpus defertur ad ecclesiam, cantatur sequens R̦. Subuenite sancti . . . *Ordo sepeliendi.* — f. 86. Ad sepeliendum seculares; *desinit* — f. 86′ *in:* V̦. Vias tuas, Domine, demonstra mihi. — f. 87. fugiam. Si ascendero in celum . . . *Ps. 138, 7.* — f. 87′. Ps. Domine, exaudi orationem meam, auribus percipe . . . *Ps. 142. Psalmi.*

f. 88′, 89, 90. *Cum probationes pennarum, tum alia lingua Hispanica conscripta, ut:* Este libro es de Po. Horozco vezino de la billa de Trixueque. — Este libro es de Gamboa, por que le dono me Pascoal Vrion al tempo de su partita et esto testificato . . . pero Fernandez de Castil de terra.

Notae musicae quadratae.

37*

3. Processionale fratrum Praedicatorum.

Palatin. 511. membr. 60 f. 236×167 mm. saec. XV.

f. 1. C 88. 1109, 325.

Dominica in ramis palmarum. antiphona. Pueri Hebreorum . . . *Ad processionem et oratio.*

f. 7. In monte oliueti oraui . . . *In lavatione altarium in coena Domini.* — *f.* 14'. Ad mandatum. Dominus Iesus, postquam cenauit . . . *et orationes.*

f. 20'. In parasceue sacerdotes vers. Popule meus . . . *Improperia.* — *f.* 22'. *Adoratio crucis.*

f. 24. In die pasche et duobus sequentibus. R̩. Cristus resurgens . . ., *et orationes.*

f. 25'. In ascensione. Uiri Galylei . . ., *et oratio.*

f. 28'. In purificacione beate virginis. anth. Lumen ad reuelacionem . . ., *et oratio.*

f. 32. In assumpcione beate virginis Marie. R̩. Felix namque es . . ., *et oratio.*

f. 35'. In sollempni recepcione conuentus . . . Benedic, Domine . . . — *f.* 36'. In recepcione legatorum vel prelatorum. Ciues apostolici . . . — *f.* 38. In recepcione saecularium principum. Tua est potentia . . ., *et orationes.*

f. 39. De officio sepulture. Cum efferendus est defunctus . . . *Ordo, psalmi, orationes, antiphonae.* — *f.* 57. Libera me . . . *al. man.* — *f.* 59', 60. *Lineae notarum musicarum vacuae.*

Nonnulla al. man. addita.

Notae musicae quadratae.

Stevenson, Codices Palatini Latini tom. I, p. 169.

4. Processionale et rituale monialium ordinis Praedicatorum.

Vatican. 9214. membr. 156 f. 192×135 mm. saec. XVI.

f. 1. Dominica in ramis palmarum. aqua benedic[t]a solito more . . . Pueri Hebreorum . . ., *in fine* V̩. R̩., oratio. — *f.* 11. Feria V in cena Domini ad mandatum. — *f.* 23. Feria sexta in parasceve ad adorationem crucis, *improperia, hymnus:* Pange lingua gloriosi . . ., oratio. — *f.* 35. In die pasche et in duobus diebus sequentibus. — *f.* 38'. Benedicamus Domino. alleluia. *Supra:* Tenor, bassus. — *f.* 39'. In die ascensionis. — *f.* 44'. In festo purificationis Marie. — *f.* 51'. In festo assumptionis b. Marie v.

f. 57. In die animarum processio hoc modo fit. finita tercia . . . Ad primam stationem. Responsorium. Credo, quod redemptor . . . — *f.* 69'. *Missa;* sequentia. Dies irae — eis requiem. — *f.* 80. Pro presenti defuncto et in anniversario. — *f.* 82'. Feria quarta in capite ieiunii. — *f.* 86'. Fer. V in cena Domini, fer. VI in parasceue; *nonnulla ad priora addenda.*

f. 89′. De sancta Caterina ... ℣. Catherina, flos rosarum ...; sequentia: Adest dies triumphalis — impetret per secula. — *f. 95.* Credo in magnis festivitatibus. — *f. 99.* In communi unius martyris siue confessoris tractus. — *f. 100′.* In nativitate Christi responsoria; sequentia: Letabundus exultet — genuit puerpera. — *f. 107.* In festo s. Stephani prothomartiris responsorium. *Item:* — *f. 108′.* In festo s. Iohannis apostoli evangel. — *f. 110.* In epiphania. — *f. 111′.* In die resurrectionis; sequentia: Victime paschali — miserere; fer. II, III. — *f. 117′.* In die ascensionis ad missam. — *f. 119.* In die pentecost., fer. II, III. — *f. 123.* In festo s. Trinitatis. — *f. 124′.* In festo corporis Christi. — *f. 126′.* In dedicatione ecclesie.

f. 128. De communione infirmantium rubrica. Ad communicandum infirmum ... Pax huic domui ... Oratio. Deus infirmitatis humane presidium ... — *f. 129.* De extrema unctione. — *f. 132′.* De transitu sororis, *litaniae. Inter sanctos:* Dionysi cum soc. t., Maurici cum soc. t., Faustine, Iovita, Floriane, Calimere, Apoloni, Alitoni, Constanti. — *f. 141.* De officio sepulturae. — *f. 156 vacuum.*

Pict. miniat. color. et inaurat. flor. — f. 1. Margines pict. flor. distincti et insigne et litterae S. F.

Notae musicae quadratae.

5. Processionale Saresberiense.

Ottobon. 308. membr. 156 f. 264 × 187 mm. saec. XIV.

f. 1. Post dicatur psalmus. Deus misereatur nostri ..., oratio in adoranda sancta cruce.

f. 1′. Ego Leonardus Vasnacht, clericus Eystetensis diocesis. Adesto me tercia inclita mater Anna. Hec tria manent fides, spes et caritas, que summa virtus existit. *al. man.*

f. 2. Omnibus dominicis diebus per annum post primam et capitulum ... Exorciso te, creatura salis ... *Ordo ad aquam benedicendam, Asperges, ordo processionis.*

f. 4′. Omnibus dominicis per aduentum ad processionem in eundo ant. Missus est angelus... *Ordo processionum; proprium de tempore usque ad:* Ordo in dominicis diebus post festum Trinitatis usque ad adventum. — *f. 22′.* Fer. IIII in capite ieiunii *septem psalmi poenitentiales et benedictio cinerum.* — *f. 35′.* Dominica in ramis palmarum benedictio florum et frondium. — *f. 46.* Fer. V in cena Domini reconciliatio penitentium, ablutio altarium, mandatum. — *f. 58′.* Fer. VI parascev. *improperia, adoratio crucis, hymnus:* Pange lingua gloriosi prelium certaminis... — *f. 63′.* Sabbato in vigilia pasche *benedictio ignis, cerei, fontis,* letania septiformis *a septem,* letania quinque partita *a quinque cantanda.* — *f. 85′.* Fer. II in rogationibus letania. — *f. 102.* Ordo processionis in die s. Trinitatis, — *f. 103.* in festo corporis Christi, — *f.* 105′. in sabbatis per estatem usque ad aduentum, — *f.* 109′. omnibus diebus ab octaua Trinitatis usque ad aduentum, — *f.* 112′. in dedicatione ecclesie.

f. 114. In vigilia sancti Andree apostoli. Si hoc festum infra aduentum Domini . . . Uir iste in populo . . . *Proprium sanctorum usque ad:* de sancta Katerina. — *f.* 118. In purificatione beate Marie benedictio luminis.

f. 126′. In natal. vnius apostoli siue euangeliste in paschali tempore, si dominica fuerit, ad processionem. ℞. Candidi facti sunt . . . *Commune sanctorum temporis paschalis.* — *f.* 127. *Commune sanctorum extra tempus paschale.*

f. 139′. Fiunt autem quedam processiones causa necessitatis uel tribulacionis . . . Domine rex omnipotens in dicione tua . . . — *f.* 141′. Missa[e] pro fratribus et sororibus, pro serenitate, ad pluuiam postulandam, in tempore belli, pro pace, *litaniae.* — *f.* 150′. Processio[nes] ad suscipiendum archiepiscopum, episcopum, legatum, cardinalem, regem, reginam.

f. 152′. Salue regina, Regina celi, Nesciens mater virgo . . . *Antiphonae de B. M. V.*

f. 154′. Ad processionem sancti Hugonis. Salue festa dies — malleus Hugo fuit. *Initium antiphonae man. rec. repetitum.*

f. 156. Alla nobile dona(?). *Probatio pennae, item* — *f. 156′.*
Miniat. color. et inaurat. flor.: — *f. 2, 114.* — *f. 2. Insigne exsectum. Notae musicae quadratae.*

ELENCHUS CODICUM.

	pag.		pag.		pag.		pag.		pag.
4748	552	5414	167	6244	224	7329	332	8737	245
4748 bis	532	5415	179	6255	273	7335	470	8892	430
4749	37	5416	161	6256	257	7340	5	8945	6
4750	578	5417	178	6259	356	7594	537	8981	544
4751	229	5418	182	6264	487	7596	537	9210	266
4752	240	5419	54	6269	206	7597	538	9212	368
4753	255	5464	507	6278	304	7598	465	9214	580
4754	439	5466	292	6283	295	7599	24	9215	225
4755	271	5493	355	6286	294	7608	320	9217	233
4756	221	5588	510	6305	293	7635	479	9219	368
4757	227	5589	492	6378	454	7653	466	9221	365
4758	354	5590	471	6383	28	7658	184	9231	359
4759	256	5591	472	6444	84	7659	562	9236	505
4760	242	5696	92	6450	111	7683	223	9243	481
4761	271	5742	451	6451	111	7686	244	9296	575
4762	325	5743	178	6452	112	7692	258	9340	543
4763	376	5768	575	6453	68	7722	25	9362	318
4764	501	5771	85	6548	219	7724	274	9376	193
4765	501	5772	85	6748	550	7725	204	9389	319
4766	502	5776	40	6827	168	7731	467	9422	316
4767	502	5791	529	6831	533	7791	34	9488	359
4768	485	5814	243	6839	551	7792	480	9490	373
4769	510	5938	5	6859	24	7815	433	9495	369
4770	446	5949	172	6933	75	7823	357	9497	360
4771	459	6014	262	7014	69	7825	358	9499	147
4772	408	6069	247	7017	115	7826	315	9668	79
4773	177	6070	439	7018	190	7830	17	9820	424
4774	180	6071	212	7114	516	8173	488	10000	246
4849	171	6073	68	7126	191	8183	5	10084	489
4855	563	6074	86	7146	568	8188	6	10102	317
4885	182	6078	438	7172	40	8247	281	10208	360
4928	206	6079	461	7204	302	8562	110	10209	506
4951	150	6080	437	7209	453	8563	116	10210	361
4958	165	6081	52	7231	450	8565	94	10211	362
4973	568	6082 (errore		7232	464	8575	294		
5100	430	no. 6062 si-		7235	265	8576	14		
5319	419	gnatus)	448	7236	266	8700	503		
5413	164	6095	494	7237	267	8701	426		

INDICES.

(Numeris paginae libri indicantur.)

I. Index locorum, ecclesiarum, dioecesium, monasteriorum, unde codices provenerunt, et eorum, qui libros vel composuerunt vel scribendos curaverunt.

38*

II. Index artium.

1. Ars pingendi.

a. Litterae initiales, margines, picturae.

Saec. VIII.

Lectionarium 148.
Sacramentaria 387. 389. 390. 392.

Saec. IX.

Martyrologium 168.
Sacramentaria 393. 399.

Saec. IX. X.

Lectionarium 102.

Saec. X.

Psalterium 16.
Passionaria 59. 60. 86.
Lectionaria 107. 110. 143.
Martyrologium 188.
Sacramentaria 402. 404.
Evangeliarium 429.

Saec. X. XI.

Hymnarium 40.
Passionaria 63. 81. 99.
Lectionarium 144.
Sacramentarium 405.

Saec. XI.

Psalteria 20. 34.
Passionaria 64. 66. 68. 86. 93. 94. 96.
Lectionaria 110. 111. 112. 128. 131. 133. 136. 165.
Diurnale 310.
Sacramentarium 407.
Graduale 419.
Rotulus paschalis 424.
Evangeliarium 430.
Lectionarium missae 435.
Missalia 437. 446.
Ordines 566. 567.

Saec. XI. XII.

Homiliarium 50.
Passionaria 92. 100.
Breviarium 190.
Sacramentarium 408.
Rotulus paschalis 424.

Saec. XII.

Psalterium 29.
Homiliarium 52.
Passionaria 70. 71. 72. 72. 73. 74.
Lectionaria 125. 126. 141. 150.
Martyrologium 163.
Breviarium 206.
Sacramentarium 413.
Epistolarium 427.
Evangeliaria 432. 432.
Missalia 447. 448. 450.

Saec. XII. XIII.

Psalteria 28. 30.
Passionaria 75. 79.
Diurnale 311.

Saec. XIII.

Psalterium 31.
Passionaria 84. 95.
Lectionaria 117. 172.
Diurnale 312.
Sacramentarium 414.
Epistolarium 426.

Saec. XIII. XIV.

Missale 454.

Saec. XIV.

Psalteria 5. 5. 6. 33. 34.
Passionarium 81.
Lectionarium 121.
Martyrologium 184.

Saec. XIV. XV. (col. 3)

Breviaria 199. 209. 230. 240. 242. 243. 244. 269. 271. 278.
Breviarii proprium 300.
Horae canonicae 376.
Sacramentaria 416. 417.
Graduale 420.
Missalia 440. 442. 468. 470. 474.
Missale votivum 494.
Pontificalia 517. 518. 519. 519. 520. 529. 529. 543. 551. 552. 553.
Rituale 572.
Processionale 581.

Saec. XIV. XV.

Psalterium 6.
Breviarium 248.
Horae canonicae 377. 382.
Missalia 439. 458. 459. 461.
Ordo missae 510.
Praeparatio ad missam 511. 512.
Pontificalia 522. 539. 542.

Saec. XV.

Psalteria 7. 7. 8. 9. 10. 11. 23. 24. 26.
Antiphonarium 38.
Lectionaria 125. 147. 150. 157.
Martyrologia 159. 168. 178. 189.
Breviaria 202. 203. 215. 218. 220. 225. 226. 232. 233. 250. 251. 252. 253. 255. 256. 261. 265. 272. 273. 274. 276.
Breviarii propria 295. 300.
Diurnalia 315. 319.
Horae canonicae 327. 329. 332. 334. 335. 336. 338. 339. 340. 341. 342. 344. 346. 348. 349. 349. 351. 352. 353. 355. 356. 357. 358. 359. 359. 360. 360. 361. 362. 363. 373. 375. 378. 379. 380. 383.
Epistolarium 427.

Missalia 453. 455. 462. 463. 465.
466. 467. 476. 478. 479. 480.
481. 483.
Missalia votiva 485. 485. 487.
490. 493. 495.
Missalia episc. et pontif. 500.
500. 501. 501. 502. 503. 505.
506.
Pontificalia 523. 524. 525. 525.
526. 527. 528. 528. 532. 533.
540. 545. 546. 547. 552.
Caerimoniale 558.

Saec. XV. XVI.

Horae canonicae 365.
Missale votivum 488.

Saec. XVI.

Psalteria 12. 12.
Antiphonarium 38.
Breviarii officia 292.
Diurnale 320.
Horae canonicae 328. 367. 368.
368. 369.
Missalia 444. 471. 471. 472.
Missalia votiva 491. 492.
Missale episcopi 504.
Canon missae 507.
Ordo missae 510.
Pontificalia 536. 537. 537. 538.
544.
Caerimoniale 559.
Processionale 580.

Saec. XVI. XVII.

Breviarii proprium 294.
Horae canonicae 373.

Saec. XVII.

Breviarii proprium 294.
Horae canonicae 333.
Canon missae 507. 508.
Praeparatio ad missam 512.
Pontificale 555.

b. Picturae tabulares.

Saec. VIII.

Sacramentarium pag. 390.

Saec. X.

Psalterium 16.
Lectionarium 143.

Saec. XI.

Psalteria 18. 20.
Diurnale 310.
Evangeliarium 430.

Saec. XII.

Psalterium 29.
Homiliarium 54.
Epistolarium 427.

Saec. XII. XIII.

Sacramentarium 411.

Saec. XIII.

Sacramentarium 414.

Saec. XIII. XIV.

Missale 457.

Saec. XIV.

Psalterium 33.
Breviarium 227.
Horae canonicae 376.
Sacramentarium 417.
Missale 440.

Saec. XIV. XV.

Missale 458.

Saec. XV.

Psalteria 10. 11. 26.
Breviarium 276.

Horae canonicae 334. 336. 340.
342. 346. 349. 351. 352. 356.
361. 363. 383.
Missalia 453. 455. 462. 477. 478.
480. 481. 483.
Missale votivum 485.
Missale episcopi 505.
Pontificale 525.

Saec. XVI.

Psalterium 12.
Horae canonicae 328. 368.
Missalia 471. 472.
Missale votivum 491.

Saec. XVI. XVII.

Horae canonicae 373.

Saec. XVII.

Breviarii officia 294.
Canon missae 507.

2. Ars musica.

Psalteria 14. 18. 22. 24. 25. 28.
30. 31. 34.
Antiphonaria 37. 38. 38.
Hymnaria 40. 40.
Homiliaria 43. 46.
Passionaria 56. 64. 64. 65. 74.
79. 80. 82. 86. 96. 99.
Lectionaria 107. 113 (f. 209').
115. 116. 125. 126. 131. 141.
147.

Martyrologia 164. 165. 168. 170.
176. 180. 182.
Breviaria 190. 191. 199. 219.
221. 233. 239. 240. 245. 246.
Breviarii officia 289. 292.
Breviarii propria 295. 302. 307.
Diurnalia 309. 311. 316. 318.
Horae canonicae 331. 333.
Sacramentaria 396. 405. 407. 408.
411. 413. 414. 416.

Gradualia 419. 420.
Troparia 421. 422.
Rotuli paschales 424. 424.
Epistolarium 425.
Evangeliaria 430. 432.
Lectionarium missae 435.
Missalia 438. 440. 442. 444.
446. 447. 448. 450. 451. 453.
454. 455. 457. 458. 461. 462.
463. 465. 466. 467. 468. 470.

473. 474. 476. 479. 480. 481.
483.
Missalia votiva 485. 488. 491.
492. 493.
Missalia episcoporum et pontificum 499. 500. 501. 501. 502.
502. 503. 504. 504. 505. 506.

Canon missae episcoporum et
pontificum 507. 508.
Ordo missae 510. 510.
Pontificalia 515. 516. 517. 518.
519. 519. 520. 522. 523. 525.
525. 527. 528. 528. 529. 529.
532. 533. 535. 537. 539. 540.

542. 543. 544. 544. 545. 546.
547. 550. 552. 553. 555.
Ordines 560. 560. 561. 567.
Ritualia 572. 572. 573. 574. 575.
576.
Processionalia 578. 579. 580. 580.
581.

3. Ars ligandi.

Horae canonicae no. 4 pag. 328.
Lectionarium missae pag. 435.
Missale no. 16 pag. 455.

Emendanda et addenda.

Pag. 53 Vatican. 6081, f. 33: l. (Christum) in humanis actibus.
» 149: *Bäumer,* Geschichte des Breviers, loco S. 226 l. 286.
» 315: loco Palatin. 553 l. 533.
» 424: Vatican. 9820. In inventario: Monasterii S. Petri monialium O. S. Benedicti in civitate Bene-
ventana, scriptum et pictum Pandulpho III et Landulpho VI principibus Beneventanis, quorum
nomina in aversa membrana leguntur, inter 1011—1060.
» 448: loco Vatican. 6062 l. 6082.